普通高等院校创新创业新形态融媒体教材

创新创业基础

32讲思维行动精品课

主编　李维鹏　吴炳俊

科学出版社

北京

内 容 简 介

本书以创新创业型人才培养为目标，基于高等院校32课时的教学需求，梳理创新创业的关键要点，系统地开发了涵盖创新创业思维和能力训练的32讲，助力高校师生教学和创业实践。

本书共分12章、32讲，内容包括课程导论、认知创业、决定成为创业者、确定最有价值的创业机会、寻找合适的创业伙伴、开发人们想要的创新产品、商业模式为何重要、盘点创业资源、撰写商业计划书、如何使项目路演出彩、如何创建新企业、创业新手须知。

本书既可作为高等院校创新创业教育的公共基础课教材，又可作为相关机构的培训用书。

图书在版编目(CIP)数据

创新创业基础：32讲思维行动精品课 / 李维鹏，吴炳俊主编. —北京：科学出版社，2022.11

普通高等院校创新创业新形态融媒体教材

ISBN 978-7-03-073983-4

Ⅰ. ①创… Ⅱ. ①李… ②吴… Ⅲ. ①大学生-创业-高等学校-教材 Ⅳ. ①G647.38

中国版本图书馆CIP数据核字（2022）第225480号

责任编辑：张振华 刘建山 / 责任校对：马英菊

责任印制：吕春珉 / 封面设计：东方人华平面设计部

科学出版社出版

北京东黄城根北街16号

邮政编码：100717

http://www.sciencep.com

北京中科印刷有限公司 印刷

科学出版社发行 各地新华书店经销

*

2022年11月第 一 版 开本：787×1092 1/16

2022年11月第一次印刷 印张：14 1/2

字数：340 000

定价：49.80元

（如有印装质量问题，我社负责调换〈中科〉）

销售部电话 010-62136230 编辑部电话 010-62135120-2005

本书编委

编　委（按姓氏拼音排序）

车小英　陈　俊　封彬贤　侯宇琦

黄　娟　李维鹏　李雅琴　潘爱婷

潘柳榕　裴以明　邱清华　覃　斯

王小琴　韦　丽　吴炳俊　张　飞

前　言

党的二十大报告中深刻指出：教育、科技、人才是全面建设社会主义现代化国家的基础性、战略性支撑。必须坚持科技是第一生产力、人才是第一资源、创新是第一动力，深入实施科教兴国战略、人才强国战略、创新驱动发展战略，开辟发展新领域新赛道，不断塑造发展新动能新优势。坚持创新在我国现代化建设全局中的核心地位。培育创新文化，弘扬科学家精神，涵养优良学风，营造创新氛围。加快实施创新驱动发展战略。

大众创业、万众创新是经济活力之源，是深入实施创新驱动发展战略的重要支撑。高校作为培养人才的摇篮、创新创业的孵化器，应将开展新时代大学生创新创业教育摆在重要位置，不断推进创新创业教育工作向前发展。近年来，高等院校不断强化创新创业教育，并取得一定的显著成效，坚持将创新创业教育改革作为深化教育教学改革的突破口，坚持把创新创业工作贯穿到落实立德树人根本任务全过程，坚持强化创新创业实践。

本书深入贯彻落实党的二十大精神，紧紧围绕“培养什么人、怎样培养人、为谁培养人”这一教育的根本问题，以落实立德树人为根本任务，以学生综合能力培养为中心，以推进大众创业、万众创新为目标，以“科学、实用、新颖”为编写原则。

本书采用课堂式、案例式、参与式教学，通过课堂设计、教师引导、学生参与、知识探究、课程实践进行知识传授和能力训练。教师不仅是知识的传递者，还是学生思维的启发者，学生是平等交流的对象和课程创新的主体。本书以名人名言为启发，以创业故事为导引，以理论学习、课堂活动、课程反思、拓展阅读的方式促进学生创新创业素质和能力的提升。

本书是北部湾大学创新创业教研团队的教学改革成果。在设计本书大纲时，编者以效果逻辑理论为基础构建教学内容框架，并将该理论与创新创业教育体系相融合。同时，本书还引入了设计思维和精益创业的相关理论，将课堂延伸至课外，走进用户，使用户掌握创新方法和创业工具，从创意激发、机会识别、产品打造到商业验证，不断优化项目，并持续迭代升级。

编者在编写本书的过程中借鉴、参考了大量国内外文献资料及专家、学者的理论和观点，书中引用的案例与材料部分来自期刊、网络，在此，一并向相关作者表示感谢。

由于编者水平有限，书中难免存在不足之处，敬请广大读者批评指正。

编　者
2022年3月

目　　录

第一章 课程导论

名人名言

创新是社会进步的灵魂，创业是推动经济社会发展、改善民生的重要途径。

——习近平[①]

学习目标

1. 能从国家政策、经济环境、技术创新、创新创业教育等维度认识创新创业所处的时代背景。

2. 了解 VUCA 的含义，了解 VUCA 时代下如何创新创业。

3. 能够从促进科技进步和市场繁荣、缓解就业压力、激发整个社会的创新意识和创业精神等方面认识到创新创业对社会的意义。

4. 能够从职业发展、适应社会、实现个人价值等方面认识到创新创业对大学生的意义。

5. 树立正确的价值观、学习观，坚定制度自信、文化自信。

创业故事

创业实践经历也是一种“财富”

【故事一】某大学有一所大学生实验超市，该超市完全由学生自主经营管理，很多学生在这个平台上得到了很好的锻炼，小何就是其中一员，他从基层做起，经过自己的努力成为大学生实验超市的总经理。这段经历对他来说非常宝贵，不仅极大地提升了他的综合素质，还增强了他的市场意识。毕业时，小何成为众多企业争抢的目标。

【故事二】小刘在上大二时就和同学合伙开了一家广告策划公司，在随后的两年里，公司业务逐渐稳定，规模也越做越大，大四毕业时他已经积攒了 50 多万元。同学都以为他会继续创业，但是他放弃了经营两年的公司而进入职场。当被问及原因时，他说：“因为这两年的经历让我明白，经营一家企业是多么不容易，也让我认识到自身实力不足，所以我才会做出这个选择。”后来，一家大型互联网公司因为他的这段创业经历而为他提供了一个管理岗位。

【故事三】有创业梦想的小张大一下学期就开始在学校摆地摊卖衣服（图 1-1），虽然很辛苦，但是每天过得都很充实。后来，小张成为学校创业培训班的班长，并在升级创业大赛中获得二等奖。大三上半学期，小张和创业培训班的同学合伙开了一家管理咨询公司，

---

① 习近平，2013．论党的青年工作．北京：中央文献出版社．

图 1-1　小张在摆地摊卖衣服

但是毕业后他没有继续创业，而是进入当地最大的民营企业。因为有两年的创业经验，小张一上岗就被委以重任，担任销售部总经理助理。小张认为："我在上大一时就开始创业，上大三时和同学一起开公司，这段经历极大地锻炼了我的能力，也让我找到了人生的方向。其实创业并非一定要开公司，只要有创业精神，在岗位上也能创业，也能实现人生价值。"

（资料来源：徐俊祥，杨志清，黄欢，2021．创未来：创新创业基础进阶实训教程[M]．天津：天津人民出版社．）

启示：

开展创业教育对推进创新型国家建设、促进科技成果转化、深化高等教育改革、促进大学生自我发展具有重要意义。在创业教育和创业实践中，大学生不仅能学到创业理论知识，还能培养创新精神，提高自己的能力。通过成功创业，大学生可以实现自己的理想，证明自己的价值，并在创业锻炼中不断学习，体会成长过程，使自己的能力不断提高，实现更高价值。

第 1 讲　创新创业的时代背景

一、创新创业的有利因素

党的十八大以来，以习近平同志为核心的党中央围绕实施创新驱动发展战略，加快推进以科技创新为核心的全面创新，提出了一系列新理念、新思想、新要求，为形成以创新为主要引领的经济体系和发展模式指明了前进方向，提供了根本遵循。建设创新型国家是国家发展战略的核心，是提高综合国力的关键。创新型国家建设的基础在于培养大批创新型人才，而高校开展创新创业教育也是创新创业型人才培养的需要。对于大学生来说，现在是创新创业最好的时代。

（一）科技改革发展为创新创业创造了良好条件

1. 科技创新成果为创新创业开拓了广阔的发展空间

近年来，我国不断加大科技投入力度，科技创新成果显著。特别是信息通信、新能源、新材料、生物医药等新兴产业蓬勃发展，为创新创业提供了巨大的市场空间和技术支持（图 1-2）。同时，互联网、开源平台、3D 打印等新技术工具，降低了创新创业的门槛和成本，去中心化的自组织生产开始出现。

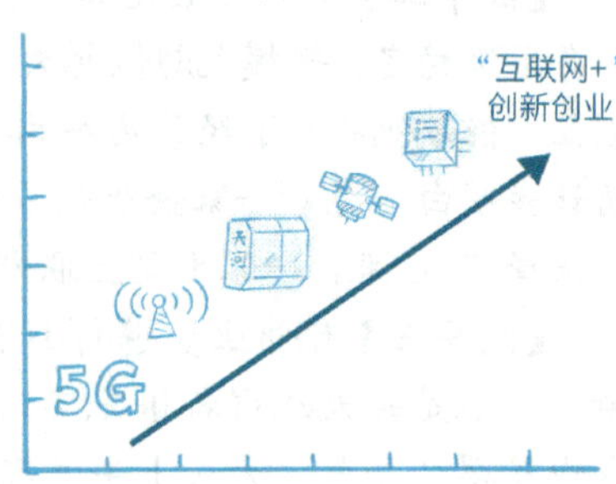

图 1-2　科技创新成果助力创新创业

2. 科技创新基础设施为创新创业提供了条件保障

我国移动通信、宽带网络、超级计算、卫星导航、服务器等领域的信息产业快速发展。在这些技术和相应基础设施的支撑下，以互联网应用为核心的创新创业迅速崛起。同时，我国还持续推动建设国家科研基础设施和大型科研仪器开放共享平台，鼓励高校、科研院所、大型企业为大众创新创业者提供高水平、专业化的科研设备和科技服务。

3. 制造业发展为创新创业奠定了产业基础

过去几十年来，我国在实体制造业方面高速发展，建立了完整的制造业生态产业链，成为名副其实的“世界工厂”。雄厚的制造业基础为创新创业提供了良好的产业环境，特别是为“互联网+”提供了重要的发展方向和广阔的市场空间。

（二）国家政策支持创新创业

为加快实施创新驱动发展战略，适应和引领经济发展新常态，顺应网络时代大众创业万众创新的新趋势，加快众创空间等新型创业服务平台的发展，营造创新创业生态环境，我国出台了一系列鼓励和支持创新创业的政策性文件。

1. 国家创业帮扶政策与措施

为促进高校毕业生以创业带动就业，更大限度地实现知识的产业化，国务院及相关部委出台了一系列的帮扶政策与措施。下面列举国务院出台的两份比较重要的文件。

2015 年，国务院印发《关于大力推进大众创业万众创新若干政策措施的意见》（国发〔2015〕32 号），从 9 个领域、30 个方面明确了 96 条政策措施。一是创新体制机制，实现创业便利化；二是优化财税政策，强化创业扶持；三是搞活金融市场，实现便捷融资；四是扩大创业投资，支持创业起步成长；五是发展创业服务，构建创业生态；六是建设创业创新平台，增强支撑作用；七是激发创造活力，发展创新型创业；八是拓展城乡创业渠道，实现创业带动就业；九是加强统筹协调，完善协同机制。

2021 年，国务院办公厅发布了《关于进一步支持大学生创新创业的指导意见》（国办发〔2021〕35 号），从加强教育培训、提供孵化空间、租金补贴、科技资源开放共享、开展“揭榜挂帅”、探索建立创业风险救助、减免税费、提高贷款额度、减少贷款利率、引导社会资本支持、促进成果转化、办好创新创业大赛、加强信息服务等方面给予大学生创业支持。

2. 地方创业帮扶政策

按照相关文件指示，各地方根据实际情况制定具体的大学生创新创业优惠政策。下面列举部分地方政府的大学生优惠举措，帮助大学生了解地方政府对大学生创业支持包括的内容，以及具体涉及的支持范围和力度。

1）北京市关于大学生创业的优惠政策

2015 年，北京市教育委员会联合北京市财政局公布《北京高校大学生就业创业项目管理办法》，该办法自 2015 年 9 月 1 日起正式实施。该办法指出，“支持北京高校大学生创新、创意、创业实践项目”，按照每个创新创意实践团队支持额度不超过 5 万元、每个创业企业

（团队）支持额度不超过 20 万元的标准补助。具体补贴项目按照大学生创业企业或团队的需求，向学校提出申请，由学校根据本校促进大学生创业的工作目标和要求确定。另外，从 2018 年起，北京市继续扩大求职创业补贴发放范围。补贴的发放对象范围为北京市地区各普通高等学校、各研究生培养单位的毕业年度内（即取得毕业证书年度的 1 月 1 日至 12 月 31 日）有求职或创业意愿且符合相关通知要求的高校毕业生。

2）上海市关于大学生创新创业的优惠政策

上海市人民政府办公厅印发的《上海市鼓励创业带动就业专项行动计划（2018—2022 年）》提出实施更加普惠的创业带动就业政策，具体包含以下几个方面。

（1）整合并完善初创期创业组织社会保险费补贴政策。将政策对象范围调整为本市户籍劳动者、持有上海市居住证的非本市户籍劳动者和海外人才在上海市创办 3 年以内的创业组织，进一步提高补贴额度上限，按照带动本市就业情况给予补贴。

（2）完善创业场地房租补贴政策。实施更加灵活、更加精准的初创期创业场地房租补贴政策，按照“市级补基本、区级补级差”的原则，鼓励各区根据区域内商铺、商务楼宇等创业场地的租金水平，在执行市级初创期创业场地房租补贴政策的基础上，叠加区域性的房租补贴政策。将创业场地房租补贴的对象范围扩大到尚未注册登记的创业团队，对进入市级创业孵化示范基地孵化，并最终孵化成功的创业团队，给予入孵期间每月一定额度的场地费补贴。

（3）实施首次创业一次性补贴政策。高校毕业生、就业困难人员、残疾人首次在上海市创办小微企业、个体工商户、农民合作社、民办非企业单位等创业组织，并稳定正常经营一定时间的，可申请一定额度的一次性创业补贴。

（4）加强优秀创业项目支持。对于在创业计划大赛、创业新秀评选等本市和国家级大赛中获得优胜的创业团队及创业组织，合理确定奖励标准，支持优秀创业项目的发展。鼓励各区对于在符合区域经济发展方向的产业、高附加值产业创业的劳动者，在创业扶持政策方面给予倾斜。

（5）继续实施支持和促进重点群体创业就业的税收政策。对于高校毕业生、登记失业人员等重点群体从事个体经营的，在国家和本市规定年限内，按照限额依次扣减其当年实际应缴纳的增值税、城市维护建设税、教育费附加、地方教育附加和个人所得税。进一步规范涉企行政事业性收费项目，继续对初创期企业免收登记类、证照类、管理类行政事业收费。

《关于进一步完善本市高校毕业生求职创业补贴发放工作的通知》（沪人社规〔2018〕23 号）提出，对于本市普通高校在毕业年度内有就业创业意愿的以下学生：①享受城乡居民最低生活保障家庭的毕业生；②残疾毕业生；③就读期间获得国家助学贷款的毕业生；④贫困残疾人家庭的毕业生；⑤建档立卡贫困家庭的毕业生；⑥特困人员中的毕业生。以上皆指全日制学生，不包括已确定升学、出国留学的毕业生。享受毕业生求职创业补贴申领，补贴标准为每人 1000 元，每人限领一次。

《关于做好当前形势下高校毕业生就业创业工作的通知》（人社部发〔2019〕72 号）规定：“将求职创业补贴对象范围扩大到中等职业学校（含技工院校）符合条件的困难毕业生，补贴时限从目前的毕业年度调整为毕业学年，补贴发放工作在毕业学年 10 月底前完成。对于民办高校毕业生符合条件的，要确保同等享受政策。人力资源社会保障部门、教育部门和财政部门要做好政策申办、凭证简化、资金安排等工作，确保补贴按时发放到位。”

3）广西壮族自治区关于大学生创新创业的优惠政策

广西壮族自治区全面落实商事制度改革及“先照后证”改革，进一步推进前置改后置审批项目落地，提升市场主体注册便利化。

推进政府购买服务改革，按照财政部制定的支持自主创新和中小企业的政府采购政策，落实中小企业预留份额、价格扣除等优惠政策，支持中小企业参与政府采购；对于属于自主创新产品的，按照自主创新政府采购政策执行，重点加大对区内重大创新产品和服务、核心关键技术的采购力度，扩大首购、订购等非招标方式的应用。

创业扶持政策汇总

（三）创新创业教育培训蓬勃发展利于创新创业

创新创业教育是培养人的创新创业精神、创新创业意识、创意思维和技能等创新创业综合素质，使被教育者具有一定的创新创业能力的教育。创新创业教育被联合国教育、科学及文化组织称为教育的“第三本护照”，被赋予了与学术教育、职业教育同等重要的地位。党中央和国务院一直十分重视大学生创新创业工作。《教育部关于大力推进高等学校创新创业教育和大学生自主创业工作的意见》提出，大学生是最具创新、创业潜力的群体之一。在高等学校开展创新创业教育，积极鼓励高校学生自主创业，是教育系统深入学习实践科学发展观，服务于创新型国家建设的重大战略举措；是深化高等教育教学改革，培养学生创新精神和实践能力的重要途径；是落实以创业带动就业，促进高校毕业生充分就业的重要措施。

二、VUCA 时代的创业

VUCA 具体是指：V（volatility，易变性），是变化的本质和动力，也是由变化驱使和催化产生的；U（uncertainty，不确定性），缺少预见性，缺乏对意外的预期和对事情的理解和意识；C（complexity，复杂性），企业为各种力量、各种因素、各种事情所困扰；A（ambiguity，模糊性），对现实的模糊，是误解的根源，是各种条件和因果关系的混杂。

在 VUCA 时代，创业的环境是高度不确定的，创业的资源不一定是完全充分的，创业者将直接面对 VUCA 给创业带来更加难测的风险和难度，VUCA 时代也对创业者的能力提出了更高的要求。

1. 学习能力

面对高度变化的 VUCA 时代，“一招鲜，吃遍天”已经不可能了。社会发展的不确定性需要创业者具备更广泛和深厚的知识储备。创业者要有终身学习的观念，需要不断学习和更新自己的知识体系，学习专业的前沿和关联的新知识，做好对洞察力的知识储备。这种学习不是传统意义上的学习，而是随时随地主动地学习，从环境、网络、实践等不同的维度增强学习的敏感度。

2. 应变能力

在 VUCA 时代，对未来的任何准备都是不充分的，创业者很难做出合理的、准确的 3 年计划或 5 年规划。因此，创业者不仅要对项目做好充分的准备，还要善于接受新鲜的事物，并能快速响应，不断调整和优化自己的思路及方案。

3. 合作能力

在 VUCA 时代，单打独斗要实现创业成功实在太难了，创业者要充分发挥团队的力量，团队成员间既要有明确分工又要相互高度协作，同时针对外部的变化不断调整和优化团队的结构。

4. 管理能力

在 VUCA 时代，组织环境正在发生颠覆性变化，对组织的敏捷性和柔性提出了更高的要求，员工和组织之间的关系正在发生剧烈的变化。企业需要以用户为导向，以需求为核心进行组织结构和经营策略变革，企业管理者需要让渡手中的决策权力，使权力结构去中心化，“让听见炮火的人具有更大的决策权”，使组织能够直接面对用户需求，提升企业的敏捷性和柔性化程度。与此同时，越来越多的企业将采用并联式的组织结构，使组织能够基于用户需求这一本质，具有更快速的市场反应能力。

第 2 讲 创新创业的意义

一、创新创业对社会的意义

创新创业已经在世界范围内催生一种新的经济形态，这种经济形态突出和强调创新创业对社会经济发展的重要作用，即通过创新创业发现市场空白，丰富市场供需，引领人们消费，更好地满足多样性和深层次的需求，推动消费结构升级和市场繁荣发展。创业者开创的诸如个人计算机、生物技术、闭路电视、计算机软件、办公自动化、电子商务、虚拟技术等行业，都改变着人们的生活、工作和学习方式。归纳起来，创新创业对社会的意义主要体现在以下几个方面。

1. 创新创业能够促进科技进步和市场繁荣

创新创业过程是增加社会财富的过程，创业企业在生产经营过程中能够为社会创造财富，增加国家财政税收；创新性的产品和服务能够更好地满足人们生活的需要，丰富市场产品或服务种类，促进社会经济繁荣；新技术的出现能够改变传统的产业格局，甚至催生新行业出现，加速经济结构调整。创新创业的功能能否得到充分发挥，取决于所拥有创业人才的状况。大学生是社会未来的精英，培养更多大学生创业者或帮助更多大学生掌握创新创业技能，是我国实现创业型经济的重要途径。

2. 创新创业能够缓解就业压力

我国人口众多，就业问题一直是一个关乎民生的大问题，解决就业问题是我国的一项长期任务。随着我国高校连续多年招生扩张，就业总量压力不断增大，培育大学生的创新创业精神和创新创业技能，提倡和鼓励大学生自主创业，通过创业来解决大学生就业问题无疑是一种行之有效的途径（图 1-3）。

图 1-3 创业成功后带动一部分大学生就业

大学生的创新创业成功往往可以带动一批大学生或社会待业人员的就业，不仅能解决大学生自身的就业问题，还能带动就业，产生倍增效应。

3. 创新创业能够激发整个社会的创新意识和创业精神

近年来的创新创业热潮和政策利好让创业成为经济及社会发展的主流，对形成创新、宽容、公正、诚信等观念和文化具有积极作用。从行业发展看，创新创业的观念会影响行业已有的经营格局，形成优胜劣汰的局面，激发市场主体参与竞争的积极性和主动性，从而激发市场活力，产生更高的社会效益。

二、创新创业对大学生的意义

1. 提高职业核心能力，增强大学生的就业竞争力

目前，我国就业市场上存在两难的困境：一方面，大学生找不到满意的工作，大学生就业难的呼声越来越高；另一方面，用人单位找不到合适的人才，需要想方设法吸引高素质人才。这种困境出现的主要原因在于大学生的就业能力与社会岗位需求不对称。大学生要增强自己的就业竞争力，除了掌握岗位专业能力，还需要具备适用于各种职业、能适应岗位的不断变换、伴随终生的可持续发展的职业核心能力（包括领导能力、沟通能力、学习能力和创新能力等）。这些能力是可以通过创新创业学习和参与创新创业实践得到提升的。通过对大学生创新创业意识、精神和能力的培养，提高大学生的职业核心素质与能力，将会大大增强大学生的就业竞争力。

图 1-4 提升综合素养，满足企业需求

2. 提升大学生的综合素养，帮助大学生适应社会

近年来，随着我国经济和社会的不断发展与进步，大学生就业市场的竞争日益激烈，企业在招聘应届毕业大学生时更加看重大学生的实践经验水平，社会方面对大学生的综合素养要求也越来越高（图 1-4）。基于这样的实际情况，各高校也在运用有效的方式来增强大学生的综合素养，帮助大学生适应当今市场的实际变化情况。例如，增强大学生的风险意识，锻炼大学生的抗压能力，帮助大学生逐步获得良好的创业心

理素质，培养大学生的抗压能力、自理能力及独立意识等。又如，为大学生提供创新创业教育培训活动，鼓励大学生参加创新创业竞赛，锻炼大学生的领导能力、组织协调能力和沟通能力等，使大学生敢于创新、勇于开拓，并能以极强的应变能力来面对就业中的一切问题。

3. 培养大学生的创新能力，激发大学生的创造性思维

在展开创新创业活动的过程中，必不可少的一项能力便是创新。通过提出新的假说、形成新的概念，去探究更多未知的领域，这样的思维活动对于大学生的发展来说极为必要。大学生在开始创业时经常会出现盲目跟风现象。例如，学生甲在校门口开了一家奶茶店，生意火爆，学生乙便效仿学生甲开了一家奶茶店，而学生丙和学生丁也纷纷着手准备开奶茶店。这样创业的后果便是学生乙、丙、丁难以获得理想的收益，甚至会影响最先开奶茶店的学生甲的经营质量。这便是从众型思维障碍，市场当中供大于求，会导致大学生的创业活动以失败告终。创新创业教育的培养，便是引导大学生走出这样的思维局限，通过积极发散思维，形成创造性思维来找到其他可以创业成功的方法。这种创新能力的培养方式对激发大学生的创造性思维具有极大帮助。

4. 激发大学生的创新创业兴趣，实现大学生的个人价值

大学生通过自主创新创业，可以把兴趣与职业紧密结合，做自己最感兴趣、最愿意做和自己认为最值得做的事情。创新创业有利于让大学生最大限度地实现自我发展，最大限度地发挥自我才能，实现个人价值。例如，《三国杀》的创始人是一名创业大学生，他本身是一名动画设计专业的大学生，只是因为对专业学习的喜爱才萌生了打造一款桌游的想法。在经过几年的努力之后他打造的桌游成功上线，并且一经上线便获得了较好的反响，之后他在初步回笼资金之后成立了自己的公司。这一切都是因他对自己所学专业的热爱，以兴趣为主要动因来展开创新创业，最终获得了创业成功，也实现了个人价值。

课堂活动

创新创业政策为我所用

随着我国大众创业、万众创新热潮的蓬勃兴起，为了鼓励和支持大学生创新创业，国务院和地方各级政府、高校先后出台了许多支持和优惠政策，精简了若干事项的申请、办理程序，涉及金融贷款、场地、培训、指导、税收、学籍管理等方面，认知、理解、运用这些政策，对于大学生投身于创新创业实践，走好创业第一步既重要，又非常必要。请根据表 1-1 分门别类地整理出能对自己创新创业有所帮助的创新创业政策。

表 1-1 创新创业政策汇总分类表

政策分类	详细解释
发展众创空间	
企业注册登记	
金融贷款	
税收缴纳	
企业运营	

课程反思

1. 为什么说现在是创新创业最好的时代？
2. VUCA 时代应该如何进行创新创业？
3. 国家为什么要大力提倡大学生创新创业？
4. 大学生从事创新创业活动对自身人生发展有哪些积极作用？

拓展阅读

《关于进一步支持大学生创新创业的指导意见》解读

2021 年 9 月，国务院办公厅印发《关于进一步支持大学生创新创业的指导意见》。

该意见指出，大学生是大众创业万众创新的生力军，支持大学生创新创业具有重要意义。要以习近平新时代中国特色社会主义思想为指导，全面贯彻党的教育方针，落实立德树人根本任务，立足新发展阶段、贯彻新发展理念、构建新发展格局，坚持创新引领创业、创业带动就业，提升人力资源素质，实现大学生更加充分更高质量就业。

该意见提出，要深化高校创新创业教育改革，将创新创业教育贯穿人才培养全过程，建立以创新创业为导向的新型人才培养模式。强化高校教师创新创业教育教学能力和素养培训，改革教学方法和考核方式。加强大学生创新创业培训，打造一批高校创新创业培训活动品牌。完善中国国际“互联网+”大学生创新创业大赛可持续发展机制，鼓励各学段学生积极参赛。坚持政府引导、公益支持，支持行业企业深化赛事合作。

该意见明确，要加强大学生创新创业服务平台建设，优化大学生创新创业环境。校内各类创新创业实践平台面向在校大学生免费开放。鼓励各类孵化器面向大学生创新创业团队开放一定比例的免费孵化空间。提升大众创业万众创新示范基地带动作用，深入实施创业就业“校企行”专项行动。完善成果转化机制，做好大学生创新项目的知识产权确权、保护等工作，加快落实以增加知识价值为导向的分配政策。加大对创业失败大学生的扶持力度，鼓励有条件的地方探索建立大学生创业风险救助机制。加强大学生创新创业信息服务，及时收集国家、区域、行业需求，为大学生精准推送行业和市场动向等信息。加强宣传引导，总结推广各地区、各高校的好经验好做法。

该意见提出，要加强对大学生创新创业的财税扶持和金融政策支持。加大中央高校教育教学改革专项资金支持力度。落实落细减税降费政策，做好纳税服务，强化精准支持。鼓励金融机构按照市场化、商业可持续原则对大学生创业项目提供金融服务，解决大学生创业融资难题。引导创新创业平台投资基金和社会资本参与大学生创业项目早期投资与投智。

（资料来源：新华社，2021．解读：国务院办公厅印发《关于进一步支持大学生创新创业的指导意见》．(2021-10-13) [2022-08-05]．https://www.shimen.gov.cn/jdhy/zcjd/content_108761.）

扫描二维码，看政策全文。

参考文献

国务院办公厅，2017．关于进一步支持大学生创新创业的指导意见[EB/OL]．（2021-10-12）[2022-08-05]．http://www.gov.cn/zhengce/content/2021-10/12/content_5642037.htm.

何雪利，王晓燕，王永祥，2019．从零到卓越：创新与创业导论[M]．上海：上海交通大学出版社．

李成钢，马琳，邵争艳，等，2019．创新创业基础[M]．北京：中国纺织出版社．

徐俊祥，杨志清，黄欢，2021．创未来：创新创业基础进阶实训教程[M]．天津：天津人民出版社．

第二章 认知创业

名人名言

创业不一定是自己真的去搞一个什么企业或者公司。创业是一种人生，是一种态度，是一种经历，是一种精神。只要你有了这样一种精神，在任何环境条件状况下，通过众多可能的形式或方式，你总能在这个世界上闯出一片展现你独特个性、人格、能力和魅力的新事物、新空间和新天地。

——原中国就业促进会副会长 陈宇

学习目标

1. 了解创业的概念与本质。
2. 了解创业的要素与类型。
3. 了解创业思维的概念与原则。
4. 掌握创业思维的培养方法。
5. 树立正确的创业观，培养创业思维和创业精神。

创业故事

一个大学生的创新创业之路

2020年11月19日，第六届中国国际“互联网+”大学生创新创业大赛落幕，大学生朱婷婷的团队凭借“Youth独食俱乐部”项目在总决赛中斩获金奖。

据了解，中国国际“互联网+”大学生创新创业大赛是由教育部等14部委共同主办的我国最高级别的大学生创新创业大赛。在这届大赛中，共有来自117个国家和地区、4186所学校的147万个项目、631万人报名参赛。作为地方院校的参赛选手，朱婷婷团队拿到金奖非常不易。朱婷婷团队此次的参赛项目“Youth独食俱乐部”是一个怎样的项目？

此前，她去国外旅行时看到“一人独食”模式，同时，她发现美团外卖《2020外卖行业报告》中说“90后”快餐单人用餐笔数占比超过65%，55%有独立在外用餐的习惯，“一人食”现象普遍。于是，她提出了“一人一位一份暖心精致餐品，独享空间与轻社交完美结合，赋予餐饮好心情”的饮食理念。她要为单人打造一个独享空间，从空间、服务到菜品处处营造出一种轻松的氛围。为了让顾客有真正的“独食”体验（图2-1），她统筹考虑整店设计及细节。在创业过程中，她一点点尝试，在尝试的同时也发明了一个个专利。这些发明专利包括各种火锅配方、蘸料配方、炒料机、一种独立餐桌、一种可调节的面对面餐桌等。

图 2-1　一人食火锅

以“一种冬阴功汤味方便火锅底料配方及制作方法”这项发明专利为例，她当时为了调配出适合中国人口味的冬阴功汤，专门去泰国学习了泰式冬阴功汤的制作方法。因为语言不通，她又去补习班学习了泰语。在带回泰式冬阴功汤的同时，她学会了泰语。回国后，她和团队经过多次试验，降低了汤里的香茅、柠檬叶的比例，增加了椰奶的比例，推出了新的冬阴功汤味方便火锅底料，一经推出，就受到国内青年人的喜爱。为了开独食火锅店铺，她已经发明了 17 项专利并全部获批。

2019 年，她在成都做了“半米屋台”独食火锅品牌，主打“粉丝”经济，得到年轻人群体的广泛关注和认可，品牌抖音“粉丝”增长到 12 万。2020 年，她同学校校友和教师一起备战中国国际“互联网+”大学生创新创业大赛，最终获得金奖。如今，她创办并经营了杭州“良弥一味独食火锅”、成都“壹位屋独食火锅”等 5 家直营店，发展了 200 余家加盟店，带动 1500 余人就业。

（资料来源：刘洋，2020．大学生朱婷婷的创新创业之路[EB/OL].（2020-12-02）[2022-10-13]．https://www.hj.cn/content/2020-12/02/content_848792.html.）

启示：

创业是一项充满挑战的事业，创业之路是一条漫长、艰辛的道路。同时，创业也是一个认知自己、完善自己，使自己融入社会、认知社会的过程。在这个过程中，大学生可能会遇到挫折与失败、鲜花与掌声。无论创业是否成功，在创业过程中，能否创新、能否自信、能否在挫折中重新振作，对于大学生来说才是最重要的。

第 3 讲　如何理解创业这件事

一、创业的概念

创业学之父杰弗里·蒂蒙斯（Jeffry Timmons）认为，创业是一种思考、推理和行为方式，这种行为方式是由机会驱动的，注重方法和与领导相平衡，创业导致价值产生、增加、实现和更新，不只是为所有者，也为所有的参与者和利益相关者。

创业有狭义和广义之分。狭义上，创业是指创业者生产经营活动，主要是开创个体和家庭的小业；广义上，创业是指各项实践活动，既包括成就国家的大业，又包括为集体、不同群体和个人创造价值的活动。对于广大在校大学生而言，广义的创业的概念更加符合课程的教学目标设定。在本书中，我们引用《精益创业》的作者埃里克·莱斯（Eric Ries）对创业的解读：一个由人组成的机构，在极端不确定的情况下，开发新产品或新服务的过程。

二、创业的本质

美籍奥地利人、政治经济学家约瑟夫·阿洛伊斯·熊彼特（Joseph Alois Schumpeter）

认为，经济活动的根源在于创业活动，创业是经济过程本身的主要推动力。在熊彼特理论中，创业是实现创新的过程，而创新是创业的本质和手段。

创业并不只局限于创办企业或公司，而是更加强调受教育者学会学习、学会生存、学会发展，如在岗位上立业、开拓事业、开拓新的岗位等。创业必备的素质就是创新，创业的基础必须建立在有目的的创新上。创新是创业活动的力量源泉，创新是创业活动成功的条件。实际上，大多数创业成功的例子都离不开创新，其中不乏技术创新、管理创新、观念创新和品牌创新等。只有不断创新的创业活动才能更有活力，才能走得更远。

大学生创业应该是建立在创新基础上的创业，应该是面向未来的创业。大学生在创新创业的过程中，应该与国家建设和民生发展紧密联系起来，应该创造新的价值，做一个在创新基础上的创业者。

三、创业的要素与类型

（一）创业的要素

1. 创业的三大核心要素

迄今为止，人们对创业要素的认知和分析中典型及公认的创业要素模型为蒂蒙斯创业要素模型（图 2-2）。该模型提炼出创业的三大核心要素，即创业机会、创业者及其创业团队、创业资源。一般认为，这三大核心要素是创业活动中不可或缺的。如果没有创业机会，创业活动就成了盲动，难以创造真正的价值。创业机会是普遍存在的，关键取决于创业者及其创业团队能否有效识别和开发机会，如果没有创业者及其创业团队的主观努力，创业活动是不可能发生的；创业者及其创业团队把握住合适的机会后，还需要有相应的资金和设备等资源。如果没有必要的资源，机会也就难以被开发和实现。

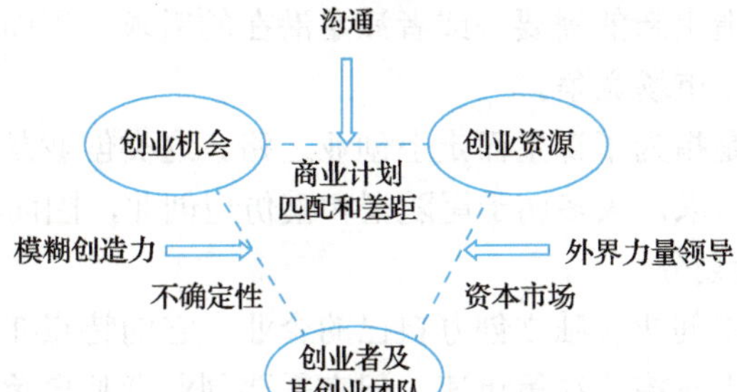

图 2-2 蒂蒙斯创业要素模型

2. 三大核心要素间的匹配关系

在蒂蒙斯创业要素模型中，创业机会、创业资源、创业者及其创业团队这三大核心要素构成一个“倒立的三角形”，创业者及其创业团队位于三角形的支撑点。在创业初始阶段，创业机会尚待开发，与开发机会所需的资源相比，创业资源相对缺乏，于是“三角形”会向左倾斜，呈现机会与资源的不平衡状态；在创业后期阶段，创业机会则被充分开发利用，创业者拥有并可支配的资源不断积累，此阶段“三角形”将向右倾斜，代表机会与资源不平衡的状态。此时，创业者需要寻求更大的商业机会，去合理使用资源，以保证创业活动的持续开展。创业的过程就是创业者发挥主导作用、实现三大核心要素间动态平衡关系的过程。

我们可以从以下三个方面来认识创业各要素之间的相互关系。

（1）创业机会是创业过程的重要驱动力，创业者及其创业团队是创业过程的主导者，创业资源是创业成功的必要保证。创业过程始于创业机会，而不是资金、战略、网络、团队或创业计划。开始创业时，创业机会比资金、团队的才干和能力及合适的资源更重要。在创业的过程中，创业机会与创业资源之间经历着一个适应—差距—适应的动态过程。

（2）创业过程是创业机会、创业者及其创业团队、创业资源三大核心要素匹配和平衡的结果。创业者及其创业团队要善于配置和平衡，借此推进创业过程，包括对创业机会的理性分析和把握、对创业风险的认识和应对、对创业资源的合理配置和利用、对工作团队适应性的认识和分析等。

（3）创业是一个连续不断地寻求平衡的行为组合。三大要素的绝对平衡是不存在的，但创业过程要保持发展，必须追求一个动态的平衡。在这期间，创业团队必须思考的问题包括：目前的团队能否领导组织未来的成长？组织面临怎样的资源状况？下一阶段的运作与成功面临哪些困难和陷阱？这些问题在组织发展的不同阶段会以不同的形式出现，它们都关系到组织的可持续发展。

（二）创业的类型

创业从不同的角度、根据不同的标准可以分为不同的类型。

1）根据创业动机划分

（1）机会型创业，是指创业的出发点并非谋生，而是为了抓住、利用市场机遇。它以市场机会为目标，能创造出新的需要，或者满足潜在的需求。因而，机会型创业会带动新的产业发展，而不是加剧市场竞争。

（2）就业型创业，是指为了谋生而走上创业之路。这类创业是在现有的市场上寻找创业机会，并没有创造新需求，大多属于尾随型和模仿型创业，因而极难做大做强。

2）根据创业者数量划分

（1）独立创业，是指创业者独立创办自己的企业。它的特点在于产权是创业者个人独有的，企业由创业者自由掌控，决策迅速。但它需要创业者独自承担风险，创业资源准备也比较困难，还受个人才能的限制。

（2）合伙创业，是指与他人共同创办企业。它的优势和劣势与独立创业相反，其优势在于创业资源准备相对容易，风险均摊，决策制衡，可以发挥集体智慧；其劣势在于权力多头，决策层级多，响应速度慢。

3）根据创业项目划分

（1）传统技能型创业，是指使用传统技术、工艺等的创业项目，如酿酒、饮料、中药、工艺美术品等。这些独特的传统技能项目在市场上表现出经久不衰的竞争力。

（2）高新技术型创业，是指知识密集度高，带有前沿性、研究开发性质的新技术、新产品创业项目。例如，将航天等高新技术领域的成果实现产业化，形成新产品。

（3）知识服务型创业，是指为人们提供知识、信息等的内容创业项目。当今社会，信息量越来越大，知识更新速度越来越快，各类知识性咨询服务机构（如律师事务所、会计师事务所、管理咨询公司、广告公司等）将会不断细化和增加。这类项目投资少、见效快。

4）根据创业方向和风险划分

（1）依附型创业，可分为两种情况：一是依附于大企业或产业链而生存，为大企业提供配套服务，如专门为某个或某类企业生产零配件，或者生产、印刷包装材料；二是使用特许经营权，如利用麦当劳、肯德基等的品牌效应和成熟的经营管理模式，减少经营风险。

（2）尾随型创业，即模仿他人创业。它的特点是：一是短期内只求能维持下去，随着学习的成熟，再逐步进入强者行列；二是在市场上拾遗补缺，不求独家承揽全部业务，只求在市场上分得一杯羹。

（3）独创型创业，是指提供的产品或服务能够填补市场空白，其大到商品的独创性，小到商品的某种技术的独创性。独创产品是指既具有非同一般的生产工艺、配方、原料、核心技术，又有长期市场需求的产品。鉴于独占性原则，掌握它的企业将获得相当高的利润，如进入市场难度很大的新产品。但其也有一定的风险性，因为消费者对新事物有一个接受的过程。独创型创业也可以是旧内容、新形式。例如，产品销售送货上门，虽然经营的商品并无变化，但在服务方式上扩大了，从而更具有竞争力。

（4）对抗型创业，是指进入其他企业已形成垄断地位的某个市场，与之对抗较量。这类创业风险最高，必须在知己知彼、科学决策的前提下，抓住市场机遇，乘势而上，把自己的优势发挥得淋漓尽致。例如，针对百度搜索，出现了搜搜、360 搜索等搜索引擎。

此外，根据创业主体，创业可分为大学生创业、失业者创业和兼职者创业等；根据创业的融资形式，创业可分为独资创业、合资创业、引进各类（风险）投资基金创业等；根据创业机遇的选择，创业可分为先学习后创业、先深造后创业、先就业后创业、边学习边创业、休学创业等；根据创业的行业领域，创业可分为餐饮、娱乐、批发零售、广告艺术设计、装饰装潢、信息咨询、法律服务、电子信息技术、金融衍生服务等各行业领域的创业。

大学生在实际创业时应根据自身的情况，综合考虑各种因素，选择合适的创业领域和创业类型。

第 4 讲 人人需要的创业思维

一、创业思维的概念及特征

（一）创业思维的概念

从狭义上讲，创业思维是如何利用不确定的环境，从人们的难题与需求中发现或创造商机，用商业方法加以解决的思考方式。从广义上讲，创业思维是运用商业的原理、方法和思维模式成就事业，运用自己的想法去支配资源，放大自己能量的一种思维方式。

创业思维作为应对不确定性的一种态度、一种解决问题的观念和方法，它强调识别机会并尝试利用机会，引导人们寻找独一无二的成功之路。创业思维的主要表现包括：有了创意或想法，利用现有资源快速行动；根据可承受的损失而不是预期收益来决策与行动；在行动中主要采用“小步快走”、多次尝试、调整优化，不断接近目标的策略；在行动中不断整合资源、吸引更多的人加入进来；把行动中的意外事件看成“试验”“试错”，努力把其转化为优势或有利条件；把激情当成行动的动力等。

（二）创业思维的特征

创业思维本质上具有以下几种特征。

1. 积极行动

具有创业思维的人，会积极将想法付诸行动（图 2-3）。他们不会考虑现在拥有的资源是否充分，而是认为自己就是最大的资源，立刻从已拥有与控制的资源开始，在做的过程中影响并吸引他人参与行动，不断发掘、整合并充分利用新的资源推进行动。他们认为，资源总会有的，只有付诸行动才能整合更多资源。

图 2-3 积极行动，说干就干

具有创业思维的人，不会考虑未来收益是否可控或投入产出比，而只考虑自己是否可以承受失败带来的风险损失，不会因未来收益或在行动过程中具有不确定性而延迟自己的行动。他们认为，有效的行动是化解不确定性或风险的最好办法，没有行动，一切无从谈起。

具有创业思维的人，当面对资源约束和各种难题时，他们不是牢骚满腹，而是在创业思维方式引导下主动地、创造性地寻找问题的解决方案，思考新的发展机会。创业思维决定行动的成效，使具有创业思维的人在别人怨天尤人的时候观察，在别人说三道四的时候准备，在别人夸夸其谈的时候动手，在别人冷嘲热讽的时候坚持，在别人幸灾乐祸的时候再起，最后才能在别人碌碌无为的时候成功。

2. 试验迭代

创业思维的核心是“有效推理”的应用。与“因果推理”为先设的特定目标寻求最佳实现路径不同，“有效推理”不是从具体的特定目标开始的。基于发展过程固有的不确定性，目标总是动态变化的阶段性目标，“有效推理”引导具有创业思维的人不断评估个人能力，选择当前可以实现的阶段性动态目标，根据目标实施过程中的新发现，不断调整目标规划，并驱动目标规划的实施。这种发现驱动思维为目标的动态选择和实施提供了实用工具，是不确定环境下应对风险的有效办法。

具有创业思维的人认为，不可能一开始就制订出系统完美而精确的可控计划，因为未来存在着太多的不确定性和变数。他们喜欢在行动中学习和反思，认为“试验”才是最有效的思维与行动方式。在行动之前，他们要评估最坏的结果。他们会一边行动，一边反思，一边调整，逐步达到理想的状态与目标。

具有创业思维的人，会采取由近及远、由小到大、由简单到完美、由试验到实践的思维与行动方式。在达成总体目标的方向上，通过试验逐步摸索、验证与调整优化，不断迭代自己的解决方案，从而一步步接近“真相”“完美”，步步为营，推进想法实现的良性循环与螺旋上升发展。

3. 开拓创新

具有创业思维的人，不会去做简单复制和优化的事情，而是致力于寻求用新的方式创造最大价值的路径。这一点是与传统的管理思维最大的不同之处。管理思维是惯性思维，是基于现有确定性资源的优化配置，以提升资源利用价值、提高绩效和实现资源价值“从1到*N*”增值为目标，是强化规则建立规范的思维方式。创业思维是创新思维，是充分利用有限资源进行开拓创造，以构建全新的资源价值体系和实现“从0到1”、从无到有为目标，是打破传统规则重塑新标准、新体系的思维方式。例如，带领团体旅游的导游的思维与行动方式属于体验已知情境的管理思维，而探索无人涉足区域的背包客的思维与行动方式属于探索未知情境的创业思维。创业思维与管理思维的对比如表2-1所示。

表2-1 创业思维与管理思维的对比

视角	创业思维	管理思维
过程视角	在事物创建过程中应用，解决从0到1的问题及突破问题。从0到1是一个质变过程，给出全新的解决方案或商业模式	在事物成长过程中应用，解决“从1到*N*”的问题，即生长问题。从1到*N*是一个量变过程，是对现有解决方案或商业模式的复制或优化
目标视角	在目标不确定、需要探索时，应用创业思维。通过试验，可以降低目标实现的风险	在目标确定、需要执行时，应用管理手段，通过计划，可以提高目标实现的效率
资源视角	从自己所拥有的资源开始行动。你自己就是你最大的资源，资源是创造性整合而来的，总是流向价值最大的地方	直到拥有资源时才开始行动。在实际行动前要做预算，先进行资源储备，直到储备了充足的执行计划所需要的资源，才开始行动
计划视角	采取小行动，“小步快跑”。具备创业思维的人总是行动在前，在行动中学习，并逐步调整和改善	制订大计划，进行周密规划。具备管理思维的人在采取行动之前要调研各种信息，制订周密的计划，然后采取行动
结果视角	创造新事物。创新是创业思维的核心，探索新的问题、给出不同的解决方案、找到新的商业模式等，都属于创业思维	重复原有的事物或把原有的事物做得更好。复制或改良现有的产品或商业模式都属于管理思维

二、创业思维的原则

早期的创业研究聚焦于创业者特质，回答“创业者有什么特征”的问题，如富有冒险精神、行动力、激情等。随着过程方法进入创业课堂，创业变成一种线性活动，包括识别机会、开发概念、理解资源需求、获取资源、制订商业计划、实施计划、管理新企业和退出。这一时期的创业理论认为，创业过程是线性的，创业结果是可以预测的。

2000年前后的研究不再根据人格特质来区分创业者，而是揭示创业者的思维模式，开始广泛探索某个个体如何变得富有创业精神、创造机会并针对机会展开行动。萨阿斯·萨阿斯瓦斯（Saras Sarasvathy）在这一研究领域中取得了杰出成就，她引入了一个全新的理论——效果推理理论。效果推理理论是一种行动思维的理论，强调通过行动创造或发现机会，以行动来验证效果，以每一次的行动效果作为下一次行动的前提之一，逐步追求创业者满意的效果，最终实现创业愿望。

在此基础上，萨阿斯·萨阿斯瓦斯进一步提出了基于效果推理的五大原则，即手中鸟原则、可承受损失原则、柠檬水原则、疯狂的被子原则、飞行员原则。我们称之为创业思维的五大原则。

1. 手中鸟原则

手中鸟原则来自西方谚语“A bird in the hand is worth two in the bush”（一鸟在手，胜过二鸟在林），意即“自己拥有的资源胜过无法得到的资源”。按照这种原则，创业并非起始于对机会的识别和发现，或者预先设定目标，而是首先分析你是谁、你知道什么及你认识谁，即了解你自己目前手中拥有的手段有哪些。创业行动应该是手段驱动，而不是目标驱动，创业者应该运用各种已有的资源来创业。

图 2-4　分析创业的损失

2. 可承受损失原则

创业者必须首先确定自己可以承受的损失及愿意承受的损失有多大（图 2-4），然后投入相应的资源，而不是根据创业项目的预期回报来投入资源。在采取每步行动之前，创业者都应该只付出自己能够承受且愿意负担的投入。在考虑投入时，创业者应该综合权衡各种成本，包括金钱、时间、职业、个人声誉、心理成本和机会成本等。

3. 柠檬水原则

“如果生活给了你柠檬，就把它榨为柠檬汁。”这实际上要求创业者以积极的心态主动接纳和巧妙利用各种意外事件及偶发事件。很多时候，意外同时也意味着新的机会。如果可能，解决这个问题后，你的解决方案会变成你的资产。假如这个问题会永久存在且无法排除，那么它将成为你采取下一步行动的已知事实基础。

4. 疯狂的被子原则

疯狂的被子是由不规则形状的织物制成的被子。缝制一张大被子一般是由多人一起完成的。疯狂的被子原则是指创业者应寻找愿意为创业项目实际投入资源的利益相关者，通过谈判、磋商来缔结创业联盟，建立一个自我选定的利益相关者网络。创业联盟的构成决定创业目标，随着创业联盟网络的扩大，创业目标也会不断发生变化。

5. 飞行员原则

一架飞机飞行的方向由飞行员控制。人们未来去往哪里由自己决定。飞行员原则意味着要自己掌控前进方向。在创业中，并不是每个事件都是可控的，但创业者要专注于那些可控性较强的事件。在采取行动时，创业者要基于已经拥有的资源，这样的行动可控性强，有助于更好地控制事态发展，灵活地应对创业过程中遇到的各种意外事件，增强在不确定性环境中的控制力。

三、创业思维的培养方法

1. 实践行动

创业既不是一门科学，也不是一门艺术，而是一种实践。只有从事创业相关的实践活动，才能形成创业思维。创业实践是一种很宽泛的活动，一切想法变成现实的过程都属于创业实践活动。在某种程度上，创业等于设计实验，包括设计产品、服务系统、组织、流程、场景、商业模式等，针对任何一种出现的问题，给出可行性解决方案，并能创造价值的活动都属于创业实践活动。

2. 反思提升

快速行动的过程也是一个快速试错的过程，只有在失败中进行深度反思，才能在失败中快速学习。反思本质是对问题进行剖析的过程，包括总结所做的事情（what）、通过行动所悟到的事情（insight）及下一步的行动计划（action）。

3. 思维转换

不同的情境需要运用不同的思维方式，创业思维并不比管理思维更优越，两种思维方式同等重要。创业过程依然需要管理思维，管理过程同样也需要创业思维。总之，当情境确定时需要应用管理思维；一旦情境不确定，就需要迅速切换到创业思维。创业者只有在两种思维方式之间灵活切换，才能更有效地解决问题。

课堂活动

画　桥

材料准备：准备一幅画。这幅画中有一座跨过河流的桥，或者只有河流没有桥。这幅画的尺寸为 1/2 A4 纸。

（1）把你准备好的画粘贴在一张空白 A4 纸的上半部分。

（2）如果你的画中有桥，请用几分钟时间在 A4 纸的空白处画桥，尽可能地反映出桥的大部分特征；如果你的画中没有桥，请用几分钟时间在 A4 纸的空白处画出一种过河的方法。

（3）讨论。

1）画桥的学生请回答以下问题：

① 你是如何起笔作画的？你看到了什么（分析）？

② 你清楚最有可能从哪里开始画吗？

③ 你假定桥的材料、架构和功能是什么？

④ 你是否遵循了某种已有的方案？例如，先画出线条，再看看比例，然后添加一些线条。

⑤ 你觉得这个任务是清晰的还是模糊的？

⑥ 如果有一个模型可供参考，是不是对你更有帮助？

⑦ 你知道画到哪里就可以结束了吗？

2）画出过河方法的学生请回答以下问题：

① 你是如何起笔作画的？你看到了什么？

② 你想到了你对桥的一些认识和了解吗（以往经验的反思）？

③ 你很清楚最有可能从哪里开始画吗？

④ 你假定桥的材料、架构和功能是什么？

⑤ 你是否遵循了某种已有的方案？

⑥ 你想要创建一座什么样的桥，是为人服务的，还是可以通行小动物、汽车、火车的？

⑦ 你做出了什么假设？

⑧ 你是否做过多次尝试（试验）？

⑨ 你觉得这个任务是清晰的还是模糊的？

⑩ 没有一个模型做参考，你是不是感觉难以完成这个任务？

⑪ 当你开始画画时，你知道你想要的桥最终会是什么样子吗？

（4）总结。这是一个关于创业思维的练习，我们可以了解到预测性思维和创造性思维的差异，体会到这两种不同的思维带来的效果。预测性思维的本质是一种过程型方法，意味着按照一种线性模式进行创业，即识别机会、开发概念、评估和获取资源、发展企业，然后退出。创造性思维则关注撬动已有的与“触手可及”的资源和关系，充分发挥它们的杠杆作用，以此作为新企业发展的路径，而不是依据已有的商业计划去发现和获取资源。创造性思维包括创业试验和多种选择的开发，强调的是利益相关者如何基于习得的经验创造性地重塑创业项目。

课程反思

1. 你如何理解创业的本质？
2. 创业的三大核心要素是什么？
3. 大学生为什么需要培养自己的创业思维？
4. 适合大学生培养创业思维的方法有哪些？

拓展阅读

创业基本功：正确的行动力

行动力是创业者关键的基本素质和能力。只有付诸正确的行动力，才能让创业结果朝着理想的目标前进。

正确的行动力思维导图如图 2-5 所示。

图 2-5 正确的行动力思维导图

具体内容详见二维码：

参考文献

李时椿，常建坤，2013．创业基础[M]．北京：清华大学出版社．

斯图尔特·瑞德，萨阿斯·萨阿斯瓦斯，尼克·德鲁，等，2015．卓有成效的创业[M]．新华都商学院，译．北京：北京师范大学出版社．

孙洪义，2016．创新创业基础[M]．北京：机械工业出版社．

汤锐华，2016．大学生创新创业基础[M]．北京：高等教育出版社．

张金山，2017．大学生创新创业案例：走近“挑战杯”[M]．北京：社会科学文献出版社．

SARAS D S, 2001. Causation and effectuation: Toward a theoretical shift from economic inevitability to entrepreneurial contingency[J]. Academy of management review, 26（2）: 243-263.

SARAS D S, 2008. Effectuation: elements of entrepreneurial expertise[M]. Cheltenham, UK: Edward Elgar Pub Lishing.

第三章 决定成为创业者

名人名言

每个人都想得到社会的认同，得到别人的尊重，都想展现自我价值，那么创业无疑是一条最好的道路。

——海尔集团名誉主席 张瑞敏

学习目标

1. 了解创业者的概念及创业者行为影响因素。
2. 理解创业对人生发展的重要作用。
3. 了解创业者的基本特点及能力框架。
4. 理解企业家精神新的内涵。
5. 坚定创业自信，践行和弘扬企业家精神。

创业故事

“90 后”小伙返乡种菌菇，带领村民致富奔小康

“90 后”退伍军人杨某放弃了大城市稳定的工作，毅然决定回乡谋发展。

1. 毅然返乡当农民，扎根深山种菌菇

杨某 18 岁时入伍当兵，退伍后曾在机场等地打拼了 6 年，工作稳定有保障。2017 年春节，杨某回家陪爷爷过年，他无意间吃到隔壁种植大户家的香菇，觉得味道很好。他看着眼前的村庄已与从前大不一样。以前回家时的泥泞小路已变成平整开阔的水泥路，山上有着大片的荒林。这时，杨某产生了一个想法，并把这个想法告诉了爷爷：他想在家种菌子和木耳。怀揣着工作几年积攒的存款，杨某流转了 100 余亩（1 亩≈666.67 米^2）土地，办起了家庭农场，种植香菇和木耳。

2. 艰苦创业遭挫败 初心不改迎丰收

杨某初始创业时，艰难超出他的想象。先是没有村民愿意到杨某的家庭农场务工，杨某将自己仅剩的存款换成零钱，承诺给村民日结工钱。从开工第一天仅有的 6 个人，到在家庭农场季节性务工的 100 多人，农场渐渐步入正轨。后来，杨某又遇到了几千个菌棒感染坏死的难题。杨某心急如焚，整宿睡不着。后来，杨某的爷爷拿出了养老钱来帮助他。杨某哽咽着对爷爷说道：“我不相信有无法克服的困难！”于是，他前往外地学习经验技术，

最终将菌棒感染的势头遏制住了。

付出终有回报，在尝遍创业的各种酸甜苦辣后，2017 年，杨某的家庭农场迎来了转机。农场的第一茬段木木耳喜获 2400 斤（1 斤≈0.5 千克）的大丰收，按照当时的市场价，仅凭木耳杨某就获得了近 10 万元的收入。如今，杨某的家庭农场食用菌种植技术逐渐成熟，木耳、香菇也通过了农产品有机认证，通过网络平台和亲友推广，不愁销路。

3. 致富后不忘众乡邻 带领村民奔小康

在尝到创业成功的甜头后，杨某积极带动周边村民参与到食用菌种植的行列中，不仅为他们提供就业岗位（图 3-1），还免费传授种植技术。经过杨某的带动、发展，种植香菇、木耳的村民种植户共有 20 余户，其中种植大户有 5 户。同时，杨某的家庭农场坚持使用村里闲散劳动力，每年务工支出 40 万元左右，带动周边村民 130 余人务工增收。

（资料来源：李霞，2021. 广元利州 90 后小伙返乡种菌菇，四年间，带动百余名乡亲增收[EB/OL].（2021-02-03）[2022-10-13]. https://baijiahao.baidu.com/s?id=1690655582938639402&wfr=spider&for=pc.）

图 3-1 创办家庭农场，带动村民就业

启示：

作为创业者，要有一颗强大的心，在遇到挫折后要积极地去面对困难，用行动和决心去战胜困难。此外，创业者还应担负起社会责任和历史使命，发挥自己的智慧，为构建美好的共同富裕的社会尽自己的一份力量。

第 5 讲 人人都可成为创业者

一、创业者的概念

视频：创业者与创业精神（上）

视频：创业者与创业精神（下）

“创业者”一词来源于法语，表示某个新企业的风险承担者，因此早期的创业者也被视为风险的承包商。在欧美的经济学研究中，研究人员几乎都从风险承担的视角定义创业者。例如，将创业者界定为一个组织、管理生意或企业并愿意承担风险的人。

创业者的概念有广义和狭义之分。广义的创业者是指在生活、工作中创造性地发挥自己的才能，为他人创造价值的人。从广义的创业角度来看，只要能为他人创造价值，并且在这个过程中实现自身价值的人都可以成为创业者。在一定意义上，人生就是创业的过程，人人都是创业者。狭义的创业者是指识别出市场机会，通过把握机会获取收益，又必须为潜在的错误决策承担风险的人。该定义主要强调以下三个方面：①创业者必须能够发现市场机会，这里的市场机会是指创业者发现新的市场需求、以更低的价格为市场提供产品、能够满足未被完全识别出的需求；②通过协调和管理人、财、物等创业要素，开发市场机会，企图获得机会创造价值；③创业者必须为自己对机会价值判断的失误承担风险。

二、创业者行为影响因素

创业者是通过创造和创新能力识别创业机会、创建新事业并实现其价值过程的人。由此可以看出，识别创业机会、创建新事业并实现其价值是创业者的最终目标，也是创业者的行为方式。创业倾向是建立企业的第一步，作为创业活动的前端，对整个创业过程至关重要。研究者认为，影响创业倾向的因素主要包含两个方面：一是想要创业的愿望；二是对创业可行性的认知。创业者的个体特征和外界环境都会影响创业倾向，进而影响创建新企业的可能性。创业倾向是从事创业活动的主观态度或兴趣，受到社会、环境、资源和资金等综合条件的影响，具有不确定性，会随着创业者的主观思想发生变化。除了外在的影响因素，就创业者自身而言，还有哪些因素影响了创业者行为和目标的实现？人们是否可以通过教育或其他手段了解这些影响因素，以促进创业行为的开展，成为创业教育的重要议题。

国外学者基于对创业者和创业者行为的研究，提出创业者行为三角模型，如图 3-2 所示。

在创业者行为三角模型中，创业者的天赋和技能是基础，在此基础上形成创业者性格，从而共同驱使创业行为产生。这个模型特别强调创业者天赋和技能融合的重要性，认为创业者技能可以通过教育获得，但是过多的流程式、模式化的管理教育会阻碍创业者天赋的发挥和创业者性格的形成。这也解释了为什么部分受教育程度越高的人的创业意向或创业动机越小。

1991 年，阿杰恩（Ajzen）在理性行为理论的基础上提出了计划行为理论，如图 3-3 所示。他认为，人的任何行为都不完全取决于人的性格，而是由人的行为意图（行为倾向）决定。行为意图主要受到三个方面的影响：个体对某一行为持有大量不同的关于结果的行为信念——行为态度；个体认为能够控制并执行某种行为的难易程度——感知行为控制力；个体所感知到的社会压力对某一行为的支持或反对——主观规范。

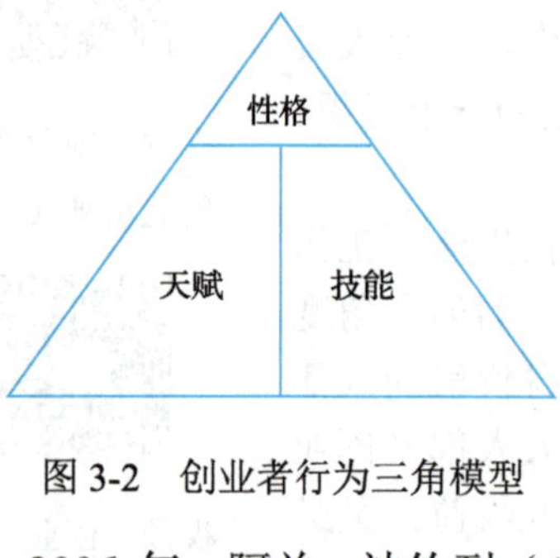

图 3-2　创业者行为三角模型

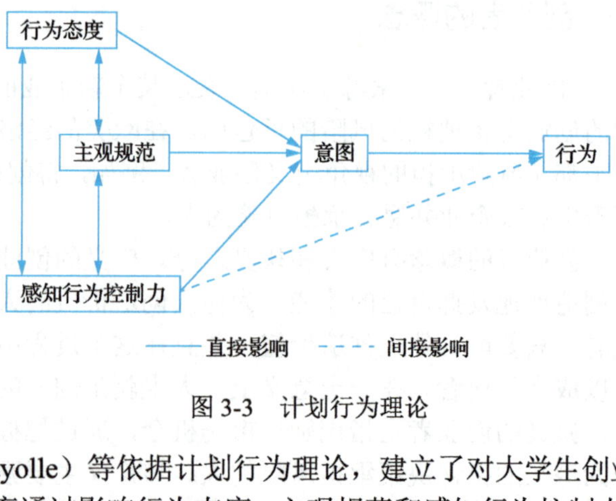

图 3-3　计划行为理论

2006 年，阿兰·法约列（Alain Fayolle）等依据计划行为理论，建立了对大学生创业教育项目进行评价的模型，研究创业教育通过影响行为态度、主观规范和感知行为控制力，作用于创业意向，进而影响创业行为。该模型对影响指标的解读：行为态度是指创业者对待创业行为的态度，即其是否对创业活动有所认可，愿意参与到创业活动中；主观规范主要是指社会、父母、朋友对其创业行为支持或反对等看法；感知行为控制力主要是指对进行创业感到容易或困难，表现在创业的知识和能力等方面，即创业技能。该研究最终发现，创业教育对创业态度、社会评价和创业技能都有着正向影响，从而激发创业意向和创业行为的产生，即创业态度、社会评价和创业技能对创业行为有着重要影响。

除了两个创业行为影响模型，其他学者大多从创业者特质、创业能力等方面对创业者进行分析。通过分析总结得出，影响创业者行为的主要素质有创业者天赋（特质）、创业能力、创业思维和创业态度四个方面。这些素质有的是与生俱来的，存在于人们的潜意识中，需要经过后天的教育、引导而逐渐被激发和挖掘；有的则是通过后天的学习和经验的积累逐渐养成的。无论是先天存在还是后天养成，这些素质都需要在特定的条件下通过不同形式的教育和实践而激发并养成。这再次证明了创业教育和实践对创业者开展创业活动的重要影响，同时也向创业教育的开展提出了挑战。

三、创业与人生发展

1. 人生就是一场创业

人生与创业具有相似的逻辑、阶段、特征和发展要求。人生发展的整个过程是面向未来不确定性环境，不满足于现状，在一定资源条件约束情况下寻求发展机会，努力整合资源，通过创造价值实现人生理想与目标的，即人生发展的过程与创业的过程在逻辑上是完全相通的。人生发展的过程与创业的过程都会经历探索、准备、起步、发展、成熟、衰退和退出等阶段，具有相似的发展历程。人生与创业都具有社会性、发展性、实践性、曲折性、价值性和风险性等特征。从发展要求方面看，人生与创业都需要主体发挥其积极性、主动性和创造性，需要依靠个体的精神动力、优势能力、资源经验和努力付出，去捕捉机会、创造价值，成就属于自己的事业。

2. 精彩人生需要创业

一方面，新时代对劳动者的要求，不仅需要劳动者具备必需的就业与职业素质能力，还需要劳动者具备一定的创业素质和能力，这样才能适应并保持岗位的发展要求，获得良好的职业生涯发展。劳动者需要具有就业与创业的双重素质能力，是经济发展、社会进步对劳动者的基本要求，也是人们获得良好自身发展的必然要求。

另一方面，创业者只有充分发挥个人的创业精神去开拓进取，运用创业思维去对待工作和思考人生，以创业的行为方式去主动奋斗和参与竞争，才能取得成功，赢得既精彩又有价值的人生。360 公司的创始人周鸿祎认为，人生就是一场创业，需要颠覆自我、拒绝平庸，突破阶层固化。新东方创始人、董事长俞敏洪认为，在大众创业、万众创新的新时代，人一辈子一定要有一次创业，否则人生会有缺憾。

3. 以创业来经营人生

成功的人生与创业一样是需要经营的。我们可以把人生当作初创企业来经营，并且借鉴和利用创业的思维理念，从而更好地经营自己的人生。无论我们从事何种职业，为适应新时代的职业发展要求，都要把自己当成真正执掌初创事业的创业者，运用创业者的思维与行动方式，发挥创业潜能，不断推进事业发展，而这个事业就是你自己的职业生涯。我们还要把自己当成创业企业的“测试版产品”，面对发展机遇和挑战，需要承认并认识到自己的“缺陷”，迫使自己不断学习和成长，以获得持续的进步、完善和优化。

由于人生发展面临不确定性、环境变化和限制，仅靠创业思维还不够，还需要掌握经营人生的方法、工具和技巧，以有效积累并利用生涯贵人和发展机会，获得并保持人生发展的竞争优势。例如，创业规划中的商业模式画布可用来设计人生的发展规划。在人生规划的商业模式中，核心资源是指兴趣、技能、个性及掌握的资源（我是谁，我拥有什么），关键业务是我们为他人或社会贡献价值的活动与方式（我要做什么），客户群体是指我们的服务对象（我能帮助谁），价值服务是指我们如何提供个人价值（我怎样帮助他人），渠道通路是指如何让别人认同并获得我们的价值（怎样宣传自己和交付服务），客户关系是指如何维护并扩大个人价值的服务对象（怎样和对方打交道），重要合作伙伴是指支持人生发展的人际关系（谁可以帮我），收入来源是指个人收益或收获（我能得到什么），成本结构是指个人付出（我要付出什么）。运用创业的方法和工具，有助于提升经营人生的效率和质量。

第 6 讲　创业者是什么样的人

一、创业者的基本特点

创业者作为推进创业活动的执行人，对创业活动有重要的导向作用。虽然创业者的成功经验千差万别，但梳理成功创业者的个性特征时，我们依然能明显发现其具有的共性。

1. 成功欲望倾向

与普通人相比，创业者的需求层级较高。根据马斯洛的需求层次理论，人的需求分为生理需求、安全需求、归属和爱的需求、尊重需求及自我实现需求五个从低向高迈进的需求层次。一般而言，创业者具有强烈的成功欲望及满足自我价值实现的需要，即最高层次的需求。创业者对于个人目标的设定往往超出舒适阶段的目标，设定标准较高。这种高目标的设立不断激励创业者突破现状、战胜困难。

2. 风险偏好倾向

在风险倾向方面，创业者更多具有风险偏好倾向。当市场尚未明确、存在诸多不确定因素时，创业者就愿意承担高风险，开展相关的商业活动。创业者正是由于具有这种风险偏好倾向，才能够及时抓住稍纵即逝的市场机会，从而开拓出一片事业。当然，成功的创业者在创业时并非盲目冒进，而是会积极搜集信息，辨识可规避的市场风险后再采取行动。

3. 创新求变倾向

成功的创业者均十分重视创新，力求在不断创新中找到企业发展的出路。创新的形式多种多样，除产品创新、工艺创新外，还包括市场创新、商业模式创新、管理活动创新等。创业者在创新活动中，只有具有较高的综合素质和创新管理能力，才能在激烈的市场竞争中获胜。企业管理者或领导者的创新，是企业具有核心竞争力并获得长足发展的根本。对于创业企业家而言，如果需要将自己企业的产品或服务推向一个全新的市场，需要令消费者认识自己的产品或服务，创新求变则尤为重要。

4. 经济诉求倾向

企业成功的标志之一是获得市场认可，从而获得经济收益，使企业能正常经营。这要求创业者具有经济思维，了解经济运行规律，将追求利润最大化作为企业经营决策的重要标准。一个成功的创业者应该具备基本的经济头脑，了解经济规则，学会运用经济思维进行决策。这要求创业者既要了解所处行业的市场供求关系及市场竞争情况，又要具有在企业日常经营中采取以最小的投入获得最大产出的运营管理能力。

5. 关注资源倾向

成功的创业者非常关注获取并利用外部资源。当前市场竞争异常激烈，市场机会瞬息万变，创业初期更是急需各类资源帮助企业在市场上立足。成功的创业者一般会将搜寻外部资源信息作为一种潜意识行为，从大量的最新资源信息中筛选出有用资源，然后采用或使用或合作或购买或效仿等方式利用各类资源。创业者关注的资源包括外部资源和内部资源两种。外部资源是创业者对外界重要信息进行搜寻后，获取的有关市场信息、竞争者信息、技术信息等。内部资源是创业者对内部的人员能力、企业资产、企业技术等信息进行梳理后得到的关键信息资源。无论是哪种资源，都可以作为创业者个人能力的补充，帮助其更好地抓住市场机会，并进行相关决策。

二、创业者的能力框架

创业是一项具有挑战性的社会活动，是对创业者综合能力的一种全方位考验。创业者能力是指创业者应该具有的工作能力，一般是通过教育、培训或在实践工作中通过工作经验的积累获得的。创业能力是实施创业和决定创业能否成功的关键。在现代社会中，竞争日趋激烈，一个人能否在竞争中占据优势、成功创业，一定程度上取决于其所拥有的或能够运用的各种能力。与对创业者特质的研究一样，不同学者对创业者应该具备哪些能力的理解也不尽相同。

全球创业观察（The Global Entrepreneurship Monitor，GEM）报告将创业者能力归纳为：①创办企业的经验；②对机会的捕捉能力；③整合资源的能力。

2002 年，彼得·德鲁克（Peter Drucker）认为，创业者应该具备以下八种能力：①开创企业的能力；②运行企业的能力；③及时识别和评价创业机会的能力；④积累和运营知识及技能的能力；⑤整合资源的能力；⑥评估和防范风险的能力；⑦创新能力；⑧团结和鼓励团队成员的能力。

2008 年，托马斯·拜尔斯（Thomas Byers）等认为，创业者和创业团队应该具备以下 12 种能力：①在所从事的创业领域具有天赋、知识和经验；②寻求具有高风险和高回报的创业机会；③能够及时在短时间内识别创业机会；④创造性地探寻问题或需求的解决方案；⑤能够将机会转化为切实可行的企业；⑥希望成功——成就导向；⑦能够适应模糊不清、不确定性；⑧可以灵活地适应环境和竞争者的变化；⑨可以评估和防范治理创业风险；⑩为员工和合伙人创建企业愿景；⑪招聘、培训具有洞察力的人才；⑫具有良好的推销自己创意的能力，具有广泛的潜在合作伙伴。

2012 年，杰弗里·蒂蒙斯和小斯蒂芬·斯皮内利（Stephen Spinelli）认为，创业者区别于其他人，应该具备的核心能力和特征主要包含以下七个方面：①勇气和胆量；②责任感和决策能力；③领导力；④机会识别能力；⑤容忍风险、模糊和不确定性的能力；⑥创造力、自主能力和适应力；⑦超越别人的动机。

1999 年，阿玛尔·毕海德（Amar Bhidé）将创业者的品质特征分为创业倾向、适应性调整能力和获取资源的能力。

2013 年，张玉利等认为，创业者的品质主要包含：①控制内心冲突的能力；②发现因果关系的能力；③应变能力；④洞察力；⑤销售技巧。

2013 年，李家华将创业者必备的能力总结为：①创新能力；②学习能力；③合作能力；④经营管理能力；⑤分析决策能力；⑥人际交往能力。

通过以上专家、学者对创业能力的综合分析，我们将创业者能力整理为与个人心理特性相关的个人内在能力（第 1～3 项）及与企业创建和运营相关的实践能力（第 4～12 项），如表 3-1 所示。

表 3-1　创业者能力及其表现

序号	创业者能力	创业者表现
1	责任感和领导力	具有主人翁意识，愿意承担企业管理重任；具有牺牲精神，对企业、员工和利益相关者负责；具有领导者魅力和威信，诚实、可靠、令人信服，快速学习，积极主动，不怕失败
2	分析决策能力	能够系统分析，归纳总结，注重细节，果断决策
3	人际交往能力	善于交际和公关，能够妥善处理企业与各利益相关者（员工、合作伙伴、股东、用户、供应商、政府部门、竞争对手等）之间的关系
4	对市场的洞察力	善于观察，对市场和环境变化敏感，善于发现问题和用户需求，能快速捕捉到市场机会和威胁
5	评价创业机会的能力	能够理性地评价商业机会，决定是否进入或退出
6	创造性解决问题的能力	思维开放，发散思维，不受固有模式和习惯束缚，敢于突破创新，主动解决问题，提出创造性的解决方案
7	建立企业发展愿景的能力	能够制定企业发展规划，确定企业发展目标，让员工和合伙人明确企业愿景并为之付出努力
8	应对模糊、不确定性的能力	能够容忍初创企业的组织结构缺陷，灵活地应对环境、市场、人员及竞争对手的变化，灵活、快速地调整解决方案
9	评估、防范和治理创业风险的能力	能够预计创业可能发生的风险，对风险进行评估，寻求风险分摊方案，使风险最小化，承担可能发生的风险
10	团队合作和管理的能力	组建初始创业团队，合理分工，鼓舞他人，分享责任和财富
11	营销和销售创意的能力	具有营销能力，掌握销售技巧，能够吸引潜在用户和投资者
12	资源整合的能力	具有综合协调能力、整合能力、引进人才和资金等资源的能力

三、创业者的精神品质

创业者应具有企业家精神。企业家精神最早是由弗兰克·H. 奈特（Frank H. Knight）正式提出的，原意为企业家的才能与才华。但是随着时代的发展、社会的进步，企业家精神有了新的内涵、新的元素。

2017 年 9 月 25 日，《中共中央、国务院关于营造企业家健康成长环境弘扬优秀企业家精神更好发挥企业家作用的意见》正式公布。中共中央首次以专门文件对企业家精神提出了要求，其总括为 36 个字：爱国敬业、遵纪守法、艰苦奋斗、创新发展、专注品质、追求卓越、履行责任、敢于担当、服务社会。2020 年 7 月 21 日，在北京市召开的企业家座谈会再次赋予企业家精神新的内涵。企业家精神新的内涵包含五个方面：爱国、创新、诚信、社会责任、国际视野。创业者应不断自我思考和自我提升，自觉树立并践行企业家精神（图 3-4）。

图 3-4 创业者应不断自我思考和自我提升

（一）爱国是根本要求

企业营销无国界，企业家有祖国。在当前背景下，爱国理应成为企业家内心的本质情操和企业家精神的鲜明底色。这是立身之本，也是近代以来我国优秀企业家的光荣传统。优秀企业家必须对国家、民族怀有崇高使命感和强烈责任感，把企业发展同国家繁荣、民族兴盛、人民幸福紧密结合在一起，主动为国担当、为国分忧，正所谓“利于国者爱之，害于国者恶之”。

对于企业家来说，爱国的实现方式有很多，但首先是做好本职工作，办好一流企业，带领企业奋力拼搏、力争一流，实现质量更好、效益更高、竞争力更强、影响力更大的发展。或者说，要将企业发展融入实现中华民族伟大复兴中国梦的实践中。

（二）创新是核心要求

创新是企业家把一种关于生产条件和生产要素的新组合引入生产体系，并通过市场实现潜在利润的过程。创新是创造的一种新的生产函数。企业家创新活动是推动企业创新发展的关键。企业家要想办好一流企业，核心就是创新。企业家要做创新发展的探索者、组织者、引领者，勇于推动生产组织创新、技术创新、市场创新，重视技术研发和人力资本投入，有效调动员工创造性，努力把企业打造成为强大的创新主体，企业家精神的核心要求就是创新。

（三）诚信和社会责任是基本要求

一个具有家国情怀的企业家，是不会缺乏诚信和社会责任感的。

社会主义市场经济是信用经济、法治经济。在市场经济环境下，诚信守法至关重要。

只有在诚信守法的环境下，市场公平有序，企业之间才能形成良性竞争，才有利于提高企业生产效率。作为企业的“领头羊”，企业家更要坚守道德底线，树立诚信守法的意识，建立诚信守法的企业文化，坚持诚信守法。

企业家不仅有经济责任、法律责任，还肩负着重要的社会责任、道德责任。企业本身存在于社会之中，只有企业真诚地回馈社会，社会才能认可企业。首先，要引导企业家参与公益慈善事业。其次，要稳定就业岗位。企业不仅要在经济发展方面做出突出的贡献，还要为社会提供更多的就业岗位。企业要肩负起社会责任，时刻关注员工的身心健康，做好员工的思想工作，尽最大努力稳定就业岗位，维护社会稳定。

（四）国际视野是必然要求

国际视野是首次以企业家精神的要素出现的，是企业家着眼未来的必然要求。随着我国改革开放的深入，中国开放的大门越开越大，我国企业走出去的步伐明显加快，更广、更深地参与国际市场开拓（图 3-5），也必然会产生越来越多的世界级企业。

图 3-5　我国企业加快国际市场开拓

这就要求我国企业家必须居安思危，提高自身把握国际市场动向和需求特点的能力，提高把握国际规则的能力，提高开拓国际市场的能力，提高防范国际市场风险的能力，带动企业在更高水平的对外开放中实现更好发展，促进国内国际双循环。

企业家要带领企业战胜当前的困难，走向更辉煌的未来，就要弘扬企业家精神，在爱国、创新、诚信、社会责任和国际视野等方面不断提升自己，努力成为新时代构建新发展格局、建设现代化经济体系、推动高质量发展的生力军。

课堂活动

创业人物访谈

1. 访谈目标

通过访谈，学生能了解不同创业任务的创业过程，感受创业者素质在创业过程中的重要作用，树立职业生涯规划意识。

2. 访谈规则和程序

1）以小组为单位进行创业任务访谈

进行一次创业人物访谈，内容包括：访谈的时间、地点，被访者的姓名、年龄、性别，创业动机，经历，如何发现商机，成功的关键因素，如何找寻合伙人，如何融资，初期生存阶段所经受的压力和危机，获得的外部帮助等。重点内容是创业者的经验、体会、教训等，并将访谈结果记录下来。访谈可参考以下提纲。

（1）你的创业点子、创业想法是如何产生的？

（2）如何确定创业项目的？

（3）创业前期需要进行哪些筹备工作？

（4）如何进行创业资金筹集？

（5）你认为创业者应该具备哪些素质？

（6）大学生创业者应该做好怎样的心理准备？

选择你最想了解的1～2位创业者，可以是你心目中的典范或仰慕的榜样，也可以是你所知甚少但非常想了解的，撰写一篇访谈的专题报告。

2）实施步骤

（1）3～5人为一组，每组选出一个负责人。

（2）自行确定、联系访谈对象。

（3）拟订访谈提纲，内容包括创业人物的教育背景、成长环境、创业动机、创业历程、创业心得等。

（4）访谈结束后，每组撰写一份访谈报告，分析创业人物的创业者素质、创业成功的因素及从他们身上获得的启示。

（5）将报告内容制作成PPT，在课堂上以小组为单位进行交流汇报，每组时间为8分钟。

课程反思

1. 创业对于个人发展的意义有哪些方面？
2. 创业者需要具备的重要特点有哪些？
3. 你觉得根据自身情况应如何提升自己的创业能力。
4. 商人与企业家的区别是什么？你认为企业家精神还可以加入哪些特质？

拓展阅读

驱动者、探索者、改革者、引领者，你是哪种创业者性格？

如今，创立并发展业务是每个管理者、领导者及创业者的首要任务，也是每个公司得以存在的根本原因。

如果你是一名创业者，无论是经营一家独立的初创公司，还是在大型企业从事内部创业，抑或是负责一条新的产品线，你都会面临一系列挑战，如把想法落实成产品、激励灵感迸发的团队、把用户发展成长期合作伙伴、与投资方结盟、逐步扩大业务规模等。在应对挑战的过程中，你也会时常从不认同你的想法的人那里感受到强大的阻力。

通过研究，我们发现并没有单一的成功创业者类型，相反，在个性不同的男性与女性中，存在四种截然不同的创业者性格。我们把他们定义为驱动者、探索者、改革者、引领者，每种类型的创业者在创业动机、决策风格、管理及领导方面都各有千秋。这里先简要描述每种性格。你最有可能是哪种性格？

创业者性格分析思维导图如图3-6所示。

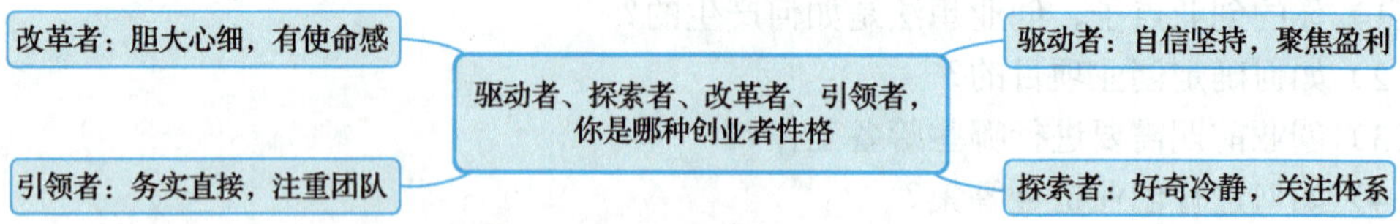

图 3-6 创业者性格分析思维导图

具体内容详见二维码：

参考文献

阿玛尔·毕海德，2004. 新企业的起源与演进[M]. 魏如山，马志英，译. 北京：中国人民大学出版社.

彼得·德鲁克，2005. 卓有成效的管理者[M]. 许是祥，译. 北京：机械工业出版社.

彼得·德鲁克，2007. 创新与企业家精神[M]. 蔡文燕，译. 北京：机械工业出版社.

蒂莫西·克拉克，亚历山大·奥斯特瓦德，伊夫·皮尼厄，2012. 商业模式新生代（个人篇）[M]. 毕崇毅，译. 北京：机械工业出版社.

杰弗里·蒂蒙斯，小斯蒂芬·斯皮内利，2004. 创业学[M]. 周伟民，吕长春，译. 6 版. 北京：人民邮电出版社.

李家华，2013. 创业基础[M]. 北京：北京师范大学出版社.

李秋斌，2013. 大学生创业指导[M]. 北京：北京大学出版社.

托马斯·H 拜尔斯，理查德·C 多尔夫，安德鲁·J 尼尔森，2017. 技术创业：从创意到企业[M]. 陈劲，李纪珍，译. 4 版. 北京：北京大学出版社.

汪怿，2015. 创新创业人才开发研究[M]. 上海：上海社会科学院出版社.

张玉利，薛红志，陈寒松，等，2020. 创业管理[M]. 5 版. 北京：机械工业出版社.

第四章

确定最有价值的创业机会

名人名言

真正有价值的创业机会来源于外部变化，这些变化使人们可以做以前没有做过的事情，或使人们能够以更有价值的方式做事。

——政治经济学家 约瑟夫·阿洛伊斯·熊彼特

学习目标

视频：评估创业机会和项目例子——智能购物车

1. 了解创业机会的概念、特征、来源及分类。
2. 了解创业机会导航的使用方法。
3. 能够使用创业机会集合发现创业机会。
4. 能够使用吸引力地图评估创业机会。
5. 能够使用敏捷聚焦战略识别可以实施的创业机会、备选的创业机会及暂时搁置的创业机会。
6. 保持敏锐的洞察力，不断增强风险意识，客观评判创业机会。

创业故事

共享自习室：发现共享时代新商机

有需求就有市场。读高中时，孙某发现：寒暑假时学校不开放，他没有一个能安静读书学习的地方。当时，他经常和朋友一起合租场所上自习。等到高中毕业后，考虑到学弟学妹也会有这样的需求，他决定和同学一起合伙创办自习室。

起初，在国内鲜有自习室成功运营的案例。孙某通过查阅资料发现在日本、韩国，共享自习室已经有了一定的发展规模。于是，他们便参考国外经验摸索。他和同学投入自习室的第一笔资金是两人在大学期间省吃俭用攒下来的。刚开始，他的心里也很忐忑，害怕投资失败。然而，出乎他们意料的是，他们不仅没有亏损，还赚到了学费。上大学期间，孙某更加认识到共享自习室的重要性。因为每到期末考试，学校图书馆和自习教室的座位就很紧张，要早起占座。

随着共享单车、共享汽车、共享充电宝等共享经济的不断兴起，再次创业的念头在孙某心中升起。结合之前创办自习室积累的经验，孙某又到上海、广州等城市观摩调查，最终孙某和同学在济南创办了第一家共享自习室（图 4-1）。创业初期，孙某遭遇了家人的不理解，但他还是顶着压力和同学一起坚持做了下来。目前，他和同学注册了自己的公司，并开办了多家共享自习室连锁店，有近 1000 个座位，可满足周边高校学生前来学习、备战

图 4-1　同学们在共享自习室看书

各类考试的需求。

除了为高校学生提供学习场所，孙某还把目光锁定在上班族身上，计划在写字楼附近开设分店，服务上班人群，并计划将触角延伸到更多城市。他认为，随着公共学习空间资源日益紧张，作为新兴事物，共享自习室有很大的发展空间，定位将逐渐精细化，行业也会慢慢走向规范化。

（资料来源：张艺千，2020．共享自习室：90 后小伙伴发现的新商机创业故事[EB/OL]．(2020-06-19) [2022-10-13]．https://baijiahao.baidu.com/s?id=1669918040457626728&wfr=spider&for=pc.）

启示：

当人们在某些方面有需求，尤其是迫切需求的时候，创业机会就出现了。孙某就是从学生对自习室的需求出发，结合共享经济模式，开发了共享市场上的一个"新产品"——共享自习室。

第 7 讲　创业机会概述

一、创业机会的概念

创业机会是指那些具有持久吸引力的商业机会。创业者可以抓住创业机会，并利用创业机会创造出为用户服务的产品，在服务用户的同时获取利益。马克·卡森（Mark Casson）认为，创业机会是指在新的生产方式和产出的关系形成的过程中，通过引进一些新的设计、服务或产品得到比生产成本价值更高的情形。创业机会并不是完全与新的产品或服务等同，而是把市场资源尽可能地结合在一起，从而适应市场服务用户。创业机会是指有利于创业的一组条件的形成情况。这组条件至少包含如下要素：第一，某个细分市场存在或新形成某种持续性需求；第二，拟创业者开发或持有有助于满足市场需求的创意；第三，创业者有能力和资源，可实施所持有的创意；第四，创业者将自己的创意转变为具体的产品或服务，不需要大规模的资金（轻资产）和团队（小团队）。只有当这四个要素都得到满足时，才能认为客观上存在或形成某种创业机会。

此外，不能简单地认为商机就是创业机会。如果这种商机是不可持续的、昙花一现的，则创业者还没有起步行动，这种商机可能就已经消失了。针对特定的商机，如果创业者不能开发出可与之匹配的创意，这种商机也不能被视为创业机会，因为既无创意，何谈创业？如果创业者能够开发出与特定市场需求相匹配的创意，但实施相应的创意需要有较大规模的资金（重资产）和团队（大团队），则这种商机也不能被视为创业机会。因为创业之初，多数创业者缺乏资金和众多的追随者。需要重资产、大团队的商机，只是规模达到一定阈值的企业的商机，创业者如果坚持跟进这样的商机，则多数会失败。基于以上分析，我们不难看出，创业机会本质上是商机、创意、轻资产、小团队四种要素的有机组合。

二、创业机会的特征

1. 价值性

创业机会的价值性不仅体现在为用户带来价值，还体现在为创业者带来经济价值和人生价值。创业机会往往是收益与风险并存的，只有收益大于风险，创业机会才能具有价值性。

2. 吸引性

一个好的创业机会必定会对用户产生强大的吸引力，只有满足用户的某种需求，才能有丰厚的收益。例如，医院的一卡通解决了患者排队等候、医院诊疗卡片过多的问题，受到患者的欢迎。

3. 可行性

创业者运用 SWOT［优势（strengths）、劣势（weaknesses）、机会（opportunities）和威胁（threats）］分析方法，对自己的优势和劣势及外部环境的机会和威胁进行充分评估，对创业机会的可行性进行深入的认证。创业者需要重点评估所拥有的人、财、物、时间、信息和技能等能否达到实现创业机会的要求，如果能够达到，则该创业机会可行。

4. 时效性

机会存在的时间是有期限的，只有在存续时间内发现并利用机会，才能促成创业成功。例如，前几年共享单车项目风靡全球（图 4-2）。但到 2018 年，共享单车市场过度饱和，不少公司纷纷倒闭或转向经营，这就表示共享单车的黄金发展期已经过去，机会之窗越来越小。

图 4-2 用户在使用共享单车

三、创业机会的来源及分类

（一）创业机会的来源

1. 环境变化

彼得·德鲁克曾将创业者定义为寻求变化并积极反应，把它当作机会充分利用起来的人。变化就是机会，环境变化是创业机会的重要来源。尤其是在“唯一能够确定的就是不确定性”的复杂动态环境中蕴含着各种良机，如产业结构调整带来的新产业发展契机、用户消费观念转变带来的新商机等。环境变化主要包括宏观经济政策和制度变化、产业经济结构变化、社会和人口结构变化、价值观与生活理念变化、竞争环境变化、技术变革等。

2. 用户需求

公司存在的根本目的就是为用户创造价值，无论环境是否变化，创业机会源于用户需求都是永恒的真理。因此，创业机会必定来源于用户想要解决的问题、在生活中遇到的难题、新增的需求等。

3. 创新变革

每个发明创造、每次技术革命，通常都会带来具有变革性、超额价值的新产品和新服务，能更好地满足用户的需求，伴随而来的则是无处不在的创业机会。一方面，创新变革者本身凭借长期积累的技术优势、创新实力，自然会抓住来之不易的创业机会；另一方面，即使不是变革者，只要善于发现机会，也可以抓住来之不易的创业机会，成为受益者。例如，在互联网技术革命时代，创业者无须进入互联网技术革命领域，也可以通过掌握基本的互联网知识和技能，利用互联网平台开设一个网点，成为互联网大潮中的一名普通创业者。

4. 市场竞争

在分析竞争对手时，我们通常会对自己与竞争对手之间的优势和劣势进行比较、分析，目的是采取扬长避短或差异化的策略，进而更好地满足用户需求，拓展市场。因此，在市场竞争中，如果能够针对竞争对手的不足将自己的优势充分发挥出来，采取差异化的产品或服务方案，为用户提供更具价值的产品或服务，就能找到竞争夹缝中的绝佳创业机会。

（二）创业机会的分类

根据环境变化、用户需求、创新变革、市场竞争等各类创业机会来源，创业机会分为以下三种类型。

（1）问题型创业机会，是指基于用户现有需求、尚未解决的问题而产生的着眼于实际的创业机会。

（2）趋势型创业机会，是指基于环境动态变化、对用户潜在需求预测而产生的着眼于未来的创业机会。

（3）组合型创业机会，是指基于环境变化、用户需求、创新变革、市场竞争等多种因素，为用户创造新价值而产生的，并且通常是由多项技术、产品或服务组合而成的创业机会。

第8讲 创业机会导航

一、创业机会导航概述

创业机会导航旨在将复杂的决策制定过程转变为一个清晰并易于处理的任务。它包括一个主设计面板和三张专项工作表。导航的主设计面板又包括三个部分，分别是创业机会集合、吸引力地图及敏捷聚焦标靶（图 4-3）。这三个部分是制定一个明智的创业机会战略的关键。

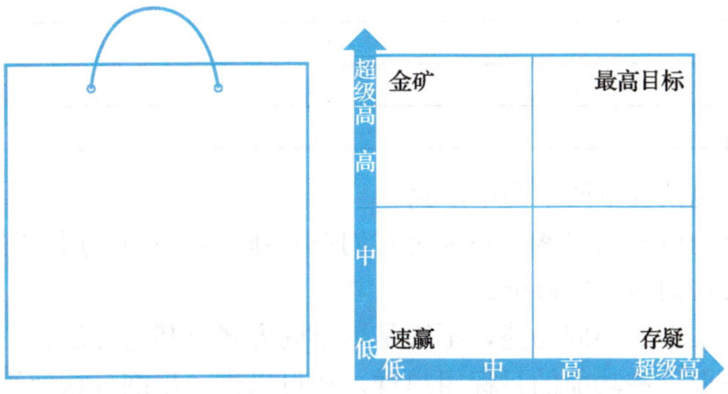

（a）创业机会集合　（b）吸引力地图　（c）敏捷聚焦标靶

图 4-3　创业机会导航的三个部分

那么，我们该如何做呢？

第一步：生成创业机会集合。找到如何描述你的核心能力的方式，要注意这些能力与（预想中的）产品无关；这些能力可以被开发成不同的功能，如何明确这些功能；如何明确需要这些功能的潜在用户。明确/解决这三个问题后，就得到了你的创业机会集合。

第二步：评估创业机会的吸引力。根据机会的潜力和实现其价值的挑战这两个主要维度对每个机会选项进行评级。经过评级后得到的结果会呈现在吸引力地图上。

第三步：设计敏捷聚焦战略。在选定主要的创业机会后，如何对可能的备选项和发展机会选项进行评估，通过判断它们的价值和关联性，你可以识别哪些是可以实施的创业机会、备选的创业机会及暂时搁置的创业机会。得到的战略（敏捷聚焦战略）会呈现在敏捷聚焦标靶上。

完成以上三步，就可以利用完整的创业机会导航来识别你最具潜力的机会选项。

二、创业机会集合

识别潜在的创业机会并非易事。它要求通过询问、观察、试验和社交等方式去了解用户的需求并满足这种需求。利用表 4-1 找出你所有潜在的创业机会。用更敏捷的方式思考你的资源和能力，不受预想产品的限制，也不管你是否已经具备了这些能力或正要培养这些能力。这个结构化决策框架会打开你的思路，预想不同的功能以满足不同用户的不同需求。它可以提高你的认知弹性，这样你对其他具有潜力的机会就会更敏感。

表 4-1　生成你的创业机会集合

步骤	能力			
第一步：列出企业的核心能力或技术要素（根据它们的功能和特性描述其特点。抛开你预想的产品，对核心能力或技术要素进行概括描述）				

续表

步骤	能力	
第二步：识别你的创业机会（思考你的核心能力可以实现哪些功能，哪些用户群需要这些功能；放大每个用户群，对其进一步细分）	功能	用户

如何找到一组创业机会？它包括以下两个简单步骤。

（1）思考企业具备的核心能力或技术要素，不考虑它们在具体产品中的应用。列出这些要素能实现的内容（功能）及它们的主要特征。

（2）找出这些技术要素能够实现的不同功能，不管是用不同方式对其进行组合，还是加入新技术。除此之外，思考需要这些功能的目标用户群，还可以进一步细分这些用户，以识别更多机会。

（一）核心能力和技术

在寻找创业机会整个过程的初始阶段，你需要详细了解自己具备的核心能力和技术，因为你具备的核心能力是识别创业机会的基础。想要充分了解你能够利用自身的核心能力做什么，你就需要单独考虑它们，用更通用的方式想象它们，也就是说，将它们从你原预想的具体产品或用户需求中抽离出来。

在表 4-1 的第一步，你会了解哪些关键要素以组合的形式构成你的核心能力和技术。例如，核心能力可以是你或你的企业对某一具体过程所掌握的重要的专门技术、一种你已经开发的稀缺资源或一项特殊技能（如生产制作）。根据不同技术的独特功能（如模式识别）或机构设计（如纳米照相机），它们可以"分解"成多个核心要素。

在了解了核心技术和能力要素后，你要简要地描述它们的主要特征和能够实现的功能。在寻找新的创业机会时，这些描述将会是你的重要工具。

（二）潜在功能和潜在用户

发现新的创业机会是生成创业机会集合的基础。在发现的过程中，我们要从两个方面去考虑：潜在功能和潜在用户。连接两个方面的纽带是需求：旨在解决特定用户的特定需求（图 4-4）。

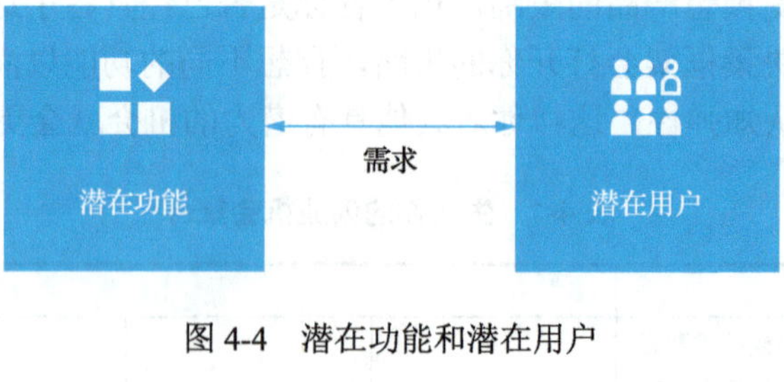

图 4-4　潜在功能和潜在用户

表 4-1 中第二步的重点是上述的发现过程。

1. 潜在功能

一旦列出核心能力和技术要素，你就应该开始用创造性思维思考它们，可以尝试用不同的方式对它们进行重组，以识别潜在功能。

2. 潜在用户

产品功能设计的目的是要满足用户的特定需求。因此，当发现潜在功能时，你就应该同时考虑哪类用户群体会需要这类功能，这就产生了你的潜在用户群。

列出你的潜在功能和潜在用户，有助于你发现新的创业机会，要以开放的态度尽可能多样化地发现创业机会。每个创业机会集合里以有 3～5 个创业机会为佳。然后，你就可以在创业机会导航的主要设计面板上描述你的创业机会集合，确保你能够清晰地命名每个创业机会。这些创业机会都有可能成为极具价值和发展潜力的机会，但是这是一个动态过程。如果新的机会引起了你的注意，那么你可以随时在组合中加入这个机会；如果有些机会失去了其价值，那么你也可以放弃这些机会选项。

三、吸引力地图

对于你的企业来说，潜在创业机会集合是一项宝贵的资产。然而就像生活一样，当你必须做出选择时，它们就会让你身处两难的境地：哪个选项是主要机会选项，是你全力以赴要抓住的机会？哪些选项是你暂时要搁置的？要做出这个重要决策，首先要评估你的可选项，因为这些机会有不同的吸引力。一个富有吸引力的创业机会很可能具有巨大的潜力，为你创造价值，并且在实现此价值的过程中你会面对相对较小的挑战。

以下介绍如何利用表 4-2 评估创业机会具有的潜力和挑战。根据这两个方面完成对创业机会的评估后，你就可以把它放在吸引力地图上了。这张地图就是你的向导，引导你了解每个机会和整个机会组合的性质，帮助你更好地权衡、对比现有机会，找出最具吸引力的机会选项。吸引力地图最终会成为你的工具，让你合理地选择主要的创业机会。这个选择综合了关键的数据要点，并非单靠直觉（直觉往往会受到自身偏见的影响）。

表 4-2 评估创业机会具有的潜力和挑战

潜力		挑战	
①购买的必然理由： 未被满足的需求； 高效的解决方案； 优于现有的解决方案	低 中 高 超级高	①实施障碍： 产品开发的难度； 销售和分销的难度； 筹集资金的挑战性	低 中 高 超级高
②市场容量： 当前的市场规模； 预期增长	低 中 高 超级高	②获利周期： 开发时长； 产品准备就绪和市场准备就绪之间的时长； 销售周期	低 中 高 超级高

续表

潜力		挑战	
③经济可行性： 利润（价值和成本）； 用户的购买力； 用户黏性	低　中　高　超级高	③外部风险： 竞争威胁； 第三方依赖性； 产品接受障碍	低　中　高　超级高
综合潜力（y 轴）	低　中　高　超级高	综合挑战（x 轴）	低　中　高　超级高

另外，吸引力地图是一个动态工具，帮助你考虑任何可利用的新信息——你可以轻松地更新与创业机会有关的潜力或挑战，必要时，重新规划你的机会选项或增加新的机会选项。

（一）评估前的准备

做好充分准备有助于成功。因此，在根据潜力和挑战对所有选项进行评估前，你需要完成一系列的准备工作。学习并了解：①目标用户的世界；②市场环境；③在执行过程中的重要事件。

1. 了解目标用户的世界

“如果你想精通钓鱼，那么就应该学会像鱼一样思考。”站在用户的角度考虑问题是了解创业机会本质的关键。你可以给用户带来的价值主张是什么？你想要解决用户的哪些困扰？你的解决方案为什么会优于现有的方案？用户价值会给他们带来哪些影响？哪些重要趋势又会对他们产生影响？只有清楚了解了这些问题，你所进行的评估才能发挥其最大价值。

2. 了解市场环境

你并不是自己一个人在竞争。因为其他竞争者可能会影响你的成功率，所以你需要详细了解你的“竞技场”。想要评估一个创业机会，你需要了解市场的价值链（一系列企业或竞争者合力满足既定产品的市场需求）。你适合哪类市场？谁会成为你的阻碍？谁有与你合作的动机？事实上，因为创新想法一般会打断现有的价值链，并彻底改变它们，所以全面了解相关竞争者是非常关键的。

另外，你还需要了解在这个市场中你的竞争者提供什么；他们如何反应；与他们相比，你是否具有较强的（或“不公平的”）竞争优势。

3. 了解在执行过程中的重要事件

你还需要了解自身具备的资源和能力：你已经有什么及仍需发展什么才能将创造出的产品推向市场。思考你已经具备的核心技术、人力资源、知识产权、盟友、合伙人、资金等。

（二）评估创业机会吸引力

表 4-2 帮助我们从潜力和挑战两个方面对每个创业机会进行评估。每个方面由三个不同因素组成，我们要对每个因素进行独立评级，然后综合得出每个创业机会的最终等级。

根据最终等级，将每个创业机会贴到吸引力地图的相应位置。在进行评估时，一张工作表对应一个创业机会。

（三）评级方法

如果单个创业机会的综合等级可以通过将六个因素的等级代入数学公式得出，那么应该是最简单的，但这种机械式的方法并不能简化决策的复杂性。

相反，在判断创业机会的吸引力时我们会对关键要素进行评估，这些因素就可以让我们对关键要素有一个全面的了解。对于创业机会的潜力或挑战涉及的每个因素，以下内容会为你提供一个问题清单，引导你完成评估过程。深入思考这些问题，尽可能收集所有信息，在从低到超级高的范围内对每个因素进行评级。结合量化和质化的考虑，最大限度地做到客观公平。团队讨论对于这一步来说有很大帮助。

我们的总体目标是了解每个创业机会的主要优缺点，因此，如果你评估的等级并不是百分之百准确的，也不要有挫败感。随着深入了解或相对了解每个创业机会，你随时可以调整评估结果。

总之，对创业机会的潜力和挑战这两个方面进行评估，有助于你了解所有选项的模式并对它们进行区分。

1. 潜力

创业机会潜力的评估对于机会的整体评估很关键，因为这个评估可以让你了解开发这个机会可能会创造出来的价值。简而言之，就是明确追求这个选择有多大价值。

这个评估是指机会本身，它并不考虑你自身实现这个机会的能力。（注意：你成功开发创业机会的能力将在“挑战”方面进行评估。）

潜在创业机会集合创造出企业的发展环境。如果创业机会相当于此环境中的一座座山，那么潜力这个维度测量的就是山的高度。因此，山越高，它带给你的潜在价值就越大。

一个创业机会的价值创造潜力是由以下三个重要因素决定的。

1）购买的必然理由

（1）什么是购买的必然理由？如果没有人想要购买这个产品，那么它就毫无价值可言。所以你首先需要了解在某个创业机会下，是否有人真的想要你所提供的产品。如果购买的必然理由不充分，那么就是“此路不通”，因为需求并不会因你的产品的出现而大幅上升。

（2）如何进行评估？深入思考以下三个主要问题：是否真的存在未被满足的需求？我们是否能够针对这个需求提供有效的解决方案？我们提供的解决方案是否（大幅度）优于现有的方案？这三个问题的真实答案可以让你评估潜在用户购买产品的理由的充分程度。表 4-3 为一个非详尽问题清单，可以引导你找出问题的答案。

表 4-3　非详尽问题清单

1. 是否是一个真正未被满足的需求
□需要解决或完成的确切问题/需求/工作是什么？这个需求是功能的、社交的、情感的，还是基本的？
□谁有这样的需求？试着列出一位普通用户的特征。谁是你的经济型买家？谁是你的用户？

续表

□目前，他们如何解决这个问题？他们是否真的在努力解决这个问题？
□你提供的产品能够带来什么改变？它的主要优势是什么？这些优势是经济的、功能的、情感的、自我表达的，还是社交的？如果是经济的（如提高关键成功因素的生产率/降低成本），则试着给出价值和投资回报的确切数据
□你提供的产品是“应该有”“必须有”，还是“愿意有”？
□制作和购买的可能性——用户能够自己制作吗？
2．是否提供了一个有效的解决方案
□你能够解决这些用户的所有需求并提供整套解决方案吗？
□你能够为使用你的解决方案的用户创造出其他需求吗？这些需求是你目前无法解决的吗？
□在解决这个需求或完成这项任务方面，你具备哪些优势？
□在解决这个需求方面，你具备哪些影响发挥的劣势？
3．是否优于现有解决方案
□你的用户目前还面临哪些其他解决方案？
□与其他解决方案相比，你具备哪些优势？为什么用户要优先选择你的产品？
□与其他解决方案相比，你具备哪些劣势？为什么用户要优先选择其他产品？
□你的解决方案具备的优势对用户而言是否真的有价值？

深入考虑这些问题后，你就能够对“购买的必然理由”这一因素进行评级。如果你认为这种做法有帮助，那么你还可以逐一对子因素进行评级，然后综合它们的等级，得出最终等级。

2）市场容量

（1）什么是市场容量？满足一个确实存在的需求是价值创造的重要条件。然而，决定产品销售的范围和产品潜在价值的是市场容量。

在了解市场容量时，你需要评估近期确实有（或可能有）这种需求的用户的数量，以及他们愿意支付的费用。市场规模是预测创业机会潜力的关键指标。虽然市场规模很重要，但规模不大的市场仍可以是一个不错的备选项，如果它可以成为进入更大规模市场的敲门砖。

（2）如何进行评估？深入思考两个主要问题：当前市场的规模有多大？它有多大的发展空间？客观地回答这两个问题是评估市场容量的基础。表 4-4 可以引导你找出答案。

表 4-4　评估市场容量

1．当前市场规模
□有多少用户需要你的解决方案？根据已掌握的数据，你可以采用自下而上或自上而下的方式预测潜在用户的总数量
□有多少用户实际使用或购买你的解决方案？这是初步筛选用户的方式。或者，你可以考虑潜在市场规模（total addressable market，TAM）和可服务市场（serviceable available market，SAM）的范围
□这些用户每年会购买多少产品？每位用户的年收入是多少？结合这两个数据，预测市场总规模，也就是在他们都会购买产品（数量和收入）的情况下，这个市场有多大
□或者，你可以预测问题的规模，也就是用户每年会支付多少费用用以处理你旨在解决的问题
2．预期增长
□市场是处于成熟阶段，还是处于发展变化阶段？近两年是否有所增长？
□接下来 2～5 年，你预计用户需求或数量会增长多少？

深入考虑这些问题后，你就能够对“市场容量”这一因素进行评级。如果你认为这种做法有帮助，那么你还可以逐一对子因素进行评级，然后综合它们的等级，得出最终等级。

3）经济可行性

（1）什么是经济可行性？作为评估创业机会潜力的最后一个因素，经济可行性反映了这个机会可能会为你创造的经济效益。经济可行性不涉及详细的销售计划或投资回报率（return on investment，ROI），而是指影响创业机会经济价值的基本因素。

（2）如何进行评估？在评估的初期制订详细的财务计划（3～5年的损益估算）并不可行，因为这个计划涉及的大部分信息到目前为止太模糊。但是通过考虑以下三个主要问题，你可以得到一个相对清楚的创业机会的经济潜力：你是否会有可观的利润？用户是否可以负担既定的价格？用户黏性有多大？客观地回答这三个问题有助于你了解创业机会的经济潜力。表4-5可以引导你找出答案。

表4-5　评估创业机会的经济可行性

1. 利润率（价值与成本）
□用户愿意支付的预估价格是多少？
□产品/服务的预估成本是多少？
□获得每位用户的预估成本是多少？
□预估利润是多少（也就是每位用户的经济潜力）？
□利润率会随时间发生变化吗（由于规模经济、组件的有效性的提高等）？
2. 用户的支付能力
□用户是否具有较强的经济能力（总体来说）？
□对于你旨在用产品/服务解决的问题，用户是否有预算［特别是B2B（business to business，企业对企业）］？
□是否有人在经济上对预算负责（特别是B2B）？
3. 用户黏性
□用户会频繁地使用或重复购买你所提供的解决方案吗？
□用户使用替代解决方案的难易程度有多大？

深入考虑这些问题后，你就能够对“经济可行性”这一因素进行评级。如果你认为这种做法有帮助，那么你还可以逐一对子因素进行评级，然后综合它们的等级，得出最终等级。

4）潜力：综合评级

完成对购买的必然理由、市场容量和经济可行性这三个关键因素的分析后，将这三个因素的等级综合得到总的创业机会潜力等级。将这三个等级平均，平均等级也在从低到超级高的范围内。平均等级将用于判断这个创业机会在吸引力地图上的位置：价值创造潜力为y轴。

需要注意的是，平均等级可能会隐藏关于创业机会优缺点的信息。不过更重要的是你已经考虑了评估创业机会潜力时的主要因素。你已经了解了创业机会潜力的优劣势。此外，还需要为不同因素分配权重。

用户得到的价值（购买的必然理由）是一个必要条件，因此也是第一个要分析的内容。如果结果相对较低，那么不管其他因素有多大的优势，你进入市场的过程中都会出现各种问题。但价值和市场容量可以相互平衡，创造出非同寻常的创业机会（如超高价值和较低市场容量，反之亦然）。所以，整体情况还是取决于所有因素。

必要时，可以对不同因素赋予不同的权重。但要慎重行事，如果你确实要使用不同的权重，那么一定要确保在不同机会选项间保持一致。

2. 挑战

你考虑的每个创业机会不仅涉及其本身具有的价值创造潜力，还包括其价值带来的挑战。了解创业机会的挑战很重要，因为它们决定了你在这个市场获得成功的难易程度。需要注意的是，虽然潜力是通过观察创业机会本身来评估的，但这个方面考查的其实是你的成功能力，以及可能面临的主要障碍。

在创业机会的地形图上，每个机会选项都是一个你要攀登的一座山；“挑战”是指你爬到山顶的概率，而不是山顶的高度。以下利用四个主要因素来判断一个创业机会具有的挑战。

1）实施障碍

（1）什么是实施障碍？即在你成功进入市场发布和推广你的产品/服务的过程中，创造和交付产品时你会面临的各种挑战。评估这些挑战，除了了解已掌握的资源和能力，你还需要了解自己应该开发获得其他哪些新资源和新能力，以保证在选定的创业机会中获得成功。

（2）如何进行评估？想要评估实施障碍，你首先需要解决以下三个主要问题：对你来说，开发产品的难度有多大？销售和分销的难度有多大？为这个机会选项筹集资金的挑战有多大？

以上问题的答案可以让你深刻了解在实施过程中面临的挑战。表 4-6 可以引导你找出答案。

表 4-6 评估创业机会的实施障碍

1. 产品开发的难度
□必须攻克哪些技术难关？
□你是否可能会面对与用户界面和设计相关的挑战？
□你是否应该遵守任何规章制度？
2. 销售和分销的难度
□为了获取用户，你需要利用哪种分销渠道（直销、经销、零售等）？
□你是否有数量充足的渠道？
□建立渠道需要多长时间？
□拥有多个渠道是否重要？
□经营/利用分销渠道的成本有多高？
□是否已存在有效的销售渠道（针对目标用户群）？
□让用户了解你的产品/服务并产生兴趣（也就是获得新用户）的成本有多高？
3. 筹集资金的挑战
□在用户开始购买产品/服务前，你需要筹集多少资金（也就是总的种子投资）？
□筹集足够资金的难度有多大（可用资金等）？

深入考虑这些问题后，你就能够对“实施障碍”这一因素进行评级。如果你认为这种做法有帮助，那么你还可以逐一对子因素进行评级，然后综合它们的等级，得出最终等级。

2）获利周期

（1）什么是获利周期？正向现金流就像初创企业的氧气。时间飞逝，资金如流水。因此，通过销售产生现金流的速度就是主要考虑因素。这个因素预测了账户中开始产生现金积累的时长。如果周期过长，那么你很可能在创业的路上面临重大挑战，也可能经受巨大的压力，因为主要股东及企业员工会质疑创业思路的可行性。

（2）如何进行评估？想要评估创业机会的获利周期，首先要考虑以下三个主要问题：预计产品开发时长是多少？我们需要等待市场接受我们的产品/服务吗？销售周期预计是多长？客观地回答这三个问题有助于你了解与创业机会相关的时间因素。表 4-7 可以引导你找出答案。

表 4-7 评估创业机会的获利周期

1．产品开发时长
□在产品准备进入市场前，你需要完成哪些重大任务？（考虑技术开发、设计配件、规章制度等）
□完成每个重大任务的时长是多少？
□在产品准备进入市场前的这个阶段需要多长时间？
2．产品准备就绪和市场准备就绪之间的时长
□产品准备就绪后，我们应该或需要在产品推向市场前做什么？（考虑价值链因素、必备的基础设施、互补产品等）
□这要花费多长时间？
□在产品准备就绪和市场准备就绪之间是否存在时间差？这个时间差有多长？
3．销售周期
□谁是购买决策的参与者？为达成交易，你需要与多少人进行沟通/会面？
□是否会有人反对购买此产品或阻碍其进入市场？他们为什么反对（价格昂贵、产品复杂、原系统需要改变等）？
□达成交易的预计时长是多少？
□交易确定后，预计的执行时长是多少？

深入考虑这些问题后，你就能够对“获利周期”这一因素进行评级。如果你认为这种做法有帮助，那么你还可以逐一对子因素进行评级，然后综合它们的等级，得出最终等级。

3）外部风险

（1）什么是外部风险？外部环境中的许多企业和竞争者会威胁你的企业的成功。你通常无法控制这种风险，但在判断创业机会价值发挥的难易程度时需要考虑这一点。

（2）如何进行评估？想要评估创业机会的外部风险，你首先需要考虑以下几个问题：竞争会给你带来多大威胁？你对其他企业或竞争者的依赖程度有多大？你的产品/服务的市场接受度如何？你遇到的阻力有哪些？你对此有多敏感？客观地回答以上问题有助于你更深入地了解与创业机会相关的外部风险。表 4-8 可以引导你找出答案。

表 4-8　评估创业机会的外部风险

1. 竞争威胁
□谁是你目前的竞争者（一一列出）？
□谁会成为你未来的竞争者？
□这些竞争者有多强大？
□对于新入市场者是否有进入壁垒（专利、规章制度、外部网络等）？
□与其他竞争者相比，你是否有明显的优势？
□这种优势是否可持续（独特、难模仿、可持续）？
2. 第三方依赖性
□合作创新：为了让你的发明创造成功，谁还需要参与创新？
□生态系统中的哪些参与者会影响你的产品被用户接受？为了让目标用户完全实现价值主张，谁还需要采用你的发明创造？
□制度管理：你对政策制定者和监管机构的依赖性有多大？
3. 产品接受障碍
□用户是否能接受新产品？
□你的产品是否和现有方式兼容？是否和现有规定相容？是否和现有系统、标准、基础设施相容？
□你的产品有多复杂？
□在购买前是否可以试用？

深入考虑这些问题后，你就能够对“外部风险”这一因素进行评级。如果你认为这种做法有帮助，那么你还可以逐一对子因素进行评级，然后综合它们的等级，得出最终等级。

4）挑战：综合等级

一旦完成对所有价值获取挑战因素的分析后，就会得到综合等级。根据你的分析结果，综合等级是在从低到超级高的范围内。综合等级将用来识别创业机会在吸引力地图上的位置：挑战为 x 轴。

需要注意的是，平均等级可能会隐藏关于创业机会优缺点的信息，但它提供了一个比较其他创业机会的明确标准。因此，我们一定要注意每个因素的独立分析及最终得到的综合等级的含义。

此外，还要注意为不同的因素分配权重。所有因素是否有相同的重要性？这是一个简单的问题，却有着复杂的答案。你要仔细观察不同的因素，明确它们对你的成功所起到的作用。如果你要为每个因素分配权重，一定要注意各个因素之间是相互联系的。例如，实施障碍和外部风险会影响获利周期，尽管它们强调了不同的观点和重要的考虑因素。另外，在评估其他创业机会时要始终保持一致，为同一个因素分配相同的权重。

（四）吸引力地图四个区域的分析

当你的视角完成从创业机会的个体到整体的转移后，吸引力地图就将发挥其最大功能。吸引力地图可以让你比较潜在的创业机会、锁定最具潜力的机会及设计敏捷聚焦战略。吸引力地图上有四个区域：金矿机会、最高目标机会、速赢机会及存疑机会。以下进行具体介绍。

1. 金矿机会

金矿机会区域的创业机会具有相对较大的价值创造潜力和较小的价值获取挑战。换句话说：你的梦想会实现。它们位于理想位置，但相对稀少。金矿机会通常是识别出大量未被满足的需求的结果——在此之前从来没有人去解决这些需求，或者你可能拥有攻克某个难关的关键技术，而其他人不具备这个技术。如果你确定有一个金矿机会，那么它就会显现出主要创业机会的特征。

2. 最高目标机会

最高目标机会具有相对较大的价值创造潜力和较大的价值获取挑战。通常，真正创新的产品/服务都位于吸引力地图的这个区域，也就是高风险、高回报并存。一些投资者认为，如果你相信团队可以克服这类机会所带来的巨大挑战，那么这些机会选项很值得你去投资。因此，最高目标选项可以作为你的主要创业机会选项或长期的发展机会选项。

3. 速赢机会

在速赢机会这个区域里，创业机会具有相对较小的价值创造潜力和较小的价值获取挑战。在风险-收益模式里，它们代表了低风险/低收益的机会选项，相对安全地提供了有限的价值创造潜力。这些选项可以为你提供一个良好的开头，但需要结合其他机会来增强企业的长期发展潜力。很多创新型企业创立时短期内都会对准这样的速赢机会，以此作为未来最高目标机会的垫脚石。

4. 存疑机会

存疑机会具有相对较小的价值创造潜力和较大的价值获取挑战。因此，这是吸引力地图里最不理想的一块区域。在其他三块区域里找到目标创业机会对你来说更有利，你可以先搁置存疑的创业机会，因为条件会随着时间发生变化，这类机会在未来某个时间也可能变得更具吸引力。

四、敏捷聚焦标靶

明智的创业机会战略的制定需要考虑以下两个问题：哪些是你应该聚焦的最具吸引力的创业机会？你如何同时保持聚焦、敏捷和开放的态度？利用敏捷聚焦战略，你可以综合以上两个方面制定出最优战略，在商业化过程中获取最大价值。

（一）敏捷聚焦战略

敏捷聚焦战略通过对其他创业机会持有的开放态度，可以平衡聚焦和敏捷之间的紧张关系：用最少的付出降低风险、提高价值。而且，这个战略可以让你充分地利用资源和能力，对其进行更有效的分配，避免陷入可能会导致你失败的局面。

敏捷聚焦战略对如何建立和设计企业有着重大影响。它能够让你聚焦于最具吸引力的创业机会，同时又对其他机会保持敏捷态度。

1. 同时实现敏捷和聚焦的方法

有很多措施能够让你对其他机会保持开放态度，并在培养你的敏捷性的同时又推动你在最具吸引力的道路上保持聚焦，而且你可以开发让自身更具敏捷性的资源和能力。例如，开发便于重组的模块化技术，抛出更广泛的知识产权（intellectual property，IP）或选择可以重新定位的品牌。这些措施无须投入过多，但能够让企业在面对变化时变得更强大，不需要损害最具潜力的创业机会。

在创业过程中，对机会选项保持开放态度类似实物期权分析：相对较小的投资赋予你在未来进一步实施这个机会的权利，而非义务。敏捷聚焦战略建立在实物期权理论的基础上。实物期权理论是在不确定条件下的策略研究的过程中形成的。

2. 设计敏捷聚焦战略的方法

完成的创业机会的评估和吸引力地图是设计敏捷聚焦战略的基础。它展示了全部机会选项的绝对吸引力和相对吸引力。这个重要信息有助于你选择主要创业机会——也是你全力坚持实施的机会。

但是制定明智战略的基础有两点：一是找出最具吸引力的机会；二是要创造出与机会相关的机会组合，以提高敏捷性。因此，你需要从创业机会集合中至少选择一个备选项和一个发展机会选项。

备选项是一个具有吸引力的创业机会，但其不承担与主要创业机会相同的主要风险。它可以让你在必要时改变方向。发展机会选项是一个可以让你不断创造新价值的具有吸引力的创业机会。

理想状态下，备选项和发展机会选项应与主要创业机会联系紧密：产品和市场的关联性让你能够充分利用现有资源、能力和人际关系——用最少的付出，最大限度地增加你创造的价值，平衡风险。对备选项和发展机会选项保持开放态度（在必要时选择实施它们），或者你现在就可以选择它们，与主要创业机会并行。这一投资决策取决于坚持这两个机会选项所需的额外付出，以及它们对企业生存或事业成功的重要影响。这个设计过程的结果就是敏捷聚焦战略：它明确地说明了你的（多个）主要创业机会、作为备用或发展的机会选项，以及目前搁置起来的、在这个阶段并不使用的机会。

你可以利用敏捷聚焦标靶描述你的战略。

利用企业的敏捷聚焦战略可以轻松地评估创业机会并对其进行分类，因此，一张有关创业机会的清晰地图不仅有助于你平衡风险，还有助于你应对随时出现的新机会。

（二）设计敏捷聚焦战略

利用表 4-9 设计你的敏捷聚焦战略。具体来讲，在完成主要创业机会的选择后，根据机会的吸引力及其与主要机会的关联性，它会协助你找到最佳的备选项和发展机会选项。

表 4-9　设计你的敏捷聚焦战略

1. 选择你要聚焦的主要创业机会（根据吸引力地图）		（创业机会一）		
2. 从组合中挑选其他具有吸引力的创业机会，识别潜在的备选项和发展机会选项		（创业机会二）	（创业机会三）	（创业机会四）
与主要创业机会的关联性	产品关联性 产品之间在以下方面的共享程度：技术能力、必备资源、必要的人际关系网络	□无关联 □一定程度的关联 □高度关联	□无关联 □一定程度的关联 □高度关联	□无关联 □一定程度的关联 □高度关联
	市场关联性 用户之间在以下方面的共享程度：价值和利益、销售渠道、口碑	□无关联 □一定程度的关联 □高度关联	□无关联 □一定程度的关联 □高度关联	□无关联 □一定程度的关联 □高度关联
确定创业机会	备选项 其他具有吸引力的创业机会，不承担与主要创业机会相同的重大风险，可以进行方向上的改变	□备用	□备用	□备用
	发展机会选项 可以为你的企业创造新价值的具有吸引力的创业机会	□发展	□发展	□发展
设计你的敏捷聚焦战略： 至少挑选一个备选项和一个发展机会选项；确定是否有任何机会选项需要现在实施；搁置其他机会选项		□现在实施 □保持开放态度 □搁置	□现在实施 □保持开放态度 □搁置	□现在实施 □保持开放态度 □搁置

下一步，你需要确定将对这些机会选项做什么样的动作：是现在就选择实施它们，与主要创业机会并行，还是对其保持开放态度（也就是未来可能会选择实施）？这个过程的结果就是你的敏捷聚焦战略，其可以呈现在敏捷聚焦标靶上。

设计敏捷聚焦战略的第一步就是要选择你的主要创业机会。一旦识别出主要创业机会，你就可以开始计划备选项和发展机会选项的敏捷组合。

1. 选择主要创业机会

主要创业机会是你准备聚焦的选项，也是将全力实施的选项。为争取这个机会，你会利用大量的资源和能力。选择主要创业机会有时就是一个简单、直接的决定，但有时又会让你陷入两难境地，因为你要被迫放弃其他看起来很好的机会，而又不确定哪个机会最终会赢得你的关注。

想要做出明智决策，首先，你需要查看吸引力地图，利用在评估过程中收集的所有信息。根据吸引力地图提供的整体情况，可以深入地了解创业机会的优先顺序。根据它们的潜力等级和挑战等级，对可选项进行对比，选出主要创业机会。

完成对主要创业机会的选择后，你需要将它标记在表 4-9 中。接下来，你需要选择备选项和发展机会选项。

2. 查看备选项和发展机会选项

敏捷聚焦战略的主要目标是用最少的付出来平衡风险、提高价值。为了实现这一点，你需要选择至少一个创业机会作为备选项，建立以主要创业机会为核心的敏捷机会组合。

有了备选项，你可以及时调整方向。它回答了这个问题：如果我们没有成功，那么接下来我们该怎么做？有了发展机会选项，你可以创造新的价值。它回答了这个问题：如果我们成功了，那么接下来我们该做什么？

为了识别备选项，你需要再次回到吸引力地图及表4-2完成的评估上。选择其他具有吸引力的创业机会——你认为可以作为备选项、需要继续查看细节的机会，并将它们放在表4-9中的指定位置。

接下来，你需要确定这些机会选项与主要创业机会的关联度，以及它们是否适合成为你的备选项或发展机会选项。它们与主要创业机会的关联度越高，把它们作为备选项或发展机会选项时你就会越轻松。那么，如何评估这些创业机会选项与主要创业机会的关联度呢？

两个创业机会的关联度意味着，为一个机会选项开发的资源、能力、人际关系网络可以有效地应用到另一个机会选项上并取得成功。在围绕主要创业机会建立敏捷组合时，备选项和发展机会选项与主要市场的关联度越高越有利。在这种情况下，坚持实施备选项或发展机会选项所需的新的付出就会相对较少。

为了评估将资源和能力从一个机会选项转换到另一个机会选项的能力，你需要考虑两种关联类型：产品关联度和市场关联度。其中，产品关联度是指开发两种产品所需的资源和能力的相似程度，市场关联度是指两种产品的营销和分销所需的资源及能力的相似程度。两种关联类型同等重要。

1）评估产品关联度

产品（或服务）的开发需要特定的能力、资源和人际关系网络。想要确定与主要创业机会相关的产品和与潜在备用/发展机会选项相关的产品这两者之间的关联度，你需要考虑这两种产品在以下几个方面的相似度。

（1）技术能力（例如，产品的功能和特点依赖类似的技术，有着共同的制度要求）。

（2）必备的资源（如员工、生产设备、知识产权等）。

（3）必要的人际关系网络（如供应商、合作伙伴或价值链上的其他成员）。

产品的综合关联度可以按照以下三个等级进行评定：产品无共同点（无关联）、产品有某些共同点（一定程度的关联）、产品有很多共同点（高度关联）。

2）评估市场关联度

相邻市场的用户根据相似的价值做出购买决策，从相同销售渠道购买及在做出购买决策时相互参考。为了解主要市场用户和潜在备用/发展机会选项用户之间的关联度，你需要考虑这两个用户群在以下几个方面的相似度。

（1）价值和利益（例如，从一个市场到另一个市场，你都可以利用品牌和声誉）。

（2）销售渠道（例如，在两个不同市场中，你可以使用相同的销售渠道）。

（3）口碑（例如，用户在一个市场中的满意度可以对另一个市场中的产品起到推广作用）。

市场的综合关联度可以按照以下三个等级进行评定：用户无共同点（无关联）、用户有某些共同点（一定程度的关联）、用户有很多共同点（高度关联）。

3）适合作为备选项的创业机会

备选项就是 B 计划。在初始机会实施不顺利的情况下，你可以利用备选项改变发展方向。备选项应该是与主要创业机会联系紧密的具有吸引力的机会。但是因为它们会成为你的 B 计划，所以备选项不能与主要创业机会承担相同的主要风险或依赖相同的主要假设。简而言之，即使在实施主要战略的过程中失败，你也能够在备选项上成功。

利用吸引力地图和在表 4-2 中完成的所有评估，思考主要创业机会承担的主要风险和可能遇到的障碍，并与其他机会进行比较。例如，如果主要创业机会的成功很大程度上取决于规章制度，那么备选项就应该不受这种规章制度的限制。

熟知主要创业机会的弱点和主要风险这一点非常重要，否则在遇到问题时你很可能会猝不及防。选择一个合适的备选项，平衡可能出现的问题，你就可以自如地应对风险。

在表 4-9 中的指定位置标记适合作为备选项的机会。

4）适合作为发展机会选项的创业机会

发展机会选项可以让你提高价值创造潜力。在主要创业机会的潜力较低的情况下，你可以同时实施发展机会选项和主要创业机会选项，或者如果你愿意，那么还可以选择在未来实施发展机会选项。

但不管在什么情况下，你所寻找的机会选项都应该具有高吸引力（如“高”潜力、“低”挑战，以及与主要创业机会联系最为紧密的机会），这样，在实施发展机会选项时你才不必付出更多的努力。把发展机会选项看作通向成功的战略路线图。如果选择速赢的机会作为初始目标，那么你的发展机会选项就应该是最高目标机会。奥格瑞公司在关注了商业建筑的暖通空调系统市场后，又有另外两个新机会出现了：商业建筑的电梯和住宅建筑的暖通空调系统。这两个机会明显与企业的主要关注点紧密相关，可以作为发展机会选项或备选项。至于生产机器，它们的产品和市场只有一定程度的关联。了解了这些后，哪些机会适合作为发展机会选项，哪些机会适合作为备选项便一目了然。

查看所有机会，在表 4-9 中的指定位置标记一个或更多适合作为发展机会的选项。

有时，一个创业机会既可以作为备选项，又可以作为发展机会选项。如果创业机会集合中包括一个与主要创业机会联系紧密且具有吸引力的机会，而又与主要创业机会承担不同的主要风险，那么这个机会就既可以作为备选项，又可以作为发展机会选项。在这种情况下，你就不需要再选择两个不同的机会。

3. 确定敏捷聚焦战略

到这一步时，你已选出了主要创业机会，也完成了对不同备选项和发展机会选项的评估，接下来，你需要确定敏捷聚焦战略。这时需要做出以下两个决策：在已经完成评估的创业机会中，哪个可以最终作为你的备选项和发展机会选项？你计划在这些机会选项中投入多少精力？

做出以上两个决策后，你就能够确定哪个创业机会适合现在实施，哪个创业机会适合保持开放态度，哪个创业机会适合搁置。

综合所有重要的考虑因素后，你就可以实现制定敏捷聚焦战略的意义：聚焦于最具吸引力的创业机会的同时保持敏捷态度。

（三）描述敏捷聚焦战略

现在你已经可以在创业机会导航中描述你的敏捷聚焦战略了。利用标靶标记你的主要创业机会选项、备选项或发展机会选项及搁置起来的机会选项。你可以利用敏捷聚焦标靶对战略进行描述，与团队成员、员工和其他股东进行讨论。

战略一旦确定，就不容易改变。但是敏捷聚焦思维模式帮助我们形成了认知弹性，可以使我们在必要时做好调整的准备。在前进、扩大影响和获得新想法的过程中会不断出现新的机会。在这种情况下，我们需要回到表 4-2 的评估过程，将新的创业机会放到吸引力地图上的适当位置。然后，慎重考虑这个机会是否需要我们调整（部分）战略，不管这个机会是作为主要创业机会还是备用/发展机会选项。导航是我们的学习伙伴，帮助我们处理新的发展方向——一方面，我们不要仓促选定新方向；另一方面，如果改变和调整可以改善我们当前的状况，那么我们就应该勇敢接受。

课堂活动

寻找并评估自己的创业机会

寻找身边的创业机会，并根据本讲理论方法，分析并评估出自己最有价值的创业机会。

课程反思

1．创业机会的内涵与特征是什么？
2．大学生创业机会的主要渠道有哪些？
3．在发现新的创业机会的过程中要从哪两个方面考虑？
4．如何评估创业机会的吸引力？

拓展阅读

元宇宙：开启未来世界的七大趋势

回顾往昔，每次人类文明的演进，往往会经历新技术、新金融、新商业、新组织、新规则、新经济、新文明七个阶段，从新技术的创新和应用开始，构建相匹配的新金融体系，并孕育新的商业模式，从而跨越鸿沟、实现普及，进一步催生新的组织形态，推动制定新的规则，进而重塑形成新的经济体系，最终引领社会走向新的文明形态。

元宇宙又将怎样带领我们步入新的数字文明呢？

未来世界优势思维导图如图 4-5 所示。

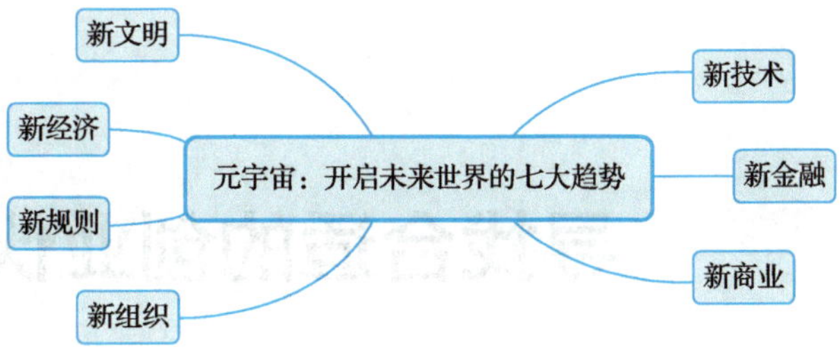

图 4-5　未来世界优势思维导图

具体内容详见二维码：

参 考 文 献

董海林，杨雷，2017．大学生创业实务[M]．徐州：中国矿业大学出版社．

李家华，郑旭红，张志宏，2011．创业有道：大学生创业指导[M]．北京：高等教育出版社．

马聪，2017．大学生创业指导与实务分析[M]．北京：现代教育出版社．

马克·格鲁伯，莎朗·塔尔，2019．正向创业：新创企业的创业思维，三步确定最有价值的创业机会[M]．刘薇娜，译．北京：电子工业出版社．

第五章 寻找合适的创业伙伴

名人名言

若我们不去团队创新，抱“团”打天下，而是个人创新，在痛苦中摸索，就会永远找不到出路，也出不了成果。因此要加强集体奋斗的精神、团队、沟通的建设。

——华为公司创始人 任正非

学习目标

1. 了解创业团队的五要素。
2. 了解创业团队的优势和组建原则。
3. 了解创业团队九种角色定位。
4. 熟悉创业团队的股权分配问题。
5. 掌握常见创业团队问题及其解决方案。
6. 牢固树立团队合作的意识，自觉遵守契约精神。

创业故事

乘风破浪的大学生“多肉”创业团队

有通体白色的雪球多肉、风车形状的彩色多肉，还有长得像玫瑰的多肉……位于陕西杨凌示范区现代农业产业园内的一座日光温室大棚里，一排排形态各异、色彩缤纷的多肉植物生长旺盛。这是陕西省大学生创业明星李某和他的伙伴共同打造的多肉植物种植基地。

李某是××学院园林规划专业的毕业生。2015 年，刚领了毕业证的李某组织召开了最后一次班委例会。为了毕业后大家还能继续在一起，全班 37 名同学借着大众创业万众创新的东风，集资 3.8 万元注册了一家园林景观有限公司，主要开展绿化养护、园林景观设计与施工、园林信息咨询、花卉盆景租赁、农副产品种植和销售等业务。这群平均年龄只有 20 岁的大学生踏上了创业之路。因为没有经验、缺少资金、少门路，公司成立之初屡受打击，最后在母校和老师的帮助下，公司相继承接了咸阳市污水厂养护、咸阳市市政绿化改造、西安经开公厕周边绿化和山水林田湖综合体规划设计等大大小小 50 多个项目，逐渐走上了正轨。

2016 年，团队成员吴某提出种植多肉的想法。于是，团队一行人用一个月的时间赶赴四川、云南、福建等地摸清了多肉植物的市场行情，并成立了××农林科技有限公司。第一次参加杨凌农业高新科技成果博览会，李某团队的多肉植物两天的销售额就过万元。

为了培育出有特色的多肉植物，李某和团队成员反复试验，他们不仅改变了多肉的体型、性状，还成功水培了多肉植物（图 5-1）。

2017 年，他们成功繁育的一批多肉植物被送到汉中市汉台区徐望镇徐湾村，成为村里的扶贫种植项目。2018 年，团队的“多肉景观萌”项目参加陕西省第四届“互联网+”创新创业大赛，获得陕西省赛区第三名，并获得乡村振兴奖。

图 5-1 培育多肉植物

在艰苦创业的同时，李某团队不忘回报社会。他们每年为当地高校毕业生提供实习、就业机会，并经常赴周边县区为当地群众讲解苗木病虫害防治知识，还将多肉种植技术无偿教给当地妇女，并免费提供种苗，形成了“农户种植+公司回收”经营模式。公司荣获杨凌示范区明星创业企业称号。李某先后荣获第六届陕西省大学生创业明星称号，当选为共青团陕西省三十大代表、共青团中央十八大代表。

2020 年春，该农林科技有限公司在陕西股权交易中心新四板农科板成功挂牌上市，公司发展迈向新征程。

（资料来源：冯丽，徐敏，2022．乘风破浪的大学生“多肉”创业团队[EB/OL].（2022-08-24）[2022-10-13]．http://m.jyb.cn/rmtzcg/xwy/wzxw/202008/t20200824_353001_wap.html.）

启示：

创业最忌讳单打独斗，没有团队的助力，创业之路只会越走越窄。创业开始时，最好选择志同道合的朋友一起创业，以提高创业的成功率。因为案例中的这个创业团队由一个班的同学组成，他们相互之间非常熟悉，所以团队的向心力和凝聚力都比较强，这也是他们成功的法宝。

第 9 讲 从哪里寻找靠谱的创业伙伴

一、创业团队五要素

创业团队是指由少数具有技能互补的创业者组成的团队，创业者为了实现共同的创业目标和一项能使他们彼此担负责任的事业，共同为达成高品质的结果而努力。

创业团队需要具备五个重要的团队组成要素，称为 5P，即团队目标（purpose）、团队成员（people）、团队定位（place）、团队权限（power）、团队计划（plan）。

1. 团队目标

创业团队应该有一个既定的共同目标，为团队成员导航，知道要向何处去。没有目标，这个团队就没有存在的价值。

2. 团队成员

人是构成创业团队核心的力量，在一个创业团队中，人力资源是所有创业资源中最活跃、最重要的资源。应充分调动创业者的各种资源和能力，将人力资源进一步转化为人力资本。

3. 团队定位

团队定位包含以下两层意思。

（1）创业团队的定位。创业团队在企业中处于什么位置？由谁选择和决定团队的成员？创业团队最终应对谁负责？创业团队采取什么方式激励下属？

（2）个体（创业者）的定位。成员在创业团队中扮演什么角色，是制订计划还是具体实施或评估？是大家共同出资，委派某个人参与管理，还是大家共同出资，共同参与管理，或者共同出资，聘请第三方（职业经理人）管理？在创业实体的组织形式上，是合伙企业还是公司制企业？

4. 团队权限

创业团队中领导人的权力大小与其团队的发展阶段和创业实体所在行业相关。一般来说，创业团队越成熟，领导者所拥有的权力相应越小，在创业团队发展的初期阶段，领导权相对比较集中。高科技实体多数实行民主的管理方式。

5. 团队计划

团队计划有以下两层含义。

（1）目标最终的实现，需要一系列具体的行动方案，可以把计划理解成实现目标的具体工作程序。

（2）按计划进行可以保证创业团队的顺利运行。只有在计划的操作下，创业团队才能一步一步地接近目标。

一般来说，创业团队构成的要素之间相互影响、相互作用，缺一不可。

二、创业团队的优势

共同创业有利于分散创业的失败风险；团队成员之间的技能互补可以提高驾驭环境不确定性的能力，从而降低初创企业的经营失败风险；更为重要的是，共同创业具有更强的资源整合能力，能同时从多个融资渠道获取创业资金等资源，保证创业企业的成功。

许多调查显示，团队创业成功的概率要远远高于个人独自创业。

（1）团队把互补的技能和经验组织到一起，超过个人效能。这种技能和技巧在更大范围内的组合能使团队应付多方面的挑战（如创新、质量和用户服务），并形成一种协同工作的整体优势。

（2）团队对待变化是灵活而敏感的。在共同形成明确目标和方法的过程中，团队可以建立起能支持立即解决问题和提出倡议的交流方式。因此，团队能用比个人更为快速、准确和有效的方法打入大型组织的联系网，根据新的信息和挑战调整自己的行为方式。

（3）团队可加强组织发展和实现管理价值深化。通过共同努力克服障碍，团队中的人们对相互的能力建立起信任和信心，并加强共同追求高于和超乎个人及职能工作之上的团队业绩的愿望。工作的意义和成员的努力都使团队价值深化，从而使团队的业绩最终成为对团队自身的激励。

（4）团队有利于营造更轻松愉快的心理环境。团队的良好氛围与团队的业绩是相辅相成的，它能够使团队的成员愿意为了实现团队的目标而一起工作，并且为了团队的业绩成果而相互充分信任。这种令人满意的心理环境支持创造了团队的业绩，也因团队的优异业绩而得以延续。

没有团队的创业企业也许并不注定失败（事实上也不乏个人创业成功的案例），但是要建立一个没有团队但具有高成长潜力的企业是十分困难的。一般而言，个人创业型的新企业成长较慢，因为风险投资者在投资新企业时，可能会将团队因素列为重要的评估指标，而较少考虑个人创业型的项目。

三、创业团队的组建原则

创业团队在组建过程中需要遵循以下原则。

1. 匹配性原则

匹配性原则是指在组建创业团队时，要遵循团队能力与创业项目匹配、团队价值观与创业愿景匹配、团队动机与创业目标匹配的原则。创业者组建的创业团队要确保团队成员的价值观、行为理念、动机目标高度一致，与要创办的事业高度契合。

2. 互补性原则

互补性原则是指在组建创业团队时，要遵循团队成员之间能力互补、性格互补、资源互补、知识互补、信息互补和经验互补的原则。创业者组建的创业团队要实现优势互补、强强联合、高效协作，可有效发挥成员的作用，产生“1+1>2”的团队协同效应。

3. 需求性原则

需求性原则是指在组建创业团队时，要遵循创业活动实际需求、团队结构性需求、创业胜任力需求和创业发展需求的原则。创业者在组建团队时要树立按需招募的理念，不能因某人能力强或资源多而盲目吸纳。

4. 适用性原则

适用性原则是指在组建创业团队时，要遵循够用、可用、适用的原则。创业者在组建团队时，可能会面临诸多选择。创业者在做出最终抉择时，一定要深入、系统地分析创业内部环境和条件，调查拟招成员的真实情况，选择“对的人”“适合的人”。否则，可能会造成后续问题，付出不必要的代价和成本，甚至给团队和创业活动带来麻烦及风险。

5. 少而美原则

少而美原则是指在组建创业团队时，创业团队的成员不宜过多，遴选标准要高，要遵循精简高效的原则。一方面，少而美的创业团队可减少创业的管理成本，提高创业团队的收益比例；另一方面，少而美的团队通常更容易领导和管理，更容易形成团队竞争力，提高团队绩效。

第 10 讲 创业团队角色定位及常见问题

一、创业团队角色定位

普瑞尔·拉伊（Purrier Salaj）的 3H［hacker（技术）、hipster（方向）、hustler（资源）］角色理论可以帮助团队在创业初期完成核心成员的构建，但随着初创企业的发展，团队成员分工需要进一步细化。我们可以参照英国剑桥大学雷蒙德·梅瑞狄斯·贝尔宾（Raymond Meredith Belbin）提出的团队角色理论，将原本的三种角色进行细化，并设置九种角色，如表 5-1 所示。

表 5-1 贝尔宾团队角色理论说明

序号	角色	典型特征	积极特性	能容忍的弱点	在团队中的作用
1	执行者	保守、顺从、务实可靠	有组织能力、实践经验，工作勤奋，有自我约束力	缺乏灵活性	努力工作，并系统化地解决问题
2	协调者	沉着、自信、有控制局面的能力	对各种有价值的意见不带偏见地兼容并蓄，看问题比较客观	在创造力方面有所欠缺	综合团队的建议，明确团队的目标和方向；帮助确定团队中的角色分工、责任和工作界限
3	塑造者	思维敏捷、开朗、主动探索	有干劲，随时准备向传统、低效率、自满自足挑战	好激起争端，爱冲动，易急躁	寻找和发现团队讨论中可能的方案；使团队内的任务和目标成形；推动团队达成一致意见，并朝向决策行动
4	创新者	有个性、思想深刻、不拘一格	才华横溢、富有想象力、有智慧、知识面广	高高在上、不重细节、不拘礼仪	提供建议；提出批评并有助于引出相反意见；对已经形成的行动方案提出新的看法
5	调查者	性格外向、热情、好奇、联系广泛、消息灵通	有广泛联系人的能力、不断探索新的事物、勇于迎接新的挑战	专注度不高	提出建议，并引入外部信息；接触持有其他观点的个体或群体；参加磋商性质的活动
6	监控评估者	清醒、理智、谨慎	判断力强、分辨力强、讲求实际	缺乏鼓动和激发他人的能力，自己也不容易被别人鼓动和激发	分析问题和情境；对繁杂的材料予以简化，并澄清模糊不清的问题；对他人的判断和作用做出评价
7	协作者	擅长人际交往、温和、敏感	有适应周围环境及人的能力；能促进团队的合作	在危急时刻往往优柔寡断	给予他人支持，并帮助别人；打破讨论中的沉默；采取行动扭转或克服团队中的分歧
8	完成者	勤奋有序、认真、有紧迫感	理想主义者、追求完美、持之以恒	常常拘泥于细节，容易焦虑，不洒脱	强调任务的目标要求和活动日程表；在方案中寻找并指出错误、遗漏和被忽视的内容；刺激其他人参加活动，并促使团队成员产生时间紧迫的感觉
9	专家型	诚实、自我做起、专注、能在急需时带来知识和技能	专业领域比较狭窄，只懂自己擅长的特殊专业领域，对其他事情的兴趣不大	对其他领域所知甚少	提高团队的专业素养

贝尔宾团队角色理论认为，高效的团队工作有赖于默契协作，团队成员必须清楚其他人所扮演的角色，了解如何相互弥补不足，发挥优势。成功的团队协作可以提高生产力，鼓舞士气，激励创新，并弥补其他成员的不足。

二、创业团队的股权分配问题

1. 最大责任者一股独大

比较成功的模式为，以一个所有人都信服的大股东作为牵头人，他是公司决策的中心，对公司承担最大的责任；另外搭配 1～2 个占股权 10%～20%、具有与大股东互补的能力和资源的合伙股东，能发出与大股东不同的声音，对公司有一定的影响力。基于这样的模式，既保持不同的意见，又有人拍板和承担责任。

股权分配在根本上是要让所有人在分配和讨论的过程中，感受到合理、公平，从而事后忘掉这个分配而集中精力做事，这是核心的，也是容易被忽略的。复杂、全面的股权分配分析框架和模型显然有助于各方达成共识，但是绝对无法替代信任的建立。创始人最好开诚布公地谈论自己的想法和期望，任何想法都是合理的，只要赢得创业团队的认可。

投资人在投资早期项目的时候，通常会认为比较好的股权结构是创始人占 50%～60%，联合创始人占 20%～30%，期权池占 10%～20%。

这里常见的一个问题是，很多创业者认为点子是自己提出来的，所以自己理所应当占据最大的股份，这是一个非常典型的误区：创业是一个艰苦的多年过程，而不是一个点子。创业都是做出来的，过程中充满了各种试错和调整，创业项目能够成功，所有的产品和业务与当初最早的点子相比早已不同。如果点子提出者在公司成长过程中无法做出真正的贡献和价值，其他创始人很大可能会因分配不公而抛弃点子提出者另立炉灶。

2. 杜绝平均和拖延

创业团队的股权分配绝对不能搞平均主义。很多时候，创始人不愿意谈论股权分配问题，他们要么完全回避这个问题，要么只是说一些模棱两可的约定，如“大家是平等的”“先做事，其他好商量”，或者拖延这个问题的讨论说：“我们之间还有什么不好说的，以后再说吧。”如果有三个或三个以上的创始人，这种讨论就变得更加困难。

创始人普遍会犯的错误是：没有在第一天就把股份的分配问题谈清楚，并写下来。股权的分配等得越久，就越难谈。随着时间的推移，每个人都会觉得自己是项目成功必不可少的功臣，关于股权分配的讨论就会变得越来越难以进行。

对此，建议创始人尽早进行股权分配的讨论并达成共识。讨论这个问题的理想时间是，几个人决定一起做事情之前、正式开始做事情之后。

3. 股份绑定，分期兑现

仅仅达成股份比例的共识还不够，如果一个创始人拿了很多股份，但后来做事不认真负责怎么办？如果有人中途离开公司，股份如何处置？

在美国，初创公司一般对创始股东的股票有关于股权绑定的机制设置，公司股权按照创始人在公司工作的年数或月数逐步兑现。任何创始股东只有在公司工作至少一年才能持有股份（包括创始人）。好的股权绑定计划一般按四至五年期执行。例如，四年期股权绑定，每年都为25%。如果股权已经分配好，忘记讨论这个事情，那么创始人必须加上股权兑现的约定。

股权绑定不仅可以避免因为某个合伙人中途退出，带走大量的股权，使公司陷入困境的情况发生，还可以有效平衡合伙人之间出现股份分配不公平的情况。例如，最初订立的股权分配比例更多是靠感觉确定的，但项目进行一段时间之后，发现之前股权分配较少的乙对项目的贡献或重要性，比股权分配较多的甲要多，董事会可与甲、乙商量后做出决议，把双方还没有绑定的股份重新进行分配，甲、乙一般会比较容易接受。因为已经绑定的股份不变，而且如果一方不接受则离开公司，也有一个明确公平的已经绑定的股份。

没有经历过股权纠纷的创业者一般不喜欢股权绑定，因为他们担心自己一旦在项目中发挥不出真正的价值就会失去股份。那些经历过股权纠纷的创业者可能会在项目一开始的时候就和他的合伙人商量好股权绑定的方式。

4. 遵守契约精神，赢得信任与激励

股权分配核心的原则是契约精神（图5-2）。对所有的创始团队成员而言，股权一旦定下来，也就意味着利益分配机制定好了，除了后期的调整机制，接下来工作的时候，每个人的努力和贡献其实和这个比例没有关系，尽自己的最大努力是基本的要求。对于所有的早期创业者来说，一定要明白一个道理：创业成功了，即使只拿1%也很多；创业不成功，即使占有100%也分文不值。

图5-2　订立契约　遵守契约

三、常见创业团队问题及其解决方案

1. 团队缺乏团队精神及其解决方案

团队是由基层和管理层人员组成的一个共同体，它合理利用每个成员的知识和技能协同工作，解决问题，达到共同的目标。团队精神是大局意识、协作精神和服务精神的集中体现，核心是协同合作，反映的是个体利益和整体利益的统一，进而保证组织的高效率运转。当今是一个需要团结协作的时代，一个团队之所以称为团队，核心就是要有团队精神，如果缺乏团队精神，就难以成为团队，或者说不是真正意义上的团队。

如果团队缺乏坚定的理想信念，对奋斗目标心存疑虑；不能实事求是，与时俱进；成员工作不讲究策略，方法简单粗暴；不能处理好与领导的关系，领导在做成员的事，成员在做其他事；团队内部分工不明确；整个团队由领导一人做决定；争抢功劳，推卸责任；团队内部的决策被泄露出去；团队成员之间划分界限，团队内部搞小团体，领导能力弱、没有表率作用，那么这样的团队会是一个没有希望、前途岌岌可危的团队。

“众人拾柴火焰高”，企业、团队中的每个人在工作中担任着不同的角色，就是这一个又一个不同的角色组成了一个团队，一环扣一环且密不可分，正是一个这样的团队，才形成了一个企业，企业的发展是与这个庞大团队中的每个人的努力分不开的。这也就充分说明了不论是国家还是企业、家庭，团队精神都得到了社会的广泛认可。

团队领导人需要从以下几个方面入手培养团队精神：营造相互信任的团队气氛，对成员多激励少惩罚，团队信息公开，成员之间平等待人。

2. 团队执行力弱及其解决方案

团队中成员会出现团队执行力不强、战斗能力较弱的现象。有很多大学生创业团队经常因工作效率太低而烦恼，但是面对同样的市场环境、同样的公司资源，团队成员之间的反差非常大，较差的团队成员没有责任心，做事不认真，敷衍行事，工作质量不高，还有的团队成员组织纪律性涣散，对团队领导的决定和要求不求甚解，不踏实执行。这些不良工作习惯的存在使团队的任务目标不能及时按要求完成，工作质量也大打折扣，不仅降低了工作效率，还影响了团队正常运转。

为了解决团队执行力不强、战斗能力较弱的现象，团队领导者应做到以下几点：①做好团队中的利益分配，良好的利益分配是团队成员努力工作的基础；②团队领导者制定的工作目标要合理，合理有效的工作目标可以使团队成员减轻压力、努力工作；③团队领导者需要充分信任和欣赏团队成员，并且与团队成员沟通协调，肯定成员的努力成果，要及时发现团队成员出现的问题并解决，协调团队成员之间的关系。

3. 内部成员之间缺乏竞争力及其解决方案

团队成员之间缺乏竞争力，不仅会影响团队的工作效率，还会导致团队中死气沉沉。团队应团结一心，但在团结的同时团队成员又要有与他人竞争的心理，必须时刻提升自己完成任务的速度与质量，努力将任务做得更快更好。团队中如果出现成员之间竞争的现象，那么整个团队气氛会变得更加活跃，在提升工作效率的同时增加团队成员的工作动力与工作热情。

同时，团队领导者也会在竞争中发现哪些人适合某项工作，哪些人不适合某项工作，奖励在竞争中表现出色的成员，惩罚在竞争中表现不好的成员，合理分配人力资源，实现团队结构的最优配置，给予团队一定压力的同时激发团队的活力与团队成员的创造力。

4. 成员之间关系恶化及其解决方案

团队中成员的关系是亲密的伙伴关系，团队中成员应该互帮互助、团结友爱。但是团队中往往会出现成员之间关系恶化、钩心斗角的情况，这种情况导致团队成员之间惧怕冲突，开会讨论的时候无法产生积极的争论，缺乏思想上的碰撞，搞虚假的和睦气氛，只能达成表面的共识，从而导致在实际执行的时候缺乏热情投入。一旦出现问题，成员就开始推卸、逃避责任，更无法对身边的同事负责。进而团队中死气沉沉，无交流，无进步。最终影响到团队的工作效率、团队目标的实现，甚至影响团队的正常运转。

要解决团队成员之间的信任问题，团队领导需要做到：深入了解团队成员的想法与需求，及时发现并解决成员出现的问题，让成员能够安心踏实地工作；发现成员之间出现矛盾的时候，要及时协调并解决矛盾，了解成员的真实想法，将矛盾在没有僵化的时候解决，使成员的个人利益与团队利益相统一。

5. 团队的学习与创新能力

创新对于组织来说是至关重要的。首先，创新是组织发展的基础，是组织获取经济增长的源泉，是经济发展的核心，使物质繁荣与发展。其次，创新是组织谋取竞争优势的利器，有数据表明创造性思维和组织效益之间具有直接的正相关性。最后，创新是组织摆脱发展危机的途径。组织只有不断创新再创新，才能渡过各种难关，持续健康地发展。

时下大部分团队在努力运转、努力前进的同时，常常忽略学习与创新的重要性，经常运用老办法解决新问题，每天只是重复着一模一样的工作，时间一长就会发现其实并没有学习到知识，更不可能创新，团队虽然能够维持下去，但是前进速度缓慢。这就需要团队领导者鼓励并督促团队成员提高学习与创新能力，成员需要在工作之余提升自己的专业技能、专业素养，以便在工作过程中提高效率。

6. 团队没有明确的目标

人生重要的不是所站的位置，而是所朝的方向。一个团队要想健康稳健、可持续地发展，需要有一个明确的发展方向和一个明确的团队目标。首先，需要团队领导者拥有前瞻性，制定一个明确的、正确的团队发展目标；其次需要团队成员制定个人目标，制定时需要实事求是，制定阶段性可实现的目标，并且与团队目标方向相符，团队成员的个人目标为了实现整个团队的目标而制定。

课堂活动

组建最佳团队

1. 制作广告

假设你想寻找合伙人共同创业，创办一家快餐连锁企业，请拟一份征集合伙人的广告，注意以下几个方面。

（1）你是召集人，但不一定是领导者。
（2）创业的初始目标、计划。
（3）你掌握的资源及需要的资源。
（4）你所需合伙人的数量和特点。
（5）你对股权分配、团队管理的设想。
（6）有吸引力的回报及可能的风险。
（7）其他你认为需要说明的问题。

2. 进行三分钟演讲

张贴你的广告，并用三分钟演讲宣传你的优势，吸引学生加入你的团队。学生共同评估，选出几位学生做团队创建者，并自愿加入一个团队。

3. 评估团队结构

从以下四个方面分析哪个团队组成更好。每项 25 分，分析哪个队的分数最高。落后的团队谈谈将如何赶超对方。

（1）团队成员加入的目的。

（2）团队成员的知识结构。

（3）团队成员的性格、个性、兴趣。

（4）团队成员的价值观念。

4. 确定团队成员

团队创建者可以根据学生对以下五个问题的解答情况，决定其去留。

（1）团队中唯一权威主管问题。

（2）团队成员间的相互信任问题。

（3）妥善处理不同意见和矛盾问题。

（4）合理分配股权问题。

（5）妥善处理团队成员间利益问题。

然后，请团队中的一个成员对本团队做出最后调整（增人或减人）。

5. 团队展示

各团队经过讨论完成表 5-2，并进行集体展示。

表 5-2 团队项目的具体内容

项目	具体内容
团队名称	
设计 Logo	
团队口号	
团队愿景	
创业项目	
团队领导者	
团队成员及分工	
团队管理制度	

注：Logo 是 logotype 的缩写形式，意指标识。

6. 推选最佳团队

重新评估这几个团队，推选出最佳团队。

课程反思

1. 创业团队的优势有哪些？

2．优秀创业团队成功的关键因素有哪些？试举例说明。

3．如果选择创业，那么你在创业初期将如何选择创业团队的组织结构？为什么？

拓展阅读

腾讯的创业团队

企业在成长的过程中会遇到很多艰难的挑战。有的企业创业成功了，有的企业创业失败了，有的企业成为世界级巨头。出现这种情况与企业的创业团队息息相关。以下介绍腾讯的创业团队。

腾讯的创业团队思维导图如图 5-3 所示。

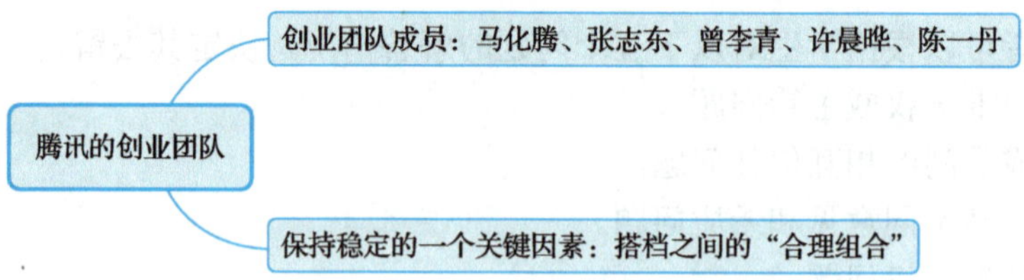

图 5-3　腾讯的创业团队思维导图

具体内容详见二维码：

参考文献

阿尔伯特•哈伯德，2003．你属于哪种人[M]．陈书凯，编译．北京：机械工业出版社．

李秋斌，2013．大学生创业指导[M]．北京：北京大学出版社．

王佩国，2009．规划人生 构筑未来：职业生涯规划（上册）[M]．北京：高等教育出版社．

王佩国，2009．规划人生 构筑未来：职业生涯规划（下册）[M]．北京：高等教育出版社．

张耀辉，朱锋，2013．创业基础[M]．广州：暨南大学出版社．

第六章

开发人们想要的创新产品

名人名言

产品设计不仅是外表，更重要的是产品的功能如何运作、好不好用。

——苹果公司创始人 史蒂夫·乔布斯

学习目标

1. 了解创新的概念与类型。
2. 了解产品创新的途径及产品创新的关键点。
3. 了解成功产品的开发特点及产品开发面临的挑战。
4. 了解设计思维的起源与含义。
5. 能够找准谁是真正的用户，了解用户洞察。
6. 能够利用挖掘用户需求的工具洞察用户需求。
7. 了解定义问题的内涵和方法。
8. 了解激发创新思维的策略，能够运用构思创意的方法开发并设计创新产品。
9. 了解最小可行性产品的定义，学会利用有限资源做产品原型。
10. 了解产品原型的价值及产品原型制作的类型。
11. 了解测试准备及用户测试的工具。
12. 了解获得用户反馈的方式，学会优化用户体验的方法。
13. 培养创新意识、竞争意识，牢固树立用户第一、质量第一的理念。

创业故事

鼠标的发明

道格拉斯·卡尔·恩格尔巴特（Douglas Carl Engelbart）在加利福尼亚大学洛杉矶分校获得博士文凭后，在斯坦福研究所（现为斯坦福国际咨询研究所）组建了一个研究小组，开始从事新式的人机交互和互联网方面的研究。

20 世纪 60 年代初，恩格尔巴特在参加一个会议时掏出随身携带的本子，画出了一种在底部使用两个相互垂直的轮子来跟踪动作的装置草图，这便是鼠标的雏形。1964 年，他再次对这种装置进行完善并制作出原型，即用丢弃在桌旁的一个滚珠加上一个小木盒制作了一个简易鼠标（图 6-1）。

1968 年 12 月 9 日，恩格尔巴特在 IEEE（Institute of Electrical and Electronics Engineers，电气和电子工程师协会）上展示了世界上第一款鼠标，这场展示令在场数千名计算机专家

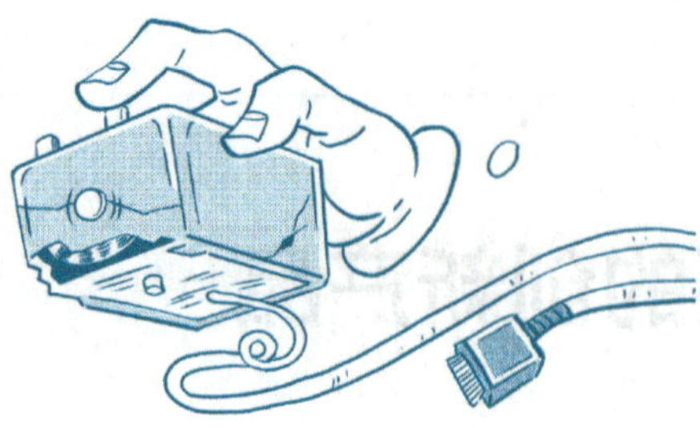

图 6-1　用木盒和滚珠制作的简易鼠标

惊叹不已，成为科技史上重要的里程碑，被誉为“展示之母”。

后来也有人受到恩格尔巴特的启发，做出了众多发明，苹果公司创始人史蒂夫·乔布斯（Steve Jobs）就是其中之一。鼠标被发明多年后，施乐帕克研究中心的科学家艾伦·凯（Alan Kay）将鼠标应用于施乐奥托（the xerox alto）计算机中。1979 年，乔布斯拜访施乐帕克研究中心时，看到奥托的技术备受震撼，意识到使用鼠标的重大意义，便将其用于麦金托什机上，使鼠标得以流行。1981 年，苹果公司推出第一只商业化鼠标，即机械滚球鼠标，但仍旧是单键。

随后微软公司对鼠标进行了改进，加入了左右击键。三键鼠标雏形则是由 IBM（International Business Machines Corporation，国际商用机器公司）设计推出的，只不过中间键并不是滚轮，而是带有单击下拉功能的单键，如今此种型号的鼠标依然在使用。

（资料来源：佚名，2020．电脑鼠标的发明人逝世[EB/OL]．(2020-08-02)[2022-10-13]．https://xw.qq.com/cmsid/20200802A07SRX00.）

启示：

鼠标的发明对 IT（information technology，信息技术）的发展有重大的影响作用，在不断的改造和创新发展的过程中，部分科技企业也因此得到了发展。创新能够激发我们的内在潜能，向着更高层次的人生发展。我们也要积极参与创新实践，创造新的产品，丰富生活，提升生活质量，同时，让世界更加美好。

第 11 讲　如何理解创新

一、创新的概念

中文“创新”一词最早见于《魏书》卷六十二：“革弊创新者，先皇之志也。”后世古籍中又数次出现“创新”一词，大抵与“革新”同义，主要是指改革制度。《辞海》里讲“创”是“始造之也”，首创、创始之义；“新”是初次出现的，与“旧”相对，才，刚之义。“创新”有三层含义：一是抛开旧的，创造新的；二是在现有的基础上改进更新；三是指创造性、新意。

视频：什么是创新

美国经济学家熊彼特于 1912 年最先在德文版《经济发展理论》一书中提出了“创新理论”，成为创新理论研究的鼻祖。他认为，创新就是建立一种新的函数，也就是把一种从来没有过的关于生产要素和生产条件的组合引入生产系统。从总体上看，熊彼特侧重从经济发展视角论述创新在生产中的重要意义，同时创新概念的提出为学者进一步对创新进行研究奠定了基础。德鲁克在《创新与企业家精神》一书中提出：创新是一个过程，是一项有组织、有系统且富有理性的工作；创新是企业家展现其创业精神的特定工具，是赋予资源一种新的能力使之成为创造财富的活动，创新本身就创造了资源。德鲁克关于创新的定义强调创新的意义和效果，认为创新需要改变现存的资源及财富创造的方式。

国际社会认同的特指“创新”的英文是“innovation”，有别于“创造”（creation）、“发明”（invention）。当前国际社会对于“创新”的定义比较权威的有两个：一是2000年经济合作与发展组织在《学习型经济中的城市与区域发展》报告中提出的“创新的含义比发明创造更为深刻，它必须考虑在经济上的运用，实现其潜在的经济价值。只有当发明创造引入经济领域时，它才能成为创新”；二是2004年美国国家竞争力委员会向政府提交的《创新美国》计划中提出的“创新是把感悟和技术转化为能够创造新的市值、驱动经济增长和提高生活标准的新的产品、新的过程与方法和新的服务”。

国内学者对于创新的定义多是综合性的，主要有以下几种观点：一是从创新主体的主观反映和行动分析，认为创新是“一种推陈出新、追求创意的鲜明意识；一种勇于思索、积极探求的心理取向；一种善于把握机会的机敏和灵性；一种积极改变自己及改变环境的应变能力”；二是从创新的目的性分析，提出创新是“主体为了生存和发展，在处理和客体的关系中弃旧图新、破旧立新的独创性活动”；三是从创新的哲学内涵分析，指出创新即“人的存在方式，在不断的创新活动中改造自然，创造自我，从而推动社会的进步”；四是从创新的发展性、时代性分析，认为创新作为一个时代性概念不是既有的传统概念的人为泛化和人为宣传的运用，而是反映了人们对社会发展的某种本质性把握，是人们对错综复杂的时代流程进行理论梳理的结果。

二、创新的类型

创新按照其内涵的不同主要可分为技术性创新和非技术性创新。

1. 技术性创新

技术性创新主要是指产品创新和工艺创新。

1）产品创新

产品创新是指通过改变产品功能，通常表现为提升或复合产品的功能属性，使新产品能充分满足用户的差异化需求。

典型的产品创新过程通常表现为机会识别和筛选、产品设计、产品测试（图6-2）、工厂化生产、上市和再创造。五个阶段形成一个典型的漏斗，在机会识别阶段有大量的创意涌入，经过产品设计开发筛选出合适的项目，最终通过市场检验创新产品是否获得成功。

产品创新具有明显的市场效应，创新的产品以占领更多的市场份额、挖掘更多的潜在用户，也即产生更大的经济效益为目的。

图6-2　产品测试

2）工艺创新

工艺创新表现为工艺流程创新或效率提升，通常是指制造企业在产品生产技术领域的变革，目的是降低生产企业的生产成本或提升盈利水平。

工艺创新也大致分为五个阶段：以问题为导向构想、工艺初始设计、工艺测试、工艺定型设计和生产制造。

工艺创新具有明显的生产率效应，通过工艺革新或提升能明显提升产品生产率。但相比产品创新能立即带来经济效应不一样，工艺创新只有在一定的生产条件和市场条件下，才能产生经济效应。同时，工艺创新不能被用户马上察觉，但是当企业的工艺流程出现明显失误，导致产品出现问题时，就会改变消费者的体验而引发相关危机。

2. 非技术性创新

非技术性创新包括技术性创新外的其他一切领域，主要表现为服务创新和商业模式创新。

1）服务创新

服务创新是指一切与服务相关的创新行为和活动，包括服务本身和服务对象的创新。不单单指服务型行业的服务，也包括生产制造企业的产品售后服务。

服务是无形的、内在的，具有典型的异质性和不可分离性，生产制造企业提倡的终身质保就是一种终身服务。因此，产品服务是消费者体验的重要渠道，堪比产品质量，尤其是以服务为产品的企业，只有不断创新服务才能拥有更大的市场。

服务创新主要包括设计、分析、发展和全面推广四个阶段。设计阶段包括广泛的市场调研、资料收集和分析，新服务目标或战略的形成、方案筛选与初步形成、核心理念初成与修订。分析阶段主要包括市场可行性分析和初步推广。发展阶段主要包括服务测试与较大规模试点运行、用户反馈和总结完善，以及核心理念的形成和营销方式的确定。全面推广阶段主要落实创新服务的支持措施、员工的招聘和培训、多渠道营销和用户跟踪服务等。

服务创新不仅在内容和形式上比产品和工艺创新等更为丰富和多样化，并且由于服务创新的过程本身就体现了丰富多样的内部环境和外部环境的交互作用，因此服务创新显得比其他所有的创新更为复杂。

2）商业模式创新

视频：创新商业模式——天秤星（跨境收款）

一般意义上的商业模式可分为三个层面：经济层面，也就是盈利层面；运营层面，也就是管理层面；战略层面，也就是发展层面。在经济层面，商业模式被称为企业的盈利空间，其本质是为了追求更大的利润；在运营层面，商业模式被描述为企业的管理结构，重点解读企业通过何种内部流程来设计和创造价值；在战略层面，商业模式被描述为企业未来的发展方向和前景展望，是对不同企业的定位或战略方向等的总体考察，涉及企业的企业文化、价值主张、组织行为、增长机会、竞争优势和可持续性等方面。

因此，商业模式创新主要是指营造新的或优于现有的，主要指向为用户解决实际需求的方案，包括对价值的认识、对参与者角色的识别、对市场运作和市场关系的准确把握等。因此，任何商业模式的创新都是对现有业务链的价值进行改造或更替。

现有的商业模式创新可分为以下四类：一是挖掘型，即在不改变企业原有商业模式本质的前提下充分挖掘企业现有模式下的潜力；二是调整型，即通过改变企业产品、服务、品牌形象、成本结构和技术等来调整企业的竞争核心，以提升企业的竞争优势；三是扩展型，即把企业成功的商业模式引入新的领域，实现新的利润增长点；四是引入型，即为企业引进全新的商业模式。

三、产品创新的分类与途径

产品创新是品牌发展的根本，不断地推陈出新是满足目标消费者的有效手段。产品创新的主要表现：一方面是全新产品创新，是指创造一个全新的产品以满足市场的需求；另一方面是改进产品创新，是指对老产品的翻新，即把某种产品形式加以适当的改变，从而适合消费者当前或以后的需求。大学生创业者在进行产品创新时，需要掌握产品创新的分类、途径和关键点。

（一）产品创新的分类

加拿大新产品开发管理专家罗伯特·G. 库伯（Robert G. Cooper）把创新产品分为具体的六种不同类型或不同级别的新产品，这一理论在产品开发领域得到了广泛认可。

1. 全新产品

全新产品是其同类产品中的第一款，它创造了全新的市场。此类产品只占新产品的10%。

2. 新产品线

新产品线对于市场来说并不新鲜，但对于有些企业来说是新的，约有20%的新产品归于此类。

3. 已有产品品种的补充

已有产品品种的补充属于企业已有的产品系列的一部分。对于市场来说，它们也许是新产品。此类产品是新产品类型中较多的一种类型，约占新产品的26%。

4. 老产品的改进款

老产品的改进款从本质上说是老产品品种的替代品。它们在老产品的性能上有所改进，能提供更多的内在价值。此类改进的新产品约占新产品的26%。

5. 重新定位的产品

重新定位的产品是指老产品在新领域中的应用，包括重新定位于一个新市场或应用于一个不同的领域。此类产品约占新产品的7%。

6. 降低成本的产品

降低成本的产品用以替代老产品，在性能和效用上没有改变，只是成本降低了。此类产品约占新产品的11%。

（二）产品创新的途径

在产品创新的具体实践中，主要有内部研制和外部获取两种方式。

1. 内部研制

内部研制是指企业主要通过自己的力量来研发新技术，开发新产品。内部研制不是闭门造车，实际上，企业的科技能力是通过与相关方合作，以及在与供应商、用户、生产工厂等相互依赖、相互促进的关系中长期积累而形成的，它主要有自主创新和逆向研制两种创新形式。

1）自主创新

自主创新是由企业自己研发新产品或对老产品进行改良。这在不少大企业中是一种常态，这些大企业拥有专门用于研究和应用开发的部门，并借此提高竞争力。不少大学生创业者也是通过自主研发新产品来开启自己的创业之路的。高科技领域的企业认为，要在激烈的市场竞争中生存下去，有效途径就是走在别人的前面。例如，苹果公司每隔一两年就会推出自己的新产品；在全世界各类日用品生产企业中，宝洁公司在产品研究与开发方面的投入首屈一指，每年都会投入大量资金用于产品开发、工艺设计、工程与设备研制等。

2）逆向研制

逆向研制即技术破解，是指企业对其他公司的产品就性能和构造等内容进行研究，从中破解其制造工艺和技术配方，以便仿制和改进。这种在模仿的基础上进行的创造是目前很多企业进行创新的一种常态。

2. 外部获取

外部获取是指企业直接从企业外部获取某种新技术工艺的使用权或某种新产品的生产权和销售权，主要有创新引进、授权许可和企业并购三种表现形式。

1）创新引进

创新引进是一种常见的创新形式，是指企业直接购买新技术或购买新产品的生产权和销售权，然后改造引进的技术，使之更适应企业自身的生产条件和市场条件，在积累了足够的技术经验后，实现技术创新和产品创新，创造独立自主的知识产权。创新引进的整个过程包括引进、消化、创新三个步骤。例如，华为的技术创新就更多地表现在技术引进、吸收与再创新层面。

2）授权许可

授权许可是指企业从其他企业获得生产和销售产品的许可，这种方式不涉及技术所有权的易手。授权协议通常规定授权的范围和期限，在此之外，授权方仍然有权利对其他企业发放同样的授权许可。通过授权许可的方式获取新技术，进而生产新产品，可以省去企业开发新产品的研发经费，并且有充足的时间将新产品推向新的市场。

3）企业并购

企业并购是指企业收购或兼并其他企业的股权，这样就可以取得对该公司的新技术和新产品的占有权、使用权或控制权。这种创新形式对于大学生创业者而言是不适用的。

（三）产品创新的关键点

为使初创企业在市场中生存并发展，产品创新要有的放矢，符合市场需求。一个新产品如果不被用户认可，没有销售市场，那么新产品的开发就是失败的。因此，企业创新需要抓住产品创新的关键点。

1. 遵循市场的供需关系

产品创新应考虑市场的供需关系，避免“自我为主”的产品思维，在产品研制的过程中积极地进行市场调研和产品互动，特别是大学生创业者创新时应注重产品创新，若忽视产品研发前期和中期的市场调研，而只是在产品生产出来后做一些产品微调和试销活动，那么产品将很难销售出去。这也是很多企业失败的主要原因。在个性化的移动互联网时代，新产品层出不穷，企业更应该坚持“需求决定产品”的原则，否则即使再好的营销策划也无助于产品的销售。例如，微信以即时沟通需求为导向，抓住了消费者希望免费使用的需求，从而实现了口碑传播，使之迅速发展。即使是大学生创业者创新的小众产品，同样要遵循市场需求原理，只有这样才能拥有竞争力，才能开拓出更大的市场。

2. 找准消费者的痛点和产品的诉求点

随着市场发展与变化，产品创新的难度越来越大。即便是好的创意产品，如果没有高水准的营销策划，也不一定销售得好，而找准痛点就是营销策划活动中常用的和有效的手段之一。痛点就是大部分用户普遍存在的问题，而问题是客观存在的，谁能最先发现并解决它，谁就能在市场上获得先机。许多企业在进行产品创新时抓住目标消费者的需求点，并将其转变为产品差异性“卖点”，然后在动态的竞争过程中，试图通过差异化来提高自己的市场份额。不过企业应把握并利用好痛点，绝不能盲目而为。在进行品牌传播时，还需要聚焦在产品的核心诉求点上，要知道如何告诉消费者产品的创新优势。为此，企业在进行产品创新时应尽量融合消费者的痛点和产品的诉求点，这样才容易赢得消费者的认可，营销才能借势借力、顺水推舟。

3. 把握市场和产品的发展趋势

很多企业进行产品创新时没有把握好市场和产品的发展趋势，要么过于超前，要么切入时机不当，从而造成创新失败。例如，大多数手机品牌在模拟机转 2G 手机和 2G 手机转 3G、4G 手机的过程中，不断跟进创新。当触屏时代到来时，它们不固守物理按键；当全屏幕时代降临时，它们又推出自己的全屏幕产品。一些反应迟钝的智能手机品牌却一步步丧失了竞争力。因此，进行产品创新时把握市场发展趋势很重要。

第 12 讲 产品设计概述

一、成功产品的开发特点

从投资者的角度来看，在以营利为目的的企业中，新产品开发的成功在于它使生产和销售可获利产品成为可能。然而，我们常常难以迅速和直接地评估产品的获利性。下面五个特殊方面（它们最终都与利润相关）常用于评估一项产品开发的绩效。

1. 产品质量

开发出的产品有什么优越性？它能满足用户的需要吗？它是否强健和可靠？当然，产品质量最终反映在市场份额和用户愿意支付的价格上。

2. 产品成本

什么是产品成本？这个成本包括在设备和工具上的花费，以及生产每一单位产品所增加的成本。产品成本决定了企业从特定销售量和特定销售价格中获得的利润。

3. 开发时间

团队能够以多快的速度完成产品的开发？开发时间决定了企业对竞争对手和技术进步做出反应的程度，以及企业怎样迅速地从团队工作中得到经济回报。

4. 开发成本

企业在开发产品活动中需要多少花销？产品开发成本通常在为获得利润而进行的投资中占有可观的比例。

5. 开发能力

团队和企业能够在以往产品开发经验的基础上更好地开发未来的产品吗？开发能力是企业的一项重要资产，它使企业可以在未来更有效、更经济地开发产品。

在以上五个特殊方面上的良好表现应该最终带来经济上的成功。但是其他方面的标准也很重要。这些标准来自企业中其他利益相关者的兴趣，包括产品开发团队的成员、其他雇员和产品制造所在社区的利益。产品开发团队的成员会对创造一种本质上令人兴奋的产品感兴趣；产品制造所在社区的成员会关心产品能够创造工作机会的程度；生产工人和产品用户坚持开发团队应对高度安全的标准负责，不管这种标准从严格获利的基础上考虑是否合适；至于其他个人，尽管他们可能与企业或产品没有直接的联系，也可能会从生态的角度对产品提出合理利用资源和减少危险性废弃物的要求。

二、设计与开发产品所需的关键职能

产品设计与开发是一项综合性的活动，几乎需要企业所有职能参与其中，但以下三种职能是产品设计与开发项目的关键。

1. 市场营销

市场营销调节着企业与用户之间的相互作用，它常常帮助企业进行产品机会的识别、细分市场的界定和用户需求的判断。营销还可以加强企业和用户之间的交流、设定价格、关注产品的试销与促销等。

2. 设计

设计的职能在于它会产生迎合用户需求的产品实物形态的定义。在这里，设计的职能包括工程设计（机械、电子、软件等）和工艺设计（美学、人机工程、用户界面）等。

3. 制造

为了制造产品，制造职能要首先对设计和运作产品系统负责。广义的制造职能还包括采购、分配和安装等。这一系列活动通常称为供应链。

处于这些职能中的不同的个人常在某些领域（如市场研究、机械工程、电子工程、材料科学、制造运作等）获得专门的训练。其他几种职能，如财务、销售职能，常常以辅助的形式包括在产品开发中。除了这些广阔的职能范畴，开发团队的特定组合还要依靠产品的特点而定。

在现实世界中，很少有产品是由一个人开发出来的。我们把开发一个产品的所有个人的集合称为项目团队。团队有一个团队领导，他可以从企业的任何一项职能中抽调出来。团队可以包括一个核心团队和一个扩展团队。为了有效地协调工作，核心团队通常保持较小的规模，以便在一间会议室中开会。扩展团队则可能有几十人、上百人甚至上千人的规模。在大多数情况下，企业内部的团队常常需要得到个人或合作公司、供应商和咨询公司的支持。例如，在一种新型飞机的开发中，组成外部团队的人员数量可能比组成公司内部团队的成员数量还要大，而出现在最终产品上的只是公司内部团队成员的名字。一个以营利为目的的制造企业是常见的产品设计与开发机构形式，但其他的形式也是可能的。产品设计与开发团队有时在咨询公司、大学、政府机构和非营利组织中工作。

三、产品开发面临的挑战

不开发新产品的企业面临老产品被淘汰、市场萎缩的风险，同时，开发新产品的企业也面临着很大的风险。绝大多数新产品失败了，没有被推向市场。新产品失败的主要原因如下。

1. 外部环境的不确定性

企业面临的外部环境处于不断变化中，企业难以及时获取外界环境的有效信息，市场分析不充分，对用户的需求和需要理解有误，一直是新产品开发失败的主要原因。

2. 激烈的市场竞争

买方市场出现，产品供过于求，市场竞争异常激烈，每个企业面临的市场范围因竞争者的进入而不断缩小，跟进者对新产品的模仿，使企业新产品的市场份额大大缩小，获利空间降低，新产品开发成本难以回收。

3. 较高的资金投入

新产品开发需要企业投入很多。例如，德州仪器公司在从计算机业务中撤退前已损失了 6.6 亿美元，杜邦公司在可仿合成皮革上损失了 1 亿美元。

4. 产品的生命周期缩短

由于科学技术的发展步伐加快，竞争者的仿制和跟进等，产品的生命周期大大缩短，往往企业的投资还没收回，新的产品就面世了。

企业自身的一些主观原因导致新产品开发失败，如忽略了关键的市场调研、执行力差、准备工作不足、组织控制不当等。因此，新产品开发不只是一个技术范畴的问题，还是一个技术与市场营销相结合的问题。企业应树立新产品开发中的风险防范意识，尽量回避风险，进行风险控制，努力促使新产品开发成功。

四、设计思维概述

1. 设计思维的起源

20 世纪 20 年代，“设计思维”一词第一次出现在德国，首次结合艺术、建筑、剧场、音乐和造型等多方面元素，尝试跨界合作，这让人们更好地解决了很多复杂难题，也开创了更多的可能性。2005 年，斯坦福大学的大卫·凯利（David Kelley）教授与其他几位教授共同创办了设计思维学院，提供关于设计思维的教育和推广。

2. 设计思维的含义

设计思维不是一个工具，而是一种跨学科解决复杂难题的方法论，目前广泛应用于学术界和商业界棘手问题的处理上。它并不是从现有产品或服务中的某个具体问题着手，而是打破传统的提出问题—分析问题（变量+影响因素）—解决问题的思路，主张像设计师那样思考，从用户的角度出发，通过探索问题中的各项参数变量寻找解决方案，这是一个循环往复的过程，直到找到最优方案。

美国设计咨询公司 IDEO 将设计思维定义为通过设计师的直觉和方法，以满足用户的需求为目标，创造顾客价值和市场机会存在且技术和商业策略可行的产品规则图。因此，设计思维被视为实现创新的新方法，使设计师在面对不明确（甚至未知）的复杂问题时，通过以人为本的方式理解用户的需求并重构问题。

不同学者对于设计思维的阶段划分并不相同。IDEO 总裁兼首席执行官（chief executive office，CEO）蒂姆·布朗（Tim Brown）将设计思维划分为以下三个阶段。①灵感：收集利益相关者的观点，扩宽解决方案。②构思：根据现有信息，探寻真实需求，生成大量想法并试验。③实施：通过测试报告等方式评估并改进现有设计方案。清华大学柳冠中教授则将设计思维分为观察、分析、归纳、联想、创造、评价六个环节，循序渐进，环环相扣。

斯坦福大学的设计思维学院提出了设计思维五阶段模型，如图 6-3 所示。①同理心：通过用户调研，体验用户的生活来了解用户各方面的需求。②定义问题：将同理心阶段的用户需求转换为用户洞察，以描述解决方案的目标。③创意：利用发散思维探索尽可能多的解决方案。④原型：用草图或其他形式快速灵活地表现解决方案进行试验。⑤测试：测试原型的优缺点并进行修改，反复迭代，得到更好的解决方案。

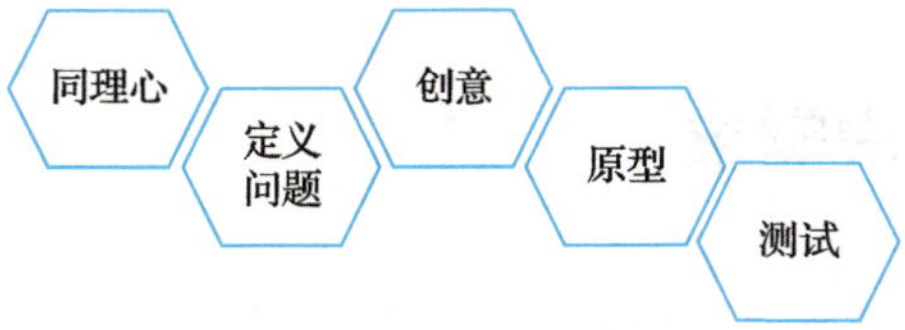

图 6-3 设计思维五阶段模型

课堂活动

激情正方体

（1）每位学生准备六张正方形卡片、五片胶带。

（2）拿出一张卡片，写下自己做的最有激情的事情，要求想出一些真正让自己感到兴奋且确实喜欢做的事情。

（3）把写好的卡片放到一边，再拿出两张卡片，在每张卡片上写下一件事情，描述你为什么对第一张卡片上所写的事情充满激情。你可以用几分钟时间认真反思自己对这件事情充满激情的动因。例如，你对足球运动充满激情，那么请思考你为什么热爱这项运动，是因为可以在众人面前表现自己，还是竞争感，抑或是团队情谊。

（4）把写好的两张卡片放到一边，并拿出最后的三张卡片，在每张卡片上写下你感觉自己具备的一项技能或长处。

（5）拿出写好的全部六张卡片，正面朝下摆放，这样就不会看到上面的内容，然后将卡片打乱。完成这些后，将卡片摆成如图 6-4 所示的十字形状，然后把边缘粘在一起。

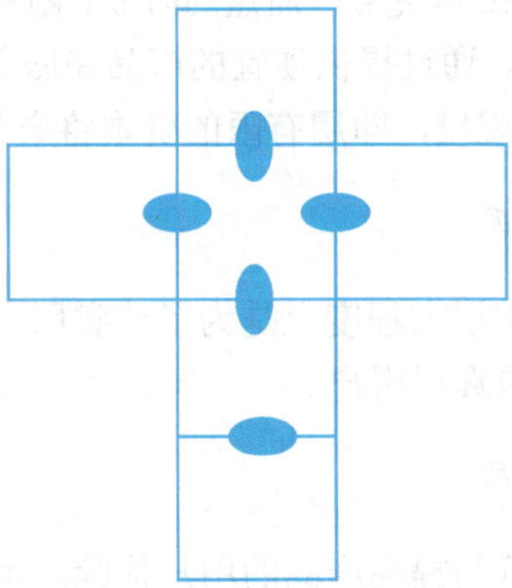

图 6-4 六张卡片拼接示意图

（6）将十字形卡片折叠成一个立方体，有字的部分露在外面，用胶带将最后的边缘粘起来。

（7）检查自己的技能、激情及激情动因的交会点，即立方体各平面相交会的地方。随机挑选一个交会点，并构思出至少一个商业创意，要求包含立方体在该交叉点相交的两个平面的内容。如果你愿意花更多的时间训练，可以选择立方体的其他边缘重复此做法。

（8）你可以随身携带这个立方体并利用它产生更好的创意。

第 13 讲 洞察用户需求

一、找准谁是真正的用户

很多创业者容易犯的错误是先把产品研发出来，再去市场上寻找用户。在确定用户购买产品的意愿之前，就投入大量的资源对产品进行开发。因为没有找到真正的用户，产品销售困难，导致创业失败。精益创业认为，在开发产品之前，要通过用户痛点，找到谁是真正的用户。

用户痛点是指用户迫在眉睫又无法得到满足的需求。这也是很多创业者正在寻找的销售产品的突破口。那么，如何通过用户痛点找准真正的用户呢？这里列出了几点建议，如图 6-5 所示。

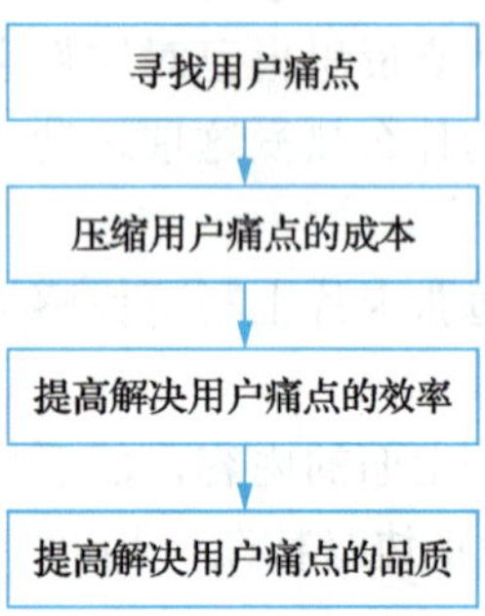

图 6-5 通过用户痛点找准真正的用户

1. 寻找用户痛点

用户没有得到需求的满足，说明行业目前还没有找到完美的解决方案，但是用户又迫切地希望能够满足需求，这就是创业者需要解决的真正的用户痛点，也是创业者潜在的市场。

2. 压缩用户痛点的成本

在解决用户痛点的时候，创业者要将用户痛点的成本压缩到最低，通过提供便宜的产品和服务为公司赢取利益，以此扩大公司的规模，即用有限的资本将产品提供给更多的用户。

3. 提高解决用户痛点的效率

提高解决用户痛点的效率在很大程度上是为了节省用户的时间，提高用户的体验率，这样才能更快地找准需要产品的真正用户。

4. 提高解决用户痛点的品质

提高解决用户痛点的品质就是提高产品的用户体验。用户体验得到提升，自然而然就会扩大用户的体验数量。如果有越来越多的用户体验产品，那么找到真正用户的概率就会越大。

二、用户洞察

用户洞察主要用于收集用户需求背后的原因，挖掘出他们内心真正的需求，用户需求包括两层，即显性的功能性需求、隐性的情感性需求。功能性需求反映了用户的基本需求，是理性的、具体的、表面的，如点外卖看餐品、价格、送餐速度等。情感性需求反映了用户内心深层次的需求，是感性的、抽象的、心理深层次的需求。例如，这家酒店让顾客感觉很自在，前台服务人员像朋友一样。

在实际的工作中，我们更多关注的是功能性需求。好的设计应该同时满足用户的功能性需求和情感性需求，不仅要关注用户说出来的需求，更要关注用户没有说出来的需求。调研法和同理心访谈法是洞察用户心理比较有效的方法。

1. 调研法

调研法大体可以分为两类，即定量型调研和定性型调研。

1）定量型调研

定量型调研，即从大量信息中提炼用户的共性需求。常见的方法有问卷调研和后台数据分析。问卷调研的优点是容易上手；缺点是内容单一，不能追问下去，并且用户配合度低（容易失真）。后台数据分析的优点是可以通过数据分析用户的行为模式；缺点是受限于技术，并且都是行为层面的显性数据。

2）定性型调研

定性型调研，即从用户视角触发，找到个人内在的真实想法、情绪、喜好等，追求质量而非数量。常见的方法有体验产品和焦点小组。体验产品的优点是可以得到一手的真实反馈；缺点是样本数量有限，并且主观性较强，人们会受限于自己的认知、喜好。焦点小组的优点是可以兼顾数量和质量，一次可得到多人反馈，并且彼此间可以互动，容易了解深入的想法；缺点是参与者容易彼此干扰，说“正确的话”而非“真实的话”。

2. 同理心访谈法

同理心访谈法是获取用户情感性需求的一种访谈方式。做法是准备一份问题清单，然后和用户约好时间面谈或电话访谈。

同理心访谈法的关键点有以下三个：关注人，空杯心态，对访谈者充满好奇心，并以积极的心态去倾听；不断追问，对一个话题深入追问；留住情感表达，理解对方的感受，并能够准确地描述出来。

三、识别真实需求的关键点

1. 用户调查

创业者在创办企业前一定会进行用户调研，从而对商业模式、用户需求进行决策，但往往实际情况和创业者的设想存在差距。在进行用户调研时，创业者可能根据个人的经验和想象对用户进行分析，不够客观，并且没有数据支持。另外，用户调研信息来源不全面，创业者容易犯以偏概全的错误。例如，大学生在创业进行用户调研时，所填写的问卷信息大部分来自大学生，虽然创业者身边的人群大多数为大学生，但实际上大学生的比例只能占总数的一部分。这类市场调研结果只适用于了解大学生的真实需求，而不是所有用户的真实需求。了解用户需求的第一步是调查用户的现状，通过用户的生活态度、方式、历史等方面了解用户，实时记录准确和全面的用户相关信息（包括基本资料、特征、业务状况、交易状况等），进而把握市场动态，分析用户需求。

2. 用户分析

创业者需要了解用户对产品的反馈，从而知道该从哪方面提升以满足用户需求。首先，企业需要对用户满意度进行调查，记录用户对产品和服务的感受，并且通过不定期回访的方式长期跟踪用户。其次，当企业的产品或服务确实损害用户利益时，需要帮助用户解决问题。创业者应该建立用户投诉制度，给用户一个投诉和发泄的渠道，也给公司一个了解自身不足的途径。另外，创业者不仅需要关注已成交用户的状况，还需要关注流失用户的状况，寻找用户流失的主要原因（是价格太高、服务不好、实用性不强，还是创意不够），从而改进产品，减少用户流失。因此，建立一个完善的用户反馈体系有助于企业进行产品和服务的升级。当获取用户真实需求后，创业者也可以对用户进行分类管理，针对不同类型用户群体的需求特性，对不同类型的用户群体采取不同的管理和营销方案。基于以上针对用户真实需求的分析，不仅有助于初创企业的生存，还能为企业的长远发展奠定基础。

3. 产品迭代

在创业者对用户信息和反馈进行有效的统计之后，更为重要的是挖掘用户的真实需求，促使产品迭代。创业者需要根据公司初期的用户信息和反馈，包括用户的个人信息及对产品定价、质量、功能的评价，分析得出用户的真实需求，加快产品迭代，使企业的产品和服务更符合实际情况，满足用户需求。

一般来说，创业者可根据用户的购买意愿和购买力对用户的真实需求进行评估。购买意愿即用户对某种产品的需求程度，创业者需要分析所生产的商品或提供的服务是否为用户的生活必需品，市场上是否存在替代品，是单次消费还是多次消费。对用户购买力的评估即用户的经济状况及愿意为产品花费的金额，创业者需要分析用户对产品价格是否敏感，对产品的支出占生活总支出的百分比是多少，产品所面向的用户群体的经济条件如何。只有基于用户的真实需求，创业者才能选择产品或服务的提升方向，明确市场定位和定价，制定有效的产品迭代策略。

四、挖掘用户需求的工具

SPIN 是一种提问的技巧和挖掘用户需求的工具，通过依次提出四个问题，即 S（situation question，背景问题）、P（problem question，难点问题）、I（implication question，暗示问题）和 N（need-pay off question，需求-效益问题），引导用户自己发现问题，同时扩大问题的严重性，让用户自己说出明确的需求，而这个明确的需求恰恰是我们能满足，而其他人无法满足的，从而为用户解决：为什么要购买？因为用户提出问题，而且后果很严重；为什么一定要从你的公司购买？为什么一定要向你购买？因为你能解决用户的问题，而其他人无法解决。

（一）需求的开发

需求开发的过程如图 6-6 所示，其中，隐含需求是指潜在用户对难点、困难和不满的陈述，但还不是用户销售中的购买信号。例如，这车在山区中行驶时明显动力不足。明确需求则是指潜在用户对愿望和需求的具体陈述，是用户销售中的购买信号。例如，我需要一辆四轮驱动的越野车。

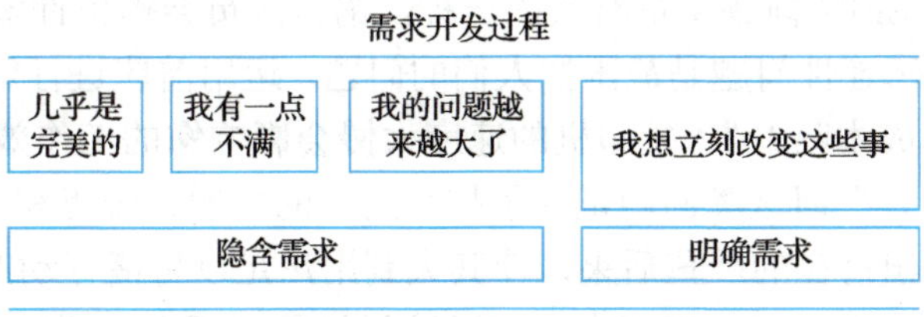

图 6-6 需求开发的过程

SPIN 的基本思路是发现并理解用户的难题和不满。例如，用户对质量和服务的抱怨，把用户的问题或缺陷放大再放大，增加用户的痛苦，甚至让用户愿意付费来购买新产品或寻找替代的新供应商，而自己的产品或服务又可以解决用户的痛苦（最理想的是自己的竞争对手无法解决），这就是 SPIN 逻辑过程。企业可以人为地将需求开发过程缩短，加速让用户的隐含需求变为明确需求。例如，原来从隐含需求到明确需求的自然过程需要 6 个月的时间，通过 SPIN 的方式也许只需要 1 天甚至 1 个小时。

（二）SPIN 问题的策划

SPIN 的四个问题是需要事先进行策划的，问题策划前首先要列出：①潜在用户可能的难题（自己的产品和服务可以解决的，最好竞争对手无法解决）；②产品和服务能提供的潜在利益。

1. 背景问题

背景问题是各种问题中基本的一种，收集有关用户现状的事实、信息及其背景数据。提出背景问题是推动用户购买流程的基础，也是了解用户需求的基础。但使用时要特别小心，如果背景问题问得太多，可能会使用户产生反感或抵触情绪。因此，提问时要把握两个原则：一是数量不可太多；二是目的明确，提问那些可以开发成明确需求，并且自己的产品或服务可以解决的难题。销售会提问很少的背景问题，但他们每提问一个都会有偏重、目的。在见面之前他们会多方面思考，制订会谈计划，排除可能让用户感到厌烦的刨根问底的问题。

2. 难点问题

难点问题是询问用户有什么问题、困难和不满。询问难点问题的目的是使用户说出其隐含的需求，寻找自己的产品能解决的问题最好是竞争对手无法解决的。难点问题示例如下。

用户是不会因痛苦而购买，但会因好处而购买。销售人员要想象在生活和工作场景中会遇到的问题，常见问法是：会不会有以下情况出现？所以提问难点问题只是推动用户购买流程中的一个过程。

3. 暗示问题

暗示问题是所有 SPIN 问题中最有效的一种，销售人员会提出许多暗示问题。在 SPIN 技巧中，暗示问题或牵连性问题是最困扰人们的问题，运用前应进行策划。例如，“打印机经常出错会增加您的成本吗？”“复印机的速度太慢会影响您的工作效率吗？”“碎纸机的声音会影响您工作吗？”问这类问题是为了扩大用户的问题、难点和不满，使之变得清晰和严重，并能够揭示出潜在的严重后果，使其大到用户足以付诸行动的程度。

在规模较小的企业中，如果销售人员可以发现问题并证明有解决问题的能力，那么销售人员将非常成功。因此，以现状问题和困扰问题为基础的模式对规模较小的企业就很有效。但是许多人将这种模式应用于规模较大的企业中，结果无效。因此，对于大订单的销售，暗示问题更为关键。

提出暗示问题的目的有以下两个。

（1）让用户想象现有问题将带来的后果。只有意识到现有问题将带来严重后果时，用户才会觉得问题已经非常急迫，才希望去解决。引出暗示问题就是为了使用户意识到现有问题不仅仅是表面的，它所导致的后果将是非常严重的。例如，计算机病毒在没有暴发之前，用户很可能不会意识到它导致的严重后果。但是经过销售人员提醒，用户就会对后果进行一番联想，于是觉得这个问题非常迫切，应该立刻清除病毒，否则后果不堪设想。

（2）引发更多的问题。当用户了解到现有问题不是一个单一的问题，而是会引发很多更深层次的问题，并且会带来严重后果时，用户就会觉得问题非常严重、迫切，必须采取行动解决它，那么用户的隐藏需求就会转化成明显需求。也只有当用户愿意付诸行动去解决问题时，才会有兴趣询问销售人员的产品，去观看销售人员的产品展示。

询问暗示问题的困难在于措辞是否恰当和问题的数量是否适中，因为它往往使潜在用户情绪低落。如果还没有问处境问题和困扰问题，过早引入暗示问题往往会使潜在用户产生不信任甚至拒绝回答。因此，销售人员在提问前必须做好准备。例如，以计算机病毒暴发为例，销售人员不可能临时想出很多合适的问题，要提出一系列符合逻辑并足够深刻的问题，需要在拜访用户之前就认真准备。当暗示问题问得足够多的时候，用户可能就会出现准备购买的行为，或者表现出明显的购买意向，这就表明用户的需求已经从隐藏需求转为明显需求，引出暗示问题已经成功。如果没有看到用户类似的表现，那么就证明用户仍然处于隐藏需求阶段，说明所问的暗示问题还不够多、不够深刻。

4. 需求-效益问题

销售人员描述可以解决用户难题的对策，然后让用户主动告诉销售人员，销售人员提供的这些对策让他获利多少。例如，“比针式打印机更加安静的激光打印机对你们有什么帮助吗？”“如果每天可以减少 50 页的废纸量能让你们节约多少成本？”这些都是产品的需求-效益问题。提问这类问题的目的是让用户深刻地认识到，并说出销售人员提供的产品或服务解决方案能帮他做什么。这样可以使用户把注意力从各种问题转移到解决方案上，并且让用户感觉到这种解决方案将给他带来的好处，把用户的情绪由对现有问题的悲观转化成积极的渴望和憧憬。

行为心理学家研究发现，人们是不喜欢被别人说服的，基本上只会被自己说服。因此，哪怕销售人员心中已经有解决方案，也不要直接告诉用户，而是要利用需求-效益问题来引导用户说出解决问题会给他们带来的效益、实际意义、回报及重要性。明确效益问题就为用户提供了一个说服自己的机会——当用户说出解决方案（即新产品）将给他带来的好处时，就已经说服自己，那么用户购买产品也就水到渠成了。

这样做最终的目的是使用户把他们的明确需求揭示出来，然后销售人员便可以更准确及有效地展示产品，而成功率也会大大提升。用户对效益问题问得越多，他说服自己的概率就越大，对新产品的异议就越小。

第 14 讲 定义问题与创意构思

一、定义问题概述

定义问题就是在发现问题的基础上，找到问题的本质，并将其陈述出来。把问题的定义弄清楚，是解决问题的第一步，也是艰难的一步。定义问题出错，会导致后面的步骤出现问题，最终无法解决问题，甚至造成损失。因此，定义清楚问题就变得尤为重要，一个清晰的定义将指导团队朝着正确的方向努力。那么该如何准确地定义问题呢？

做好问题定义的第一步是找到问题，也就是问题识别。如何找到问题本身就是一个问题。一些传统的方法，如市场调查、访谈法、观察法等，虽然可以获得一些数据，但只是用户的陈述和抱怨，并不代表用户深处的需要，因为用户往往也不知道他们的真正需要是什么，所以我们需要“翻译”和转化。

一种比较好的站在用户生活和内心世界去体验用户问题的方法是共情。共情是一种社交和情感技能，能帮助我们感受并理解他人的情感、境况、意图、思想和需求，这样我们就能够和用户进行有效沟通，提供有效支持。我们可以通俗地将共情理解为“善解人意”。创业者是用户问题的识别者与解决者。通过共情，创业者就能够感受和识别用户真正的需要。

通过共情，我们识别了用户问题，但依然没有触及问题的本质，需要对问题进行进一步分析。问题分析基本的方法是洞察。洞察从质疑开始，往往表现为不断追问为什么。例如，A 先生到处问用户：“您需要一个什么样的更好的交通工具？”有用户会回答：“我需要一匹更快的马。”一般人听到这个答案，往往马上就会去寻找“跑得更快的马”，以满足用户的需求。但 A 先生并没有这样做，而是接着追问。

A 先生：“您为什么需要一匹更快的马？”

用户：“因为可以跑得更快。”

A 先生：“您为什么需要跑得更快的马？”

用户：“因为这样我就可以更早地到达目的地。”

A 先生：“所以您要一匹更快的马的真正用意是什么？”

用户：“用更短的时间、更快地到达目的地。”

所以最终A先生选择了制造汽车去满足用户的需要。

通过不断追问为什么，我们基本上能触碰到问题的本质。上述问题的本质不是用户想要一匹跑得更快的马，而是想要在更短的时间内到达目的地。

定义问题的最后一步是将问题陈述出来，精确地陈述问题比解决问题更重要。然而，人们在陈述问题时往往会出现各种问题，如问题的主体不明确，问题发生的情境描述不清楚，把现象、问题和原因混为一谈等。产生这些问题的原因在于人们在陈述问题时缺乏一个系统的框架。一般可以用问题画布陈述问题。

二、定义问题的方法

1. 共情图

共情图（图6-7）是一个能够站在用户角度发现问题、提出问题的工具。人们在遇到问题的时候，常常忽略问题本身而直奔解决方案，在尝试采用了多个解决方案后却发现大多数并没有得到太好的结果，其本质原因是没有找到真正的问题。共情图可以帮助我们结构化地发现真实而有效的问题。在运用共情图时，我们要解答图6-6中的问题，对于图6-6中问题的解答，将有助于我们站在用户角度找到真实、有效的问题。

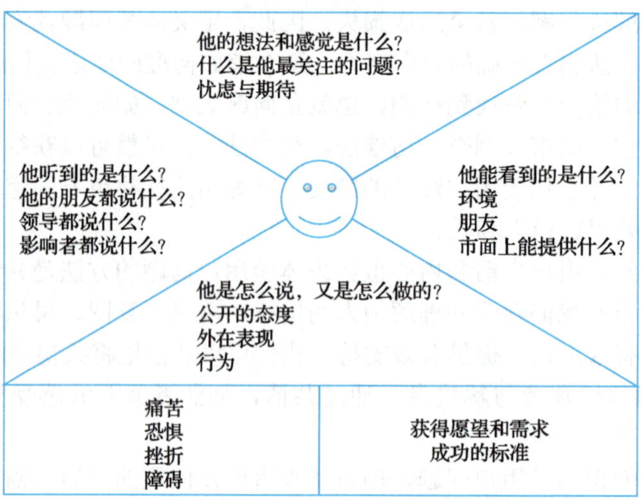

图6-7　共情图

2. 5why分析法

5why分析法起源于日本，由丰田自动织机株式会社的创始人丰田佐吉提出。自提出以来，丰田汽车公司把连续提问五个为什么（5why）当成一种查找制造过程中存在的根本性问题的测试工具。例如，有一个有瑕疵的汽车零部件出厂了，这时候就要问：

为什么汽车零部件有瑕疵？

因为装配线上的员工犯错了。

为什么装配线上的员工犯错了？

因为员工培训不足。

为什么员工培训不足？

因为培训资金不足。

为什么培训资金不足？

因为公司没有对培训资金优先安排。

为什么公司没有对培训资金优先安排？

因为培训不是公司需要解决的最重要问题。

反复追问五个为什么，我们就会发现汽车零部件有瑕疵的真正原因是公司资金使用原则的问题。如果没有追问到底，仅就员工犯错问题进行处理，那么以后类似的问题还会发生。

5why 分析法本质上是要通过不停地追问来探寻问题的本质。

3. 问题画布

问题画布（图 6-8）是陈述问题的通用语言和工具。问题画布由七个要素构成：谁的问题（who）、什么时候发生的（when）、什么地方发生的（where）、问题是什么（what）、问题的紧急性（how urgent）、问题的重要性（how important）及问题的本质原因（why）。问题画布左半部分的三个要素是对问题情境的描述，通过发生时间（天）、发生地点（地）和问题对象（人）三个要素，就可以很清晰地聚焦一个问题。右半部分的三个要素是对问题的分析，包括问题的紧急性、重要性及本质原因。画布最中间的要素是在以上六个元素的基础上提出的一个问题——问题是什么（what），一般使用“我们怎样才能……”句式。

图 6-8　问题画布

三、激发创新思维的策略

1. 注重创新个性

个性是指一个人在后天活动中逐步形成的习惯和行为方式，它包括一个人的处事原则、对事物的态度和活动方式三个基本要素。创新个性是指一个人在对待事物的态度方面，能够具备从事创新活动所必需的、正常的、健全的心理。创新人才应具备以下个性心理品质：①高度的自主性和独立性，不肯雷同；②富于幻想，敢于大胆假设，勇于冒险，善于抓住机遇；③思维灵活、敏捷；④旺盛的求知欲和强烈的好奇心，兴趣广泛；⑤坚韧不拔的毅力和科学的探索精神等。

大学生可以从以下几个方面努力培养自己的创新个性。

（1）树立远大理想和抱负，提高创新欲望。大学生要胸怀远大理想，要有立志为国家、社会做贡献的创新渴望。大学生的创新欲望越强烈，越有利于激发创新激情与创新意识。

（2）坚信自己具有创新能力。培养提高创新能力的首要心理条件，就是充分坚信自己具有创新潜能。坚定的创造信心，有利于大学生增强自身锐意进取、百折不挠的意志，促进创新思维和创新想象的活动。

（3）培养探索问题的敏感性。大学生要培养自己对新生事物的好奇心和观察问题的敏锐性，遇事多问几个“为什么”，不要对所有事情都习以为常，要能及时发现和抓住新生事物的苗头，把握创新机会。

（4）善于开动脑筋，保持思维的独立性，养成独立思考问题、解决问题的习惯。缺乏独立思考能力的大学生是很难有创新意识和创新作为的。爱因斯坦（Einstein）曾指出，发展独立思考和独立判断的一般能力，应当始终被放在首位，而不应当把获得专业知识放在首位。由此可见，独立思考能力对创新具有重要意义。倘若没有独立思考，便不会有爱因斯坦的相对论。

（5）保持良好的竞争心态。大学生应该在日常的学习和生活中积极参与竞争，在竞争中进行自我激励。

2. 消除主观障碍

影响大学生创新思维发展的障碍包括受传统观念的束缚、不加批判的学习和固执己见等诸多方面，这些都是大学生需要克服和消除的。

传统的理论、观点和方法往往束缚人们的思想。大学生在思考问题时总是过于轻信教科书，迷信学术权威的观点，不加甄别地一味纳入别人的思维轨道，容易阻碍自己的创造性思维。因此，大学生在学习探索活动中，要突破传统观念的束缚，敢于对传统学术观点提出质疑。

任何创新都是在继承的基础上进行的，广博的知识基础能促进人的创新思维活动。但如果大学生在学习过程中只机械地照搬别人的知识，将极大地阻碍自身创造性思维的发展。因此，大学生应保持批判性思维，在学习前人的知识时做到批判地继承，这也意味着创新活动的真正开始。

固执己见、偏见和过于依赖、谨慎、谦虚等都不属于健康的心理，会阻碍大学生创造性思维的发展，大学生应加以克服。

3. 优化知识结构

知识是人类进行观察、思考和想象的基础。没有丰富的知识支持，就不可能产生丰富的想象力。想象力在创新能力的内在形成机制中起着十分重要的作用，虽然知识的多少和创新能力不成正比，但必要的知识储备是创新活动的重要前提。

任何创新都是对旧的水平、理论、方法、规范的突破，如果一个人对前人的知识、技能不能很好地继承，达到融会贯通，便很难在此基础上有所突破，更谈不上提出自己新的思想、观点和方法。正如生理学家巴甫洛夫（Pavlov）对青年人所说的，人们在想要攀登到科学顶峰之前，务必把科学的初步知识研究透彻。作为一名刚刚步入大学校园的大学生来说，应更加注重知识结构的构建与优化，优化的方法可以参考以下几个方面。

（1）努力学习和掌握渊博的基础理论知识，力求融会贯通、化知为智。

（2）努力拓宽知识面的同时，强化知识的系统性和整体效应。大学生除了要学好专业知识，还应对社会、经济、政治、人文、管理等方面的知识有所了解，掌握与专业相关的学科知识和技术要领，并注重各学科知识间的交叉、渗透与综合。

（3）不断进行大容量的新知识储备。大学生要注重对最新理论、最新技术和最新信息的了解，不断探求新的知识，努力掌握社会、文化、科技发展的最新动向。

4. 掌握创新方法

学习与掌握科学的创新理论和方法，是培养和提高大学生创新能力的关键。科学的创新理论和方法是科学家在长期的科学创造实践中探索总结出来的，对大学生创新能力的培养和提高具有很强的指导意义。一方面，大学生要掌握辩证唯物主义世界观和方法论，遵循辩证唯物主义的认识路线，用正确的认识论指导自己的实践，避免在创新活动中走弯路、误入歧途；另一方面，大学生要学习有关创造学原理，掌握创新活动的内在机制、基本过程和内容，同时还应掌握从事学科研究的一般方法、技能和规律，提高自身的科研能力。此外，大学生还要学会运用创新思维方法，如求异思考、求同思考、反向思考、联想思考、类比思考等创新思维方法。最后，大学生还要掌握创新技法，如移植创新法、逆向创新法、外向创新法和极端化创新法等一些科学的创新技法。

视频：掌握创新方法——组合创新案例（一种便于移动的课桌）

5. 参加创新实践

社会实践是指人类能动地改造自然和社会的活动，人类的实践活动具有能动性、客观性和创造性等特点。一切创新的内容都来源于社会生活，来源于社会需求。在校大学生应充分认识社会实践对创新活动的重要意义，通过多途径参加社会实践活动，如积极参加社会调查活动、社会实习活动、课外兴趣小组活动，以及参与科研课题的研究工作等。

参加社会调查活动，有助于大学生了解和掌握现实生活中出现的新问题、新情况和新需求；参加社会实习，有助于大学生发现现有的理论、观点和研究方法在现实条件下遇到的新挑战，为寻找“创新点”、确立“创新选题”创造条件；参加科研课题的研究，有助于大学生对学过的知识进行综合与深化，在科研中提升知识运用能力。

此外，在实践方法上：一方面，大学生要坚持实践内容和形式的多样性，以实现多侧面、多领域的锻炼；另一方面，大学生要强调实践的创新性，提高实践的层次，每次实践不能只简单地重复过去，只有在内容和形式上都比过去有所发展、有所突破，才能有所创新。同时，大学生还应注意提高对每次实践活动的利用率，注重在群体实践活动中相互学习、取长补短，提高自己。

四、构思创意的方法

（一）头脑风暴法

头脑风暴法（图 6-9）也称智力激励法，是一种激发思维的方法，目的是通过小型会议的组织形式，让所有参加者无限制地自由联想和讨论，以此来产生新的观念和激发创新设想。

图 6-9　运用头脑风暴法自由联想

“头脑风暴”一词最早是精神病理学用语，是指精神病患者头脑的错乱状态，发病时无视他人的存在，随心所欲，而打破固化的思维。期望构想能够无拘无束地涌现正是头脑风暴法的精髓。

1. 头脑风暴法的实施原则

（1）禁止批评。所有提出的设想都不允许马上进行评价，禁止挖苦和表现出相关的肢体语言。当然，发言人的自我批评也包括在禁止之列。

（2）追求数量。会议的目标是尽可能获得更多的设想，追求更多不同观点的创意是会议的首要目的。

（3）自由思考。允许异想天开的意见，设想看起来越荒诞可能就越有价值。参与者不受任何条条框框的限制，从不同角度大胆展开想象，尽可能提出独创性的想法。

（4）独立思考。参与者要坚持独立思考，不要进行私下的交谈，以免干扰到别人的思维。

（5）对设想进行组合和不断改进。除了参与者本人提出的设想，参与者还可进行不同设想之间的组合，并对他人的设想提出改进建议。

（6）参与者一律平等。要将每位参与者的各种设想全部记录下来。

2. 头脑风暴法的实施流程

按照上述实施原则，参与者能够积极地提出自己的观点和看法。在具体开展头脑风暴会议的过程中，一般可以按照以下流程实施。

1）会前准备阶段

（1）确定主题，即准确定位本次会议所讨论的问题。

（2）确定会议主持人、记录员及与会人员，参加人数以 5～10 人为宜。

（3）确定会议的地点、日期及具体的会议流程安排。

2）会议实施阶段

（1）主持人需要积极调动并引导与会人员进行自由联想和讨论。

（2）每个参与者依次提出建议，循环进行。

（3）每人每次只提出一条建议，力求简明扼要地表达设想。

（4）自由畅谈阶段的时间可由主持人灵活掌握，一般以不超过 1 小时为宜。

通过此阶段，人们对所要解决的问题大多会提出 30 条以上的设想，由此可转入评价选择阶段。

3）评价选择阶段

头脑风暴结束后，主持人应组织专人对各种设想进行分类整理，并交由决策者进行评价和选择。

头脑风暴法可以形成自由探讨、相互激励的会议氛围，但会议程序并非一成不变，而是可根据问题性质和实际条件加以变化和灵活运用。头脑风暴法是一种令人愉悦的活动，通常被参与者欣然接受，它适合运用于像广告创意、营销方法等这些相对比较简单的问题。对于复杂的问题，运用此法可能无法立即想出解决方案，但可能会引出解决方案的方向。

（二）六顶思考帽法

在创新的过程中，我们经常会遇到一些挑战或一些需要改进的项目流程，需要我们集思广益一起讨论，但在讨论过程中我们经常会在某个环节或某个问题上争论不休，有时就会偏离主题，浪费大量时间，在最终总结时才发现讨论的效率非常低。针对这种问题，以下有一个行之有效的工具——六顶思考帽法，如图 6-10 所示。

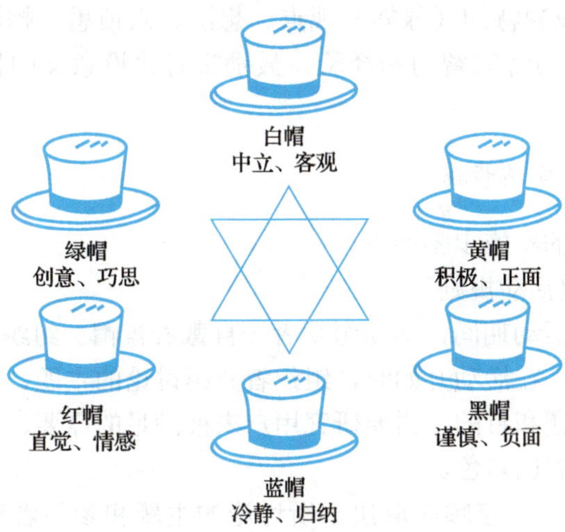

图 6-10　六顶思考帽法

1. 六顶思考帽法的作用

运用波诺（Bono）的六顶思考帽法，将会使混乱的思考变得更清晰，使团体中无意义的争论变成集思广益的创造，使每个人变得富有创造性。

六顶思考帽法借助不同的观点帮助创新项目组评选出最佳的创意。这种方法特别适合难度高、富有争议的题目，如开创新的业务模式。六顶思考帽法使项目组有时间从主观和客观的角度评估创新的优缺点。六顶思考帽法是一个操作极其简单且经过反复验证的思维工具，它给人以热情、勇气和创造力，让每次会议、每次讨论、每个决策都充满新意和生命力。这个工具能帮助我们：

（1）增加建设性产出。

（2）充分研究每种情况和问题，创造超常规的解决方案。

（3）使用“平行”思考技能，取代对抗型和垂直型思考方法。

（4）提高团队成员的协作能力，让团队的潜能发挥到极致。

2. 六顶思考帽法代表的角色

六顶思考帽法既可用于产生新的创意，又可用于从众多的创意中遴选出可行的创意。在联系过程中，参与者角色扮演代表不同思考方式的比喻性帽子。

（1）蓝帽：代表天空、冷静，以流程为基础的思考，在整个过程中一直由组织者戴着。

（2）白帽：代表中立、客观，思考我们有什么信息，我们需要什么信息。

（3）绿帽：鼓励创造性的思考，专注于新的创意、可能性和选项。

（4）黄帽：代表乐观的、积极向上的，探索创意正面的价值和利益。

（5）黑帽：对事物负面的考虑、评估和判断，探索创意的困难、危险和陷阱。

（6）红帽：代表情绪上的感觉、直觉和预感，没有结束或判断。

在采用六顶思考帽法练习时，某个参与者戴上白帽时，所有的建议、评语、讨论都要以事实为依据，以数据为准绳。在这期间，参与者不能表达激情的（红帽）、判断的（黑帽）、乐观的（黄帽）或独特的（绿帽）观点、想法。六顶思考帽法不仅给项目组带来乐趣，还充分发掘每位参与者的智力和经验，鼓励富有建设意义的批评，结果是提高项目组的成效。

3. 六顶思考帽法的实施步骤

采用六顶思考帽法的实施步骤如下。

1）活动组织者确定活动规则

在整个六顶思考帽活动期间，活动组织者一直戴着蓝帽。组织者的任务是组织会议、保持中立、引导与会者。在活动开始时，组织者介绍讨论的主题、宣布活动的规则。

（1）本次活动的主题和目的，需要研究用户未被满足的需要、用户要完成的任务。

（2）每顶帽子所代表的角色。

（3）使用帽子的顺序。该顺序取决于所讨论的主题和参与者对主题及其他参与者的熟悉程度。一般而言，本书推荐按白色、绿色、黄色、黑色、红色、蓝色顺序使用这些帽子。

（4）使用各顶帽子的时间一般为 10 分钟。红帽的使用时间为 1 分钟左右。邀请一位书记员记录活动期间的讨论和结果，或者准备一沓粘贴纸让参与者填写他们的观点，随着活动的进行，将写就事实或观点的粘贴纸贴在墙上。

2）陈述问题事实（白帽）

戴上这顶帽子的与会者需要列出要讨论的问题，用事实、数据、图表完整地描述问题。在该阶段，不要花费时间核实或争论事实。在活动的后期，参与者可以再进行核实。

3）提出解决问题的建议（绿帽）

绿色代表创造力。在这个阶段，与会者根据会议的主题和事实，提出解决问题的方法、途径、新的创意。

4）评估建议的优缺点：列举优点（黄帽）；列举缺点（黑帽）

在黄帽阶段，与会者深入探索创意中积极的一面。除了强调在绿帽阶段提出的创意的价值，与会者还要对这些创意提出改进意见和新的方向，可提出的问题包括以下几个。

（1）这个创意可以给用户和企业带来什么利益？

（2）我们为什么喜欢这个创意？

（3）采纳这个创意后可能产生的最佳结果是什么？戴黑帽的与会者提出实施创意可能面临的风险和负面影响是什么？这个阶段成功的关键是谨小慎微、逻辑思考。可提出的问题包括这个创意的负面影响、这个创意的弱点，如果实施这个创意，则可能出现的差错。

5）对各项选择方案进行直觉判断（红帽）

红帽阶段给了与会者一个机会：表述自己对创意的直觉。与会者无须为自己的观点提供佐证的依据。该阶段的关键是你对某个创意的感觉，也可以在这个阶段对创意投票。

6）总结陈述，得出方案（蓝帽）

在这个阶段，活动组织者（蓝帽）确定下一阶段的工作，分配任务给与会者，提出下次会议的时间、地点。活动组织者一定要控制好场面，否则很容易回到原来的状态。

在会议开始时，与会者开始可能不适应这种方法，经常忘记自己的角色。遇到一个感兴趣的话题，各个角色有时会错位。活动组织者应时刻提醒自己控制局面，把与会者拉回到自己的角色中。会议中有时也会发生冷场现象，需要活动组织者给予提示。慢慢地与会者逐渐适应了自己的角色，会议比较有条理性，整体效率也提高了，同时六顶思考帽法在会议中也给了大家充分思考的时间。不同角色发言时会引导与会者的思路。

课堂活动

头脑风暴法——为某男士品牌洗面奶设计一句广告语

1. 活动目标

锻炼对头脑风暴法的应用能力。

2. 活动主题

设计一句男士洗面奶的广告语。

3. 活动要求

（1）此广告语不能超过 10 个字。

（2）此广告语要朗朗上口、便于记忆。

（3）突出该洗面奶控油、保湿的特点。

4. 活动进程

（1）根据班级人数进行分组，每组6～8人。

（2）每组选出一名主持人，主持人先说明会议的主题和议事原则，简洁、明确、扼要地介绍需要解决的问题。然后谈论轻松、有趣的话题，让小组成员的思维处于轻松和活跃的状态。

（3）小组成员进行头脑风暴时应注意以下事项：一是只谈论自己的想法，不去评论他人的发言；二是不私下交谈，以免分散注意力；三是不应阻碍他人发言。

在发言阶段，主持人只主持会议，对每位发言者不做评论，认真记录每个设想。

通过投票的方式筛选出最具创意的广告语。

第15讲　制作最小可行性产品

一、最小可行性产品的定义

什么是最小可行性产品（minimum viable product，MVP）？简单来说，最小可行性产品是针对天使用户的最小功能整合。

对于最小可行性产品的基本定义，可以从以下两个方面来理解。第一，天使用户是指产品针对的一些极小的用户群。这些用户对产品有着比较高的需求和服务，创业者将生产出来的最小产品原型投入这群用户中进行测试，能得到较高的反馈意见，从而对产品进行修改完善。第二，最小功能整合是指，最小可行性产品无论是在市场端还是在产品端都处于最简状态，然后一步一步地进行加法，从“0”到“*N*”地复制，根据用户的需求，不断地给产品增加功能，最终得到一个满足用户需求的成型品。

在了解什么是最小可行性产品后，创业者该如何制作最小可行性产品？以下介绍制作最小可行性产品的三个基本步骤（图6-11）。

图6-11　制作最小可行性产品的步骤

1. 设计最小可行性产品

制作任何产品之前，都要将自己脑海中的假设设计成图形，然后根据图形对产品的功能进行调整和修补。在设计最小可行性产品的过程中，最主要的任务是把产品功能排序和用户排序对应起来。因为制造产品就是为了满足用户的需求，在设计过程中将产品功能排序和用户排序相对应，能够有效地节约时间和资源，而时间成本和资源的有效利用又是创业者进行创业的本质要求。

2. 测试产品和收集数据信息

创业者按照设计好的图形制作出最小可行性产品的原型后，就要将最小可行性产品投放到天使用户群中进行测试，然后不断地收集天使用户反馈的需求信息，根据信息对产品进行修改完善，再将修改完善后的产品投入天使用户群中进一步测试并收集数据，再将收集到的数据信息和原来的数据进行比较，最后决定是否要对最小可行性产品进行调整。

3. 获取认知，快速迭代

最小可行性产品是一个完整但并不完美的产品，创业者只有在测试产品的过程中不断获取认知，反复试错，才能不断修正并完善产品。在这一过程中实现对产品的快速迭代，摒弃产品不合时宜的功能，加快对产品功能的创新。

生产最小可行性产品是一个对产品认知的循环过程，起始于最小可行性产品的设计，然后对产品不断进行测试验证，通过对收集的数据信息不断进行比较，反复试错，最后获取认知，实现对产品的快速迭代。

二、利用有限资源做产品原型

初创公司在创业的初期阶段往往不具备创业的各种充足条件：充足的资源、充足的人才及市场定位等。在这种不利的情况下，只有为公司创造有利的条件，才能将公司做大做强。

由于创业者在制作产品的时候资源有限，所以必须重视产品的阶段性。创业者既要将想法打造成可用型产品，进一步获取用户的反馈，测试产品在市场中的价值作用，又要不断地构建公司的各个方面，将有限的资源进行充分的利用。资源是一个公司的生命线。精益思维告诉创业者，打造产品并不需要创业者筹集多么大的资源，创业者可以在只需要一小部分资源甚至几乎不花费成本的情况下打造出可用型产品，与用户进行亲密接触，真实验证自己的想法。这种方式就是利用有限的资源去打造精简的产品原型（最小可行性产品），开发产品的核心功能用于用户验证，从而证实自己的想法是否切合实际。

（一）以精简原型开发核心价值产品

很多创业团队认为，用户都会被完整又完美的产品吸引，开发者只有开发出功能齐全、外观美丽的产品，才能在投放到市场上后获得用户的反馈信息。实际上，只要开发者将产品模型的核心功能开发出来，简单地组装在一起，并将产品投放到一定规模的用户群中供用户使用，就能获得有价值的反馈信息，就能有效地验证产品的设计是否有用，从而为初创公司真正进行大规模研发产品奠定基础。

开发产品的精简原型的过程，就是创业者把想法变成实际产品的过程，通过投入有限的资源和最小精力，研发出一款能体现核心价值的产品。就好像战场上两军进行一场生死搏斗时，只有在最短的时间内有效地占领高地的一方才能取得最后的胜利。与传统产品相比，精简原型产品就是充分利用有限的资源和时间竞争市场，以最快的速度投入市场，不断地进行小规模测试，获得用户反馈信息，进而不断地更新迭代，完善产品。

利用有限资源做产品的精简原型，创业者要做的就是对产品的阶段性重点进行划分，然后在每个测试阶段设计添加一些满足用户现有需求的、与众不同的功能，从而不断地形成用户基础。创业者必须在每个产品阶段中创造出用户需要且喜爱的产品，不断地完善产品，不断地测试并获取用户的反馈信息，然后持续地扩大用户基数，活跃用户度，提升用户增长率，时刻考虑如何才能从新产品或新服务中得到更大的利润。

那么，创业者在制定产品的精简原型后，如何才能通过产品的精简原型了解产品在市场上的可行性？下面为创业者提供几条思路。

1. 养成采访用户的习惯

创业者制定出精简的产品后，要走出去，通过寻找产品的潜在用户收集有价值的数据，以此来验证产品的设计，通过与用户交流不断地完善产品的解决方案。对于这种方法，也许创业者早已知晓，并且也认可这种做法，但是能够坚持下去的创业者很少。创业者能够养成采访用户的习惯，也就会更加了解自己的产品在市场上的可行性。

2. 以核心功能验证产品

创业者要想迅速了解自己设计的产品是否可行，只需将精简产品的核心功能突显出来，将拥有核心功能的精简产品投放到市场上，通过用户点击使用核心功能的数据就能得知是否应该继续完成这种产品的功能。如果产品在市场上得不到认可，就要及时调整产品功能方向。如果确定了产品的可行性，就要对精简产品进行调整和优化，继而进一步增加与用户的互动。

3. 对产品的竞争进行正确判断

初创公司在设计一款新产品时，要对未来与新产品进行竞争的其他产品进行假设，或者借鉴现有的竞争产品对新产品的功能进行判断，判断哪些功能有价值，哪些功能无意义或将会失去意义。创业者可以将同行的竞争产品看作免费的参考原型，通过观察用户如何使用产品，满意产品的哪些功能，从来没有使用过哪些功能，产品的哪些功能遭到用户的反感等，对自己即将做出的新产品的设计、营销方案进行调整。

4. 设计简单有效的调查问卷

调查问卷在当今的网络上是一种实用的方法，但是要想取得良好的效果，需要设计一份简单有效的调查问卷。因此，创业者在设计调查问卷时，要尽量与产品的研究内容紧密结合。例如，创业者想为新产品设定一个合理的价格时，就可以在产品上设定一个弹窗，通过弹窗式的调查问卷来收集产品定价方面的有关信息，而不是通过为每位用户发送电子邮件进行长篇幅的询问，然后进行复杂的收集整理。

5. 建立真正的数据原型

利用精简的产品原型去获得用户的反馈是一个良好的开端。在建立整合产品的过程中，创业者会获得很多信息。此时，创业者可能有想开发真正产品的冲动。开发一款真正的产品需要投入大量时间和资源。创业者要想更快地大规模生产产品，就需要建立一个真正的数据原型。作为一家精益创业公司，创业者为了让产品在市场上通行，必须掌握足量的数据，考虑所有的方法，然后从中找到最快速、最有效、最经济的方法。

（二）利用极简功能的产品观察用户反应

为了防止自己生产出来的产品被用户忽视，精益思维强调，创业者要将想法打造成最小可行性产品，通过测试产品的核心功能来验证用户对产品的反应。这种利用产品的极简功能来观察用户反应的过程，在精益思维中被称为产品测试。产品测试能够有效地判断出产品的价值在哪里，产品只有具有一定的价值，才能得到越来越多用户的认可。

例如，全球最大的流媒体音乐服务平台 Spotify 的愿景是能在合适的时机为用户提供合适的音乐，这一愿景在现实生活中被众多用户喜爱，但是要想创建一个个体盈利的平台并不是一件容易的事情。为了获取千万盈利和百万用户，Spotify 在初期就制定好了打造精简产品的基本路线，并且在观察用户反应的基础上去迭代优化产品。Spotify 在高效测试产品的每个环节中都体现着精益原则：在验证阶段，测试了概念中的最小可行性产品的价值；在创建阶段，仅仅在对产品进行测试之后创造了有形的最小可行性产品；在产品发布阶段和迭代阶段，通过发布最小可行性产品、从用户反馈中获得认知、不断迭代优化来确保产品的生命周期和用户定位。精益思维强调最多的就是进行用户测试。

有形的最小可行性产品决定了产品的极简和产品的品质之间的平衡状态。最小可行性产品体现了产品的五大重要特质，如图 6-12 所示。

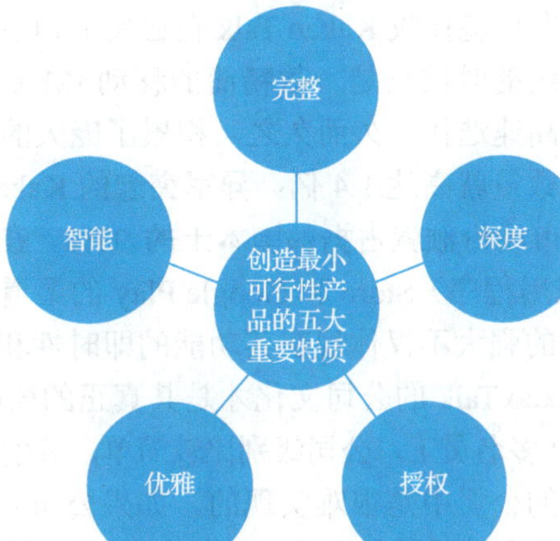

图 6-12 最小可行性产品的五大重要特质

1. 完整

最小可行性产品在设计产品的初期阶段，就能打造出完全可用的产品。

2. 智能

最小可行性产品创造的产品特性能让用户及时发现产品有哪些问题，从而让创业者恍然大悟。

3. 优雅

最小可行性产品能创造出直观的用户界面，并且可以根据用户所理解的方式去运行。

4. 授权

最小可行性产品被创造出来后能观察用户的反应，激发用户对产品的反馈，激励用户去推广产品以帮助更多需要帮助的用户。

5. 深度

最小可行性产品的创造能够一步一步地创造具有良好功能水准的产品，而不是一股脑地创造出完整性的产品，却对用户没有丝毫帮助。

Spotify 通过创造极简功能产品，帮助公司在初期就找到了正确的产品，并以最快的速度全面创建起来。虽然在测试产品每个阶段中的时间长度各不相同，但是用最少量的资源寻求到了最大的产品价值。

（三）Kakao Talk 的“4-2 原则”

Kakao Talk 是一款来自韩国的由中国腾讯担任第二大股东的免费聊天软件，类似 QQ、微信的聊天软件，是可供 iPhone、Android、WP、黑莓等智能手机之间通信的应用程序，可用实际电话号码管理好友，借助推送通知服务，可以快速收发信息、图片、视频及语音对讲。即使好友不在线，好友也能接收 Kakao Talk 自己发的消息，就和发短信一样。

Kakao Talk 在刚开始上线的时候只是一款精简的移动 IM（instant messaging，即时通信）产品，随着之后的不断高速迭代，久而久之，积累了庞大的用户群体。早在 2014 年，Kakao Talk 在全世界的用户数量就高达 1.4 亿。异军突起的 Kakao Talk 的发展规模异常庞大，仅在移动 IM 产品上的市场份额就占据韩国本土的 93%。在移动游戏分发市场方面，苹果的 App（application，应用程序）Store 和 Google Play 的渠道总和只占据 Kakao Talk 渠道规模的 15%。Kakao Talk 的强大不仅体现在其功能的即时性和多元性上，还贯彻到公司内部体制和创新文化上。Kakao Talk 的公司文化才是其真正的核心竞争力。

Kakao Talk 公司拥有 500 多名员工，公司级别比较简单，分别是 CEO、部长和组员。扁平化的组织架构在韩国传统的公司中是很难实现的。如果公司内部的一名老员工在被提拔为部长之后又被降职，那么在人们的传统观念中，这相当于变相开除，而且在韩国传统的公司中，新员工几乎不可能在短时间内得到提拔。在 Kakao Talk 公司，员工似乎已经将这种职能更换看作一种惯性，尤其是技术和产品部门，根本就没有固定的组织结构。当一个新的项目组成立时，组长如果比较熟悉项目的相关技术，就会被降职为组员，而组长则由提出新产品概念的组员担当。Kakao Talk 公司的内部陈设彰显了自由平等的精神。Kakao Talk 的办公区只有六层，其中有两层被咖啡馆占据。在办公区内，员工会围绕着一张张木桌展开激烈的讨论，完全看不出是一家高速运转的移动互联网公司。创始人金范秀仅有的一间独立办公室也被当作会议室使用，只有在开会的时候才会灯火通明。

Kakao Talk 公司的另一个成功秘诀就是速度快。在移动互联网时代，快速迭代已经成为企业生存发展不二的法则。Kakao Talk 公司在建立初期就奉行"4-2 原则"，意思就是一个小组总共包含 4 个人，分别是 1 个产品经理、2 个程序员和 1 个设计师，集中精力研发项目，2 个月后如果看不到显著效果就自动放弃，立即挑战下一个项目。Kakao Talk 就是利用这种快速迭代的进程研发出来的。Kakao Talk 的联合创始人李帝范指出，通过迅速行动和反馈，修改战略再次挑战，这是 Kakao Talk 的经营文化。在有着多种机会和危险因素的情况下，与筹划蓝图相比，这种运行方式的成功率更高。

Kakao Talk 奉行的另一个最高准则就是"不要用主观去断定用户需求"。这是为了避免远离用户的反馈信息而出现闭门造车的情况。依靠"4-2 原则""不要用主观去断定用户需求"这两条准则，Kakao Talk 成为全球较早应用精益创业模式并取得成功的移动 IM 公司。

三、产品原型的价值

1. 用户测试

原型制作的主要目的之一就是用低精度的概念原型探索创意实现的各种可能性，然后迅速进行二次迭代。在进行用户测试时，首先要考虑原型制作的目的，然后在原型制作时尽量突出需要测试的方面，创建出一个低精度的原型及用户与之交互的简单场景。这里之所以强调仅仅制作低精度的原型，是因为低精度的原型有助于人们探索多个不同的方向，而不是在早期就把所有精力都专注在一个创意上。

在制作原型时，要尽量将原型用简单的方法制作出来，遵循 3R［rough（简洁）、rapid（快速）、right（正确）］原则，而不是花太多精力将一个原型做得尽善尽美。可以制作多个原型来探索设计空间的多种可能，每个原型在制作时都应该有明确的目的。例如，是进行合意性测试、可用性测试、实用性测试，还是进行可行性测试？尝试从要测试的多个要素中分离、抽取出某个具体要素，进行有针对性的原型制作。

例如，在北京、上海、广州、深圳这样的大城市，有许多老年人是为了帮助子女减轻抚育第三代的压力而远离老家，跟随在大城市的子女一起生活。他们许多人还年富力强，会使用手机等电子设备，也重视家庭关系和个人生活质量。该怎样提升这些老年人的生活质量呢？可以设计一款做菜的产品"今天吃什么"。首先，制作这个产品的原型：找一个口香糖的包装盒当作抽签筒，在口香糖的两面贴上食材和二维码标签，扫描二维码就可以得到一款用该食材制作的菜谱。现在只需打开冰箱，了解今天的食材，并把标注相应食材的口香糖投进抽签筒进行晃动，摇出来的就是今天的晚餐了。此外，同样的食材可能有几个不同的二维码，代表不同做法，如果想要有更多选择，就可以多投入几枚代表食材的口香糖，然后进行用户测试。这个抽签筒虽然看起来简单粗糙，但在测试中，很多老年人将抽签的权利让渡给家里的孩子，由孩子抽签来决定今天吃什么，从而决定第二天的菜谱。根据这个新的发现，可以在后期进行进一步完善，使外包装变得更加卡通化，更符合孩子的认知习惯，通过抽签筒这样的游戏方式也能增进祖孙之间的情感交流。

2. 更深度的共情

提到原型制作的目的，很多人认为是获得用户反馈，但事实上也可以通过制作原型获得更深度的共情。

一种显而易见的情形是，不论在何种语境下对用户进行测试，都可以同时获得两类信息：一类是针对产品本身的，另一类是关于被测试者的。相比于普通采访和实地观察，原型能够获得一些不同类型的信息，这也是在原型阶段进行深度共情的基础。有时候人们会创建一个仅仅为了深度共情的原型，而不是为了测试任何功能或外观。通常将这种共情称作积极共情。制作共情原型时，首先要界定设计团队想在哪个方面取得更深入的洞察，获得突破，针对挑战中的某个方面是否能够了解得更多；然后组内讨论或通过头脑风暴法找出制作共情原型的方法。例如，可以制作一款桌面游戏，使用户在参与游戏的过程中做出的选择都与设计团队想要了解的信息相关，或者制作一个六七斤的沙袋绑在肚子上来模拟孕妇在生活中面临的真实情境。

3. 探索和激发灵感

“做”是“想”的延伸，也是“想”的源泉，因此常常把做原型的过程称作“用手思考”。手能思考吗？这是一个有趣的问题。这里实际上指的是指心手合一，想到哪里做到哪里，做到哪里想到哪里。例如，观察到每当下雨的时候某些城市路面的积水严重，尤其是在立交桥下，人们几乎寸步难行。这时可以设想是否能让自行车“变身”而适合通过这种严重积水的路段。究竟如何“变身”呢？可以做出几个不同的原型：将自行车的轮胎进行加强，做成更粗大、结实的轮胎；给自行车加装一个类似转向盘的外设，以便车技不好的人有更多控制感；抬高自行车坐垫和脚踏，使人的脚离地面更高一些，降低被水淹到的风险等。

4. 尽早失败

很多人自幼就被期待成为一名成功者。学习成绩好或竞赛获奖的学生常常被人们视为优秀学生，而学习成绩差的学生则常常被认为是一般学生。所有这一切都是在向人们潜移默化地传递应该如何在社会中通过竞争获胜，成为成功者的讯号。因此，人们在情感上天然地喜欢“成功”这个词语，而规避“失败”。

是否有例外的情况呢？当然也是有的。例如，在游戏中玩家的失败是“家常便饭”，不管是在马里奥这种横版过关游戏中被敌人撞到，还是在射击游戏中被子弹射中，都会损失一条生命，玩家扮演的角色将会“死去”，这是对失败非常严厉的惩罚，玩家在游戏中所做的努力被彻底否定。然而，很少有玩家会为此感到伤心和绝望，他们在某种程度上反而是拥抱失败的，因为暂时的失败教会了玩家如何更好地适应游戏规则，无疑有利于之后的成功。因此，游戏玩家在心理上有一种乐观的失败精神。

IT 行业也一样，早期的瀑布模型只有到开发完毕才能看到结果，整个大周期就像瀑布流水一般只能顺流而下，这样的结果就是耗时长、修正难。现代 IT 企业越来越强调敏捷开发、精益管理，在过程中先进行假设，然后不断开发原型进行验证、迭代。IT 行业的从业者非常清楚，原型不是一个完美的解决方案，它只是一个过程性作品，失败发生得越多、越早，越有利于最终产品的成功。爱迪生是灯泡的发明者吗？我们常常误解了，他实际上是找到了钨丝作为发光的最佳材料。然而在找到钨丝之前，爱迪生尝试过上万种材料，经历了无数次失败，他曾说过一句对人们深有启发的话：“我并没有失败，我只是找到了 10 000

种行不通的方法。”

四、产品原型制作的类型

1. 纸质模型

制作纸质模型是常见的原型制作方法。如果是动态演示，则可以移动用纸张制作的物体，这样可以使人们更清楚地了解需要讨论的主题、想法。纸质模型的特点如下。

（1）工具简单。纸质模型需要用的工具极为简单，通常只需纸、笔、剪刀和胶水。

（2）携带轻便。纸质模型通常以纸制品为原料，携带非常轻便。

（3）立体化呈现。相较于绘制草图，纸质模型能够将原型立体地呈现在用户面前。

（4）绿色环保。纸质模型可回收、可循环利用，不会对环境造成污染。

2. 故事板

故事板的概念来源于影视行业，是指用一系列的照片或手绘图纸表述故事。在影视行业中，故事板相当于一个可视化的剧本，它会标出主要的镜头、每个镜头的长度、对白、特效等。由此可见，故事板是导演在影片制作中与剧组人员沟通的重要工具，演员、布景师、特效师等都可以通过故事板对影片建立起较为统一的认知。

借用这样一个概念，故事板也可以用来表示各个角色、场景、事件是如何串联在一起的，从而给人们带来一个完整的“故事”。例如，在一次保险产品创新的过程中，目标用户是 25 岁左右的年轻人，他们从学校毕业不久，开始从事人生的第一份工作，正处在从上学时期父母缴纳保险到自己购买保险产品的过渡期。这样的用户普遍缺乏购买保险产品的经验，对保险产品并不熟悉。于是保险公司通过绘制故事板，列出 Y 世代（20 世纪 80 年代和 90 年代出生的人）用户购买保险时的典型场景：在机场起飞之前收到旅游险购买短信，从而决定下单，或者年底接到车险续费的电话，促成车险产品的再次交易等。在后续的测试过程中，保险公司发现，在这些场景里，购买决策都比传统的方式迅速很多，因此，保险公司最后决定开发一种简单、便捷、标准化的快速承保产品，以适应新的用户需求。

故事板的特点如下。

（1）交互性。故事板用特定的、脚本连贯的分镜头，来展示一系列的交互动作。

（2）突出关键任务。故事板突出现实某个关键交互动作，从而使整个用户体验中相对应的某个关键任务得以突显。

（3）突出关键用户。故事板能够在呈现流程或服务的同时寻找到产品的用户群。

3. 物理模型

物理模型是指利用各种颜色的彩纸、乐高、橡皮泥、3D 打印机等一切可利用的材料，将想法变成直观的立体模型，通过功能展示让所有参与者充分理解创意的真正含义。物理模型的特点如下。

（1）更为精准的立体化。与纸质模型一样，物理模型也是创意的立体化，只不过物理模型使用的材料更多元，在功能的呈现上更为精准。

（2）耐用性较高。物理模型相较于纸质模型和故事板更为坚固、耐用。

（3）情境交融。物理模型调用一切可利用的物品，能够创作出让人容易接受的、简单的物理情境。

第 16 讲　用户测试与体验修正

一、测试简介和准备

（一）测试简介

测试是任何新产品或新服务在上市之前的必经阶段，因为新产品或新服务的成功很少有一蹴而就的，几乎都是在产品和服务的发展过程中不断完善、不断修正，并结合自身的独特优势才最终获得成功的。在面临越来越激烈的市场竞争及企业资源争夺白热化的情况下，企业正式投入市场上的产品和服务就不能出现方向性的错误，必须最大限度地规避策略上的失误和偏差。因此，在企业正式发布新产品或新服务之前，测试人员就需要进行必要的测试，从而能够使其在正式上市之前进入一个逐渐调整、完善和合理化的过程中，努力帮助最终推出的产品和服务尽量接近市场的真实需求。

（二）测试准备

为了得到用户的真实反馈，测试人员应该在每次见用户之前都精心准备，包括设计测试任务、聚焦测试对象及构建测试环境等。

1. 设计测试任务

测试任务是根据阶段划分的，根据设计进行的阶段不同，有不同的测试任务。

首先，要进行概念测试。概念测试的目的是要选出众多产品或服务概念中最合适的一个，思考这个概念是否能够满足目标消费者的潜在需求，以及初步评估它能够带来的商业价值。其次，进行样品测试。样品测试的目的是知道最终的产品或服务是以什么状态呈现的，要了解原型的功能性是否满足用户需求，原型外观是否具有吸引力，产品或服务的设计带给用户怎样的感觉。这个阶段要发现当前设计中存在的不足，精准定位未来的目标市场，并进一步思考和评估商业价值。

样品测试完成以后，并不意味着马上就可以进入全面上市的阶段。很多企业除了样品测试，还会通过小范围内对新产品的试销测试进一步预测该产品的销售前景和利润。例如，麦当劳餐厅在北美地区广受欢迎的奶酪通心粉在被安排为儿童乐园餐中的主菜之前先在俄亥俄州克利夫兰的 18 家餐厅测试新菜单。此外，这样的试销还可以验证或修订新品的营销策略。麦当劳刻意突出了奶酪通心粉只包含 200 卡（1 卡≈4.1859 焦耳）的热量，是一种非常健康的食品，这对消除大众对麦当劳汉堡加薯条的刻板印象也产生了一定正向的影响。

在不同阶段定制不同的测试任务。战略活动阶段进行概念测试，确保选出符合企业资源和市场需要的产品及服务概念；规划活动阶段进行样品测试，确保产品和服务符合前期概念且具备市场优势；战术活动阶段进行试销测试，确保产品和服务正式执行的时候无偏差，能够实现既定的商业价值目标。

2. 聚焦测试对象

测试对象的选择关系到最终测试结果是否准确，测试对象选择失误则会给整个测试造成误差。在测试中，一方面要关注到有启发性的用户反馈，另一方面要大胆地剔除误差。

3. 构建测试环境

构建测试环境包括物理上和心理上两个方面的准备。一般构建测试环境时，会将测试空间布置得友好且有暗示性，使测试人员来到这个空间时能够很容易感受到项目氛围，从而自然地将自己代入项目角色中。

二、用户测试的工具

如何测试产品，并有效地获取用户的反馈是一门复杂的学问。下面介绍五种常见的用户测试方法，即建立社群、用户访谈、众筹、投放线上广告、小规模用户测试。

1. 建立社群

初创企业也可以建立自己的社群，一个社群中的成员就是用户或潜在用户。通过社群，一方面得以近距离地与自己的用户进行沟通，了解用户对自己产品的评价，哪些地方比较满意，哪些地方被抱怨较多，深入挖掘用户的意见，获取用户真实的反馈。在创业过程中，没有严格的定理、定律，只有不同的意见和假设，而初创企业验证各种假设是否正确的途径，就是与真实的用户进行沟通，向用户解释产品功能，询问用户对产品不同部分的重要性是如何排序的，然后根据收集到的信息对产品进行调整。

2. 用户访谈

用户访谈是指访谈者通过与被访谈者进行互动后，了解被访谈者对主题和问题的认识，从而深入挖掘访谈者需要的信息的过程。简而言之，用户访谈就是获取用户需求信息的一个途径。

用户访谈有两种进行方式：线上和线下。线上主要通过微信、微博等社交媒体与用户进行互动交流，由此来获得用户的需求信息；线下主要通过与天使用户进行当面交流，用最直接的方式来获得最有效的用户反馈。

3. 众筹

目前市面上的众筹网站为初创企业进行用户测试提供了很好的平台。初创企业通过发起众筹的方式募集资金，可根据人们对创业想法的支持情况，判断人们对产品的态度。此外，众筹平台还可以成为打通产品和用户之间信息交流的通道，帮助初创企业接触到对产品有浓厚兴趣的天使用户，进而打造专业的社交圈子，增加用户的黏性，形成用户规模，为产品成功助力。

4. 投放线上广告

投放线上广告也是验证市场对产品反应的有效方法。我们可以通过各大网络广告平台将广告投放给特定的人群，了解访客对于早期产品有何反馈、产品的哪些功能最吸引他们。这种方法主要依靠网站监测工具来收集点击率、转化率等数据，从而获得最真实的用户感兴趣度。

需要注意的是，线上广告位的竞争非常激烈。投放广告的主要目的在于验证市场对产品的态度，不要一味地追求曝光量，因为用户对于产品真实的反馈才是无价的。

5. 小规模用户测试

小规模用户测试是指假定某个产品已具备预期的功能，可以为小规模用户提供个人化的人工服务，以此检验企业的商业假设。一般来说，对于创业企业而言，缺乏必要的资金和精力去进行大规模的测试，通过简便易行的小规模用户测试，快速地给予决策者有价值的反馈。小规模用户测试对于全新解决方案而言特别有效，在降低成本和验证可行性的同时，也可大幅度提高初创企业的成功率。

三、获取用户反馈的方式

当今时代是用户的时代，产品在研发过程中如果不与用户进行亲密接触，就不能解决用户在实际生活中出现的问题。如果不能满足用户实际的生活需求，那么即使再完美的产品在用户眼中也终将毫无价值。因此，精益创业理念一直在强调用户反馈的重要性。创业者在研发产品的整个过程中都不能离开用户，只有将每个阶段研发出来的产品都投放到市场上，经过用户测试，获取用户的反馈信息，经过不断调整并修改产品，才能进行下一个阶段的开发研制。由此看来，用户反馈贯穿产品的整个使用生命周期，对产品的发展方向起着决定性的作用。

对于这种产品的研制方法，创业者有四种获取用户反馈的方式，即现场使用、实地观察、定性检验及定量验证。

（一）现场使用

从 2014 年的“微信内容，搜狗一下”到 2015 年的两者聚合首页，从微信公众号和文章的独家珍藏到与腾讯公司的深度合作，搜狗搜索向其他企业验证了强强联合的重要性。

2015 年，搜狗搜索的微信搜索和微信头条在四川成都举办活动，打响了产品系列线下沙龙活动的首次战斗。活动当天，邀请了数百位新闻媒体、合作者和网友与产品负责人面对面地交流深谈，让广大用户更加深入地了解产品的独特之处和功能，从而实现搜狗搜索产品的深度推广。

在活动中，产品的两位负责人详细向用户介绍了微信搜索和微信头条的功能及特点，把微信公众号和文章结合起来呈现在搜索平台上，通过微信搜索能阅读到众多微信公众号中的文章内容，可让用户在短时间内获得更全面、更深度的文章内容。搜狗搜索在线下产品活动中获取反馈信息的方式，与搜索引擎“搜索—反馈”的方式不同，这种获取方式能向用户展现出主动的推荐结果，用户不需要进行搜索，就能看到想要看到的文章内容。

两位负责人在详细地介绍完产品之后，活动现场被邀请来的新闻媒体和网友都提出了非常有价值的问题。这些问题也正是搜狗搜索进行更新迭代和需要改进的地方。对于文章推荐的排序问题，产品负责人也进行了深度的讲解。通过活动中的互动，产品负责人更加了解了用户在实际生活中的真实需求，从而可对搜狗搜索进行不断的改进，明确产品的优化，打造出更加极致的产品。

（二）实地观察

实地观察是获得用户反馈的重要方式之一。通过实地观察能更好、更准确地了解用户是谁、用户有什么爱好和需要、对产品具备什么样的认知。商业圈十分流行的一句话就是“走出办公室”。在这句话的驱动下，创业者开始进行实地访谈，走访潜在用户，通过观察用户在实际生活环境中遇到的问题，为产品设计解决这些问题的方案，并根据用户的反馈信息来思考产品的设计方法。

实地观察之所以能成为获得用户反馈信息的重要方式之一，是因为它有很多优势。实地观察的最大优势就在于它的直观性，与直观性相辅相成的另一个重要优势就是它具有可靠性。

实地观察主要是观察者进行的单方面观察探访。在观察过程中，观察者一方面可以不与用户进行语言交流，也不与用户进行人际交往获取一些信息，这种方法对一些不需要用语言解决的社会现象有很大的直观性，能排除因为语言沟通或人际交往带来的误会和干扰；另一方面，可以驱使观察者直接与用户进行接触，有利于观察者在与被观察的用户群体活动中和用户建立感情，从而增加用户的信任，并在这个基础上深入细致地了解用户在实际生活中的状况。这些充分体现了实地观察的可靠性。

另外，实地观察还具备简单便捷、适应性强、运用灵活等优势。因此，实地观察成为创业者经常使用的广泛的调查方式之一。

每种有效的调查方式除了具备的优势，还存在一些缺陷，这也是很多创业者必须注意的问题。创业者只有搞清楚这些缺陷，才能在实际操作中避免不必要的风险。实地观察的最大缺陷就是具有表面性和偶然性。

实地观察还受时间、空间等一些客观因素的限制，在观察对象和观察范围上也有很大的局限性。在观察过程中，观察者会因一些主观因素而对实际产生一定的观察误差。此外，创业者在运用实地观察方式时，需要耗费较多的物力、财力和时间，有时也会出现获得的数据信息不利于进行定量研究的现象。

创业者在了解了实地观察的一些基本信息和优缺点后，就需要知道如何去做才能减少观察误差。有效的实地观察方式有五种，分别是正确选择观察者、认真进行思想教育、做好必要的知识储备、充分利用科学仪器、努力控制观察活动。

1. 正确选择观察者

一个合格的观察者必须具备实地观察的一些条件。其中，基本的两个条件分别是：①观察者的感觉器官要正常，尤其是视觉器官要有独特的观察优势；②观察者要有实事求是的精神，对于观察到的现象必须如实记载，一定不能根据自己的主观思想更改数据，更不能歪曲真相、捏造事实。

2. 认真进行思想教育

观察者在进行实地观察之前要接受思想教育培训。思想教育培训最重要的两个方面分别是：①培养观察者认真负责的态度，教育观察者要严格根据观察提纲、表格或卡片的要求对实地进行考察和记载；②观察者要认识到相关观察课题的重要性，及时培养和提高对观察课题的兴趣及情感。

3. 做好必要的知识储备

观察者要具备一定的知识储备：①观察者应该认真学习观察课题方面的专业理论知识；②观察者应该对观察对象以往的历史和目前的状况有一定的了解；③观察者要具备一定的观察方法并会使用一定的观察工具，要具备一定的实地观察经验和技能。

4. 充分利用科学仪器

观察者在实际观察过程中，不仅要学会充分使用现代科学工具，如各种测量仪器、显微镜、录音机等，还要学会使用各种度、量、衡工具，并充分发挥这些仪器和工具的各种功能。

5. 努力控制观察活动

在观察活动中，观察者要尽量控制自己的观察方式，尽量减少或避免观察活动给观察对象造成的影响，这也是减少观察误差的重要方式之一。

（三）定性检验

产品品质是公司的一条生命线，可展现公司的综合素质，并体现公司的整体实力。在市场经济环境下，用户对产品品质提出了越来越高的要求。产品品质的优劣是公司在市场中站稳脚跟的重要步骤，直接决定公司的效益。因此，公司必须意识到产品品质对于公司的重要性，对产品进行定性检测，保证品质的优质度，提高公司的竞争力。

提高产品品质的重要性具体表现如下。

（1）产品品质不仅体现公司的道德文化，还影响产品的品牌度和公司的社会地位。信誉度对公司是非常重要的，不是公司做出口头上的极力保证就能实现的，而是通过为用户提供优质的产品服务、为用户兑现承诺赢得的。

（2）提高产品品质能增加产品的经济性。不断优化产品品质有利于为公司节省资金，从而增加公司的利润，加大对产品品质的管理就是为公司增加利润。这是因为有效的质量管理能降低公司生产产品的成本，提高公司生产产品的能力，为公司创造最大的利润。

（四）定量验证

产品经理关注产品战略层的规划与统筹，需要关注属性数据层面；而交互设计关注产品战术层的规划与统筹，需要关注情感数据层面；而用户研究关注产品同质化竞争层面的规划与统筹，需要关注关系数据层面。属性数据对应的分析类型是变量分析，情感数据对应的分析类型是情境分析，而关系数据对应的分析类型是网络分析。变量分析适合问卷访谈，情境分析适合观察和体验，网络分析适合模型模拟。产品经理偏定性分析，用户研究偏定量分析，而交互设计为部分定性分析、部分定量分析。定性分析更加规范化和标准化；而定量分析越来越复杂，很多新方法、新技术不断涌现，如缺失值处理、测量层次、非线性关系、测量模型、潜变量模型、分析单元的层序性、社会网络模型、系统动力学、预测模型、计算机模拟项目反应理论等，这些不被放在具体的项目和数据面前是无法被理解并直观地感觉出来的，而定性层面大同小异，并且进行同质化竞争。尤其在互联网高度发达的环境下，信息不对称壁垒已经越来越“平淡”，同样的一位产品经理，做贴吧可能强，做电子商务可能就不强。任何人在具体情况下都会过高地评估自己的先天经验知识或处于一片盲区及真空中，这是因为能力没有得到充分的发挥或发挥过度。

四、优化用户体验的方法

优化用户体验首先要获取用户反馈的信息，一般用户反馈的关键信息是用户对产品的整体感觉、用户不喜欢或不需要的功能点及理由、用户认为需要添加的新功能点和用户对产品的改进意见，之后根据反馈信息快速迭代出新的产品以优化用户体验。

快速迭代是针对用户反馈意见以最快的速度进行调整，融合到新的版本中。对于互联网时代而言，速度比质量更重要，用户需求快速变化，企业不应追求一次性满足用户的需求，而应通过一次又一次的迭代不断让产品的功能丰富。正因如此，微信才会在面世第一年发布了 15 个版本，创造了 QQ 保镖 3 周上线的纪录。

快速迭代的特点是成本低、浪费少、速度快、风险最低、成功率高。Meta（原 Facebook）是精益创业的典型代表。实际上，2003 年，当这个企业最初创办的时候，全球市场已有多家类似的网站。然而 Meta 成功之处在于它能够在上线的第一个月，哈佛大学就有超过一半的学生注册成为其用户。3 个月内 Meta 就拓展到美国所有常春藤盟校。这让众多顶级投资人看到，这家小公司早已成功地完成了精益创业的实验，赢得了市场的充分认可。随后的一年，Meta 快速渗透到全美 3000 多所高校，并在当年年底进军欧洲。

课堂活动

纸飞机竞赛

1. *活动准备*

以个人或小组（不超过 4 人）为单位，设计并创造一架纸飞机，这架飞机需要承载 1 元的硬币，在空中飞行尽可能长的时间。注意事项如下。

（1）你可以单独工作或组成最多 4 人的小组，与小组相关的唯一要求是飞机设计必须使用与小组人员同等数量的标准尺寸纸张（例如，一个 4 人小组必须在其设计中创造使用 4 张纸的飞机）。

（2）飞机必须设计来运输 1 元的硬币，你可以选择使用硬币的数量和面值，唯一的限制是它们的总价值必须正好是 1 元。

（3）你或小组人员需要准备 2 分钟的演讲，来说服你的同学相信你的设计是最佳的。

2. 活动过程

（1）学生发表各自的创意，时间严格限制在 2 分钟内。

（2）为你认为会在每个指标（距离和时间）上表现最佳的设计投票。只允许在每个指标上投票给一个小组，但不要求在每个指标上都投票给同一个小组；注意不能投票给自己的设计。

（3）实际飞机测试。每个小组找一个人投掷飞机，记录飞行的时间和距离。

（4）请飞行表现不同的几个小组分享他们设计的流程和心得。注意他们是如何把局限转化成机会的，是如何从失败中得到教训的。

① 你如何看待硬币的问题？将其视为负面局限吗？为什么？将其视为一个机会并纳入设计可以改进飞机性能吗？

② 你如何努力差异化自己的设计？

③ 你试图在时间或距离上优化飞机或使二者兼得吗？

④ 你制作原型并测试设计了吗？

（5）讨论有效推销的特点。需要理解创业者，以及对投资者推销的重要性。对于初创企业来说，投资者一般会注意创业者及其推销创意的能力，以及其演讲的能力和信心。

① 努力将你的设计推销给你的同学，感觉如何？最大的挑战是什么？

② 你如何决定投资他们的设计？他们展示概念的方式有多重要？信心有多重要？演讲者或创业者吸引你的地方是什么？

③ 你如何看待投票或不投票给你的设计的同学？为了改进你的演讲，你会做什么？

课程反思

1. 你是如何理解创新的？为什么需要创新？
2. 如何识别用户的真实需求？
3. 如何做好问题定义？
4. 怎样制作最小可行性产品？
5. 如何进行产品用户测试？
6. 如何优化用户体验？

拓展阅读

李开复：如何做最好的创新

没有什么比亲自走在创新之路上更让人兴奋的了。但是究竟该怎样做才能不断得到最好的创新呢？建议思考和实践以下五项创新的准则，它们是洞悉未来、打破陈规、追求简约、以人为本和承受风险。

如何做最好的创新思维导图如图 6-13 所示。

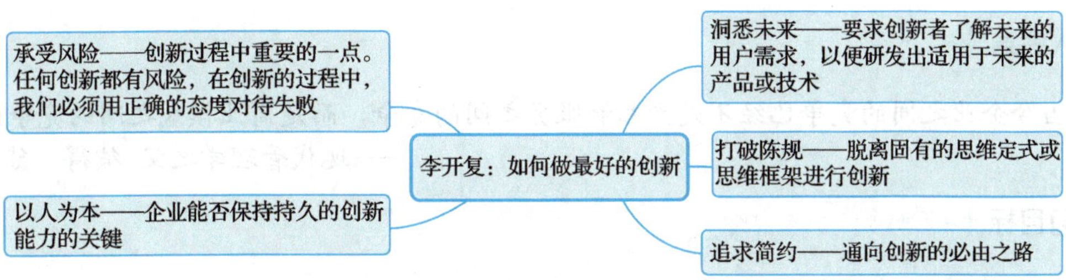

图 6-13　如何做最好的创新思维导图

具体内容详见二维码：

参考文献

埃里克•莱斯，2012. 精益创业：新初创企业的成长思维[M]. 吴彤，译. 北京：中信出版社.

彼得•德鲁克，2009. 创新与企业家精神（珍藏版）[M]. 蔡文燕，译. 北京：机械工业出版社.

李牧南，2021. 产品创新思维与方法[M]. 北京：机械工业出版社.

乔•蒂德，约翰•贝赞特，2012. 创新管理：技术变革、市场变革和组织变革的整合[M]. 陈劲，译. 4 版. 北京：中国人民大学出版社.

史梅，徐俊祥，白冰，2015. 大学生创新与创业指导[M]. 北京：现代教育出版社.

孙景涛，2003. 对创新的哲学思考[J]. 南京政治学院学报（4）：36.

王可越，税琳琳，姜浩，2017. 设计思维创新导引[M]. 北京：清华大学出版社.

许玉乾，2006. 关于创新概念的几点新思考[J]. 淮阴师范学院学报（哲学社会科学版）（4）：258.

约瑟夫•熊彼特，2007. 财富增长论：经济发展理论[M]. 李默，译. 西安：陕西师范大学出版社.

中央教育科学研究所《创新教育研究与实验》课题组，1999. 创新教育：面向 21 世纪我国教育改革与发展的抉择[M]. 北京：教育科学出版社.

第七章

商业模式为何重要

名人名言

当今企业之间的竞争已经不是产品和服务之间的竞争，而是商业模式之间的竞争!

——现代管理学之父 彼得·德鲁克

学习目标

1. 了解商业模式的含义及主要类型。
2. 了解好的商业模式的基本特征。
3. 了解商业模式构建所需的步骤。
4. 了解预创型组织的 RTVN 框架。
5. 了解初创型组织的精益画布。
6. 了解成长型组织的商业模式画布。
7. 能够利用商业模式设计工具设计探索商业模式。
8. 培养敢于打破常规、勇于开拓进取的创新精神。

创业故事

新型 O2O 体育社交平台模式

图 7-1 互联网服务与线下运动相结合

赵某为某体育学院运动训练专业的本科毕业生，2012 年创立了一家体育互联网公司。公司采用一种将体育产业与互联网产业相结合的创新型模式，重点开发与进军移动互联网领域，打造 O2O（online to online，在线离线/线上到线下）体育社交的平台，将互联网虚拟服务与真实线下体育运动相结合（图 7-1），为广大体育运动爱好者提供高品质服务平台，同时也为中国体育产业发展做出应有的贡献。

在公司发展的初期，创始人与自己的几个同学一起创业，由于重合度过高，大家经常意见不统一，导致公司没有办法顺利做出决策。公司在 2012 年出现了生存危机，2013 年对创业团队进行重组，但模式仍存在问题。于是团队在 2014 年底关闭原有模式，重新进行深入探讨，初步确定现有发展模式与方向，并在 2015 年初重新融资，重新上路。

几经波折之后，公司走上了一条属于自己的道路。公司项目以足球约球为主，主要为用户打造一个运动平台。用户在平台上进行约球，同时通过记录用户的运动次数，形成数据库，并通过数据库建立运动模型，分析判断用户的运动水平及其他数据且提供和展示给用户，帮助用户更好地了解自己的运动水平，并更好地匹配运动对手。公司还采用科学的数学模型，运用算法，对用户的运动数据进行计算，从而为用户提供科学的运动建议。

体育文化产品的核心是视觉化，该公司团队中专有一人负责视觉方面的呈现。在体育运动给人以体验的同时，通过视觉辅助更能加分。因为该团队中有狂热的足球爱好者，具备基本的足球知识储备，其余负责人在产品、视觉、交互方向都有各自擅长之处，因此在不断地试错之后，一点一点更改，使产品达到了更好的效果。创始人也具有多年在互联网行业工作的经验。这些优势让该公司在体育互联网行业找到了属于自己的位置。在大浪淘金的创业潮中，该公司获得了良好的创业环境，同时他们也用信念的力量做自己远航的船帆，信念的风不息，航行不止。

（资料来源：佚名，2021.【案例故事】新型 O2O 体育社交平台模式[EB/OL].（2021-08-12）[2022-10-13]. https://max.book118.com/html/2021/0812/8026067002003133.shtm.）

启示：

作为一家高速成长中的体育互联网公司，该公司致力于用互联网改变体育，采用一种将体育产业与互联网产业相结合的创新型模式，打造 O2O 体育社交平台，将互联网虚拟服务与真实线下体育运动相结合，为广大体育运动爱好者提供高品质服务平台，取得了良好的收益，这也说明好的商业模式有多重要。

第 17 讲 商业模式概述

一、商业模式的含义

商业模式是创业领域的一个“热词”，所有关注创业的人都津津乐道于商业模式。很多人说，有了一个好的商业模式，就等于成功了一半。那么，商业模式到底是什么呢？

商业模式是指为实现用户价值最大化，把能使企业运行的内外各要素整合起来，形成一个完整的、高效率的具有独特核心竞争力的运行系统，并通过最优实现形式满足用户需求、实现用户价值，同时使系统达成持续盈利目标的整体解决方案。简单来说，商业模式就是企业通过什么途径或方式来盈利。例如，早餐店通过卖早餐来盈利，快递公司通过收发快递来盈利，网站通过点击率来盈利，通信公司通过话费和流量来盈利等。但需要注意的是，盈利的方式其实包含一套复杂的机制。以两家早餐店为例，如果一家专门做互联网外卖，而另一家以堂食（店内消费）为主、以外卖为辅，这就决定了它们的成本结构、销售渠道等方面的不同，也就是说，它们盈利的方式——商业模式是不同的。

二、好的商业模式的基本特征

一个好的商业模式可能会给企业带来巨大的成功。事实上，进入互联网时代以来，取得巨大成功的企业绝大多数的成功原因是因为商业模式而不是产品。例如，腾讯的微信看似是一款信息的发布和获取的简单产品，但实际上，微信的成功最重要的是它有好的商业模式，通过微信这款产品，很多的利益相关者可以获得低成本、高收益的巨大效应。因此，如何科学合理地设计一个好的商业模式是创业者更应该关注与研究的课题。好的商业模式应该具备以下几个基本特征。

1. 定位准

市场定位的核心是要寻找到一个差异化的市场，为这个市场提供独有优势的产品。确立好的市场定位的关键是细分市场，并寻找到能够利用自身优势来满足该细分市场所需要的产品和服务。

2. 市场大

除了准确定位，创业者还需要确保所瞄准的目标市场是一个拥有高成长预期的大规模市场，而且更重要的是，公司要考虑清楚是否能确保该市场在未来持续高成长。

3. 扩展快

扩展快是很多商业模式在设计时最容易被忽略的一个问题，也是决定该模式是快速增长还是平滑缓慢的关键环节。收入是否快速扩展，是衡量商业模式能否迅速做大的关键因素。

任何一个公司的收入规模根本上取决于用户数量及平均用户贡献两个因素。因此，公司要想使收入快速增长，就要设计能快速增加付费用户数量的各种策略，或者提高平均用户的贡献额。

4. 壁垒高

创业进入时壁垒要低，进入后要能建立起高的壁垒，让竞争者难以进入。这是考虑壁垒因素的重点。很多企业之所以发展到一定阶段就会出现问题，就是因为没有考虑到后进者的壁垒，很容易被其他企业赶超。

5. 风险低

商业模式的成功大多是在很多不确定的高风险环境下取得的，机会必然伴随相应的风险，评估风险并不是回避风险，而是要识别所有可能出现的风险，制定相应的对策，使风险都是可控的，即通过利用风险、规划风险、管理风险创造商业模式的成功。

6. 能共赢

买方购买卖方的产品或服务，更重要的是要获得产品或服务所带来的使用和体验价值。在传统业务的买卖关系中，由于存在信息不对称和市场开放性不好等因素，更多体现的是买卖双方对比实力大小的一种动态平衡关系，根本不存在共赢的说法。在新的商业环境中，交易的各角色之间的关系逐渐趋向于一种平等，更重要的是，买卖双方要关注的是各自能够获得利益。能够让利益相关者共赢才是好的商业模式。

7. 要创新

商业模式创新和技术产品创新在本质上是一样的。商业模式的创新比技术和产品创新更难。商业模式创新是创业者对细分市场和特定用户群需求及利益相关方的需求有深入理解，找到那些利益点，把它们有机地整合在一起，形成一个利益共享的好的商业模式。

三、商业模式的主要类型

商业模式的主要类型有长尾式商业模式、多边平台式商业模式、免费式商业模式和开放式商业模式。

（一）长尾式商业模式

1. 长尾式商业模式的概念

长尾式商业模式是指企业由向大量用户销售少数产品，到销售满足庞大类别用户的需求产品的转变，而每种产品都只产生小额销售量，简单而言就是多样、少量的商业模式。该模式有两个核心点：第一点是多样、少量，非常多的品种，但每种的量非常少；第二点就是多样的产品满足不同的细分市场，而每个细分市场的需求量都不高。

2. 长尾式商业模式案例——解读乐高的商业模式画布

乐高是丹麦的一家积木型玩具公司，至今已有约 90 年的发展历史。乐高积木以其独特的创造性和趣味性而风靡全球（图 7-2），其品牌 LEGO 意为“play well”（玩得好），这一核心价值理念也获得世人的好评。随着国家三胎政策的放宽，教育行业的蓬勃发展，乐高玩具在国内的教育理念得到了进一步的推广。2018 年 12 月，乐高入围当年世界品牌 500 强。

图 7-2 风靡全球的乐高积木

2008 年，乐高在日本推出了乐高创意平台——LEGO IDEAS，并于 2011 年推出全球版。在网站上，用户很方便地就能够注册一个账号，提交自己设计的方案说明（提交的方案必须非常详细，包括图片、说明等内容），“粉丝”将对这些业余设计师的新套件创意进行投票。任何获得 10 000 张选票的创意都会进入审核阶段，然后乐高会决定哪些可以进入生产阶段。乐高也积极和外部合作，如麻省理工学院媒体实验室，借助外部的研发力量缩短开发时间。乐高把被动的客户变成主动设计者，让每个人都有可能成为产品设计师，参与到乐高的设计体验中。这样一个开放式的客户共创平台，成功地缩短了产品开发时程，由原来的 24 个月降至 9 个月，同时也大大提升了客户的满意度。乐高创意平台的商业模式画布如表 7-1 所示。

表 7-1　乐高创意平台的商业模式画布

<table>
<tr><th>重要合作</th><th>关键业务</th><th>价值主张</th><th>客户关系</th><th>客户细分</th></tr>
<tr><td rowspan="3">设计者（设计师和客户）</td><td>提供和管理平台及物流服务
为客户交付定制的乐高积木套件</td><td rowspan="3">让客户发明和设计自己的积木套件</td><td>社区服务</td><td rowspan="3">对自主设计的产品感兴趣的客户</td></tr>
<tr><th>核心资源</th><th>渠道通路</th></tr>
<tr><td>庞大的粉丝群
乐高工厂的供应链</td><td>网络平台</td></tr>
<tr><th colspan="2">成本结构</th><th colspan="3">收入来源</th></tr>
<tr><td colspan="2">改造供应链</td><td colspan="3">在线销售</td></tr>
</table>

3. 长尾式商业模式画布式样

长尾式商业模式画布式样是指在描述商业模式时，类似商业模式的集合，它们之间的构造块都有共通点。例如，在同一类型的商业模式中，不同公司的具体表现各不相同，但是它们的商业模式画布中的某些构造块可能会存在共通之处。因此，把这些相似的内容放在一个商业模式画布中，就构成同一类型商业模式的式样。学习长尾式商业模式画布式样能够帮助创业者更好地了解这种类型的商业模式。在长尾式商业模式中，市场上有着大量不同需求的客户群体，企业可以专注于多个客户细分群体，为他们提供宽泛的产品或服务。长尾式商业模式画布式样如表 7-2 所示。

表 7-2　长尾式商业模式画布式样

<table>
<tr><th>重要合作</th><th>关键业务</th><th>价值主张</th><th>客户关系</th><th>客户细分</th></tr>
<tr><td rowspan="3">小众内容供应商</td><td>平台开发和维护
小众内容的获取和生产</td><td rowspan="3">提供宽泛种类非主流的产品，可以和主流展品共存及构建在用户自生成内容基础上</td><td>促进用户自生成，共同创作</td><td rowspan="3">小众市场
大量拥有不同需求的群体</td></tr>
<tr><th>核心资源</th><th>渠道通路</th></tr>
<tr><td>平台</td><td>基于互联网作为客户关系和交易渠道</td></tr>
<tr><th colspan="2">成本结构</th><th colspan="3">收入来源</th></tr>
<tr><td colspan="2">平台开发和维护</td><td colspan="3">大量产品带来小额收入的集合
广告、销售或订阅</td></tr>
</table>

（二）多边平台式商业模式

1. 多边平台式商业模式的概念

多边平台式商业模式是指将两个或更多有明显区别但又相互依赖的客户群体集合在一起，通过促进客户群体之间的互动来创造价值的商业模式。只有相关客户群体同时存在的时候，这种类型的商业模式才具有价值。

2. 多边平台式商业模式案例——解读微医的商业模式

微医是我国移动互联网医疗健康服务平台，借助云计算、大数据、人工智能技术，为政府、医院、基层医疗机构和医疗健康企业提供一站式、多场景的云化解决方案，如助力政府开展家庭医生签约服务，帮助医院、医生提升医疗诊治能力，与药企、保险企业等机构打造医疗健康产业链，完善中国基层医疗卫生服务体系，为家庭提供连续、主动、全程的家庭医疗健康服务等。微医的商业模式画布如表 7-3 所示。

表 7-3　微医的商业模式画布

<table>
<tr><th>重要合作</th><th>关键业务</th><th>价值主张</th><th>客户关系</th><th>客户细分</th></tr>
<tr><td rowspan="3">政府部门
医疗机构
药企
金融机构</td><td>平台运营
合作医院开发</td><td rowspan="3">更便捷的就医体验
网络问诊
实现数据的互联互通
庞大用户流量</td><td>自助服务
自动化服务
个人助理</td><td rowspan="3">患者
入驻医生
医疗机构
金融机构
药企</td></tr>
<tr><td>核心资源</td><td>渠道通路</td></tr>
<tr><td>医疗大数据
分析研发团队
用户基数</td><td>网站、App
医疗机构
销售团队</td></tr>
<tr><td colspan="2">成本结构</td><td colspan="3">收入来源</td></tr>
<tr><td colspan="2">营销推广
技术开发
人力成本</td><td colspan="3">免费
入驻医生与医疗机构的中介收费
金融服务费
药品销售</td></tr>
</table>

3. 多边平台式商业模式画布式样

多边平台所创造的价值通常体现在三个方面：一是吸引不同的客户群体；二是将客户群体进行匹配；三是通过平台提供的交易渠道，降低客户群体之间的交易成本。多边平台式商业模式画布式样如表 7-4 所示。

表 7-4　多边平台式商业模式画布式样

<table>
<tr><th>重要合作</th><th>关键业务</th><th>价值主张</th><th>客户关系</th><th>客户细分</th></tr>
<tr><td rowspan="3"></td><td>平台管理
平台推广</td><td rowspan="3">创造更好的平台以满足多个群体的需求</td><td></td><td rowspan="3">多个客户细分群体</td></tr>
<tr><td>核心资源</td><td>渠道通路</td></tr>
<tr><td>企业所提供的平台</td><td></td></tr>
<tr><td colspan="2">成本结构</td><td colspan="3">收入来源</td></tr>
<tr><td colspan="2">开发和维护平台的成本</td><td colspan="3">客户细分群体产生的不同收入</td></tr>
</table>

（三）免费式商业模式

1. 免费式商业模式的三种形式

免费式商业模式包括三种形式，即免费增收、免费平台、诱导。

1）免费增收

免费增收是指大量的基础用户受益于没有任何附加条件的免费产品或服务，而企业通过另外的增值服务来获得收益的商业模式。以爱奇艺的商业模式为例，爱奇艺在视频付费上始终秉承着差异化运营的理念。用户在选择是否付费的问题上拥有自主权，并没有被胁迫之感。爱奇艺在完成用户付费的基础上，也确保了大量用户不流失，赢得了用户的尊重和行业的口碑。

在 2018 年暑期，爱奇艺借鉴 Netflix 模式，以“VIP 会员一次性看全集”方式上线了多部剧集。之后，剧集在社交媒体上皆获得了不错的反响，许多用户对这一方式都表示出极大肯定，不仅有效地增加了平台用户的停留时间，更激发了用户的追剧热情。

在借鉴 Netflix 的成功模式的同时，爱奇艺也充分考虑了国内与欧美市场的差异性。平台在为会员提供更多福利的同时，还保留了“会员多看 *N* 集”“非会员免费看”的模式，通过三个窗口期来为不同用户提供娱乐服务。

2019 年 2 月，爱奇艺公布了 2018 年第四季度及全年财报：第四季度总营业收入 70 亿元，同比增长 55%，全年营业收入达到 250 亿元，同比增长 52%；第四季度末订阅会员数为 8740 万，其中 98.5%为付费会员，全年净增订阅会员 3660 万，订阅会员规模同比增长 72%。会员服务收入已成为爱奇艺的第一大收入来源，成为爱奇艺在 2018 年仍能保持营业收入快速增长的根本原因。爱奇艺的商业模式画布如表 7-5 所示。

表 7-5　爱奇艺的商业模式画布

<table>
<tr><th>重要合作</th><th>关键业务</th><th>价值主张</th><th>客户关系</th><th>客户细分</th></tr>
<tr><td rowspan="3">影视出品方
各类 IP
百度</td><td>视频开发</td><td rowspan="3">免费、丰富的视频网站
打造轻奢新主义视频观看体验
定向推送</td><td>自助服务
社区
自动化服务</td><td rowspan="3">大众用户
付费用户
广告商
短视频创作者</td></tr>
<tr><th>核心资源</th><th>渠道通路</th></tr>
<tr><td>庞大的用户基数
IP 核心战略所积累的庞大资源</td><td>官方网站
客户端</td></tr>
<tr><th colspan="2">成本结构</th><th colspan="3">收入来源</th></tr>
<tr><td colspan="2">平台运营
研发费用</td><td colspan="3">免费
会员费
广告费
内容分发</td></tr>
</table>

在这个画布中，有三个关键构造块：客户细分、价值主张、核心资源。免费增收商业模式必须有大量的用户群体，并且能为用户提供免费的服务，这是吸引用户的关键。图 7-3 是免费增收商业模式的关键点。

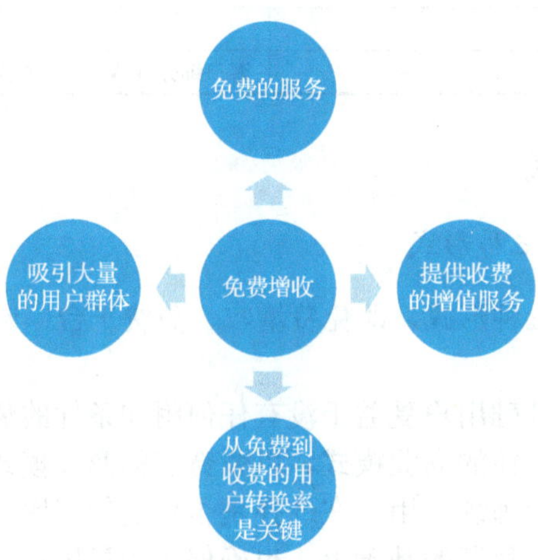

图 7-3　免费增收商业模式的关键点

2）免费平台

免费平台通过免费手段销售产品或服务建立庞大的消费群体，然后通过配套的增值服务、广告费等方式取得收益。这里要解读三个关键词：一是免费，体现为提供的产品或服务是免费的；二是收益，通过配套的增值服务或广告费等方式获得；三是平台，免费平台首先是多边平台商业模式。以今日头条商业模式为例，今日头条是北京字节跳动科技有限公司开发的一款基于数据挖掘的推荐引擎产品，它为用户推荐有价值的、个性化的信息，提供连接人与信息的新型服务，是国内移动互联网领域成长较快的产品服务。今日头条的商业模式画布如表 7-6 所示。

表 7-6　今日头条的商业模式画布

<table>
<tr><th>重要合作</th><th>关键业务</th><th>价值主张</th><th>客户关系</th><th>客户细分</th></tr>
<tr><td rowspan="3">视频网站
小说网站
手游厂商
社交应用合作
O2O 业务拓展</td><td>精准推送有价值的个性化信息
平台维护与管理</td><td rowspan="3">免费、易使用、个性化的资讯服务
价值内容推送
货币化内容
定向推送</td><td>社区服务
自助服务
个人助理</td><td rowspan="3">大众用户
付费订阅用户
内容拥有者
广告商
各类平台应用</td></tr>
<tr><th>核心资源</th><th>渠道通路</th></tr>
<tr><td>个性化推荐算法
优秀的创业团队
庞大的用户基数
充沛的现金流</td><td>客户端
销售团队</td></tr>
<tr><th colspan="3">成本结构</th><th colspan="2">收入来源</th></tr>
<tr><td colspan="3">平台运营</td><td colspan="2">免费
收费订阅
内容分发
广告收入
游戏、表情下载等增值服务</td></tr>
</table>

免费平台商业模式中的重点是价值主张、客户细分和收入来源之间的联系。企业为广大的免费客户提供免费的产品或服务，有了大量的客户之后，企业就为广告商提供了巨大的流量平台，也能向广告商收取广告费，从而产生收入来源。图 7-4 是免费平台商业模式的关键点。

3）诱导

诱导是指通过低价的、有吸引力的甚至免费的初始产品或服务，以促进相关产品或服务未来的重复购买的商业模式。诱导式商业模式有以下特点：低价或免费的初始产品或服务、需要重复购买后续产品或服务、用户转换成本高。

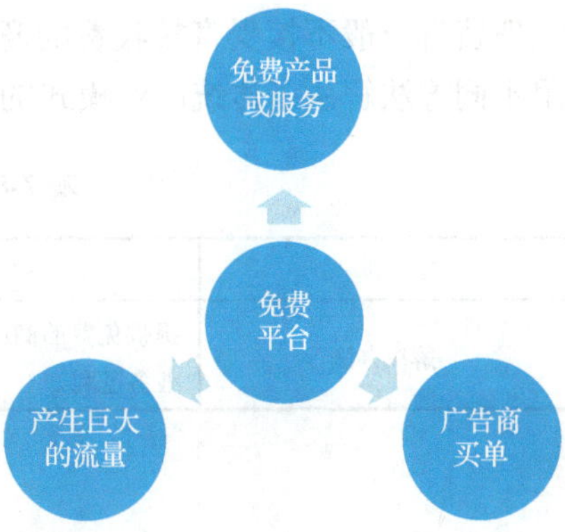

图 7-4　免费平台商业模式的关键点

诱导式商业模式又称剃刀和刀片定价策略，最先由吉列公司推出，是指生产商以低价出售剃须刀，而对与之配套的刀片则收取高价。吉列公司刚推出这种模式时，以 55 美分的价格销售成本为 2.5 美元的刀架，而将成本1美分的刀片销售到5美分，这种定价策略帮助吉列公司垄断剃须刀市场数十年。采用这种模式的公司通过销售刀架来绑定刀片的生意，而且刀片往往成为公司更主要的营业收入和利润来源，因为刀片是可以重复消费的，可以源源不断地为公司创收。

采用吉列公司诱导式商业模式的商品有很多，如一些只能用厂家墨粉的打印机、可替换刷头的电动牙刷等。诱导式商业模式的实质是通过业务关联性，发现市场需求更大的衍生业务或延伸业务，低价甚至免费销售主业产品。表面上，随着企业规模的扩大，主营业务利润微薄甚至亏本，但实际上，以降低主业增长缓慢的盈利，换取延伸业务的巨大盈利，并且构建了有效的竞争壁垒，可以利用相对低廉的主业产品或服务价格将竞争对手拒之门外，从而锁定客户，扩大市场份额。

在一些主业市场规模空间和利润增长有限的行业，如设备制造，每年需求有限，竞争激烈，利润率下降，难以吸引投资者。如果采用诱导式商业模式，那么在专业化经营主业的同时，能够挖掘业务和收入的关联性，发现市场规模更大的一系列“刀片业务”和收入来源，突破增长瓶颈。诱导式商业模式画布如表7-7所示。

表7-7　诱导式商业模式画布

<table>
<tr><th>重要合作</th><th>关键业务</th><th>价值主张</th><th>客户关系</th><th>客户细分</th></tr>
<tr><td rowspan="3"></td><td>提供后续的产品或服务</td><td rowspan="3">通过低价免费的商品并和后续商品紧密联系</td><td>初始产品和后续产品间的“锁定”关系特征</td><td rowspan="3"></td></tr>
<tr><th>核心资源</th><th>渠道通路</th></tr>
<tr><td>强大的品牌影响力</td><td>线上
线下</td></tr>
<tr><th colspan="2">成本结构</th><th colspan="3">收入来源</th></tr>
<tr><td colspan="2">研发费用
行政支出</td><td colspan="3">后续重复的高利润产品</td></tr>
</table>

2. 三种免费式商业模式的对比

在过去传统的商业模式中，企业花费较高成本的价值主张，仅提供给付费客户，而广大消费者一般不接受直接收费的商业模式，让商品难以售出。三种免费式商业模式分别采用不同方法解决了传统商业模式的问题，为方便比较，以表7-8形式列出。

表7-8　三种免费式商业模式的对比

商业模式	免费增收	免费平台	诱导
解决办法	提供免费的商品，通过增值业务盈利	提供免费大众化平台，通过平台获得客户流量和广告费	提供价格低廉或免费的商品，通过相关产品盈利

（四）开放式商业模式

1. 开放式商业模式的概念

开放式商业模式通过与外部伙伴系统性合作，来创造和捕捉价值，既可以由外到内，将外部的创意和价值引入企业内部；又可以由内到外，将企业内部闲置的创意和专利提供给外部伙伴。这种模式的优势是可以让创业者取长补短，不必从头开始研究，可使用其他组织的创新成果并从中获益。

2. 开放式商业模式（从外到内）画布式样

开放式商业模式（从外到内）画布式样如表 7-9 所示。在该式样中，核心资源是具有选择外部创新优势的特定资源，关键业务便是将对内部有用的外部资源和内部的业务整合在一起，外部资源的来源就是式样中的重要合作，整个过程的成本就是连接外部资源的成本。

表 7-9　开放式商业模式（从外到内）画布式样

重要合作	关键业务	
外部创新伙伴	外部资源和内部业务整合	从外到内： 将外部的创意引进公司内部
	核心资源	
	具有连接外部创新优势的特定资源	
成本结构		
连接外部资源的成本		

3. 开放式商业模式（从内到外）式样

开放式商业模式（从内到外）画布式样如表 7-10 所示。在该式样中，客户细分群体是需要创新的外部伙伴，该群体希望获得来自企业内部的研发成果，供给研发成果的过程就是企业的价值主张，主要的渠道通路由互联网和线下交易组成，这种商业模式的收入来源是通过闲置的资源获得额外的收入，核心资源是企业闲置的无形资产，直观的就是企业内部的专利。

表 7-10　开放式商业模式（从内到外）画布式样

重要合作	关键业务	价值主张	客户关系	客户细分
	核心资源	输出对外部有价值的研发成果	渠道通路	需要创新的外部伙伴
	闲置的无形资产		互联网平台 线下交易	
成本结构		收入来源		
		通过利用闲置资源获得额外收入		

第 18 讲 商业模式设计工具

一、商业模式构建所需的步骤

商业模式构建是创业者面临的挑战之一。好的商业模式能够推动创业活动的顺利进行，而商业模式构建上的不成功则会直接导致创业失败。因此，我们首先需要了解商业模式的构建方法和步骤。

1. 商业模式的构建方法

正如绘制一幅画需要先勾勒出草图，商业模式画布（图 7-5）就如同勾勒出创业的草图。创业者可以从最有把握的一点出发依次展开布局。

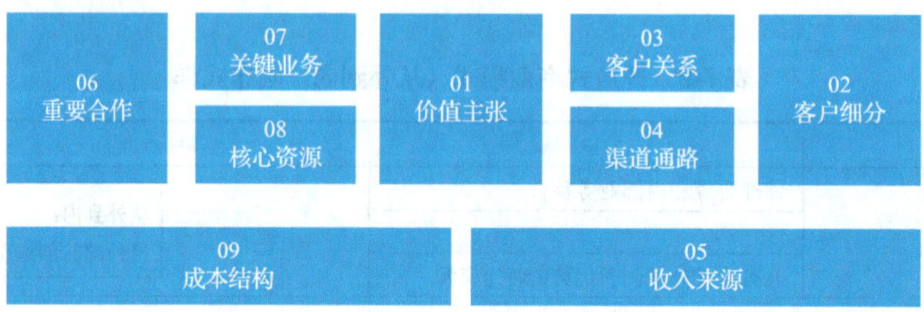

图 7-5 商业模式画布

商业模式的构建要尽可能地基于实际，如市场调查数据、客户的访谈记录，越扎根于实际，商业模式成功的可能性就越大；而越脱离实际，商业模式成为“空中楼阁”的可能性就越大。商业模式的复杂性导致其构建很难一步到位，必须在实践中不断摸索改进。

2. 商业模式的构建步骤

步骤一：价值主张。用来描绘为特定客户细分创造价值的系列产品和服务。该构造块主要解决以下问题：①我们应该向客户传递什么样的价值？②我们正在帮助客户解决哪类难题？我们正在满足哪些客户需求？③我们正在为客户细分群体提供哪些系列的产品和服务？

步骤二：客户细分。用来描绘企业想要接触和服务的不同人群或组织。该构造块主要解决以下问题：①我们正在为谁创造价值？②谁是我们最重要的客户？

步骤三：客户关系。用来描绘企业与特定客户细分群体建立的关系类型。该构造块主要解决以下问题：①每个客户细分群体希望我们与之建立和保持何种关系？②我们已经建立了哪些关系？这些关系成本如何？③如何将其与商业模式的其余部分进行整合？

步骤四：渠道通路。用来描绘企业如何沟通接触其客户细分群体，传递其价值主张。该构造块主要解决以下问题：①通过哪些渠道可以接触我们的客户细分群体？我们如何接触他们？②我们的渠道如何整合？③哪些渠道最有效？④哪些渠道的成本效益最好？如何把我们的渠道与客户的例行程序进行整合？

步骤五：收入来源。用来描绘企业从每个客户群体中获取的现金收入（需要从创收中扣除成本）。该构造块主要解决以下问题：①什么样的价值能让客户愿意付费？②他们现在付费购买什么？③他们是如何支付费用的？④他们更愿意如何支付费用？⑤每种收入来源占总收入的比例是多少？

步骤六：重要合作。用来描绘让商业模式有效运作所需的供应商与合作伙伴的网络。该构造块主要解决以下问题：①谁是我们的重要伙伴？②谁是我们的重要供应商？③我们正在从合作伙伴那里获取哪些核心资源？④合作伙伴执行了哪些关键业务？

步骤七：关键业务。用来描绘为了确保商业模式可行，企业必须做的最重要的事情。该构造块主要解决以下问题：①我们的价值主张需要哪些关键业务？②我们的渠道通路需要哪些关键业务？③我们的客户关系是什么？收入来源是什么？

步骤八：核心资源。用来描绘让商业模式有效运转所必需的最重要的因素。该构造块主要解决以下问题：①我们的价值主张需要什么样的核心资源？②我们的渠道通路需要什么样的核心资源？

步骤九：成本结构。用来描绘运营一个商业模式所引发的所有成本。该构造块主要解决以下问题：①什么是我们商业模式中最重要的固定成本？②哪些核心资源花费最多？③哪些关键业务花费最多？

二、预创型组织的 RTVN 框架

1. 抓住机会

商业模式分析用于各种规模和形式的组织。但是商业模式在早期风险投资领域真正发挥了作用——创业者想要一个有效的工具来解释他们的愿景；投资者希望有一个比商业计划更好的框架来评估风险和资源需求。

然而，在早期阶段，创业者可能会进行大量理想化却无用的分析。精益画布和亚历山大·奥斯特瓦德（Alexander Osterwalder）的奥氏商业模式画布（Osterwalder business model canvas，OBMC）是强大的工具，但处于早期阶段的创业企业可以从简单的商业模式框架（即 RTVN）中获益良多。RTVN 中的 R 指 resouce（资源），T 指 transactions（交易），V 指 value（价值），N 指 narratives（叙事）。该框架包含商业模式的基本要素。当创业者探索潜在的机会时，它是高效的和有效的。

2. 一切都是关于机会的

创业就是关于机会的行为。机会与情境和信息有关。创业者需要使用信息来探索连接和组合资源与交易的新方法。在正确的时机下，这种新组合将创造新的价值。创业者和机会是同一个硬币的两面。

在这个阶段，使用错误的商业模式框架可能是有害的。这是因为较为复杂的框架和工具会提出创业者可能无法回答的问题，回答这些问题可能无法获得不存在的信息。更糟糕的是，该框架可能会鼓励创业者接受甚至提出未经证实的假设来“完成”分析。更复杂的框架可能误导创业者创建或承担似乎符合整体故事但无法实施的结构或元素。在预创业阶段，创业者应该从利用 RTVN 模型开始。

3. RTVN 商业模式设计

RTVN 商业模式设计是一个简单的图解，用于标识商业模式中的关键资源、交易和价值。它帮助创业者将这些元素与连贯的叙事连接起来，最大限度地减少需要评估的连接，并聚焦于商业模式的关键要素和整体故事。

对于预创型组织来说，因为使用更复杂的框架可能会耗时甚至具有误导性，所以可以从简单的框架开始。如果创业者刚刚开始寻找创业机会，那么只需 RTVN 模型。

预创型组织的 RTVN 模型如图 7-6 所示。

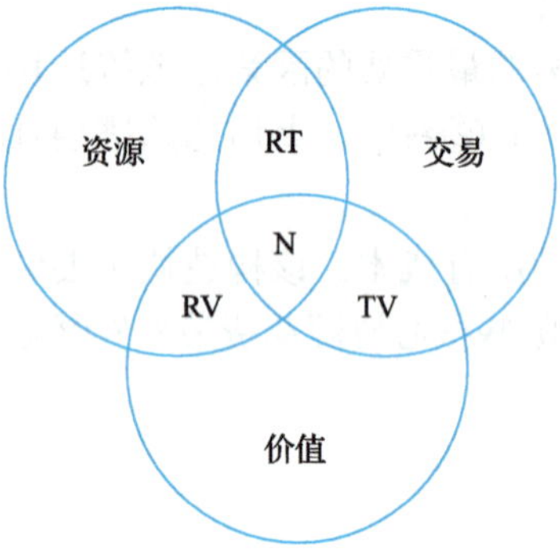

图 7-6 预创型组织的 RTVN 模型

预创型组织的 RTVN 模型的使用包括以下三个步骤。

（1）识别关键资源、交易和价值（RTV）。

（2）探索交叉区域（RV、RT、TV）。

① 资源、价值（RV）交叉区。即使在商业模式设计的最早阶段，RV 交叉区也应该相对清晰。以下是要解决的问题：哪些资源与客户需要的价值直接相关？客户如何、何时及为何需要这些资源产生的价值？

RV 交叉区强调机会出现在真正可以为客户创造新价值的资源处。如果在商业模式设计中遇到的关键问题是资源和价值创造的连接，那么创业者可能会发现其他有用的资源。另外，大多数创业者面临的危险是 RV 连接的“显而易见性”，它阻碍了创业者对假设进行检验。有资源，就会产生相应的价值。因此，它们必须连接起来。寻找机会的逻辑通常遵循以下两个过程之一。

a. 问题解决逻辑——我发现了问题。具体来说，我看到潜在客户正在经历无法解决的痛点或错过本可实现的收益。我已开发出一种能够解决这种痛点或提供收益的创新产品。因为它比客户目前所用的更好，所以他们一定会购买。

b. 资源扩展逻辑——我拥有新颖或未被充分利用的资源（资产、能力、技能、知识、创新）。我搜索过，发现至少有一个客户群可以从这些资源中受益。由于目前没有该资源可以使用，所以未来他们一定会购买它。

如果你发现自己在说“这对客户的价值显而易见”，那么你应该仔细检查资源和价值间的连接。至少，你要与潜在客户交谈以确认或拒绝关于价值创造的基本假设。

② 资源、交易（RT）交叉区。虽然创业者并不总是十分清楚，但 RT 交叉区通常很直白。回顾以下问题并将摘要信息放入模型的这部分：你将使用特定的销售和（或）营销渠道吗？建立这些渠道需要哪些资源？你如何将关键资源和主要交易连接起来？

RT 交叉区通常是事实检查。你可以在商业模式开发的最早阶段获得这些问题的答案。如果你无法回答这些问题，或者你的关键资源和交易之间似乎存在显著差距，那么这是一个很好的退一步思考商业模式叙事的机会。商业模式真的有意义吗？如果没有 RT 一致性，商业模式就可能没有起点。

③ 交易、价值（TV）交叉区。TV 交叉区是 RTV 模型中常见的。为什么？因为它可能是三个交叉区中最不直观的。

在客户获取方面的成功远不止创造更好的产品并使其可用。创业者倾向于低估确保交易符合价值创造过程的固有挑战。以下是关于 TV 交叉区的问题：客户是否有不寻常或复杂的交易要求？那是一些什么要求？客户是否因其使用目标产品或服务而对其他实体或组织负有义务？客户是否倾向于避免采用初创公司的新产品或服务？

如果任何这些问题的答案都是肯定的，那么需要对 TV 交叉区进行更仔细的分析。这就是为什么许多创业者会陷入“造一种更好的捕鼠器”思维。例如，在奥宝手部消毒剂故事中显然存在需求——医务人员需要进行手部消毒，以避免内部感染。产品发明人亚当·萨克利夫（Adam Sacklev）创造了一种“更好的捕鼠器”——这种产品通过擦拭衣服的“本能行为”来明确地解决问题。

亚当·萨克利夫所创立的公司取得了一定成功。他聘用了一位有国际合作经验的 CEO。该产品赢得了各种设计奖项并被很多流行媒体报道。遗憾的是，在设计发布 6 年后，该产品并没有为团队或投资者带来可观的收入或回报。问题似乎出现在 TV 交叉区。该团队在零售和促销方面表现不错，但在保健业务运营和供应链维护方面经验不足。大多数西方国家医疗机构的采购流程非常复杂，通常受到严格监管。需要手部卫生解决方案的医生和护士及从卫生实践中受益的患者都不直接参与诊所和医院的产品购买决策。在医疗保健行业，交易和价值的交叉区是非常重要的。由于组织对其客户（患者）负有特殊的责任及复杂的申报要求（面向保险公司和政府组织），所以买方更愿意与老牌公司合作并依赖以前使用过的产品。奥宝公司没有建立交互式结构和流程来解决客户价值创造这一特定问题。

（3）开发和检验叙事（N）。你可能会想出一些简单的短语或句子来完成 RTVN 框架，然后观察整个商业模式。所有部分一起形成合力了吗？叙事是否将所有元素联系在一起了？

RTVN 框架的强大之处在于其简单性。但简单性导致的风险是，我们所做的分析可能基于一两个不正确的假设。完全基于创新和直觉的 RTVN 分析尚未经过检验。这是你利用商业模式团队的最佳机会。与他们分享你的分析，请他们帮忙确定未经检验的假设并找出潜在的缺陷或差距。

4. 从创新中分离出商业模式

有时，创业者会将创新与商业模式混为一谈。在展望未来的组织设计和创建时，保持它们的独特性可能很困难。

当没有组织或新产品和服务尚未发布时，创业者和管理者最有可能混淆创新和商业模式。评估业务本身的场景有限，使用商业模式分析工具来评估创新、产品或服务而不是业务是容易被迷惑的。

创新不是商业模式。当产品或服务尚未启动时，我们很容易无意中将其混淆。你无法对创新进行商业模式分析，但必须关注机会和业务。

任何创新都可以融入许多可能的商业模式中。有时只有几个可能的商业模式，有时却可能有几十个或几百个。如果你的分析侧重于创新本身，那么你可能错过商业模式的其他关键要素。在这种情况下，你不是在分析商业模式，而是在评估某种创新机会。

换言之，如果你尝试对创新、产品或服务使用商业模式分析，那么你正在研究创新是否可以在市场中取得成功，而不是商业模式的可行性。这些东西可能听起来很相似，一项可能会引导你到另一项，但它们并不等同。

5. 保持简单

本节重点介绍了商业模式框架 RTVN。在此框架中，你可能无法感受到商业模式的复杂性。如果满足以下任何条件，你就有机会创建一个复杂的商业模式框架：你已经更深入地拓展了机会，包括运营规划；你已经发起了一些组织活动；由于技术、资源或交易流程的复杂性，你的分析需要更复杂。

在你急于接受更大的挑战之前，请确保你出于正确的原因。如果不是必要的，请不要做更多的商业模式分析。增加框架或分析的复杂性不会使商业模式分析（如 RTVN）清楚地表明模型不行，更复杂的分析几乎总会产生更复杂的结果。只有不寻常的商业模式才需要极其复杂的分析来揭示可行性。更复杂的框架通常可以识别商业模式中存在的更多的潜在问题。

另外，使用更复杂框架的商业模式分析往往会引发有关流程的详细问题和活动。通常，这些问题需要通过简单实验或与市场参与者的直接接触来回答。虽然这些活动在任何创业情境中都非常有价值，但它们也可能非常耗费时间和资源。通常你应该在形成关于商业模式的初步结论以后启动这些类型的调查。否则，商业模式分析有可能产生有关潜在机会的不断扩大的一系列问题的风险。这些风险也需要解决，但只能在你熟悉模式的核心能力之后进行。

RTVN 框架是一个非常简单且十分有效的机制，是用于生成和评估创业想法、创新或新产品/服务的商业模式。如果你是一位想要启动初创企业的创业者或计划推出新产品或服务的经理人，这是一个非常好的起点。使用工作表，探索商业模式元素及其连接，然后与值得信任的同事共享商业模式。总之，你应该集思广益，通过备选元素或这些元素之间的不同联系来改进商业模式。你还应该寻找商业模式缺失的元素、不符合商业模式整体叙事的连接及其他不一致性问题。

三、初创型组织的精益画布

（一）创业和商业模式设计的精益方法

精益画布融合了埃里克·莱斯的精益创业框架。精益创业强调了一种实验式创业方法。精益创业思维不是为每个偶然事件做好计划或追求完美产品，而是要尽快为客户提供想法和解决方案。换言之，产品生存能力的仲裁者是市场，而不是创业者自己。

在这种情况下，商业模式是实验的一部分。任何给定的商业模式都应被视为假设而非确定的。

（二）精益画布

精益画布工具由阿什·莫瑞亚（Ash Maurya）所创建，是 OBMC 的改编版。正如莫瑞亚所指出的，其关键目的是在一个页面上捕捉商业模式假设。精益画布如图 7-7 所示。

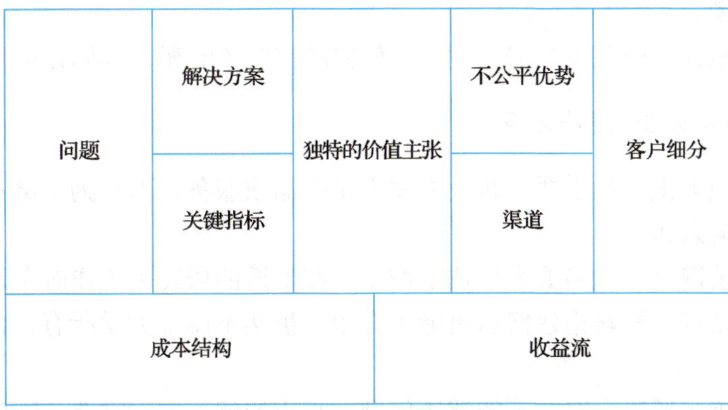

图 7-7 精益画布

精益画布将实验置于详细的计划之上。创业者可以使用精益画布来识别能检验商业模式的一些关键市场准入实验，其强调三个同等重要的方面，即客户、创新/机会和利用机会的组织。

1. 创建精益画布：电子停车的创业机会

美国和英国的大学校园没有足够的停车场供所有教职员工、学生和访客使用。这里有创业机会吗？一位创业者花了几小时的时间想了一些创意，最终选择了创建一个在线营销平台。我们将在此背景下探索精益画布商业模式。我们将其命名为亚当的电子停车业务（Adam's e-parking business，AEB）精益画布。我们将探讨精益画布的每个方面，先从与 RTV 框架资源密切相关的元素（问题、解决方案和关键指标）开始。

2. 精益画布元素 1：问题

精益画布中的问题是指客户的问题。商业模式利用的是与未满足需求相关的机会。换言之，如果没有识别出客户问题，无论是痛点还是未实现的收益，创业者都是没有商业模式的。

精益画布特别适合初创业者和处于早期阶段的企业。它可以使客户问题变得更加明确。

请考虑 AEB 精益画布的使用。“停车位不够”，实际上，这是情境，并非问题。它没有描述痛点或未实现的收益，所以我们需要深入挖掘。

缺乏停车位会导致两个客户群体面临问题。那些想把车停在校园里却无法做到的人将体验“无数可能的痛苦”，他们可能不得不步行或寻找替代交通工具，两者都可能造成时间损失。他们可能不得不为在其他地方停车或使用替代交通工具支付更多费用，这是财务负担。该电子停车机构可能有复杂的行政安排，以确定谁有资格在校园停车。这会产生经济负担或机会成本——很多人不得不在这上面花时间，而不能去做更有价值的事情。该机构可能要不断处理一些关于停车的投诉，特别是在学生人数经常变化的情况下。这可能会产生人力资源成本及与该机构负面看法相关的长期成本。

显而易见的解决方案即建造新停车场的成本极高，需要大量空间。该电子停车机构可能缺少足够的资源。

你能想到其他任何问题吗？请记住，任何问题都应该清晰、具体并可量化。

3. 精益画布元素 2：解决方案

清晰度在解决方案中很重要。解决方案不是产品或服务，而是为了解决问题的特定方面需要利用的任何东西。

有一个现实情况是：大多数大学位于城市，在附近的居民去工作时车道（甚至车库）是闲置的。换句话说，重新构建问题可能很有用。虽然不属于大学所有，但是该地区有足够的停车位。

当然，仅仅确定解决方案并不能解决问题。真正的解决方案需要从特定的解决方案元素开始，找出商业模式的其余部分。第一步是要意识到物业的所有者必须有权设定定价和访问限制；第二步是认识到通勤者（学生、教职员工、访客等）必须能够从可用选项中进行选择。

一旦明确这些中间步骤，打造基于人群的停车市场的想法似乎值得探索。在过去的几年里，运营这样一个市场所需要的信息系统可能涉及一个物理公告栏、校园团队打理的文件柜中的一个文件夹，甚至是由管理员维护的某种电子表格。当然，我们可以利用网络或移动应用程序建立一个网站，业主可以在上面列出他们的“车位”，包括可用性和定价，用户可以轻松地搜索到，然后可以选择预订 1 天、1 周、1 个月、1 个学期、1 年甚至更长的时间。

很明显，这种解决方案可以解决画布中的全部问题，它吸引人的方面是，它用虚拟信息交换的成本取代了传统物理停车场的建设成本。这完全与以下事实有关：问题不在于缺乏空间，而是缺乏有关可用空间的信息。

如果企业家已经对这个想法感兴趣，请记住警惕太好但不可能实现的解决方案。我们认为，企业家应该在试探界限的同时，认识到真正的法律和道德约束。

你能想到解决方案的其他关键要素吗？也许是一种新颖的付款方式，也许是某种类型的反馈或评级系统，以便用户获得有关选项的更完整信息。如果所有者误报了空间的大小或可访问性，怎么办？如果用户在约定的时间内没有用车，怎么办？如果用户让朋友在那里停放他的汽车，怎么办？

4. 精益画布元素 3：关键指标

关键指标是确定机会是否可行及组织是否有效利用机会的数据度量。关键指标是关键成功因素（critical success factors，CSF）的量化。如果创业者或组织搞错了 CSF 或无法有效地实施 CSF 的量化，那么该组织几乎没有成功的机会。

以下为 AEB 示例。对于特定机构而言，可行的关键指标是什么？我们怀疑目前在校园内或附近停车的费用将位居榜首。我们对学生抱怨校园停车问题的数次调查均表明，成本通常不是决定因素。一些愤慨似乎源于学生认为停车费用应该包括在学费中。另一个指标是教职员工停车需求的量化。可以说，教职员工是更稳定、更长期的客户群体；与学生客户相比，物业所有者可能更愿意与教职员工打交道。然而，我们可以说，重要的指标之一是与获得车道空间的访问相关的购置（和维护）成本。如果成本（时间和金钱）过高，定价模型将限制愿意且能够预订停车位的客户数量。同样，维护和更新系统（包括相关信息）的成本只有足够低，才能让市场产生合理的利润。一旦系统启动并运行，另一个关键指标将是客户（尤其是学生）的周转率。

你的机会的关键指标是什么？你会如何衡量它们？

尝试确定机会的 4～5 个 CSF、与这些 CSF 相关的关键指标，以及如何收集数据以评估指标。这也是一个思考你可以联系的任何行业或市场专家来讨论 CSF 和关键指标的好时机。

精益画布的交易维度包括客户、渠道和收益流。

5. 精益画布元素 4：客户细分

客户群是拥有相同需求或购买偏好的消费人群。以下再次分析 AEB 的例子。许多人如访客、学生、教职员工等想要在大学校园停车，但他们没有相同的负担标准。例如，不熟悉校园的访客可能愿意为了方便而为几小时的停车时间支付更高的费用。每天需要来校园的学生更有可能设计交通方案以避免支付每日停车费用。教职员工可能愿意支付比学生更多的费用，但是也可能会考虑长期选择。例如，为了解决停车问题购买或租赁房屋。显而易见的是，“游客”不是 AEB 的良好目标市场，除非停车问题很严重。使用该系统需要花费时间和信息，访客可能更愿意支付更多费用而不是注册系统。

AEB 示例暗含三个细分市场可能的购买偏好。即使在这个早期阶段，良好的商业模式画布分析也应该包括数据。数据将回答以下问题。

（1）有多少百分比的学生愿意加倍努力以节省 10%的停车费用？

（2）有多少百分比的学生需要停车？需要停车至午夜？需要整晚停车？

（3）有多少百分比的教职员工在校园停车？他们愿意支付多少费用？

6. 精益画布元素 5：渠道

渠道只是吸引客户的途径。要完成画布的此部分，你需要回答以下问题。

（1）你和你的组织将如何向潜在客户介绍你的产品/服务？

（2）客户如何购买产品/服务和支付费用？

（3）你将如何向客户提供产品/服务？

（4）你将如何提供售后支持？

客户旅程地图可以成为思考渠道和与客户互动的其他方面的有力工具。如果已经识别并调查了潜在的客户群，你很可能会发现不同的客户渠道。对于 AEB，我们会使用不同的渠道来吸引学生和教师。此外，由于 AEB 是“做市商”，所以业主也可以被视为客户（或供应商）。学生和教师可以通过校园电子邮件来沟通，但业主需要某种直接沟通手段来参与进来。它可能是电话、电子邮件，甚至是挨家挨户的个人对话。所有客户最终都将使用网络或移动应用程序作为交易渠道，但只有交易渠道才能启动流程。

许多学生和潜在的创业者陷入社交媒体陷阱。他们发布了营销计划，声明：“我们将使用社交媒体。”但没有进一步分析或说明细节。任何从事社交媒体工作或经营社交媒体的人都可以告诉你，这并不是那么简单的。

7. 精益画布元素 6：不公平优势

精益画布中的不公平优势元素经常引起初创业者的焦虑。学生通常会提出一些不可持续或不正确的不公平优势。不公平优势是竞争对手无法轻易复制、获取或以其他方式执行的内容。不公平优势可以通过以下方式产生。

（1）独特且可保护的知识产权（如专利）。

（2）通过多年的学习和经验，简单了解特定主题的人。

（3）生产中的规模经济或产生良性循环效益的其他过程。

（4）与其他组织建立独特且受保护的关系，如与主要供应商、合作伙伴或客户签订的长期合同。

（5）独特的专有信息（如商业秘密）。

你可能注意到虽然 AEB 在开始时没有不公平优势，但它可能会构建结构性（且可能具有可持续性）的不公平优势。AEB 可以利用的稀缺资源是空车道空间。如果组织有将 AEB 商业化的想法，便可以让业主签署长期（如 3 年/5 年）协议，那么另一家公司实际上不可能参与竞争。这种类型的优势称为供应商（或客户）锁定。

另一种可能的结构性优势形式是 AEB 在线市场被公认为特定校园的“标准”平台。如果组织能够与该机构达成某种形式（或非正式）的协议，以促进或以其他方式使该平台合法化，则可能会发生这种情况。这种类型的平台标准化发生在许多情况下。例如，易趣网占主导地位的在线拍卖网站位于美国、英国和其他市场。易趣网的主导地位是自给自足的。买家想要使用卖家最多的平台，卖家想要使用拥有最多买家的平台。很多组织很难与那些已经建立了事实上的标准的组织竞争，这正是因为客户选择不使用该标准会产生明确的成本。

你已使用精益画布仔细地探索了机会的资源和交易维度，现在是解析价值维度的时候了。有三个要素可用于指导分析：独特的价值主张、成本结构和收益流。以下讨论测试假设，准备为初创企业构建商业模式。

8. 精益画布元素 7：独特的价值主张

精益画布的核心是独特的价值主张。莫瑞亚将这一元素描述为“一个单一、清楚、引人注目的信息，说明你为什么与众不同”并值得潜在客户关注。

你可能会问，如果莫瑞亚认为它如此简单，为什么它在画布上占据最大的空间？精益画布的最终目标是获得客户愿意支付的一个引人注目的价值主张。精益画布的一个关键目的，以及一般的精益创业思想就是产生假设并使假设显而易见。如果你的业务处于早期阶段，并可以使用精益画布，那么你的独特的价值主张可能仍存在一些不确定性。你的短期目标是创建有助于测试和发展最小可行性产品的实验。

实际上，AEB 并未实施。亚当已经引起了多所大学交通管理员的注意。但是我们目前尚不清楚它是否真的有效，或者只有多大的规模才能使其具有成本效益。亚当用有限数量的学生、教师甚至业主“测试”了这个想法，结果尚无定论。这一想法获得了大部分利益相关者尤其是学生的认可和推崇，但业主一直犹豫是否允许学生或其他人将车停在他们的车道上。两个大的未知数是合资企业的法律责任和保险费用。

我们在 AEB 示例中发现了五个可能的独特的价值主张，因为其仍处于机会阶段。它们似乎对于我们来说都有可能；它们有些甚至是相互联系的。AEB 的业务模式尚未超出此阶段——关键数据仍然缺失，关键假设仍未经过检验。我们怀疑这些独特的价值主张中的一些可能会成为最小可行性产品的最终关键组成部分。

你创建的客户旅程地图是考虑独特的价值主张的较佳起点。客户的需求和/或痛点是什么？在什么条件下，他们决定购买，而不是放弃或选择竞争对手的产品或替代选项？

有时候，独特的价值主张看起来很明显，创业者也懒得去测试它们。这很不幸，因为测试独特的价值主张快速、简便且十分重要。

9. 精益画布元素 8：成本结构

如果没有解决成本问题，就无法完成价值分析。在商业模式分析的早期阶段，你可能有很少或没有明确的成本信息，但这意味着此时正是开始收集成本信息的最佳时机。

为简单起见，AEB 示例仅显示了启动成本。完整分析还应包括运营成本的估算。

启动 AEB 风险投资将包括一些研究成本：在一个特定的区域内识别和调查房地产投资组合。有人确实需要走遍所有社区，确定哪些社区具有可用的停车空间；然后需要联系这些财产所有者，以试图让他们认可这个想法。下一个关键成本是开发停车位在线市场的成本。有一些在线资源可以帮助创业者进行创建 Web 和移动应用程序的粗略成本估计。创业者应该谨慎使用这些资源。我们无法以相同的详细程度处理所有成本类型。一些成本很容易识别，其他成本可能需要详细的研究、深思熟虑的估计或基于直觉的猜测。使用你拥有的最佳信息进行估算。如果你没有拥有任何信息，请试着去获取一些信息。搜索网络，调用业务连接，创建定量模型以合并一些潜在因素，尽你所能对成本结构设置一些界限。最终，你的成本估算决定了你能否进入整体商业模式可行性分析阶段。只有成本结构良好，你才有可能进入商业模式分析阶段。

10. 精益画布元素 9：收益流

创业者喜欢的商业模式画布部分是收益流。考虑 AEB 的例子。没有人想在校园里购买一块停车用地。更准确地说，人们想要的不过是在校园活动的时候能够方便地将车停在附近。一旦做出这种区分，它就为各种替代解决方案提供了机会，包括新颖的收入机制。AEB 致力于为校园附近的车道空间创造一个市场。显而易见的选择是对每个市场交易收取费用。

但这会产生足够的收入吗？我们能想出更有创意的机会吗？

我们希望这能让创业者对自己的机会有所了解。很多时候，创业者会锁定他们所识别的第一种收入来源，而不会探索替代品。如果创业者还没有考虑替代方案，则应收集一些新想法。创业者将返回原始收入来源的可能性相当大。即使面临这种情况，创业者也可以获得一些有关客户的新见解或创造收入的方法。

（三）测试假设

如果创业者已完成了上述工作，那么就具有了填充精益画布的关键信息。

在转向成熟和成长企业的 OBMC 之前，我们应强调精益画布和精益创业框架的好处——在这个发展阶段，创业者应该专注于提出和测试假设，目的是创建快速、低成本的“实验”，以获得最小可行性产品：符合产品预期功能的最小功能集合。这个最小功能集合所包含的功能足以满足产品部署的要求，并能够测试有关客户与产品交互的关键假设。

在 AEB 的情况下，最小可行性产品可能只涉及学生工作者、电子表格、与学院的某种共同保险安排及业主签订的制式合同，或者它可能只涉及对当地房主的调查，了解是否有人愿意更多地了解它。

精益画布是一个功能强大的工具，用于组织创业者的想法、假设和有关机会的信息。它是测试创业者的创业机会的绝佳工具，提供了一个清晰、有效的商业模式图，用于探索和测试新企业的短期及长期可行性。

四、成长型组织的商业模式画布

奥斯特瓦德在他的《商业模式新生代》一书中介绍了 OBMC。OBMC 是一种侧重于实践的构建商业模式的方法，其反映了创业者如何利用商业模式作为组织发展和计划的工具。

OBMC 是大学创业课程中的常用工具，也是很多创业比赛、加速器和孵化器的主题，常常被创业者和投资者用于企业规划与发展过程中的关键参照。

当精益画布关注问题陈述和机会的时候，OBMC 关注企业本身。OBMC 有助于解决商业模式中的运营和成长问题，提供了一种思考商业模式调整与创新的灵活框架。

在 OBMC 中，一共有九个商业模式要素。其中有五个要素与精益画布重叠：成本、收益、价值主张、渠道及客户细分。此外，OBMC 使用了四个不曾在精益画布中出现的要素：重要合作、关键业务、核心资源和客户关系。

以下通过一个实际案例来对这种画布进行探索。在 MRail 公司成立之前，亚当曾经帮助其做过研究。他与创始人一同工作，并制定了这家公司的商业模式。关键的一步在于从产品销售型模式到信息服务型模式的转变。这一探索花费了 3 个月的时间，他们对客户、市场、运营及财务模式进行了研究。在这一节中，关于此过程和结果被极大地简化了。MRail 公司的技术最终被哈斯科公司收购，并通过名为脯氨酸技术（protran technology）的业务对其进行销售。

为了方便阐述，我们对原先基于产品销售的商业模式和后来的信息服务商业模式都构建了画布。OBMC 的要素完美地契合了资源、交易和价值维度。在分别对每个维度进行讨论时，我们注意到以下关键的问题。

（一）资源维度：重要合作、核心资源和关键业务

在 OBMC 中，资源维度很明显与合作伙伴、资源及成本紧密相关。重要合作和核心资源在精益画布中并无涉及，它们取代了问题和解决方案要素。在精益画布中，我们的关注点在于理解潜在创业机会的本质，而 OBMC 关注的是商业模式如何与组织的活动和能力相连接。

1. OBMC 要素 1：重要合作

OBMC 强调了合作伙伴和合作组织的重要性。它们是谁？为什么它们是重要的？它们是如何与组织的核心资源和关键业务相连接的？

许多小型成长中的企业对于伙伴的选择纯粹建立在机会主义的基础之上。MRail 公司就是一个很好的例子。MRail 公司技术的发明者——内布拉斯加林肯大学的萨恩·法里（Saan Fari）曾到访总部位于奥马哈市附近的联合太平洋公司，联合太平洋公司为法里提供了一辆他用过的轨道车来安装第一个物道膜系统。这家公司帮助协调物流，用运煤火车来牵引这辆轨道车以便收集全美国主要铁路线路的数据。一个可行的商业模式要求联合太平洋公司成为一个埋单的客户，而不是研究伙伴。事实上，联合太平洋公司只是出于好意为法里教授提供了免费的资源。

引导这一思路并在现实世界中对轨道偏转测量系统进行检验是不错的方式，但是合作伙伴与客户有着比较大的差异。更糟的是，如果伙伴关系过于紧密，就会妨碍这家创业企业将其产品/服务销售给其他客户。铁道运输行业具有十分复杂的动态性。竞争者常常分享资源（如铁路基础设施），并协调活动和信息（如火车的位置），以避免碰撞或脱轨等灾难的发生。然而，他们终究还是竞争者：像联合太平洋公司这样的伙伴是否允许 MRail 公司将其服务销售给其他铁路公司还不得而知。

那么，谁会是合适的合作伙伴呢？在原先的计划里，公司出售包括轨道偏转测量装置在内的完整的轨道车辆，并没有明确的合作伙伴。MRail 公司不得不对所有事都亲力亲为。聚焦于数据管理的解决方案则指向了不少潜在的合作伙伴，包括轨道车辆自持设备的生产商、轨道车辆服务（包括租赁和维修）公司、轨道检测和服务公司、行业内已有的大型物流和装备公司（如 ABB 和西门子公司）。

这些合作伙伴因代表着潜在的退出机会而同样具有吸引力。对于一家轨道偏转测量技术公司来说，最有可能的收购者会是行业内已有的大公司，而不是铁路部门。

2. OBMC 要素 2：核心资源

奥斯特瓦德承认竞争优势资源基础观的关键本质。他发现，一个商业模式要想创造价值，取决于其所使用的资源。创业者有着一些特定的资源，另外一些资源则可以相对容易地获得。然而，有些资源的获得则由于成本或有限的权限会构成挑战。

OBMC 从相对简单的问题开始：创业者已经使用的核心资源有哪些？哪些资源会增加为客户创造的价值？与重要合作一样，真正的价值来自认识到这一要素如何与其他要素连接。

在 MRail 公司的 OBMC 核心资源方面，修改前后的 MRail 商业模式有何不同？最明显的改变在于从物理设备到信息系统的变化。随之而来的是对于具体的数据管理和分析能力的需求，与铁路部门的关系也转移到客户关系领域。在这个案例中，核心资源不是铁路轨道运输车，而是将技术转化为可适配任何轨道车的更小的“产品”的工艺。

3. OBMC 要素 3：关键业务

在一个可行的商业模式中，关键业务是一个未得到正确评价的要素。在组织分析中，业务有时候会与能力甚至交易混淆。当我们在商业模式分析中谈到业务时，我们关注的是对价值创造、客户关系及渠道管理至关重要的业务。挑战在于识别哪些业务举足轻重。那么，业务中的 ACT 究竟指什么呢？

实现商业模式可行性的 ACT 是可评估（assessable）、关键（ctritical）与及时（timely）三个单词的第一个大写字母的组合。

可评估的业务是可以被观察、衡量并提升的。有的创业者相信他们可以基于能够产生价值但无以言说的能力来完成业务。然而，他们将内隐能力和无法言喻的能力混淆了。内隐能力，如骑自行车，是通过经历和实践而不是外显的指导来获得的技能。无法言喻的能力经不起推敲。例如，我们将使用世界级的编码技术来创建人们喜欢的 App。

关键业务是及时的。这也许显而易见，尤其对于有着运营和物流经验的商务人士来说。然而，对于创业者或成长型公司的管理者来说，挑战在于认识到时机和目的同等重要。业务是否在必要的时候发起并完成？它们在组织中持续运行着还是被某些特定事件激发？如果你的关键业务过于模糊以致衡量它们十分耗时、昂贵甚至是不可能的，那么你就有了麻烦。

让我们看看这一点是如何应用于 MRail 的。在原先基于产品的 OBMC 中，关键业务是获得轨道车并用激光轨道偏转测量系统对其进行改进。与重达 20 吨、只能沿着事先铺好的轨道移动的轨道车打交道是物流上的噩梦。可评估的意思十分直白（成本、实用性、位置），但是及时性则引出各种各样的问题。单单是将轨道车在正确的时间移动到正确的位置就要求有 20 吨的机车发动机。

在信息服务 OBMC 中，企业的主要资产是提供轨道质量评价的数据和分析。及时性不再是问题，关键业务是有效地更新数据库并为火车驾驶员提供几乎实时的信息和建议。这些业务仍然是可以被评估的：关键的指标将是轨道任意给定部分之间测量的平均时间、平均的系统运行时间及总体的数据完整性。

如果完成了精益画布，那么创业者应该已经确定了自己商业模式中的关键指标，那些便是应该被整合进 OBMC 的关键业务。

在切换到交易维度之前，先了解商业模式总体资源基础。OBMC 和精益画布最大的差别就在于这一维度。如果没有完成精益画布，创业者就应该考虑完成问题、解决方案和关键指标部分。即便表面上它们并不是 OBMC 的组成部分，但其对于思考创业者的资源如何在商业模式中发挥作用极其有帮助。

（二）交易维度：客户细分、渠道通路和客户关系

奥斯特瓦德建议 OBMC 从客户细分和客户关系要素开始。使用 OBMC 假定创业机会

关注于将合适的创新成果推向合适的客户，而不是评估创新本身是否可行。

OBMC 中的客户细分和渠道通路要素与精益画布中的同样有效。这里不再重申那些领域需要解决什么，而是更为深入地探讨 MRail 的 OBMC。

1. OBMC 要素 4：客户细分

客户细分中的客户仅仅是一群拥有相同需求或购买偏好的客户。这一分析在 OBMC 中需要采取两个步骤。首先，我们希望直接处理“跨越鸿沟”的挑战；其次，我们希望更好地根据规模和类型对潜在客户进行分类。

从“跨越鸿沟”得出的关键教训是创业者常常被目标市场小部分分支用户对于一个创新产品的热忱行为欺骗。这些“技术爱好者”积极地寻找创新，并不断接受不完美的技术，以便能够保持领先位置。然而，他们只代表市场的很小一部分。创业者错误地将技术爱好者的接受度理解为其创新产品已具备市场接受度的证明。事实上，只有当一个创新产品展现出经济回报和已建立的认证信息时，它才能被市场广泛接受。

除了理解细分市场划分的时机，OBMC 应该按照细分市场规模对客户和部分市场进行优先级排序：哪个细分市场最大及哪个成长最快？创业者不一定会将最大或成长最快的细分市场作为目标，但你应该对此了然于胸，而不是一无所知。

2. OBMC 要素 5：渠道通路

OBMC 明确识别了渠道通路的五个阶段：认知、评价、采购、配送、售后。创业者应该认真思考目标客户所偏好的渠道。如果创业者有时间和资源，那么可以开始探索渠道的效率。如果创业者有更多的时间和资源，并且在考虑多个渠道，那么应思考这些渠道如何相互协同或可能产生冲突。

大部分公司尤其是处于初级阶段和成长阶段的公司，通过公司自身所偏好的渠道或竞争对手偏好的渠道来服务客户。第一种应该是显而易见的。当公司成立时，创始人或管理者依赖关于如何接触客户的假说。这些假说可能是正确的，也可能是不正确的。然而，一旦启动，渠道的结构往往是根深蒂固的。改变主要渠道是需要一定成本的，尤其是当可能需要重新“教育”客户时。

那么 MRail 在这方面又如何呢？无论是产品销售模式，还是信息服务模式，都很有可能要求直接销售，而客户又相对较少。安装解决方案在客户之间可能是相对一致的，但不可避免地，为了满足每个铁路运营商对路线和基础设施的特定需求，会有一些定制化服务。

对于许多处于早期阶段的公司来说，可能没有足够的注意力和资源来详细探索渠道的选择。深入的渠道分析通常来说也超越了 OBMC 和初次商业模式构建的目的或意图。

3. OBMC 要素 6：客户关系

OBMC 的客户关系部分与精益画布有着很大的不同。精益画布关注于公司或创新产品将会努力获得的相对于竞争对手的不公平优势；而 OBMC 则强调客户关系，而不是创新本身。OBMC 认为，不同的细分市场需要不同的关系，这里所说的关系不同于渠道。

取决于细分市场和渠道，客户关系既有私人一对一的联系，又有完全去中介化、保持距离的互动。基于与大量创业者和学生的互动，我们发现客户关系有两个特征，即接近度和参与度。

接近度是指关系有多么紧密或直接。在当下这个技术相连的世界，接近度可能并不意味着地理上的接近度。高接近度的关系要求组织中的某个人可以时刻与客户保持联系。

参与度是指互动水平和对关系的贡献。低参与度的关系除了有价值货物的交换，要求的额外参与也较少。高参与度的关系则要求参与者保持注意力、表达观点，并为交易做出贡献。

图 7-8 展示了基于接近度和参与度的不同类型的客户关系。没有任何一个象限是天生好于其他象限的。与此同时，被卡在中间很有可能没有好处。如果参与度具有价值，那么提高参与度会提升客户关系。英国连锁超市维特罗斯提供了客户参与度的一个很好的例子。在收银台，顾客会收到一个标记，可以被用来为当地的慈善机构投票。每个月，维特罗斯都会捐出一部分利润给顾客投票选出的慈善机构。这一低成本的系统在顾客每次到访时都加强了其社区意识。

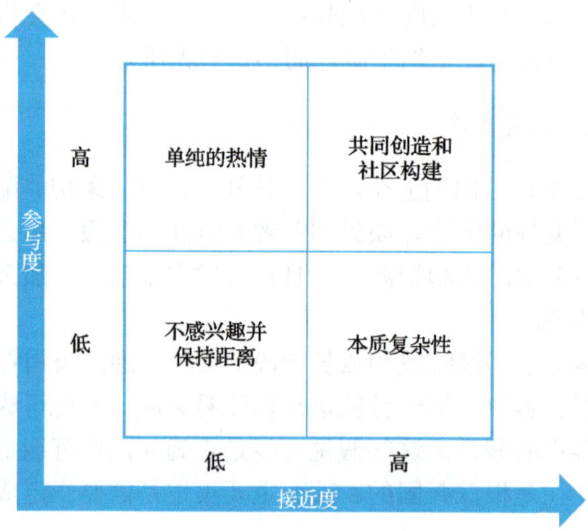

图 7-8　客户关系中的接近度和参与度

如果能够识别出客户关系中的接近度和参与度要求，那么创业者会对自己的商业模式如何产生销量有更多见解。以下是创业者需要回答的关键问题。

（1）细分市场偏好与公司保持怎样的关系？

（2）现有的关系如何与公司的资源和价值主张进行整合？

（3）这些关系具有成本有效性吗？

（4）现在已经存在的关系有哪些？

（5）不同的细分市场需要不同的关系吗？

（6）接近度和参与度对这些关系有多重要？

MRail 的商业模式揭示了客户关系要求中重要的差异。基于产品的 OBMC 相对来说是低参与度的，因此依赖本质复杂性。然而信息服务 OBMC 有潜力基于共同创造来构建客户关系。由于客户有效地购买数据和信息，MRail 的分析和数据解读能力应该被写进合同中。此外，由于 MRail 仍然拥有数据，所以有可能整合来自不同铁路运营商的数据，以持续改进其模型。换句话说，随着 MRail 长期收集数据，它应该能够将数据与实际的失败和修复信息相匹配，以便持续改进模型的预测力。这也是每个客户所希望看到的。

（三）价值维度：价值主张、成本结构和收入来源

在价值维度上，OBMC 使用了与精益画布相同的要素。只不过，OBMC 使用的是价值主张，而不是独特的价值主张。这强化了 OBMC 对企业而不是创新的关注。

由于框架大体上是相同的，我们将关注一些问题和细节来更为深入地探索一些要素，并引用 MRail 的 OBMC 作为例子。

1. OBMC 要素 7：价值主张

建立价值主张需要三个步骤：识别客户的痛点或获益点、论证产品/服务是否满足客户的需求、将价值主张与竞争优势相连接。

1）步骤一：识别客户的痛点或获益点

一个难以接受的事实是，许多创业者和管理者并没有充分理解为什么客户购买其公司的产品或服务。

如果创业者和管理者已经使用了移情设计原则来观察客户的行为，那么创业者和管理者可能对客户的痛点或获益点有了一个比较好的理解。痛点是未得到解决的问题，获益点是价值增长点。

在 MRail 的例子中，铁路运营商面临着两个相互关联的问题或痛点。首先，由轨道故障造成的脱轨意味着巨大的成本。与明显的原因相比，脱轨无疑是灾难性的事件。其次，靠视觉观测数千千米的轨道从逻辑上讲几乎是不可能的。这使铁路部门不得不面临两个不那么吸引人的选项：接受轨道监控所带来的高额的成本或忍受极高的脱轨成本。

最重要的事：花时间观察并与（潜在）客户互动，以便充分了解其需求。

2）步骤二：论证产品/服务是否满足客户的需求

一个好的起点仅仅是列出产品或创新的特征。它的特征是什么？规格如何？每个特征为使用者带来了什么好处？

对于大多数企业而言，在没有与客户互动的情况下做到这些是不可能的。一些创业者和管理者更喜欢在保密的情况下开发概念，并推出产品和服务。有时候这类保密工作是重要的或必要的，但这并不总是一个好的主意。

只要有可能，让产品、服务或一些合理的副本呈现在潜在客户面前是十分重要的。创业者和管理者认为是亮点的特征也许却是最低标准甚至是不必要的。关于哪些特征是必要的、增值的，抑或是毫无价值的，只有客户才是最终的仲裁者。

因此，明确列出客户的需求是十分重要的。好的机会通常带有产品特征和客户需求之间明确的、几乎线性的连接。

3）步骤三：将价值主张与竞争优势相连接

好的商业模式仅仅是成功企业的开端。最终，商业模式需要引导企业建立可持续的竞

争优势。长期可持续的竞争优势将优秀的企业与仅仅能干或不错的企业区别开来。

最简单的可持续优势来自竞争对手无法简单复制或获取的独特的资源、能力或结构化优势。有时候这些是非常物理或外显的资产，如土地权或专利。有时候它们则是内隐的或无形的，如独特的设计技巧或建造才能。有时候它们仅仅是结构化的，如规模经济或长期合约。几乎所有这类优势都能够使公司基于更好的成本地位或更有效地满足客户需求，而区别于竞争对手。

思考以下两个问题。

（1）如果创业者和管理者的产品或服务通过降低成本而为客户提供了价值，那么创业者和管理者能够通过持续降低自己的成本以保持领先于竞争对手的位置吗？

（2）如果创业者和管理者的产品或服务更好地满足了客户的需求，那么创业者和管理者能够收取额外费用，支持更为长远的发展以保持领先于竞争对手的位置吗？

为了应对这一特定的挑战，奥斯特瓦德的企业开发了一套价值主张画布作为对 OBMC 的补充。这会是一个引导创业者和管理者思考价值主张的有帮助的工具。

2. OBMC 要素 8：成本结构

与精益画布一样，将初创成本与经常性的运营成本分离开来是至关重要的。即便你运营着一家盈利企业，你也应该探索并辨别与新产品或服务的推出有关的一次性的成本。

OBMC 鼓励关注商业模式中最重要的和最昂贵的成本要素。接受 80/20 法则（例如，80%的成本来自 20%的系统）是明智的。与此同时，确保创业者和管理者能够意识到那些昂贵的条目是否真正驱动了商业模式中的价值创造。

在精益画布和 OBMC 中识别成本的目的在于引导创业者和管理者思考自己的商业模式如何及为何行得通。一旦决定向前，创业者和管理者有可能会想要将更为复杂的成本分析和预测整合进来，可以使用外部效度验证以确保自己没有错过重要的事情。行业专家和管理者应该能够帮助创业者和管理者确保正确地识别关键的成本要素。

在 MRail 基于产品销售的 OBMC 中，考虑到现金、时间和物流成本，获得轨道车是整个运营过程中较大的成本。然而实际上，轨道车并没有为整体的系统提供价值。在原先的商业模式中，它们仅仅是确保检测装置能够随火车运行的一个机制。

3. OBMC 要素 9：收入来源

精益画布关注的是客户实际上会购买什么，而 OBMC 探索的则是可替代的、最优化的收益机制。

从价值主张开始：客户究竟需要什么，并愿意为之埋单？

一旦明确客户会为何而埋单，便可以开始考虑可替代的收益机制类型。基于是向客户出售、出租、补贴还是许可某些东西，可以尝试识别产品或服务的特定本质：交易是一次性的还是经常性的？使用某种类型机制所带来的优势或问题是什么？

MRail 的客户究竟想购买什么？毫无疑问不是轨道车，他们也不需要激光轨道偏转测量装置。当继续分析下去，会发现他们也不需要其整个轨道系统关于轨道质量的大型数据库。他们想要的只是知道哪一小段轨道最有可能出现问题，并且需要及时检修。

至此创业者和管理者应该至少构建了一种（有可能两种或更多）商业模式。如果创业者和管理者使用全部三个框架（RTV、精益画布、OBMC），那么创业者和管理者就有了一个工具箱，帮助自己在企业发展的任意阶段生成绝妙的商业模式。

课堂活动

商业模式设计

选择一种团队共同认可的商业模式设计工具，合理运用商业模式设计方法，设计团队创业项目的商业模式。

课程反思

1. 你认为什么是好的商业模式？
2. 商业模式有哪几种常见类型？
3. 构建商业模式有哪几步？
4. 精益画布与商业模式画布有什么区别？

拓展阅读

如何判断创业者的商业模式是否靠谱

很多创业者和投资者动辄谈商业模式。典型的对话情境往往发生在融资阶段，投资者问创业者："你的商业模式是什么？"创业者早有准备，慷慨作答。

那些真的是商业模式吗？遗憾的是，很多创业者没有搞清楚这个问题，甚至有些创业者对商业模式这个词也没有搞清楚，他们会说："商业模式不就是如何赚钱吗？"错！如何赚钱的学术名称为盈利模式，那只是商业模式的一个环节。那么，到底什么是商业模式呢？

商业模式判断思维导图如图 7-9 所示。

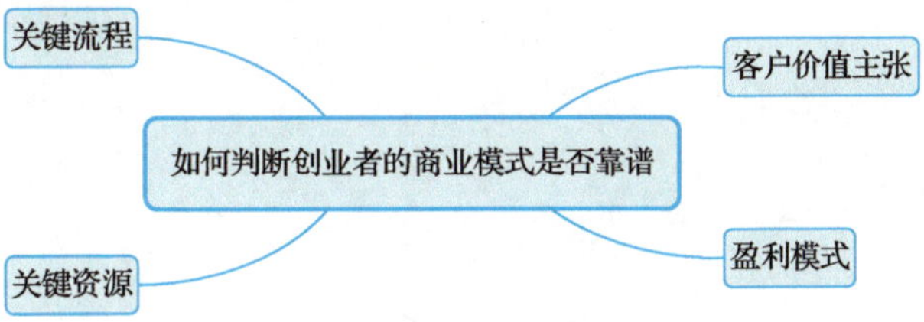

图 7-9　商业模式判断思维导图

具体内容详见二维码：

参考文献

龚焱，2015．精益创业方法论[M]．北京：机械工业出版社．

魏炜，朱武祥，2009．发现商业模式[M]．北京：机械工业出版社．

亚当·J 博克，杰拉德·乔治，王重鸣，2020．商业模式工具书（实战版）[M]．浙江大学全球创业研究中心团队，译．北京：人民邮电出版社．

亚历山大·奥斯特瓦德，伊夫·皮尼厄，2013．商业模式新生代[M]．王帅，毛心宇，严威，译．北京：机械工业出版社．

第八章

盘点创业资源

名人名言

创业者在企业成长的各个阶段都会努力争取用尽量少的资源来推进企业的发展，他们需要的不是拥有资源，而是控制这些资源。

——哈佛商学院教授 霍华德·史蒂文森

学习目标

1. 了解创业资源的内涵与种类。
2. 了解创业资源的获取途径。
3. 了解创业融资的相关概念及常见的融资渠道。
4. 了解初创企业所需的关键资源，认识到资源有限的优势。
5. 培养全局思维，树立人才是第一资源的理念。

创业故事

大学生创业要利用好外部资源

小陈为市场营销专业毕业生，在校期间成绩并不突出，上大四时曾面试过几家公司，都没能取得满意的结果，他也不想过朝九晚五的生活，于是决定自己创业。在与伙伴商量后，他决定做一个某行业平台网站，东拼西凑了一些经费后就开始了自己的创业之路。不过，他很快就遇到了不少问题：开发平台网站花销较高、开发技术不过关、不知道如何寻找用户等。面对重重困难，他几乎要放弃进行了几个月的创业。一次偶然的机会，他通过辅导员对接到某区科创孵化园的老师，经过一番详谈，他了解到国家对大学生创业给予了很多的扶持措施和优惠政策，如创业小额免息贷款、税收减免等，并且孵化园区还针对大学生创业项目给予一对一的辅导，一步步帮助大学生实现自己的创业梦想（图 8-1）。

最终，小陈在科创孵化园的帮助下在该园区注册了自己的公司，低价位租用了园区的办公场地，还申请到两年免息贷款。公司逐步走向了正轨。

（资料来源：董鹏中，韩强，2021. 创新创业教育与技能实践[M]. 北京：科学出版社.）

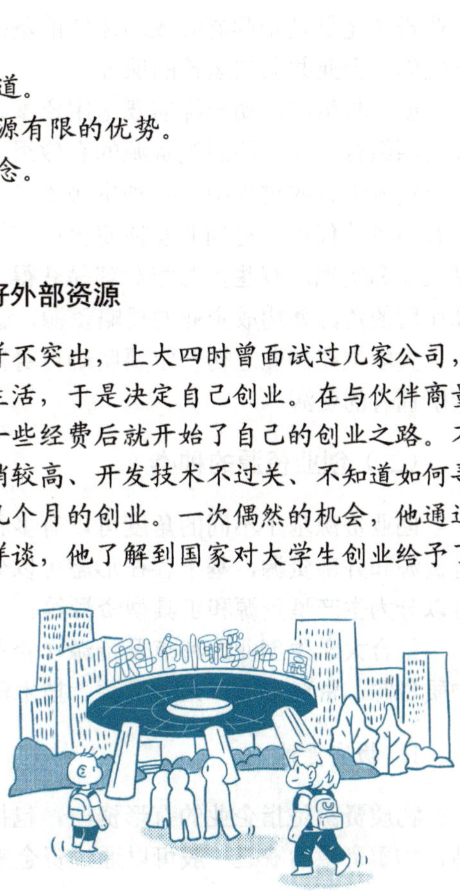

图 8-1　科创孵化园助力大学生创业

启示：

创业不能“闭门造车”，而是要时刻关注外部环境的变化。尤其是在当今的创业环境下，国家为鼓励大学生创业出台了一系列的鼓励性扶持政策，为大学生实现自己的创业梦保驾护航。及时了解国家及地方创业政策，对于创业者来说是极其重要的。

第 19 讲　创业资源概述

一、创业资源的内涵与种类

（一）创业资源的内涵

创业资源是指企业在初创与后续成长中所需要的各种生产要素和支撑条件，包括有形资产和无形资产。

从某种程度上看，创业就是不断地投入人、财、物等资源，以生产市场上所需要的产品并提供服务，从而实现价值增值的过程。企业盈利的同时又为社会创造了价值。因此，创业资源充足是企业能够成功运转的基础，在企业生产经营的各个环节都不可或缺，是大学生创立企业并顺利运转的保证。

创业与生产活动一样需要运用资本、土地、人力、知识等生产要素。创业实际上是一种资源组合活动，即通过资源的有效组合实现创造价值的目标。基于资源禀赋的差异，在创业资源组合的过程中，各种资源本身的价值、地位和作用各不同。有些资源高度稀缺，具有不可替代性，对创业发挥着核心支撑作用。如果失去这种资源，企业的商业逻辑就难以成立和实现。有些资源相对容易获得，对创业发挥着一般支撑作用。显然，发挥核心支撑作用的资源就构成企业的战略资源，也就成为企业的核心依托。

大学生在创业之初一定要明确自身需要哪些资源，尤其是核心资源，并进一步明确自身所拥有的资源。

（二）创业资源的种类

创业资源基于不同的角度可以有多种分类方式。例如，创业资源基于来源可以分为自有资源和外部资源，基于存在形态可以分为有形资源和无形资源，基于对生产过程的作用可以分为生产型资源和工具型资源等。

结合大学生创业的特点及资源在企业初创过程中所发挥的作用，这里将创业资源分为物质资源、资金资源、人才资源、技术资源、社会资源、管理资源、政策资源七大类。

1. 物质资源

物质资源是指企业的有形资产，包括厂房、软硬件设备、原材料等。除了某些稀缺产品，物质资源的缺乏一般可以通过资金来解决。

2. 资金资源

资金资源是指企业运营所需要的资金支持状况。资金的形式可以是现金、资产和股票等。开发新的产品、产品的营销及市场推广活动需要充足的资金支持，并需要完备的财务预算。在创业之初，几乎所有企业都面临着资金匮乏这个难题。大学生在读书期间几乎没有收入来源，虽然有些大学生利用业余时间在外兼职赚取收入，但对于初创企业来讲这远远不够。

3. 人才资源

人才资源是指企业在生产、销售、物流、财务、管理等环节中素质层次较高的那一部分人的拥有量。在知识经济时代，人才资源是企业的核心，是企业可持续经营的关键资源（图 8-2）。人才既可以通过外部招募获得，又可以通过内部的筛选与培养获得。在现代企业可持续发展中，高素质人才的获取和开发是关键，对于一些技术含量高的新兴产业或高科技的创业企业来说，因为知识与技术在竞争中起着决定性作用，所以人才资源往往更为重要。

图 8-2 人才是第一资源

4. 技术资源

技术资源是指对企业具有商业价值的科技成果、生产工艺过程或作业程序等。在创业初期及企业运行中，技术资源是指与解决实际问题、软硬件设备等有关的知识。由于大学生的思维活跃，有较强的成就动机、专业的学科背景，所以在技术创新方面具有较强的优势。

5. 社会资源

社会资源又称社会资本，是指企业所拥有的各种社会关系，包括创业者个体及创业成员的社会关系。大学生的社会关系网络相对较弱，大学生在校期间与社会的联系较少，因此，他们在创业之初主要依靠亲戚、朋友及学校的支持，社会资源形式比较单一。

6. 管理资源

管理资源是指企业中实存的组织运行机制、管理制度、工作规范、作业流程、质量系统，以及创业者或管理者所拥有的管理经验、知识和管理能力。企业的运转及各部门之间配合得高效与否的关键在于管理。拥有完善的管理资源，可以较好地调度与使用资源。大学生接触社会较少，在校偏重于学习专业知识，在企业的运营和管理方面的知识经验较为缺乏，在企业创立之后，如果不能及时转换角色，在管理企业的过程中就会表现得过于理想化。

7. 政策资源

创业政策是由政府及相关部门制定并出台的鼓励新企业创立、成长的政策和措施，其目的是促进创新和创业，是初创企业较好的外部资源。创业者一方面可以为初创企业筹集创业资源，另一方面能够在一定程度上提升初创企业的社会形象。对于创业的大学生而言，由于自身资源有限，更要学会充分利用创业政策。

二、创业资源的获取途径

创业资源的获取途径分为市场途径和非市场途径。当创业所需的资源有活跃的市场，或者有类似的可比资源进行交易时，可采用市场途径，其他情况下则可采用非市场途径。

（一）市场途径

通过市场途径获取创业资源的方式包括购买、联盟和并购等。

1. 购买

购买是指利用财务资源通过市场购入的方式获取外部资源，包括购买厂房、装置、设备等物质资源，购买专利和技术，聘请有经验的员工等。需要注意的是，诸如知识尤其是隐性知识等资源可能会附着在非知识资源之上，虽然可以通过购买物质资源（如机器设备等）得到，但很难通过市场直接购买，因此，需要初创企业通过非市场途径去开发或积累。对于缺少创业资源的创业者来说，购买资源可能是其常用的资源获取方式，大部分资源尤其是物质资源、技术资源、人力资源等，都可以通过从市场上购买得到。

2. 联盟

联盟是指通过联合其他组织，对一些难以或无法自己开发的资源实行共同开发。这种方式不仅可汲取显性知识资源，还可汲取隐性知识资源，但前提是联盟双方的资源和能力互补且有共同利益，并且能够对资源的价值及其使用达成共识。通过联盟的方式共同研究、开发和获取技术资源也是创业者经常采用的方式，尤其是对高科技企业来说，通过与高等院校和研究机构的联盟，可在不增加设备投入的同时，得到企业发展所需要的技术资源，从而保持企业可持续发展的后劲。

3. 并购

并购是指两家或更多的独立企业、公司合并组成一家企业，通常由一家占优势的公司吸收一家或多家公司。并购的内涵非常广泛，一般是指兼并和收购。企业并购的过程实质上是企业权利主体不断变换的过程。并购是一种资本经营方式，通过并购可以帮助创业者缩短进入一个新领域的时间，从而及时把握商机，实现创业目标。

（二）非市场途径

通过非市场途径获取创业资源的方式主要有资源吸引和资源积累等。

1. 资源吸引

资源吸引是指发挥无形资源的杠杆作用，利用初创企业的商业计划，通过对创业前景的描述，利用创业团队的声誉来获得或吸引物质资源（厂房、设备）、技术资源（专利、技术）、资金和人力资源（有经验的员工）。创业者在接触风险投资或技术拥有者的过程中，可以通过对创业前景的描述或团队良好声誉的展示，获得资源拥有者的信任和青睐，从而吸引其主动将拥有的资源投入初创企业之中。

2. 资源积累

资源积累是指利用现有资源在企业内部通过培育而形成所需要的资源，包括自建企业的厂房、装置、设备，在企业内部开发新技术，通过培训来增加员工的技能和知识，通过企业自我积累获取资金等。创业者常采用资源积累的方式来筹集企业所需的人力资源或技术资源。通过资源积累的方式获取人力资源也是一种激励方式，这种资源积累一般采取内部晋升制度来激发创业团队或企业员工的工作积极性，提高员工的工作效率。通过资源积累的方式获取技术资源，则可在获得核心技术优势的同时保护商业机密。

三、创业融资的相关概念

《新帕尔格雷夫经济学大辞典》对融资的解释是：融资是指为支付超过现金的购货款而采取的货币交易手段，或者为取得资产而集资所采取的货币手段。从狭义上讲，融资即企业的资金筹集的行为与过程。也就是说，企业根据自身的生产经营状况、资金拥有状况及企业未来经营发展的需要，通过科学的预测和决策，采用一定的方式，从一定的渠道，向企业的投资者和债权人筹集资金，组织资金的供应，以保证企业的正常生产和经营管理活动需要的理财行为。企业筹集资金的动机应该遵循一定的原则，通过一定的渠道，以一定的方式进行。从广义上讲，融资也称金融，就是货币资金的融通。

这里讲的创业融资是狭义的融资，是指创业者为了将某种创意转化为商业现实，通过不同渠道，采用不同方式筹集资金，以建立企业的过程。创业者应该根据初创企业在不同发展阶段的资本需求特征，结合创业计划和企业发展战略，合理确定资本结构及资本需求数量。

四、常见的融资渠道

融资渠道是指创业者融资的来源和通道，指明了筹措资金的方向和目标。从大的方面来分，融资渠道主要有内部渠道和外部渠道两种，其中，内部渠道是指从创业团队及创业企业内部进行资金的筹措，外部渠道是指从创业企业外部开辟资金来源。了解创业融资各种渠道的特点和适用性，有利于创业者合理选择和开发利用有效的融资渠道，有利于提升融资的效率，降低融资成本和风险。目前我国常见的创业融资渠道有以下几种。

（一）私人资本

1. 个人积蓄

个人资金成本最为低廉，并且创业者在试图引入外部资金时，外部投资者一般要求企业必须有创业者的个人资金投入其中。因此，个人积蓄是创业融资根本的渠道，几乎所有的创业者都向他们初创办的企业投入了个人积蓄。

创业者可以通过转让部分股权的方式，从合伙人那里取得创业资金，将个人合伙人或个人股东纳入自己的创业团队。利用团队成员的个人积蓄是创业者常用的筹资方式。

2. 亲友资金

除了个人积蓄，亲友的资金是常见的资金来源。亲友由于与创业者个人的关系，而愿意向创业企业投入资金。因此，亲友资金是创业者经常采用的融资方式之一。

在向亲友融资时，创业者必须使用现代市场经济的游戏规则、契约原则和法律形式来规范融资行为，保障各方利益，减少不必要的纠纷。创业者还要在向亲友融资之前，仔细考虑这一行为对亲友关系的影响，要将日后可能产生的有利和不利方面告诉亲友，尤其是创业风险，以便将来出现问题时将对亲友的不利影响降到最低。

3. 天使投资

天使投资是指个人出资协助具有专门技术或独特概念，而缺少自有资金的创业者进行创业，并承担创业中的高风险和享受创业成功后的高收益；或者说是自由投资者或非正式风险投资机构对原创项目构思或小型初创企业进行的前期投资，是一种非组织化的创业投资形式。

天使投资分为两类，一类是有行业背景的天使投资，另一类是没有行业背景的天使投资。这两类天使投资从行为及预期到和创业团队的合作都不一样。从资本的角度来说，这两类投资人都是非常好的来源。倘若创业团队早期并非单纯缺乏资金，则寻找具有行业背景的天使投资会更好。

（二）机构融资

机构融资的途径有以下几种。

1. 银行贷款

比较适合创业者的银行贷款形式主要有抵押贷款和担保贷款两种。

（1）抵押贷款是指借款人以其所拥有的财产作抵押，作为获得银行贷款的担保。在抵押期间，借款人可以继续使用其用于抵押的财产。抵押贷款有以下几种：不动产抵押贷款、动产抵押贷款、无形资产抵押贷款。无形资产抵押贷款是一种创新的抵押贷款形式，适用于拥有专利技术、专利产品的创业者，创业者可以用专利权、著作权等无形资产向银行做抵押或质押而获取贷款。

（2）担保贷款是指借款方向银行提供符合法定条件的第三方保证人作为还款保证的借款方式。其中较适合创业者的担保贷款形式有自然人担保贷款、专业担保公司担保贷款、政府无偿担保贷款。

2. 非银行金融机构贷款

非银行金融机构是指以发行股票和债券、接受信用委托、提供保险等形式筹集资金，并将所筹集资金运用于长期性投资的金融机构。根据法律规定，非银行金融机构包括经中国银行保险监督管理委员会批准设立的信托公司、企业集团财务公司、金融租赁公司、汽车金融公司、货币经纪公司、境外非银行金融机构驻华代表处、农村和城市信用合作社、典当行、保险公司、小额贷款公司等机构。

3. 交易信贷和融资租赁

交易信贷是指企业在正常的经营活动和商品交易中，由于延期付款或预收货款所形成的企业间常见的信贷关系。企业在筹办期间及生产经营过程中，均可以通过商业信用的方式筹集部分资金。例如，企业在购置设备或原材料、商品过程中，可以通过延期付款的方式，在一定期间内免费使用供应商提供的部分资金；在销售商品或服务时，采用预收账款的方式，免费使用用户的资金等。

创业者也可以通过融资租赁的方式，筹集购置设备等长期性资产所急需的资金。融资租赁是指实质上转移与资产所有权有关的全部或绝大部分风险和报酬的租赁。融资租赁是集融资与融物、贸易与技术更新于一身的新型金融业务。

4. 从其他企业融资

一些从事公用事业业务的企业，或者已经发展到成熟期的企业，现金流一般会比较充足，甚至会有大量资金需要通过对外投资的方式实现较高收益。对于有闲置资金的企业，创业者既可以吸收其资金作为股权资本，又可以向这些企业借款，形成债权资本。

（三）风险投资

根据美国风险投资协会的定义，风险投资是指职业的金融家投入新兴的、迅速发展的、有巨大竞争潜力的企业中的股权资本。我国对于风险投资尚未形成统一的看法，比较普遍的观点是，风险投资是由专业机构提供的投资于极具增长潜力的创业企业，并参与其管理的权益资本。

1. 创业者寻求风险投资的步骤

一般来说，创业者寻求风险投资需要经过以下十个步骤。

（1）创业者了解自身资金需求。

（2）了解、分析创业投资市场和相应机构。

（3）确定寻求创业投资的可能性，初步确定寻求融资的目标创业投资机构。

（4）准备创业计划。

（5）联系接洽创业投资机构，提交创业计划、执行总结。

（6）最终确定关键的创业投资机构。

（7）接受创业投资机构的尽职调查。

（8）就企业价值和投资的股权架构进行谈判。

（9）确定最终投资协议。

（10）获得创业投资，投资方参与企业发展。

2. 创业者获得风险投资的渠道

创业者获得风险投资的渠道主要有以下几种。

1）给投资人发送电子邮件

想获得风险投资最简单的方法就是给投资人发送电子邮件。一般的风险投资有自己的网站，上面公布了自己的邮箱。创业者可以将自己的创业想法或商业计划书发到公开的邮箱中，期待能够得到投资者的关注，并最终获得投资。采用这种方式的成本最低，但效率也最低，成功融资率只有1%。

2）参加相关行业的会议或创业训练营

相关行业的会议或创业训练营上会有很多投资人，创业者可以利用茶歇或休息的时间尽可能地接触较多的风险投资者，或者接触自己感兴趣的投资者。这种方式的优点是在短时间内能够见到很多的投资者，但由于时间短，自己不一定有机会认识或结识他们。此外，这种场合对创业者的说服能力要求较高。

3）请朋友帮忙介绍

如果身边有朋友做过融资，或者已经得到风险投资，则可以请他们帮忙介绍。这种方式较前两者成功的概率稍大，毕竟接受过风险投资并取得经营成功的人的介绍本身就是一种名片，投资者可以借由介绍人的介绍对创业者或创业项目有一定的了解，通过对介绍人的了解对创业者给予初步的肯定。但是这种方式接触的面可能较窄，朋友认识的投资者可能并不是自己需要的类型，而真正适合的人未必是朋友认识的人。

4）聘用投资银行帮助做融资

通过投资银行或融资中介的帮助寻找风险投资的成功率较高。第一，他们对中国活跃的投资人很了解，能够帮助创业者和投资者进行沟通；第二，信誉高的投资银行本身就为创业者的项目成功性增加了砝码；第三，投资银行会运用自己的经验帮助创业者挑选更合适的投资人。但是采用这种方式的成本也较高。

（四）政府扶持基金

创业者可以利用政府扶持政策，从政府方面获得融资支持。政府的资金支持是中小企业资金来源的一个重要组成部分。政府的资金支持一般能占到中小企业外来资金的10%左右。资金支持方式主要包括税收优惠、财政补贴、贷款援助、风险投资和开辟直接融资渠道等。

常见的政府扶持基金有以下几个。

1. 再就业小额担保贷款

目前，再就业小额担保贷款的适用范围包括：年龄在指定范围（一般为60岁以内，地方政策可能有所不同），有创业愿望和劳动能力，诚实守信，有下岗证或再就业优惠证的国有企业、城镇企业下岗职工；退役军人；农民工；外出务工返乡创业人员；吸纳下岗失业人员达到地方规定的小企业、合伙经营实体或劳动密集型企业；大中（技）专毕业生；残疾人员；失地农民等符合条件的人员。

2. 科技型中小企业技术创新基金

科技型中小企业技术创新基金是于1999年经国务院批准设立的，为扶持、促进科技型中小企业技术创新，用于支持科技型中小企业技术创新项目的政府专项基金，由科技部科技型中小企业技术创新基金管理中心实施。创新基金重点支持产业化初期（种子期和初创期）、技术含量高、市场前景好、风险较大、商业性资金进入尚不具备条件、最需要由政府支持的科技型中小企业项目，并将为其进入产业化扩张和商业性资本的介入起到铺垫和引导作用。根据中小企业和项目的不同特点，创新基金通过无偿拨款、贷款贴息和资本金投入等方式，扶持和引导科技型中小企业的技术创新活动，促进科技成果的转化。

3. 中小企业国际市场开拓资金

中小企业国际市场开拓资金是由中央财政和地方财政共同安排的，专门用于支持中小企业开拓国际市场的专项资金。市场开拓资金用于支持中小企业和为中小企业服务的企业、社会团体和事业单位（以下简称项目组织单位）组织中小企业开拓国际市场的活动。该资金的主要支持内容包括：举办或参加境外展览会；质量管理体系、环境管理体系、软件出口企业和各类产品的认证；国际市场宣传推介；开拓新兴市场；组织培训与研讨会；境外投（议）标等方面。市场开拓资金支持比例在原则上不超过支持项目所需金额的50%，对西部地区的中小企业，以及符合条件的市场开拓活动，支持比例可提高到70%。

4. 天使基金

政府有关部门和社会各界有识之士还纷纷出资，设立了鼓励和帮助大学生自主创业、灵活就业的一些天使基金。例如，北京青年科技创业投资基金，它是由北京科技风险投资股份有限公司出资设立，与中国共产主义青年团北京市委员会、北京市青年联合会和北京市工商局共同管理的一项基金。

5. 其他基金

科技部的863计划、火炬计划等，连同科技型中小企业技术创新基金一起，每年都有数十亿元资金用于科技型中小企业的研发、技术创新和成果转化；财政部设有利用高新技术更新改造项目贴息基金、国家重点新产品补助基金；国家发展和改革委员会设有产业技术进步资金资助计划、节能产品贴息项目计划；工业和信息化部设有电子信息产业发展基金等。

各省市等为支持当地创业型经济的发展纷纷出台政策支持创业，主要有人力资源和社会保障部设立的开业贷款担保政策、小企业担保基金专项贷款、中小企业贷款信用担保、开业贷款担保、大学生科技创业基金等。

创业者应结合自身情况，利用好相关政策，获得更多的政府基金支持，降低融资成本。

（五）知识产权融资

知识产权融资也是值得创业者关注的融资方式，在国内外已有诸多成功案例。知识产权融资可以采用知识产权作价入股、知识产权抵押贷款、知识产权信托、知识产权证券化等方式。

第20讲 认清自身优势

一、初创企业所需的关键资源

关键资源是初创企业所需资源中最重要的，有别于其他创业项目的具有优势的资源，是创业机会识别、机会筛选和机会运用几大阶段的主线。关键资源包括技术资源、管理资源和人力资源。

1. 技术资源

技术资源主要包括创业所需的科技成果、专利技术、研发生产流程和工艺等。技术资源可分为三个层次：一是各种生产流程、工艺方法、专业技能和技术等，二是生产工具、平台和设备，三是创业与企业管理相关的知识经验和流程方法等。技术资源与人力资源的主要区别在于，后者主要依附拥有的人而存在，而前者大多依附有形物质资源，以无形资产形式存在，可以知识产权等法律手段进行保护。

技术资源是一种积极的机会资源。它在创业初期起着关键的作用：第一，创业技术是决定创业产品的市场竞争力及获利能力的重要因素；第二，创业技术的核心程度影响着所需创业资本的大小；第三，是否具有独特的核心技术关系着初创企业能否在市场中取得成功。对于创业团队来说，主动寻找并引进具有商业价值的科技成果，是创业团队的核心竞争力。创业企业的首要任务就是寻找一种成功的创业技术。

2. 管理资源

管理资源亦即创业者资源，代表着创业团队的领导人本身对机遇的识别、把握能力和对其他资源的整合能力。这些能力都直接影响创业的成败。管理资源对创业企业的成长有着十分重要的作用。管理是对企业的资源进行有效整合以达成企业既定目标与责任的动态创造性活动。实践证明，企业在不增加物质资源和人力资源的情况下，只要加强管理，就能提高企业的经济效益。因此，管理也是一种资源。企业经营者要像重视物质资源和人力资源一样，重视管理资源的开发，向管理要效益。

3. 人力资源

人力资源主要包括创业者及其创业团队，以及其拥有的知识信息、管理经验、智慧能力、格局胸怀和价值愿景等，也包括所招募的人员及其拥有的专业技能、工作经验和素质能力，甚至还包括创业者、创业团队所拥有的社会人际关系网络。创业者是创业活动最重要的人力资源，是创业活动的主要推动者。合适的员工也是创业人力资源的重要组成部分，包括各种高素质的技术、销售和生产等人员，他们也是推进创业活动并使创业企业持续发展的重要力量。

人力资源是企业创新的源泉，是企业的财富。创业团队在成长为企业的过程中，需要不断地发现、挖掘高素质人才，为团队注入新的活力。

二、资源有限的优势

优势，即不同于或优于可满足同样需求的当前或潜在竞争对手的那些资源。某项资源对于某种需求来说是否为一种优势可能并不十分明显，并且可能需要探索和试验。

用户的需求（你的企业将要满足的需求）、你的资源及优势，这两个方面就如拼图的碎片，你需要让它们相互匹配（图 8-3）。例如，你的潜水教练证书对于提供水下定位服务来说是一个优势，但对于移动支付解决方案来说则不是。

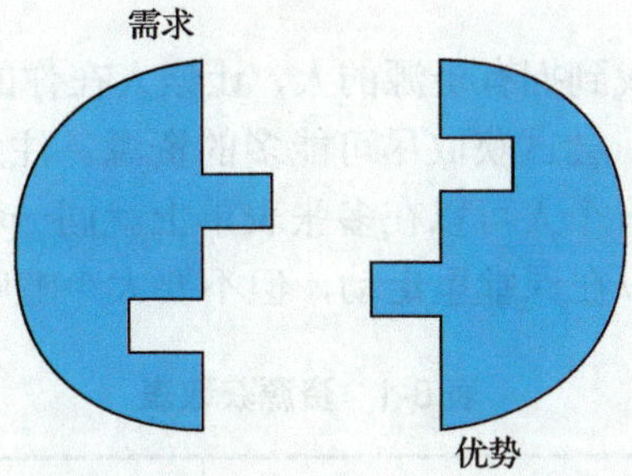

图 8-3　两个拼图碎片：需求与优势

如果你的资源有限，也不要泄气。首先，我们往往是对自己最严苛的批评家。其次，有限的资源也可以成为优势。为什么这么说呢？试想：移民到一个新的国家后，他们的资产与其他资源往往非常有限，然而在创业者中，移民所占的比例相当高。美国的新美国经济伙伴联盟的一份报告显示，《财富》杂志 500 强公司中有 40%的公司由移民或移民的子女成立。

根据阿伯丁大学的汉斯·K. 维德（Hans K.Hvide）教授与挪威经济学院的雅勒·摩恩（Jarle Moen）的观点，流动资金较少的创业者往往资源更加丰富、更加谨慎，并且更容易获得成功。他们发现，个人财富排名前 25 位的挪威创业者的经营业绩表现通常比资产更少的创业者的经营业绩表现要差。根据他们的理论，财富更少的创业者的犯错空间更小，也似乎更容易接受来自投资者与债权人的金融方面的建议。

“巨大的财富对创业者而言往往弊大于利。”戴瑞尔·摩恩（Daryl Moen）说，“通常认为资金短缺是创业创新的障碍，但我们发现，如果创业初期没有遭遇资金短缺的挑战，那么创业者与投资者都应该提高警惕。”

CustomerSat 之所以能够在 2000～2002 年的互联网泡沫中幸存下来，部分原因是，如果它弄砸了，就没有风险投资者会出来保护它。正因为意识到这一点，在市场出现萎缩时，它不得不立刻削减开支。财务状况更好的竞争者自认为投资人会在关键时刻保护他们，在开支上仍旧肆无忌惮。部分竞争者没有得到保护，最终只能倒闭。其他的竞争者确实得到了投资人的保护，度过了泡沫期。然而，随之而来的估值稀释令他们的投资人与公司员工无论是在财务上还是在心理上都对行业的兴趣锐减，使他们的竞争力大幅下降。CustomerSat 在被收购前一直是盈利的，估值也没有被稀释。激情可以让创业者时刻保持寻找新的解决方案的好奇心，打破障碍，让资源成倍增长。无论创业者对自己的业务抱有多大的激情，创业者所拥有的资源都往往比它们看上去及创业者所认为的要多得多。

创业公司甚至比成熟企业更有优势。正如克莱顿·克里斯坦森（Clayton Christensen）在《创新者的窘境》一书中所说，现有用户的需求和收入来源阻碍了成熟企业发现和利用会影响现有业务的商机。因此，创业公司在利用相关商机方面比成熟企业更有优势。

课堂活动

资源获取游戏

你有 3 分钟的时间尝试找到拥有资源的人，让该人在你的资源获取表（表 8-1）上签下他（她）的名字。尽你所能，尝试获取尽可能多的资源。注意：不能让同一个人在你的表单上拥有多种资源，但是同一个人可以在多张表单上就同一种资源签名；你还可以将自己作为一种资源的来源。你可以在课堂里走动，但不要大声喧哗。

表 8-1　资源获取表

序号	资源名称	签名
1	已经建立了一个网页	
2	在国外生活过	
3	能讲三种以上的外语	
4	拥有一项专利	
5	是一个优秀的网球手	
6	钱包里有 500 元	
7	有融资经验	
8	有创办公司的经验	
9	在多家企业实习过	
10	拥有（正在读）管理学学位	
11	属于某个知名俱乐部的成员	
12	拥有一辆汽车	
13	有 500 多个微信好友	
14	有一块智能手表	
15	赢过一次艺术比赛或设计比赛	
16	参加过创业大赛	
17	精通演奏乐器	
18	在报纸或杂志上发表过文章	
19	跳过伞	
20	善于下棋	

3 分钟后，活动结束，请汇报：

（1）练习期间发生了什么？

（2）是不是有些资源更易于获得？有的则更难？

（3）哪些资源更难获得？

（4）最易获得的是否是那些最普通的资源？

（5）最难获得的是否是那些有专长、有文化重要性、最有价值的资源？

（6）你如何确定哪些资源有价值或稀缺？

（7）你的资源获取战略是什么？

（8）在资源清单所有的名录中，哪些类型的资源具有代表性？

（9）你最先获取的是哪种类型的资源？你最想获取哪种类型的资源？

（10）你一共获取了多少资源？

课程反思

1. 创业资源有哪些分类？
2. 各类创业资源的获取途径是什么？
3. 创业融资的常见渠道有哪些？
4. 初创企业需要哪些关键资源？

拓展阅读

新常态下的创业拼“资源整合”

新常态下应该如何创业？我们来看看“80 后”彭旭是怎么做的。

具体内容详见二维码：

参 考 文 献

董鹏中，韩强，2021．创新创业教育与技能实践[M]．北京：科学出版社．

史梅，徐俊祥，白冰，2015．大学生创新与创业指导[M]．北京：现代教育出版社．

孙洪义，2016．创新创业基础[M]．北京：机械工业出版社．

徐俊祥，杨志清，黄欢，2021．创未来：创新创业基础进阶实训教程[M]．天津：天津人民出版社．

第九章

撰写商业计划书

名人名言

根据你所选择的商业模式，相同的产品、服务或技术可能会失败或成功。探索这些可能性对于找到成功的商业模式至关重要。停留在第一个想法会有错失潜力的风险，这些潜力只能通过原型设计和检验不同的替代方案来发现。

——《商业模式新生代》的第一作者亚历山大·奥斯特瓦德

学习目标

1. 了解商业计划书的含义及用途。
2. 了解商业计划书的撰写逻辑。
3. 了解商业计划书的核心要素。
4. 通过剖析优秀的创赛商业计划书，了解商业计划书的写作重点与亮点。
5. 掌握商业计划书的优化方法。
6. 培养认真细致、全面深入的工作态度，实事求是，求真务实。

视频：撰写和展示创业计划——商业计划书

创业故事

张华的创业计划

张华毕业于某名牌大学，经过多年的业余研究，他在室内环境污染治理方面取得了一项重要突破，这项技术如果在实际中得到应用，则前景非常广阔。于是张华便辞去原来的工作，准备自己创业。但由于他将多年的积蓄都用在了室内环境污染治理的研究上，注册一家公司后，已经无力再招聘员工、购买实验材料。无奈之下，张华想到了风险投资基金，希望通过引入合作伙伴的方式解决困境。为此，他多次与一些风险投资机构或个人投资者接洽商谈，虽然他反复强调他的技术多么先进、应用前景多么好，并保证投资他的公司收到的回报绝对不低，但总是难以令对方相信，并且他对于投资人问到的多数数据也没有办法提供，如市场需求量具体有多少？一年可以有多大的销售量？投资后年回报率有多高等？即使招聘一些技术骨干也比较困难，因为这些人对公司的前景缺乏信心。

这时，曾经在张华注册公司时帮助过他的一位做管理咨询的朋友说的一句话点醒了他："你的那些技术有几个投资者搞得懂？你连一份像样的商业计划书都没有，怎么让别人相信你？投资者凭什么相信你？"于是，在向相关专家请教和咨询后，他查阅了大量资料，然后静下心来，从公司的经营宗旨、战略目标出发，对公司的技术、产品、市场销售、资金需求、财务指标、投资收益、投资者的退出等方面进行了分析和论证，在这个过程中，他还得不时进行一些市场方面的调查。他在一个月后就拿出了一份商业计划书初稿，经过几位相关专家的指点，他对商业计划书初稿进行了修改和完善。凭着这份商业计划书，他不久就与一家风险投资公司达成了投资协议（图 9-1），有了风险投资的支持，员工招聘问题也迎刃而解。

图 9-1 凭借商业计划书获得投资

如今，他的公司经营得红红火火，年销售利润已达到 500 万元。回想往事，他感慨地说："商业计划书的编制与我搞的环境污染治理材料要求差不多，绝不是随便写一篇文章的事。编制商业计划书的过程就是我不断理清自己思路的过程。只有企业家自己的思路清楚了，才有可能让投资人、员工相信你。"

（资料来源：朱吉庆，2013．创业管理第八讲：创业计划书[EB/OL]．(2013-12-10)[2022-10-13]．https://www.docin.com/p-738250738.html.）

启示：

开始时，张华的保证无法令投资者相信，后来他凭借一份商业计划书获得了风险投资的支持。在这个过程中，商业计划书对他的创业成功起到了关键性作用。这说明，一份优秀的商业计划书能帮助创业者叩开投资者的大门，能使创业者达到事半功倍的效果。因此，创业者须认真对待商业计划书。

第 21 讲 商业计划书概述

图 9-2 商业计划书应包含的内容

一、商业计划书的含义

商业计划书是创业者就某一项具有市场前景的新产品或服务，向潜在投资者、风险投资公司、合作伙伴等游说以取得合作支持或风险投资的可行性商业报告。商业计划书的编写一般按照相对标准的文本格式进行，是全面介绍公司或项目发展前景，阐述产品、市场、竞争、风险、发展前景、投资收益和融资要求的书面报告（图 9-2）。

二、商业计划书的用途

当前很多人对商业计划书用途的认识存在片面性。例如，有人认为："商业计划书的主要用途就是吸引风险投资，吸引不来资金，等于废纸一张。”这种观点是片面的。商业计划书是一种和国际接轨的商业文件，具有明显的商业价值。这种商业价值是从多方面表现出来的。

寻求风险投资只是其中的一个方面，除此之外，商业计划书还有如下用途。

1. 指导作用

商业计划书是创业全过程的纲领性文件，是创业实践的战略设计和现实指导。因此，商业计划书对于创业实践具有非常重要的指导作用。

2. 聚才作用

商业计划书的聚才作用是很宽泛的，主要表现在：吸引创业人才，吸引新股东加盟，吸引有志之士参加创业团队。

3. 整合作用

商业计划书的整合作用是其最根本、最重要的作用。通过编写商业计划书，梳理思路，完善信息，有效整合已有的各生产要素，各个生产环节之间的关系更加优化，最终把各种资源有序地整合起来，形成一种增量资源，从而使企业获得明显的经济效益。

4. 融资作用

资金是企业的血液，是创业的要素，是创业企业能够获得快速发展和崛起的前提。风险投资家决定是否投资的首要参考是创业者的创业计划。因此，写好商业计划书具有获得风险投资支持的不可替代的作用。

三、商业计划书的撰写逻辑

一份良好的商业计划书包括附录在内一般为20～40页，过于冗长的商业计划书反而会让人失去耐心。整个商业计划书的编制是一个循序渐进的过程，可以分成以下五个阶段完成。

第一阶段：细化创业计划构想，初步提出计划的构想。

第二阶段：进行市场调查。与行业内的企业和专业人士进行接触，了解整个行业的市场状况，如产品价格、销售渠道、用户分布及市场发展变化的趋势等因素。可以自行进行一些问卷调查，在必要时也可以求助市场调查公司。

第三阶段：进行竞争者调查。确定自己的潜在竞争对手并分析本行业的竞争方向、分销问题如何，形成战略伙伴的可能性，谁是自己的潜在盟友。准备一份一两页的竞争者调查小结。

第四阶段：进行财务分析，包括对公司的价值评估。必须保证所有的可能性都考虑到。财务分析应量化本公司的收入目标和公司战略，要求详细而精确地考虑公司所需的资金。

第五阶段：撰写与修改商业计划书。利用所收集到的信息制定公司未来的发展战略，把相关的信息按照结构进行调整，完成整个商业计划书的编制。在计划完成以后仍然可以进一步论证计划的可行性，并根据信息的积累和市场的变化不断完善整个计划。

第22讲 商业计划书的核心要素

一、项目摘要

摘要是为了吸引战略合伙人与风险投资人的注意而将商业计划书的核心内容提炼出来制作而成的，它是整个商业计划书的精华，涵盖商业计划书的要点。摘要一般包括以下内容：公司介绍、主要产品和业务范围、市场概貌、销售计划、生产管理计划、管理者及其组织、财务计划、资金需求状况等。

摘要如同推销产品的广告，编制人要反复推敲，力求精益求精、形式完美，语句清晰流畅而富有感染力，以引起投资人阅读商业计划书全文的兴趣。特别要详细说明自身企业的不同之处及企业获取成功的市场因素。

二、市场分析

市场分析主要对企业所在行业基本情况，企业的产品或服务的现有市场情况、未来市场前景进行分析，使投资者对产品或服务的市场销售状况有所了解。这是投资者关注的重点问题之一。市场分析包括已有的市场用户情况、新产品或服务的市场前景预测等几个部分。

已有的市场用户情况要分析公司在以往经营中拥有了什么样的用户和多少用户，市场占有率如何，市场竞争情况如何，是否已经建立了完整的市场营销渠道，等等。

市场前景预测首先要对需求进行预测，包括市场是否存在对这种产品的需求，需求程度是否可以给企业带来所期望的利益，新的市场规模有多大，需求发展的未来趋向及其状态如何，影响需求的都有哪些因素，新产品的潜在目标用户和目标市场是什么，等等。

市场前景预测还要包括对市场竞争的情况——企业所面对的竞争格局进行分析：市场中主要的竞争者有哪些？是否存在有利于本企业产品的市场空档？本企业预计的市场占有率是多少？本企业进入市场会引起竞争者怎样的反应？这些反应会对企业有什么影响？等等。

为此，企业首先应尽量扩大收集信息的范围，重视对环境的预测和采用科学的预测手段及方法，让投资者相信自己的预测是建立在尽可能的科学基础之上的。其次，企业要注意自己所假设的一些前提条件（特别是宏观经济发展、消费者偏好、消费能力等），并且要根据前提条件可能发生的变化对市场前景预测做出必要的调整。千万不能单凭想象，做出不切实际的美好前景估计。

三、项目介绍

在进行投资项目评估时，投资人关心的问题是，企业的产品、技术或服务能否及在多大程度上解决现实生活中的问题，或者企业的产品（服务）能否帮助用户节约开支、增加收入，这是市场销售业绩的基础。

技术产品（服务）介绍一般包括以下内容：产品的名称、特性及性能用途；产品处于生命周期的哪个阶段，市场竞争力如何；产品的研究和开发过程；产品的技术改进、更新换代或新产品研发计划及相应的成本；产品的市场前景预测；产品的品牌和专利。

在项目介绍部分，企业家要对产品（服务）做出详细的说明，说明既要准确，又要通俗易懂，让不是专业人员的投资者也能明白。一般产品介绍要附上产品原型、照片或其他介绍。具体地说，产品介绍必须回答以下问题。

（1）用户希望企业的产品能解决什么问题？用户能从企业的产品中获得什么好处？

（2）企业的产品与竞争对手的产品相比有哪些优缺点？用户为什么会选择本企业的产品？

（3）企业为自己的产品采取了何种保护措施？企业拥有哪些专利、许可证，或者与已申请专利的厂家达成了哪些协议？

（4）为什么企业的产品定价可以使企业产生足够的利润？为什么用户会大批量地购买企业的产品？

（5）企业采用何种方式去改进产品的质量、性能？企业对发展新产品有哪些计划？

此外，对于一些以技术研发为重点的高新技术企业来说，还要对相关技术及其企业研发情况进行分析，包括企业技术来源、技术原理、技术先进性、技术可靠性；公司的技术研发力量和未来的技术发展趋势，公司研究并开发新产品的成本预算及时间进度，技术的专利申请、权属及保护情况、技术发展后劲和技术储备等，以使投资者对公司的技术研发队伍的实力、公司未来竞争发展对技术研发的需要有所了解。

产品（服务）介绍的内容比较具体，因而写起来相对容易。虽然夸赞自己的产品是推销所必需的，但应该注意，企业家和投资家所建立的是一种长期合作的伙伴关系。空口许诺，只能得意于一时。如果企业不能兑现承诺，不能偿还债务，企业的信誉必然要受到极大的损害。

四、团队和组织结构

管理团队是投资者非常看重的，这部分主要是向投资者展现企业管理团队的结构、管理水平和能力、职业道德与素质，使投资者了解管理团队的能力，从而增强投资的信心。

团队和组织结构部分主要介绍管理团队、技术团队、营销团队的工作简历、取得的业绩，尤其是与目前从事工作有关的经历。另外，可以着重介绍企业目前的管理模式，如果没有特色，也可以不介绍，或者归入劣势部分。

在编写过程中，首先要对公司管理的主要情况做一个全面的介绍，包括公司的主要股东及他们的股权结构、董事和其他一些高级职员、主要成员及公司管理人员的职权分配和薪酬体系等。必要时，还要详细介绍他们的经历和个人背景。企业的管理人员应该是互补型的，并且要具有团队精神。企业必须具备负责产品设计与开发、市场营销、生产作业管理、企业理财等方面的专门人才。

视频：新创企业财务管理

此外，在这部分商业计划书中，还应对公司的组织结构做一个简要介绍，包括公司的组织结构图、各部门的功能与责任、各部门的负责人及主要成员、公司的薪酬体系等。

团队和组织结构部分应让投资者认识到，管理团队人才济济且结构合理，在产品设计与开发、财务管理、市场营销等方面均具有独当一面的能力，足以保证公司以后成长发展的需要。

五、商业模式

创业团队需要通过一个商业模式来描绘企业实现愿景的途径，此外，创业者还能通过对商业模式的提炼，对企业运作中的各种要素、业务板块展开周密的考虑，并使它们构成一个相互支持和促进的有机整体。

商业模式决定着企业的运作，决定着企业的生存与发展战略。通过阐明商业模式，投资者能迅速了解企业是如何赚钱的，并判断此种商业模式是否有利可图、是否能随着企业自身条件和市场的变化灵活创新。因此，商业模式的设计要具有合理性，具体可从商业模式细分出的几个关键要素着手：价值主张、客户细分、客户关系、渠道通路、核心资源、关键业务、收入来源、重要伙伴、成本结构。

六、市场营销

企业的盈利和发展最终都要通过市场来检验，营销成败直接决定了企业的生存命运。

在介绍市场营销策略时，创业者要讨论不同营销渠道的利弊，明确哪些企业主管专门负责销售，主要适用哪些促销工具，以及促销目标的实现和具体经费的支出等。

一般来说，中小企业可选择的市场营销策略有以下几种。

（1）集中性营销策略。该策略是指企业只为单一的、特别的细分市场提供一种类型的产品（如制造汽车配件）。该策略尤其适用于财力有限的小公司，或者为某种特殊类型的顾客提供服务方面确有一技之长的组织。

（2）差异性营销策略。该策略是指为不同的市场设计和提供不同类型的产品。该策略大多为那些实力雄厚的大公司所采用。

（3）无差异性营销策略。该策略是指只向市场提供单一品种的产品，希望它能引起整体市场上全部顾客的兴趣。当人们的需求比较简单，或者并不被人们认为很重要时，该策略较为适用。

七、融资计划

融资计划主要是根据企业的经营计划，提出企业资金需求数量，融资的方式、工具，投资者的权益、财务收益及其资金安全保证、投资退出方式等，它是资金供求双方共同合作前景的计划分析。

融资计划的主要内容如下。

（1）融资数额是多少？已经获得了哪些投资？希望向战略合伙人或风险投资人融资多少？计划采取哪种融资工具，是以贷款、出售债券的形式筹集，还是以出售普通股、优先股的形式筹集？

（2）公司未来的资本结构如何安排？公司的全部债务情况如何？

（3）公司融资所提供的抵押、担保文件，包括以什么物品进行抵押或质押？什么人或机构提供担保？

（4）投资收益和未来再投资的安排如何？

（5）如果以股权形式投资，双方对公司股权、控制权、所有权比例如何安排？

（6）投资者介入公司后，公司的经营管理体制如何设定？

（7）投资资金如何运作？投资的预期回报是多少？投资者如何监督、控制企业运作等？

（8）对于吸引风险投资的，风险投资的退出途径和方式是什么？是企业回购、股份转让，还是企业上市？

融资计划部分是融资协议的主要内容，企业既要对融资需求、用途提出令人信服的理由，又要有令人心动的投资回报和投资条件，同时也要注意维护企业自身的利益。融资计划的基础是企业的财务分析与预测。

由于与资金供给方合作的模式有多种，还须设计几种备选方案，给出不同盈利模式下的资金需求量及资金投向。

课堂活动

简版创业计划书的设计

1. 目标

通过撰写简版创业计划书，进一步了解创业计划书的要点和制作过程。

2. 时间安排

20分钟。

3. 活动进程

步骤一：各小组根据推演内容系统地梳理关键内容，对应填写表9-1。

表9-1　简版创业计划书

项目	内容
一、封面 项目名称 企业名称 价值特色 创业愿景与定位（slogan）Logo 核心团队成员 日期	
二、保密要求 （可选项）	
三、目录	
四、摘要 商业核心价值 独特优势（团队、产品技术、资源和模式） 用事实和数据论证计划的可行性	

续表

五、企业（项目）介绍 项目的产生 用户的需求点 价值逻辑 商业逻辑 盈利逻辑 项目的进展	
六、核心团队介绍 核心成员的角色和背景 核心成员的职权 核心成员的优势 所有权形式	
七、行业分析 未来前景和趋势 市场容量 竞争者分析 市场细分 用户画像 行业和市场预测	
八、产品（服务）介绍 产品（服务）是什么 解决什么问题 优势 反馈评价	
九、市场营销与销售计划 市场定价 营销策略 营销推广 销售目标任务 销售渠道 销售流程	
十、生产规划（可选项） 生产条件 技术 原材料供应 生产过程 质量控制	
十一、盈利模式 利润源 利润点 利润杠杆 利润屏障	
十二、财务计划 资产负债表 现金流表 利润表 前期投资估算 盈亏平衡点 投资回报率 融资规划	

续表

十三、风险评估 风险的来源 应对策略	
十四、附录 项目相关的证书或图标	

步骤二：教师提醒学生在写作过程中的注意事项。

创业计划书的内容要在结构和逻辑上严谨，按商业计划和读者习惯组织架构，切忌杂乱无章、东拼西凑。

创业计划书在篇幅上不宜过长，文字表述不宜过于专业晦涩，尽量降低阅读和理解的难度。

步骤三：教师指出创业计划书中存在的问题并提出修改意见。

第 23 讲 优秀的创赛商业计划书剖析

一、优秀项目案例

1. 项目简介

山东孟子居生态农业有限公司成立于 2014 年 8 月，依托该公司，孟子居团队在早期就提出了农产品网络营销模式，通过“学生社团、学生自媒体、校园零食销售平台和校园快递”四维营销模式，为广大在校大学生提供健康、生态、安全的休闲零食。之后，孟子居团队不断升级调整模式，顺势而为，在全国高校中较早地探索出大学生电商扶贫模式——建立可持续的农产品电商扶贫运营模式，在经济与知识双方面帮扶贫困地区的农户。

孟子居团队已经成功举办过“孟子居生态零食杯”校园营销大赛、“129 苹果树之恋”果树认购等活动，获得非常热烈的反响。孟子居团队累计组织 40 多个实践团共 500 多名学生前往我国 20 多个省份，调研了 35 个贫困县和数百户贫困户。孟子居团队与多个贫困县和实践基地建立了良好的合作关系，连续 6 年前往孟子故里邹城、6 次前往秦安、7 次前往延安，策划了“孟子居生态零食”“秦安公益营销大赛”“五枣俩核桃公益扶贫计划”“延安梁家河果树 DIY 计划”“简茶官”“孟子居花生博士工作站”等一系列农产品实体策划案，直接帮助上百户贫困农户、间接帮助 300 余户贫困户解决就业脱贫问题，销售农产品 400 余万元。

孟子居团队已经入选国家级 SRTP（Student Research Training Program，大学生科研训练计划）创新创业项目、北京市大学生优秀创业团队。孟子居团队致力于深入挖掘全国贫困县的农产品，深入农村做翔实的产品调研，以商业化模式帮助当地农民增收，以大学生的视野帮助农民增强电商意识，为我国实现 2020 年全面建成小康社会贡献了自己的一份力量。

2. 项目在创新创业大赛中所取得的荣誉

孟子居团队自成立以来参加了许多外展和路演，在校园中成功举办了多届营销大赛，获得过 30 多项国家级、省部级奖项。此外，孟子居团队还接受过中央电视台《新闻联播》《人民日报》等数十家媒体的采访报道。

孟子居团队荣获的奖项如下。

2015 年第十七届北京科技大学“摇篮杯”大学生创新创业竞赛学术科技作品竞赛一等奖。

2016～2019 年多次入选国家级 SRTP 项目。

2016 年中国“互联网+”大学生创新创业大赛（北京赛区）二等奖。

2016 年“创青春”首都大学生创业大赛铜奖。

2016 年“挑战杯”全国大学生课外学术科技作品竞赛北京市铜奖。

2018 年“挑战杯”全国大学生课外学术科技作品竞赛北京市铜奖。

2018 年第四届中国“互联网+”大学生创新创业大赛总决赛全国铜奖、北京市一等奖。

2020 年第十二届“挑战杯”中国大学生创业计划竞赛总决赛全国铜奖。

2020 年第六届中国国际“互联网+”大学生创新创业大赛总决赛全国银奖。

3. 商业计划书

本商业计划书案例为孟子居“一棵树”公益扶贫项目获得 2020 年第六届中国国际“互联网+”大学生创新创业大赛“青年红色筑梦之旅”赛道全国总决赛银奖作品。

二、创业导师点评

商业计划书是企业或项目单位为融资或其他发展目标，在前期对项目进行科学调研、搜集与整理有关资料并分析的基础上，按照一定的内容、格式要求所编写的向投资者全面展示公司和项目目前状况、未来发展潜力的书面材料。红旅项目的商业计划书还要展现其公益属性，本创业计划书在项目概要、项目背景、产品和服务等多个模块都体现了扶贫开发的公益属性。

商业计划书包括项目概况、市场分析、产品与服务、市场营销、团队与组织结构、市场战略、运营模式、发展策略、融资计划、风险分析等内容。创业项目不同，商业计划书的内容也不同，但核心是通过商业计划书告诉投资人或大赛评委这个项目为什么值得做，为什么我可以做，我是如何做的。

本商业计划书共分为项目概况、项目背景、产品与服务、市场战略、运营模式、财务分析、组织架构、发展策略、风险规避九大方面的内容。

（1）项目概况。项目概况要重点阐述、概要介绍项目情况，精练展示项目亮点，瞬间打动投资人/评委。本商业计划书的项目概况用简短的文字介绍了项目背景、产品与服务、市场分析、营销模式、发展规划、财务分析、公司架构与管理，从项目概要中可以看出这是一个已经在扶贫领域取得一定成绩的项目，语言简明扼要，有吸引力。

（2）项目背景。因为本项目是红旅项目，所以商业计划书中在写项目背景时着重强调了国家扶贫背景和乡村振兴背景。

（3）产品与服务。产品与服务要说明的是产品内容，产品在这个地区、行业、产业等一定范围内使用，实践前后给产业、行业、地区带来的变化。在此商业计划书中介绍了产品与服务的内容，以及产品与服务对公益事业的贡献。

（4）市场战略。市场战略是根据市场定位和目标用户等因素而制定的市场开发战略。因为此项目的市场地位是平台，对接消费者和贫困户，所以采用了 C2B（customer to business，消费者到企业）的销售模式。

（5）运营模式。红旅赛道项目重点描述服务对象在没有做项目之前和做项目之后发生的巨大变化、反差。从收入增加、带动就业等方面进行前后对比，数据量化具体。此商业计划书在运营模式介绍中第一句话就是“团队采用集知识扶贫、技术扶贫和消费扶贫三点于一身，整合学生、高校、企业、政府和研究所五个功能主体的‘三点五维’运营模式”。另外给出了具体案例说明项目运营取得的经济收益和社会收益。

（6）财务分析。对于已经运营一段时间的项目来讲，财务分析主要展示其资产负债表、现金流量表和利润表。

（7）组织架构。有的商业计划书中将组织架构称为团队介绍，重点阐述团队负责人、团队核心骨干成员。主要内容包括团队负责人的详细介绍、教育经历、工作经历、创业经历。能力方面包括企业管理、技术研发、市场营销、标志性业绩。团队核心骨干成员的主要内容包括姓名、公司职位、承担的工作职责、教育经历、专业背景、特点、特长、擅长的技能、工作经历（资历）、能力评价、特长说明。此商业计划书介绍了团队成员、角色分工、员工管理等。

（8）发展策略。主要描绘公司未来发展路线图。此商业计划书从实践调研发展、扶贫扶志发展、市场扩展、乡村振兴发展、扶贫发展等方面都给出了具体的发展规划。

（9）风险规避。主要介绍项目可能面临的各种风险及风险规避措施。此商业计划书一个风险分析对应一个应对措施，抗风险方案不仅使策划书更加真实，同时有效的解决措施更可以用于指导实践，及时规避各种风险。

第 24 讲 商业计划书的优化方法

一、“电梯”检测

“电梯”检测是指在大约乘坐一次电梯的时间内（一般不超过 1 分钟），考验创业团队是否能在最多用两个短句的情况下，把方案内容和获利方式向投资方阐述出来。通过此法，我们可以检验出一个新公司被解释的难易程度，这一段“精华”内容应当放在商业计划书的封面及摘要等让人一目了然的位置。如果无法提炼出重点，那么创业团队就要进一步优化商业计划书，尽可能地把自己的产品或服务及盈利模式以精简的方式阐述出来。

二、“最多三件事”检测

当审视商业计划书时，创业团队需要针对以下三个问题依次进行自我提问。

（1）决定团队成功的三件事到底是什么？

（2）我们具备在这个范围内成功的必备能力吗？

（3）如果没有，应当如何获得？

这三个问题环环相扣，有助于我们对创业项目做进一步的深入剖析，快速认清自身的优势和不足，并寻求相应的解决办法。

三、“假如你是用户”检测

创业团队应把自己放在潜在用户的位置，问自己一系列的问题。

（1）在已有选择的基础之上，我会购买这个公司的新产品和服务吗？如果是，为什么？

（2）作为一个潜在的买家，我是独一无二的吗？还是很多人和我一样？

（3）我会以现在的全价购买产品和服务吗？

（4）我会立刻购买，还是先了解？

……

通过这种换位思考的方式，创业团队的产品或服务能更加契合市场的需求，做到知己知彼，同时通过观察和体验，了解更多的市场动向，进一步寻找更多的潜在用户，挖掘出更多的发展机会。

四、“差异化和市场领导权”检测

差异化是指需要做到与众不同，而市场领导权意味着需要统治某个领域。创业团队需要不惜一切代价避开此陷阱：“这是一个巨大的市场，我们只需占有一小部分就能成功。”创业成功需要的是“与众不同+领导统治”，因此，我们首先要做的是定义自己的市场——即使它只是一个更大市场的一小部分，也能够凭借与众不同之处吸引这部分用户，从而领导或统治这个市场，成为该领域的权威。

五、“我会被包围吗”检测

在创业之前，创业团队必须估计那些常见现象带来的风险，以及妨碍创业团队长期成功的可能性。创业团队从开始组建时就要预先思考和剖析自身的优劣势，考虑团队能否有效地构建公司，能否找到可靠的合作伙伴，避免供应链条中断，突破竞争对手的包围。

六、“成本翻番”检测

“成本翻番”可以检查创业团队犯错误的回旋余地，当然，余地越大越好。通过利润计划（预期成本、预期收益、取得收益的时间），可以问自己以下问题。

（1）如果成本翻番，这还是一份好的商业计划书吗？

（2）如果第一年的收益只有预期收益的1/2，并且成本翻倍，这还是一个好创意吗？

（3）这个项目有必要落地吗？

七、“试错空间”检测

好的商业创意通常能给创业团队留下很大的“试错空间”。我们要谨记，因为项目最后的主要收入来源不一定与我们预先设想的一致，所以预留一定的“试错空间”是很有必要的。这种检测方法在创业团队投入大量的时间和精力之前是最具有价值的，创业过程充满不确定性，提前做好准备，能够在发生意外时降低损失。

课堂活动

创业计划能力自我评估

并非每个人都适合创业，也并非每个人都能创业成功。创业竞争日趋激烈，对创业者的创业计划能力的要求也越来越高。因此，在决定创业前有必要对自己的创业计划技能进行评价。请填写表9-2，自我评估创业计划能力。

表9-2　创业计划能力评价

技能	优秀	好	一般	较差	弥补办法
会计与税收					
计划					
预测					
营销研究					
销售					
人事管理					
产品设计					
法律事务					
组织					

课程反思

1．商业计划书对创业企业的必要性有哪些方面？

2．商业计划书的基本格式是怎样的？

3．商业计划书的内容要点有哪些？

4．你能否结合本章内容，设计一份商业计划书？寻找一位或多位学生扮演投资者，阅读商业计划书，并指出商业计划书中存在的问题。

拓展阅读

如何撰写一份使投资人喜欢的商业计划书

一份出色的商业计划书不仅能告诉投资人自己的公司是做什么的，公司是如何盈利的，或者自己希望公司实现什么样的目标，还能让投资人相信自己的公司是非常优秀的公司，让他们为有机会参与其中而感到非常兴奋，并让他们愿意帮助自己获得成功。

但是如何才能撰写一份使投资人喜欢的商业计划书？如果你是第一次创业，可能很难搞懂如何能完成技术含量如此高的工作。但是也不要担心，这篇文章将会教你如何写一份使投资人喜欢的商业计划书，同时帮助你回答有关公司业务的一些重要问题，并教你学会/掌握这些问题的最佳方法和技巧。

商业计划书撰写思维导图如图 9-3 所示。

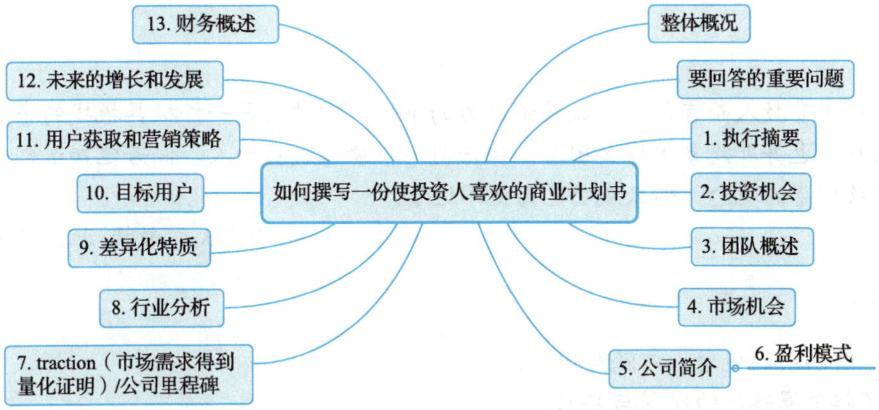

图 9-3　商业计划书撰写思维导图

具体内容详见二维码：

参考文献

邓立治，2015．商业计划书原理与案例分析[M]．北京：机械工业出版社．

王卫东，黄丽萍，2015．大学生创业基础[M]．北京：清华大学出版社．

魏炜，朱武祥，2009．发现商业模式[M]．北京：机械工业出版社．

徐俊祥，杨志清，黄欢，2021．创未来：创新创业基础进阶实训教程[M]．天津：天津人民出版社．

第十章 如何使项目路演出彩

名人名言

创业对大多数人而言是一件极具诱惑力的事情，同时也是一件极具挑战的事。不是人人都能成功，也并非想象中那么困难。但任何一个梦想成功的人，倘若他知道创业需要策划、技术及创意的观念，那么成功已离他不远了。

——哈佛大学教授 拉凯什·库拉纳

学习目标

1. 了解路演的概念、内涵与价值。
2. 了解创赛路演的规则与要求。
3. 了解项目路演前需要做的准备工作及项目路演基本技巧。
4. 剖析优秀的项目路演，掌握创赛路演的技巧及注意事项。
5. 了解项目路演材料的设计方法。
6. 通过创赛路演心理素质训练、讲演能力训练、答辩训练，提升项目路演能力。
7. 培养积极自信的人生态度和良好的心理素质，发扬团结协作的团队精神。

创业故事

大四学生忙路演，创业融资 300 万元

图 10-1　通过创建大赛服务平台实现创业梦

当多数应届毕业生还在四处奔波忙于求职时，王某已初步尝到创业成功的甜头。在参加“市长杯”青岛市首届小微企业创新大赛时，王某申报了一个项目××平台。这是一个通过资源有效整合，方便大学生获取各类竞赛活动资讯的信息平台（图 10-1）。该平台利用“互联网+”思维独辟蹊径，从推送各类比赛信息、简化报名，到比赛跟踪及简历生成，全方位为大学生提供所需服务。

1. 一年时间参加 30 多场路演

创业过程是艰难的，在创业前 3 个月，王某没有一天是晚上 10 点之前离开创客工坊

的。谈及创业初衷，王某说："在上大学期间，我在参加比赛时发现了一些问题，如活动传播途径不稳定、信息渠道不明朗、报名流程太烦琐、后续跟踪无保证等。这些问题成为激发我创业梦想的源头。"上大二时，他便决定一展身手。王某利用假期进入百度、阿里巴巴、腾讯等业内知名公司实习，对团队管理、公司运营有了进一步的了解。有了想法就拼命去干。王某说，小微企业一定要多参加路演比赛。一年时间，他参加了 30 多场路演，大大锻炼了自己的能力。他的体会是无论是学生还是企业，都要很好地利用社会上的各种资源，争取更多的机会。

2. 在校生创业融资 300 万元

王某创建的公司起初利用大学生资源与企业对接，利用××平台铺设青岛各高校自有团队，负责企业人力资源、企业活动等业务，然后与中国移动、奇虎 360、京东、海信等公司开展业务合作。经过王某及其团队的共同努力，××平台得到青岛市科技局、团市委、各高校团委及各高校学生的认可和支持。××已经邀请 200 多名导师入驻平台，为学生参加的各类比赛提供指导和帮助。同时，该项目总计获得两轮 300 万元的融资。未来，该平台还将整合各种校园 App、生活圈，完成全球大学生生态建设的目标。

（资料来源：韩洪烁，2016. 大四学生忙"路演"，创业融资 300 万[EB/OL].（2016-05-29）[2022-10-18]. http://www.sdjys.org/index.php/News/view/id/21645.html.）

启示：

作家马尔科姆·格拉德威尔（Malcolm Gladwell）曾提出一万小时定律——人们眼中的天才之所以卓越非凡，并非天资超人一等，而是付出了持续不断的努力。一万小时的锤炼是任何人从平凡变成大师的必要条件。对于期望参加创业大赛、进行创业实践的大学生来说，应当根据自身的现实条件（如专业背景、实践经验和创业基础等综合因素）选择项目，既可以选择科技含量较高的项目，又可以选择与民生有关的传统项目进行创新和创业，但不能背离实际情况，天马行空地肆意想象。如果自己不具有科技开发能力，则更应该脚踏实地，从项目调研和小项目的实践做起，只有在创新创业的过程中立足于经济与社会效益双赢，才能在市场上逐渐站稳脚跟，让自己的理想变成现实。

第 25 讲 项目路演概述

一、路演的概念

路演（road show）是指在公共场所进行演说、演示产品、推介理念，以及向他人推广自己的公司、团体、产品、想法的一种方式（图 10-2）。

图 10-2 路演

路演最初是证券发行的一种推广方式，是指证券发行商向投资者推介公司优势、经营业绩、产品服务、发展方向与潜力、投资价值等信息的活动。目前，路演的内涵与形式拓展延伸很广，很大程度上已成为展示发布、宣传推广活动的代名词。本书将路演界定为创业者向投资人（或特定对象，如创业计划大赛评委）介绍和展示创业项目，以获得认可与资源的沟通活动。

二、路演的内涵与价值

路演是在投资、融资双方充分交流的条件下促进股票成功发行的重要推介、宣传手段，能够促进投资者与股票发行人之间的沟通和交流，以保证股票的顺利发行，并有助于提高股票潜在的价值。从创赛路演的角度说，路演主要把项目推介给投资人以获得投资（图 10-3）。

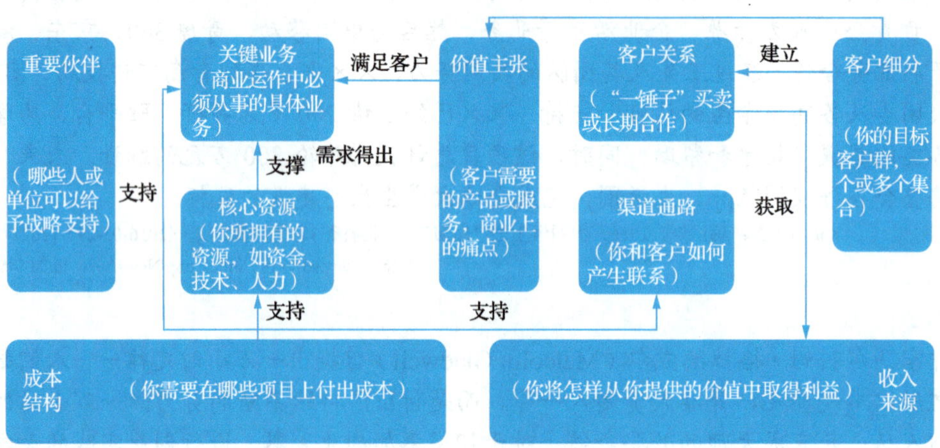

图 10-3　路演的本质

路演的价值有很多方面，具体如图 10-4 所示。

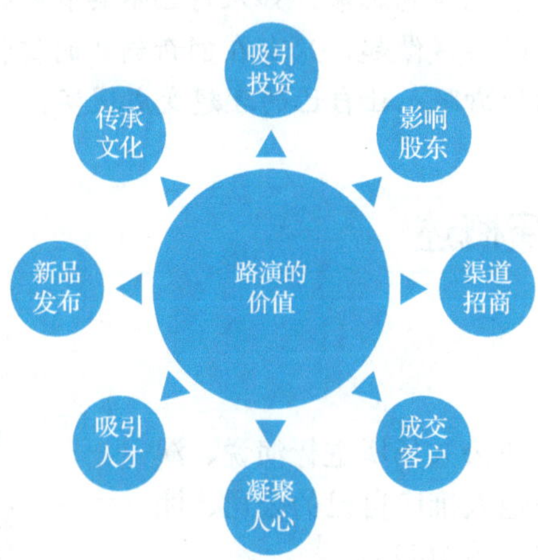

图 10-4　路演的价值

另外，路演准备及路演的过程对于创业者而言，是对项目进行重新系统性思考和论证的过程。路演的逻辑思路与梳理要点如图 10-5 所示。

图 10-5 路演的逻辑思路与梳理要点

三、创赛路演的规则与要求

不同创赛及其不同赛程对路演的形式和时间要求会有所不同。以中国国际“互联网+”大学生创新创业大赛为例，在路演形式上包括线上路演和现场路演两种形式。需要说明的是，在 PPT 展示路演时间中，通常包含 1 分钟的视频展示时间。

1. 时间安排

校赛、市赛项目路演的一般时间安排：“10+5”=每个项目 15 分钟路演=10 分钟项目介绍+5 分钟评委提问。

全国总决赛路演时间要求：“5+5”=每个项目进行 10 分钟路演=5 分钟项目汇报+5 分钟评委提问。

2. 路演角色

创赛路演的主角有两类，即选手和评委。路演的角色及其权利和义务如图 10-6 所示。

3. 站位站姿

创赛路演时，选手的站位要听从创赛组织者的安排。一般来说，创赛路演者的站位需要考虑三个方面的因素：评委在哪里、PPT 在哪里和 C 位在哪里，具体站位规则如图 10-7 所示。

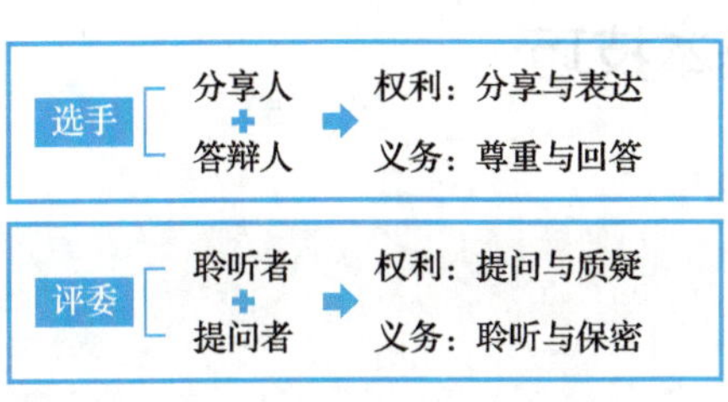

图 10-6 路演的角色及其权利和义务

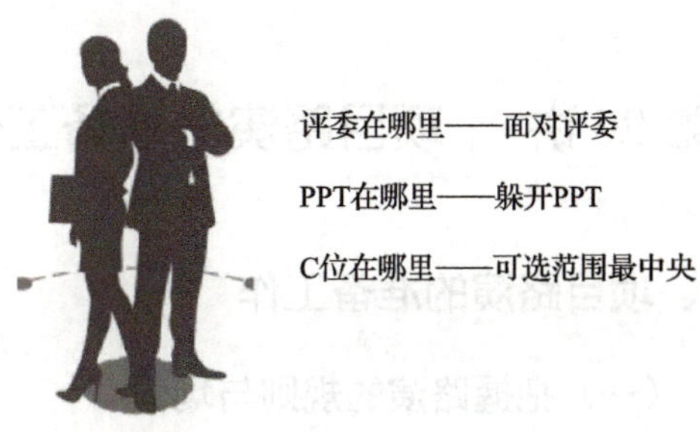

图 10-7 具体站位规则

创赛路演选手的站位与站姿要注意以下几个细节。
（1）要面对听众。
（2）位置可适当地变动。
（3）不要挡住听众的视线。
（4）挺直地站立。
（5）脚尖朝向听众，两脚间距勿过大。

4. 仪表仪态

创赛路演具有正式的商务场合属性，因此，创赛路演选手的服装类型选择一般以正装、简单大方的通勤装和符合项目特征的职业装为宜。

创赛路演选手，男士和女士在仪容仪表方面的要求不同，具体如图 10-8 所示。

图 10-8 创赛路演选手的仪容仪表要求

创赛路演选手在仪态方面需要注意很多细节，具体如图 10-9 所示。

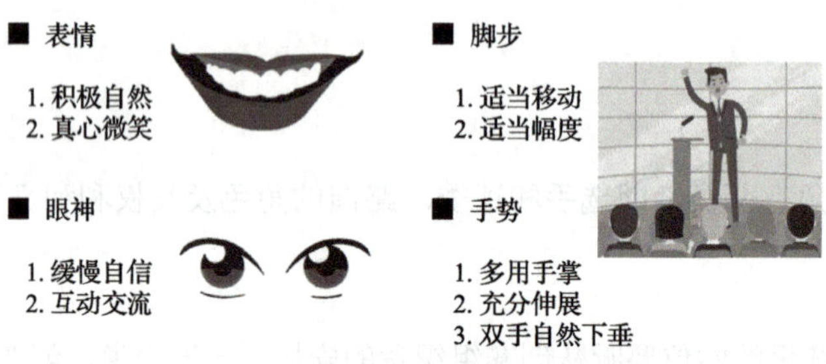

图 10-9 创赛路演选手的仪态要求

第 26 讲 项目路演的准备工作及基本技巧

一、项目路演的准备工作

（一）把握路演的规则与场景

在准备路演前，首先要了解创赛不同赛程的实际路演规则要求，不同阶段路演的组织规则和场景安排都会因实际情况而有所不同。

准备路演前，要了解以下几个主要方面的规则与场景（图 10-10）。

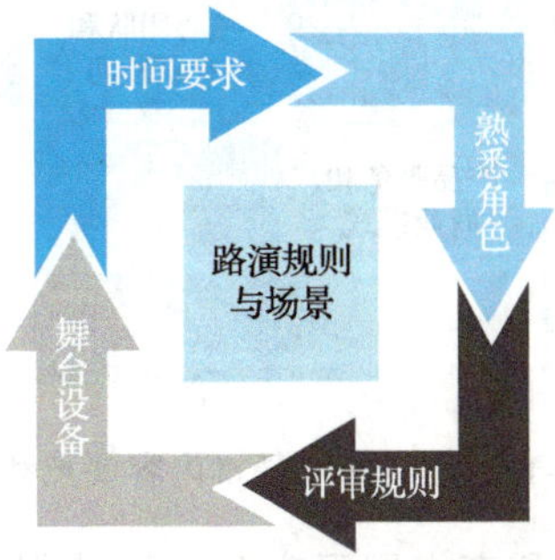

图 10-10 把握创赛路演的规则与场景

（1）时间要求：常见的是“5+3”“6+3”“8+3”模式，单位为分钟。

（2）熟悉角色：组织串场者包括主持人、计时员、计分员和仪器设备管理员等；选手包括分享人、答辩人和其他团队成员；评委包括内部和外部、学者型和实战型及领导型和专家型等，观摩听众。

（3）评审规则：深入把握评审标准、维度和要点；熟悉评委风格、思维逻辑与打分习惯；了解打分方法、统计方法和公示方法等。

（4）舞台设备：了解舞台布局与风格，了解演示用的计算机和软件情况，熟悉激光笔和传声器的操作等。

（二）确定适合的路演人与形式

创赛团队确定路演人时最好由创始人来充当，其次是联合创始人，最后才选择颜值高、演讲能力强但不是核心成员的人来充当。创赛项目路演人的候选顺序是项目创始人、主要创始人、法定代表人、公司总经理 CEO 等。路演人选择的标准是具备创业气质、实际参与并全面了解项目、职业形象好和表达能力强等几个方面。

路演展示的形式主要有单人演讲、角色扮演和多人情境展示等，其中以单人演讲为主流，其他创新形式不多见。不管哪种形式，路演形式都是为路演目的和内容服务的，先讲明白再讲生动，要在达到重点突出、逻辑清晰、简洁准确和说服力强的基础上，再创新路演的形式，博取观众的眼球，以获得路演印象分。

（三）梳理路演的逻辑与亮点

首先，要把项目的基本信息展示清楚，让评委和听众听明白，做到不要有减分。路演基本内容要点和逻辑（图 10-11）要讲清：为何做（市场需求和用户痛点问题）、为谁做（目标用户群体和主要用户）、如何做（产品服务和商业模式）、谁来做（核心团队和专家顾问）、为何值得做（盈利模式和财务预测）和做了什么（项目进展、成果成效和运营现状等）。通过简洁的语言、具体的数据、可信的话语，使用数据、细节、实物、案例、凭据等，尽可能地直接表达要点，嵌入起承转合的逻辑，使展示的内容更可信，让评委和听众更易抓住重点。

图 10-11　创赛路演基本内容要点和逻辑

其次，重点要把项目的优势和亮点展示充分，以获得加分。路演的优势和亮点既可以糅在项目其他内容中重点讲，又可以单辟模块讲。加分内容主要集中于是否有颠覆性、领先性的技术壁垒，创新性的产品服务与商业模式，独占性的核心资源优势，以及证明项目价值巨大空间和能把项目做成的运营业绩及其证据。

不论项目如何，路演只有一个论点，即该项目的价值潜力大并具备可行性，团队有把该项目做成的优势。项目路演的要点要围绕评审规则和要点，以契合评委评价打分的依据和标准。

（四）设计制作路演 PPT

网评 PPT 与路演 PPT 不同，主要是因为使用与适用场景不同。前者是 BP（back propagation，网络模型）的缩减版，属于陈述说明性阅读材料，而后者是演讲的有力辅助道具，是配合演讲展示的，属于互补性的辅助性演讲材料。一般来说，前者字多而后者字少；前者不需要人为描述即可了解必要信息，PPT 是主角，而后者仅起到提纲挈领作用，重点是演讲人而非 PPT。因此，路演 PPT 的设计是需要针对路演场景、配合路演者进行特别准备的展示工具。

图 10-12　路演 PPT 的基本要求与原则

路演 PPT 的基本要求与原则如图 10-12 所示。

1. 逻辑清晰

路演 PPT 应完全契合路演的设计思路，完美配合演讲的过程、节奏和时间，一切为演讲者服务。

2. 突出亮点

路演的目的是说服、打动评委，要突出项目的重点和亮点，以简洁、大方的设计感突出团队的职业素养和对待比赛的严谨态度，让 PPT 替路演者和团队说话。每页 PPT 都应简洁、大气，充分展示优势和亮点，要在突出重点内容的前提下追求美观性，不可舍本逐末。

3. 契合主题

无论是色彩搭配、配图构图、字体字号，还是数据图表、线条图标，都要契合项目的特点与性质，契合路演的主题和目的。

路演 PPT 的设计可采用案例借鉴法、模板修改法和自主设计法等方法。

1）路演 PPT 的设计制作步骤

路演 PPT 的设计制作步骤如图 10-13 所示。

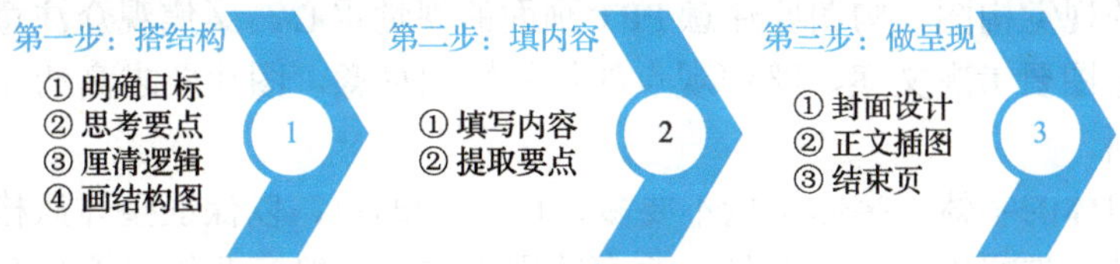

图 10-13　路演 PPT 的设计制作步骤

（1）搭结构。

① 明确目标。明确路演目标后，再有针对性地筛选内容。仔细阅读所在赛道的评审规则，根据评分标准搭建路演结构。

② 思考要点。依据评审规则，确定项目路演的形式、时长、内容侧重、现场答辩的问题等。路演准备有三个基本技巧：实事求是、突出优势、淡化劣势。应精心准备、充分展示（语言表达、形象展示和准备答辩提问）。

③ 厘清逻辑。厘清逻辑应阐述逻辑（先讲什么，再讲什么，最后讲什么）。陈述内容满足评审规则所涉及的内容：不遗漏、全覆盖、有侧重。

④ 画结构图。编制路演 PPT，建议对照评审规则，准备自己的结构、元素、要点。先画结构图，把路演要点罗列出来，把所涉及的相关知识点、要点都画出来。

（2）填内容。

① 填写内容。PPT 要包含项目介绍、背景情况、团队介绍、组织分工、项目执行中的预算、项目活动、整合的资源、成效、社会效应、项目反馈和延续推广、抒发愿景、致谢。

② 提取要点。要把项目结构中的意思表达清楚——评委需要的是信息；避免大段文字形式。提取关键词，适时呈现。

需要注意的是，路演不是秀 PPT 的设计和视觉，而是信息的展示。

（3）做呈现。路演 PPT 的封面设计；正文页需要的插图；结束页添加抒情文字、致谢和联系方式等信息。

2）路演 PPT 的设计制作要求和技巧

路演 PPT 的设计制作要求和技巧主要有五个方面，如图 10-14 所示。

图 10-14　路演 PPT 的设计制作要求和技巧

（1）极简的图文风格。建议路演 PPT 风格采用极简的图文结合型，当然也可以用全字型或全图型。越简洁，设计难度越高。整体风格要直奔主题，扁平化风格较好，更易突出强调关键信息。

（2）和谐的视觉配色。建议结合项目的 Logo 设计和项目性质，确定 PPT 的色彩搭配，以保持整体一致性。为适应路演现场光线，建议整体色彩为 1～2 种，以深色背景为主，背景色与图文的对比度要高。色彩视觉要能营造并带动现场气氛，好看、大气并有震撼感最佳。

（3）聚焦的视觉构图。构图要注意 PPT 画面的视觉重心，聚焦观众注意力，降低观众的眼睛负担。选图要考虑文案、路演观点的相关性和寓意，图片要求高清无水印。举例最好用全图型页面。

（4）大方得体的字体。字体尽量不要多，1～3 种即可，以保证整体风格和可读性。项目内容偏科技的可选择方正兰亭细黑，没有特别主题或一般商业的可选择微软雅黑，而文化创意类可选择艺术类书法字体。字号要适中，数字要适当放大并做可视化处理。排版一般居中，也可配合图片安排位置、颜色。

（5）忌用动画和超链接。为保证路演的连贯和顺利，不要使用动画和超链接，也尽量不要插入音视频素材。

（五）设计动人的路演故事

有人说，所有的路演价值都来源于听众的感知价值。好的路演，尤其是“青年红色筑梦之旅”项目，要学会讲一个有逻辑、带感情、讲情怀的动人故事。把好故事讲好，路演就成功了。因此，在准备路演稿时，内容设计与语言表达一定要故事化、场景化和情感化。

路演故事从哪里来呢？参赛团队可从用户和项目团队两个群体中挖掘故事。例如，从用户的痛点需求中挖掘或设计故事，构建并演绎典型场景，容易引发兴趣，迅速获得评委和听众的注意力，产生项目价值与意义的共鸣和逻辑认同，进而聆听项目陈述，建立良好印象。再如，从用户与产品服务的接触场景中设计故事，将其感知过程与反馈评价融入故事，更易理解和有说服力。另外，从项目团队的角度更易发掘、构建故事（如果项目是故事，那么团队就是故事的主角），也更容易展示团队的情怀格局和人格优势，如可从创业初心与愿景、创业历程与磨难、项目未来社会价值与发展梦想等发掘、构建故事，如图 10-15 所示。

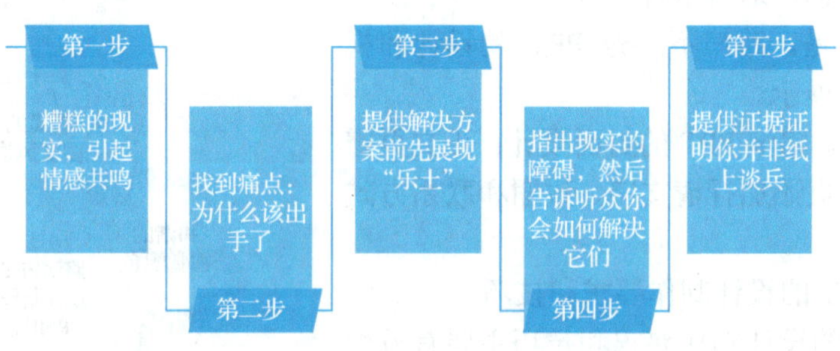

图 10-15　埃隆・马斯克（Elon Musk）讲故事的逻辑与步骤

需要注意的是，路演故事一定要有逻辑性和项目契合性，避免突兀和为讲故事而讲，要和项目展示的要点与亮点契合呼应。

讲故事是为了更好地提升路演的感性说服力，好的故事需要具备以下三个要素。

1. 故事性

故事是信息的最佳包装盒，需要制造曲折情节和意外，要能打动人，以吸引评委和听众的注意力。

2. 简约性

讲故事是路演的方式、手段，而不是目的，语言要简洁准确，清楚地表达项目要点与对应观点，不能以故事为主铺陈过多。

3. 场景情感性

应用感性的语言、创设典型的故事场景，激发情感共鸣。

针对路演 PPT 和设计的故事，撰写一篇与之对应的演讲稿。演讲稿的字数一般为 1500 字左右，具体可按语速 80～160 字/分钟×（5～10 分钟）路演时间来计算字数。

（六）做好路演的人与物管理

路演不仅仅是路演者一个人的事情，还需要参赛团队的密切配合，只有在路演过程中各角色分工明确，才能确保路演过程顺利进行。

在创赛路演过程中涉及很多人与物，如相关的路演材料和工具，由于路演现场存在诸多的不确定性因素，需要细致准备，要注意做好核验和风险备份，如展示材料的准备与管理者和分发者。在路演过程中必备的物品主要有 PPT、演示视频、BP、产品原型、计算机、激光笔和佐证材料等。为适应不同的路演条件，建议文件要有多种格式和备份。

路演的人与物管理情况可通过表 10-1 进行自检。

表 10-1 路演细节自检清单

模块	序号	事项	准备情况	负责人
活动安排	1	路演的具体时间和地点		
	2	路演出场顺序（抽签情况）		
	3	路演与答辩时长要求（几分钟）		
	4	路演对象（评委几人、背景）		
	5	路演的评审要点与规则		
	6	播放文件复制与播放测试（PPT、视频和其他文件）安排		
	7	路演组织者与主持人情况（对接人及联系方式）		
场地设备	1	场地布局（讲台和评委席、进出口）和舞台大小		
	2	计算机和软件兼容情况（自备，系统和播放软件版本）		
	3	投影与音响设备情况（有无，接口类型）		
	4	激光笔（电子翻页器）提供情况和操作		
	5	传声器情况（有无，有线还是无线，几只）		
	6	灯光、电缆和插头分布情况		
	7	网络信息情况（Wi-Fi 或移动信号等）		

续表

模块	序号	事项	准备情况	负责人
相关物料	1	书面文件材料齐备情况（BP、项目相关证明和支撑材料及份数）		
	2	书面材料装订细节合成（有无错页、漏页、倒页和质量瑕疵等情况）		
	3	有无电子文档备份 U 盘及备份情况（版本、格式齐全）		
	4	有无展示实物（数量、质量和备份）		
	5	有无服装道具		
	6	有无应急设备工具（计算机、激光笔和音响等）		
	7	影音采集设备及状态核实（拍照录音录像等设备）		
	8	线上系统运行情况（网站、软件 demo 等）		
路演人员	1	主要路演者及状态		
	2	配合路演人员及分工情况		
	3	服装和形象礼仪准备情况		
	4	实物道具的派发与回收安排		

二、创赛路演的基本技巧

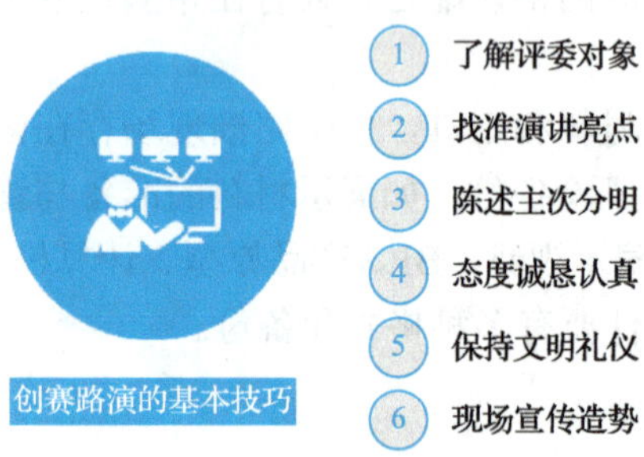

图 10-16　创赛路演的基本技巧

创赛路演是比赛的重要环节，它有很多技巧。以下重点介绍创赛路演的六个基本技巧，如图 10-16 所示。

1. 了解评委对象

知己知彼，百战不殆。创赛团队要想成功地推介自己的项目，首先要了解与分析评委对象，要针对不同的评委对象，确定哪些内容是评委对象感兴趣和认为重要的，以及他们可能会提出哪种特殊或尖锐的问题，然后根据了解的信息做准备工作。

2. 找准演讲亮点

创业计划书是创业计划的文本表现。路演主要是通过口头表达来呈现创业计划书的精髓，因此要快速地切入主题，恰当地解释创新创业项目，尤其是在语言结构和表达顺序上要充分体现出逻辑性和系统性，并引用一手素材作为论证材料，产生具有冲击性的表达效果。

路演的“卖点”是创业团队、评委或投资人感兴趣的重点。路演要避免普通、平庸的论调，寻找准确和新颖的切入点，提炼出 3～5 个亮点，用别人意想不到的见解引出话题，以独特的视角让路演显得新颖、震撼人心。同时用自己的热情去点燃评委或投资人的激情，让他们随着推介的思路开始思索，从而达成共识。

3. 陈述主次分明

创赛路演的陈述首先要注意侧重点，把握得分点，提升加分点，杜绝减分点。陈述的要求和技巧具体有如下几点。

（1）路演 PPT 必讲内容（基础内容）：用户痛点、产品/服务、商业模式/盈利模式等。

（2）路演 PPT 加分内容（重点亮点）：竞品分析、技术壁垒、核心优势和运营现状等。

（3）路演 PPT 减分内容（败笔减分）：商业模式不清晰、暴露项目弱点和盲目地进行市场预判等。

（4）注意把控路演稿节奏：务必在要求的时间内完成路演，也要杜绝时间未到、提早结束路演的问题。

一般来说，路演现场演讲者紧张或出现不确定性意外情况，容易导致讲不完。在路演时间紧张的情况下，路演者可采取加快语速和略讲部分非关键内容等方式来应对。如果准备的路演稿比较紧凑，则容易出现时间用不完的情况。对于路演而言，抓紧分秒时间，充分展示项目是至关重要的。在路演时间充裕的情况下，路演者要掌握四个实用的小技巧（图 10-17），灵活运用，充分准备，可以做到对时间的精确把控。

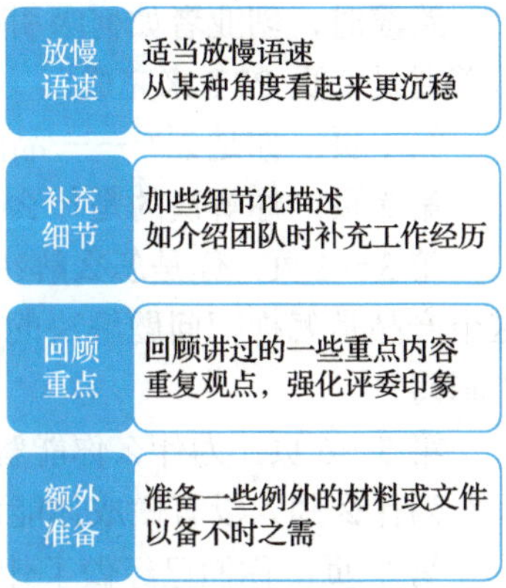

图 10-17　路演时间充裕情况下路演者要掌握的技巧

4. 态度诚恳认真

一是真诚客观地展示项目。路演中或许会涉及一些商业秘密，路演主讲人可以对其进行保护，对于评委或投资人来说也是可以理解的。但忌态度不真诚，不可以粉饰或掩藏一些非机密的信息。二是要注意说话技巧，要明白哪些要素什么时候说、怎么说，这些都是需要考虑的。三是对项目充满热情，充分带动评委的内心情感，引发共鸣。四是路演结束后可与评委深入交流互动，保持和谐、宽松的交流氛围，达到充分交流的目的。当然这种交流是在不违反比赛规则的前提下进行的。

5. 保持文明礼仪

一是要有良好的情绪控制能力，在路演中保持面带微笑和语气平稳，遇到评委的尖锐提问，可委婉回答，也可直接回答，但忌讳冲动甚至争吵。二是着装要清雅大方，不一定都是正装，可以是项目运营的工作装，也可以是根据自己项目文化而设计的服装。三是讲话要不卑不亢，陈述自信，回答得体，关照受众和评委的心理。

6. 现场宣传造势

普通路演需要在推荐会上做相关的宣传造势，这同样适用于“互联网+”创新创业大赛项目的路演环节。普通路演主要有三种宣传造势方式。一是使用产品实物或体验。创业团队可以在现场向评委展示产品实物，或者让评委参与体验，增强评委的直观体验。二是使用宣传单。在路演现场及附近发放一些宣传单，让更多评委进一步详细了解项目情况。三是现场营造氛围。可以通过项目产品服务优势营造一些浓郁的氛围，如“青年红色筑梦之旅”的一些项目可以营造慷慨激昂的氛围，一些音乐或影视的高科技项目可以直接在现场营造高科技酷炫的技术氛围等。用真情实感充分调动现场的气氛是最好的产品服务展示，这样评委的感觉也会被充分调动起来。

课堂活动

制作路演 PPT

路演时，创业者如何吸引投资人的注意力？该如何制作自己的路演 PPT？创业者可以试着通过 9 页 PPT 来完成。

第 1 页：你是谁？——品牌名称，创始人姓名、身份及自我介绍。

第 2 页：你解决的是什么问题？（市场）——直击痛点。

第 3～4 页：你是怎么解决这个问题的？（产品、逻辑）——你推出了什么样的产品？这个产品是怎样把问题解决的？产品是否成熟？整个业务是否通畅，还是遇到了难以跨越的障碍？

第 5～6 页：为什么你能解决这个问题（优势、竞品分析）？——你的核心竞争力在哪里？为什么别人没有做成你能做成？相比同类产品，你的产品优势在哪里？

第 7 页：你们已经做了什么？（里程碑）——运用已有的运营数据证明你的产品或思路是可行的，是经过用户测试的，能够与合作伙伴、上下游都形成对接，并能自然获取更多用户。

第 8 页：创业团队——介绍创业团队成员及其与项目有关的经历、负责的业务等。

第 9 页：财务预估、融资信息——你的融资是为了什么？有了融资能在 6 个月或 1 年内实现什么样的增长？融资到手怎么使用？

第 27 讲 优秀的项目路演剖析

一、优秀的项目简介

近年来，很多初创企业在特定场景无人驾驶车辆上迅速发力，大多关注环境感知、决策算法等人工智能技术，却忽略了这一市场的明显痛点——暂无专门用于无人车辆的真正“车规级”线控底盘可用。

“换言之，就是在这个千亿甚至万亿级的‘无人车’市场，‘无车’可用是最需要攻克的难题。”中云智车项目负责人、北京理工大学“90 后”在读博士倪俊说道。

“我们的项目就是以推动特定场景无人驾驶车辆用户大范围落地为近期目标，致力于无人驾驶车辆车规级通用线控底盘研发，为特定场景无人驾驶车辆用户提供通用的智能底盘。”倪俊继而解释道，“我们率先研发成功的小型无人通用底盘‘中云 10’可以根据不同用户的功能和造型需求，上装不同的功能模块，如物流、运输、清扫、巡逻等设备模块。”

在 2018 年北京国际车展上，一个被封装在 20cm×20cm 的扁平密闭车身内的底盘，身材小但“肚量”大：集成独立电动机驱动系统、伺服电动机转向系统、底盘快速开发控制器、高能量密度锂动力电池、电池管理系统及底盘 CAN（controller area network，控制器域网）网络控制系统等。

“这就是我们发布的全国首个无人驾驶车辆通用底盘，并在种子轮获得英诺天使数百万元投资。”倪俊介绍，该项目自成立至今已完成千万元天使轮融资，并在固安建设了年产能1500台的生产基地。

在所有人都认为无人车还只是一个愿景的时候，中云智车已开始进行量产和小规模交付。

中云智车自2018年2月成立以来，先后推出小型无人车通用底盘“中云1.0”、“中云1.1”、中型无人车通用底盘“中云2.0”，以及基于“中云”系列底盘的厂区无人运货车——“中云智·承”，初步形成“系列模块化通用底盘+定制化功能上装”的未来商用无人车打造模式。

此外，中云智车已受理发明专利10余项，获得全国多个省市高新区及大型工业园区的示范扶持，并与10余家大型物流企业、电商巨头、高等院校等达成合作协议。倪俊介绍，中云智车二期生产基地已完成建设。

“我们中型无人车通用底盘最高车速为80公里/时，续航能力为300公里，负重3吨，这些指标延续了当年我们打破吉尼斯世界纪录时的水平。”倪俊相信，凭借他们集体的“最强大脑”，构建以通用底盘平台为基础的全工况、全维度、全周期的特定场景无人驾驶车辆监控与运营的大数据平台，在民用领域定义未来无人车主机场，在军用领域做中国未来的洛克·希德马丁公司的愿景终会成真。

“我们这个团队过去曾经多次为国征战，我们队服的袖标上曾十几次印上五星红旗。”中云智车项目团队成员心中始终铭记“战必用我，用我必胜”的理念，而这正是北京理工大学刻在骨子里的军工基因。

“中云智车不仅为整个市场提供了模块化、线控化、通用化底盘，还提供了标准化服务，其创始团队拥有丰富的无人驾驶车辆、电动车辆正向开发经验，也创造了很多领衔发展的技术产品。”英诺天使基金看好该项目团队以通用底盘切入无人驾驶市场的战略，更看重团队年轻有朝气、执行力强等优秀品质。

该项目团队从2012年开始组建，核心成员有来自方程式赛车中国国家赛车队中唯一的中国籍工程师、世界房车锦标赛雪佛兰车队电控系统工程师及北京理工大学方程式赛车队等核心成员。

“我们的确创造了诸多具有世界级影响力的成果，如先于德国人创造了世界首辆无人驾驶赛车；创造了世界首辆军用全线控超级无人车，并打破了吉尼斯世界纪录。”

然而，倪俊却重点强调：“我们更致力于成为未来商用无人车定义者。”

无人驾驶技术对我国国民经济发展与国防安全建设有着重要的战略意义。“我们能否掌握无人驾驶核心技术，关系到在这一次世界智能汽车产业变革升级的历史机遇中，我国能否实现‘汽车大国’向‘汽车强国’的迈进之梦。”

二、创业导师点评

路演是在投资、融资双方充分交流的条件下促进股票成功发行的重要推介、宣传手段，促进投资者与股票发行人之间的沟通和交流，以保证股票的顺利发行，并有助于提高股票潜在的价值。从创业路演的角度说，路演主要把项目推介给投资人以获得投资。

在全国大学生第四届“互联网+”创新创业大赛决赛中，北京理工大学“中云智车——未来商用无人车行业定义者”获得冠军。我们分析一下，在本次大赛中“中云智车”项目为何能一举夺魁？有哪些值得我们借鉴的经验？

项目路演一开始，路演者“中云智车”创始人倪俊就用一句话介绍了该项目：“迄今为止，它是国际上第一个真正的车规级无人车的研发者。”开场这句话就让观众明白项目内容（无人车）、项目影响力（国际第一个）。用“国际”“第一个”“真正的”等词汇引起台下听众的注意力和评委的兴趣。

在团队概述中，路演者的介绍语言是“我们团队创造了诸多具有世界级影响力的成果”。接下来通过图文对应的PPT介绍了这个团队的历史——曾创造世界第一辆无人驾驶赛车、世界第一辆全线控重型无人车、中国第一辆纯电动赛车等，多次为国出战，获得中国方程式汽车赛总冠军、国家汽联方程式锦标赛世界车手总冠军等多项奖项。

接下来在团队历史关键节点中，重点介绍了两个“第一辆”：世界第一辆无人驾驶赛车、世界第一辆军用全线控超级无人车。

用两个“世界第一辆”来形容自己的项目历史，表明自身强大实力的同时也树立了民族情怀，能够打动现场评委。

接着路演者陈述了该项目的社会影响，如被领导接见，被中央电视台、《人民日报》等媒体报道等，用产生的社会影响力为自己的项目“背书”。

接着，在项目路演中介绍了团队的核心成员，主要对创始人进行了概述，列出了该创始人取得的一系列荣誉，表明团队创始人的实力，而投资就是投人，投资人非常看中团队核心成员的潜力和实力，一位优秀的领导者带领一个优秀的团队是获得路演成功的标配。因此，在路演过程中，要善于深入地挖掘团队实力，学会包装自己的团队。

在公司愿景介绍中，路演者用两句话、两张PPT定义了公司愿景：

第一个公司愿景是车规级无人车产业定义者（民用）。主要阐述了以下方面：市场规模，即特定场景无人车产业规模——1.5万亿级，并且用可视化图表的方式展示了无人车产业的业务构成部分及相应的比例；产品应用场景，即无人物流车、无人摆渡车、无人清扫车、无人零售车。

第二个公司愿景是军用无人战车缔造者（军用）。主要阐述了以下方面：用户需求，即无人陆军装备是中国新型陆军装备的重要需求；政策背景，即军民融合政策开放千亿级军工产业窗口。用政策趋势为自己的项目“背书”，证明该项目的市场潜力非常大。

在介绍行业痛点时，路演者从技术能力的角度，指出目前行业痛点是无人车的技术创新研发能力不足，大规模应用困难。

在接下来的阐述中，路演者也重点强调了自己的项目有着强大的技术研发能力，能够解决这些痛点。

接着，进入了公司简介部分，路演者首先介绍了公司规模。从中可以看出，该项目已初具规模，有研发中心、实验室，也有生产基地。在融资方面已完成数千万元天使轮融资，估值近亿元。这部分展示了该公司已经具备研发-生产能力，并且已经获得融资，这一点可以增强投资者的投资信心。

在介绍项目系列产品时，路演者主要从发明专利、交付订单数、用户、技术能力、项目立项等角度来阐述产品潜力和优势。用了多个“世界首个”“中国首个”来形容自己的产品，进一步证明了其具备强大的技术能力、市场潜力大，值得投资人投资。

在介绍目前订单情况时，PPT 列举出大品牌用户的标识来为自己“背书”，并且路演者的介绍语言是：“用户基本实现了无人车应用场景的全覆盖。”这句话符合该 PPT 要表达的中心思想，也就是说该项目已经得到过众多大品牌用户的信任，有了用户基础。

在财务预测部分，根据现有销售情况，路演者做出了大胆合理的预测。

在最后阶段，路演者用团队故事收尾，讲述了项目团队代表中国参加国际大赛的经历。在路演结束时，路演者把团队为国争光的情怀氛围烘托了出来。因此，在项目路演中，创业者要善于讲述团队故事，表达家国情怀。

第 28 讲 项目路演设计指南

一、项目路演材料设计

1. 路演台本

路演的第一个环节就是创业者以创业项目为主题进行演讲。为了保证演讲质量，避免忘词、表述混乱，创业者应先将演讲内容进行梳理并记录下来，同时根据路演时间安排准备台本。首先，团队需要根据路演结构撰写演讲内容。路演可以分为项目介绍和项目展示两大部分。在项目介绍部分，需要说明项目是做什么的、市场有多大及项目的增长潜力有多大。在项目展示部分，创业者需要介绍自己的项目，阐明项目解决的痛点、竞争优势，并介绍团队成员。其次，梳理演讲内容并标注重点。创业者应该对演讲台本的逻辑关系、核心数据进行梳理，切忌表述前后矛盾、数据错误。同时在台本上标注重点，概括核心内容，做到详略得当。另外，在语言表述上应该力求简洁明了，切忌废话连篇、表述不清。最后，对提问环节进行准备。投资者针对演讲内容进行提问，创业者也要事先对提问环节进行准备，可以在路演前进行角色互换。假设创业者自己是投资者，想一想有哪些问题是投资者提问概率较大的，提前准备好这些问题的答案。

2. 路演 PPT（BP）

PPT 演示文档要清晰、直观，其画面可以作为创业者演讲的补充。一份图文并茂、文字精练的 PPT 可以为演讲者提示思路，让投资者抓住演讲重点。对于路演所用的 PPT，创业者需要注意以下三点。

（1）篇幅精练。因为大赛或路演时间在 5 分钟以内，所以路演 PPT 的篇幅以 15 页左右为宜。创业者根据路演台本上标注的重点，把想要强调的关键词内容，如产品或服务、市场状况、竞争分析、商业模式、团队介绍、融资需求等，醒目地展示给投资者。

（2）制作精美。路演 PPT 要在版式设计、色彩风格上统一，不宜过于花哨（艺术类项目除外）。多用图表，少用文字，因为大篇幅的文字会占用投资者大部分的注意力，让其感到疲劳。在话题承接的地方，可以使用过渡页或问题引入下一个话题，吸引投资者的注意。

（3）内容完备。路演 PPT 的内容应该包括痛点（需求）与时机、解决方案、市场规模、产品或服务展示、竞争优势、商业模式、团队和融资计划等，创业者应根据具体的情况进行灵活调整。

3. 创业计划书

因为路演时间有限，所以大学生创业者可以为每位投资人准备一份内容详尽的创业计划书。创业计划书可以全方位地介绍项目，让投资者详细地了解项目的各个细节。

一份完整的创业计划书几乎囊括了投资人感兴趣的所有内容，创业计划书中的内容比创业者进行的演讲要充分和具体。投资者如果有意向，就会仔细阅读创业计划书，对创业者、初创公司和创业项目进行更深入的了解。

二、创赛路演心理素质训练

创赛路演是心理较量的过程。路演者要对路演中出现的任何突发环节做好心理准备，对心理紧张、设备故障或评委的尖锐提问等要随时调整心理状态，轻松应战。

路演者在准备或路演过程中，如果有恐惧心态，则可通过专注所说法、自我放松法和呼吸调整法三种方法来克服，如图 10-18 所示。

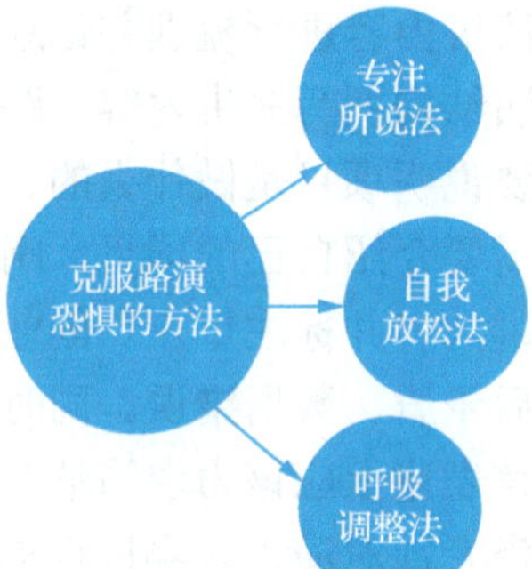

图 10-18　克服路演恐惧的方法

1. 专注所说法

如果路演者一直沉浸在自己该如何表现才能打动评委，总是担心自己会出演讲纰漏，那么感到恐惧是不可必免的。在路演前，放平心态，把注意力转移到演讲内容上是最好的办法。例如，可以再看一遍演讲稿，脑子里再过一遍内容逻辑，或者画出路演内容的思维导图等，都是很好的办法。

2. 自我放松法

上台前，路演者如果感到紧张，则可做一件让自己放松的事。例如，听一首自己喜欢的歌曲，向同学讲一则笑话，等等。另外，肌肉活动也是有效的放松方法。具体做法是：

双手攥拳，全身用力，让自己身体的每块肌肉都绷紧，脚趾用力；坚持 3 秒，然后放松；连续三次，注意感受放松时的感觉，从而缓解紧张感。

3. 呼吸调整法

精神病学家弗里茨·皮尔斯（Fritz Perls）曾经说过："恐惧是没有呼吸的兴奋。"克服演讲恐惧和紧张心理，最简单实用、便于操作的方法就是深呼吸。紧张的时候，路演者的心跳会加快，并且感到心烦意乱。这时候不要想任何事情，做深呼吸，全身心地感受腹部的起伏。这样一两分钟之后，路演者的呼吸慢慢就顺畅了，恐惧感就会减轻。

路演者要想彻底克服路演时的紧张心理，可采用系统性的训练方法——克服紧张九步法（图 10-19）。

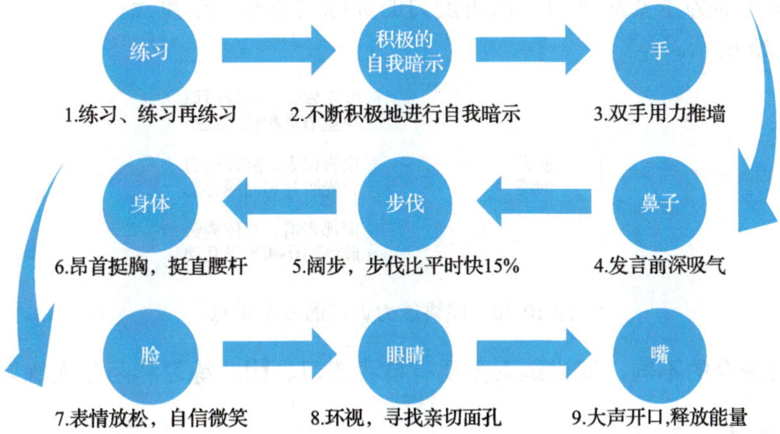

图 10-19　克服紧张九步法

一般来说，每个人都会有恐惧感，我们不要去对抗它，因为对抗本身就会把这件事情放得更大。因此，路演者要做的事情是，通过训练或采取一些适合自己的行动措施，帮助自己的大脑和心理摆脱这种无意识的恐惧，尽快地克服恐惧和紧张心理。

三、创赛路演讲演能力训练

（一）电梯演讲及其运用

詹姆斯·麦肯锡（James Mckinsey）要求公司员工在最短的时间内把结果表达清楚，凡事要直奔主题、结果。麦肯锡认为，一般情况下人们最多记得住一二三，记不住四五六，所以凡事要归纳在三条以内，这就是 30 秒钟电梯理论（或称电梯演讲）。这个理论的本意是，即使与别人在电梯间短暂相遇，自己也能清楚准确地表达观点。

电梯演讲的表达逻辑和方法可分为以下五个步骤。

第一步：共识问题。这是一个铺垫，是为了引出所要表达的观点，并且这个铺垫问题必须是人们都认可，不存在争议的问题，否则很容易在根本上就被否定。

第二步：说出核心观点。这一步非常重要。首先，它是共识问题下面的一个分支。其次，剩下的步骤都是为了证明这个观点。最后，路演者的解决办法也是要应对这个观点。

第三步：证明观点。用一句话说明，路演者是依据什么、怎么得出核心观点的。

第四步：量化支持。路演者一定要用数据或事实证据支持自己的观点，这样才容易让人信服。

第五步：解决办法。如果第一步至第四步做得很好，这一步就顺理成章了，很容易被人认可和接受。

电梯演讲运用在路演场景，是指路演要充分发挥演讲的“一分钟效应”，一开始就抓住评委的心，然后在几分钟之内完成团队、产品服务、商业模式和核心优势等要点展示，目的是说服评委认可自己的团队和项目，获得好的参赛成绩。

（二）演讲的练习方法

要提升演讲能力主要靠练习。演讲能力的训练主要有三个重点：口才、气质和表演。具体如图 10-20 所示。

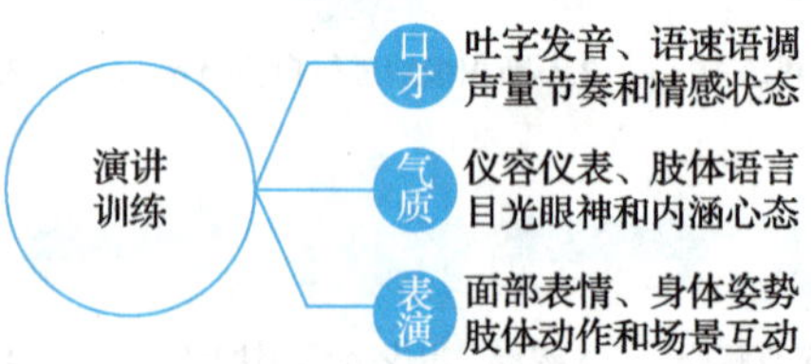

图 10-20　演讲能力训练的三个重点

根据练习场合的不同，演讲练习主要有自我练习、团队练习和陌生人练习三种方法。

1. 自我练习

自我练习主要通过大声朗读、对着镜子练习、自己录音、观摩模仿和角色扮演等方式进行。通过不断的自我练习，路演者不仅要做到对讲稿烂熟于心，还要不断地提升演讲的感染力。

2. 团队练习

团队练习主要通过角色扮演方式进行。创赛团队成员或邀请相关教师和学生分别扮演评委和观众，让参与者提出演讲存在的问题，不断提升演讲水平和效果。

3. 陌生人练习

陌生人练习是通过面向对参赛项目和团队完全不知情、不了解的陌生人，向其做正式演讲，以获得对演讲的真实反馈，重点测试演讲存在的问题，基于陌生听众的状态进行调整，提高演讲的吸引力。

（三）创赛演讲的技巧

1. 表达技巧

根据创赛路演的过程，路演者首先要以问候听众（主要是评委）、介绍团队名称和项目名称为开场白。

当讲到主体部分时，要注意以下三点：①分清重点，逐一讲解；②注意衔接，承上启下；③讲题与听众利益挂钩。

在路演过程中，路演者要注意声音的运用技巧，尽量做到：①音量适度，用真声音；②强调重点，不重要的跳过去；③改变音调，变换节奏；④注意说话速度变化，轻重缓急得当；⑤在要点前后适当停顿或静场；⑥充分展示创新创业激情与自信；⑦避免口头禅、含糊吞音和拖腔。

2. 舞台互动技巧

在创赛路演舞台中，路演者要时刻注意站位，让舞台（评委、器材、听众）跟随自己的节奏，做到聚焦周围的注意力。如果路演者能做到主动调动现场情绪，将会达到事半功倍的路演效果。

调动现场情绪的技巧主要有以下三个。

（1）基于听众状态进行灵活调整。

（2）适当改变表达节奏，放慢语速或停顿。

（3）变换语调，提高音量，设计与听众互动的问题等。

3. 突发情况处理技巧

路演者在演讲过程中，如果忘词卡壳或出现突发事件干扰，如何处理比较好呢？这种突发情况的处理技巧如图 10-21 所示。

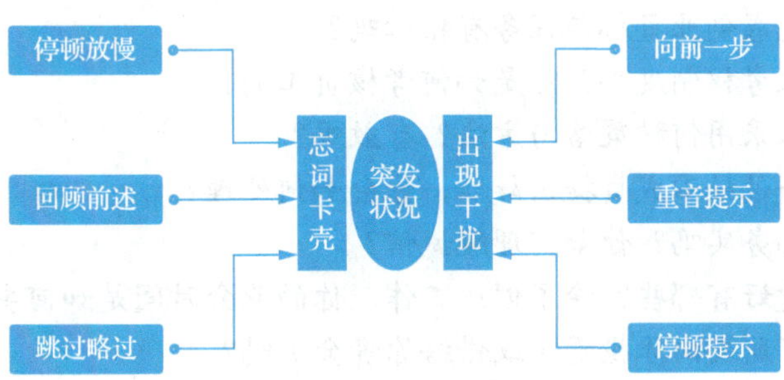

图 10-21　路演突发情况的处理技巧

四、项目路演答辩训练

（一）预设答辩问题库

当评委看完参赛团队的路演后，一般会根据兴趣点、重点、难点、疑点来提问。参赛团队要根据评委和自己表达的需要，预先设定一些问题，做好问题库并提前做好展现和回答的准备。通过预设问题及答题准备，既可以自我检查出商业计划书中的漏洞，及时修补和完善，又可以帮助参赛团队在路演时表现得更为顺畅，信心更足。

答辩问题库可参考以下内容自行构建。

商业类项目

个人与团队相关：

1. 你为何来参赛？

2. 你为何选择创业？你是从什么时候开始创业的？

3. 创始人的最初创业动机（创业初心）是什么？现在是否发生改变呢？

4. 在开始创业时你是否遇到让自己很头疼的困难或挫折？你是怎样度过的？

5. 分享你人生经历中最失败与最成功的事。

6. 讲述一个令你难忘的成就故事。在创业或参赛过程中，说说使你印象最深刻的一件事。

7. 你觉得自己与别人有什么不同？谈谈你对自己的评价。

8. 在你的团队中，CEO决策所占的比例及其错误决策所占的比例如何？

9. 你认为团队的核心优势在哪里？

10. 平时你在办公室里的时间是多少？为什么？

11. 研发中心或营销中心的负责人是从哪里来的？他具备什么样的素质？

12. 你的团队核心成员中都是成功者吗？

13. 你的团队核心成员追随你创业的动机是什么？

14. 你最欣赏团队中的哪个人？为什么？

15. 你对现有的创业团队满意吗？你心目中最理想的团队是什么样子的？

16. 你认为目前团队最需要解决的问题是什么？

17. 你对团队完成创业目标与任务有信心吗？

18. 团队有绩效考核制度吗？你是如何考核员工的？

19. 你激励团队采用何种策略与方法？有效吗？

20. 如果你的一位核心成员提出辞职，你会如何处理？

21. 你认为自己务实吗？你如何理解诚信？

22. 你的业余爱好有哪些？除了创业工作，你的业余时间是如何安排的？

23. 创业初期有朋友向你投资（或借给你资金）吗？

24. 你最缺的是什么？

25. 你认为职业经理人与企业家的区别在哪里？

26. 请简要介绍你的团队。团队核心成员有哪些经验与优势？

27. 在短期内，你的团队需要招募哪些核心成员？

28. 你的团队的哪些独特之处能够执行好这个项目的计划？

29. 你的公司目前有多少名员工？在接下来的一年里，你打算如何扩大团队？

30. 请解释你的股权架构与比例分配。

31. 谈谈你的独特优势。团队为何会与你一起创业？

32. 你的团队成员这么强，他们是怎么加入你的团队（公司）的？

33. 假设你向员工推出了一个很不受欢迎的想法，你将采用什么办法来减少员工对这一想法的反感？

34. 你选拔、组建核心团队人员的主要原则是什么？为什么？

35. 你创建的企业（团队）文化是什么？你认为企业（团队）文化在创业过程中的主要作用是什么？

行业与市场分析相关：

1. 你的参赛项目的创意来自哪里？
2. 你的项目是如何产生的？
3. 为什么选择这样的项目？
4. 为什么选择这个行业？
5. 为什么你的公司可以做得很大？
6. 在你项目所处的行业中，成功的关键因素是什么？
7. 在你项目所处的行业中，受季节影响吗？季节性的影响因素是什么？
8. 为什么说你的项目有较大的市场机会？
9. 你真正的目标市场是什么？随着时间的推移，你打算占据多大的市场份额？
10. 你的项目（公司）到底解决的是哪些问题？它重要吗？
11. 你的项目到底在做什么？
12. 如何做市场调查？你是怎样做市场调查的？你认为是否有更好的了解市场的方法？
13. 你的主要用户群是谁？他们有哪些特征？
14. 你是如何选择登陆市场的？你做登陆市场的验证了吗？如何做的？结果如何？
15. 你的目标市场是否有准入条件？
16. 你是怎样分析市场需求的？
17. 你的现有市场份额是多少？
18. 你认为用户的核心痛点和问题需求在哪里？
19. 如何证明市场有这方面的真实需求？
20. 请分析当下市场格局，预测市场发展趋势。
21. 你的项目所在行业有准入门槛吗？

产品技术与服务相关：

1. 你的产品（服务）能为用户带来什么？
2. 你所预期的产品生命周期有多长？
3. 你的产品服务为主要用户创造哪些利益和价值？
4. 请列举用户购买你的产品的三大理由。
5. 你的产品开发进度如何？
6. 请展示你的原型产品。
7. 你的产品或技术强在哪里？主要竞品（对标产品）是什么？与其相比有哪些差异？
8. 在产品服务质量控制方面，你有哪些具体措施？
9. 你对产品或服务的升级规划如何？
10. 用户对你的产品的评价如何？
11. 产品服务涉及的核心技术是什么？你的技术是不是独一无二的？是否能做到国内或国际领先？

12. 市面上为什么没有这个产品？
13. 网站上有类似产品比你的价格便宜、功能多，你如何解释？
14. 你的产品的应用场景有哪些？
15. 你的产品的生产成本如何？
16. 你的产品服务的核心竞争力在哪里？
17. 你想做这么多产品怎么实现？
18. 你的产品能为用户解决哪些痛点？
19. 科研成果和专利是你原始获得的吗？
20. 你获得核心技术专利授权情况如何？

商业模式相关：

1. 请描述你的项目的商业模式。
2. 你的项目的盈利模式在哪些方面比同行先进？
3. 你的项目靠什么盈利？如何盈利？
4. 你的项目是一个什么样的项目？
5. 你如何做到能持续盈利？
6. 你的项目是如何盈利的？
7. 你的盈利渠道有哪些？如何盈利？
8. 你能为社会创造什么价值？你是如何实现持续创造价值的？
9. 你如何实现项目服务链的良性循环？
10. 你的项目的商业模式有哪些方面的创新？
11. 你的项目是如何实现商业价值链的闭环的？
12. 请用一个例子说明你所设计的商业模式的适用性和有效性。
13. 确保你的项目的商业模式成功的关键因素是什么？
14. 你是如何验证项目的商业模式是行得通的？
15. 你是否有类似的商业模式成功案例？请解释两者间的异同点。

市场营销相关：

1. 你凭什么吸引用户？
2. 请谈谈品牌建设的思路。
3. 如何对外地市场进行有效拓展与管理？
4. 你想招揽到一名用户，需要付出多少成本？你测算的获客成本大约是多少？后期获客成本会降低吗？能降低多少？
5. 你的目标用户的生命周期价值是多少？
6. 你打算使用什么渠道来招揽用户？
7. 从与用户初次接触，到最后达成销售，中间的销售周期（成单周期）一般是多长？
8. 你打算怎样对你的产品或服务做营销？
9. 你打算使用哪种展示渠道？为什么？
10. 你打算怎样利用社交媒体（或互联网）进行营销？你会选择哪些社交媒体？为什么？

11. 你打算怎样做内容营销？你的团队擅长吗？

12. 你会去做搜索引擎营销吗？你能证明它有效果吗？

13. 你打算采取哪些步骤让自己的产品或服务快速销售出去，或者让用户迅速采用？

14. 你的产品或服务获得了哪些早期反响，尤其是知名网站或出版物上或行业机构或流量用户的评价？

15. 是否已经有某家知名公司（机构）或影响力人士成为你的用户？

16. 你的早期销售上升动力如何获得加速？你获得这种上升动力的主要原因是什么？

17. 用户为什么会注意到你的产品或服务？

18. 你是如何宣传你的品牌的？或者你打算如何做？

19. 你怎么营销你的产品（你怎么让别人接受你的产品）？

20. 你的主要目标市场在哪里？空间有多大？

21. 你的主要市场竞争对手是谁？你的竞争优势是什么？

22. 你认为质量和用户服务的关系是什么？

23. 你的产品定价的依据和策略是什么？

24. 你的营销策略是什么？为什么说其是有效的？（你如何评价自己的营销策略？）

25. 你的销售步骤和流程如何？

26. 请描述项目的真实销售场景。

27. 请举一个典型的销售成功案例。

28. 如果把我当作你的潜在目标用户，你会如何说服我购买你的产品或服务？

29. 你是如何开发用户的？你是如何管理用户的？

30. 你认为影响销售成功与否的关键因素是什么？

竞争与优势相关：

1. 你的项目的主要创新点或创意点在哪里？
2. 你的项目为什么能成功？（你的项目靠什么成功？）
3. 你的项目的核心竞争力是什么？
4. 为什么你的项目（公司）具有很高的成长潜力？
5. 是什么使你的项目（公司）具有特殊的市场（行业）地位？
6. 当你的公司必须和更大的公司竞争时，为什么你的公司会成功？
7. 你的项目的“护城河”在哪里？有多深？
8. 你如何构建项目（公司）的竞争壁垒？
9. 据你估计，你的竞争对手对你的公司会做出怎样的反应？你会如何应对？
10. 你的项目的核心优势是什么？如何保持优势，并且不易被复制？
11. 你的项目的主要竞争对手是谁？对手的市场策略如何？你如何评价？
12. 你的项目对标的对象是谁？你凭借什么与其竞争？
13. 相比其他竞争者，用户为什么选择你？
14. 假如BATJ（百度、阿里巴巴、腾讯、京东）类公司复制你的项目，你会怎么办？
15. 你的项目靠什么做大做强？
16. 你的最大竞争者的市场份额目前是多少？

17. 凭什么让我相信你能赢？
18. 我看你的产品技术含量不太高，你的项目的核心竞争力在哪里？
19. 请举例说明你的项目的优势。
20. 在你的 SWOT 分析中，你应对外部威胁和自身劣势方面的对策分别是什么？

财务及预测相关：

1. 请解释在运营和营销成本只增长 20%的情况下，你如何实现收益增长 400%。
2. 你的销售收入的预测依据是什么？
3. 在你的成本预算中，人力成本很低，为何能做到这么低？可持续吗？
4. 你的变动成本测算有可优化的余地吗？
5. 财务报表中你的利润测算年增长率不高，为什么？
6. 你的盈亏平衡点是如何测算的？你预计盈亏平衡周期多长（什么时候能盈利）？
7. 你如何保障公司的现金流不会断？
8. 你的项目（公司）的营销支出是如何测算的？
9. 你的产品成本是如何测算的？有降低成本的可能性和办法吗？
10. 对你的项目（公司）的利润影响最大的因素是什么？
11. 公司目前是否有负债？有无坏账？缴税情况如何？
12. 你的工资是多少？为什么？
13. 请详细解释你做出财务预测的一些主要假设。
14. 评估你的预期成本（如工程人员聘用成本、营销成本、办公成本等）是否合理。
15. 你的项目（公司）目前资金投入是多少？为什么这么多？怎么安排的？

融资与风险相关：

1. 你的项目（公司）目前的估值是多少？估值依据是什么？是用什么方法估算的？
2. 我为什么要投资你？
3. 你是否需要融资？为什么？
4. 你准备以什么方式融资？为何不采用债权融资（或股权融资）方式？
5. 你目前有意向投资者吗？（你目前融资的情况如何？）
6. 投资者投资时提出要控股，你会如何处理？
7. 为什么这轮（次）融资的金额这么高？
8. 我要向你投资，但估值要打对折，你认为如何？
9. 你进行股权融资的主要目的是什么？为什么？
10. 你心目中理想的投资人是什么样的？为什么？
11. 我给你想要的投资，但需要保证销售业绩一年内翻一倍，你认为如何？
12. 你凭什么估值这么高？能打几折？
13. 你的项目的投资回报率是多少？怎么测算的？
14. 你有设计股权退出机制吗？具体是怎样的？
15. 如果我给你 1000 万元，那么你将如何使用？
16. 你目前的融资额度能支撑项目运营到什么阶段（时间）？
17. 制约项目（公司）发展的最大问题或瓶颈是什么？

18. 在创业过程中，团队有无重大经营失误？你如何看待这个问题？

19. 你预计项目（公司）未来3年会遇到哪些风险？怎样规避？

20. 你认为你的项目（公司）主要存在哪些风险？你的应对策略是什么？

21. 你认为你的项目（公司）在法律（政府监管、政策调整）方面的主要风险是什么？风险来源及其影响因素如何？对应的避险策略是什么？

22. 你认为你的项目（公司）在研发技术（市场，竞争等）方面的主要风险是什么？风险来源及其影响因素如何？对应的避险策略是什么？

23. 你认为你的项目（公司）是否存在产品责任方面的风险？风险来源及其影响因素如何？对应的避险策略是什么？

24. 如果融资失败，那么对项目（公司）发展影响有多大？

25. 请解释项目（公司）发展战略和规模扩张策略的合理性及可行性。

26. 你为自己预留了多大的犯错空间？为什么？

27. 如果你所依赖的机构停业（供应商或用户），将会发生什么事情？你会怎么办？

28. 如果项目收入或资金来源出现问题，你会怎么应对？

29. 项目运营最坏的情况是什么？你是怎么打算的？

30. 项目是否只有一条路可走？为什么？

31. 如果成本翻番，那么这个项目会怎样？

公益类项目

个人与团队相关：

1. 你为何来参赛？

2. 你为何选择做公益？是从什么时候开始的？

3. 创始人的最初动机（初心）是什么？现在是否发生改变？

4. 在做公益过程中，你是否遇到让自己很头疼的困难或挫折？你是怎样度过的？

5. 分享你人生经历中最失败与最成功的事。

6. 讲述一个令你难忘的成就故事。在公益活动或参赛过程中，说说令你印象最深刻的一件事。

7. 你觉得自己与别人有什么不同？谈谈你对自己的评价。

8. 你的人生理想是什么？

9. 你认为团队的核心优势在哪里？

10. 项目的其他负责人是从哪里来的？他们具备什么样的素质？

11. 你的团队核心成员中都是成功者吗？

12. 你的团队核心成员追随你（或项目）的动机是什么？

13. 你最欣赏团队中的哪个人？为什么？

14. 你对现有的团队满意吗？你心目中最理想的团队是什么样子的？

15. 你认为目前团队最需要解决的问题是什么？

16. 你对团队坚守这份事业直至成功有信心吗？信心来自哪里？

17. 团队有绩效考核制度吗？你是如何考核员工的？

18. 你激励团队采用何种策略与方法？有效吗？
19. 你创建的团队文化是什么？你认为团队文化在公益服务过程中的主要作用是什么？
20. 如果你的一位核心成员提出辞职，你会如何处理？
21. 你认为自己务实吗？你如何理解理想与现实有差距？
22. 你的业余爱好有哪些？除了公益事业，你的业余时间是如何安排的？
23. 项目初期有朋友为你投资（或借给你钱）吗？
24. 你最缺的是什么？
25. 你认为慈善家与企业家的区别在哪里？
26. 请简要介绍你的团队。团队核心成员有哪些经验与优势？
27. 在短期内，你的团队需要招募哪些核心成员？
28. 你的团队有什么独特之处，能够执行好这个项目的计划？
29. 目前你的团队规模多大？在接下来的1年里，你打算如何扩大团队？
30. 谈谈你的独特优势。团队为何会与你一起创业？
31. 你的团队成员这么强，他们是怎么加入你的团队（公司）的？
32. 假设你为帮扶对象提供服务，但遭到误解和抵制，你将采用什么办法来解决问题。
33. 你选拔核心团队人员的主要原则是什么？为什么？
34. 你如何解决团队的延续性或接替性问题，以确保项目的可持续性发展？
35. 你如何解决团队成员自身的生存和发展问题？

行业与市场分析相关：

1. 你的参赛项目的创意来自哪里？
2. 你的项目是如何产生的？
3. 你为什么选择这样的项目？
4. 你为什么选择这个公益行业？
5. 为什么你的产品、服务是有帮助的？
6. 在你的项目所处的行业中，影响成功与可持续性发展的关键因素是什么？
7. 请分析当下公益行业的格局，预测公益事业的发展趋势。
8. 为什么说你的项目有较大的社会价值？
9. 你真正的目标是什么？随着时间的推移，你打算取得的公益成果或公益受众覆盖面如何？
10. 你的项目到底解决的是哪些社会问题？它有多重要？
11. 你的项目到底在做公益活动，还是在做公益事业？
12. 你是如何做问题调查的？你认为是否有更好的了解问题的方法？
13. 你的主要受益用户群是谁？他们有哪些特征？
14. 你是如何选择解决问题切入点的？你做的活动结果验证了什么假设？
15. 你的项目是否有准入条件或特殊资质？
16. 你是怎样分析公益对象的痛点与需求的？
17. 你如何证明公益对象具有这方面的真实、高频需求？
18. 你认为公益对象的核心痛点和问题需求在哪里？产生的根源是什么？

产品技术与服务相关：

1. 你的产品（服务）能为用户带来什么？你的产品能为用户解决哪些痛点？
2. 你所预期的产品生命周期有多长？产品或服务的升级规划如何？
3. 你的产品服务主要为用户创造哪些利益和价值？用户对你的产品的评价如何？
4. 请列举用户购买你的产品的三大理由。市面上为什么没有这款产品？
5. 你的产品开发进度如何？你想做这么多产品怎么实现？
6. 请展示你的原型产品。你的产品的应用场景有哪些？
7. 你的产品或技术强在哪里？主要竞品（对标产品）是什么？与其相比有哪些差异？
8. 对于产品服务质量控制方面，你有哪些具体措施？你的产品的生产成本如何？
9. 网站上有类似产品比你的价格便宜、功能多，你如何解释？
10. 你的产品服务的核心竞争力在哪里？

公益运营模式相关：

1. 请描述你的项目的公益运营模式。
2. 你的项目的公益运营模式在哪些方面比同行先进？有哪些方面的创新？
3. 你的项目凭借什么维持和发展？
4. 你的项目是一个什么样的项目？
5. 你如何做到持续扩大项目的社会影响力？
6. 你如何保证项目的可持续与复制拓展？
7. 你的资金获取渠道有哪些？是否有固定的渠道？
8. 你能为社会创造什么价值？这些价值主要体现在哪些方面？
9. 你如何实现公益项目服务链的良性循环？
10. 你的项目运营是否借助了商业模式？商业模式具体是怎样的？
11. 你的项目能长期存在和发展的条件与理由有哪些？
12. 请用一个例子说明你所设计的公益运营模式的适用性和有效性。
13. 要确保你的项目的公益运营模式成功，关键因素是什么？
14. 你是否有类似的公益运营模式成功案例？请解释两者间的异同点。
15. 你的项目做了一些公益活动，是否探索出可持续的发展模式？

项目推广相关：

1. 你凭什么吸引或说服公益对象积极加入？
2. 请谈谈公益品牌建设的思路。
3. 你对资金的募集与使用是如何管理的？
4. 你凭借什么说服相关利益者提供资助或资源？请举例说明。
5. 你如何树立项目的社会公信度？
6. 你使用哪些渠道和方式来推广该公益项目？
7. 是否已经有某家知名公司（机构）或影响力人士成为你的项目合作者？
8. 你的项目的实施步骤和流程是怎样的？是否可以标准化？
9. 如果把我当作你的公益对象，你会如何与我沟通，说服我积极配合你的工作？

10. 你打算怎样利用社交媒体（或互联网）进行项目的推广？你会选择哪些社交媒体？为什么？

11. 请举例说明你是如何找到公益项目所需的关键资源的。

12. 你的项目获得了哪些早期反响，尤其是知名网站或出版物或行业机构或流量客户的评价？

13. 你的项目是否得到了政府部门的支持？你是怎样争取到的？

竞争与优势相关：

1. 你的项目的主要创新点或创意点在哪里？
2. 你的项目为什么能成功？（你的项目靠什么成功？）
3. 你的项目的核心竞争力是什么？
4. 为什么你的项目具有很强的生命力？
5. 是什么使你的项目具有特殊的地位？
6. 为什么你对该项目有长期做下去的信心？
7. 凭什么让我相信你能赢？
8. 我看你的产品技术含量不太高，你的项目的核心竞争力在哪里？
9. 请举例说明你的项目的优势。
10. 在你的SWOT分析中，你应对外部威胁和自身劣势方面的对策分别是什么？

财务及预测相关：

1. 请解释在运营成本只增长20%的情况下，你如何实现社会效益增长100%？
2. 你的运营收入的预测依据是什么？
3. 在你的运营成本预算中，人力成本很低，为何能做到这么低？可持续吗？
4. 你的变动成本测算有可优化的余地吗？
5. 你是如何做到盈亏平衡的？
6. 你如何保障项目的现金流不会断？
7. 你的工资是多少？为什么？
8. 请详细解释你做出财务预测的一些主要假设。
9. 评估你的预期成本（如志愿者聘用成本、推广成本、办公成本等）是否合理。

项目发展与风险相关：

1. 我要与你进行项目合作，你认为可以什么方式进行合作？
2. 请解释项目发展战略和规模扩张策略的合理性及可行性。
3. 你认为项目目前最大的困难或发展瓶颈是什么？为什么？
4. 如果我给你1000万元，你将如何安排？
5. 现在制约项目发展的最大问题或瓶颈是什么？
6. 在项目开展过程中，团队有无重大失误？你如何看待这个问题？
7. 你预计项目未来3年会遇到哪些风险？怎样规避？
8. 你认为你的项目在法律（政府监管、政策调整）方面的主要风险是什么？风险来源及其影响因素如何？对应的避险策略是什么？
9. 你认为你的项目是否存在产品服务等责任方面的风险？其风险来源及其影响因素如

何？对应的避险策略是什么？

10. 如果项目运营出现困难不能持续下去，那么你会如何做？

（二）现场答辩要点

路演后的答辩是创赛必不可少的环节，也是评委与选手直接互动沟通的重要环节。答辩环节准备充分、应对得当，是获得加分的极佳时机。答辩的准备主要靠演练，不断重复、系统深入地演练，针对项目实际，把评委可能提出的问题尽可能都覆盖到。另外，答辩还应注意团队间的默契配合和适当的应变策略，以提升答辩效果。

1. 一般性要点

现场答辩的一般性要点主要有三个方面，具体如图 10-22 所示。

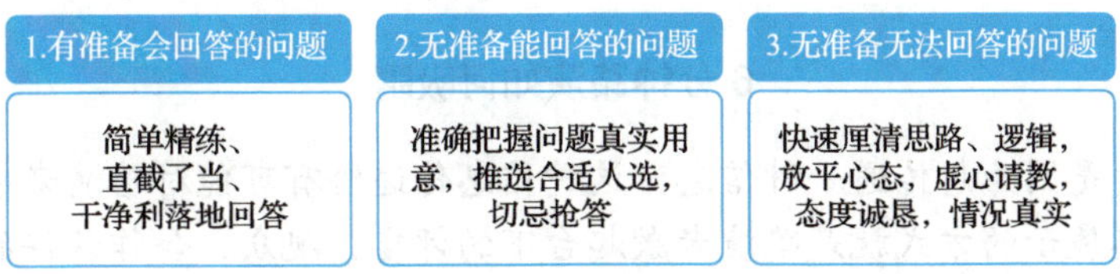

图 10-22　现场答辩的一般性要点

创赛答辩时要注意做到以下几点：聆听确认，切中要点；简单精练，干净利落；自信有据，强调优势；谦逊真诚，善于请教；注意形象，认真礼貌。

2. 创赛答辩的技巧

创赛答辩时，路演团队要做到“三不”原则：不互撕，即不要与评委纠缠不清；不隐瞒，不能说这部分是你的核心优势，不方便展示；不质疑，不能说“你不懂”“你听过吗”“你知道吗”等。另外，创赛路演时要注意以下事项：不要太科普，要有明确的市场定位；不要太繁杂，要有讲述的逻辑要点；不要太冷淡，要有演讲的激情和热情；不要太空洞，要有经营的数据论据；不要太粗放，要有详细的测算规划。

课堂活动

模拟路演

情境设定：学生所在的小组如果有一份创业计划书，或者寻找一份自己比较熟悉的创业计划书，认真研读和思考，确保自己掌握了创业项目的所有信息，然后凝练出创业计划的各个要点。

现在，学生要代表这个创业项目去面见投资人。投资人比较忙碌，仅仅留给自己 3 分钟时间陈述项目计划。学生会如何设计这 3 分钟的第一次融资沟通？准备用什么样的方式和策略去打动投资人，引起投资人的兴趣，进而获得融资机会呢？

模拟步骤：

（1）准备一份 3 分钟的展示材料和演讲稿。

（2）寻找指导教师和创业项目相关权威人士扮演投资人。

（3）利用 3 分钟的时间充分展示自己的风采。

（4）征询投资人的意见，聆听其感受和点评。

（5）总结反馈信息，进一步思考改进的策略。

课程反思

1．什么是路演？

2．路演前需要做哪些准备工作？

3．路演时需要注意哪些问题？

4．你是否参加过创业项目路演活动？如果参加过，请谈谈你对路演项目活动的认识。

拓展阅读

6 分钟路演如何吸睛

路演者上台是因为想传递一种信息。这种信息传递给有可能对路演者感兴趣的人，传递的过程和信息展示的方式就是路演者激起台下的评委、观众、合作伙伴的兴趣点。这是路演者的四大目的：融资、PR（public relations，公共关系）、潜在用户、合作伙伴。

6 分钟路演思维导图如图 10-23 所示。

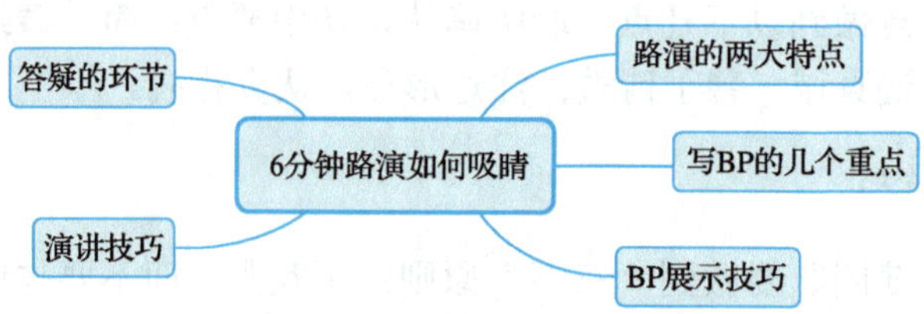

图 10-23　6 分钟路演思维导图

具体内容详见二维码：

参 考 文 献

韩树杰，2020．创业地图：商业计划书与创业行动指南[M]．北京：机械工业出版社．

李家华，2015．创业基础[M]．2 版．北京：清华大学出版社．

王静，2020．创业策划及路演实训[M]．北京：中国工信出版集团，电子工业出版社．

第十一章
如何创建新企业

名人名言

以人为本的管理就是管理人员的创新精神。

——海尔集团创始人 张瑞敏

学习目标

1. 了解初创企业的四种主要形式。
2. 掌握公司注册的前提准备工作。
3. 能够识别与应对创业风险。
4. 了解创办企业涉及的法律法规。
5. 掌握企业创办初期的经营管理内容与方法。
6. 能够制定企业创办初期的经营战略。
7. 培养不轻易言败的进取精神，吃苦耐劳，敢于担当，不忘初心。

创业故事

创业为什么失败了

小王在大学毕业后联合几个朋友开始创业，做的项目是创建一个电商平台。刚开始，他们感觉找到了一个极具前景的项目，为拥有了放手一搏的机会而激动不已，每天早晨 7:00 起床，次日凌晨 2:00 左右才回家，除了加班不参加任何活动，几乎“与世隔绝”。

图 11-1 创业不易 深入才知

刚开始时，他们经常与创业者交流，聊项目，谈目标，说理想，还向创业者分享经验，为其提供指导意见。随着项目的推进，他们才感受到创业太难了（图 11-1）。慢慢地，他们对公司的未来发展产生了迷茫。小王主要负责 IOS（intemetworking operating system-Cisco，思科网络配置系统）开发，每天把自己“埋在”代码里，不分昼夜。他们的平台开发了一版又一版，不断添加新功能，不断优化使用体验。面对开发出来的平台软件，他们激动之余又深感迷茫，因为平台上线后，迟迟未做市场推广。团队中有几个人想放弃却又心有不甘，因为连续进行了几个月的平台开发却未领到工资，他们天使轮的融资仅仅够维持公司日常的经营开支，而第二轮融资一直未能得到落实。团队的领头人为降低运营成本决定把公司搬到郑州，将目标市场锁定在河南。到河南后，他们又发现了最大的困难：平台的用户量小、活跃度不高，平台签单率几乎为零。

面对这种情况，他们可以选择继续开发并运营该平台，想办法提高用户数和平台活跃度，但他们无法做到在短时期内实现盈利，也无法保证什么时候可以实现第二轮融资；他们也可以选择放弃该平台，转型寻找新的项目，但团队讨论了好多新项目，都感觉不可行。公司的经营现实推动着团队矛盾不断地升级：有人主张坚持做下去，“不忘初心，方得始终”；有人认为前途迷茫，“长痛不如短痛”，应放弃。后来，一个合伙人因为小矛盾，和团队的领头人发生争执后选择了离开。为了降低成本，公司开始裁员，同时决定不再更新App，只做运营维护。

（资料来源：董鹏中，韩强，2021．创新创业教育与技能实践[M]．北京：科学出版社．）

启示：

创业是一个磨合、磨砺和验证项目规划的实践试错过程，创业过程的管理需要努力、经验和各种管理智慧。创业者在前期往往会因梦想而投入激情，但随着创业不断深入，创业者会面临诸多困难和问题。创业开始容易，成功难。因此，在创办企业前，要多学习创业初期管理的知识和经验，以有效地应对创业各种挑战，取得创业企业的顺利经营。

第29讲　企业创建的基础知识

一、企业组织形式的选择

企业一般是指以盈利为目的，运用各种生产要素，为市场提供商品或服务，实行自主经营、自负盈亏、独立核算的法人或其他社会经济组织。企业是市场经济活动的主要参与者，在社会主义市场经济体制下，各种企业并存，共同构成社会主义市场经济的微观基础。

创业者在创立企业时首先要选定拟创办企业的组织形式。初创企业的主要组织形式有个人独资企业、合伙企业、有限责任公司和股份有限公司。

1. 个人独资企业

个人独资企业是指依法设立，由一个自然人投资，财产为投资人个人所有，投资人以其个人财产对企业债务承担无限责任的经营实体。当个人独资企业财产不足以清偿债务时，选择这种企业形式的创业者须依法以其个人其他财产予以清偿。

个人独资企业不具有企业法人资格，由出资人对债务承担无限责任。国家机关、国家授权投资机构或国家授权的部门、企业、事业单位等都不能作为个人独资企业的设立人。

2. 合伙企业

《中华人民共和国合伙企业法》（以下简称《合伙企业法》）规定，合伙企业是指自然人、法人和其他组织依法在中国境内设立的普通合伙企业和有限合伙企业。

合伙企业分为普通合伙企业和有限合伙企业两种。两者最大的区别在于有限合伙企业有两种不同的所有者：普通合伙人和有限合伙人。其中，普通合伙人对合伙企业的债务和义务负责，而有限合伙人仅以投资额为限承担有限责任，但后者一般不享有对组织的控制权。

合伙企业不具有法人资格，合伙人之间通过签订合伙契约，规定各合伙人在合伙中的权利和义务；合伙人是“人的组合”，合伙人丧亡、破产或退出等都影响到合伙企业的存续。合伙人对合伙企业的债务承担无限连带责任。合伙人原则上均享有平等参与管理合伙事务的权利。除非契约另有规定，每个合伙人均有权对外代表合伙企业从事业务活动。

3. 有限责任公司和股份有限公司

公司是现代社会中主要的企业形式。公司是企业的法人，有独立的法人财产权。公司以其全部财产对公司的债务承担责任。

根据《中华人民共和国公司法》（以下简称《公司法》），公司分为有限责任公司（包括一人有限责任公司）和股份有限公司两种类型。有限责任公司的股东以其认缴的出资额为限对公司承担责任。股份有限公司的股东以其认购的股份为限对公司承担责任。

不同的企业法律形式对于创业者而言各有其优势与劣势。在实际创业过程中，创业者应根据自身资源与能力条件及市场状况做出适当选择。

二、企业注册的前期准备

创业者注册新企业之前，需要做好以下几个方面的准备。

1. 确定企业的股东（投资人）

股东是企业的出资人，即投资者，注册企业前首先要确定股东。有权代表国家投资的政府部门或机构、企业法人、具有法人资格的事业单位和社会团体、自然人都可以成为企业的股东。

2. 确定企业的名称

申请企业名称预先核准（即核名）是办理企业登记注册的第一步。提交核名前，创业者需要按照法律法规对企业名称的相关规定，预先取好 3～5 个企业名称待审核。在提交名称时，需要确定好其优先级顺序。

在为企业起名时，要注意企业只能使用一个名称，在登记主管机关辖区内不得与已登记注册的同行业企业名称相同或近似。企业名称一般由四个部分构成：行政区划（也可以不使用）+字号+行业（经营特点）+组织形式。其中，行政区划一般放在名称最前面，也可以放在名称中间，但应加上括号；字号一般应当由两个以上的汉字组成，行政区划不得用作字号，但县以上行政区划地名具有其他含义的除外，可以使用投资人的姓名作为字号；行业是指所要从事的主要经营项目，如以经营服装为主的可表述为“商业”“服装”“贸易”等，以技术开发为主的可表述为“科技”“技术”“科技开发”等；组织形式是企业组织结构或责任形式的体现，公司制企业一般应表述为“有限（责任）公司”“股份（有限）公司”。

3. 确定企业的地址

图 11-2　企业选址须考虑交通等因素

创业者企业注册与经营地址的选择包括两个方面：①选择地区，是指不同地理区域或城市，影响地区选择的因素主要有政治、经济、技术、社会和自然五个因素；②选择具体地址，影响具体地址选择的因素主要有交通、资源、消费群体、社区环境和商业环境等（图 11-2）。

一般来说，生产性质的创业企业选址要考虑生产条件，即原材料的供应地距离与价格、交通运输是否便利、是否具备生产水电与环保条件、有无优惠政策等；商业性质的创业企业选址应考虑客流量、租金、人群消费能力等。服务性质的创业企业选址要根据具体的经营对象灵活选址，但对客流量要求较高。知识技术型创业企业（如网络技术、电子科技、媒体制作和广告等）可考虑选在行业聚集区或成熟商务区及相应产业园区。

确定企业注册地址后，按照规定需要准备注册经营地的相关产权证明或租赁合同。

视频：企业选址命名与注册——企业选址

4. 确定公司的经营范围

经营范围是指国家允许企业法人生产和经营的商品类别、品种及服务项目，反映企业法人业务活动的内容和生产经营方向，是企业法人业务活动范围的法律界限，体现企业法人民事权利能力和行为能力的核心内容。2015 年 10 月 1 日起施行的《企业经营范围登记管理规定》中规定如下。

（1）经营范围是企业从事经营活动的业务范围，应当依法经企业登记机关登记。

（2）申请人应当参照《国民经济行业分类》选择一种或多种小类、中类或者大类自主提出经营范围登记申请。对《国民经济行业分类》中没有规范的新兴行业或者具体经营项目，可以参照政策文件、行业习惯或专业文献等提出申请。

（3）企业的经营范围应当与章程或者合伙协议规定相一致。

（4）企业申请登记的经营范围中属于法律、行政法规或者国务院决定规定在登记前须经批准的经营项目（以下称前置许可经营项目）的，应当在申请登记前报经有关部门批准后，凭审批机关的批准文件、证件向企业登记机关申请登记。

（5）企业登记机关依照审批机关的批准文件、证件登记前置许可经营项目。批准文件、证件对前置许可经营项目没有表述的，依照有关法律、行政法规或者国务院决定的规定和《国民经济行业分类》登记。

（6）企业的经营范围应当包含或者体现企业名称中的行业或者经营特征。

部分行业企业常见经营项目的范围表述如表 11-1 所示。

表 11-1 部分行业企业常见经营项目的范围表述

企业类别	常见经营项目表述
科技类企业	一般经营项目：技术开发、技术推广、技术转让、技术咨询、技术服务；软件开发
房地产类企业	许可经营项目：房地产开发；物业管理 一般经营项目：从事房地产经纪业务
商贸类企业	一般经营项目：销售日用品、文化用品、体育用品、化妆品、服装鞋帽、针纺织品、工艺美术品、珠宝首饰、电子产品、计算机软硬件及辅助设备、家用电器、汽车（不含九座以下乘用车）、汽车零配件、摩托车（不含三轮摩托车）、机械设备、五金交电、通信设备、医疗器械Ⅰ类、新鲜水果、新鲜蔬菜、不再分装的包装种子、化肥、农药（危险化学品农药除外）、建筑材料、矿产品、化工产品（不含危险化学品及一类易制毒化学品）、金属制品、塑料制品、橡胶制品
商务服务类企业	一般经营项目：项目投资；投资管理；企业管理；经济贸易咨询；市场调查；承办展览展示；设计、制作、代理、发布广告；商标代理、版权代理；翻译服务；打字、复印
餐饮、住宿类企业	许可经营项目：餐饮服务、住宿（具体表述用语根据许可内容核定）

5. 确定股东的出资

1）《公司法》中关于有限责任公司股东出资的规定。

（1）有限责任公司的注册资本为在公司登记机关登记的全体股东认缴的出资额。法律、行政法规及国务院决定对有限责任公司注册资本实缴、注册资本最低限额另有规定的，从其规定。

（2）股东可以用货币出资，也可以用实物、知识产权、土地使用权等可以用货币估价并可以依法转让的非货币财产作价出资；但是法律、行政法规规定不得作为出资的财产除外。

对作为出资的非货币财产应当评估作价，核实财产，不得高估或者低估作价。法律、行政法规对评估作价有规定的，从其规定。

（3）股东应当按期足额缴纳公司章程中规定的各自所认缴的出资额。股东以货币出资的，应当将货币出资足额存入有限责任公司在银行开设的账户；以非货币财产出资的，应当依法办理其财产权的转移手续。

股东不按照规定缴纳出资的，除应当向公司足额缴纳外，还应当向已按期足额缴纳出资的股东承担违约责任。

《公司法》规定，注册资本登记制度由实缴登记制变为认缴登记制。工商机关只登记股东（发起人）认缴的注册资本总额，实收资本不再作为登记事项，公司登记也无须提交验资报告。除法律、行政法规及国务院决定有规定的外，取消了对公司最低注册资本限额的要求。股东（发起人）可以自主约定出资比例、出资方式和出资期限。

2）在确定公司注册资本时需要注意的问题

（1）注册资本认缴不等于不缴。如果未按约定实际缴付出资，则公司和已按时缴足出资的股东可以追究其违约责任。如果公司发生债务纠纷导致破产清算，则股东即使未缴足出资，也必须根据其认缴的出资数额承担责任。

（2）认缴数额越大，承担的责任越大。公司认缴的出资金额及出资期限将通过企业信用信息网向社会披露，如果超出股东经济实力盲目认缴巨额资本，超过合理期限随意约定过长的出资时间，不仅会加大股东责任，还会影响公司的公信度和竞争力。

（3）门槛降低不代表不需要注册资本。公司设立时，注册资本是公司投资创业的启动资金，在公司运营过程中转换为公司责任、财产的构成部分，“一元钱办公司”只是一个形象的比喻。投资者还是应根据公司从事的生产经营活动，合理选择相符的注册资本规模，以取得交易对象的信任。

6. 确定公司的组织机构

《公司法》第二章第二节（自第三十六条至第五十六条）对公司的组织机构进行了专门阐述，详情可查阅相应的法律条文。现简要摘录介绍如下。

（1）公司组织结构主要由股东会、董事会和监事会组成。

（2）有限责任公司股东会由全体股东组成。股东会是公司的权力机构，依照《公司法》行使职权。

（3）有限责任公司设立董事会的，股东会会议由董事会召集。有限责任公司不设立董事会的，股东会会议由执行董事召集和主持。

董事会设董事长一人，可以设副董事长。董事长、副董事长的产生办法由公司章程规定。股东人数较少或规模较小的有限责任公司，可以设一名执行董事，不设董事会。执行董事可以兼任公司经理。有限责任公司可以设经理，由董事会决定聘任或解聘。经理对董事会负责。

（4）有限责任公司设监事会，其成员不得少于三人。股东人数较少或规模较小的有限责任公司，可以设一至二名监事，不设监事会。董事、高级管理人员不得兼任监事。

《公司法》第一百四十六条规定：有下列情形之一的，不得担任公司的董事、监事、高级管理人员：

（一）无民事行为能力或者限制民事行为能力；

（二）因贪污、贿赂、侵占财产、挪用财产或者破坏社会主义市场经济秩序，被判处刑罚，执行期满未逾五年，或者因犯罪被剥夺政治权利，执行期满未逾五年；

（三）担任破产清算的公司、企业的董事或者厂长、经理，对该公司、企业的破产负有个人责任的，自该公司、企业破产清算完结之日起未逾三年；

（四）担任因违法被吊销营业执照、责令关闭的公司、企业的法定代表人，并负有个人责任的，自该公司、企业被吊销营业执照之日起未逾三年；

（五）个人所负数额较大的债务到期未清偿。

需要注意的是，公司法定代表人是指依据章程确定的董事长（执行董事或经理）；高级管理人员是指公司的经理、副经理、财务负责人。控股股东是指其出资额占有限责任公司资本总额百分之五十以上或者其持有的股份占股份有限公司股本总额百分之五十以上的股东；出资额或者持有股份的比例虽然不足百分之五十，但依其出资额或者持有的股份所享有的表决权已足以对股东会、股东大会的决议产生重大影响的股东。

7. 制定公司章程

公司章程是股东共同一致的意思表示，载明了公司组织和活动的基本准则，是公司的宪章。公司章程与《公司法》一样，共同肩负调整公司活动的责任，公司章程对公司、股东、董事、监事、经理具有法律约束力。作为公司组织与行为的基本准则，公司章程对公司的成立及运营具有十分重要的意义，它既是公司成立的基础，又是公司赖以生存的灵魂。

公司章程是注册公司主要的文件之一，它由股东共同制定，经全体股东一致同意，由股东在公司章程上签名盖章。各市场监督管理部门网站上都可以找到公司章程的范本，创业者可参考制定自己的公司章程。

三、创业风险识别与应对

（一）创业风险识别

1. 创业风险识别的内容

创业风险识别的基本内容包括两个方面，即感知创业风险和识别创业风险。感知创业风险是指创业者通过各种方式方法和步骤，识别出创业过程中存在的各种风险；识别创业风险是指创业者将感知的风险通过归类、分析等方法，找出创业风险产生的原因、发生条件和影响因素，以及确定风险大小、等级、性质和对创业的影响程度，为有效应对和管理创业风险提供依据。

创业风险识别能力是创业者必备的创业基本能力之一。创业风险识别要求创业者必须树立风险意识与风险管理意识，了解创业风险识别的途径，掌握创业风险识别的科学方法，逐步提升创业风险识别能力。

2. 创业风险识别的步骤

1）确定创业风险的来源

识别创业风险的第一步是梳理并分析创业风险的根本来源、直接来源和可能来源，参考创业的各种分类，结合创业者和创业活动的实际，重点判断出哪些方面存在不确定性。需要注意的是，创业风险的来源及产生创业风险的各种不确定性因素必须是客观存在而非主观推测的，尽量通过调查研究和具体信息分析来确定。如果不能证明或无充分的理由依据说明导致创业分析的不确定性因素是不以人的意志转移的事实存在的，就不是风险的来源及其产生因素。

2）梳理并制订创业风险的清单

当确定了创业风险的来源及其产生因素之后，需要据此列举出相应的、可能存在的各种创业风险。澄清、列举和拟定创业风险，一方面，要掌握创业风险产生的内在规律，参考创业风险研究总结出的各种可能风险；另一方面，要基于创业者及其团队的知识经验，参考类似的创业模式、创业企业或失败的创业案例，对创业活动进行深入、系统、严谨的研究和分析。列举出创业风险后，可通过创建创业风险清单的形式进行直观、系统、全面的表达。创业风险清单是各种风险的列表，列表信息除了要包括创业风险名称，还要相应列出产生创业风险的风险因素（不确定性因素）、风险来源和必要的备注信息。这样的创业风险清单不仅可以清晰地表达出创业过程中存在的各种创业风险，还可以进一步梳理、确认该类创业风险是否客观存在。

3）确定重要风险事件并测算风险损失

根据创业风险清单所列出的各种风险及其来源和不确定性因素，创业者要结合创业实际情况对其进行逐一分析和推测可能发生的风险事件。利用创业风险分析的方法和工具，创业者可结合所掌握的具体信息和创业实际情况，测算出风险事件可能带给创业活动的影响和损失程度。测算创业风险可能产生的影响与损失，一方面，可定性描述对创业活动的影响程度；另一方面，尽可能测算出定量的损失程度，如对成本、销售额、利润、盈亏平衡周期等绩效指标的量化影响。

4）对创业风险进行归类与排序

通过上述步骤，对创业风险的来源与因素、风险事件及风险损失有了系统的梳理和分析之后，为了更好地把握创业风险的特征与性质，做好创业风险的预防和管理，需要对创业风险进行合理的分类与排序。创业风险的分类如图 11-3 所示。

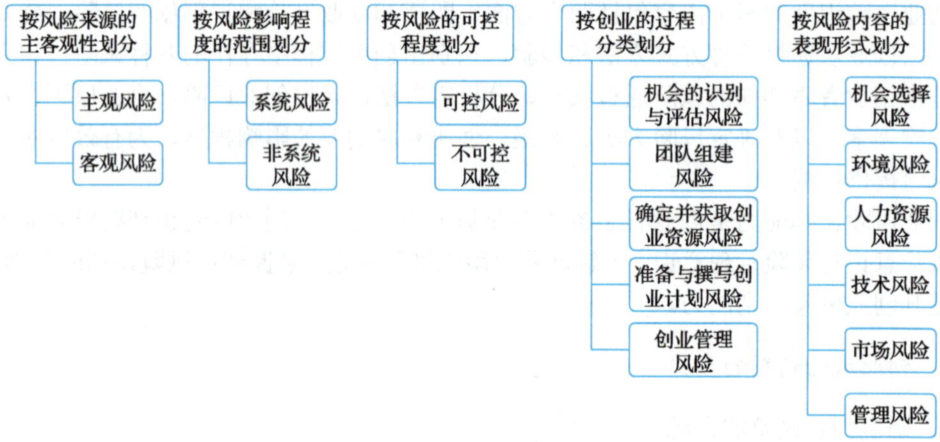

图 11-3　创业风险的分类

创业的十大风险包括项目选择、缺乏创业技能、资金风险、社会资源贫乏、管理风险、竞争风险、团队分歧、核心竞争力缺乏的风险、人力资源流失风险、意识上的风险。创业者要仔细分析在创业过程中遇到的哪种风险是可以控制的，哪些是不可以控制的，哪些是需要极力避免的，哪些是致命的或不可管理的。一旦这些风险出现，创业者就应该了解如何应对和化解。特别需要注意的是，创业者一定要明白最大的风险是什么，最大的损失可能有多少，自己是否有能力承担并渡过难关。

5）进行创业风险评估

创业风险评估需要充分、有效、准确、直接相关的数据、信息和资料。创业风险评估所需的信息资料可通过各种途径获取和梳理，如有针对性的调查研究、提取真实的运营数据等。创业风险评估的方法有定性和定量两类。创业风险评估定性分析法是指评估者依靠自身的知识经验、直觉判断等，运用综合分析、归纳演绎和抽象概括等思考方法，对创业风险的性质特点、变化规律、影响后果等给出主观的分析评价结论。创业风险评估定量分析法是指通过对创业风险相关统计数据信息，运用特定的数学方法或模型，运算得出量化的评估结果。

3. 创业风险识别的方法

识别创业风险的方法有很多，本书重点介绍以下三种常见的方法。

1）创业环境扫描法

创业环境扫描法是指通过对创业的内、外部环境的扫描，搜集、整理和分析出对创业可能产生不利影响或损失的关键要素及信息，发现、辨别创业活动中存在的各种风险的一种创业风险识别的方法。

运用创业环境扫描法时，必须确定扫描的执行者、频率、范围和内容。其中，创业环境扫描执行者的职位、知识经验和能力，直接影响扫描结果的准确性和有效性；扫描的频率和范围直接影响创业风险识别的及时性及精准性；扫描内容直接影响创业风险识别的效率及与创业要素的相关程度。虽然理论上加大创业环境扫描的频率和范围有利于及时、全面地识别与把握创业风险，但实施成本也在加大。根据创业及风险管理的需要，扫描的范围和内容指标一般为：外部环境，主要扫描社会经济发展变化趋势、相关法律法规和政府政策信息、行业产业发展变化信息、竞争者信息、市场信息、消费者信息和技术信息等；内部环境，主要扫描创业资源信息、产品服务信息、人力资源信息和财务信息等。

2）情境分析法

情境分析法是指对创业过程中的偶发不利事件、潜在的不利情境和可能引发风险的负面现象进行分析评估，从而识别创业风险的一种方法。情境分析法通常被创业者采用，用于危机处理、风险识别与风险决策。通过情境分析来识别创业风险，既可对已经发生的事件或情境进行分析，又可基于一定的假设情境进行模拟分析。前者主要用于帮助创业者认清形势，对后果和损失进行科学分析，做出合理的反应和决策；后者主要用于帮助创业者认清风险发生后带来后果的严重程度，评估对创业的影响程度。由于不利事件和情境通常比较具体而复杂，只有运用相应的风险分析方法和使用者的主观经验判断，才能快速、准确地识别出风险的等级和后果的严重程度。

3）调查法与检查法

调查法经常用于深入了解情况、发现问题和风险等情况。创业者善用调查法，有助于及时准确、全面系统地识别创业过程中的各种风险。例如，创业前针对创业机会进行市场调查，有助于发现创业机会存在的环境风险和竞争风险；组建团队时对未来合作者进行调查，有助于识别团队风险；融资时对内部经营状况和投资者进行调查，有助于防范融资风险；创业者定期做企业经营状况的调查研究，有助于识别各种管理风险等。

对于创业企业的管理者来说，检查法（制度性的工作检查）有助于识别企业运营过程中的各种风险。工作检查包括各个部门常规工作状况、项目管理和推进状况、生产设施设备运转情况、安全生产等专项检查。工作检查的目的是督促工作、保证绩效和暴露潜在问题，有助于在问题中识别出风险。

（二）创业风险应对

创业风险虽然不可避免，但创业风险是可以控制的。以下介绍五种常见的创业风险应对方法，创业者可根据创业的实际情况采用，以降低创业风险带来的损失。

1. 回避法

创业者在面对系统风险，既不能找到降低创业风险发生概率的有效办法，又无法控制或降低创业风险所产生的损失，更无法承担创业风险的后果时，回避法可能是创业者的“没有办法的办法”。回避具体是指创业者主动放弃或中止原有的创业设想或计划方案（如放弃当前项目或寻求新的创业方向），或者采取迂回思路（如调整运营模式或改变商业模式）以回避致命性、必然性的系统风险。

2. 防范法

在创业过程中，创业者所面临的主要是各种非系统性风险，即大部分创业风险是可以事先识别和评估的。创业者只要具有风险防范意识，未雨绸缪，对可能发生的各种创业风险进行科学分析和管理，建立创业风险对应的防范措施，就可以做到“防患于未然”。创业风险的防范措施包括提高创业团队的风险意识和风险识别能力，建立风险管理制度和激励机制，重视创业危机预警措施和事故、负面事件的信息收集，对重大决策实行团队决策模式等。

3. 转移法

当创业者遇到自身无能力承担或不愿承担的风险时，可以考虑使用转移法。转移法是指将风险带来的损失或责任以某种方式转移给其他主体。常见的创业风险的转移途径和方式有三种：一是合同外包或分包转移，如某项生产任务外包、建筑工程分包等；二是通过投保或寻求担保的形式把风险转移给保险公司或担保公司；三是通过改变经营方式转移风险，如技术转让、租赁经营、特许经营及联合经营等方式。需要注意的是，风险转移是需要付出代价的，其自身也有一定的风险。

4. 分散法

分散法可看作转移法的一种。创业风险的分散主要通过风险组合和风险共担来实现。创业风险的组合和共担主要通过创业主体的多元化及适当增加产品服务、创业项目的数量进行经营等途径来实现。创业风险的分散主要表现为联合投资、合伙创业、合资合营和收购兼并等共同创业的模式和多元化项目经营及产品服务多样化细分的经营模式。

5. 转化法

当某个创业风险已经发生时，一方面，创业者要积极采取各种有利于减少风险损失的措施，尽力防止风险损失的扩大；另一方面，创业者要通过创造性思维，在积极思考风险带来的不利局面和损失的同时，思考还有哪些积极、有利的因素可以利用，有哪些方法和手段可减少或弥补风险损失，将风险转化为收益和正面影响，变被动为主动。

四、创办企业涉及的法律法规

企业只有在法律法规允许的条件下合法运营，才能保证企业的长久发展。下面将与创业相关的法律做简单梳理，让创业者有一个初步了解，涉及相关法律时可再详细查阅或咨询法律顾问。

1. 企业设立相关法律法规

企业设立相关的法律法规主要有《中华人民共和国公司法》《中华人民共和国合伙企业法》《中华人民共和国个人独资企业法》《中华人民共和国企业破产法》等。这些法律法规规范的是企业设立期间的商业行为活动，包括企业创办的条件、企业组织要求和相关法律关系的规范等。

2. 劳动关系相关法律法规

劳动关系相关法律法规主要包括《中华人民共和国劳动合同法》《中华人民共和国就业促进法》《中华人民共和国社会保险法》《工伤保险条例》等。这些法律法规是规范劳动关系的，在企业人员聘用与管理等方面需要注意遵守和合理利用。

3. 知识产权相关法律法规

知识产权相关法律法规主要有《中华人民共和国专利法》《中华人民共和国商标法》《信息网络传播权保护条例》《计算机软件保护条例》等。知识产权对企业经营与发展有着重要影响，熟悉这些法律法规，一方面可有效保护自身的知识产权权益，另一方面可有效防止侵犯他人的相关权益，以免给企业经营造成麻烦。

4. 商业活动相关法律法规

有关市场交易等商业活动相关法律法规主要有《中华人民共和国民法典》《中华人民共和国产品质量法》《中华人民共和国反不正当竞争法》《中华人民共和国反垄断法》《中华人民共和国广告法》《中华人民共和国消费者权益保护法》等。这类法律法规主要规范与调整经营者之间、经营者与消费者之间的法律关系。了解这些法律，可有效规避企业经营过程中的法律风险，保障各方的权益，促进商业活动的顺利开展。

5. 政府宏观调控相关法律

为保证经济平稳运行和社会和谐发展，政府在宏观上通过相关法律法规进行规范与调控。这类法律主要有《中华人民共和国环境保护法》、《中华人民共和国对外贸易法》、税法、金融法、投资法等。这类法律法规主要调整政府与经营者之间的关系，是政府规范与调整经营者行为的相关法律要求和规范。

6. 纠纷诉讼相关法律法规

纠纷诉讼相关法律法规主要有《中华人民共和国民事诉讼法》《中华人民共和国刑事诉讼法》《中华人民共和国行政诉讼法》《中华人民共和国仲裁法》《中华人民共和国劳动争议调解仲裁法》等。熟悉这些法律法规，有助于企业在遇到纠纷时，利用法律武器保护自身合法权益。

第 30 讲 创业初期的经营管理

一、初创企业的营销管理

对于初创企业而言，营销管理是所有管理工作的重中之重。创业者需要从定价策略、品牌策略、竞争策略和销售策略等方面抓好市场营销工作。

1. 定价策略

初创企业要将新产品顺利推向市场，取得竞争优势和良好的经济效益，合理定价是一个重要的影响因素。新产品定价方法主要有取脂定价（高定价，谋求短期高利润）、渗透定价（低定价，打开销路扩大市场占有率，谋求长期利益）和满意定价（平价，谋求各方价格满意）。创业者要根据企业战略、产品特性及市场竞争等实际情况，选择合适的定价策略。

2. 品牌策略

创立与塑造新品牌的过程是一个花费资金、开动脑筋的过程。初创企业的创业者在制定品牌战略和策略时，要考虑成本及其可实现性，采用低成本品牌营销策略是较优选择。低成本品牌营销的实施方法与步骤如下：①建立品牌整合营销临时机构（负责品牌策划、形象设计和媒体公关等）；②确定品牌的核心价值、传播目标与机制；③设计创新的、高差异的品牌识别系统；④运用各种广告、公关媒介和促销方式进行“聚焦式”的推广传播。

3. 竞争策略

企业竞争策略选择，主要受行业竞争状况、自身竞争力状况和用户议价能力等因素的影响。初创企业的竞争策略主要有领跑策略、挑战策略、追随策略和补遗策略四种。

领跑策略是指初创企业以“市场老大”的姿态采取正面直接竞争的市场竞争策略；挑战策略是指初创企业以行业内市场份额最大的企业翘楚为目标，对其发起攻击性竞争挑战的市场竞争策略；追随策略是指初创企业采取模仿、跟随竞争能力更强的企业进行迂回、侧面竞争的市场竞争策略；补遗策略是指初创企业选择细分市场的空白，集中优势资源开发专门市场或特定用户群体的市场竞争策略。创业者可根据企业实际，选择合理的市场竞争策略。

4. 销售策略

销售策略主要是指销售方式、销售模式和促销方式的选择策略。销售方式主要分为直销和代理分销两种。初创企业的销售方式选择，要考虑产品服务的性质与形态、市场容量与竞争策略、运营模式和产品的利润空间等因素。销售模式主要分为网络销售、电话销售、电视购物、门店销售和混合销售等。销售模式的选择，主要取决于产品复杂程度、定价高低、购买决策流程和用户消费习惯等因素。销售促销（图 11-4）有免费送、打折、买送、特价、秒杀、抽奖、竞赛、免费体验、积分、返券、会员制、赞助、展览和换购等多种方式和手段。不同的促销方式有不同的优缺点和不同的适用场景，创业者可结合企业实际，选择并验证应采用哪种或哪些促销方式。

图 11-4　销售促销

二、初创企业的人力资源管理

1. 明确需求，合理规划

初创企业的创业者对企业业务定位及发展规划最为了解，对用人需求及其标准的把握也最为准确。创业者宜从业务层面（如技术研发、产品设计、市场营销和公关客服等方面）、运营现实需要与长远发展等统筹考虑，明确招聘的岗位、人数、要求和薪酬体系，合理规划人力资源需求和人事工作安排，从根本上理顺人力资源工作，以提高人力资源工作的效能。

2. 抓大放小，打造核心

作为企业的主要管理者，初创企业的创业者要明确其在人力资源管理工作中的角色与核心价值。创业者要重点抓中层以上的核心人才，尽快建立起中高层团队。中高层团队的核心人才是保证初创企业生存与发展的核心力量，在选拔这些人才时，要注意数量不需要多，而重在“质”。这类人才对于初创企业来说有时候可遇而不可求。因此，创业者要把主要精力放在中高层核心人才的猎取、挖掘和公关工作上。对于普通员工的遴选，则可交由人事或部门负责人来负责。

3. 管理有度，重在激励

初创企业在人力资源管理方面，首先要建立起关键、实用且适用的基本规章制度，如基本的薪酬制度、考勤制度、招聘制度、考核制度、培训制度和奖惩制度等，要做到“有规可依”。初创企业虽然具有规模小、管理不够规范和一言堂等特点，但企业组织不能没有基本的规矩，尤其在人力资源管理薪酬和绩效方面不能过于粗放随意，以免使团队形成不靠谱的感觉，而应该明确薪酬和绩效制度，形成确定的利益分配机制，让团队理解并认可“游戏规则”，起到好的激励作用，以免造成因利益而闹矛盾甚至产生纠纷的局面。

4. 重视沟通，凝聚人心

初创企业的团队建立周期短，来自不同行业、企业，具有不同经验、资历和价值观的团队成员需要磨合。创业者要根据成员特点，通过沟通的方式尽快使其具有共同的目标和价值观。创业者要重视有效沟通，尽快增进成员之间的感情，拉近距离，建立相互信任的机制，消除隔阂和误会，让成员有被尊重和重视的感觉，形成团队凝聚力与执行力。

三、初创企业制定经营战略的方法

1. 明确未来的愿景和使命

初创企业需要明确企业未来的愿景和使命，这样才能拥有高起点。

2. 结合现状和资源规划未来 1～3 年的发展目标

制定的目标应包括财务目标（销售额、利润、资产增加值等）和非财务目标（管理目标、品牌发展目标等）。一般而言，初创企业在制定目标时可参照行业增长率、企业资源投入等情况，在制定目标后要能够分解到每年。对于财务目标，每年应该有一个基本修正，不能一成不变。有了发展目标，企业就可以有目的地配置资源，实现目标就有方法可循了。

3. 明确自己的核心竞争力

创业的一个原则是要做与别人不同的事，这在某种意义上就是核心竞争力，即企业独有的，能够保持在行业内竞争优势的能力。例如，饮料领域的“娃哈哈”以营销能力见长，而“养生堂”则特别擅长产品和品牌的创新，这就是不同企业的不同核心竞争力。初创企业要明确自己现在的核心竞争力及未来的核心竞争力。其中，对未来竞争力的界定，要分析行业未来发展的趋势和行业特点，以此来决定企业需要具备什么样的竞争能力，从而为企业构建竞争能力的决策提供参考。企业明确了自己的核心竞争力和未来需要构建的核心竞争力后，就需要制订详细的计划，来发挥这种能力和实现这个目标。

在初创期可以采取以下经营策略来打造核心竞争力。

（1）集中力量做好核心产品。例如，在产品的核心功能、价格、质量、包装和附加值等方面建立优势。

（2）差异化经营，如在推广、销售、客服等方面营造与众不同的特色。

（3）品牌策略，如保持良好的信誉，提供长期的质量保证，不断提升用户的满意度，建立良好的口碑等。

（4）团队策略，如建设良好的创业团队，包括核心骨干团队和全体员工团队；注重骨干团队的互补和稳定性，同时重视员工的管理等。

4. 制定各子业务的市场战略

制定各子业务的市场战略，包括用户定位、竞争者定位、竞争的主要手段及竞争的步骤等。

课堂活动

构建创业“轮廓图”

通过回答下面的问题，学生可以逐渐明晰自己的创业目标和创立企业的思路，构建适合自己的创业“轮廓图”。

1．拟创立企业的名称及时间：

2．选择适合的企业形式：□个体 □有限责任公司 □股份有限公司

3．主要目标用户是：□个人 □团体 □公共机关

□其他（简述）

4．拟提供的产品（服务）包括：

5．列出五个主要的竞争对手：

6．可能面临的风险来自：□同行竞争 □技术 □团队 □资金

□其他（简述）

7．描述你的竞争地位：□弱 □较弱 □平均水平 □较强 □强

8．你所提供的产品（服务）的市场需求：□在递增 □在递减

9．你拟提供的产品（服务）的核心优势有：

10．你计划的目标市场是：

11．拟创企业的价值定位是：

12．拟创企业最大的困难或障碍是：

课程反思

1．创办企业的方式有哪些？如何选择适合自己的企业组织形式？

2．创办企业前需要做好哪些准备？

3．创办企业需要了解哪些法律法规？

4．如何识别与应对创业风险？

5．初创企业应如何做好经营管理？

拓展阅读

徐州“90后”大学生卖米线创业成功后不忘回馈社会

以下介绍了大学生刘大白创业成功的原因及如何回馈社会。

具体内容详见二维码：

参考文献

陈国梁，王延峰，2018．大学生创新创业理论与实践导论[M]．北京：科学出版社．

董鹏中，韩强，2021．创新创业教育与技能实践[M]．北京：科学出版社．

孙洪义，2016．创新创业基础[M]．北京：机械工业出版社．

张国良，2020．小微企业经营与管理[M]．北京：清华大学出版社．

第十二章

创业新手须知

名人名言

一个人追求的目标越高，他的能力就发展得越快，对社会就越有益。

——思想家、文学家、批判现实主义作家 罗曼·罗兰

学习目标

1. 了解创业新手的问题清单。
2. 了解初创企业的 N 种失败。
3. 树立积极的成功观、生活观，自信自强，守正创新。

创业故事

大学生创业者汪某的创业之路

社会是在摸索中不断前进的，如今越来越多的大学生希望能在创业中激发自己的创造性，提高自己的能力，增长社会实战经验。汪某为某大学经济管理学院的硕士毕业生，毕业后为了追求自己的梦想，实现自己的人生价值，开始创业。

1. 最初坚持的源泉与动力

在开始的时候，大多数创业者还是遵循自己的兴趣而开始创业的。汪某也是如此。汪某在偶然接触到绘本馆这个行业时，其鲜明的特色和新潮浓郁的现代时尚气息让她对这个行业的前景颇为看好。仿照它的模式，她开办了一家创意生活馆。这是一家教育机构，优势在于项目本身立足于教育，并且有创意，更容易被家长接受，因此发展不错，未来希望能帮助更多家庭接触亲子阅读。在创立创意生活馆的过程中，汪某积累了经验，增加了阅历。于是，她结合自己对天文学的兴趣和创办主题公寓的梦想，又开办了星空主题公寓（图 12-1）。汪某的创业萌芽于她对市场和行业的细致观察，也源于自己的兴趣——她是一个忠实的天文爱好者。汪某对自己创业的方向非常明确。她知道自己喜欢什么，更知道自己想要什么。

图 12-1　结合天文兴趣创办星空主题公寓

2. 出发前的摸索与准备

在创业初期，汪某对国家政策和市场现状进行了了解。同时，她通过在社会中的不断历练，努力积累经验。汪某给自己定下了几点要求：第一，树立全新的人才观，重视创业精神的自我培养；第二，在思想和精神上训练自己，培养自己吃苦耐劳的精神和对挫折的承受力；第三，充分利用各种渠道，获取各种经验；第四，重视并珍惜社会实践的机会，去了解市场、了解职业，迈开走入社会的第一步；第五，广泛开展社交，积累人脉。这些要求看上去并不困难，但当真正去做时才会发现并不简单。汪某的创业过程是在摸索中前进的。

3. 前进道路上的困难与扶持

创业一旦开始，就意味着创业者要开始面临不知何时就会突然到来的机遇和挑战。汪某的创业之路亦是经历了跌宕起伏。创业初期，汪某遇到的困难太多。市场的竞争、政府的政策、创业资金的不足、团队人才的不足和经验的缺乏，让刚开始创业的汪某也产生过动摇。最大的一次危机是人才的缺乏，没有合适的管理人员。汪某做了许多努力，吸引和自己有共同理念的人，想尽办法留住人才。最终在团队成员的共同努力下，汪某渡过了这次人才危机。

4. 风雨兼程中的经验与感悟

创业是实现理想的一种方式。同时，创业也伴随着高付出、高风险、知识面有限和技术能力不够等问题。汪某在创业中失去了一些东西，同时也学到了很多。学校和社会终究只是辅助系统，真正牢固稳健的根基还需要我们自己来夯实。如果有创业的想法，就要从现在起多学习专业知识，多实践，有意识地去培养自己、锻炼自己，充分利用假期进入公司和职场学习。汪某如今已找到了属于她自己的商业发展道路，伴随着她自身独有的感悟及团队协作，她对未来已有了具体明确的规划，她以一颗自始至终都未退缩的坚定之心勇敢地走向未来。

（资料来源：孙长林，2017. 大学生创业教育理论与实务[M]. 北京：现代教育出版社.）

启示：

创业重在实践与行动，重在体验、见证与感悟。创业不伟大，也不卑微。创业是有效的学习方式。在创业中，我们逐渐成长，找到属于我们自己的道路。哪怕创业失败了，这份经历也是宝贵的。每个创业者无论是否为大学生创业者，都怀揣着成功的梦想。创业并不仅仅考验一个人的成功观与事业心，更考验一个人的生活观。当我们拥有了这种心态时，便已经获得了最大的成功。

第31讲 创业新手的问题清单

（1）对于这项服务、产品、系统或创意，是否存在需求？

（2）需求的规模有多大？

（3）用户的潜在规模有多大？更重要的是，你的商业项目的潜在收入有多少？

（4）是否有办法阻止其他公司模仿你的创意？

（5）这是否为一个可以快速发展的商业项目？该项目发展的规模能够达到多大？

（6）收入来源有哪些？

（7）人们是否愿意为这些服务或产品而支付费用？

（8）你的项目未实现前，人们购买的是什么？

（9）谁是支付者，是终端用户，还是那些希望通过这个渠道接触终端用户的商家？

（10）实际上他们能够支付多少？

（11）该项服务面向的是商户还是用客，或者两者都是？如果两者都是，那么提供的服务是否不同？如果不同，那么区别在哪里？

（12）目前是否有公司提供此类产品或服务？他们是如何收费的，或者他们如何获得收入？

（13）你从事该项业务的方式能够带来净利润或快速增长吗？

（14）目前你的竞争者有哪些？未来他们的发展会如何？

（15）成功的互联网公司是如何取得成功的？他们在市场营销、销售、推广方面的支出是多少？

（16）目前互联网行业的商业模式有哪些？哪个更适合你的创意？或者你是否考虑过新的模式，能够比现有模式为你的公司和投资者带来更多利益？

第 32 讲 初创企业的 *N* 种失败

创业新手如何尽可能地规避创业路上的陷阱？作为“过来人”有哪些经验和教训可以借鉴？这里总结了多家企业或多个品牌在创业过程中的八大教训，前五个属于经营层面，后三个属于管理层面。一般来说，经营是指选择正确的事情做，管理是指把事情做正确，管理服从于经营。对创业者而言，既要选对事情，又要把事情做正确，二者缺一不可。

一、照搬国外模式，不接地气

在过去的创业大潮中，硅谷是中国创业者的灵感来源。在复制硅谷成功企业创业模式的同时，也需要考虑在中国市场上遭遇“水土不服”的风险。

在近些年蹿红的创业公司中，无论是预订酒店剩房的今夜酒店特价，还是面向短租客的爱日租，以及轻博客点点，都在复制硅谷模式时因“水土不服”中途折戟，只好另辟蹊径继续前行。

即使富有产品经验的创业者有时候也会跌入同样的陷阱。曾成功运作校内网的许朝军创办了点点网，试图复制国外轻博客网站 Tumblr 的辉煌，但点点网最终没能达到市场的预期，其他的中国模仿者也都消失了。背后的原因是中美经济和文化背景不同导致的用户差异。Tumblr 式的轻博客代表着小众文化，但在美国，生活水平高、假期多又喜欢分享的用户群体大，Tumblr 还有国际市场做支撑，国内的点点网不具备这些条件。另外，微博和豆瓣两个社交平台都挤压了轻博客的生存空间，因此，创业一年后点点网就陷入了艰难维持的状态。

二、自己定义的需求不一定是真需求

找准目标用户的真实需求是创业的第一步。创业者起步阶段的市场调研缺少严密的数据分析，而是凭直觉判断，甚至从自身需求出发判断市场，这中间往往存在着很大的误差。

创办世纪佳缘网的龚海燕是资深创业者。10 年前，龚海燕创办世纪佳缘的缘由是自己找不到对象。10 年后，当龚海燕再用这种思维路径去思考下一个创业方向时，她想到了自己在英语上的痛点——口语较差，决定进入外语培训市场。但这种从解决“自我需求”出发的二次创业失败了。

龚海燕起初想切入一个比婚恋市场经济效益更大的市场，去寻找更有可能突破的“台风口”。但是真正投入这个市场之后她才发现困难重重，先是新东方创始人王强认为方向有问题放弃投资，随后在产品设计、公司经营上遇到多重困难。此后龚海燕放弃了外教口语教育，转而选择了基础教育市场。

要找出用户真正的需求，不妨参考精益创业中提倡的 MVP（minimum viable product，简单可行产品），用最快、最简明的方式建立一个可用的产品原型，这个产品原型要表达出最终想要的产品效果，然后通过市场检验，快速迭代调整产品。

三、曾经的经验也有可能是“包袱”

视频：突破思维定势—创新思维（上）

视频：突破思维定势—创新思维（下）

创业者过去的成功经验代表着一段时间的总结，但要警惕陷入思维定式和路径依赖。天使投资人保罗·格雷厄姆（Paul Graham）总结过创业公司的发展曲线：在创业初期，创业公司往往处在一个急速上升的曲线，并且这时候创业者还没有碰过壁，处于“无知的乐观”之中；但是在经历了最初的高速发展之后，创业公司会面临越来越多的问题，公司开始进入“创业绝望谷”，多次碰壁之后创业者会进入“有知的悲观”。大众点评的二次创业是这个创业曲线的典型代表。

成立于 2003 年的大众点评，在创业的前 7 年中一直不温不火，直到遇上了移动互联网，才开始焕发“青春”。2010 年，大众点评开始向移动互联网方向转型，其中大众点评业务上发生的最大变化就是由过去的广告业务开始涉足团购等本地生活服务。大众点评通过多年的积累已经拥有大量商家信息，因此被外界认为是适合做本地生活服务的公司。

大众点评一直在和商家打交道，过去希望商家在大众点评上做广告，这是一种内容或媒体模式。团购也是和商家打交道，希望商家来这里销售产品。这两种模式看似一致，但在实际执行中大不相同。大众点评在进入团购领域后，还是按照原来经营慢公司的方法来做，没有第一时间快速拓展城市，并且认为三四线城市的用户没有团购的需求，但后来他们发现错了：三四线城市的用户虽然不喜欢点评或查找餐厅，但并不意味着消费者不希望省钱。

四、环境巨变下故步自封

创业企业的致命危机往往在于当市场发生变化时没有及时进行调整，从而被用户抛弃。曾经红极一时的开心网、维络城都是如此。

主打优惠券业务的维络城遭遇了过山车般的窘境。随着移动互联网时代的到来，维络城传统的打印纸质优惠券的核心业务逐渐被手机 App 取代。面对这样的环境骤变，维络城没有及时调整并开展新的业务，这让维络城的失败几乎成为必然。维络城全盛时期，其在北京的终端设备数量超过 1500 个。但后来，网点只剩下两位数。随着终端机器的消失，维络城也从最高峰时的 2000 多名员工缩减到与嘀嗒团合并前的不到 200 名员工。

五、大规模转型风险高

如果不断调整市场定位、重构产品，则风险非常大。把握好“变”与“不变”的度是创业成功的关键。

垂直市场的成功者比比皆是，如旅游市场的携程网、房产市场的搜房网等。垂直市场成功的前提往往在于细分市场规模足够大、标准化程度高及有一定的行业壁垒。创业者对垂直市场的判断容易出现偏差，一些垂直市场貌似存在机会，但事实上只是暂时的空白，一旦成为横向整合者的目标，创业者就会失去市场空间。例如，鞋类电商乐淘一度是垂直电商的代表之一，随着天猫、京东进一步做大，成为横向扩张能力更强的大平台，乐淘就被迫开始转型。

乐淘的转型选择从渠道制转变为买手制，并且经历了多次内部结构大调整，整个供应链大换血。做自有品牌的方向本身没有错，但在执行上过于极端。原有的鞋类电商平台被砍掉，新诞生的自有品牌缺少强大的母体支撑。其实乐淘本可以在原有平台运营的基础上植入自己的品牌，慢慢经营，同时去各大渠道分销。另外，乐淘一次推出五个品牌的方式也过于激进了。尚显年轻的运营团队无法驾驭五个品牌。在一些有着丰富经验的传统鞋类企业看来，做一个品牌就非常不易，同时做五个品牌是异想天开。就这样，乐淘失败了。

创业者选择方向时，进入一个相对蓝海的创业领域是可行的。但这个领域与自身的能力、创业过程中可以调动的资源是否相匹配则是更需要考虑的。创业者往往忽视了后续的资源支撑能力，一旦发现这个方向不可取，就只能选择转型。公司一再转型意味着整体系统风险的随时降临。

点心作为创新工场的首个毕业生，一度笼罩着各种创业光环。它是创新工场家族中第一家注册的公司，也是第一家毕业的创业项目。作为最早进入手机操作系统市场的创业公司，点心很快遇到 ROM（read only memory，只读内存）的红海。点心希望和大厂商合作，但最终只有二线手机厂商同意和它试水。与此同时，点心既没有建立起自己的核心粉丝群，产品版本迭代速度也很缓慢。最终点心发现做 ROM 不是自己所擅长的，随即从硬件合作生产回到手机软件 Android 系统工具优化。在随后的转型中，点心又遭遇 ROM 和 Android 系统工具二选一的抉择，最终选择了 Android 系统工具的方向，把最早的手机 OS（operating system，操作系统）产品线打包出售。为了进一步提升自己的商业化水准，2013 年初，点心接受百度的战略投资，进入安全市场。

六、快速成长下的过度膨胀和管理失控

比起初创公司的艰难，另外一类公司作为一个互联网细分行业（如电商、团购）的拓荒者，借势中国经济和消费崛起，依仗一轮又一轮融资等因素有着完美的开局，但在陡峭增长曲线背后隐藏着种种危险：大规模消耗融资资金导致巨额亏损，公司人员极速扩张但素质不同，迷信营销的力量而忽视更基本的质量问题……公司如同直插云霄的火箭突然失去动力急速下坠，在高速扩张中，失控的风险急剧增加。

凡客诚品和拉手网便是其中的典型案例。成立于2007年的凡客诚品曾经是快公司的典型样本。“我是凡客”等凡客体风靡之时，2009～2010年凡客迎来了疯狂扩张，但随之而来的是巨大的管控漏洞：数亿积压库存报损、被销毁或低价出售；由于过分扩张品类，凡客诚品早期清晰的服装品牌定位逐渐模糊，供应商和质量管理出现失控；人员急剧增加，但很多员工无所事事……在获得一些投资人的新一轮资金后，凡客诚品开始了一场“小米式的变革”，但越来越多的迹象表明，凡客诚品已经无法通过常规手段收复市场。

拉手网的快速跌落类似凡客诚品。作为国内团购市场早期曾经占据头把交椅的公司，拉手网从成立到递交上市申请不足两年半的时间，但在经历了巨额的融资和高速的发展之后，其为冲击上市扩大规模和业绩，造成内部管理混乱，完全靠消耗融资资金扩大市场份额，在上市受阻后迅速陨落，跌出了国内团购市场的第一阵营。

七、“兄弟义气”埋下团队内讧隐患

创业公司获得风险投资的青睐无疑是获得认同的可喜的一步，但是公司创始人之间及投资方和公司管理层的关系也变得更加复杂。投资人和管理层之间存在矛盾冲突，以及创始人内部的股权分配失衡，均会增加创业企业的不确定性，母婴用品起家的电商红孩子即是一个典型样本。

徐沛欣、李阳、杨涛和马建阳一起创办了红孩子，形成CEO+3的管理格局，四人性格互补，四人组成的红孩子核心团队的协同作战能力也成为风险投资商相信红孩子的一个重要条件。在引入多轮融资之后，从2006年开始，红孩子创始人之间的矛盾开始出现。在获得风险投资后，徐沛欣的话语权逐步加大。此时，李阳、徐沛欣的战略分歧日益显现。是继续专注于母婴用品市场，还是引入化妆品、3C（China Compulsory Certification，中国强制性产品认证）等品类做综合B2C（business to customer，企业对消费者）？李阳坚持前者，徐沛欣坚持后者。

在二人矛盾无法调和后，风险投资方支持徐沛欣，杨涛也选择站在徐沛欣一方，董事会决定让李阳和其妻子王爽离开。另外两位创始人也因内部原因而离开后，创始人团队只剩下被认为代表资本意志的徐沛欣。2012年9月，苏宁宣布以6600万美元收购红孩子，红孩子变成苏宁的母婴频道。

八、过于依赖合作伙伴的模式

很多创业者在前期创业的时候会因资金准备不足、环境因素等而选择创业合作伙伴。

如果创业合作伙伴选得不好，就会导致创业失败。巨鲸音乐网便是因谷歌中国而崛起，也因谷歌中国而衰亡的。

巨鲸音乐网由姚明、姚明经纪人章明基及陈戈共同参股成立，三方出资规模达到2000万元。借助姚明巨大的明星效应及音乐正版说服力，巨鲸音乐网很快又遇到“贵人”——谷歌中国，双方一起推出谷歌音乐搜索。这一合作不仅使巨鲸音乐网获得1500万美元的投资，更重要的是让巨鲸音乐网获得巨大资源和收入。

在谷歌中国入股并达成音乐搜索合作后，巨鲸彻底“傍上了谷歌中国的大腿”，失去谷歌中国技术、流量、资源支持后，巨鲸又一直对谷歌“心存幻想”，未能拿出有卖点的产品，未体现出新发展思路，导致自身在陷入被动后迟迟无法扭转危局。2010年，谷歌宣布退出中国市场。

另一家公司云云有着类似的遭遇。作为一家谷歌精英创办的搜索引擎公司，云云本想依托早期投资方新浪进入社交搜索领域。本来，在搜索市场格局大致已定的情况下，去做社交搜索就有些冒险，新浪微博的资源也不能充分满足云云团队做大的希望，云云创始团队最终只能离开。

课堂活动

创业体验反思与感悟

回忆团队成员参与体验过的某个真实或模拟的创业活动，运用以下问题激发自己在体验中和体验后对自身的表现、感受及想法进行反思。可以用任何自己喜欢的形式自由地写下反思，不必局限于下列问题，可以发表更多见解。

（1）我在这次创业活动中的表现如何？哪些方面表现得特别突出？哪些方面不如期望的好？我觉得在哪些方面可以做一些改进？

（2）在参与活动期间，我与其他人有过哪些互动？我的意图是什么？我的沟通与参与对这次活动或他人产生了哪些影响？

（3）在活动期间或活动后，我从他人那里得到了哪些反馈？

（4）在这次活动体验中，我的主要收获有哪些？

（5）我从这次反思中学到了什么？

（6）关于自己或创业，还有哪些问题没有得到解决？

课程反思

1. 创业新手为什么容易创业失败？
2. 初创企业都有哪几种失败？
3. 如果你要创业，那么你会注意避免哪些问题？

拓展阅读

创业10谈

本文是互联网广告分析公司WordStream的创始人兼CEO拉里·金（Larry Kim）写的

一篇文章。他在这篇文章中分享了自己在多年创业中总结出的10条感触和建议。不管你是打算创业还是正在创业，他的这篇《创业10谈》都值得一读。

《创业10谈》思维导图如图12-2所示。

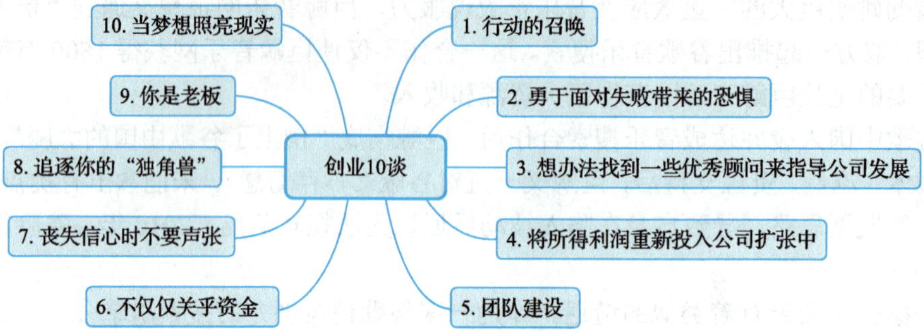

图12-2 《创业10谈》思维导图

具体内容详见二维码：

参考文献

戴维·罗斯，2017. 创业清单[M]. 桂曙光，魏亦萌，等译. 北京：中国人民大学出版社.

孙长林，2017. 大学生创业教育理论与实务[M]. 北京：现代教育出版社.

腾讯科技频道，2014. 教训：互联网创业必须避免的八大误区[M]. 北京：机械工业出版社.

中等职业学校计算机系列教材
zhongdeng zhiye xuexiao jisuanji xilie jiaocai

常用工具软件

（第3版）

◎ 袁云华 郭鹏 主编
◎ 杨明川 副主编

人民邮电出版社
北京

图书在版编目（CIP）数据

常用工具软件 / 袁云华，郭鹏主编. -- 3版. -- 北京 : 人民邮电出版社，2011.8
中等职业学校计算机系列教材
ISBN 978-7-115-25094-0

Ⅰ. ①常… Ⅱ. ①袁… ②郭… Ⅲ. ①软件工具
Ⅳ. ①TP311.56

中国版本图书馆CIP数据核字(2011)第092382号

内 容 提 要

本书系统地介绍了目前流行的常用工具软件的用途和使用技巧，主要包括系统安全工具、系统优化工具、磁盘工具、光盘工具、文件文档工具、翻译转换工具、图形图像工具、音频视频工具、网络通信工具、文件传输工具等，共10大类。

本书内容全面、语言流畅、实例丰富、图文并茂、实用性强。通过本书的学习，读者可以迅速、轻松地掌握软件的用法。

本书适合作为中等职业学校计算机相关专业“常用工具软件”课程的教材，同时也适合作为电脑短期培训班学员、办公人员和电脑初学者的参考资料。

中等职业学校计算机系列教材

常用工具软件（第3版）

◆ 主　　编　袁云华　郭　鹏
副 主 编　杨明川
责任编辑　王　平

◆ 人民邮电出版社出版发行　　北京市崇文区夕照寺街14号
邮编　100061　　电子邮件　315@ptpress.com.cn
网址　http://www.ptpress.com.cn
北京艺辉印刷有限公司印刷

◆ 开本：787×1092　1/16
印张：15.75　　2011年8月第3版
字数：389千字　　2011年8月北京第1次印刷

ISBN 978-7-115-25094-0

定价：29.00元

读者服务热线：(010)67170985　印装质量热线：(010)67129223
反盗版热线：(010)67171154
广告经营许可证：京崇工商广字第0021号

中等职业学校计算机系列教材编委会

序

中等职业教育是我国职业教育的重要组成部分，中等职业教育的培养目标定位于具有综合职业能力，在生产、服务、技术和管理第一线工作的高素质的劳动者。

随着我国职业教育的发展，教育教学改革的不断深入，由国家教育部组织的中等职业教育新一轮教育教学改革已经开始。根据教育部颁布的《教育部关于进一步深化中等职业教育教学改革的若干意见》的文件精神，坚持以就业为导向、以学生为本的原则，针对中等职业学校计算机教学思路与方法的不断改革和创新，人民邮电出版社精心策划了《中等职业学校计算机系列教材》。

本套教材注重中职学校的授课情况及学生的认知特点，在内容上加大了与实际应用相结合案例的编写比例，突出基础知识、基本技能。为了满足不同学校的教学要求，本套教材中的 3 个系列，分别采用 3 种教学形式编写。

- 《中等职业学校计算机系列教材——项目教学》：采用项目任务的教学形式，目的是提高学生的学习兴趣，使学生在积极主动地解决问题的过程中掌握就业岗位技能。
- 《中等职业学校计算机系列教材——精品系列》：采用典型案例的教学形式，力求在理论知识“够用为度”的基础上，使学生学到实用的基础知识和技能。
- 《中等职业学校计算机系列教材——机房上课版》：采用机房上课的教学形式，内容体现在机房上课的教学组织特点，学生在边学边练中掌握实际技能。

在教材使用中有什么意见或建议，均可直接与我们联系，电子邮件地址是 wangyana@ptpress.com.cn，wangping@ptpress.com.cn。

中等职业学校计算机系列教材编委会

2011 年 3 月

前 言

随着个人计算机的不断普及，各种常用工具软件的应用也日益普遍。利用这些软件可以更充分地发挥计算机的潜能，使用户操作和管理个人计算机更加方便、安全和快捷，同时更好地体验 Internet 带来的极大好处。学会使用计算机上各种常用的工具软件，是跨入信息时代必不可少的基本技能。

本书是专门为中等职业学校学生编写的计算机工具软件入门教材。较第 1 版、第 2 版教材的编写，本书精选目前同类工具中优秀的、使用频率高的软件作为讲解对象，详细地介绍软件的使用方法。本书突出实用性，注重培养学生的实践能力，具有以下特色。

- 以软件的功能为主线，重点介绍软件的各种用途。在让学生明确该软件“能做什么”的同时，通过实例讲解具体“怎么做”。
- 以操作案例组织全书的内容，每个案例通过清晰的步骤和丰富的插图来展示，既便于学生自学，又便于教师授课。
- 全书内容丰富，选例典型，主要选取日常生活中使用频率高的软件进行讲解，不但详细介绍软件的用途，也为满足各种用途而配置相应的软件提供参考。

本书每一章自成一体，读者可以方便地选择自己感兴趣的内容阅读。章末配有适量的习题，便于读者巩固所学的知识。结合本书，读者可以在最快的时间内精通这些工具软件，成为信息时代的计算机高手。

本课程的教学时数为 72 学时，教学课时可参考下面的课时分配表。

章节	课程内容	课时分配	
		讲授	实践训练
第 1 章	系统安全工具	4	4
第 2 章	系统优化工具	3	3
第 3 章	磁盘工具	3	3
第 4 章	光盘工具	2	2
第 5 章	文件文档工具	4	4
第 6 章	翻译转换工具	2	2
第 7 章	图形图像工具	6	6
第 8 章	音频视频工具	6	6
第 9 章	网络通信工具	3	3
第 10 章	文件传输工具	3	3
课时总计		36	36

为了方便教学，我们免费为选用本套教材的老师提供电子课件和素材，教师可登录人民邮电出版社教学服务与资源网（http://www.ptpedu.com.cn）免费下载使用。

本书由袁云华、郭鹏主编，杨明川任副主编，参加本书编写工作的还有沈精虎、黄业清、宋一兵、谭雪松、向先波、冯辉、郭英文、计晓明、董彩霞、滕玲等。由于作者水平有限，书中难免存在疏漏之处，敬请各位老师和同学指正。

编者

2011 年 4 月

目　录

第1章 系统安全工具

在病毒横行、插件泛滥的今天，保护计算机系统安全已经成为计算机用户的日常工作之一，特别是对于连接了网络的计算机，更需要定期进行病毒扫描、插件清除和木马查杀等维护工作。本章将介绍 4 款针对计算机不同维护需求的系统防护工具。

学习目标

- 掌握杀毒工具——360 杀毒软件的使用方法。
- 掌握安全防范工具——360 安全卫士的使用方法。
- 掌握防火墙工具——天网防火墙的使用方法。
- 掌握木马专杀工具——木马克星的使用方法。

1.1 使用杀毒工具——360 杀毒

360 杀毒是 360 安全中心出品的一款免费的云安全杀毒软件。360 杀毒具有查杀率高、资源占用少、升级迅速等优点。此外，360 杀毒可以与其他杀毒软件共存，是一个理想杀毒备选方案。同时，360 杀毒也是一款一次性通过 VB100 认证的国产杀毒软件。

要点提示

"云安全"通过网络中的大量客户端对网络中软件行为的异常监测，获取互联网中木马、恶意程序的最新信息，传送到服务端进行自动分析和处理，再把病毒和木马的解决方案分发到每一个客户端，从而使得整个互联网变成了一个超级大的杀毒软件。

1.1.1 使用 360 杀毒软件杀毒

使用 360 杀毒方式灵活，用户可以根据当前的工作环境自行选择模式：快速扫描查杀病毒迅速，但是不够彻底；全盘扫描查杀彻底，但是耗时长；指定位置扫描可以对特定分区和存储单位进行查杀工作，可以有针对性地查杀病毒。

操作步骤

1. 启动 360 杀毒软件

在桌面上单击快捷图标启动 360 杀毒软件，其主要界面元素如下。

- 【病毒查杀】选项卡：在该选项卡中可以使用 3 种方式查杀病毒，分别是"快速扫描"、"全盘扫描"和"指定位置扫描"，如图 1-1 所示。同时界面上还将显示病毒处理的历史记录和版本信息。
- 【实时防护】选项卡：主要设置对从外部转移到本地计算机的各种文件的防护措施，避免病毒入侵，如图 1-2 所示。

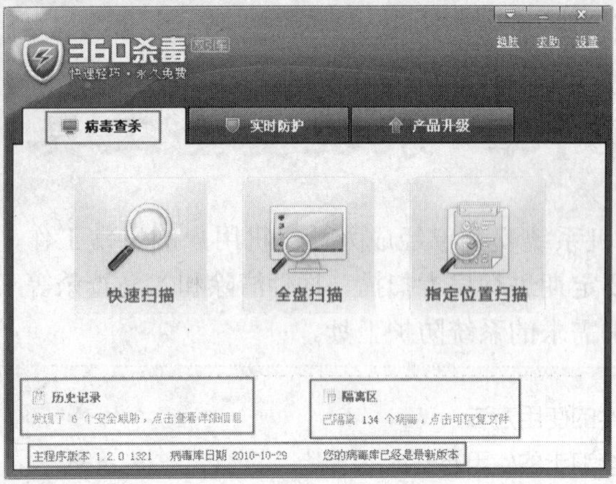

图1-1 【病毒查杀】选项卡

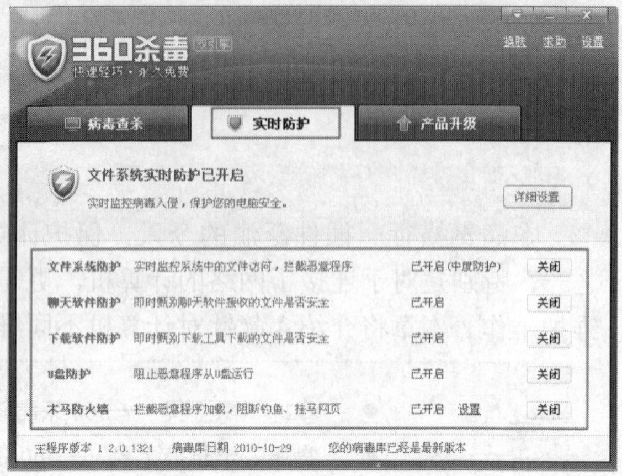

图1-2 【实时防护】选项卡

- 【产品升级】选项卡：用于手动升级软件，更新病毒库，如图 1-3 所示。

2. 快速扫描

快速扫描可以使用最快的速度对计算机进行扫描，迅速查杀病毒和威胁文件，节约扫描时间，一般用于时间不是很宽裕的情况。

(1) 在图 1-1 中单击（快速扫描）按钮，开始快速扫描硬盘。

(2) 扫描结束后显示扫描到的病毒和威胁程序，如图 1-4 所示。

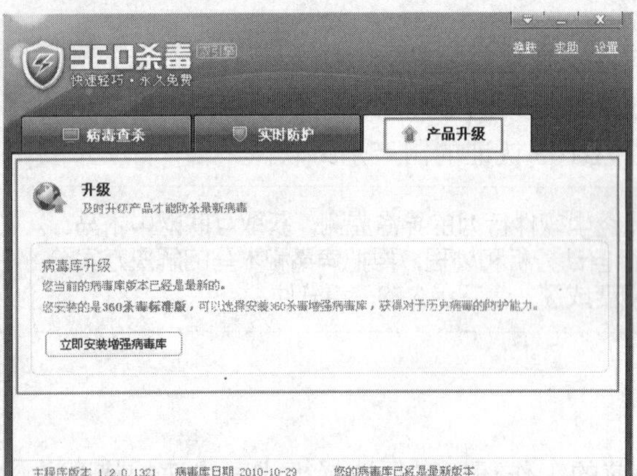

图1-3 【产品升级】选项卡

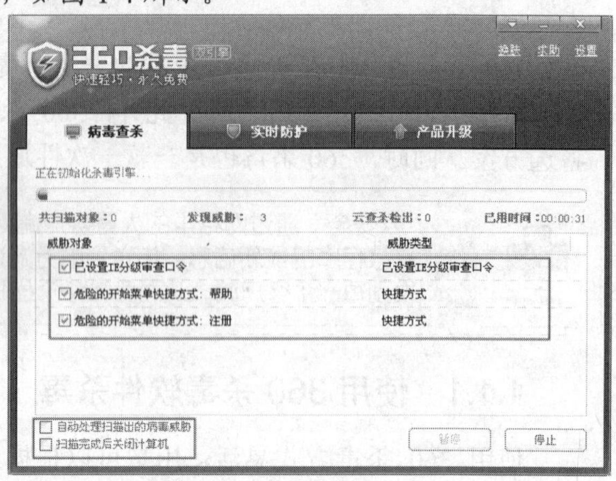

图1-4 显示扫描结果

要点提示

在扫描结果中，通常包含病毒、威胁和木马等恶意程序。

- 病毒：一种可以产生破坏性后果的恶意程序，必须严加防范。
- 威胁：虽然不会立即产生破坏性影响，但是这些程序会篡改计算机设置，使系统产生漏洞，从而危害网络安全。
- 木马：一种利用计算机系统漏洞侵入计算机后窃取文件的恶意程序。木马程序伪装成应用程序安装在计算机上（这个过程称为木马种植）后，可以窃取计算机上用户的文件、重要的账户密码等信息。

(3) 首先选取要处理的威胁对象，勾选该对象前的复选项，然后单击 开始处理 按钮删除或隔离这些对象，如图 1-5 所示。

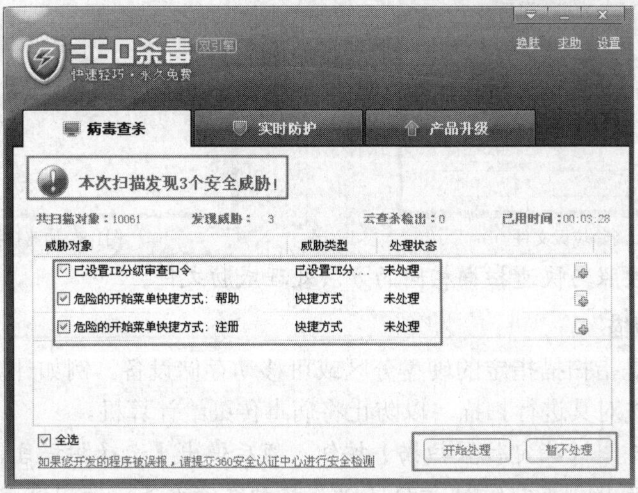

图1-5 扫描结果

> **要点提示** 如果在图 1-4 所示界面底部勾选【自动处理扫描出的病毒威胁】复选项，则扫描完成后将自动处理扫描到的威胁对象；如果勾选【扫描完成后关闭计算机】复选项，则在处理完成威胁对象后自动关机。

3. 全盘扫描

快速扫描虽然快速，但是扫描并不彻底。全盘扫描比快速扫描更彻底，但是耗费的时间较长，占用系统资源较多。建议全盘扫描安排在工作间隙来完成，例如休息时间或者夜间，这样可以避开系统资源的冲突。

(1) 在图 1-6 中单击 （全盘扫描）按钮，开始全盘扫描硬盘。

图1-6 全盘扫描

(2) 在扫描过程中，系统弹出如图 1-7 所示对话框，显示扫描到的垃圾文件，单击 确定 按钮清除这些文件。

(3) 在扫描过程中，如果用户的系统 CPU 占用高，可能会降低扫描速度，这时可以在图 1-8 所示对话框中单击 立即加速 按钮加快扫描速度，也可以单击 停止扫描 按钮停止扫描过程，另选时间扫描。

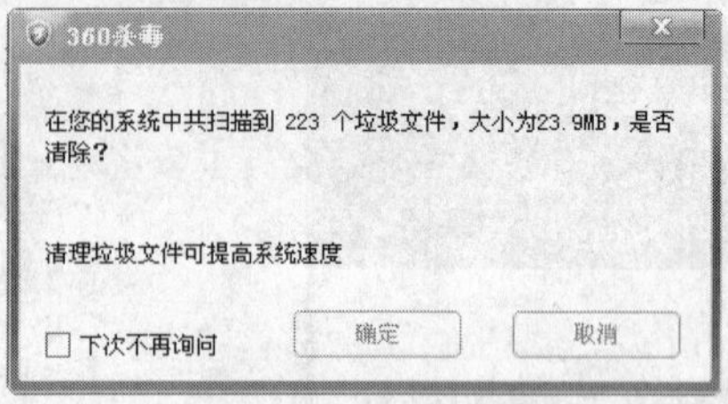

图1-7 清除垃圾文件

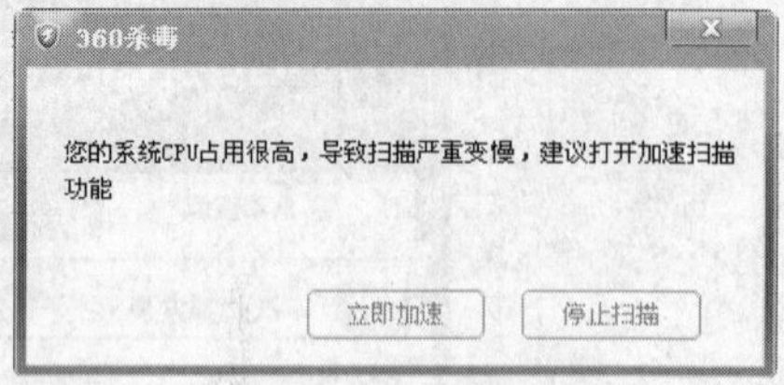

图1-8 加速扫描过程

(4) 扫描完成后，按照与快速扫描相同的方法处理威胁文件。

4. 指定位置扫描

指定位置扫描是指扫描指定的硬盘分区或可移动存储设备。例如计算机上接入 U 盘或移动硬盘后，可以先对其进行扫描，以防止将病毒传染给计算机。

(1) 在图 1-9 中单击（指定位置扫描）按钮，随后弹出【选择扫描目录】对话框。

(2) 系统显示目前连接到本机的硬盘分区以及移动存储设备，选中需要扫描的对象，如图 1-10 所示，然后单击 扫描 按钮。

图1-9 启动指定位置扫描

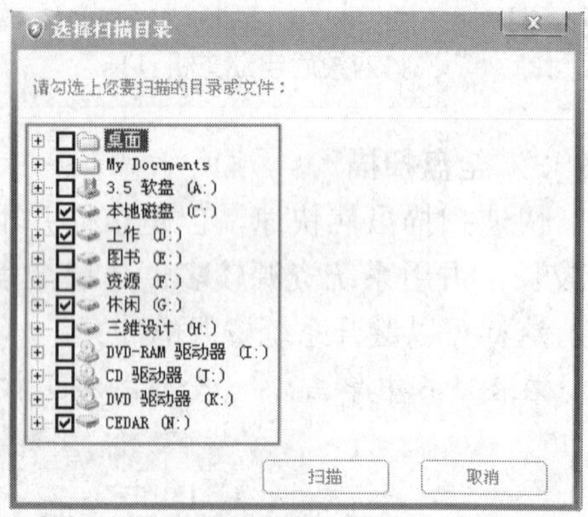

图1-10 选中需要扫描的对象

(3) 系统开始扫描选定的设备，扫描完成后对威胁对象的处理方法同前。

> **要点提示** 如果要终止扫描操作，可以在如图 1-11 所示的对话框中单击 停止 按钮，然后在如图 1-12 所示的对话框中单击 确定 按钮。单击 暂停 按钮可以暂停扫描过程，需要重新启动时单击 继续 按钮即可恢复前次中断的扫描任务。

图1-11 停止或暂停扫描

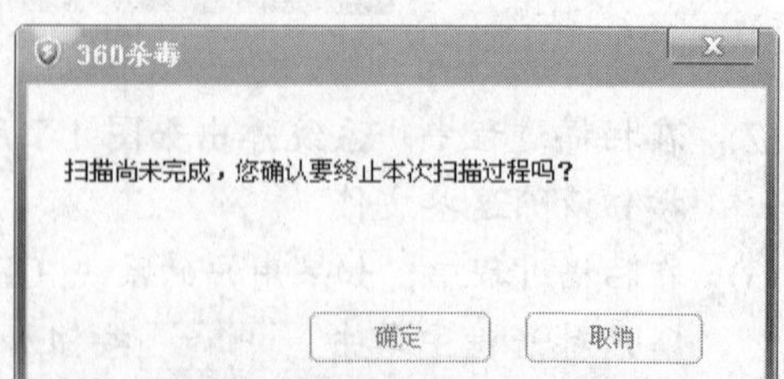

图1-12 确认终止扫描过程

1.1.2 网络实时防护

计算机连接到网络后，为病毒和恶意软件的侵入提供了更多的机会。与其事后杀毒不如事前防护，下面介绍网络实时防护的设置方法。

操作步骤

(1) 在软件界面中切换到【实时防护】选项卡，如图 1-13 所示。

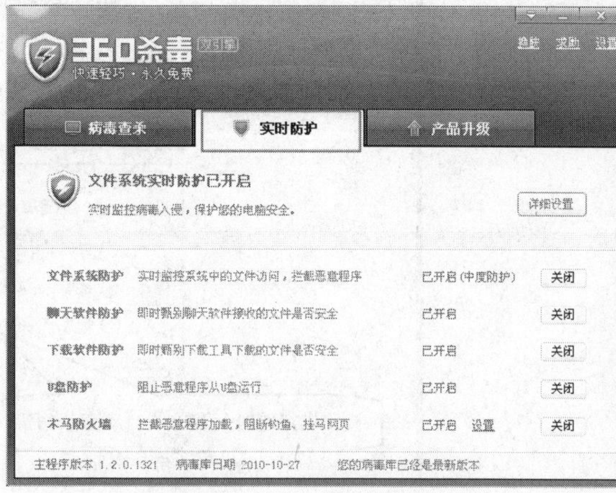

图1-13 启动网络实时防护功能

(2) 设置以下防护功能。默认情况下将开启这些功能，如果希望关闭选定的功能，可以在该选项后单击 关闭 按钮。

- 文件系统防护：监控系统中的文件访问（例如修改注册表），如果发现破坏性的恶意访问，则对该程序进行拦截。
- 聊天软件防护：通过聊天软件（如 QQ 等）接收文件时，接收完毕后检查该文件是否安全，如果发现不安全文件，给出报警信息。
- 下载软件防护：使用下载软件（如迅雷）下载文件后，检查下载的文件是否安全，若发现不安全文件，则给出报警信息。
- U 盘防护：当 U 盘以及可移动存储设备接入计算机时，阻止其中的恶意程序自动运行，避免计算机感染病毒。
- 木马防火墙：阻止各种木马程序运行，阻止恶意网站在计算机上种植木马。

要点提示

在【木马防火墙】选项后选择【设置】选项，可以设置不同种类的木马防火墙，如图 1-14 所示；要关闭选定的木马防火墙，单击该项目后的 已开启 按钮即可。

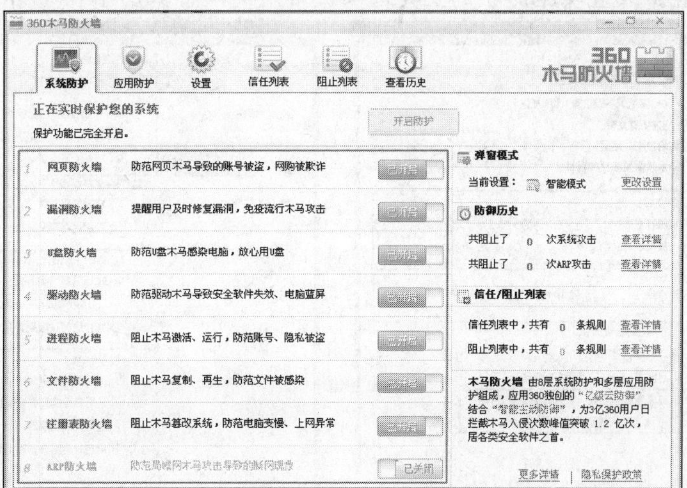

图1-14 设置木马防火墙

(3) 在如图 1-13 所示的对话框中单击［详细设置］按钮，打开【设置】面板，主要设置以下选项。

① 常规设置。设置开机自启动、自我保护以及定时杀毒等，如图 1-15 所示。

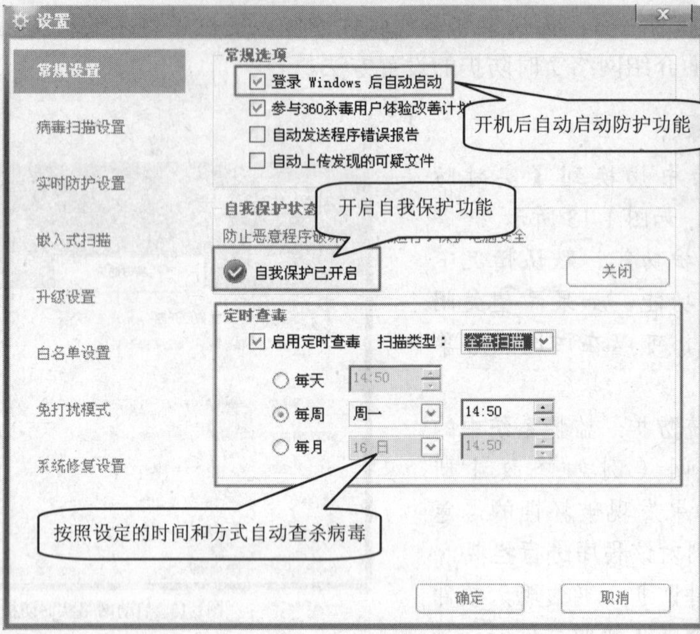

图1-15 常规设置

> **要点提示**
> 常上网的用户一定要随时注意对计算机系统的防护，并养成良好的计算机防护习惯，例如开机后自动启动防护功能，定时杀毒等，这样可以大大减少病毒对计算机的破坏。

② 病毒扫描设置。设置扫描病毒时的主要选项，常用的项目如图 1-16 所示。

> **要点提示**
> 如果用户对计算机知识掌握不太深，对病毒处理的相关操作不太熟练，在选择【发现病毒时的处理方式】时，可以在如图 1-16 所示的对话框中点选【自动清除】单选按钮，这样简单快捷。

③ 实时防护设置。设置实施防护的主要选项，常用的项目如图 1-17 所示。

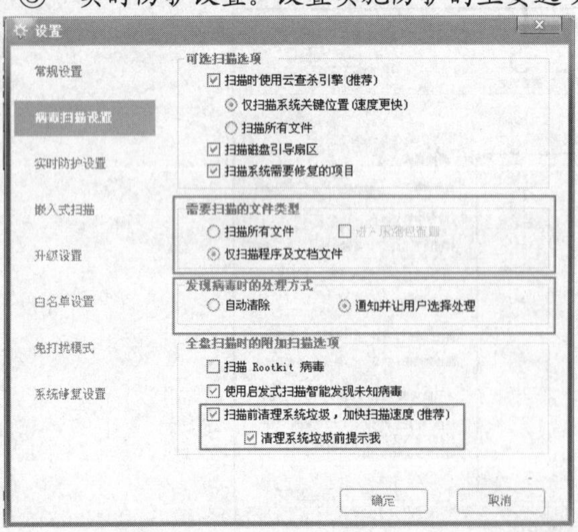

图1-16 病毒扫描设置

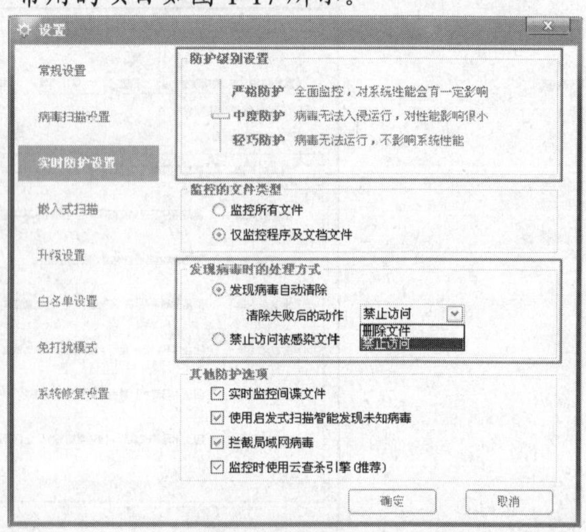

图1-17 实时防护设置

④ 嵌入式扫描。设置各种防护类型的详细设置，常用的项目如图 1-18 所示。

⑤ 升级设置。设置软件自动升级的时间和方式，常用的项目如图 1-19 所示。

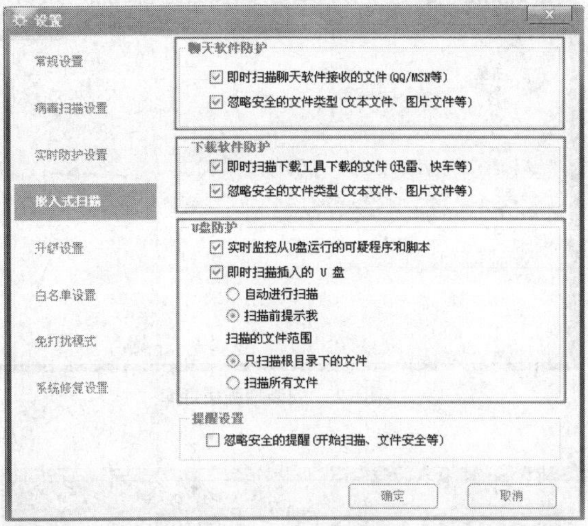

图1-18 嵌入式扫描

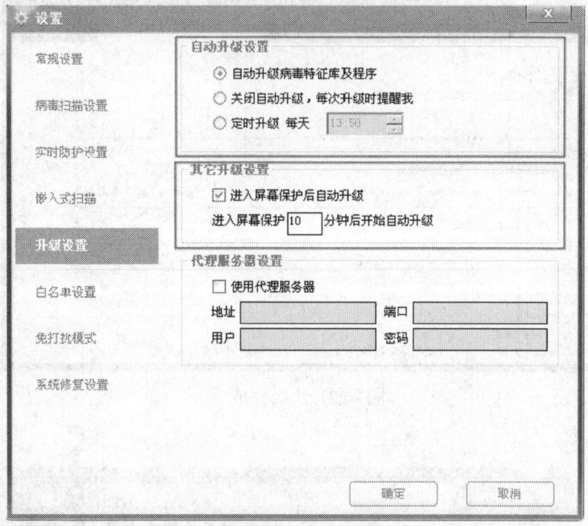

图1-19 升级设置

1.1.3 软件升级更新

杀毒软件通常需要随时升级以更新病毒库，除了按照预先设定的时间让系统自动进行升级操作外，还可以手动升级。

操作步骤

(1) 在如图 1-20 所示的对话框中切换到【产品升级】选项卡。

(2) 在打开的页面中单击 检查更新 按钮后，系统自动下载升级程序，并更新病毒库，如图 1-21 所示。

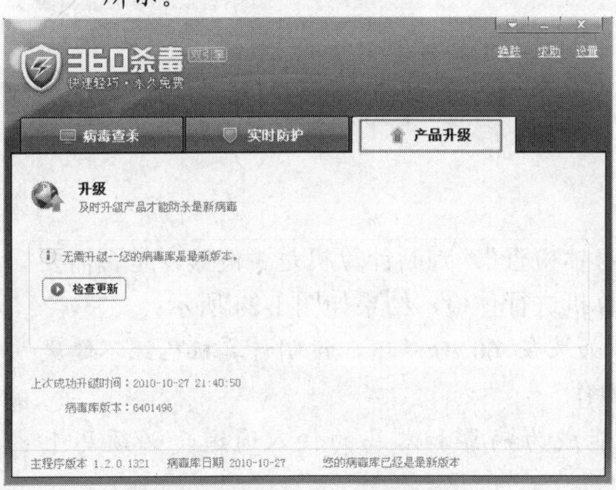

图1-20 【产品升级】选项卡

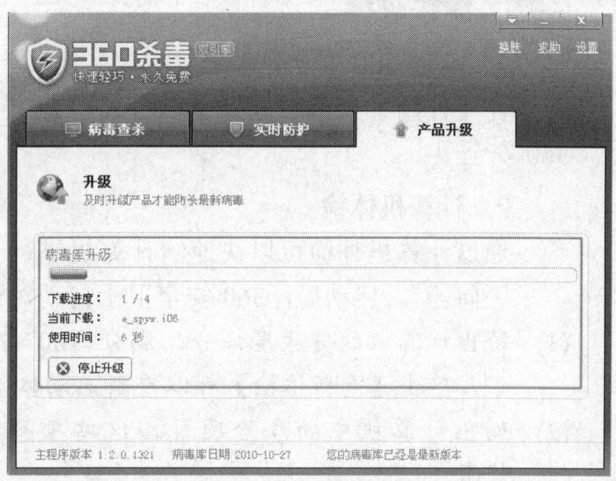

图1-21 升级过程

(3) 升级完成后给出成功信息，如图 1-22 所示。

(4) 单击 立即安装增强病毒库 按钮可以安装增强病毒库，安装过程如图 1-23 所示。

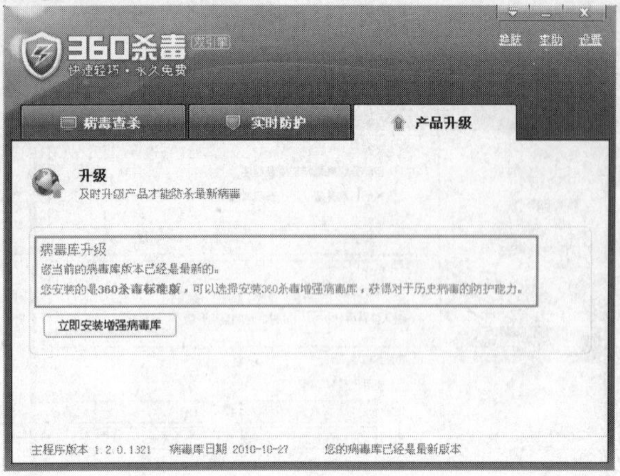

图1-22 升级完成

图1-23 安装增强病毒库

1.2 使用安全防范工具——360 安全卫士

360 安全卫士是一款完全免费的安全类上网辅助工具，可以查杀流行木马、清理系统插件、在线杀毒、系统实时保护及修复系统漏洞等，同时还具有系统全面诊断以及清理使用痕迹等特定辅助功能，为每一位用户提供全方位系统安全保护。

1.2.1 常用功能

360 安全卫士拥有清理插件、修复漏洞、清理垃圾等诸多功能，可方便地对系统进行清理和维护，下面介绍其基本操作方法。

操作步骤

1. 启动 360 安全卫士

在【开始】菜单中选择【所有程序】/【360 安全卫士】/【360 安全卫士】命令，启动 360 安全卫士。

2. 计算机体检

通过计算机体检可以快速给计算机进行“身体检查”，判断计算机是否健康，是否需要“求医问药”。启动后，360 安全卫士自动对计算机进行体检，结果如图 1-24 所示。

(1) 给出计算机的健康度评分，满分 100 分，如果在 60 分以下，说明计算机已经不健康了。单击【重新体检】可以重新启动体检操作。

(2) 列出计算机中的危险项目，这些项目可能成为病毒和木马的侵入通道，必须马上修复。

(3) 列出需要优化的项目，这些项目如果处理及时，可以优化网络环境。

(4) 列出当前安全的项目，这些项目目前不存在安全隐患，可以正常使用。

图1-24　体检结果

3. 查杀木马

> **要点提示** 木马是有隐藏性的、自发性的可被用来进行恶意行为的程序。木马虽然不会直接对计算机产生破坏性危害，但是木马通常作为一种工具被操纵者用来控制计算机，不但会篡改用户的计算机系统文件，还会导致重要信息泄露，因此必须严加防范。

(1) 切换到【查杀木马】选项卡，打开如图 1-25 所示软件界面。

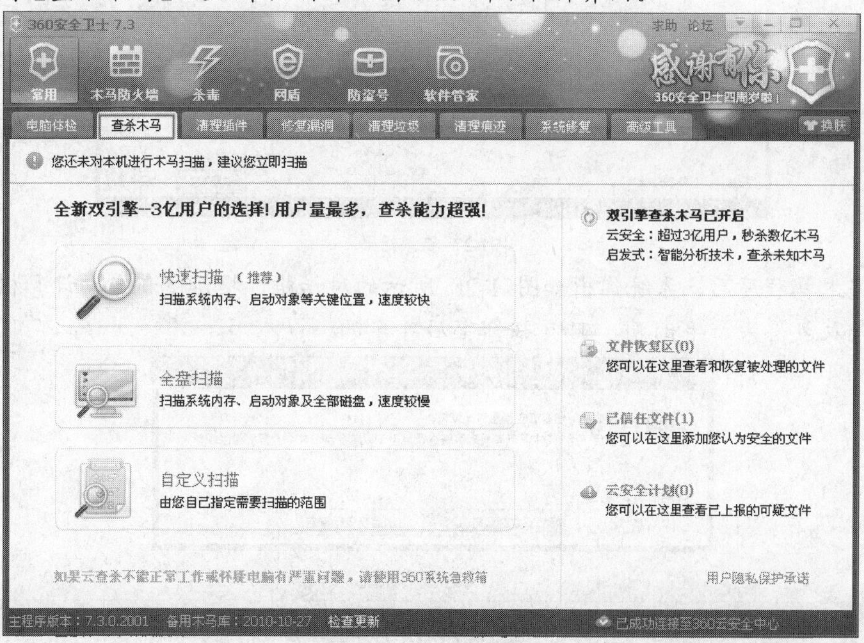

图1-25　【查杀木马】选项卡

(2) 单击按钮可以快速查杀木马，这是系统推荐的选项。查杀过程如图 1-26 所示。

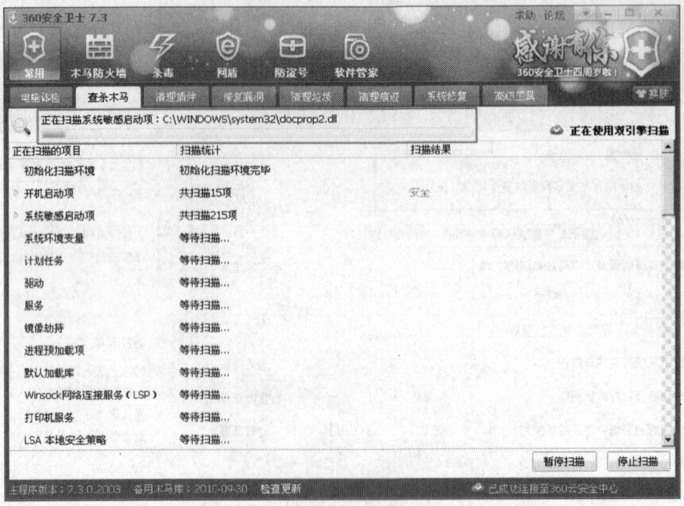

图1-26 查杀木马过程

(3) 操作完毕后，显示查杀结果，如图 1-27 所示，勾选需要处理的选项前的复选项，然后单击立即处理按钮处理查杀到的木马。

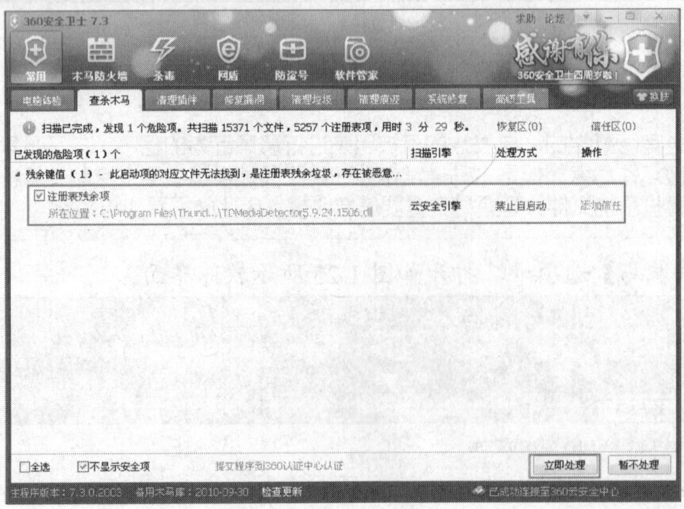

图1-27 查杀结果

(4) 处理完木马程序后，系统弹出如图 1-28 所示的对话框，提示重新启动计算机；为了防止木马反复感染，单击好的，立刻重启按钮重启计算机。

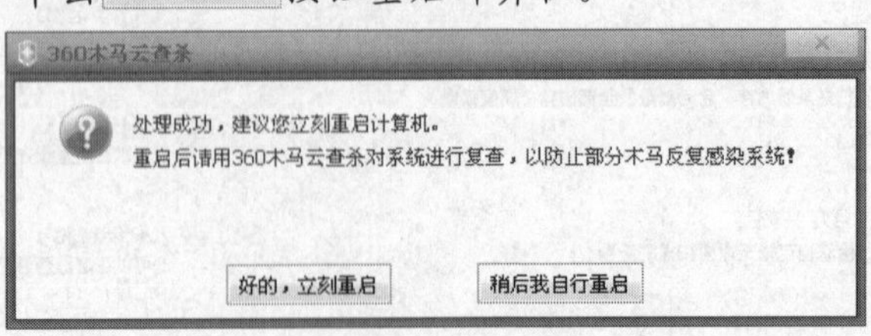

图1-28 重启系统

要点提示

与查杀病毒相似，还可以在如图 1-25 所示界面中单击全盘扫描（扫描系统内存、启动对象及全部磁盘，速度较慢）按钮全盘扫描木马，单击自定义扫描（由您自己指定需要扫描的范围）按钮扫描自定义位置的木马，这里不再一一赘述。

4. 清理插件

> **要点提示** 插件是一款小型程序，可以附加在其他软件上使用，例如附着在 IE 浏览器上的【Googel 工具栏】等。在 IE 浏览器中安装相关的插件后，IE 浏览器能够直接调用这些插件程序来处理特定类型的文件。插件太多可能会导致 IE 故障，因此可以根据需要对插件进行清理。

(1) 切换到【清理插件】选项卡，360 安全卫士自动扫描计算机上的插件，扫描结果如图 1-29 所示。

图1-29 【清理插件】选项卡

(2) 勾选插件前面的复选项，然后单击 立即清理 按钮清除选定的对象，如图 1-30 所示。

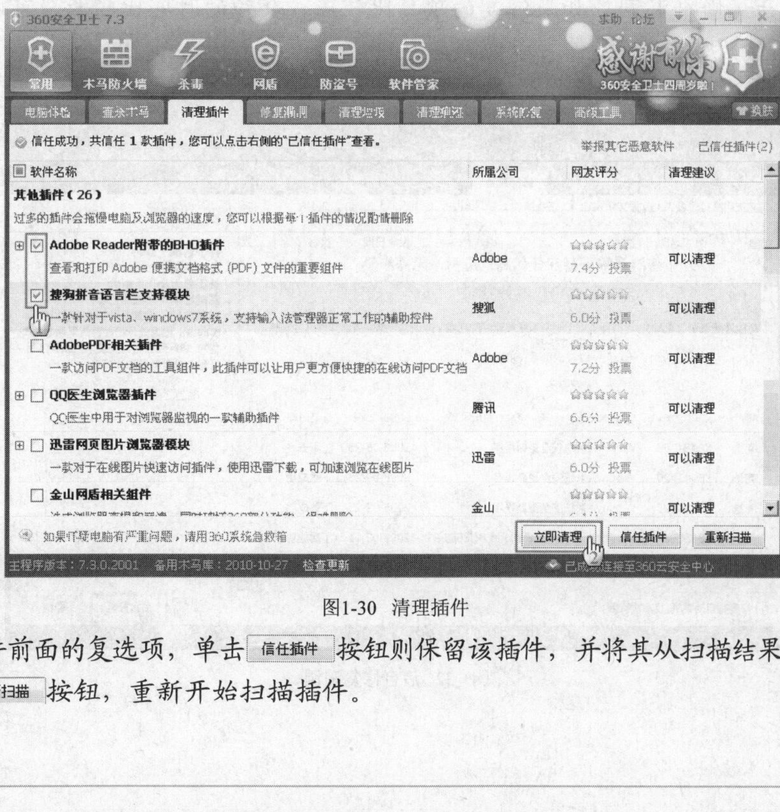

图1-30 清理插件

(3) 勾选插件前面的复选项，单击 信任插件 按钮则保留该插件，并将其从扫描结果中清除。

(4) 单击 重新扫描 按钮，重新开始扫描插件。

5. 扫描并修复漏洞

> **要点提示** 漏洞是指系统软件存在的缺陷，攻击者能够在未授权的情况下利用这些漏洞访问或破坏系统。系统漏洞是病毒木马传播最重要的通道。如果系统中存在漏洞，就要及时修补，其中一个最常用的方法就是及时安装修补程序，这种程序称之为系统补丁。

(1) 切换到【修复漏洞】选项卡，360 安全卫士自动扫描计算机上的漏洞，扫描结果包括需要修复的高危漏洞和需要更新的补丁。

(2) 选中需要修补的漏洞或补丁，单击 立即修复 按钮修补这些漏洞和更新补丁，如图 1-31 所示。

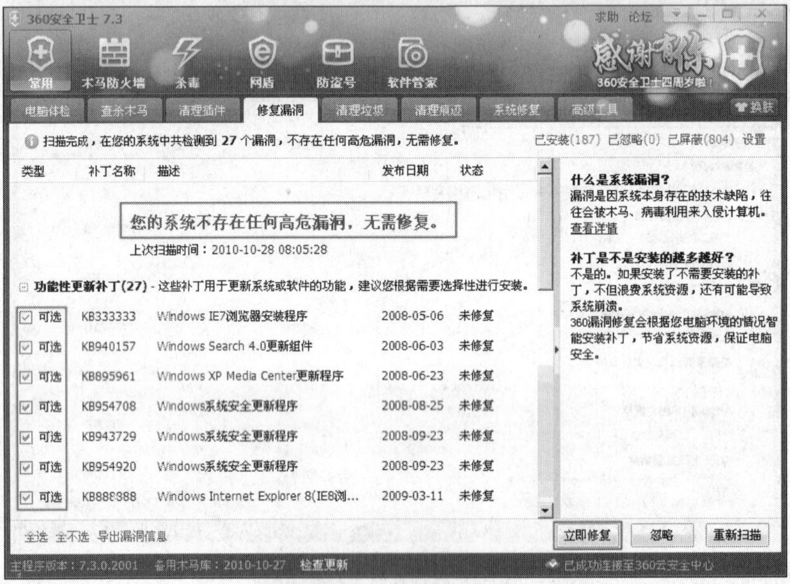

图1-31 修复漏洞和更新补丁

(3) 随后系统开始修补漏洞，如果修复的项目比较多，耗费的时间比较长，可以单击 后台修复 按钮，使计算机在后台工作，以便减少对前台工作的干扰，如图 1-32 所示。

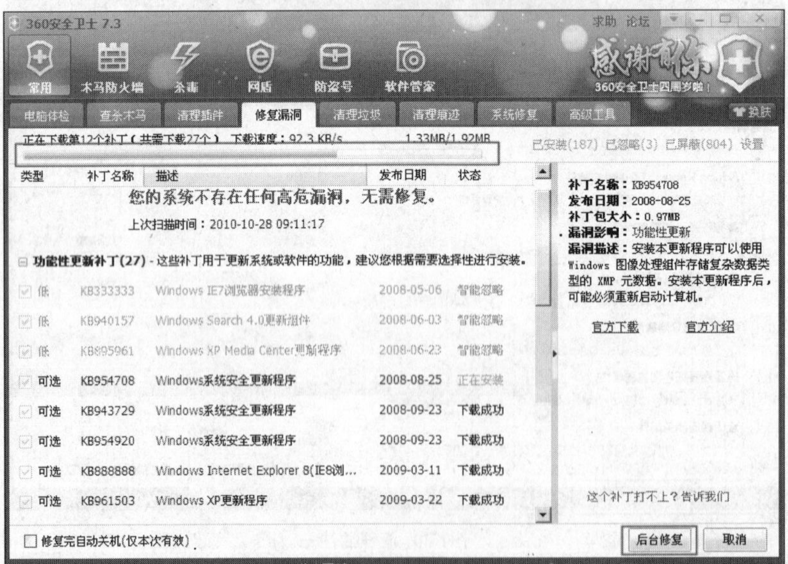

图1-32 后台修复漏洞

(4) 修复完成后显示修复结果，如图 1-33 所示。

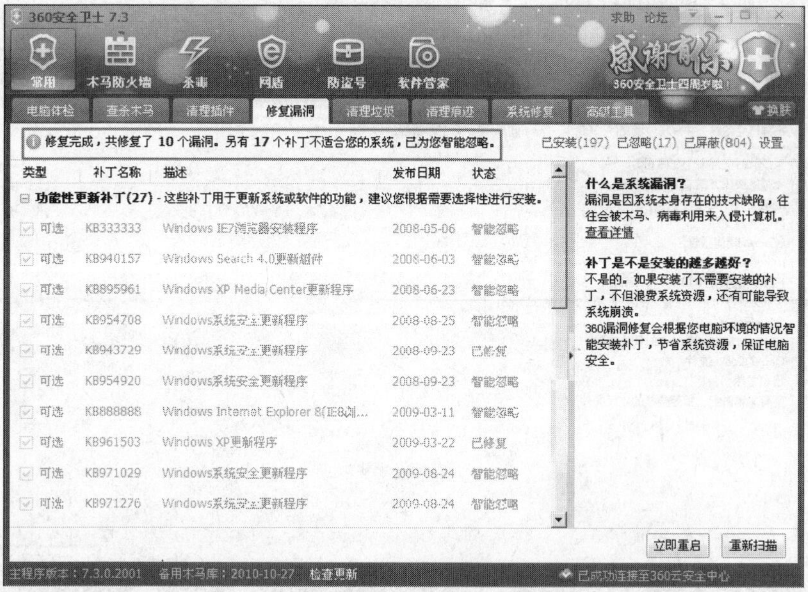

图1-33 修复结果

6. 清理垃圾文件

> **要点提示**
>
> 垃圾文件是指系统工作时产生的剩余数据文件，虽然每个垃圾文件所占系统资源并不多，少量垃圾文件对计算机的影响也较小；但如果长时间不清理，垃圾文件会越来越多，过多的垃圾文件会影响系统的运行速度。因此建议用户定期清理垃圾文件，避免垃圾文件累积。目前除了手动人工清除垃圾文件外，常用软件来辅助完成清理工作。

(1) 切换到【清理垃圾】选项卡，打开如图 1-34 所示界面，选中需要清理垃圾文件的类型，然后单击 开始扫描 按钮。

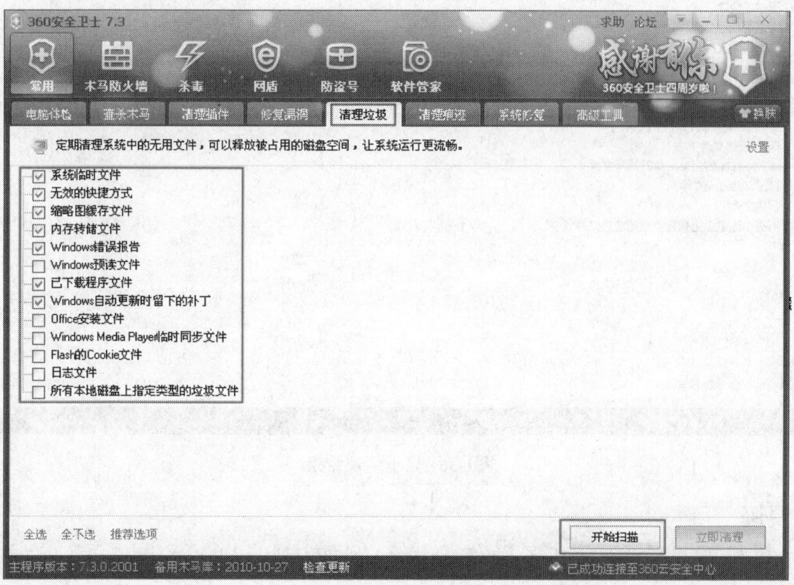

图1-34 【清理垃圾】选项卡

(2) 扫描完成后显示扫描到的垃圾文件种类及数量，如图 1-35 所示；单击 立即清理 按钮开始清理垃圾文件。

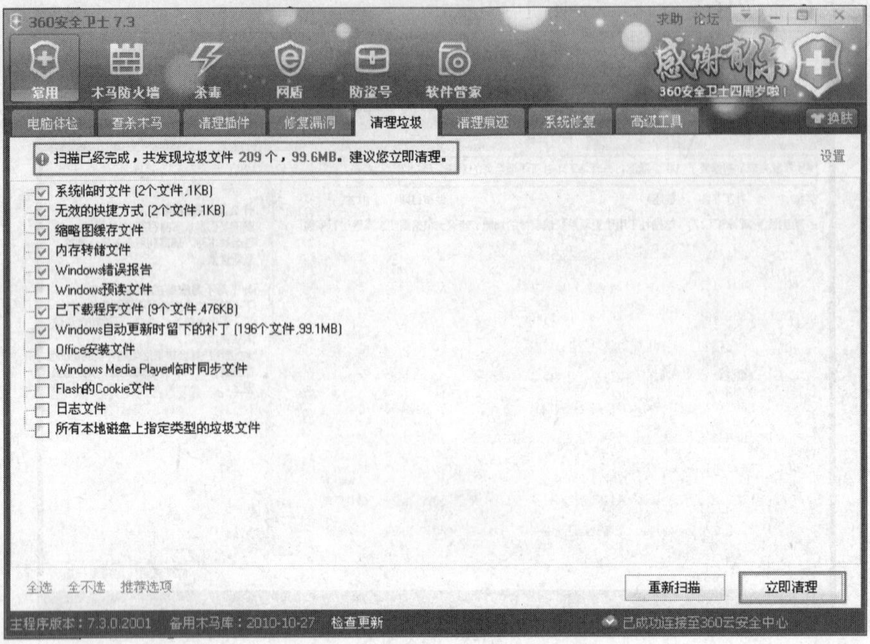

图1-35 显示扫描结果

(3) 清理完成后，显示清理结果，如图 1-36 所示。

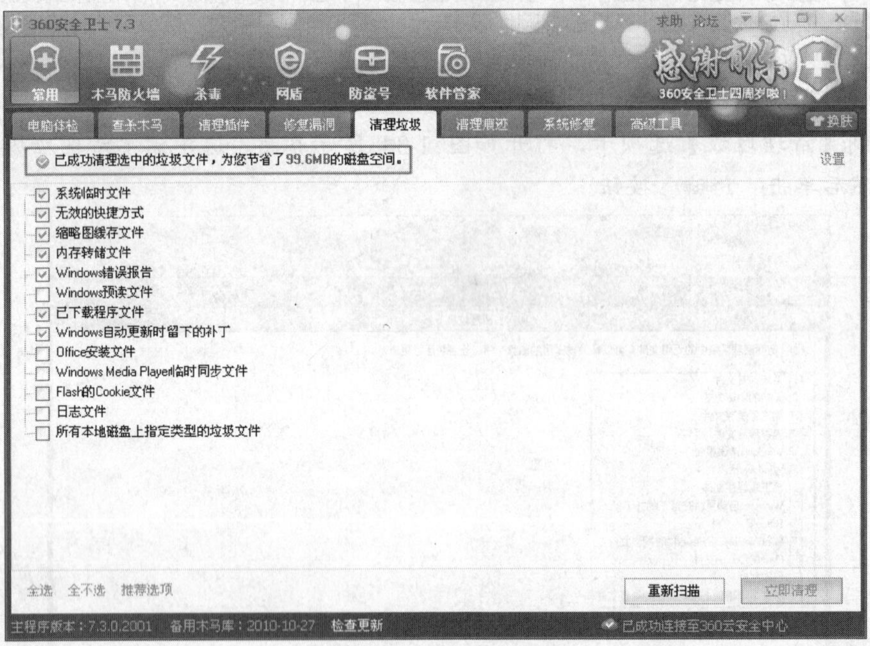

图1-36 显示清理结果

7. 清理痕迹

在操作计算机时，会留下许多操作痕迹，例如访问过的历史网页、输入的搜索关键字、输入的密码信息等。网络痕迹可能会泄露用户的重要信息，可以按照以下方法清除。

(1) 切换到【清理痕迹】选项卡，打开如图 1-37 所示界面，选中需要清理痕迹的种类，然后单击 开始扫描 按钮。

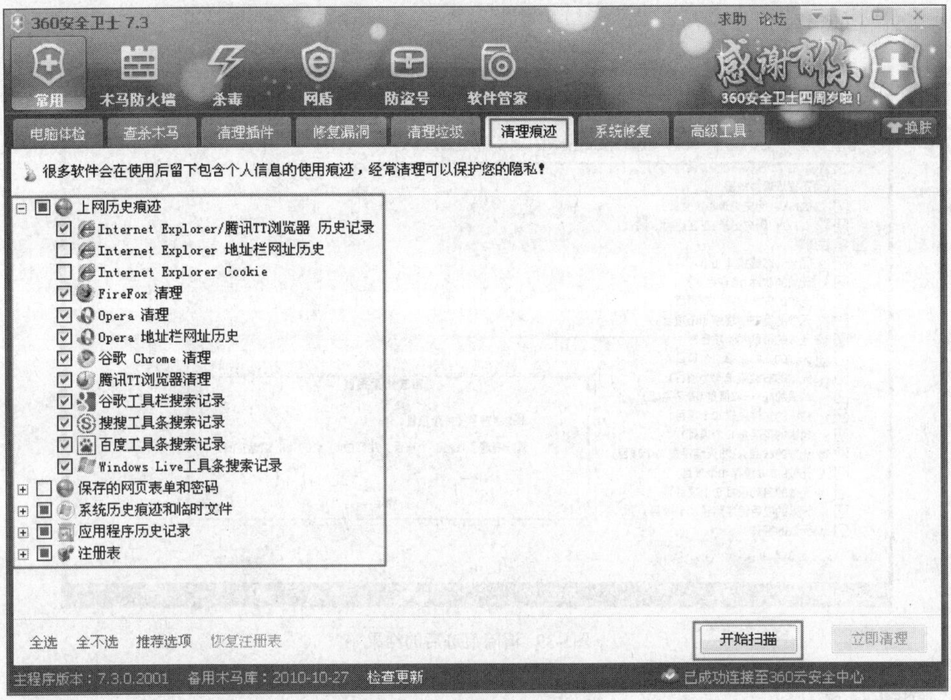

图1-37 【清理痕迹】选项卡

(2) 扫描结束后显示扫描到的结果，如图 1-38 所示，然后单击 立即清理 按钮清理这些文件。

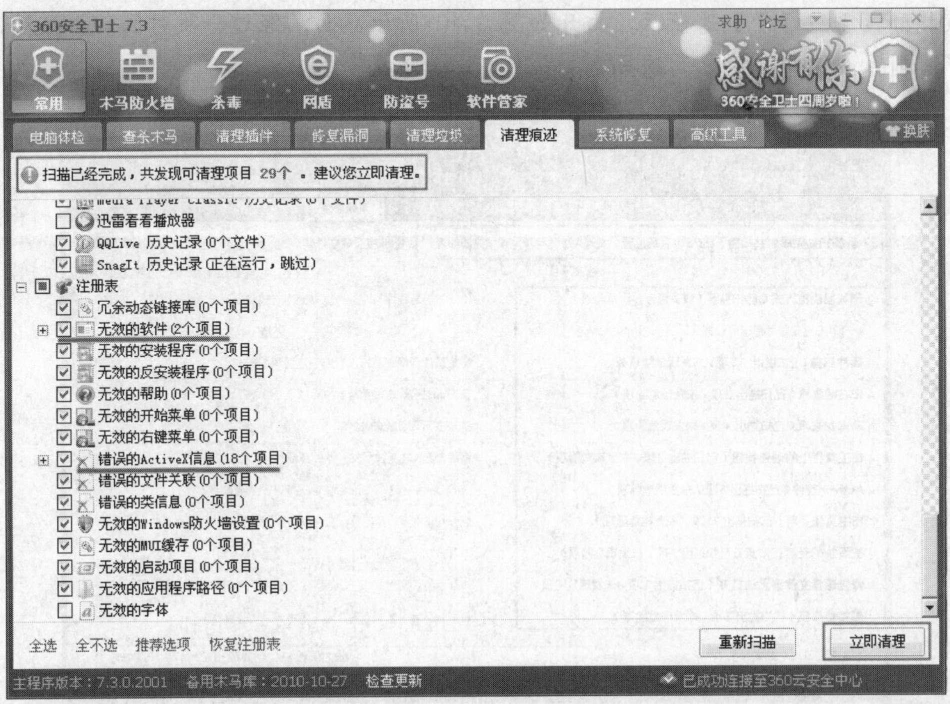

图1-38 扫描结果

(3) 清理完成后，显示清理结果，如图 1-39 所示，单击 确定 按钮完成清理。

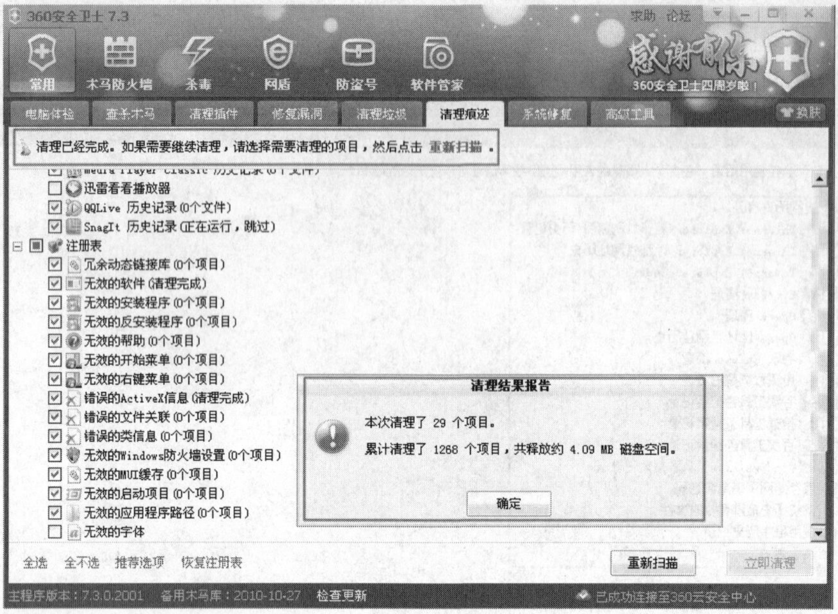

图1-39 清除痕迹后的结果

8. 系统修复

系统在使用过程中，由于操作失误以及病毒入侵等多种原因将导致系统功能故障，例如桌面图标被篡改、文件扩展名无法显示等，这些问题可以通过系统修复操作来解决。

(1) 切换到【系统修复】选项卡，打开如图 1-40 所示界面；经过一段时间的扫描后，列出了目前系统中需要修复的项目。

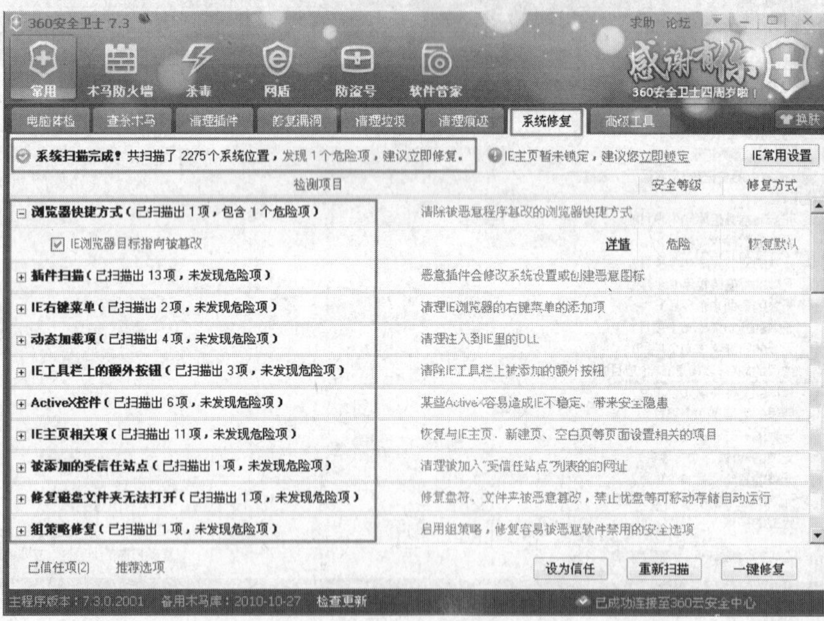

图1-40 需要修复的项目

(2) 单击项目前的⊞号展开该项目，勾选其下子项前的复选项；在界面右下角单击 设为信任 按钮，将信任该项目并将其从列表中清除，如图 1-41 所示。

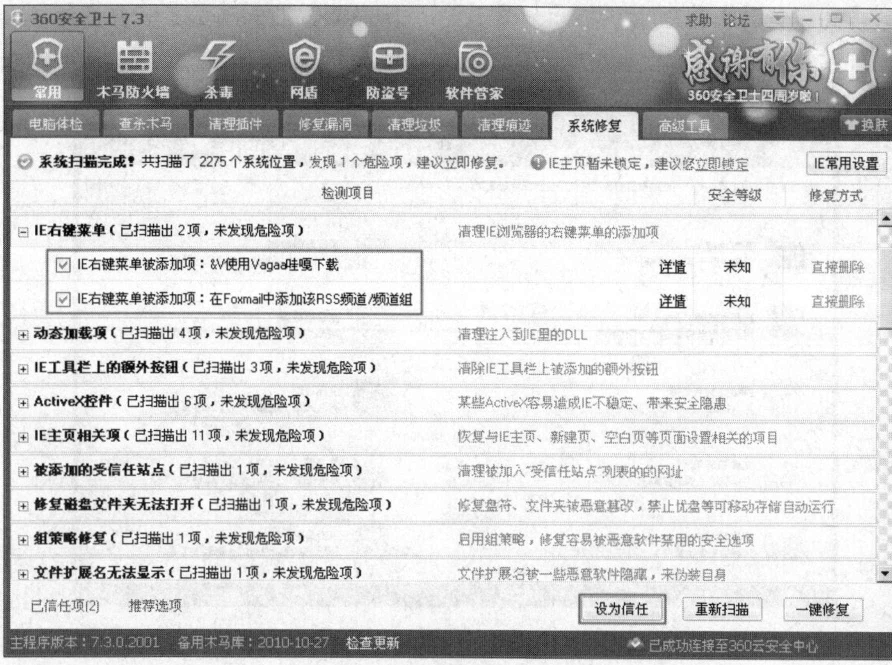

图1-41 信任选定项目

(3) 使用同样的方法选中项目，如“ActiveX 控件”中的项目，然后在界面底部单击 一键修复 按钮，修复选定的项目，如图 1-42 所示。

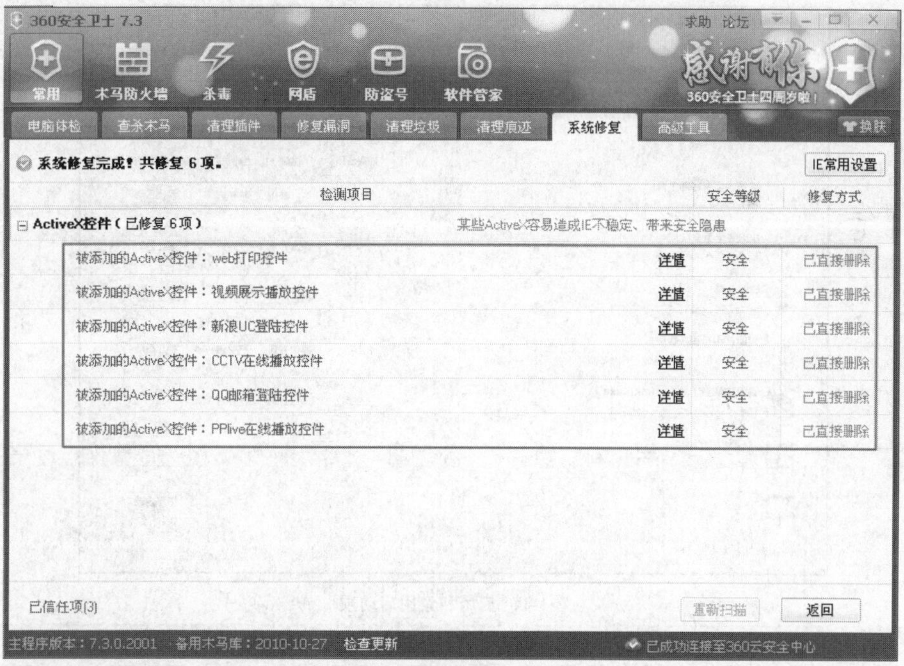

图1-42 修复项目

9. 开机加速

在计算机启动过程中会同时启动大量的应用程序（软件），如果启动的程序过多，会导致系统变慢，这时可以启动开机加速功能。

(1) 切换到【高级工具】选项卡，打开如图 1-43 所示界面，这里列出了一些高级工具项目。

图1-43 【高级工具】选项卡

(2) 禁用启动项。单击 开机加速 按钮，打开如图 1-44 所示窗口，这里显示了计算机开机时自动启动的项目，单击 禁止启动 按钮可以禁止相应项目的启动，单击 恢复启动 按钮可以恢复相应项目的启动。

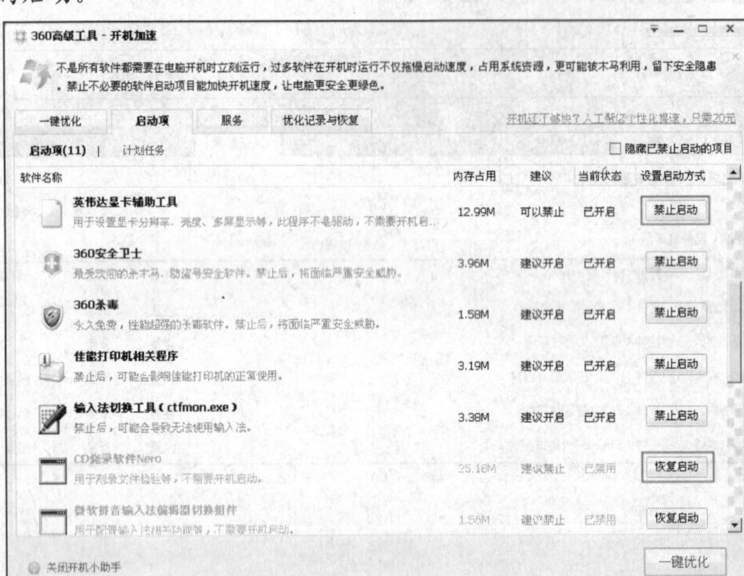

图1-44 启用和禁用启动项

> **要点提示**
> 一些软件通过“服务”的方式在开机时在后台自动运行，并且一直保持，这将耗费计算机资源，这时可以根据 360 安全卫士的建议来禁止或启动这些服务。

(3) 禁用系统服务项。切换到【服务】选项卡，这里列出了当前的所有服务，单击 禁止启动 按钮可以禁止相应服务的启动，单击 恢复启动 按钮可以恢复相应服务的启动，如图 1-45 所示。

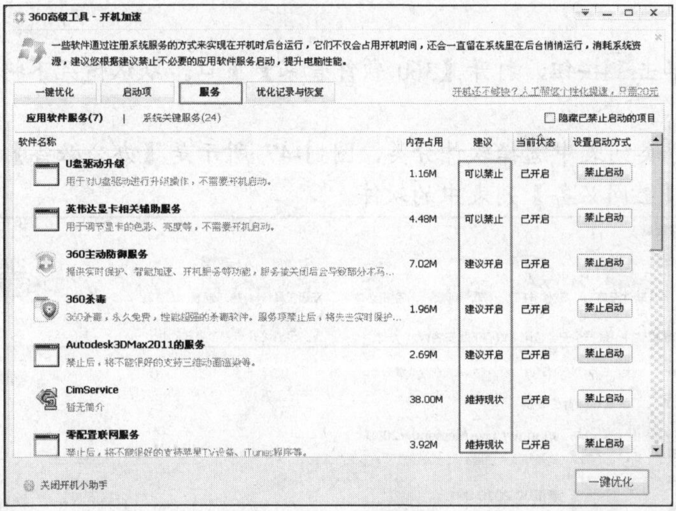

图1-45　禁止系统服务项

> **要点提示**
>
> 完成以上所有设置后，在图 1-45 所示界面底部单击 一键优化 按钮，即可根据前面设定的参数优化系统，使所有设置生效。

1.2.2　系统辅助功能

360 安全卫士还提供了实时保护、软件安装与卸载等辅助功能，使用这些功能能够极大地缩短软件安装与维护的时间。

操作步骤

启动 360 安全卫士，进入其操作界面后，进行以下操作。

1. 开启实时保护

(1) 在界面顶部单击 网盾 按钮，打开【360 网盾】窗口。

(2) 窗口中列出了网盾监控的项目，单击 关闭 按钮可以关闭选定的项目，如图 1-46 所示。

图1-46　开启实时保护

2. 软件安装

(1) 在界面顶部单击按钮，打开【360 软件管家】窗口，默认情况下将选中【装机必备】选项卡。

(2) 在左侧软件分类列表中选择软件分类，图 1-47 所示是【办公必备】列表中的软件，图 1-48 所示是【上网必备】列表中的软件。

图1-47　办公必备软件

图1-48　上网必备软件

(3) 在中部的软件列表中列出当前软件的安装状态，在项目后单击 下载 按钮可以下载安装新软件，如图 1-49 所示，下载完毕后根据向导进行安装即可。

(4) 将鼠标指针置于 已安装 按钮上后，按钮将改为 重装 按钮，单击该按钮可以重新安装该软件。

图1-49 安装软件

(5) 单击升级按钮，对可以升级的软件进行升级操作。

(6) 切换到【软件宝库】选项卡，这里按照用途对软件进行详细分类，用户可以选择安装需要的软件。图 1-50 所示是可以选择安装的聊天软件，图 1-51 所示是可以选择安装的下载软件。

图1-50 聊天软件

图1-51 下载软件

3. 软件升级

(1) 切换到【软件升级】选项卡，将显示目前可以升级的软件列表，单击软件后的 升级 按钮即可完成升级操作，如图 1-52 所示。

(2) 根据软件的具体情况不同，将弹出各种提示信息，如图 1-53 所示，用户可以根据具体情况选择继续下载还是取消下载。

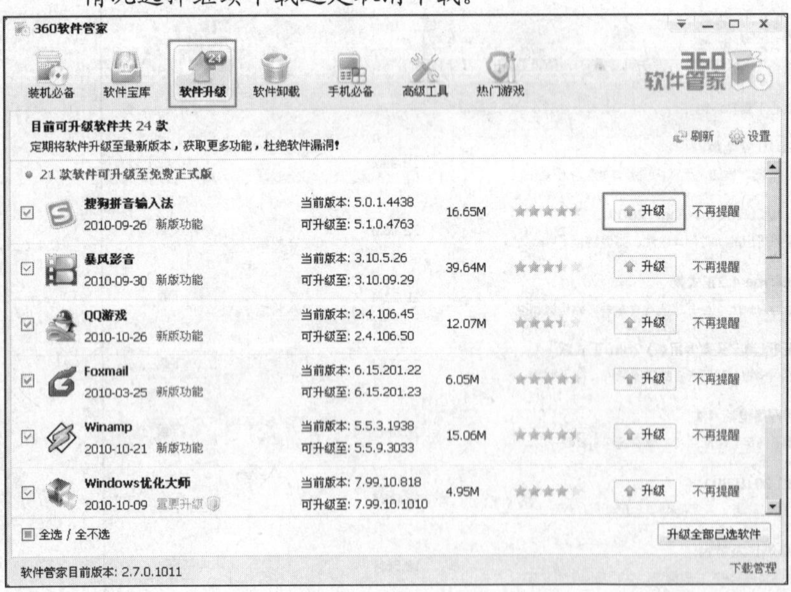

图1-52 软件升级

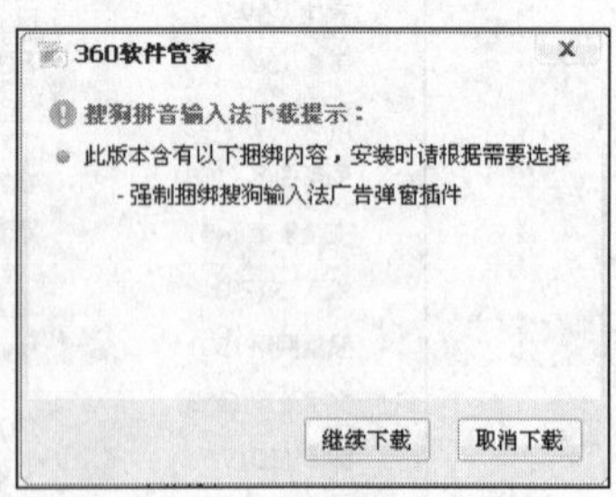

图1-53 升级提示

(3) 如果选择继续下载，随后开始下载升级软件，如图 1-54 所示。

图1-54　下载升级软件

(4) 下载完成后，自动开始安装工作，这一步骤与安装新软件类似，根据安装向导提示即可完成，如图 1-55 所示。

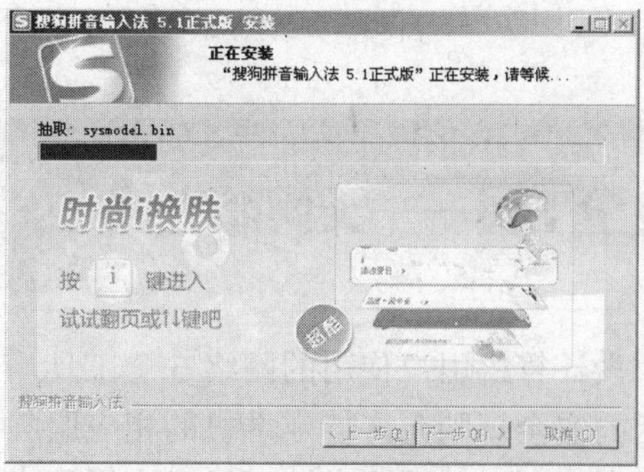

图1-55　安装软件

(5) 升级完成后，对应的项目从可升级项目列表中消失，如图 1-56 所示。

图1-56　升级完成

4. 软件卸载

在【360软件管家】窗口顶部单击（软件卸载）按钮，将显示当前计算机中安装的所有软件列表，在界面左侧的分组框中选中项目可以按照类别筛选软件，单击软件后的 卸载 按钮即可卸载软件，如图1-57所示。

图1-57 卸载软件

1.3 网络安全工具——天网防火墙

天网防火墙个人版是个人计算机用户使用的网络安全工具，可以对所有来自外部机器的访问请求进行过滤，其灵活的安全规则允许特定主机的相应服务，同时用户还可以根据自己的需要添加、删除和修改安全规则。天网防火墙可以对应用程序数据包进行底层分析拦截，控制应用程序发送和接收数据包的类型和通信端口，这些都是其他防火墙不具有的功能。

本节将以天网防火墙个人版V3.0.0版本为例进行详细介绍。

1.3.1 使用天网防火墙

天网防火墙根据系统管理者设定的安全规则（Security Rules）把守网络，提供强大的访问控制、应用选通、信息过滤等功能。它可以帮用户抵挡网络入侵和攻击，防止信息泄露，保障用户机器的网络安全。在运行天网防火墙的情况下，任何应用程序只要有传输数据包的发送和接收动作，都会被天网防火墙先截获分析，使防御手段更周到、实用。

操作步骤

启动天网防火墙，进入其操作界面后，进行以下操作。

1. 系统设置

(1) 在防火墙控制面板中单击按钮，打开系统设置面板，如图1-58所示。

(2) 在系统设置面板的【基本设置】面板中，勾选【开机后自动启动防火墙】复选项，这样在系统启动时将自动启动防火墙。

> **要点提示** 在【规则设定】设置项中单击 重置 按钮，可将安全规则重置为初始状态。在【局域网地址设定】设置项中可以刷新和清空局域网地址。

(3) 设置日志参数。

① 单击 日志管理 按钮，切换至【日志管理】面板。

② 在【保存日志】栏中勾选【自动保存日志】复选项。

③ 在【保存路径】栏中设置日志的保存路径，如图 1-59 所示。

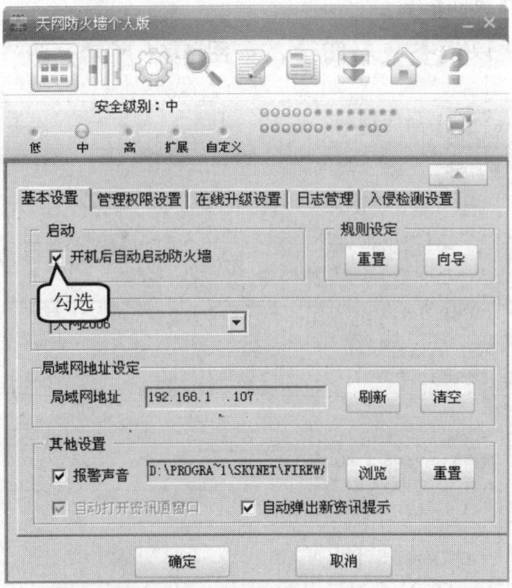

图1-58 【基本设置】面板

图1-59 设置日志参数

(4) 入侵检测设置。

① 单击 入侵检测设置 按钮，切换至【入侵检测设置】面板。

② 勾选【检测到入侵后，无需提示自动静默入侵主机的网络包】复选项。

③ 在【默认静默时间】栏中点选【10 分钟】单选项。

④ 单击 确定 按钮保存设置，如图 1-60 所示。

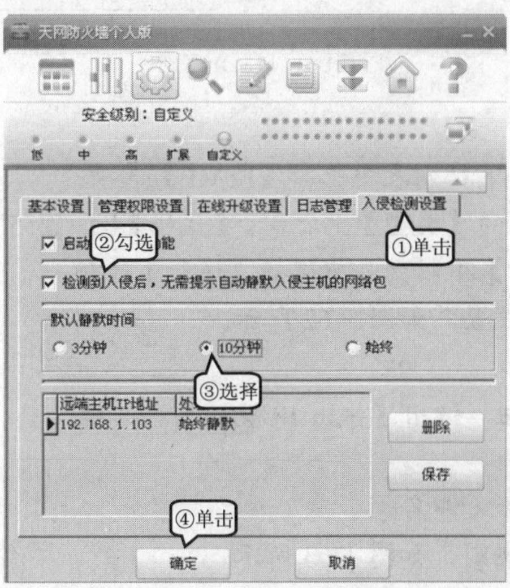

图1-60 设置入侵检测

> **要点提示**　勾选【启动入侵检测功能】复选项，检测到可疑的数据包时防火墙会弹出入侵检测提示对话框；勾选【检测到入侵后，无需提示自动静默入侵主机的网络包】复选项，当防火墙检测到入侵时则不再弹出入侵检测提示对话框，它将按照用户设置的默认静默时间禁止此IP，并记录在入侵检测的IP列表里。

2. 应用 IP 规则

(1) 增加 IP 规则。

① 单击按钮，打开 IP 规则管理面板。

② 单击工具栏上的按钮，弹出【增加 IP 规则】对话框。

③ 在【规则】设置项中设置规则的名称和说明，以便查找和阅读，如图 1-61 所示。

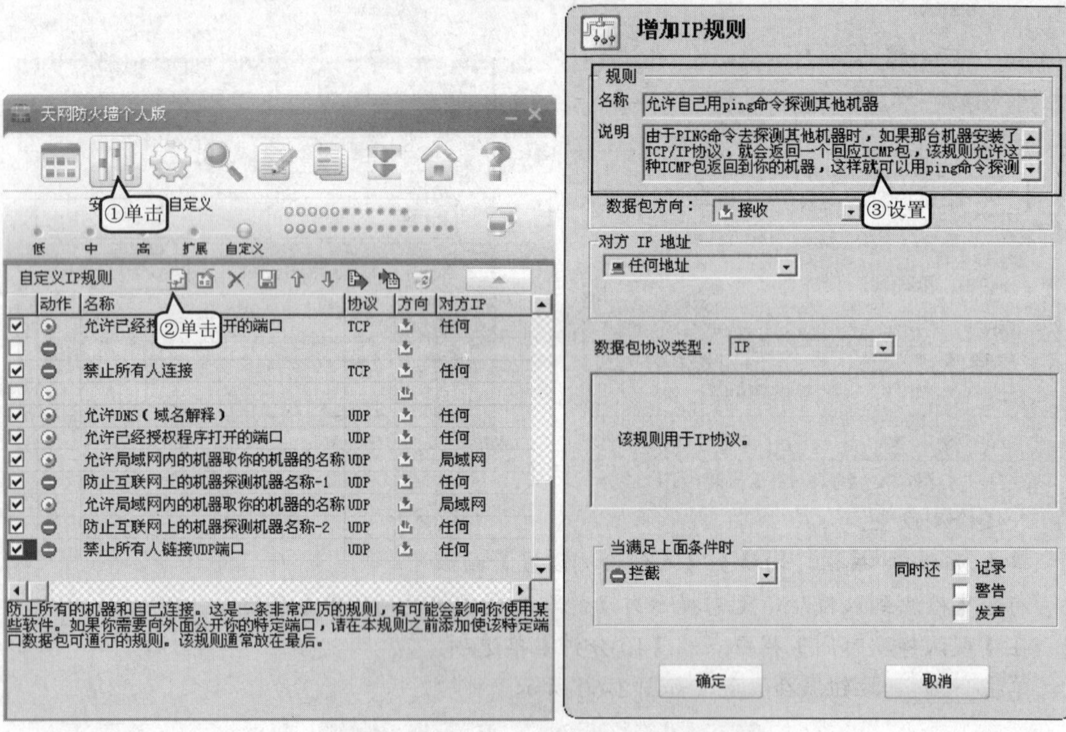

图1-61　增加 IP 规则

(2) 设置参数。

① 在【数据包协议类型】下拉列表中选择【ICMP】选项。

② 设置【特征】设置项中的【类型】为"0"，【代码】为"255"。

③ 在【当满足上面条件时】下拉列表中选择【通行】选项。

④ 单击 确定 按钮保存设置，如图 1-62 所示。

(3) 导出 IP 规则。

① 单击工具栏上的按钮，弹出【导出 IP 规则】对话框。

② 勾选要导出的 IP 规则。

③ 设置 IP 规则保存路径和文件名。

④ 单击 确定 按钮导出规则，如图 1-63 所示。

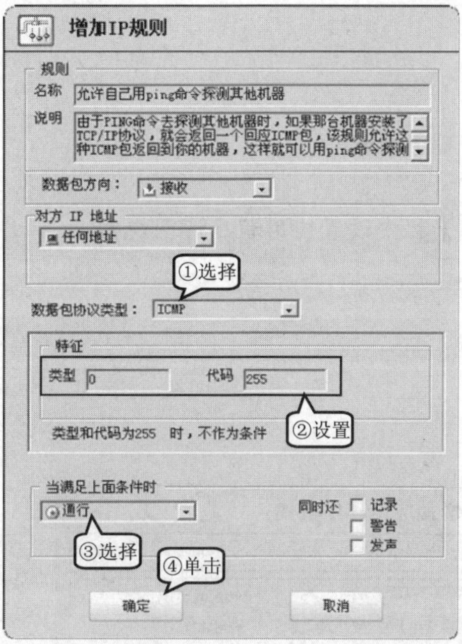

图1-62 设置参数

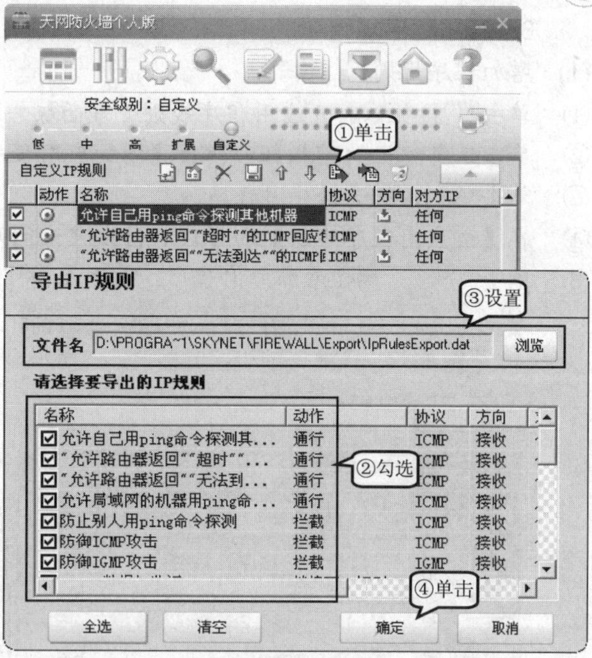

图1-63 导出 IP 规则

(4) 导入 IP 规则。

① 单击工具栏上的按钮，弹出【打开】对话框。

② 选择并双击已保存的 IP 规则文件将其打开。

③ 在弹出的【导入 IP 规则】对话框中勾选要导入的 IP 规则。

④ 单击确定按钮导入规则，如图 1-64 所示。

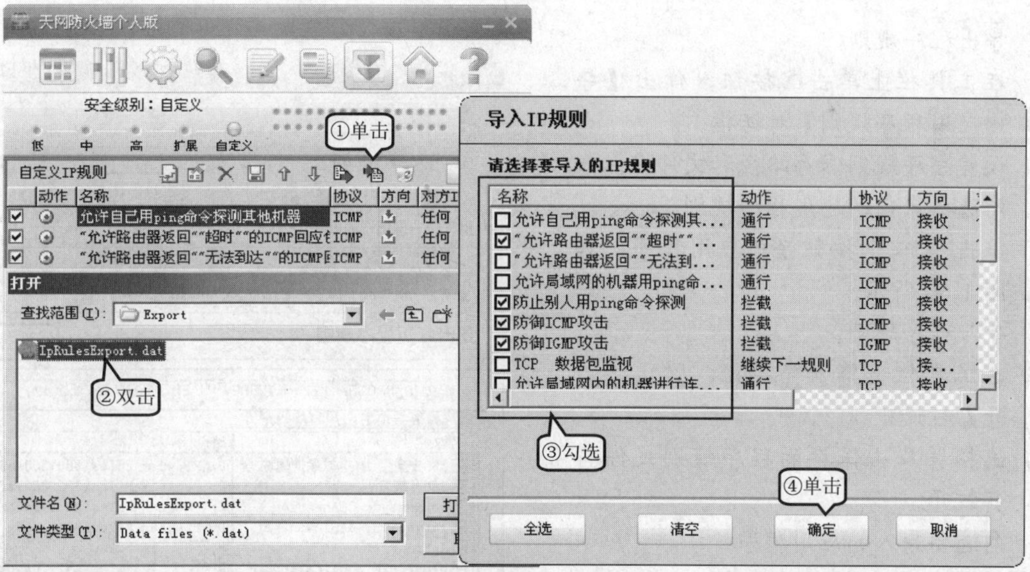

图1-64 导入 IP 规则

要点提示

导出、导入功能方便用户在重装防火墙前保存现有的规则，当重装后只需要导入已保存的规则便可以正常使用。

3. 应用程序规则

(1) 增加程序规则。

① 单击按钮，打开应用程序规则管理面板。

② 单击工具栏上的按钮，弹出【增加应用程序规则】对话框。

③ 单击 浏览 按钮选择应用程序。

④ 在【该应用程序可以】和【TCP 协议可访问端口】栏中设置应用程序访问规则。

⑤ 单击 确定 按钮添加应用程序，如图 1-65 所示。

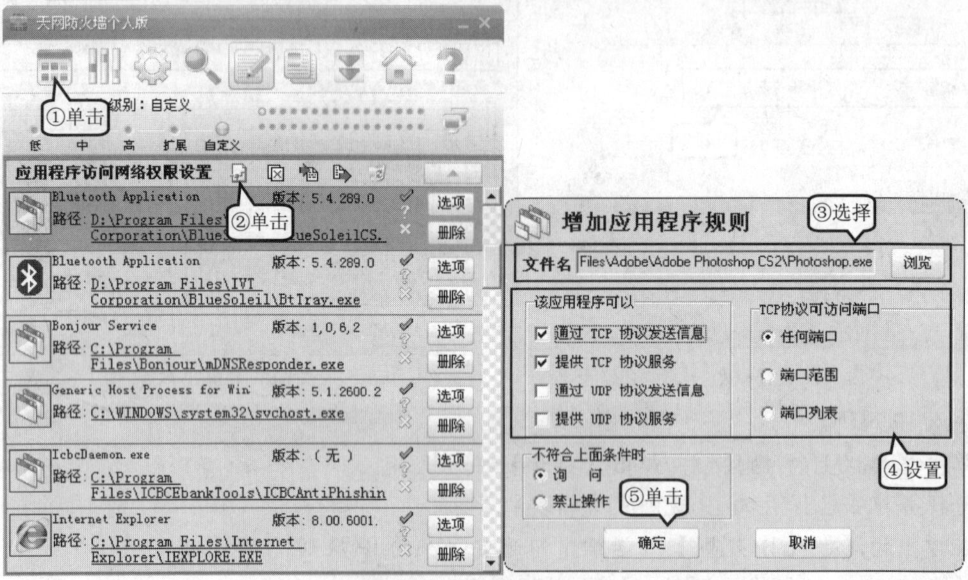

图1-65 增加程序规则

(2) 导出程序规则。

① 在工具栏上单击按钮，弹出【导出应用程序规则】对话框。

② 设置程序规则保存路径和文件名。

③ 勾选要导出的应用程序规则。

④ 单击 确定 按钮导出应用程序，如图 1-66 所示。

(3) 导入程序规则。

① 在工具栏上单击按钮，弹出【打开】对话框。

② 选择并双击保存的程序规则文件将其打开。

③ 勾选要导入的应用程序。

④ 单击 确定 按钮导入应用程序，如图 1-67 所示。

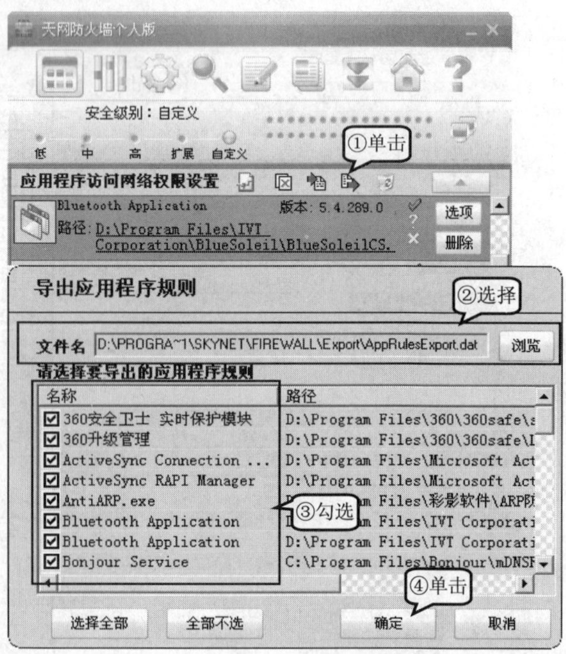

图1-66 导出程序规则

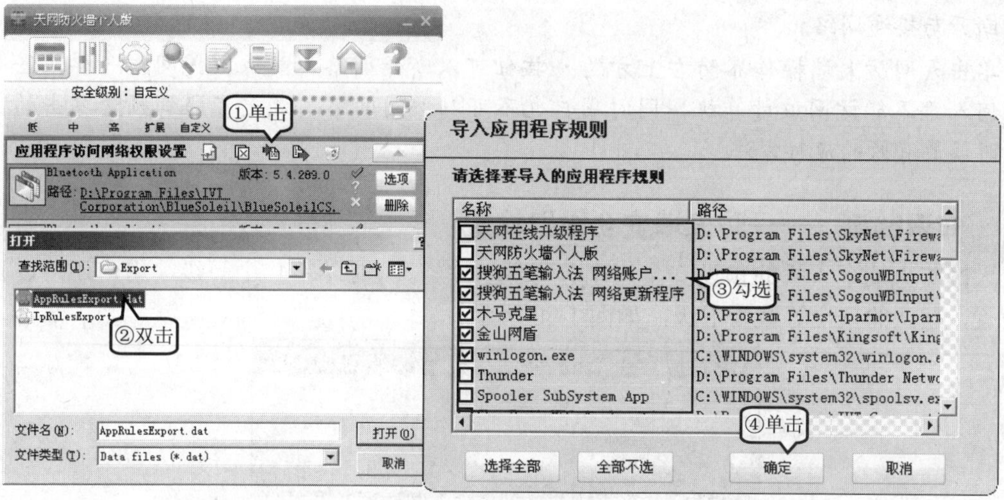

图1-67　导入程序规则

1.3.2　天网防火墙高级功能

用户不但可以控制应用程序访问权限，还可以监视该应用程序访问网络所使用的数据传输通信协议、端口等，同时把所有不合规则的数据传输封包拦截且记录下来。当遇到频繁攻击的时候也可以使用天网防火墙断开网络。

操作步骤

(1)　启动天网防火墙，进入其操作界面。

(2)　监控应用程序网络访问。

单击按钮，查看当前系统中正在使用网络的应用程序，如图 1-68 所示。用户能够监视到所有开放端口连接的应用程序及其使用的数据传输协议，任何不明程序的数据传输协议端口（例如特洛伊木马等）都可以在应用程序网络状态下一览无遗。

(3)　查看与分析日志。

单击按钮查看日志。天网防火墙把日志进行了详细的分类，包括系统日志、内网日志、外网日志及全部日志，如图 1-69 所示。

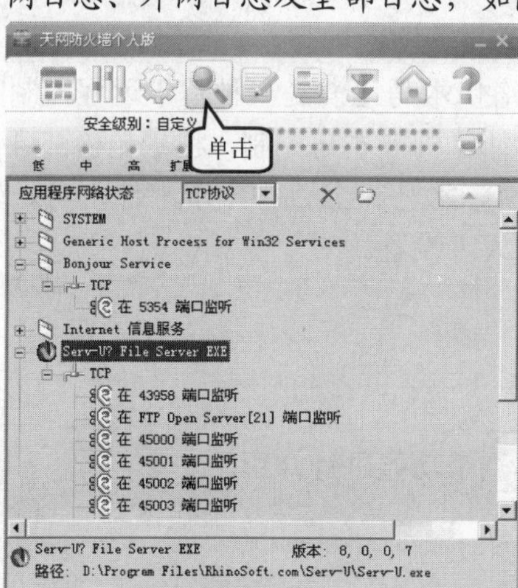

图1-68　应用程序网络状态

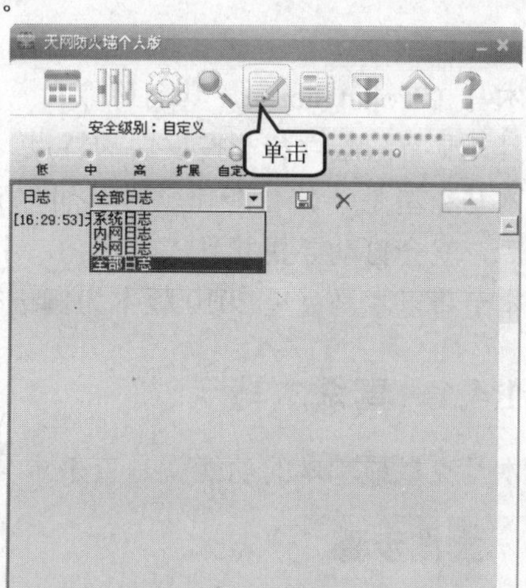

图1-69　天网防火墙日志

(4) 断开与接通网络。

单击天网防火墙操作界面右上方的按钮可以断开网络，就像拔掉网线一样，任何人都不能访问该计算机，同时用户也不可以访问网络。这是在遇到频繁攻击的时候最有效的应对方法。

知识链接 ——防火墙安全级别设置

天网防火墙个人版的预设安全级别分为低、中、高、扩展 4 个等级，用户还可以自定义设置，默认的安全等级为中级，如图 1-70 所示。

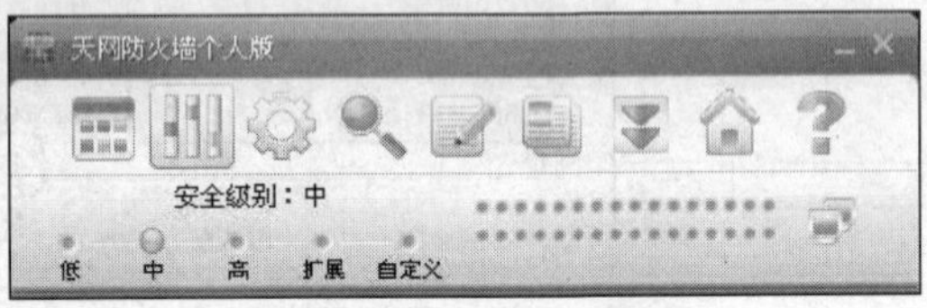

图1-70 安全级别设置

其各个安全级别功能如表 1-1 所示。

表 1-1 各个安全级别的功能

安全级别	功能
低	计算机将完全信任局域网，但禁止互联网上的机器访问这些服务
中	禁止访问系统级别的服务。局域网内部的机器只允许访问文件、打印机共享服务。使用动态规则管理，允许授权运行的程序开放的端口服务，适用于普通个人上网用户
高	禁止局域网内部和互联网的机器访问自己提供的网络共享服务。除了已经被认可的程序开放的端口，系统会屏蔽掉向外部开放的所有端口。这也是最严密的安全级别
扩展	基于【中】安全级别再配合一系列专门针对木马和间谍程序的扩展规则
自定义	适用于对网络有一定了解并需要自行设置规则的用户

1.4 木马专杀工具——木马克星

木马（Trojan house，其名称取自希腊神话的特洛伊木马记）是一种基于远程控制的黑客工具，具有隐蔽性和非授权性的特点。一旦用户的计算机被木马控制，将毫无秘密可言。

木马克星是一款智能化软件，可以查杀上万种国际木马、上百种电子邮件木马。软件运行后，就会自动寻找并且清除木马，不需要复杂的人工设置。

本节将以木马克星 2010 版本为例进行详细介绍。

1.4.1 查杀木马

木马克星最基本的功能就是查杀木马，下面对其查杀功能进行介绍。

操作步骤

启动木马克星，进入其操作界面后，进行以下操作。

1. 启动扫描

(1) 进入操作界面后，软件会自动对内存、系统启动项、系统进程、系统服务等进行扫描，因此启动后通常需要等待一段时间，在自动扫描完成后再进行其他操作，如图 1-71 所示。

(2) 在扫描过程中，若发现可疑文件则会弹出如图 1-72 所示对话框，用户可根据情况进行处理。

图1-71 启动扫描

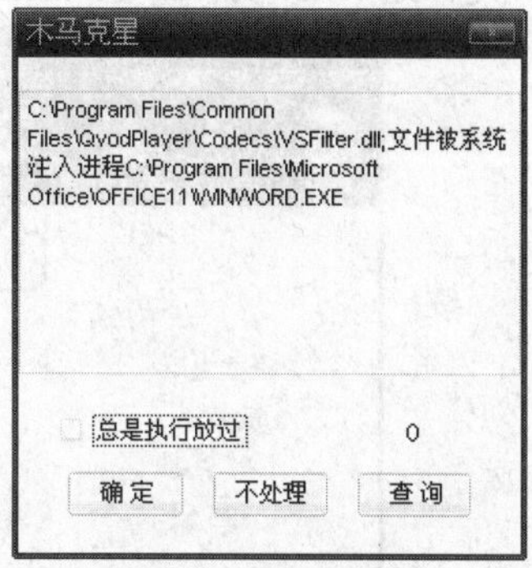

图1-72 提示对话框

2. 扫描硬盘

(1) 单击（扫描硬盘）按钮，切换到【扫描硬盘】面板。

(2) 单击按钮，弹出【浏览文件夹】对话框。

(3) 选择需要进行扫描的磁盘或文件夹。

(4) 单击 确定 按钮确认选择。

(5) 勾选【清除木马】复选项。

(6) 单击 扫描 按钮开始扫描，如图 1-73 所示。

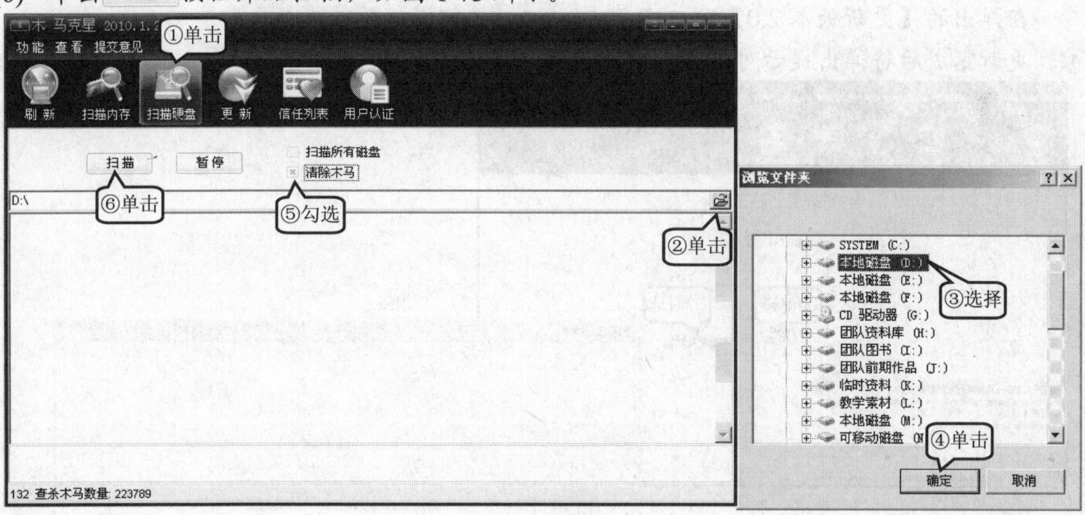

图1-73 扫描硬盘

1.4.2 更新病毒库和软件

与其他安全防护工具一样，木马克星也需要实时地更新病毒库，以应对各种新型木马的攻击。

操作步骤

(1) 启动木马克星，进入其操作界面。

(2) 更新病毒库。

① 单击（更新）按钮，打开更新病毒库的窗口。

② 单击 开始 按钮开始更新。

③ 更新完成后将弹出【Iparmor】对话框，单击 确定 按钮完成更新，如图 1-74 所示。

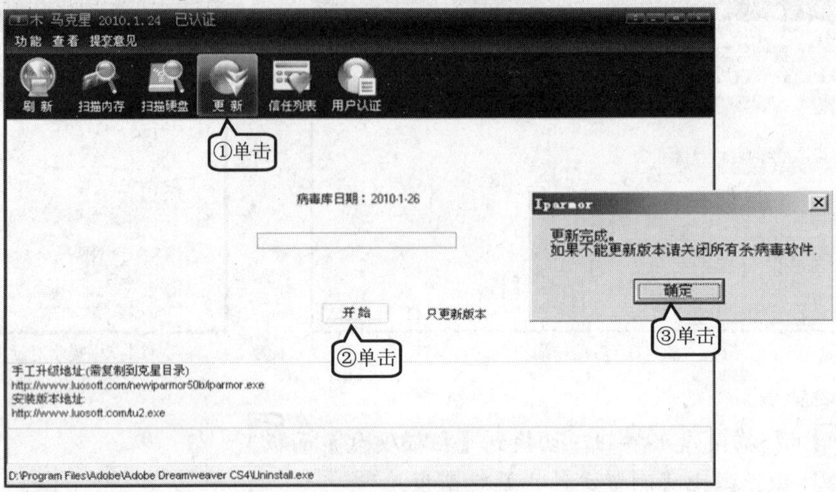

图1-74 更新病毒库

(3) 更新软件。

① 勾选【只更新版本】复选项。

② 单击 开始 按钮开始更新软件。

③ 在弹出的【更新版本 2.0】窗口中单击 开始 按钮进行软件更新。

④ 更新完成后将弹出提示对话框，单击 OK 按钮完成软件更新，如图 1-75 所示。

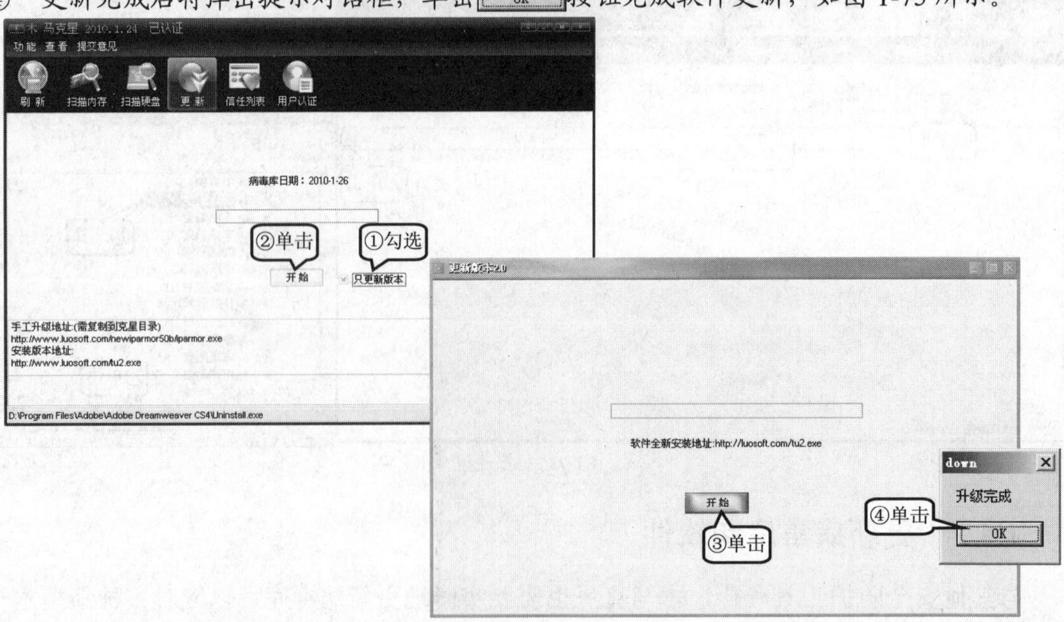

图1-75 更新软件

习题

一、简答题

1. 360 杀毒有哪些主要杀毒方式？
2. 360 安全卫士能实现哪些主要功能？
3. 简要说明天网防火墙的主要用途。

二、操作题

1. 下载并安装 360 杀毒软件，并对计算机进行一次全面杀毒。
2. 练习使用 360 安全卫士查杀本机木马。
3. 练习使用 360 安全卫士优化开机速度。

第2章 系统优化工具

Windows 操作系统本身极为庞大、复杂，使用一段时间后难免会出现系统性能下降、异常等情况，所以需要定期对系统进行优化、维护以及备份，以保证系统能够长期保持稳定的工作状态或者在出现异常时能够快速地还原到健康状态。本章将介绍一些常用的系统优化、维护和备份还原工具，让用户能够快速地掌握常用系统工具的使用方法。

学习目标

- 掌握 Windows 操作系统自带的优化工具的使用方法。
- 掌握系统优化工具—— Windows 优化大师的使用技巧。
- 掌握系统维护工具—— 超级兔子的使用方法。
- 掌握系统还原工具—— 一键还原精灵的使用方法。

2.1 Windows 操作系统自带的优化工具

Windows 操作系统本身自带了许多系统优化工具，用户只需要通过一些简单的设置操作就可以实现一定的优化功能，下面将详细介绍 3 种常用的优化系统的操作方法。

2.1.1 磁盘清理

磁盘清理工具是 Windows 操作系统附带的一个实用工具，可以帮助用户释放硬盘上的空间，从而提高计算机的性能。下面将介绍磁盘清理的具体操作方法。

操作步骤

1. 运行磁盘清理工具

(1) 选择【开始】/【程序】/【附件】/【系统工具】/【磁盘清理】命令，弹出【选择驱动器】对话框。

(2) 在【驱动器】下拉列表中选择【本地磁盘（E:）】选项。

(3) 单击 确定 按钮，弹出【本地磁盘（E:）的磁盘清理】对话框，最终的操作效果如图 2-1 所示。

2. 清理垃圾文件。

(1) 在【本地磁盘（E:）的磁盘清理】对话框中的【要删除的文件】列表框中勾选要删除的文件。

(2) 单击 确定 按钮，弹出确认对话框。

(3) 在确认对话框中单击 是(Y) 按钮，弹出【磁盘清理】对话框并开始清理选中的文件，直至清理完成，最终的操作效果如图 2-2 所示。

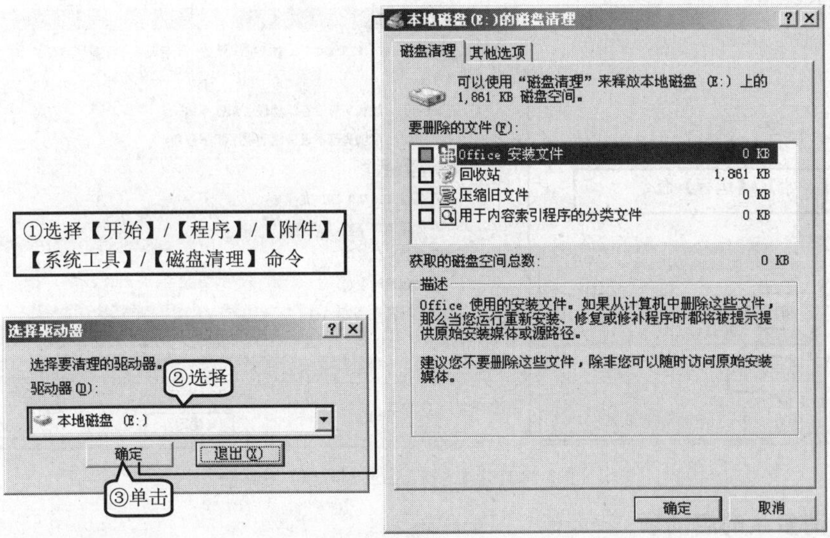

图2-1 运行磁盘清理工具

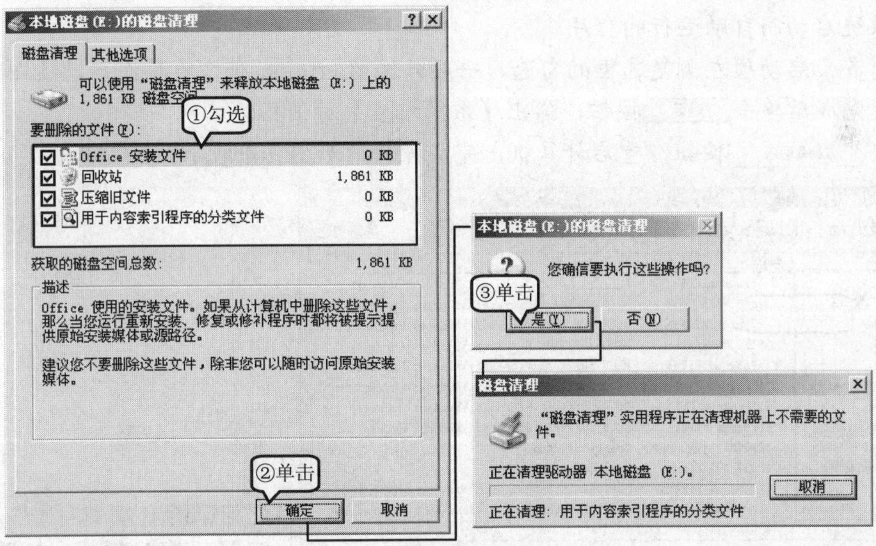

图2-2 清理垃圾文件

2.1.2 取消多余的启动项

某些软件在安装之后会默认随系统的启动而运行，这样会使系统启动的速度变慢。为了加快系统的启动速度，需要关闭一些不必要的随系统自动运行的软件启动项，在【系统配置实用程序】对话框中可以关闭这些程序的运行。

操作步骤

1. 打开【系统配置实用程序】对话框

(1) 选择【开始】/【运行】命令，弹出【运行】对话框。

(2) 在【运行】对话框中输入“msconfig”命令。

(3) 单击 确定 按钮，弹出【系统配置实用程序】对话框，如图 2-3 所示。

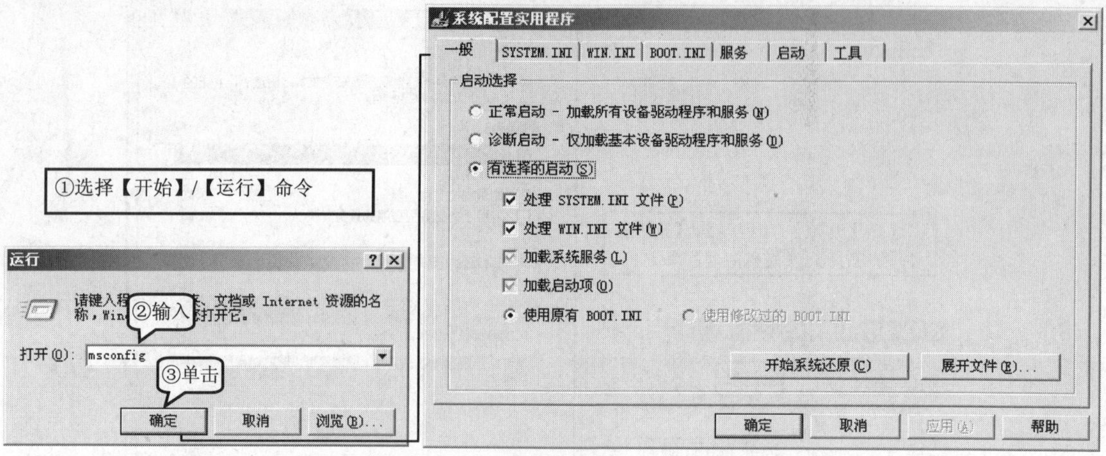

图2-3 打开【系统配置实用程序】对话框

2. 取消多余的启动项

(1) 单击 启动 按钮，切换至【启动】选项卡，在【启动项目】列表框中被勾选的选项都是随系统启动而自动运行的程序。

(2) 取消多余启动项左侧复选框的勾选，一般只保留 ctfmon 和杀毒软件启动项即可。

(3) 设置完成后单击 确定 按钮，弹出【系统配置】对话框。

(4) 单击 重新启动(R) 按钮，重启计算机，完成操作，如图 2-4 所示。

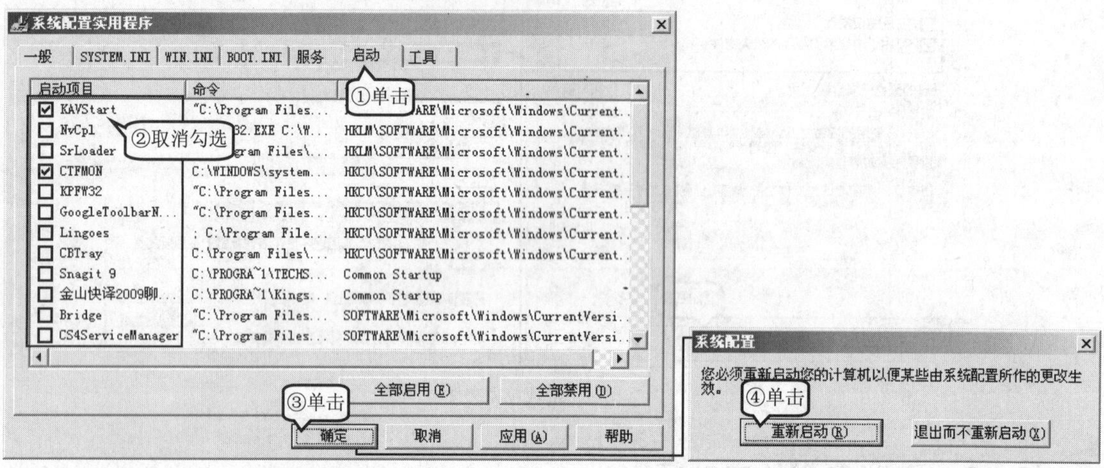

图2-4 取消多余的启动项

2.1.3 关闭多余的服务

在默认情况下，Windows XP 操作系统加载了很多服务，而对于其中不需要的服务应予以关闭，否则将白白占用大量的系统资源，同时也会成为系统的安全隐患。下面将以手动关闭 Messenger 服务为例来介绍关闭多余服务的操作方法。

操作步骤

1. 打开【服务】窗口

(1) 选择【开始】/【设置】/【控制面板】命令，打开【控制面板】窗口，如图 2-5 所示。

图2-5 【控制面板】窗口

(2) 双击【管理工具】选项，打开【管理工具】窗口，如图 2-6 所示。

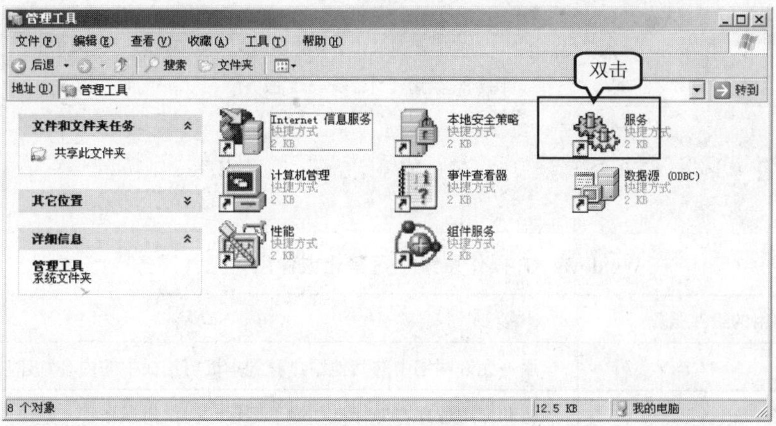

图2-6 【管理工具】窗口

(3) 在【管理工具】窗口中双击【服务】选项，打开【服务】窗口，其中包含了 Windows 操作系统提供的各种服务，如图 2-7 所示。

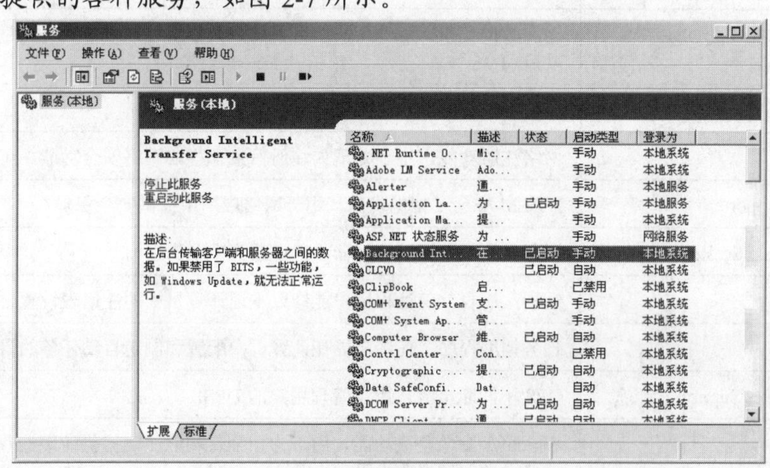

图2-7 【服务】窗口

2. 禁用【Messenger】服务

(1) 双击【Messenger】选项，弹出【Messenger 的属性（本地计算机）】对话框。

(2) 在【Messenger 的属性（本地计算机）】对话框中的【启动类型】下拉列表中选择【已禁用】选项，即可禁用【Messenger】服务。

(3) 单击 确定 按钮，完成设置，如图 2-8 所示。

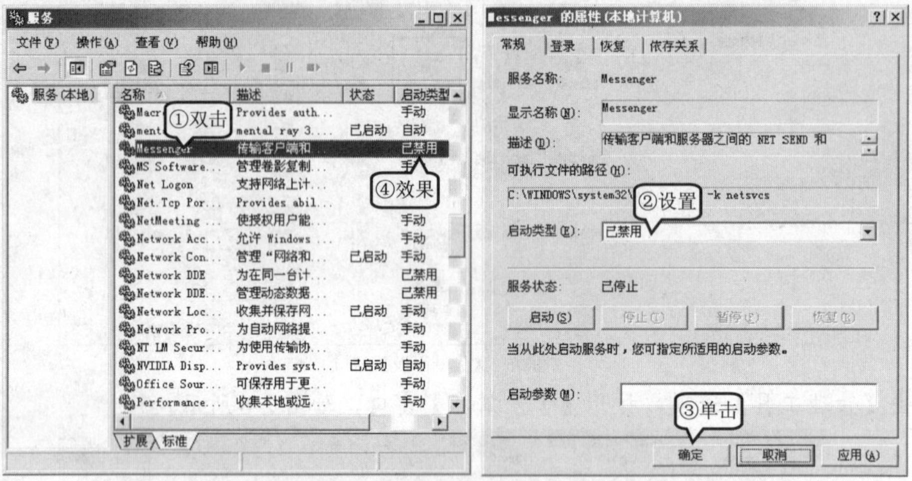

图2-8 禁用【Messenger】服务

要点提示 在 Windows XP 操作系统中可禁止或停用的组件服务如表 2-1 所示。

表 2-1 在 Windows XP 操作系统中可禁止或停用的组件服务

可禁止或停用的组件服务	功能
Clipbook Server	该服务允许网络中的其他用户看到本机剪切板中的内容，建议改为手动启动
Error Reporting Service	服务和应用程序在非标准环境下运行时提供错误报告，建议改为手动启动
Automatic Updates	自动更新。可以改为手动启动
Printer Spooler	打印后台处理程序。若用户没有配置打印机，建议改为手动启动
Network DDE 和 Network DDE DSDM	动态数据交换。除非用户准备在网上共享自己的 Office，否则应该把它改为手动启动
Fast User Switching Compatibility	快速用户切换兼容性。可改为手动启动
Net Logon	网络注册功能，用于处理如注册信息那样的网络安全功能。可改为手动启动
NT LM Security Support	NT LM 安全支持提供商，用于网络应用中提供安全保护
Remote Desktop Help Session Manager	远程桌面帮助会话管理器。建议改为手动启动
Remote Registry	远程注册表，使远程用户能修改本地计算机中的注册表设置
Task Scheduler	任务调度程序，使用户能在计算机中配置和制定自动任务的日程
Uninterruptible Power Supply	UPS 不间断电源，用于管理用户的 UPS
Windows Image Acquisition	Windows 图像获取功能，用于为扫描仪和照相机提供图像捕获。如果用户没有这些设备，建议改为手动启动

2.2 系统优化工具—— Windows 优化大师 7.99

Windows 优化大师是一款功能强大的系统辅助软件，它提供了全面有效且简便安全的系统检测、系统优化、系统清理、系统维护 4 大功能模块及数个附加的工具软件。Windows 优化大师能够有效地帮助用户了解自己的计算机软硬件信息，简化操作系统设置步骤，提升计算机运行效率，清理系统运行时产生的垃圾，修复系统故障及安全漏洞，维护系统的正常运转。

本节将以 Windows 优化大师 7.99 版本为例对其如下功能进行介绍。

2.2.1 优化磁盘缓存

Windows 的磁盘缓存对系统的运行起着至关重要的作用，对其进行合理的设置也相当重要。由于设置输入输出缓存要涉及内存容量、日常运行任务的多少，因而一直以来都比较繁琐，但使用 Windows 优化大师就能够简单地完成对磁盘缓存的优化。下面将详细介绍优化磁盘缓存的操作方法。

操作步骤

1. 选择系统优化模块

启动 Windows 优化大师 7.99，进入其操作界面，如图 2-9 所示。

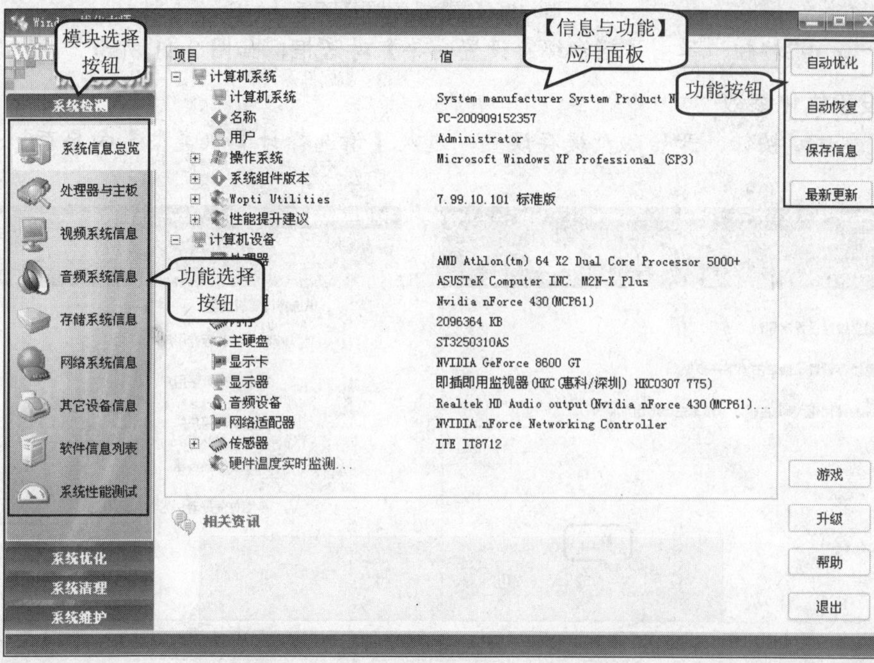

图2-9 Windows 优化大师 7.99 操作界面

> **要点提示** 软件默认打开【系统检测】模块下的【系统信息总览】栏，在右侧的【信息与功能应用】面板中显示计算机的系统详细信息。

2. 打开磁盘缓存设置向导

(1) 单击 系统优化 按钮，展开【系统优化】模块。

(2) 在【系统优化】模块下单击 磁盘缓存优化 按钮，打开【磁盘缓存优化】面板，如图2-10所示。

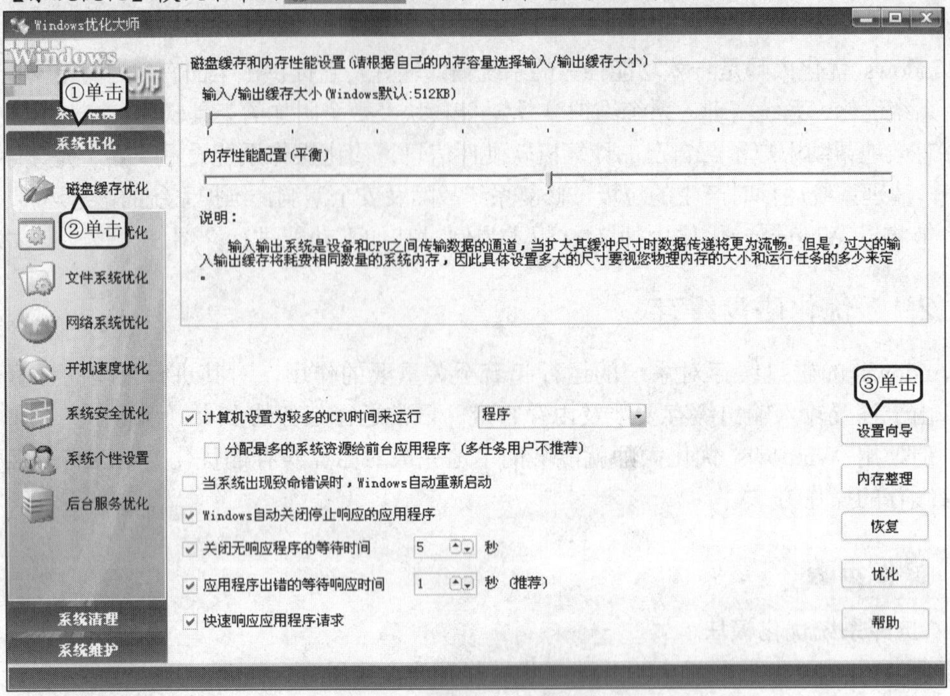

图2-10 【磁盘缓存优化】面板

(3) 单击 设置向导 按钮，弹出【磁盘缓存设置向导】对话框，如图2-11所示。

3. 设置优化参数

(1) 单击 下一步 按钮，开始磁盘缓存设置，进入【请选择计算机类型】向导页，如图2-12所示。

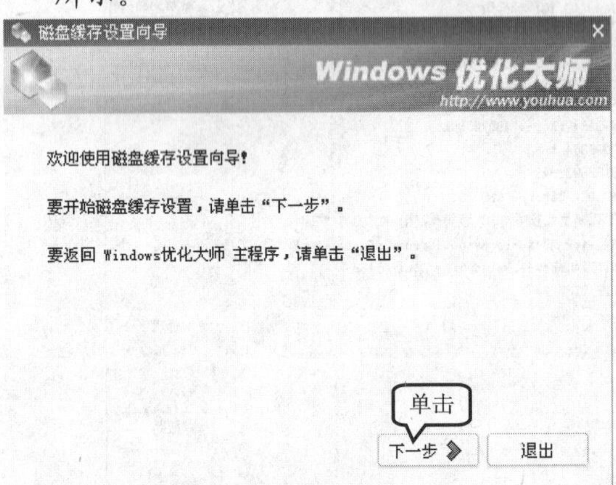

图2-11 【磁盘缓存设置向导】对话框

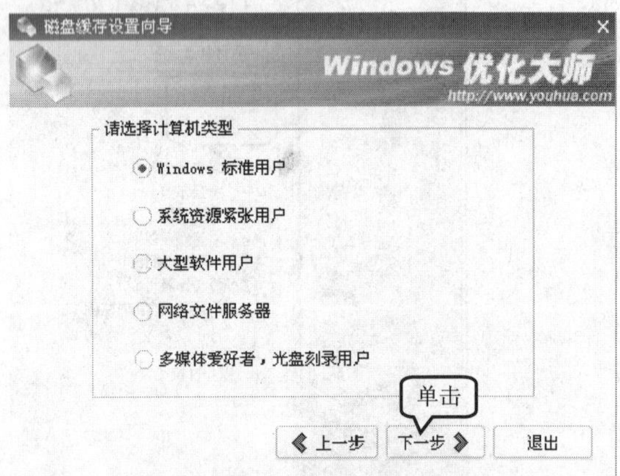

图2-12 【请选择计算机类型】向导页

> **要点提示** 在【请选择计算机类型】向导页中，根据自己的计算机选择计算机类型，一般用户应选择【Windows标准用户】。

(2) 单击 下一步 按钮，进入【优化建议】向导页，如图2-13所示。

(3) 单击 下一步 按钮，完成磁盘优化设置向导，如图 2-14 所示。

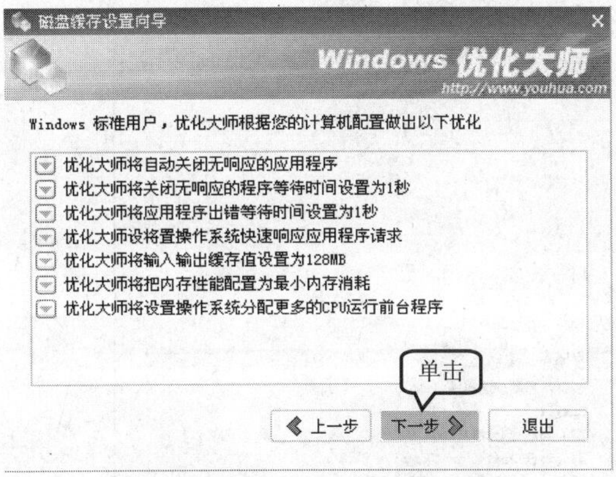

图2-13 【优化建议】向导页

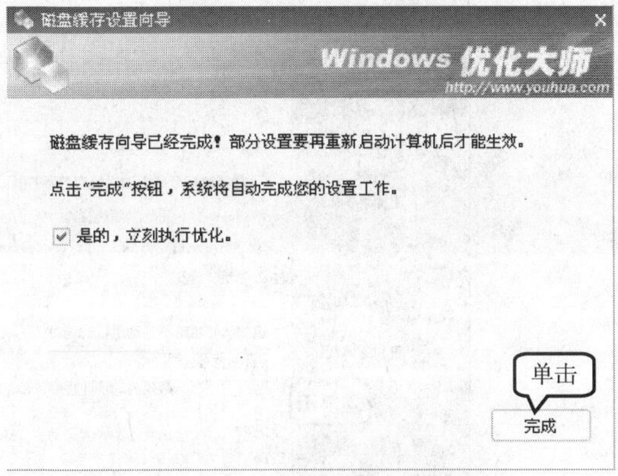

图2-14 完成磁盘优化设置向导

(4) 单击 完成 按钮，弹出【提示】对话框，如图 2-15 所示。

(5) 单击 确定 按钮，返回到【磁盘缓存优化】面板，此时相关优化参数已经设置完成，如图 2-16 所示。

图2-15 【提示】对话框

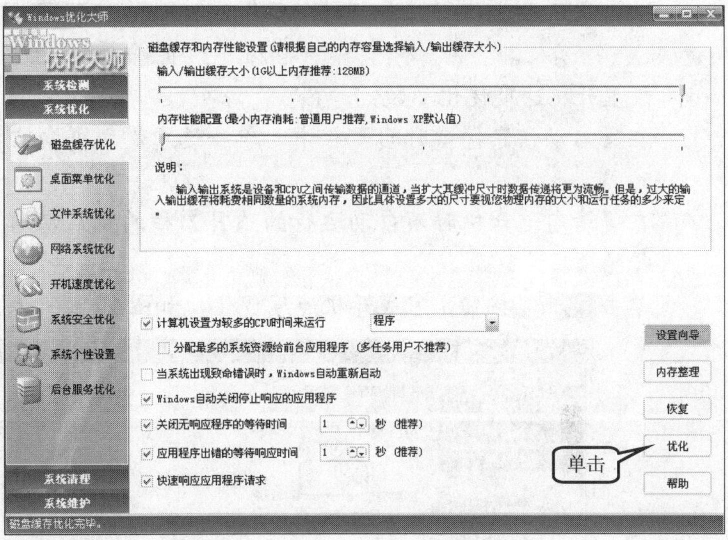

图2-16 完成优化参数设置

(6) 单击 优化 按钮，完成磁盘缓存优化。

2.2.2 优化开机速度

漫长的开机等待，对每一个计算机用户来说都是头痛的事情，Windows 优化大师将解决这一问题。Windows 优化大师主要通过减少引导信息停留时间和取消不必要的开机自运行程序来提高计算机的启动速度，本小节将介绍其具体的操作方法与技巧。

操作步骤

(1) 启动 Windows 优化大师，进入其操作界面。

(2) 单击 系统优化 按钮，展开【系统优化】模块。

(3) 在【系统优化】模块下单击 开机速度优化 按钮，打开【开机速度优化】面板，如图 2-17 所示。

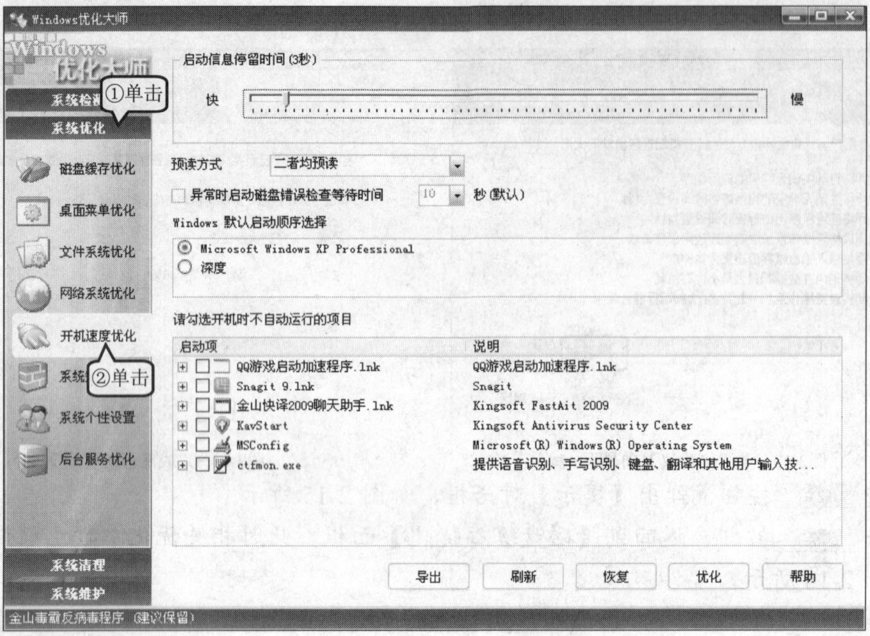

图2-17 【开机速度优化】面板

(4) 设置开机速度优化参数。

① 在【启动信息停留时间】栏中，单击选中滑块并向左移动，从而缩短启动信息的停留时间。

② 在【请勾选开机时不自动运行的项目】栏的【启动项】列表框中勾选开机时不自动运行的项目。

③ 单击 优化 按钮，完成开机速度优化，如图 2-18 所示。

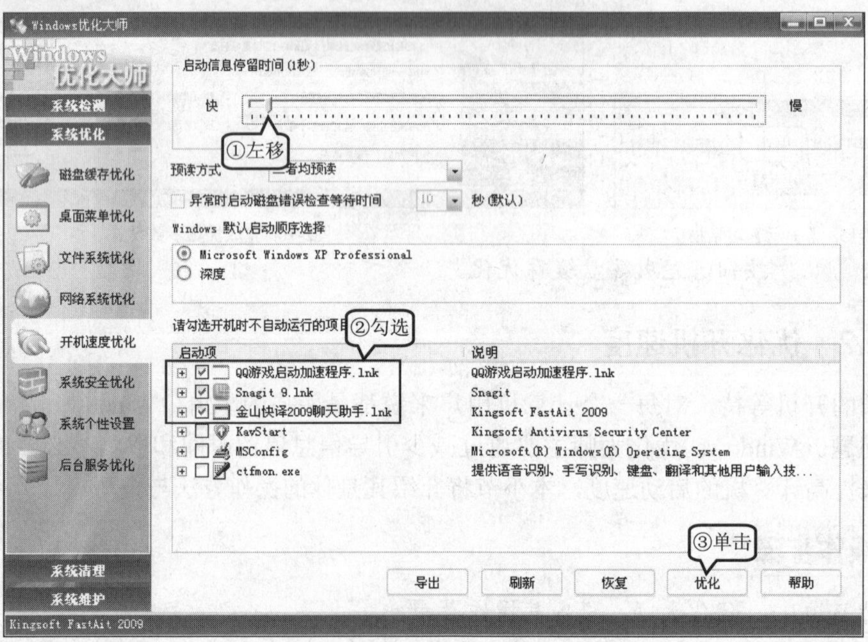

图2-18 设置开机速度优化参数

2.2.3 备份和清理注册表

注册表中的冗余信息不仅影响其本身的存取效率，还会导致系统整体性能的降低，因此，用户有必要定期清理注册表。另外，为以防不测，注册表的备份也是很必要的。本小节将具体介绍使用 Windows 优化大师完成注册表的备份和清理的技巧与方法。

操作步骤

1. 备份注册表信息

(1) 启动 Windows 优化大师，进入操作界面。

(2) 打开【注册信息清理】面板。

① 单击 系统清理 按钮，展开【系统清理】模块。

② 在【系统清理】模块下单击 注册信息清理 按钮，打开【注册信息清理】面板，如图 2-19 所示。

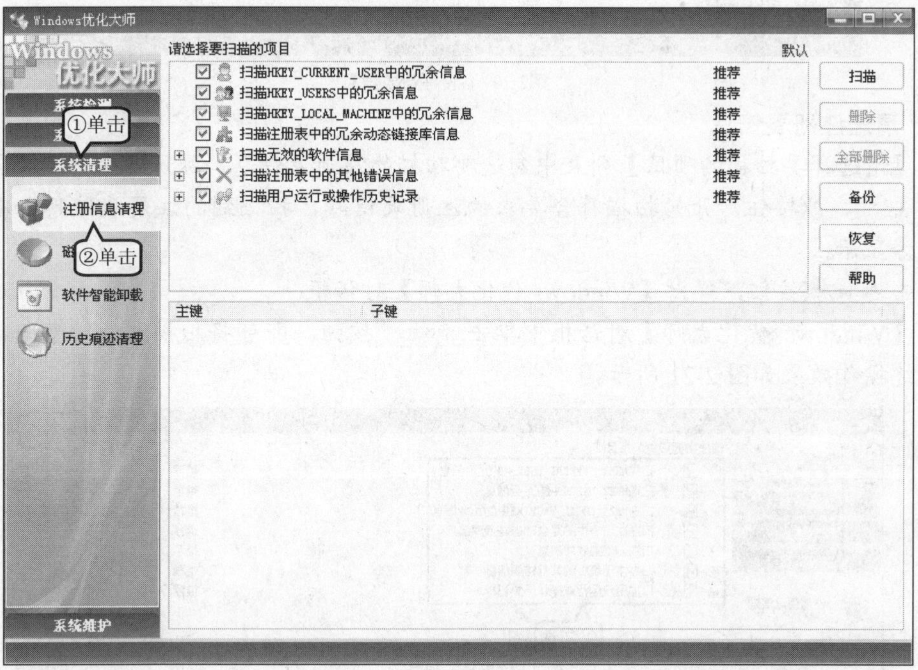

图2-19 【注册信息清理】面板

(3) 备份注册表信息。

① 单击 备份 按钮，Windows 优化大师就会自动为用户备份注册表信息。

② 备份完成后会在面板的左下角显示“注册表备份成功”信息，最终的操作效果如图 2-20 所示。

> **要点提示** 注册表是系统的“灵魂”所在，在修改之前一定要先对注册表信息进行全面的备份，这样在删除注册表信息后造成系统出错的情况下，可以单击【注册信息清理】面板的 恢复 按钮，恢复注册表。

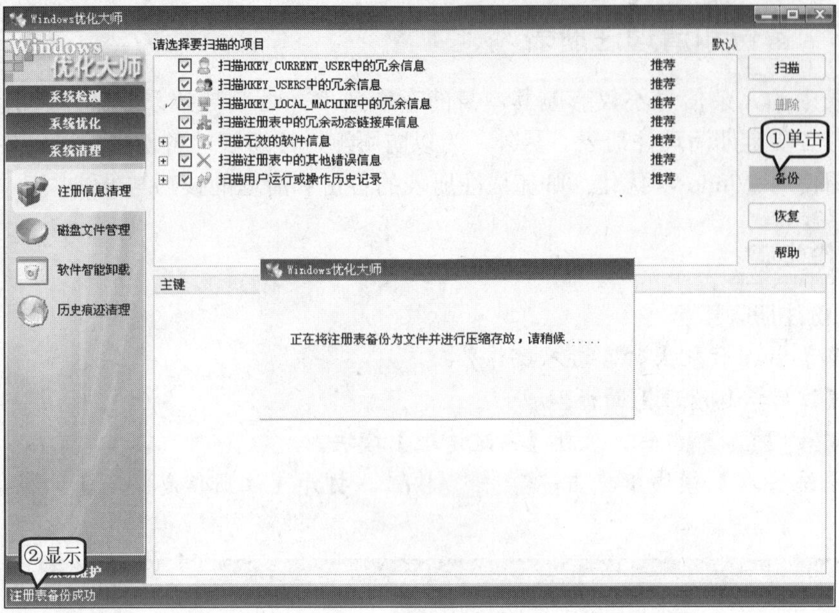

图2-20 备份注册表信息

2. 清理注册表信息

(1) 在【请选择要扫描的项目】列表中勾选要扫描的注册表信息，默认是全部选择。

(2) 单击 扫描 按钮，开始扫描符合要求的注册表信息，扫描到的注册表信息会在窗口的下方显示。

(3) 单击 全部删除 按钮，弹出【Windows 优化大师】对话框。

(4) 在【Windows 优化大师】对话框中单击 确定 按钮，即可将扫描到的信息全部删除，最终操作效果如图 2-21 所示。

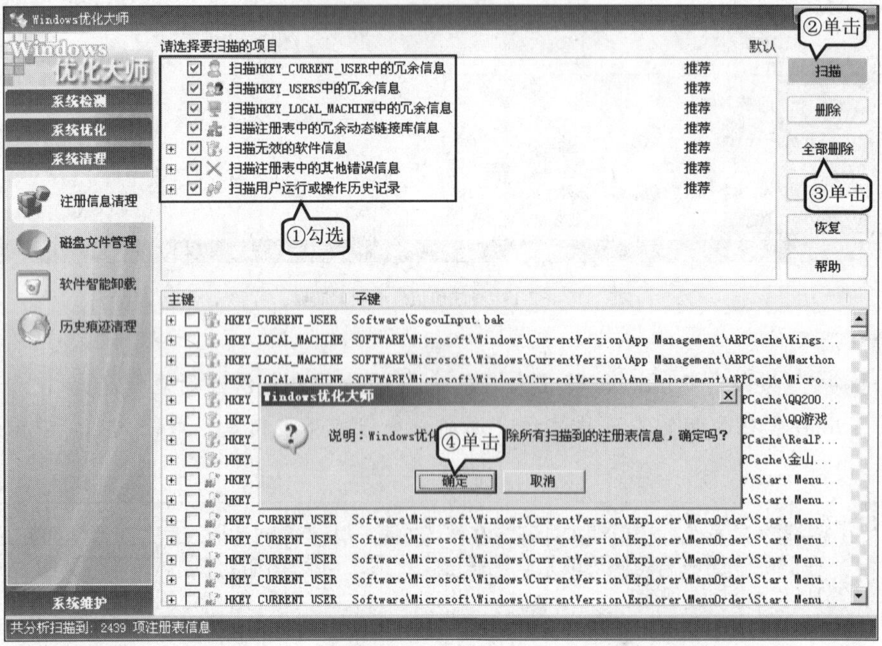

图2-21 清理注册表信息

2.3 系统维护工具——超级兔子 2011beta

超级兔子是一个完整的系统工具，包括硬件、驱动、升级、清理、魔法设置、IE 守护 6 大功能模块，帮助用户打造属于自己的优质系统。本节将以超级兔子 2011beta 版为例进行详细介绍。

2.3.1 系统体检和开机优化

通过系统体检可以发现系统中存在的问题，确保系统健康并保持良好的工作状态。如果在系统体检后发现问题，可以及时采取处理措施。

操作步骤

1. 系统体检

启动超级兔子 2011beta 后将自动对系统进行体检，然后给出检测结果，如图 2-22 所示。单击 开始检测 按钮可以重新开始体检。当前扫描到的结果让用户对计算机的健康状况有一个基本了解。

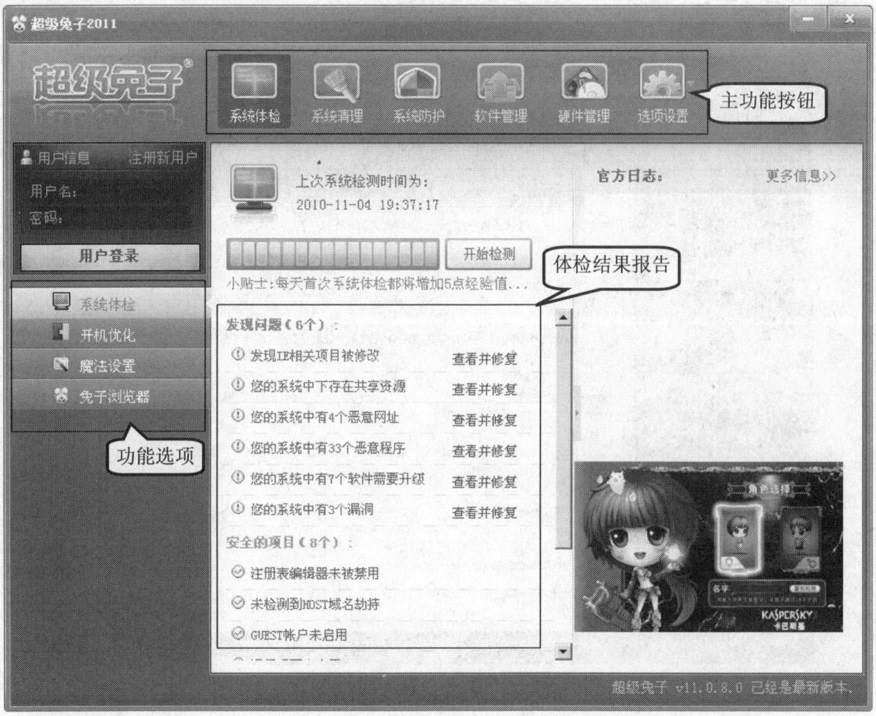

图2-22 系统体检结果

2. 开机优化

(1) 在界面左侧功能选项列表选中【开机优化】选项，在界面中部列出开机时启动的程序，可以根据提示单击 禁止 按钮禁止某些程序自动运行，如图 2-23 所示。

图2-23 禁止开机启动的程序

(2) 在界面上部切换到【服务项】选项卡，使用同样的操作禁止开机时自动启动的服务，如图 2-24 所示。

图2-24 禁止开机启动的服务

2.3.2 清理系统

用户在使用计算机过程中会不断地安装和卸载软件，浏览各式各样的网页，这些都会使计算机产生一些遗留文件和临时文件，如果长时间不清理就会占据系统的大部分空间，从而影响系统运行速度。超级兔子可以帮助用户清理系统，包括 IE 浏览器、软件还有注册表中冗余的动态库、无效的启动项、不存在的文件注册表信息。同时，清理天使还可以卸载不良软件，使用户的计算机更加轻便与安全。

操作步骤

1. 清理痕迹

(1) 单击操作界面顶部的（系统清理）按钮，切换到【系统清理】面板。

(2) 在左侧功能选项列表中首先选中【清理痕迹】选项，然后在界面中央选中需要清理的痕迹类型，完成后单击开始扫描按钮，如图 2-25 所示。

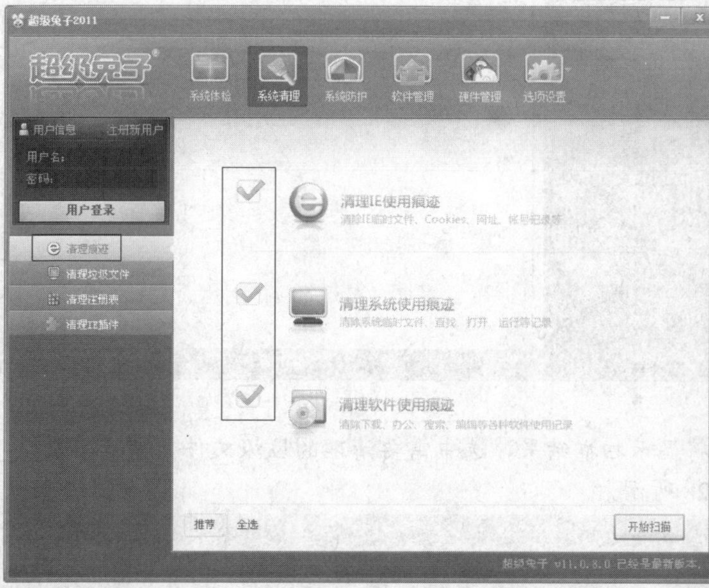

图2-25 扫描痕迹

(3) 扫描完成后将显示扫描结果，选中需要清理的痕迹，然后单击立即清理按钮清理选定的对象，如图 2-26 所示。

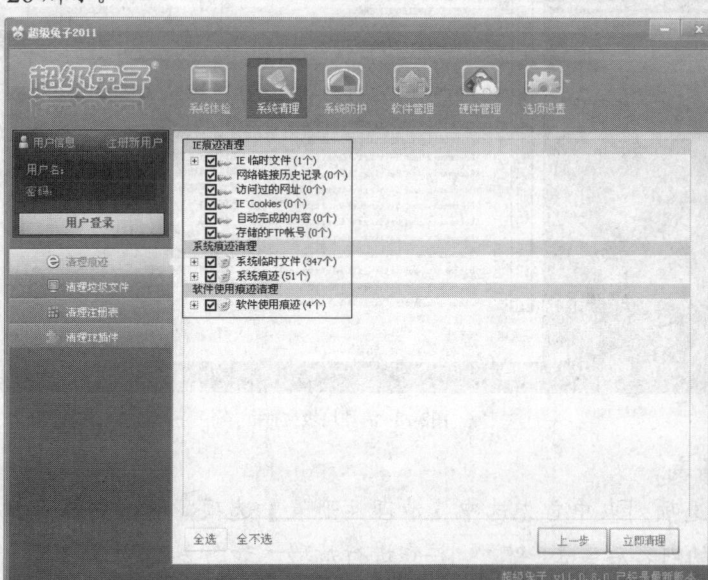

图2-26 清理痕迹

2. 清理垃圾文件

(1) 在左侧功能选项列表中首先选中【清理垃圾文件】选项，然后在界面中央选中需要清理的磁盘，完成后单击 开始扫描 按钮，如图 2-27 所示。

图2-27 扫描垃圾文件

(2) 扫描完成后将显示扫描结果，选中需要清理的垃圾文件，然后单击 立即清理 按钮进行清理，如图 2-28 所示。

图2-28 清理垃圾文件

3. 清理注册表

在左侧功能选项列表中首先选中【清理注册表】选项，随后将显示扫描结果，选中需要清理的内容后单击 立即清理 按钮进行清理，如图 2-29 所示。

图2-29 清理注册表

4. 清理 IE 插件

在左侧功能选项列表中首先选中【清理 IE 插件】选项，随后将显示扫描结果，选中需要清理的内容后单击 立即清理 按钮进行清理，如图 2-30 所示。

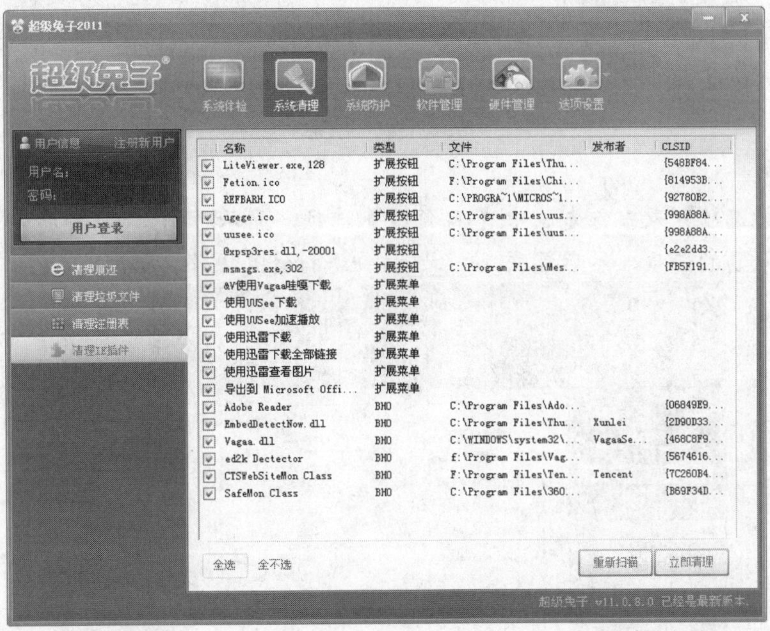

图2-30 清理 IE 插件

2.3.3 系统防护

使用系统防护功能可以避免外来恶意程序入侵系统，避免病毒和木马等对系统的破坏，做到“防患于未然”。

操作步骤

1. 兔子云查杀

(1) 单击操作界面顶部的（系统防护）按钮，切换到【系统防护】面板。

(2) 在左侧功能选项列表中首先选中【兔子云查杀】选项，超级兔子对系统安全环境进行检测并给出结果。

(3) 同时超级兔子检测系统已经安装的杀毒软件，单击 启动 按钮可以启动杀毒功能，如图 2-31 所示。

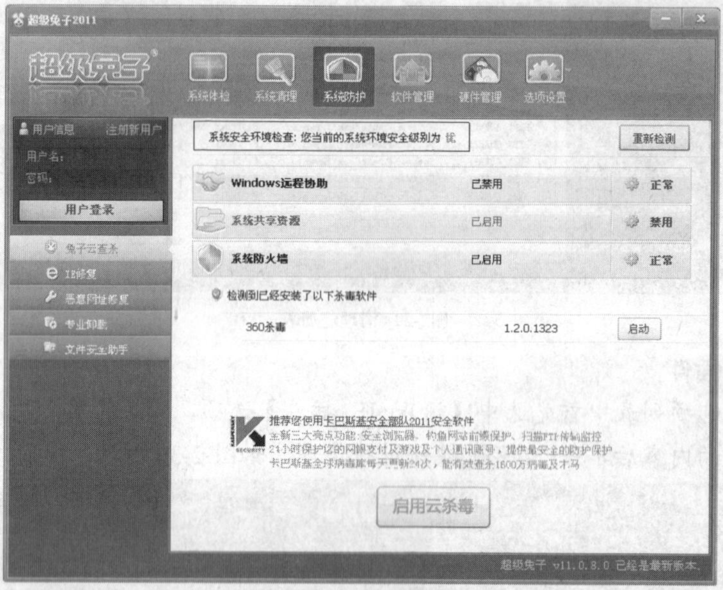

图2-31 兔子云查杀

2. IE 修复

在左侧功能选项列表中首先选中【IE 修复】选项，显示对 IE 浏览器检测的结果，选中需要修复的选项，然后单击 立即修复 按钮进行修复操作，如图 2-32 所示。

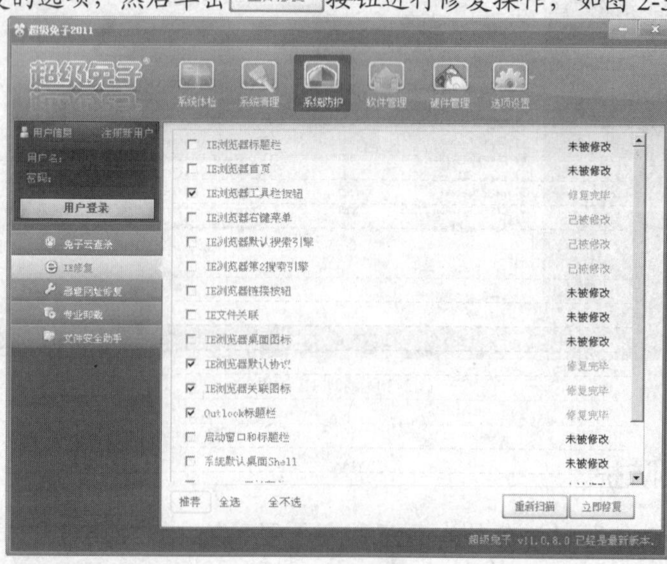

图2-32 IE 修复

3. 恶意网址修复

在左侧功能选项列表中首先选中【恶意网址修复】选项，可以扫描并修复系统中的恶意网址，如图2-33所示。

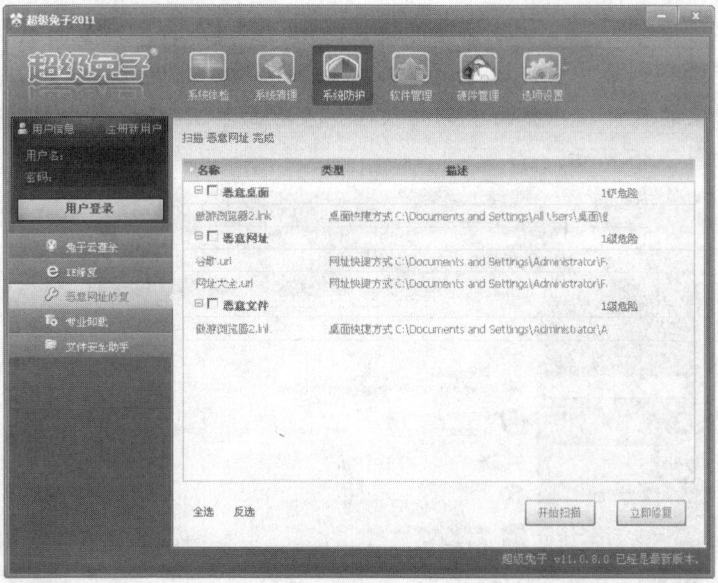

图2-33 恶意网址修复

4. 专业卸载

在左侧功能选项列表中首先选中【专业卸载】选项，可以扫描并修复系统中的恶意软件，如图2-34所示。

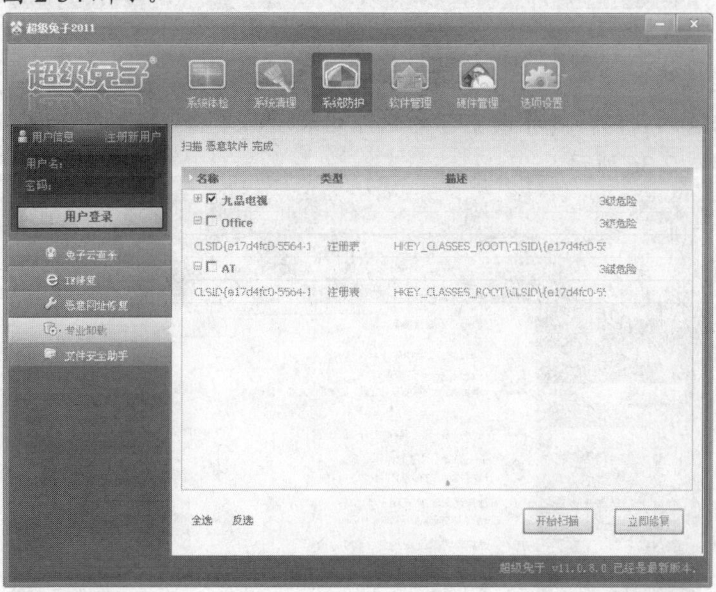

图2-34 专业卸载

2.3.4 软件管理

随着计算机软硬件技术的发展，计算机上安装的软件种类越来越丰富，软件的安装、卸载和升级操作越来越频繁，特别需要一个效率高的软件管家助手。

操作步骤

1. 安装软件

(1) 单击操作界面顶部的（软件管理）按钮，切换到【软件管理】面板。

(2) 在左侧功能选项列表中首先选中【装机必备】选项，在这里根据用户类型列出在计算机上可以安装的软件，在界面中部的软件列表后面单击 安装 按钮即可自动下载并安装该软件，如图 2-35 所示。

图2-35 安装软件 1

(3) 在左侧功能选项列表中首先选中【软件大全】选项，在这里根据软件类型列出在计算机上可以安装的软件，在界面中部的软件列表后面单击 安装 按钮即可自动下载并安装该软件，如图 2-36 所示。

图2-36 安装软件 2

2. 升级和卸载软件

(1) 在左侧功能选项列表中首先选中【升级卸载】选项，再选择【软件升级】选项，在界面中部的软件列表后面单击 升级 按钮即可升级选定的软件，如图 2-37 所示。

图2-37 升级软件

(2) 选择【软件卸载】选项，在界面中部的软件列表后面单击 卸载 按钮即可卸载选定的软件，如图 2-38 所示。

图2-38 卸载软件

2.3.5 硬件管理

与软件管理类似，使用硬件管理可以很好地维护系统硬件，确保硬件具有稳定的工作状态，并及时升级硬件驱动程序，为系统提供稳定的硬件环境。

操作步骤

1. 硬件信息检测

(1) 单击操作界面顶部的（硬件管理）按钮，切换到【硬件管理】面板。

(2) 在左侧功能选项列表中首先选中【硬件概况】选项，将显示当前系统硬件的型号以及工作温度等信息，如图 2-39 所示。

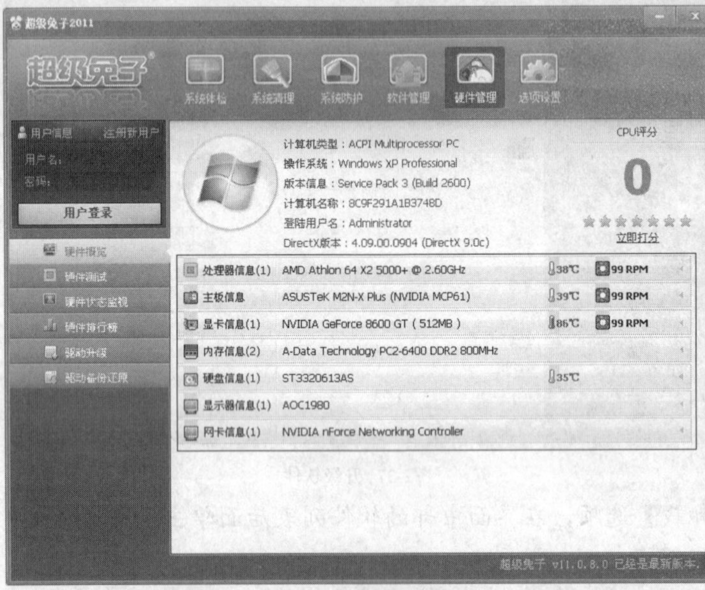

图2-39 硬件信息

2. 硬件测试

在左侧功能选项列表中首先选中【硬件测试】选项，可以对硬件的运算能力进行测试，如图 2-40 所示。

图2-40 硬件测试

3. 硬件状态监视

在左侧功能选项列表中首先选中【硬件状态监视】选项，可以监视硬件的工作温度和工作状态，如图 2-41 所示。

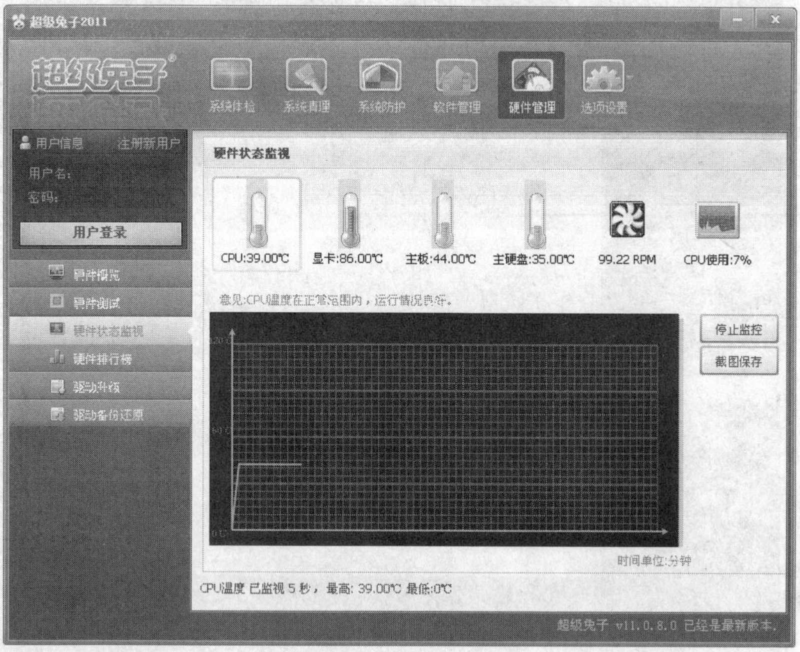

图2-41 硬件状态监视

4. 驱动升级

在左侧功能选项列表中首先选中【驱动升级】选项，可以自动检测是否有最新可升级的驱动程序，并可以快速升级，如图 2-42 所示。

图2-42 驱动升级

5. 驱动备份还原

在左侧功能选项列表中首先选中【驱动备份还原】选项，可以备份当前驱动程序，然后在需要时还原，还可以卸载当前驱动程序，如图 2-43 所示。

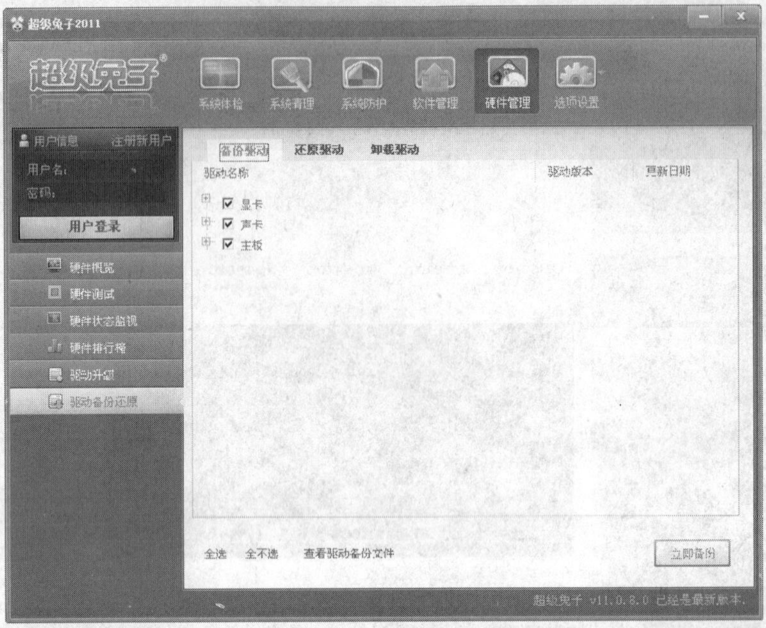

图2-43　驱动备份还原

2.4 系统还原工具——一键还原精灵 V7.52

如果用户想更加全面、永久性地备份自己的系统，则要使用第三方软件。一键还原精灵是一款方便简单的系统备份和还原工具，具有安全、快速、保密性强、压缩率高和兼容性好等特点，特别适合新手使用。当计算机被病毒、木马感染或因用户的误操作使系统崩溃时，启动计算机后按 F11 键，操作系统即可快速还原到健康状态。本节将以一键还原精灵专业版 V7.52 为例进行详细介绍。

2.4.1　备份系统

一键还原精灵能够将当前的系统制作一个备份，当系统出现问题后，就可以利用制作的备份把系统还原到备份时的状态。下面将介绍一键还原的安装和使用备份系统的操作方法。

操作步骤

1. 进入一键还原精灵操作界面

(1) 当启动计算机后屏幕出现“******Press [F11] to Start recovery system******”的提示行时迅速按下 F11 键，将进入【自动备份】信息窗口，如图 2-44 所示。

(2) 在【自动备份】信息窗口按 Esc 键，即可进入一键还原精灵的操作界面，如图 2-45 所示。

图2-44 【自动备份】信息窗口

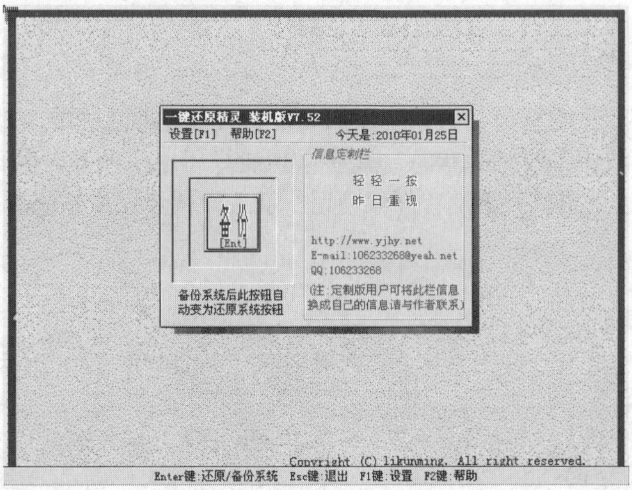

图2-45 一键还原精灵专业版 V 7.52 的操作界面

2. 备份系统

(1) 单击备份按钮，弹出【信息】对话框。

(2) 在【信息】对话框中单击确定(Ent)按钮，如图 2-46 所示，开始备份 C 盘。

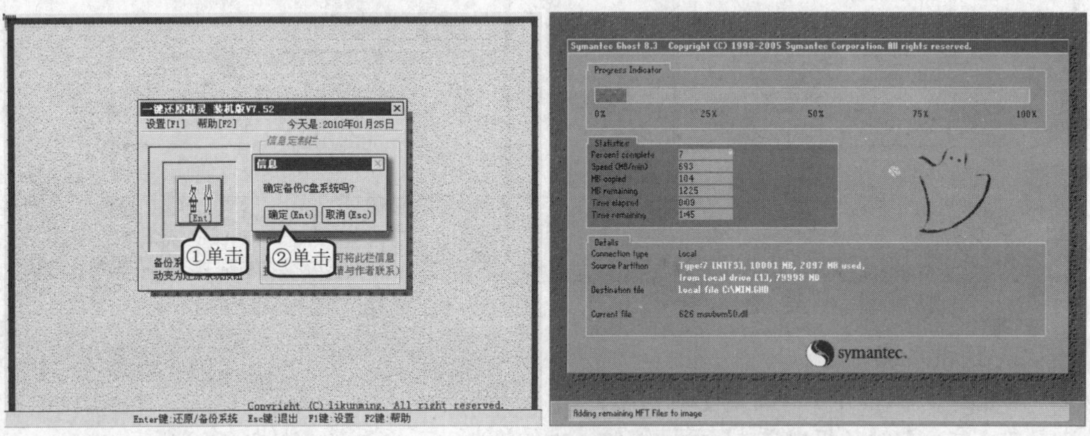

图2-46 备份 C 盘

(3) 备份成功后将显示如图 2-47 所示画面。

图2-47 备份完成

2.4.2 还原系统

用户可以使用一键还原精灵的系统还原功能，使用前期制作的系统备份来还原系统，从而把系统还原到制作备份时的状态。其还原功能只还原系统盘，其他盘仍然保持当前状态，用户不必担心丢失资料。下面将介绍使用一键还原精灵还原系统的方法。

操作步骤

1. 进入操作界面。

按上小节的操作进入一键还原精灵，此时的操作界面如图 2-48 所示。

> **要点提示** 选择【设置】/【重新备份系统】命令，则可以重新制作系统备份，如图 2-49 所示。新的备份将覆盖原来的备份。

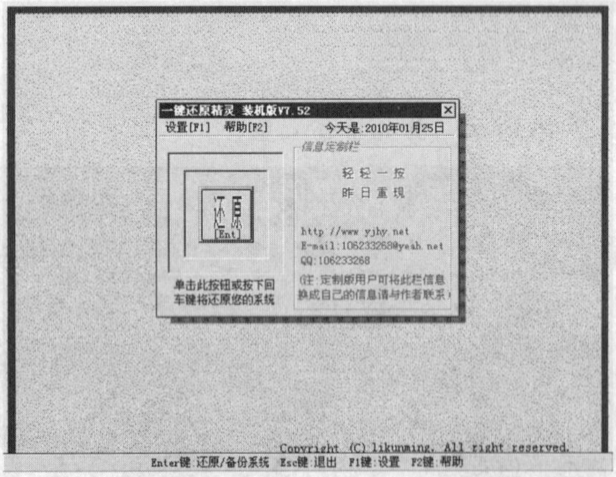

图2-48 制作备份后的操作界面

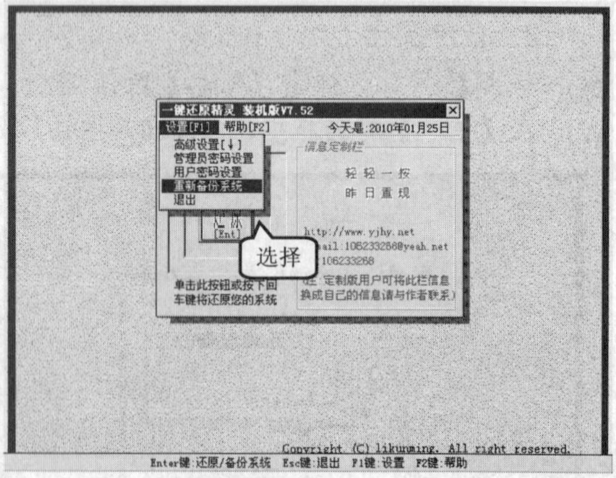

图2-49 重新备份系统

2. 还原系统

(1) 单击按钮，弹出【信息】对话框。

(2) 在【信息】对话框中单击按钮，软件将自动还原系统，如图 2-50 所示。

(3) 还原成功后将显示如图 2-51 所示画面。

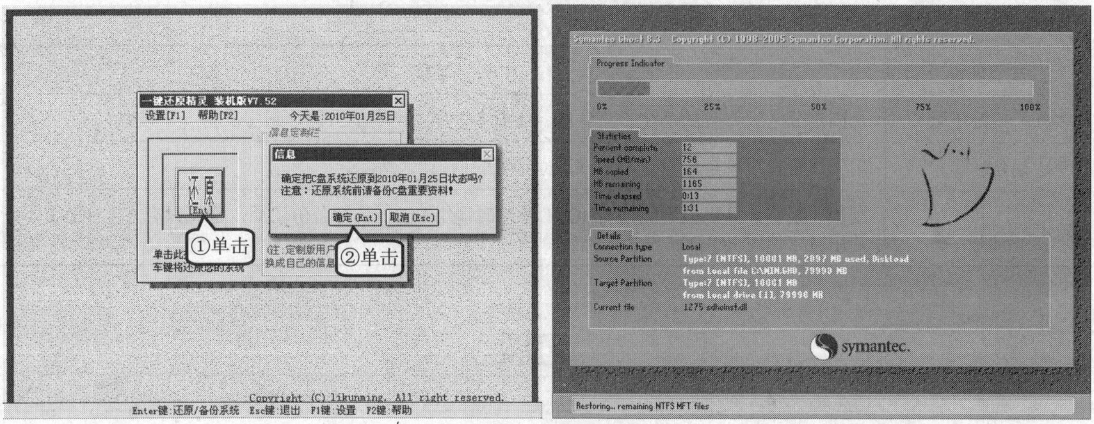

图2-50 还原系统

> **要点提示** 进入一键还原精灵操作界面后，选择【设置】/【高级设置】命令，弹出【高级设置】对话框，如图 2-52 所示，其各个按钮的功能如表 2-2 所示。

图2-51 还原完成

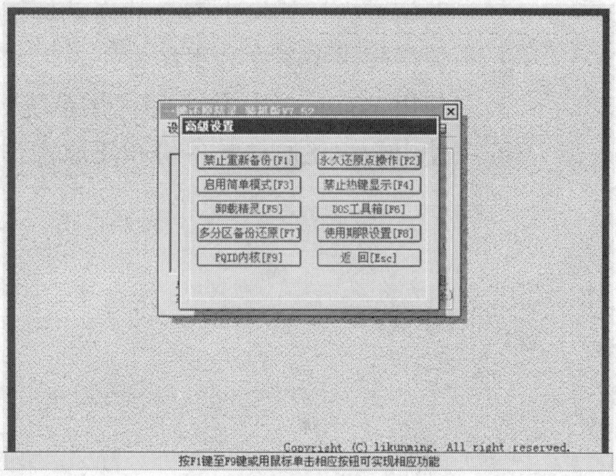

图2-52 【高级设置】面板

表 2-2 高级设置功能简介

按钮名称	功能
禁止重新备份	用于禁止或允许用户使用菜单栏中的“重新备份系统”功能，避免覆盖原来的备份文件，以保证备份文件的健康
永久还原点操作	用于创建一个永久的、用户不能更改的（设置管理员密码后）还原点，加上操作界面的“备份系统”，总共有两个备份文件。建议在刚安装好操作系统及常用软件后就创建永久还原点，且不要重复创建
启用简单模式	如果启用简单模式，在开机时按下 F11 键 10s 后，计算机将自动进行系统还原（10s 内按 Esc 键可取消还原），实现真正的一键还原
禁止热键显示	如果禁止热键显示，则在开机时屏幕不会显示提示行“******Press [F11] to Start recovery system****** ”，需按住 F11 键不放才可进入一键还原精灵
卸载精灵	用于从用户计算机中卸载一键还原精灵
DOS 工具箱	用于在 DOS 状态下运行 GHOST、DISKGEN、NTFSDOS 以及 SPFDISK 等 10 多种软件，便于维护计算机

续 表

按钮名称	功能
多分区备份还原	是固定分区版特有的功能，可备份、还原多个硬盘所有的分区，最多支持 5 个硬盘
使用期限设置	用于让管理员设定用户使用一键还原精灵的期限
PQID 内核	用于在某些计算机上不能用 GHOST 备份时调用 PQID 进行备份还原。建议只有在 GHOST 不能使用时才使用 PQID 备份。

习题

一、简答题

1. Windows 操作系统自带的系统优化工具主要有哪些？
2. 简述超级兔子的各个天使的主要功能。

二、操作题

1. 关闭个人计算机上多余的启动项。
2. 使用超级兔子安装系统补丁。
3. 使用 Windows 优化大师优化系统。
4. 使用一键还原精灵备份和还原操作系统。

第3章 磁盘工具

磁盘是计算机系统中最重要的储存设备，用于保存系统文件和用户数据。在用户使用计算机的过程中，经常会遇到运行速度下降、误删文件、磁盘空间不足等情况，这些问题都可以用磁盘工具软件来解决。本章将介绍几款常用的磁盘工具软件，可以帮助用户更好地管理和使用磁盘。

学习目标

- 掌握磁盘碎片整理工具—— Vopt 的使用方法。
- 掌握数据恢复工具—— FinalData 的使用方法。
- 掌握硬盘分区工具—— PartitionMagic 的使用方法。

3.1 磁盘碎片整理工具—— Vopt

计算机长时间使用后，硬盘中的文件会因为多次安装软件和删除文件而变得零乱，这样计算机的运行速度会因硬盘存取速度变慢而大大降低。Windows 操作系统中提供了磁盘整理程序，但其运行速度并不令人满意。这时，可以使用其他一些高效的磁盘碎片整理工具对硬盘进行整理。

Vopt 是 Golden Bow Systems 公司出品的一款优秀的磁盘碎片整理工具，它可将分布在硬盘上不同扇区内的文件快速和安全地重整，能节省更多时间，而且 Vopt 还提供了磁盘检查、清理磁盘垃圾等方便、实用的功能。本节将以 Vopt 9.21 版本为例进行详细介绍。

3.1.1 整理磁盘碎片

整理磁盘碎片是 Vopt 软件最主要的功能，也是其优势功能。在本小节中，将介绍如何使用 Vopt 对磁盘进行快速的碎片整理，从而获得更多磁盘空间，加快系统运行速度。

操作步骤

运行 Vopt，进入其操作界面，如图 3-1 所示，然后进行以下操作。

1. 修改软件语言

(1) 在菜单栏中选择【Display】/【Language】命令，弹出【Language】对话框。

(2) 在对话框的列表中勾选【SimpChinese】复选框。

(3) 单击 Apply 按钮确认修改，如图 3-2 所示，此时将显示中文界面。

2. 手动整理

(1) 在菜单栏中选择【分卷】菜单项，从弹出的菜单中选择要进行碎片整理的磁盘分区，如图 3-3 所示。

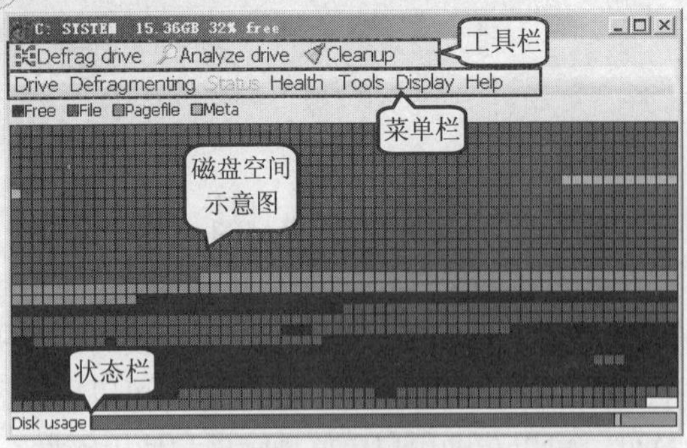

图3-1 软件界面

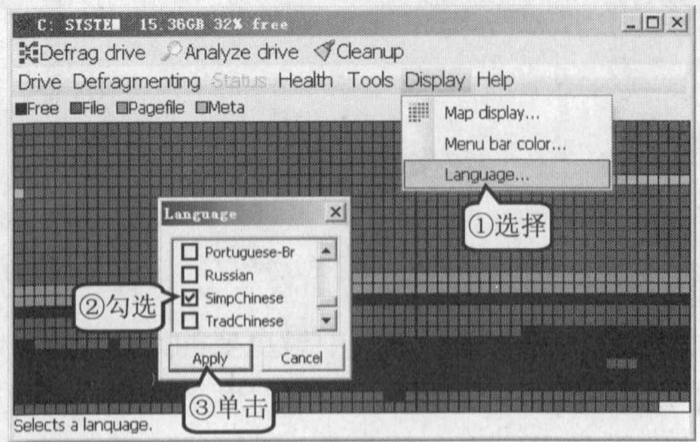

图3-2 修改软件语言

(2) 在工具栏中单击分析按钮，对磁盘空间使用情况进行分析，如图 3-4 所示。

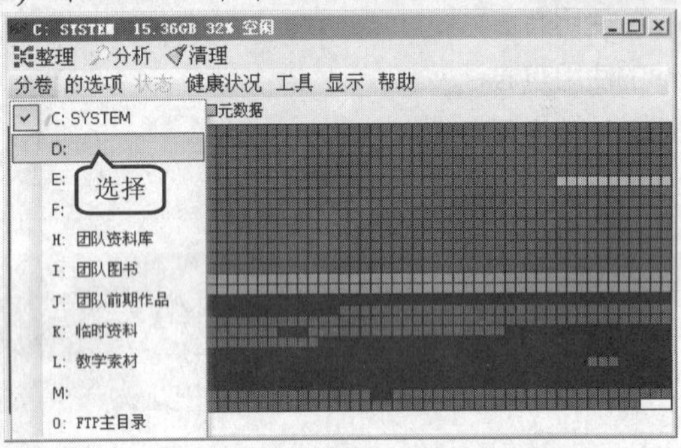

图3-3 选择磁盘

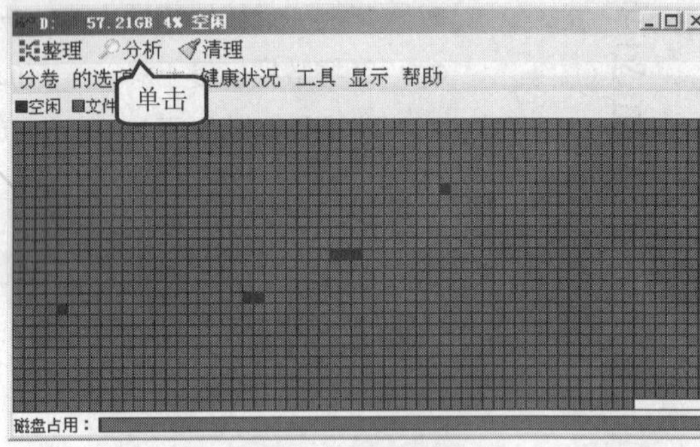

图3-4 分析磁盘

(3) 磁盘分析过程如图 3-5 所示。分析完成后将显示磁盘空间使用情况和文件的分布情况，如图 3-6 所示。

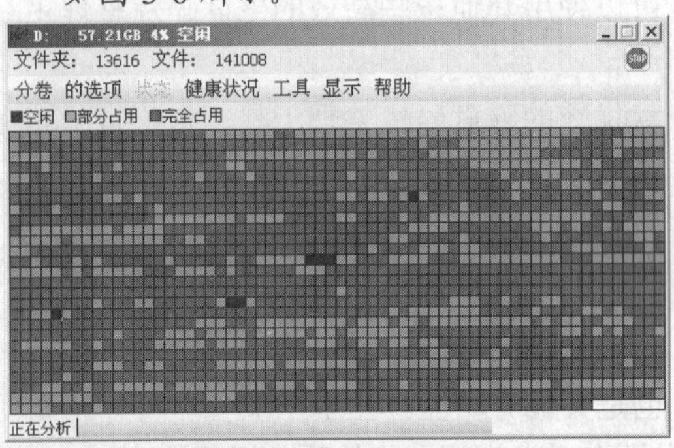

图3-5 磁盘分析过程

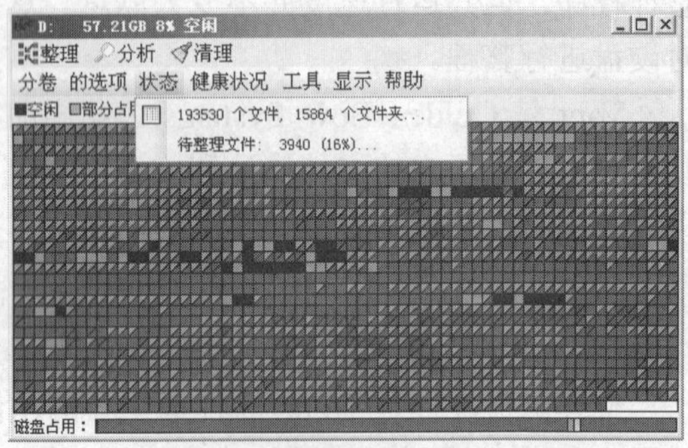

图3-6 分析结果

(4) 单击整理按钮开始对该磁盘进行碎片整理，如图 3-7 所示。碎片整理过程如图 3-8 所示。

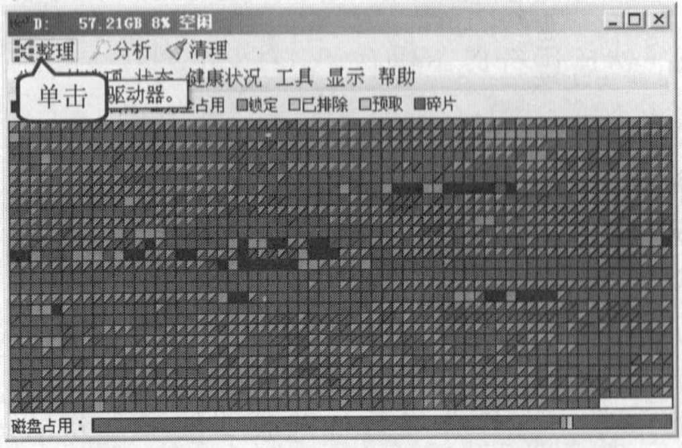

图3-7 整理磁盘

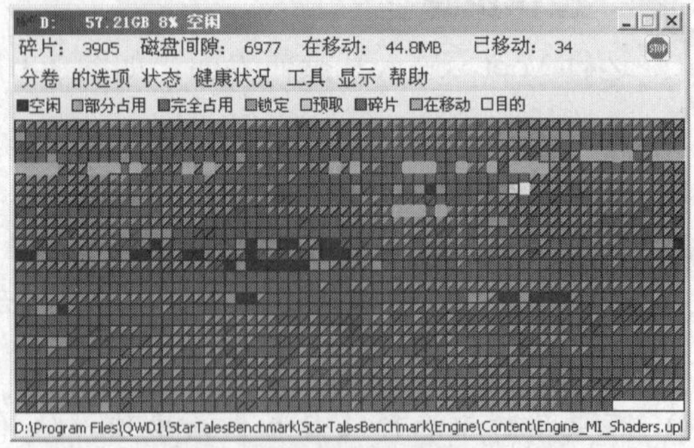

图3-8 磁盘整理过程

(5) 碎片整理完成后可看到碎片文件的数量明显减少，如图 3-9 所示。

> **要点提示** 在进行磁盘碎片整理时，最好将所有应用程序和打开的文件全部关闭，这样可以加快整理的速度，也能让碎片整理更加彻底。

3. 快速整理

(1) 在菜单栏中选择【分卷】菜单项，从弹出的菜单中选择要进行碎片整理的磁盘分区，如图 3-10 所示。

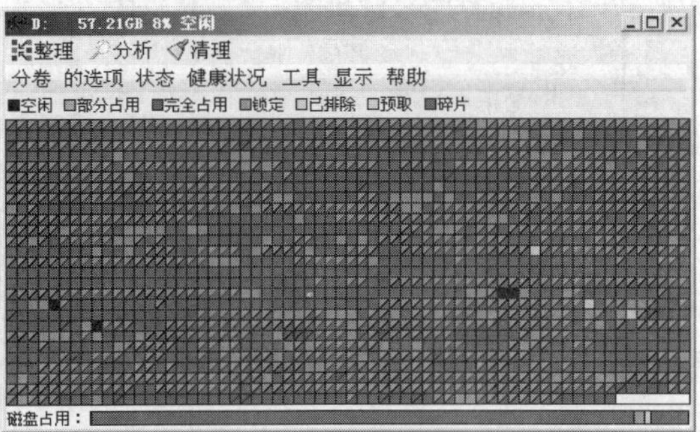

图3-9 碎片整理完成

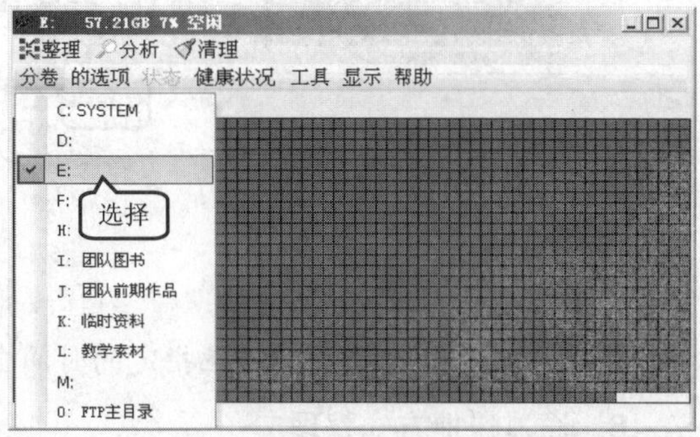

图3-10 选择磁盘

(2) 在菜单栏中选择【的选项】/【快整理（VSS 兼容整理）】命令，对磁盘进行快速整理，如图 3-11 所示。

4. 批量整理

(1) 在菜单栏中选择【的选项】/【批量整理】命令，弹出【批量整理】对话框。

(2) 在对话框的列表中勾选需要进行碎片整理的磁盘。

(3) 单击 整理 按钮开始进行批量整理，如图 3-12 所示。

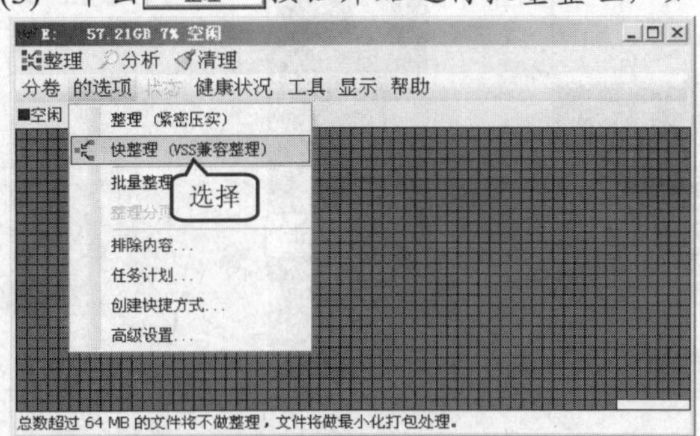

图3-11 执行快速整理

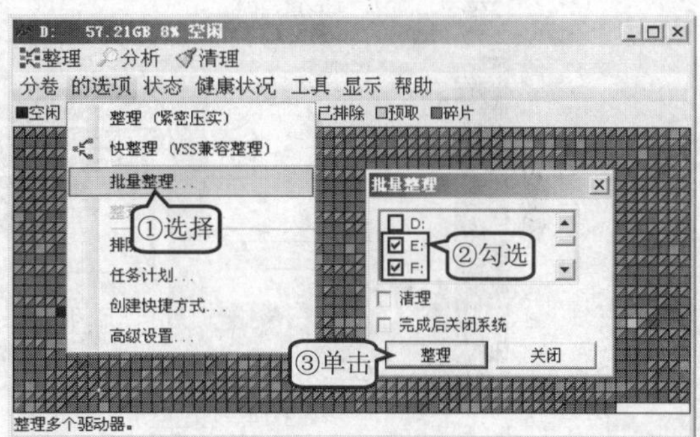

图3-12 批量整理

5. 定时整理

(1) 在菜单栏中选择【的选项】/【任务计划】命令，弹出【整理计划】对话框。

(2) 在对话框的【任务计划】栏中勾选【任务计划】复选框。

(3) 单击 设置 按钮，弹出【Vopt（DRAGON-dragon）】对话框。

(4) 在【计划】选项卡中设置任务周期、开始时间和日期等参数。

(5) 单击 确定 按钮完成设置并返回。

(6) 在【整理计划】对话框的列表中勾选需要进行定时整理的磁盘。

(7) 单击 确定 按钮完成整理计划的添加，如图 3-13 所示。

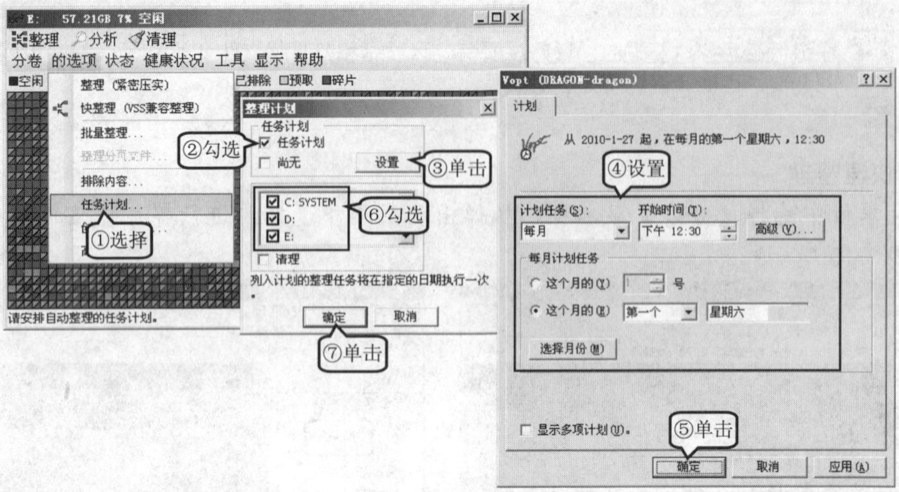

图3-13　添加整理计划

(8) 整理计划添加后，系统将在指定的时间自动运行 Vopt 对磁盘进行碎片整理。

6. 通过快捷方式整理

(1) 创建整理快捷方式。

① 在菜单栏中选择【的选项】/【创建快捷方式】命令，打开【快捷方式】对话框。

② 在对话框的列表中勾选需要进行碎片整理的磁盘。

③ 单击 应用 按钮，在桌面创建一个整理磁盘的快捷方式，如图 3-14 所示。

(2) 在桌面上双击创建的快捷方式将运行 Vopt，对之前勾选的磁盘进行碎片整理，如图 3-15 所示。

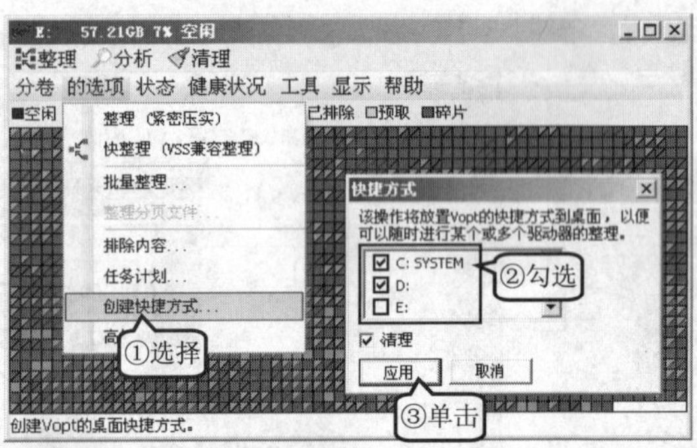

图3-14　创建整理快捷方式

图3-15　快捷方式

3.1.2　使用附带功能

Vopt 还附带了一些实用的功能，使用这些功能可以更好地对磁盘进行修改和维护，下面将对这些功能进行介绍。

操作步骤

启动 Vopt，进入其操作界面后，进行以下操作。

1. 检查磁盘错误

(1) 在菜单栏中选择【分卷】菜单项，从弹出的菜单中选择要进行错误检查的磁盘分区，如图 3-16 所示。

(2) 在菜单栏中选择【健康状况】/【检查磁盘错误】命令，开始磁盘错误检查，如图 3-17 所示。

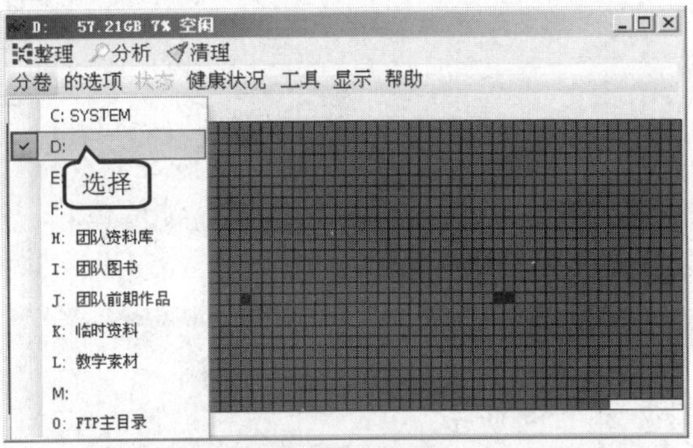

图3-16　选择磁盘

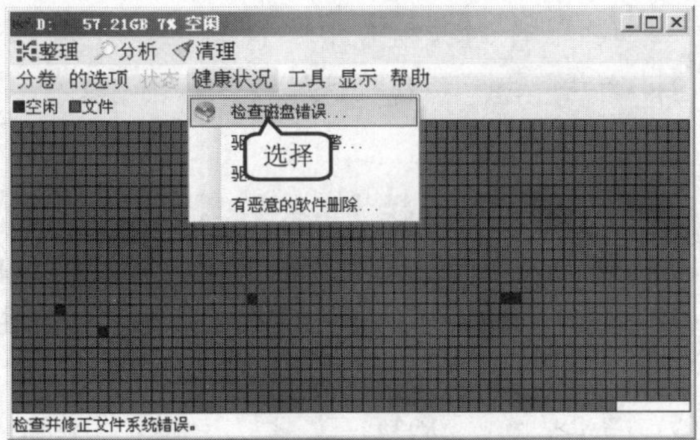

图3-17　执行检查

(3) 磁盘错误检查过程如图 3-18 所示。

(4) 磁盘检查完成后将显示检查结果，如图 3-19 所示。

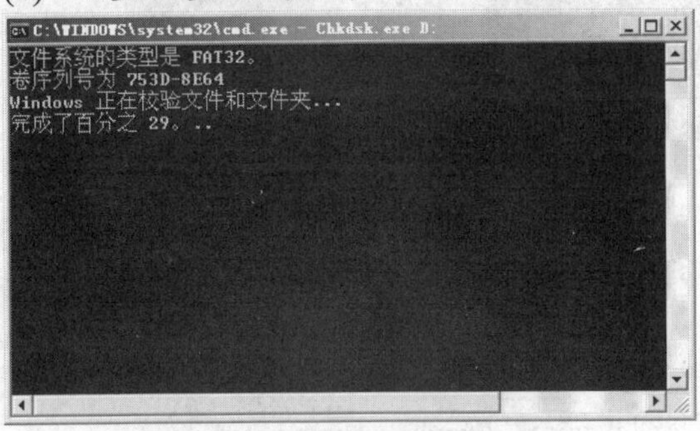

图3-18　错误检查过程

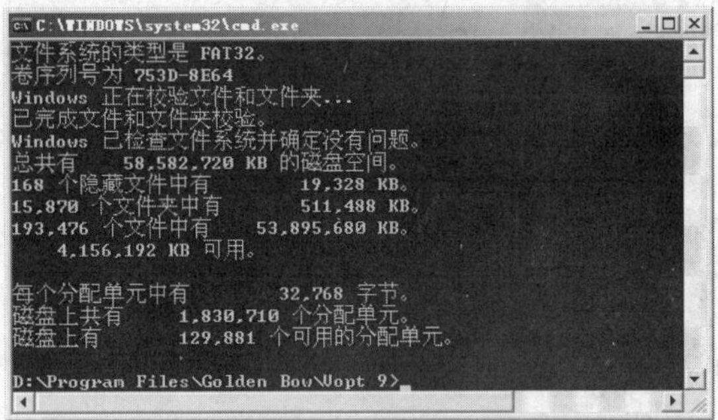

图3-19　检查结果

2. 测试磁盘数据传输率

(1) 在菜单栏中选择【健康状况】/【驱动器性能】命令，弹出【D:】对话框。

(2) 在对话框中将显示数据传输率的测试结果，单击[关闭]按钮关闭对话框，如图 3-20 所示。

3. 快速关闭应用程序

(1) 在菜单栏中选择【工具】/【系统工具】/【关闭应用程序】命令，弹出【关闭应用程序】对话框。

(2) 单击[应用]按钮关闭所有应用程序及非必需的服务，以便进行彻底的碎片整理，如图 3-21 所示。

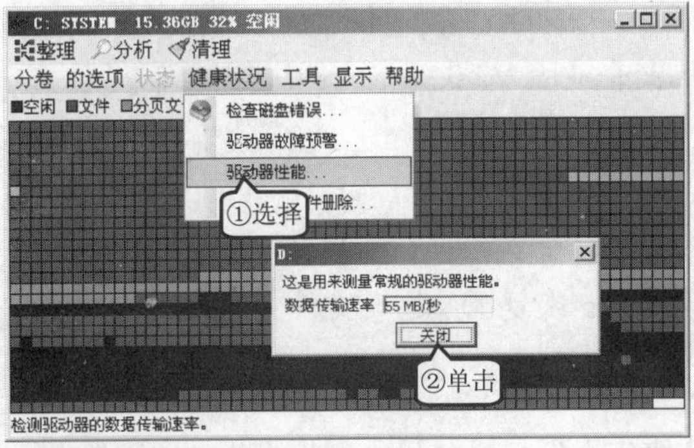

图3-20　测试磁盘数据传输率

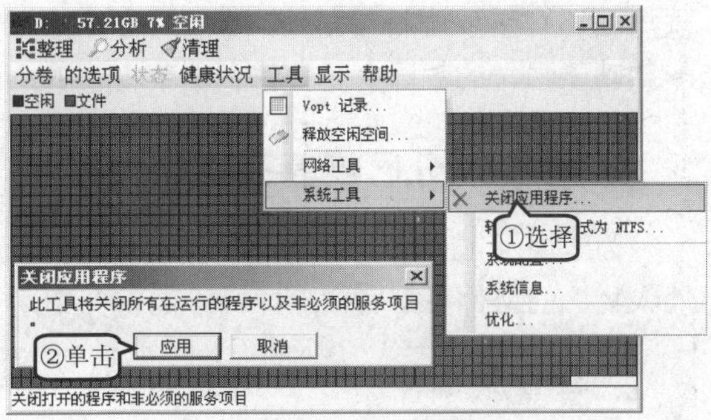

图3-21　快速关闭应用程序

4. 转换分区格式

(1) 在菜单栏中选择【工具】/【系统工具】/【转换 FAT32 格式为 NTFS】命令，弹出【转换 D:】对话框。

(2) 单击 应用 按钮确认转换，如图 3-22 所示。

5. 优化系统

(1) 在菜单栏中选择【工具】/【系统工具】/【优化】命令，弹出【系统优化】对话框。

(2) 在【DLL 卸载】栏中勾选【激活此性能】复选框。

(3) 在【系统分页】栏中勾选【激活此性能】复选框。

(4) 单击 应用 按钮，弹出【Vopt】对话框提示重启计算机。

(5) 单击 是(Y) 按钮，重启计算机使设置生效，如图 3-23 所示。

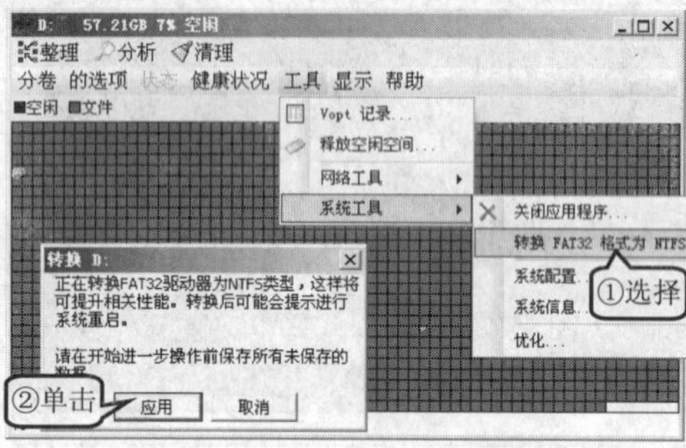

图3-22 转换分区格式

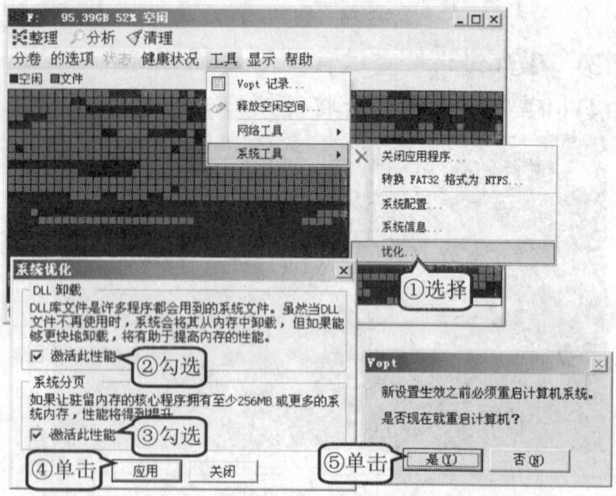

图3-23 优化系统

3.2 数据恢复工具—— FinalData

计算机用户偶尔会误删文件，当用户不小心把重要的文件或目录置入回收站，并顺手清空回收站后，突然发现这个文件和目录是重要的文件并且没有备份；或者用户不慎使用了 Shift+Del 组合键删除了不该删除的文件；或者对硬盘进行了格式化或删除分区的操作，发现里面还有重要资料没备份，怎么才能恢复资料呢？FinalData 就能解决上面的问题，它是一款功能强大的数据恢复软件。本节将以 FinalData 企业版 V2.0 版本为例进行详细介绍。

3.2.1 从分区恢复丢失的数据

为了演示 FinalData 的恢复功能，在运行之前先将存放在本地计算机 D 盘中的一个名为“人物”的文件夹彻底删除掉。下面将介绍用 FinalData 恢复“人物”文件夹的操作方法。

操作步骤

运行 FinalData，进入其操作界面，如图 3-24 所示，然后进行以下操作。

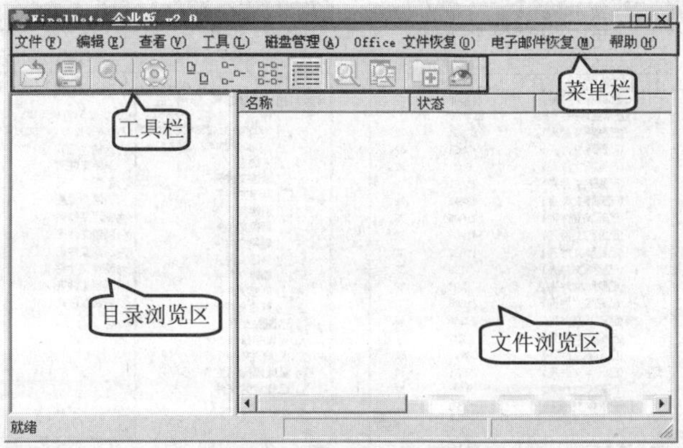

图3-24 FinalData 操作界面

1. 查找丢失的数据

(1) 选择逻辑驱动器。

① 在工具栏中单击按钮，弹出【选择驱动器】对话框。

② 在【逻辑驱动器】选项卡中选择丢失数据所在的分区。

③ 单击 确定(O) 按钮，弹出【选择要搜索的簇范围】对话框。

④ 单击 确定 按钮，如图 3-25 所示，弹出【簇扫描】对话框，开始对 D 盘进行扫描，簇扫描过程如图 3-26 所示。

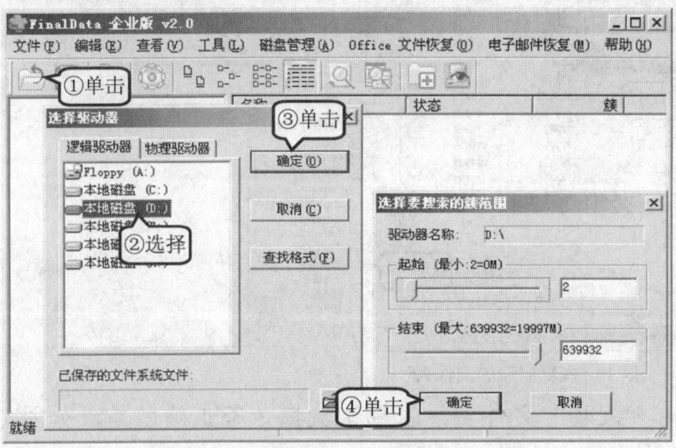

图3-25 选择逻辑驱动器

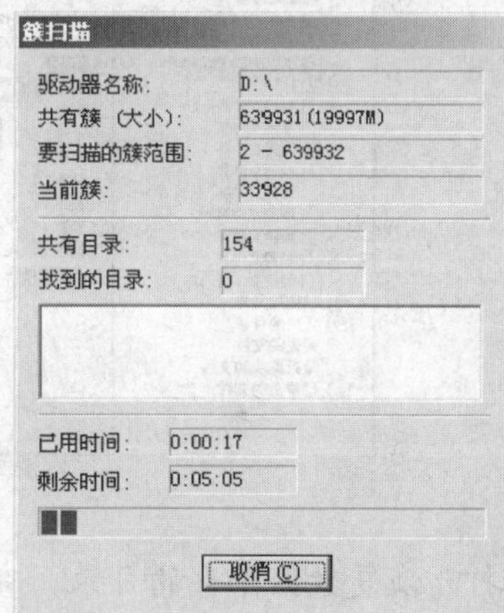

图3-26 簇扫描

> **要点提示** 此过程需要几分钟到几个小时的时间，由计算机性能、磁盘文件的多少和硬盘的读取速度而定。

(2) 对磁盘的簇搜索完成后，在目录浏览区中就会列出所有搜索到的目录数据信息，如图 3-27 所示。

2. 从已删除目录下恢复丢失的数据

(1) 在左侧目录浏览区双击展开【已删除目录】节点，如图 3-28 所示。

(2) 恢复文件夹。

① 在文件浏览区中的“人物”文件夹上单击鼠标右键，在弹出的快捷菜单中选择【恢复】命令。

② 在弹出的【选择要保存的文件夹】对话框中选择保存位置。

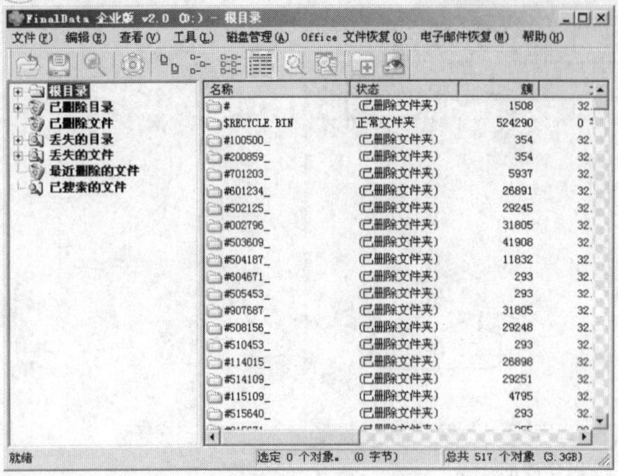

图3-27 搜索到的文件

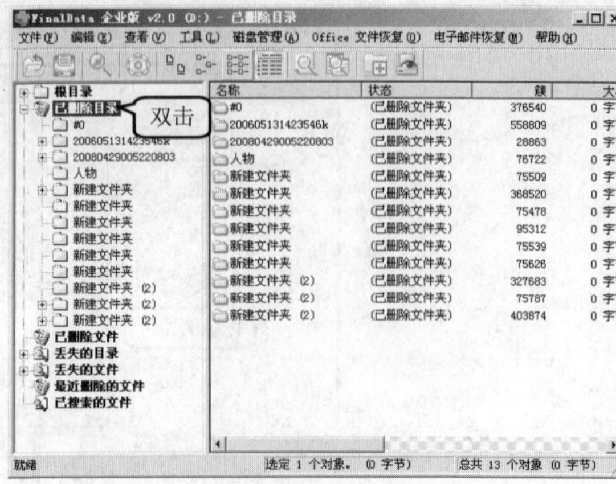

图3-28 展开【已删除目录】

③ 单击 保存(S) 按钮开始恢复数据，如图 3-29 所示。

> **要点提示**
> 在选择保存位置时，不能设置在与恢复数据相同的磁盘，以防需要恢复的数据被再次覆盖，如本例中的“人物”文件夹不能恢复到 D 盘。

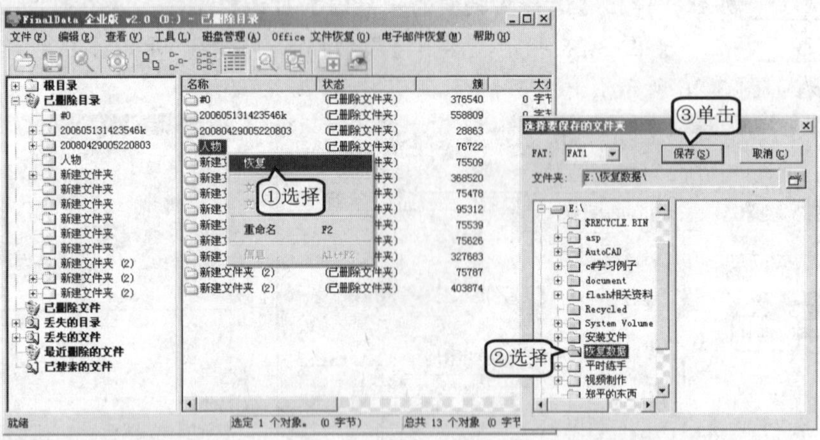

图3-29 恢复删除的文件夹

④ 打开恢复数据保存的目录，查看“人物”文件夹，以确认数据是否正确恢复，如图 3-30 所示。

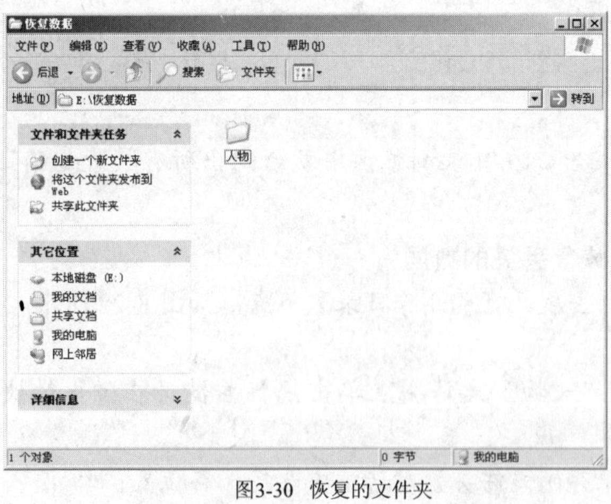

图3-30 恢复的文件夹

3.2.2 从硬盘恢复丢失的数据

当用户的磁盘分区已经丢失或损坏，或者对硬盘进行了格式化或删除分区的操作，而发现里面还有重要资料没备份时，就需要从硬盘中开始查找丢失的数据信息。本小节将以恢复磁盘分区没有丢失前的 D 盘中一个名为“BG001.jpg”的图片文件为例来介绍 FinalData 从硬盘恢复丢失数据的操作方法。

操作步骤

运行 FinalData，进入其操作界面后，进行以下操作。

1. 从硬盘查找丢失的文件

(1) 选择物理驱动器。

① 单击按钮，弹出【选择驱动器】对话框。

② 单击 物理驱动器 按钮，切换到【物理驱动器】面板。

③ 选择丢失数据所在的硬盘。

④ 单击 确定(O) 按钮确认选择，如图 3-31 所示。

⑤ 软件首先查找硬盘上的分区信息，如图 3-32 所示。

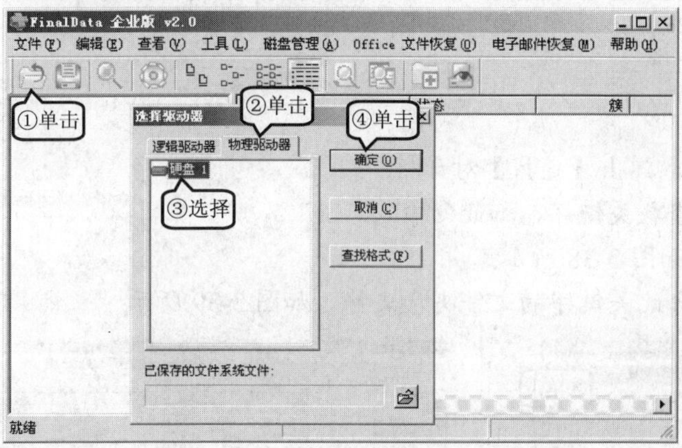

图3-31 选择物理驱动器

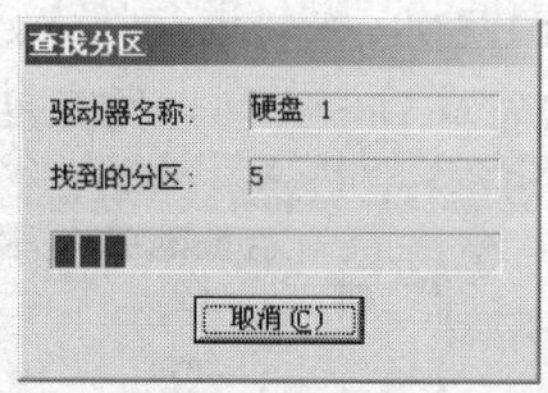

图3-32 查找分区

(2) 选择分区。

① 在查找完成后的分区列表中选择删除数据所在的分区，这里选择“D 娱乐其它”分区。

② 单击 确定(O) 按钮确认选择，如图 3-33 所示。

③ FinalData 将先对分区上现有的文件系统进行扫描，如图 3-34 所示。

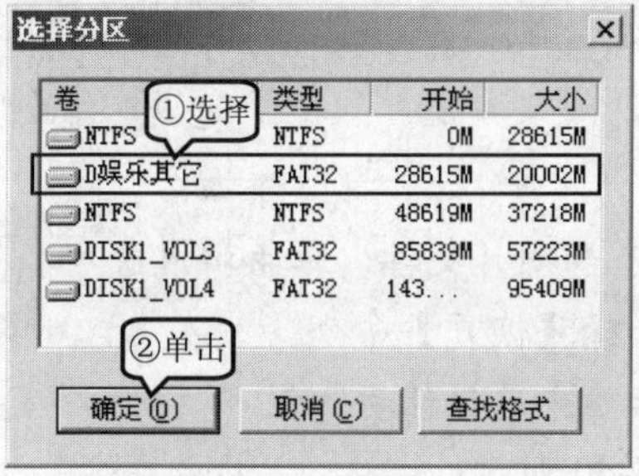

图3-33 选择分区

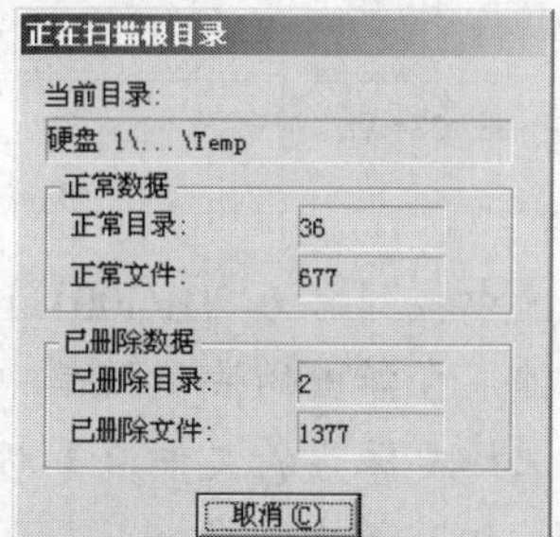

图3-34 文件系统扫描

> **要点提示** 原本的磁盘分区已经丢失，那么显示的分区可能与计算机中的分区是不同的字串，这里需要根据磁盘大小进行判断，例如用户的D盘是 19.5GB，那么“D 娱乐其它”就极有可能是用户要恢复的D盘了。

④ 扫描完成后，将弹出【选择要搜索的簇范围】对话框，这里使用默认设置，单击 确定 按钮进行簇扫描，如图 3-35 所示。

⑤ 簇扫描过程如图 3-36 所示，通常此过程需要较长时间。

⑥ 磁盘的簇扫描完成后，在目录浏览区中就会列出所有搜索到的目录数据信息，如图 3-37 所示。

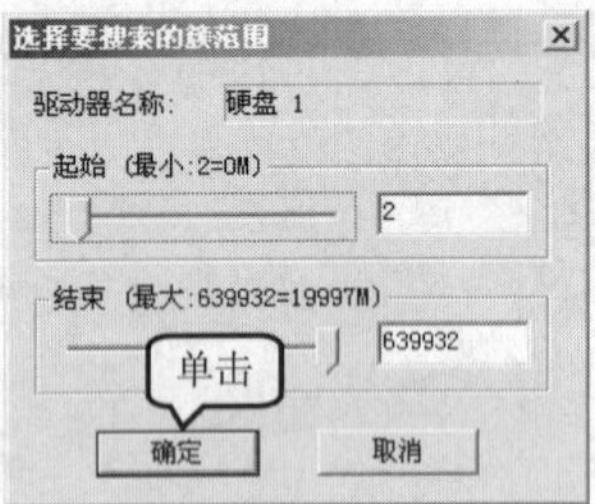

图3-35 选择簇范围

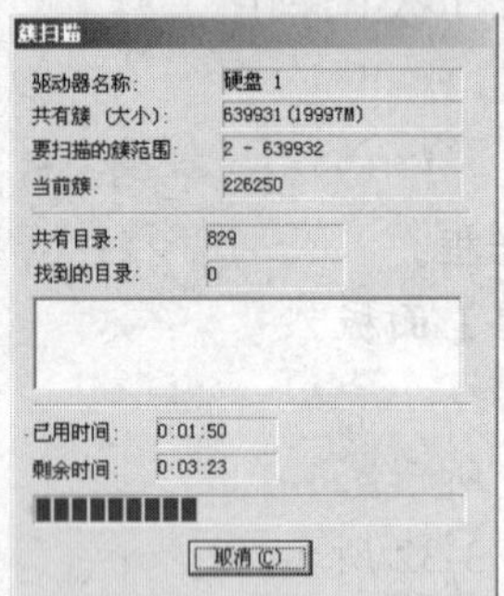

图3-36 簇扫描过程

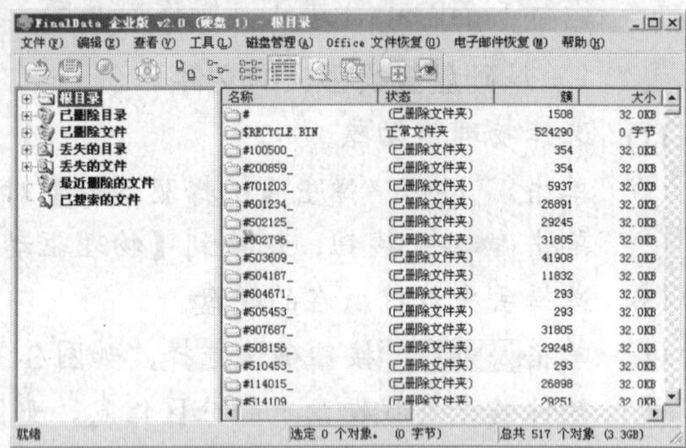

图3-37 搜索到的文件

2. 关键字搜索

(1) 启用搜索。

① 选择【文件】/【查找】命令，弹出【查找】对话框。

② 在【文件名】输入框中输入查找关键字，如此处输入“bg”。

③ 单击 查找 按钮进行搜索，如图 3-38 所示。

(2) 搜索完成后，会列出所有包含此关键字的文件夹和文件，如图 3-39 所示。

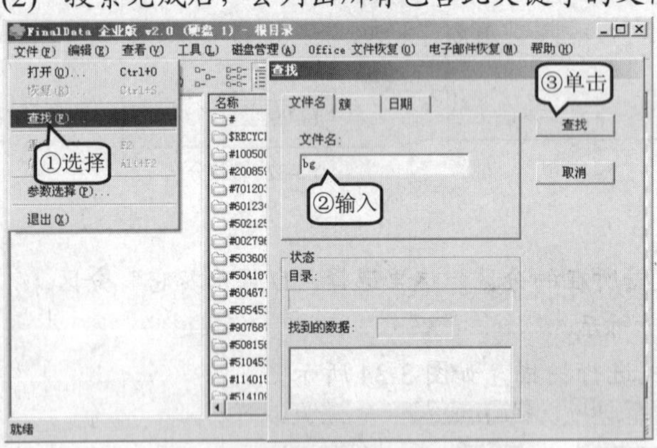

图3-38 启用搜索

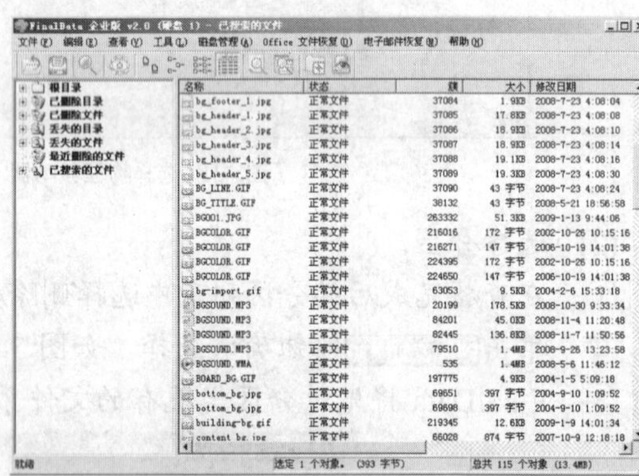

图3-39 查找结果

3. 恢复文件

(1) 在文件浏览区中找到名为“BG001.jpg”的图片文件，单击将其选中。

(2) 单击鼠标右键，在弹出的快捷菜单中选择【恢复】命令。

(3) 在弹出的【选择要保存的文件夹】对话框中选择保存位置。

(4) 单击 保存(S) 按钮开始恢复数据，如图 3-40 所示。

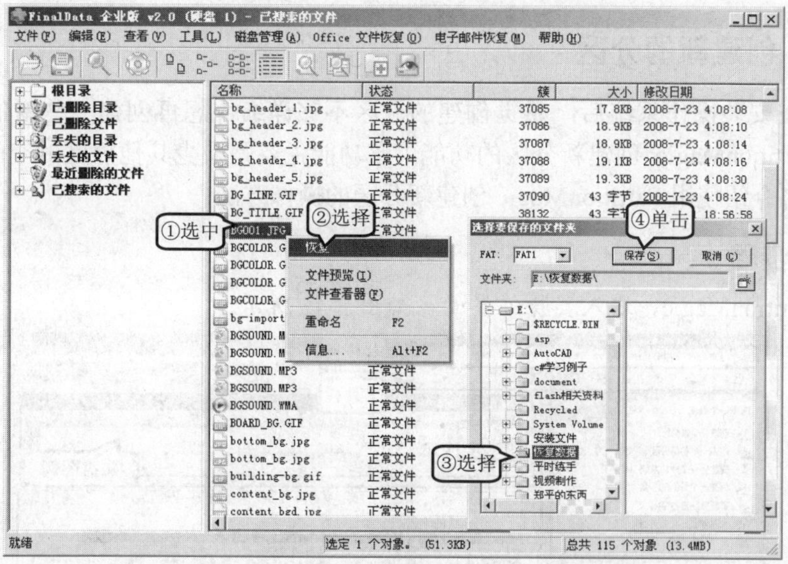

图3-40 恢复文件

> **要点提示** 如果恢复的是图片或文件文本，可以在恢复之前，在该文件上单击鼠标右键，在弹出的快捷菜单中选择【文件预览】命令，如果在弹出的【文件预览】窗口中能看到图像或文字，如图 3-41 所示，则证明该文件可以恢复。

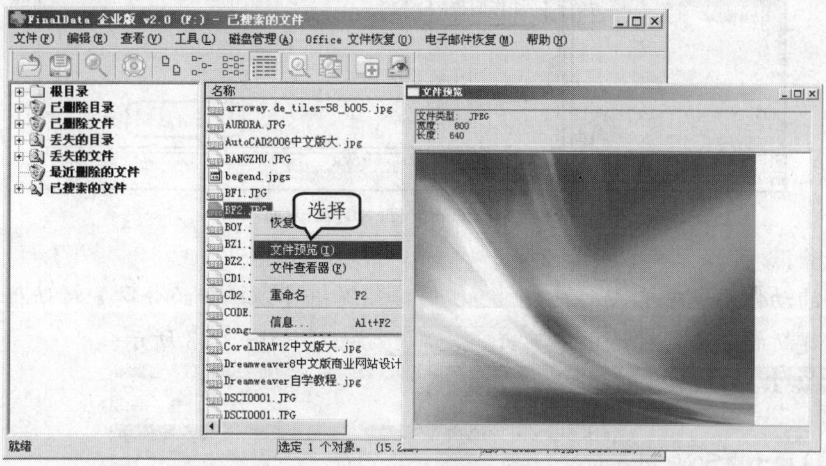

图3-41 预览文件

3.3 硬盘分区工具—— PartitionMagic

硬盘分区是操作系统中一个比较重要的概念，但操作分区对许多用户来说却是一件复杂而危险的工作，一不小心就会造成系统崩溃或重要数据丢失等严重后果。PartitionMagic 是一款运行在 Windows 环境下的硬盘分区操作工具，能够在不损失硬盘资料的情况下对硬盘分区做大小调整，能够在 NTFS、FAT、FAT32 文件系统之间转换，支持创建、格式化、删除、复制、隐藏、移动分区，可复制整个硬盘资料到其他分区。本节将以 PartitionMagic 8.0 版本为例进行详细介绍。

3.3.1 创建新的分区

当用户在安装操作系统后，感觉创建的分区不够详细，想再创建一些新的分区时，就可以使用 PartitionMagic 创建新分区的功能，该功能主要是减少其他分区的空间来创建新的分区。下面将介绍使用 PartitionMagic 创建新分区的操作方法。

操作步骤

(1) 启动 PartitionMagic，进入其操作界面，如图 3-42 所示。

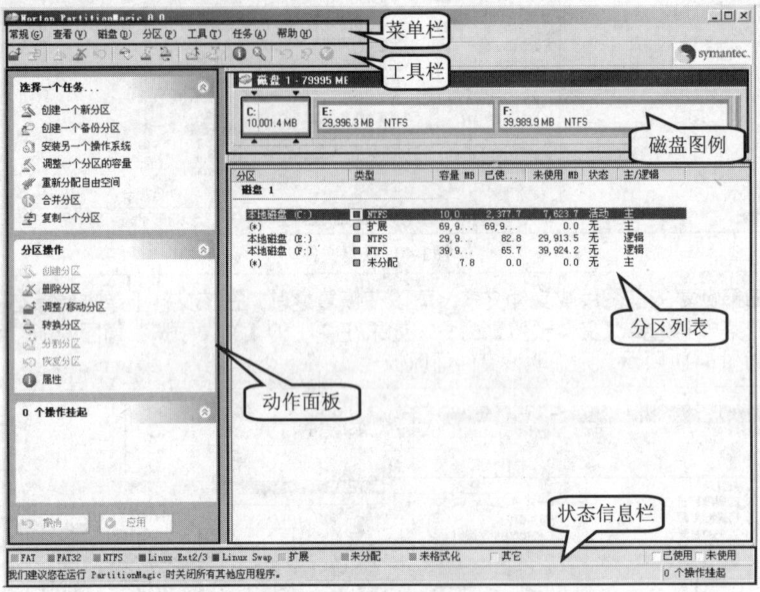

图3-42 PartitionMagic 8.0 操作界面

(2) 启动任务。

① 在左侧的动作面板中单击 创建一个新分区 链接，弹出【创建新的分区】对话框。

② 在【创建新的分区】对话框中单击 下一步> 按钮，如图 3-43 所示。

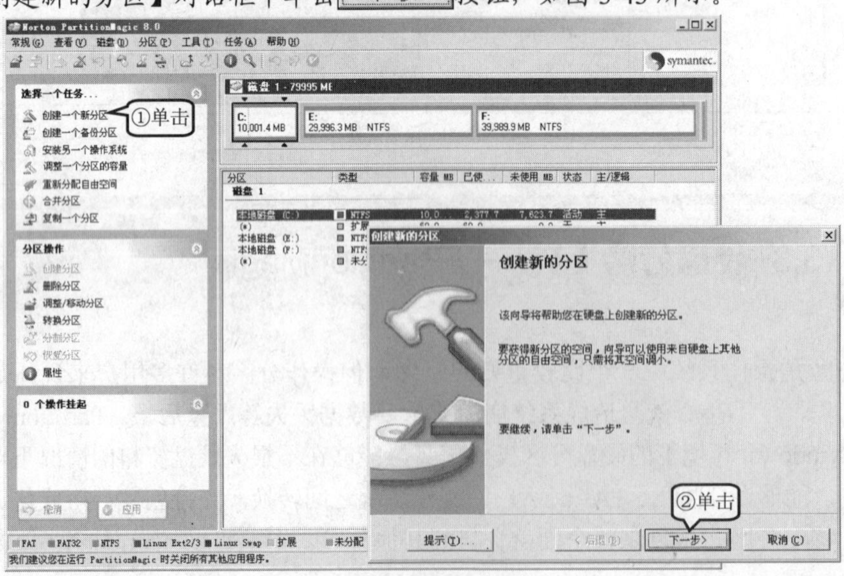

图3-43 启动任务

(3) 选择创建位置。

① 在【创建位置】向导页下侧的列表中选择创建新分区的位置。

② 单击 下一步> 按钮，如图 3-44 所示。

> **要点提示**
> 新分区的位置最好设置在剩余空间较多的分区之后，这样在执行创建新分区操作时需要移动的数据较少，可以大大缩短创建的时间。

(4) 选择提供空间的分区。

① 在【减少哪一个分区的空间】向导页下侧的列表中勾选为新分区提供空间的分区（建议选择剩余空间比较多的分区）。

② 单击 下一步> 按钮，如图 3-45 所示。

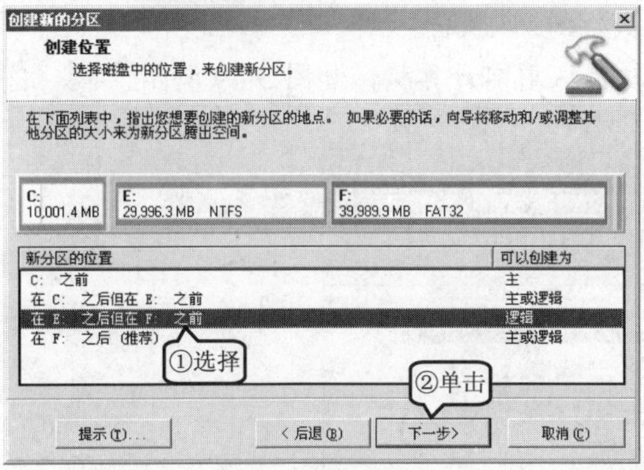

图3-44 选择创建位置

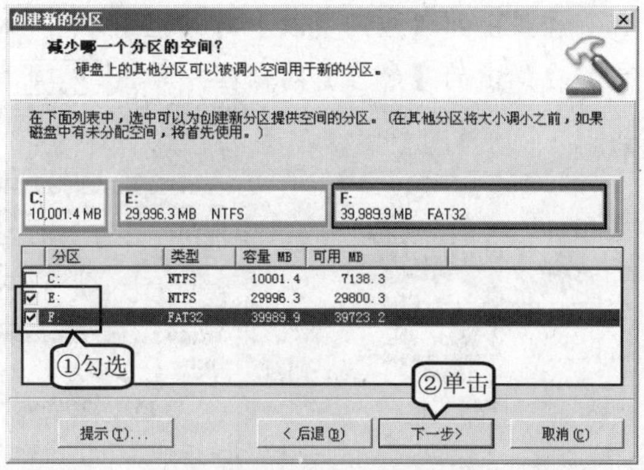

图3-45 选择提供空间的分区

(5) 设置分区属性。

① 在【分区属性】向导页中设置新分区的大小、卷标、分区类型、文件系统类型和驱动器盘符等参数。

② 单击 下一步> 按钮，弹出【Norton PartitionMagic】对话框。

③ 单击 确定(O) 按钮，如图 3-46 所示。

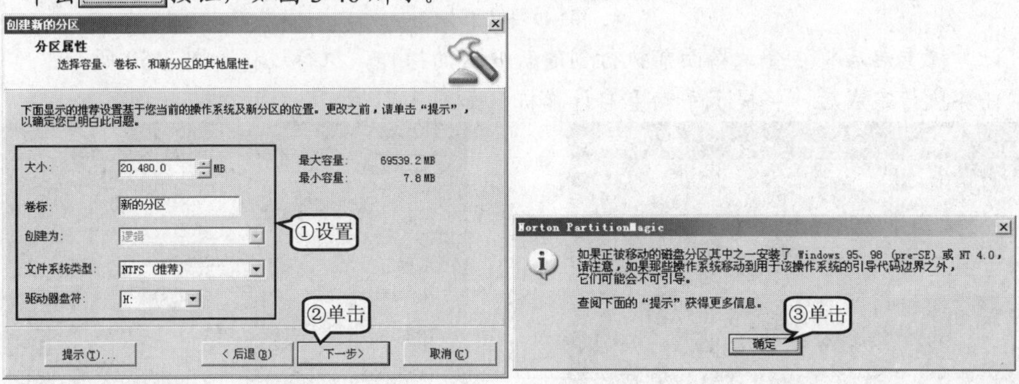

图3-46 设置新分区属性

④ 在【确认选择】向导页中将显示创建新分区前后空间的分布情况，单击 完成 按钮确认添加任务，如图 3-47 所示。

⑤ 软件将此任务所要执行的所有操作加入操作列表，如图 3-48 所示。

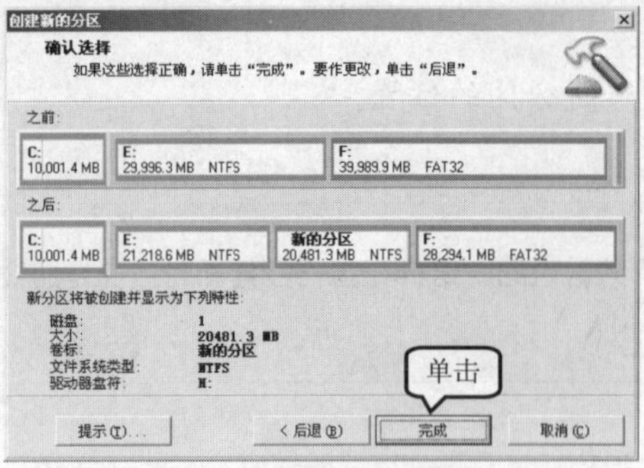

图3-47 硬盘空间的分布情况

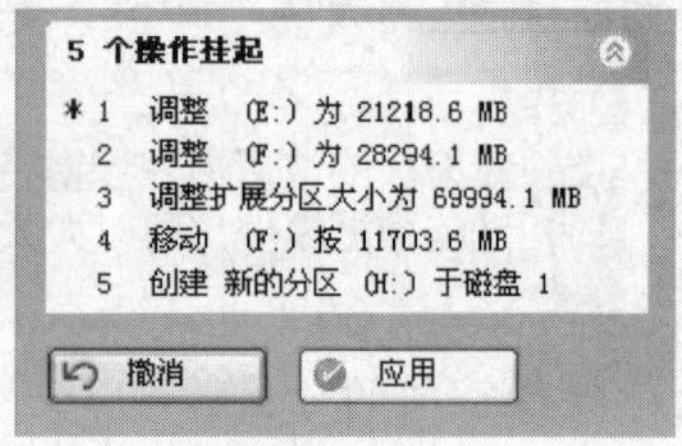

图3-48 操作列表

(6) 执行任务。

① 在操作列表下方单击[应用]按钮执行任务。

② 在弹出的【应用更改】对话框中单击[是(Y)]按钮确认执行。

③ 在弹出的【警告】对话框中单击[确定(O)]按钮确认重启计算机，如图 3-49 所示。

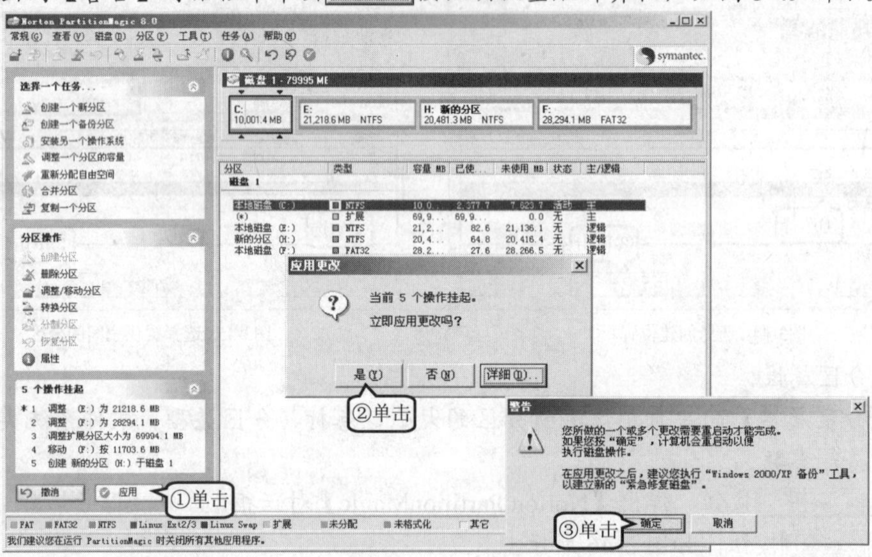

图3-49 执行任务

④ 计算机重启后将在登录界面前执行创建新分区的操作，执行过程如图 3-50 所示。

⑤ 任务执行完成后，将提示手动重启计算机，如图 3-51 所示。

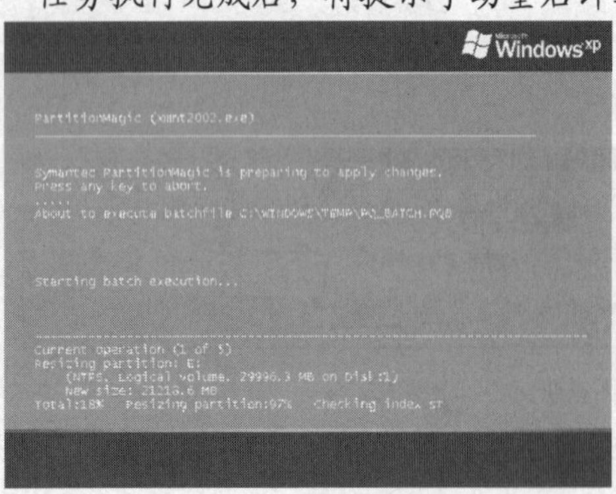

图3-50 任务执行过程

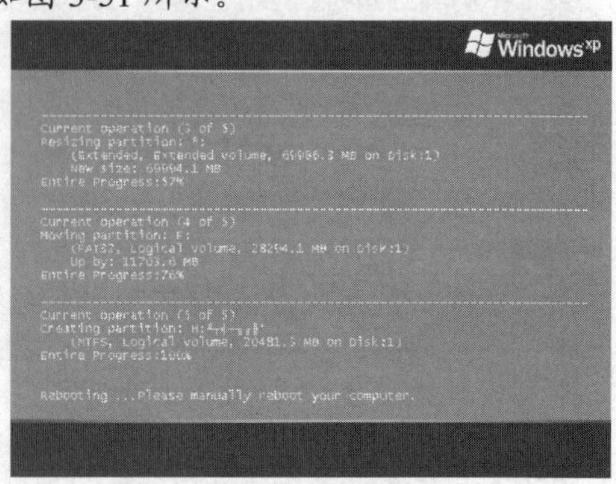

图3-51 任务执行完成

⑥ 按下计算机机箱上的重启按钮重启计算机，重新进入系统后可确认新的分区已经创建成功，如图 3-52 所示。

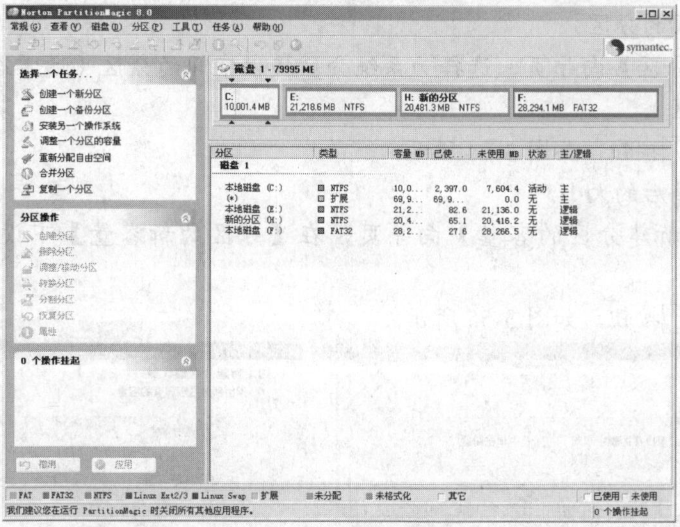

图3-52 任务完成后分区状态

3.3.2 调整分区容量

经常使用计算机的用户也许都遇到过这样的问题，在打开多个应用程序或是网页时，Windows XP 操作系统有时会发出虚拟内存不足的提示。解决这类问题，除了对操作系统的虚拟内存进行重新设置外，还可以调整分区容量，增大系统盘空间。下面将介绍使用 PartitionMagic 调整系统分区容量的操作方法。

操作步骤

(1) 启动 PartitionMagic，进入其操作界面。

(2) 启动任务。

① 在动作面板中单击 调整一个分区的容量 链接，弹出【调整分区的容量】对话框。

② 单击 下一步> 按钮，如图 3-53 所示。

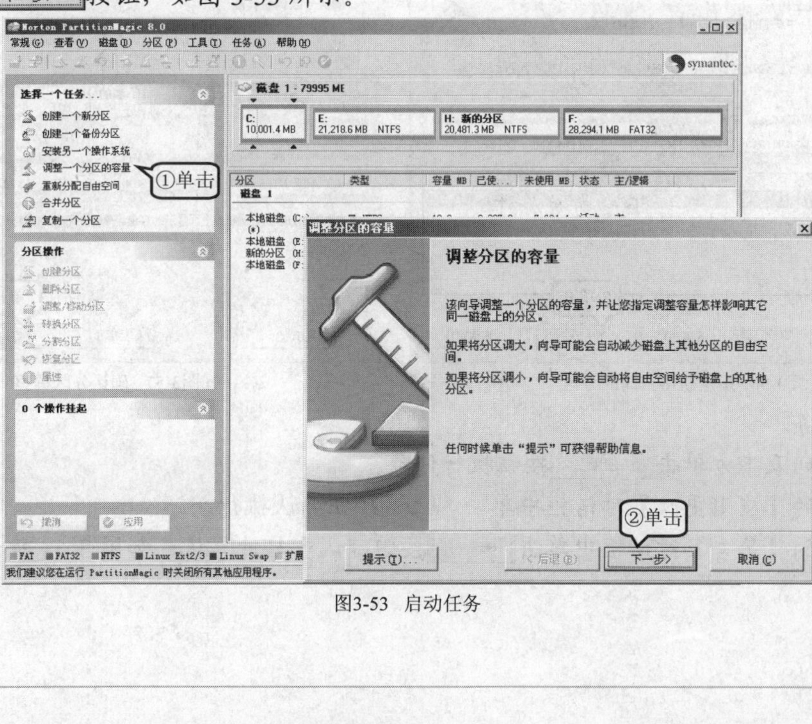

图3-53 启动任务

(3) 选择提供空间的分区。

① 进入【选择分区】向导页，选择为系统分区提供空间的分区（通常选择系统分区后面的第 1 个分区）。

② 单击 下一步> 按钮，如图 3-54 所示。

(4) 设置分区调整后的大小。

① 进入【指定新建分区的容量】向导页，在【分区的新容量】下设置调整后分区的大小。

② 单击 下一步> 按钮，如图 3-55 所示。

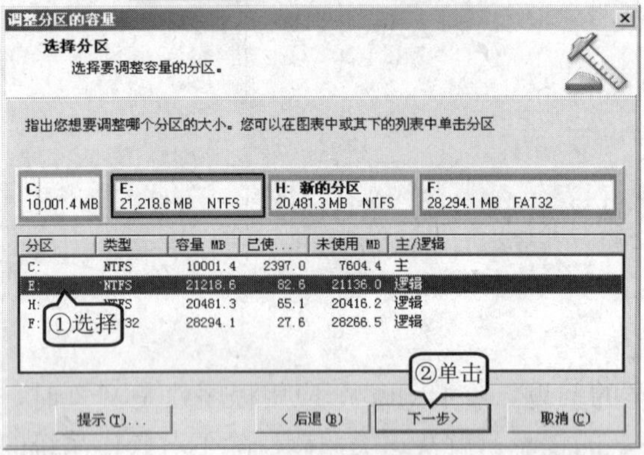

图3-54 选择提供空间的分区

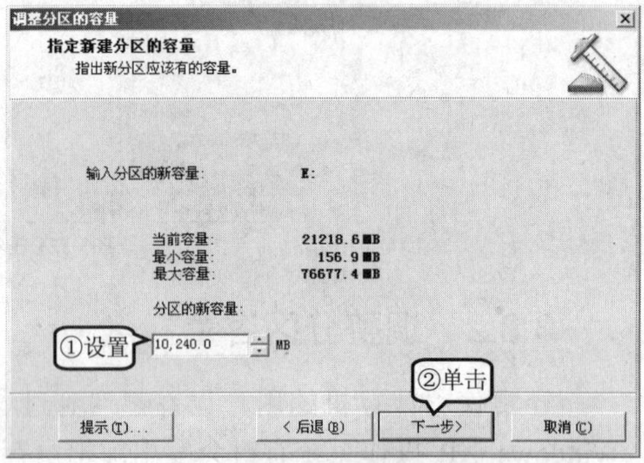

图3-55 设置分区调整后的大小

(5) 指定获得空间的分区。

① 进入【提供给哪一个分区空间】向导页，勾选获得空间的分区（这里勾选系统所在的 C 盘）。

② 单击 下一步> 按钮，如图 3-56 所示。

③ 进入【确认分区调整容量】向导页，可以直观地看出调整分区容量后各分区的容量大小情况，单击 完成 按钮确认任务，如图 3-57 所示。

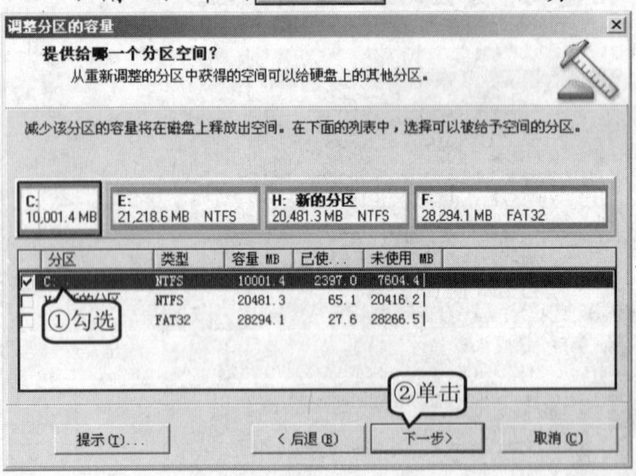

图3-56 指定获得空间的分区

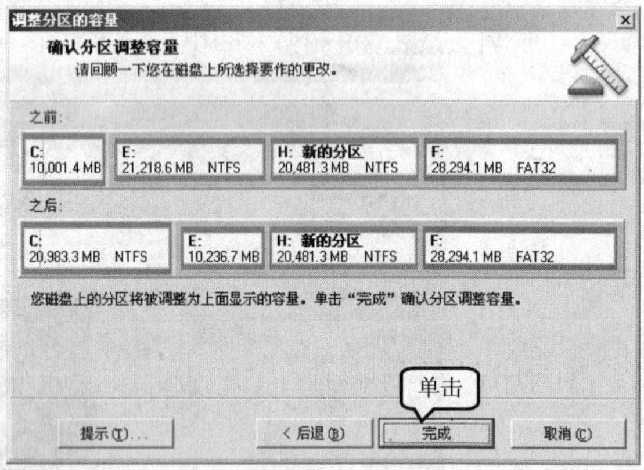

图3-57 确认分区调整

(6) 执行任务。

① 在操作列表下方单击 应用 按钮执行任务。

② 在弹出的【应用更改】对话框中单击 是(Y) 按钮确认执行。

③ 在弹出的【警告】对话框中单击 确定(O) 按钮确认重启计算机，如图 3-58 所示。

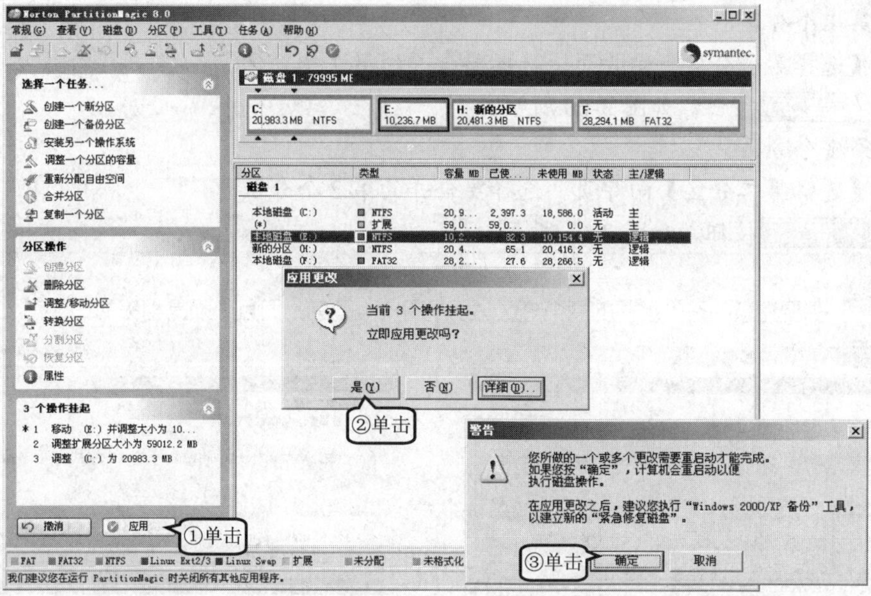

图3-58 执行任务

3.3.3 合并分区

有时分区太多，但每个分区的剩余空间都不大，这时就需要将分区进行合并以获得更大的磁盘利用率。下面就将介绍使用 PartitionMagic 合并两个分区的操作方法。

操作步骤

(1) 启动 PartitionMagic，进入其操作界面。

(2) 启动任务。

① 在【动作面板】中单击 合并分区 链接，弹出【合并分区】对话框。

② 单击 下一步> 按钮，如图 3-59 所示。

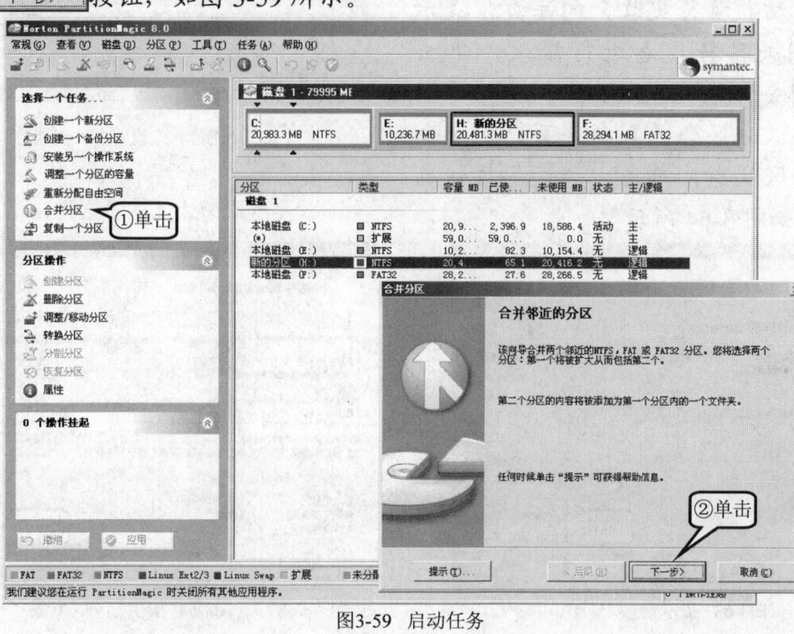

图3-59 启动任务

(3) 选择第 1 个分区。

① 进入【选择第一分区】向导页，选择要合并的第 1 个分区。

② 单击 下一步> 按钮，如图 3-60 所示。

(4) 选择第 2 个分区。

① 进入【选择第二分区】向导页，选择要合并的第 2 个分区。

② 单击 下一步> 按钮，如图 3-61 所示。

> **要点提示** 需要注意的是，合并的两个分区必须是同一类型的，而且必须是相邻的。

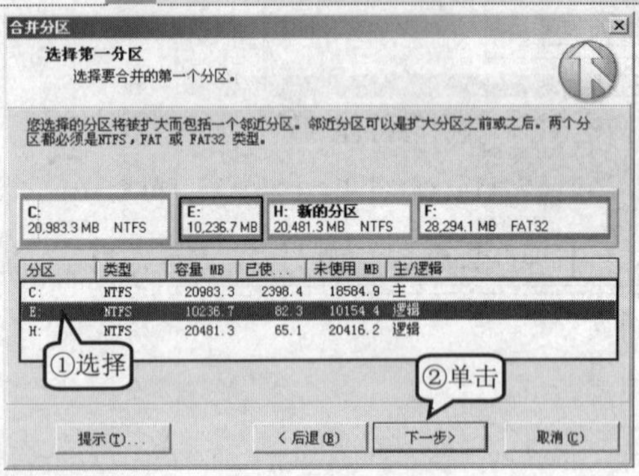

图3-60 选择第 1 个分区

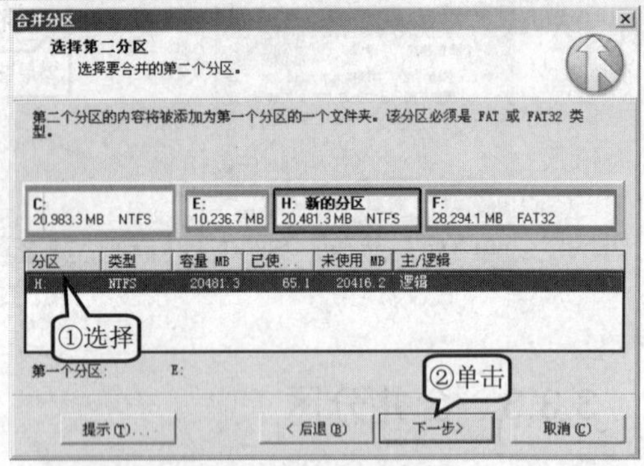

图3-61 选择第 2 个分区

(5) 设置文件夹名称：

① 进入【选择文件夹名称】向导页，在【文件夹名称】栏中输入文件夹的名称（应使用英文名称），在这个文件夹下将包含被合并掉的分区中的内容。

② 单击 下一步> 按钮，如图 3-62 所示。

③ 进入【驱动器盘符更改】向导页，提示将搜索相关盘符信息进行修改，单击 下一步> 按钮，如图 3-63 所示。

④ 进入【确认分区合并】向导页，显示合并后的分区状态，单击 完成 按钮确认任务，如图 3-64 所示。

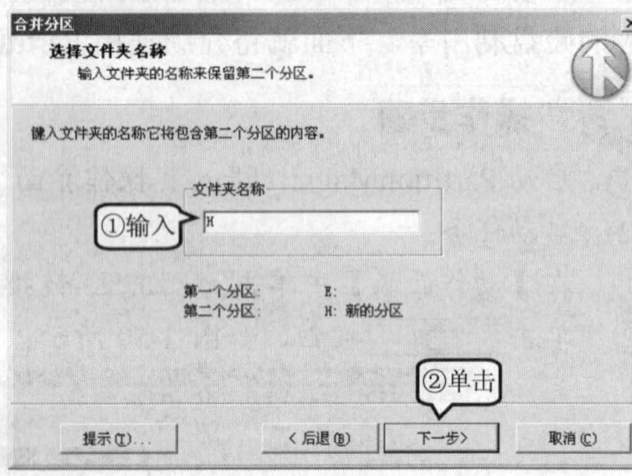

图3-62 设置文件夹名称

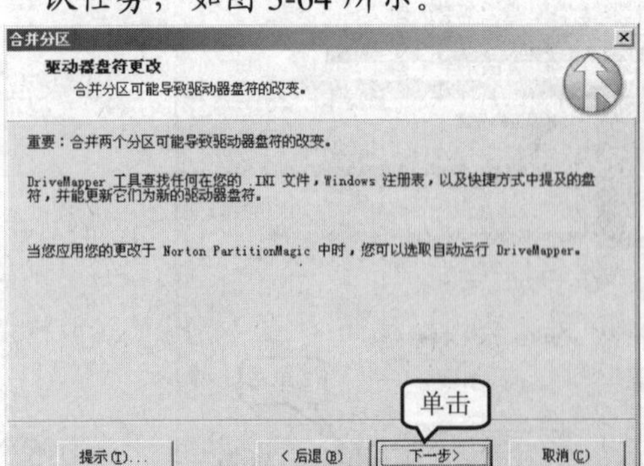

图3-63 提示信息

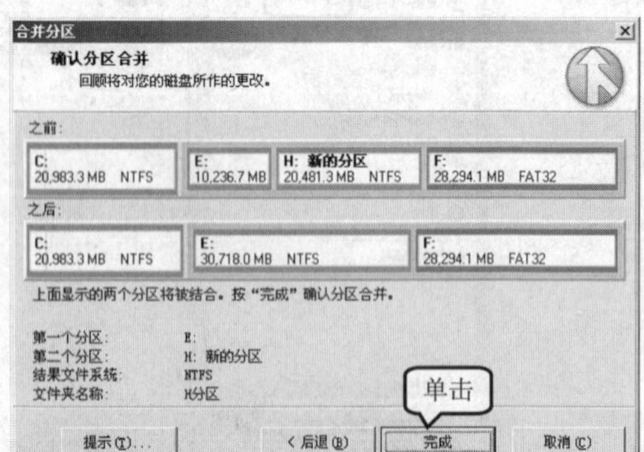

图3-64 合并后分区状态

(6) 执行任务。

① 在操作列表下方单击 应用 按钮执行任务。

② 在弹出的【应用更改】对话框中单击 是(Y) 按钮确认执行。

③ 在弹出的【警告】对话框中单击 确定(O) 按钮确认重启计算机，如图 3-65 所示。

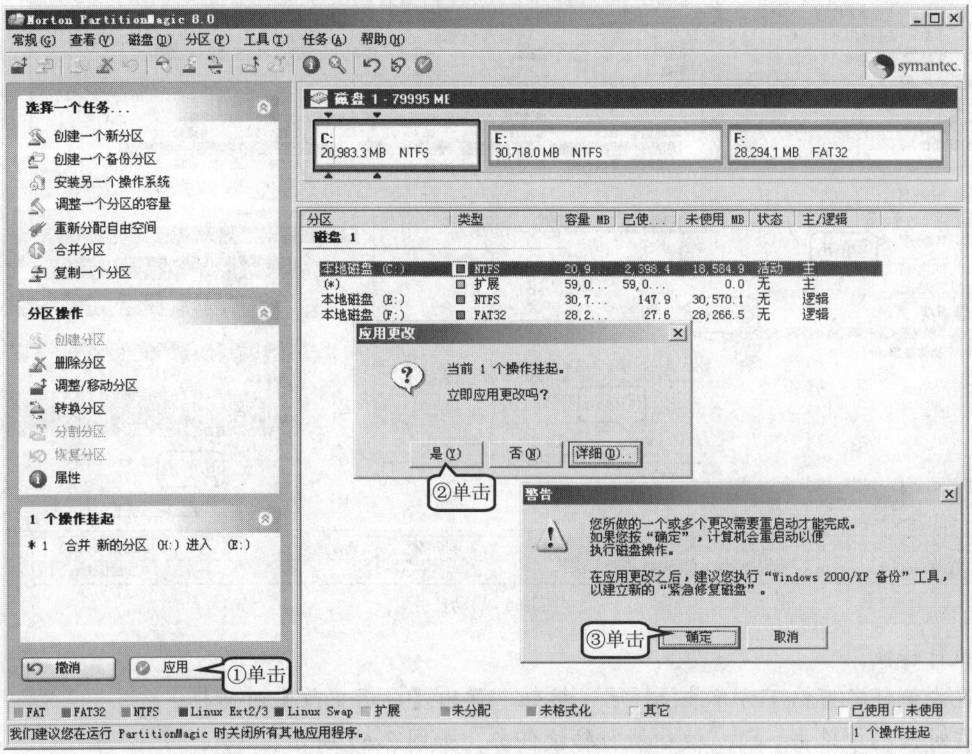

图3-65 执行任务

3.3.4 转换分区格式

不同的分区格式具有不同的功能，例如在系统的安全性方面，NTFS 文件系统具有很多 FAT32/FAT16 文件系统所不具备的特点，用户可能根据自己的需要进行分区格式的转换。PartitionMagic 能够将 NTFS 文件系统、FAT32 文件系统和 FAT 文件系统三者之间进行相互转换。下面将介绍使用 PartitionMagic 转换分区格式的操作方法。

操作步骤

(1) 启动 PartitionMagic，进入其操作界面。

(2) 启动任务。

① 选择需要转换格式的分区。

② 在【动作面板】单击 转换分区 链接，弹出【转换分区－H: 新的分区（NTFS）】对话框。

③ 在【转换为】栏中设置转换的文件系统类型。

④ 单击 确定(O) 按钮，弹出【警告】提示框。

⑤ 在提示框中单击 确定(O) 按钮确认添加任务，如图 3-66 所示。

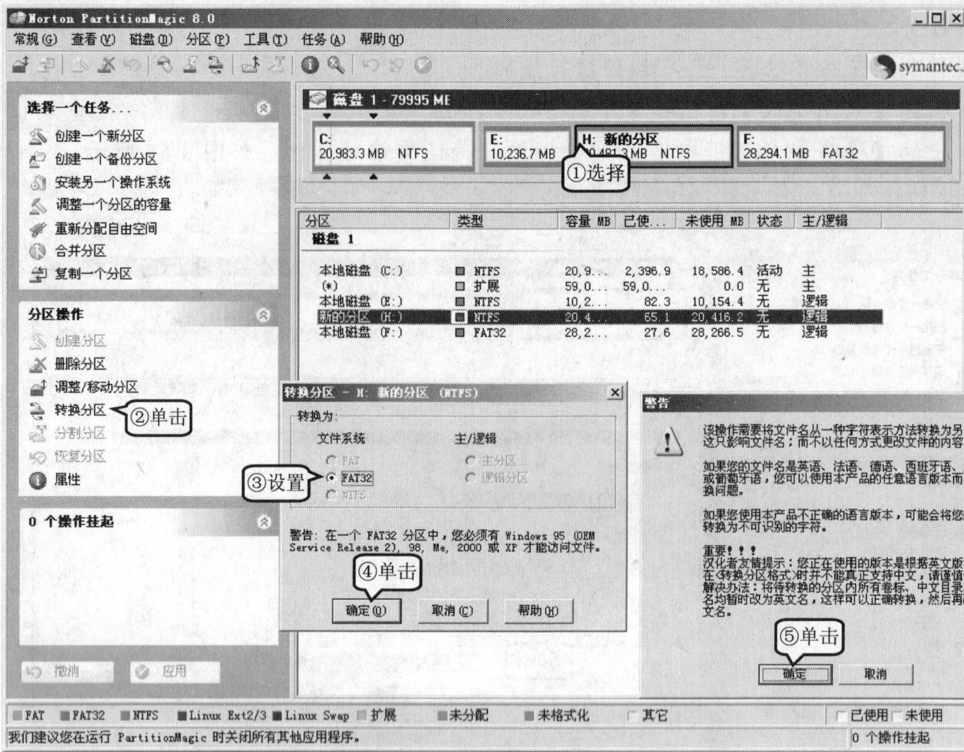

图3-66 启动任务

(3) 执行转换。

① 在左侧任务窗格下方单击【应用】按钮，弹出【应用更改】对话框。

② 在对话框中单击【是(Y)】按钮执行转换任务，如图 3-67 所示。

③ 分区转换过程如图 3-68 所示。

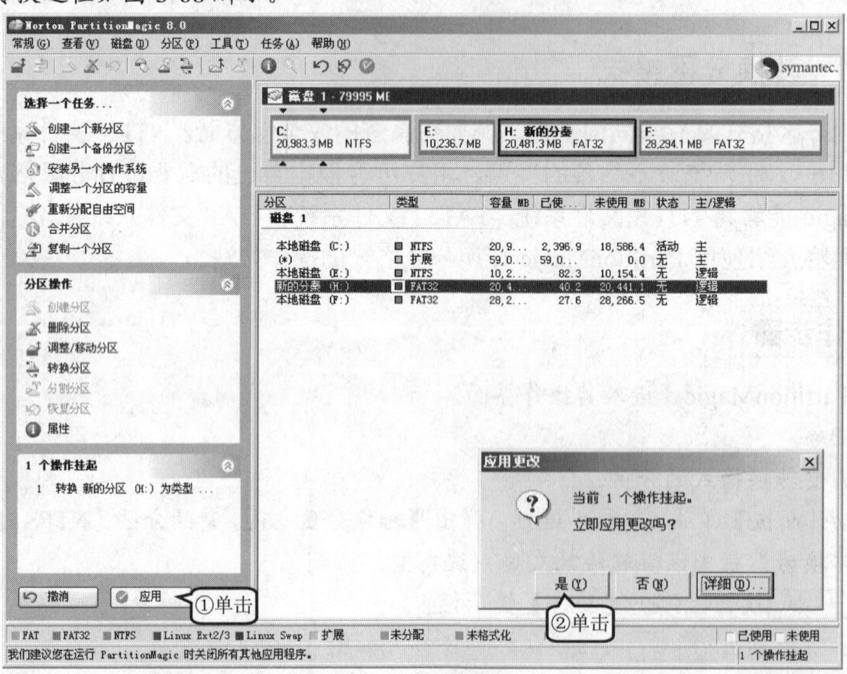

图3-67 执行转换

④ 转换完成后弹出如图 3-69 所示的对话框，单击 确定(O) 按钮完成操作。

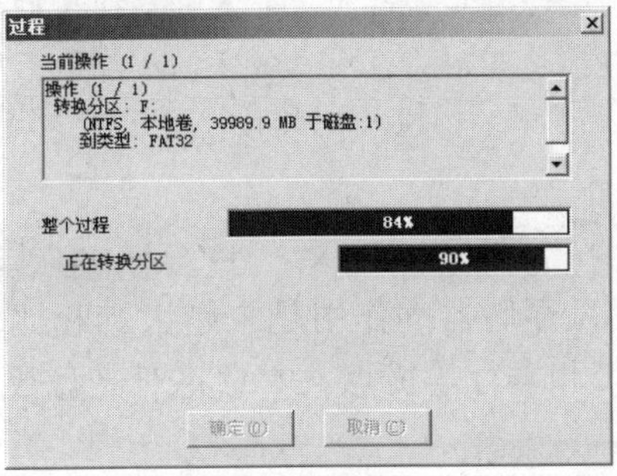

图3-68 转换过程

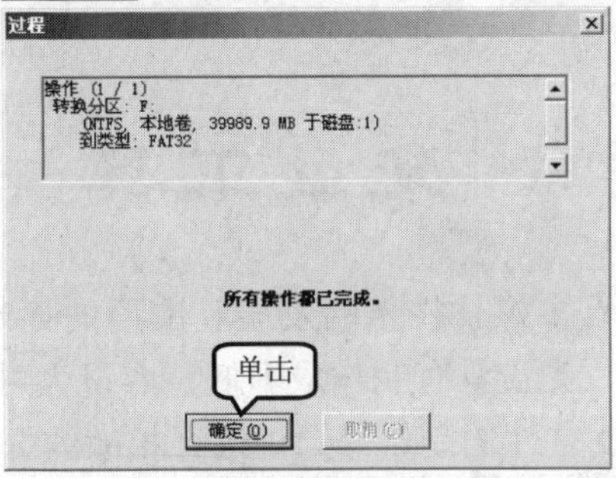

图3-69 完成操作

要点提示 PartitionMagic 在转换分区时不能很好地支持中文文件名，为了正确转换分区，除了尽量使用英文文件名外，还可以使用“复制一个分区”任务先将数据复制一份，将原分区删除后再创建成新的分区，然后把原有的数据再复制过去，最后将两个分区合并。

习题

一、简答题

1. 在进行磁盘碎片整理时应注意哪些问题？
2. PartitionMagic 主要有哪些功能？

二、操作题

1. 使用 Vopt 手动对硬盘的所有分区进行碎片整理。
2. 使用 FinalData 查找并尝试恢复磁盘上被删除的数据。
3. 使用 PartitionMagic 调整系统盘的大小。

第4章　光盘工具

随着多媒体技术的发展和应用的逐步推广，光盘存储器的作用越来越大。相比较于硬盘而言，光盘具有制作成本低、容量大以及便于携带和发行等优点。本章将对光盘数据的刻录、ISO 文件的制作等知识进行相应的介绍。

学习目标

- 掌握光盘刻录工具—— Nero 的使用方法。
- 掌握 ISO 映像文件制作工具—— WinISO 的使用方法。
- 掌握虚拟光驱工具—— Daemon Tools 的使用方法。

4.1　光盘刻录工具—— Nero

使用硬盘存储数据会存在两大问题，一是硬盘空间不够用，二是硬盘存储数据安全得不到保障。针对这两个问题，最好的解决方法就是刻录光盘。使用刻录机进行光盘刻录时，选择一款好的刻录软件是十分必要的。Nero 就是一款优秀的光盘刻录工具，其操作简单、功能强大，能够快速进行光盘刻录。本节将以 Nero 9 版本为例进行详细介绍。

4.1.1　制作数据 DVD 光盘

DVD 格式光盘的存储容量达到 4GB，所以 DVD 格式已经成为目前制作数据光盘的首选。使用数据 DVD 光盘刻录，要求刻录机为 DVD 刻录机。

操作步骤

(1)　将可刻录的空白 DVD 光盘插入刻录机，启动 Nero 9，进入其操作界面，如图 4-1 所示。

(2)　在 Nero 9 操作界面上单击翻录和刻录按钮，切换到【翻录和刻录】面板，如图 4-2 所示。

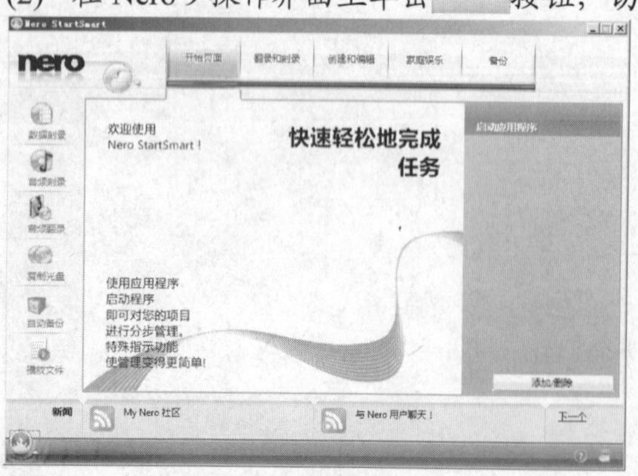

图4-1　Nero 9 操作界面

图4-2　【翻录和刻录】面板

(3) 在【翻录和刻录】面板中单击 刻录数据光盘 按钮，打开【Nero Express】窗口，如图 4-3 所示。

(4) 在【Nero Express】窗口中选择【数据光盘】/【数据 DVD】命令，进入【光盘内容】向导页，如图 4-4 所示。

图4-3 【Nero Express】窗口

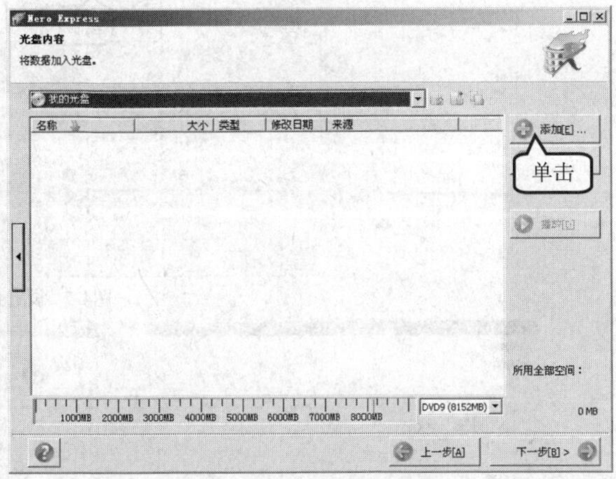

图4-4 【光盘内容】向导页

(5) 在【光盘内容】向导页中单击 添加(E)... 按钮，弹出【添加文件和文件夹】对话框，如图 4-5 所示。

(6) 双击要选择的文件或框选需要添加的文件，添加完毕后单击 关闭(C) 按钮关闭对话框，此时【光盘内容】向导页中显示刚才添加的文件列表，如图 4-6 所示。

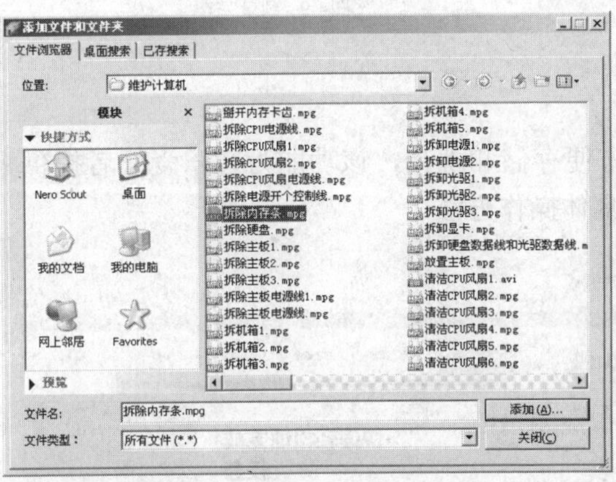

图4-5 【添加文件和文件夹】对话框

图4-6 添加的文件列表

(7) 设置最终刻录信息。

① 在【光盘内容】向导页中单击 下一步(B) > 按钮，进入【最终刻录设置】向导页。

② 在【最终刻录设置】向导页中设置刻录机。

③ 设置光盘名称，如图 4-7 所示。

(8) 在【最终刻录设置】向导页中单击 刻录(A) 按钮开始光盘刻录，如图 4-8 所示。

(9) 刻录完毕后弹出如图 4-9 所示的提示对话框，单击 确定 按钮，完成刻录操作。

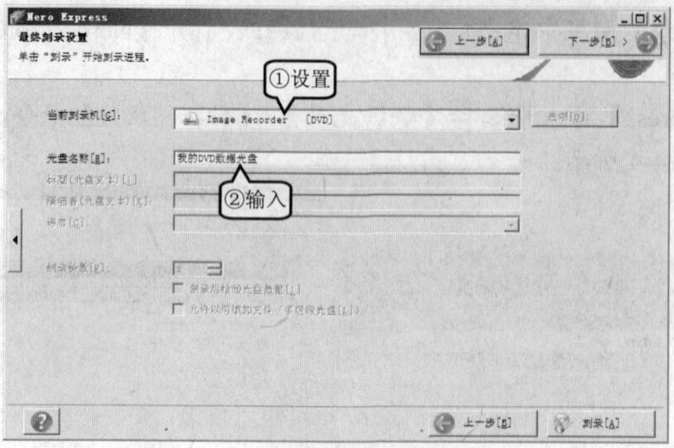

图4-7 设置最终刻录信息

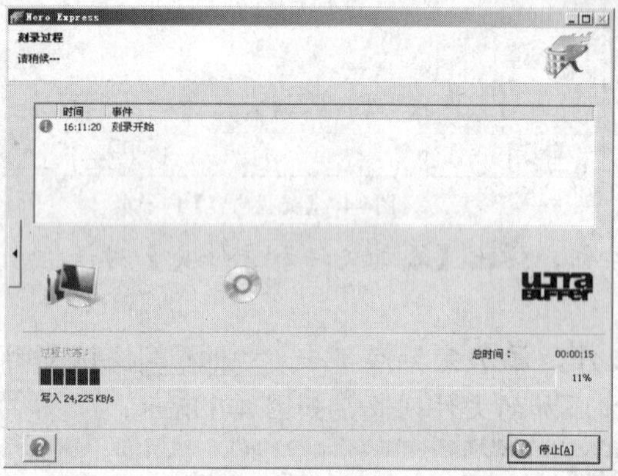

图4-8 刻录过程

图4-9 刻录完毕

4.1.2 刻录音乐 CD 光盘

Nero 可以将网络上的音乐刻录成光盘，以方便存储和携带，该功能为音乐爱好者提供了制作一个属于自己 CD 光盘的机会，下面介绍具体操作方法。

操作步骤

(1) 启动 Nero 9，进入其操作界面。

(2) 启动 Nero Burning Rom。

① 在 Nero 操作界面上单击按钮。

② 选择【Nero Burning Rom】命令，启动 Nero Burning Rom，如图 4-10 所示。

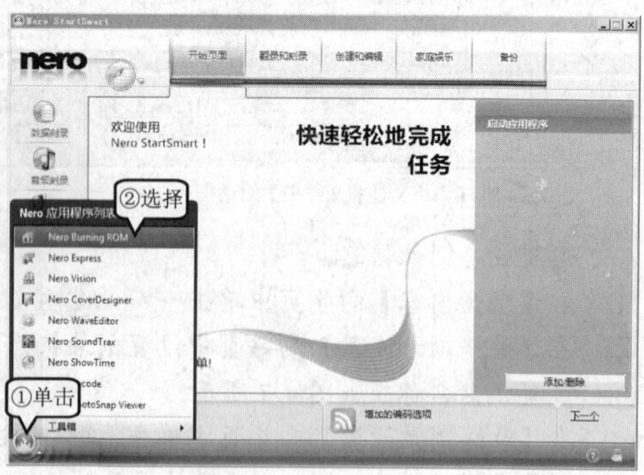

图4-10 启动 Nero Burning Rom

(3) 新建 CD 光盘。

① 在 Nero Burning Rom 操作界面上单击 新建 按钮，弹出【新编辑】对话框。

② 在【新编辑】对话框中选择【音乐光盘】选项。

③ 切换到【音乐光盘】选项卡，设置标题和艺术家名称，如图 4-11 所示。

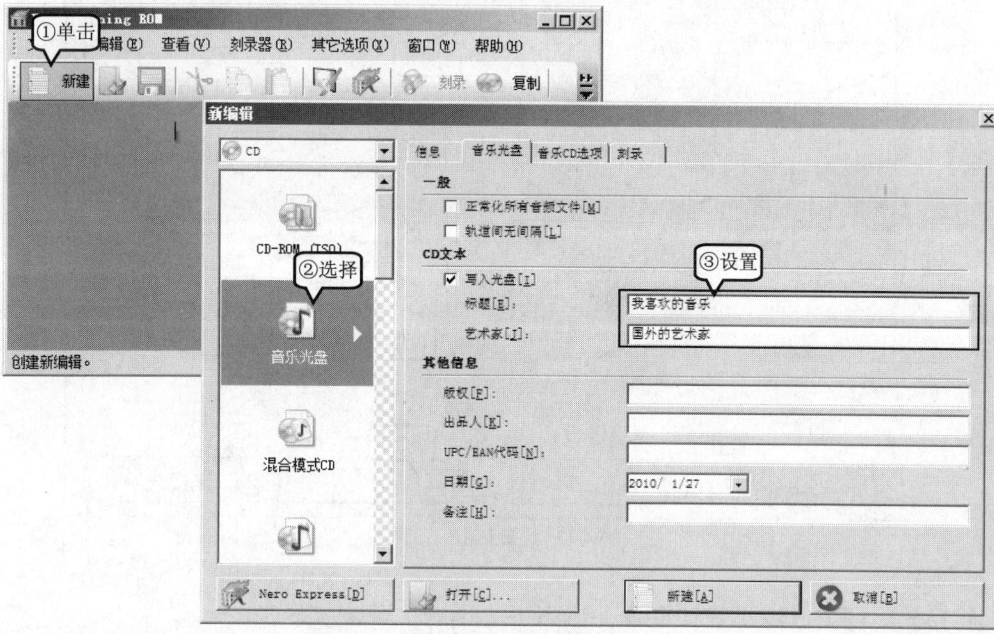

图4-11　新建 CD 光盘

(4) 设置【音乐 CD 选项】的参数。

① 在【新编辑】对话框中切换到【音乐 CD 选项】选项卡。

② 设置 CDA 文件策略。

③ 设置读取速度，如图 4-12 所示。

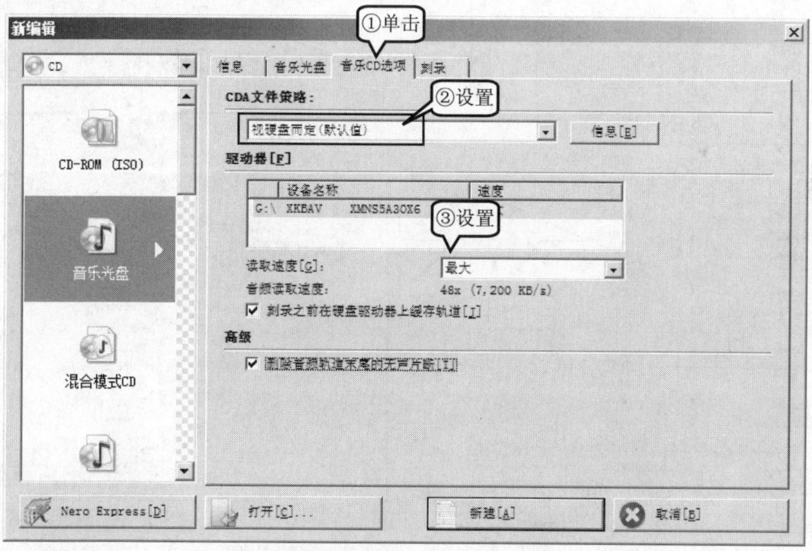

图4-12　设置【音乐 CD 选项】的参数

(5) 设置【刻录】的参数。

① 在【新编辑】对话框中切换到【刻录】选项卡。

② 在【写入方式】下拉列表中设置刻录方式。

③ 在【刻录份数】下拉列表中设置刻录份数，如图 4-13 所示。

④ 单击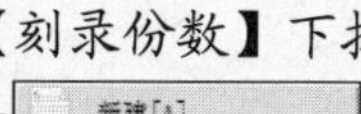按钮，打开【音乐 1】CD 编辑窗口。

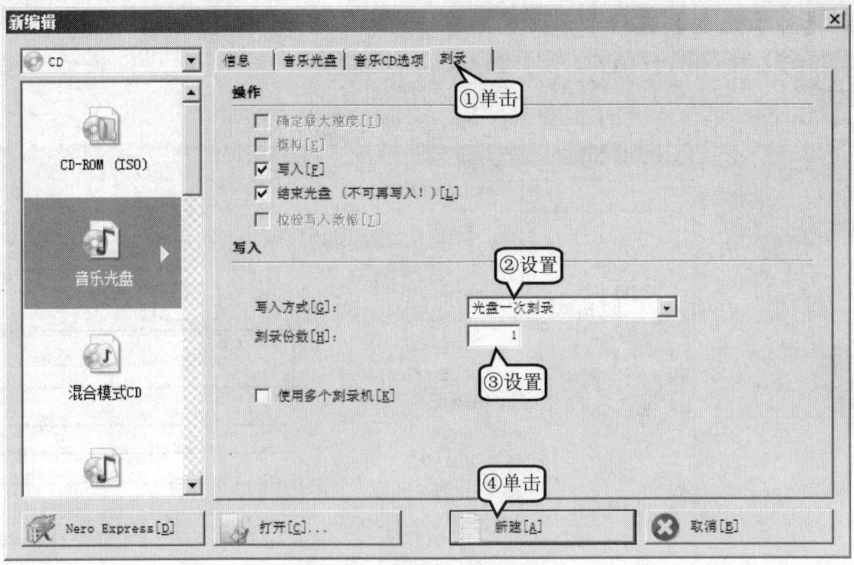

图4-13 设置【刻录】的参数

(6) 增加音乐。

① 在【音乐 1】CD 编辑窗口中单击按钮，打开文件浏览器。

② 在文件浏览器中选择需要刻录的音乐。

③ 将音乐从文件浏览器中拖入到编辑窗口，如图 4-14 所示。

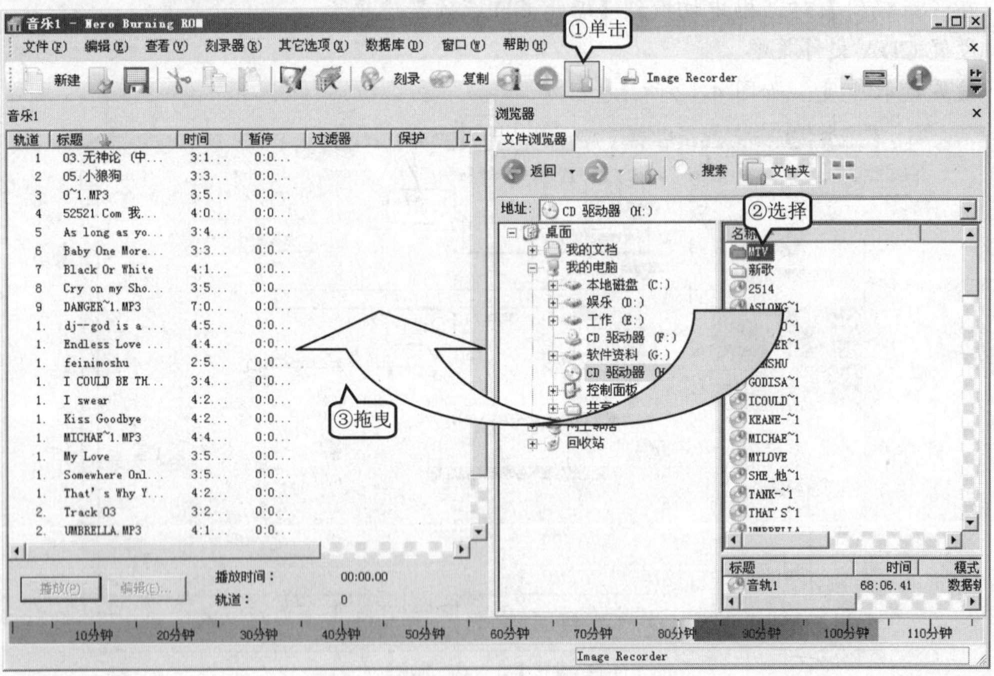

图4-14 增加音乐

(7) 编辑音乐信息。

① 双击需要编辑的音频文件，弹出【音频轨道属性】对话框。

② 在【音频轨道属性】对话框中设置标题。

③ 设置演唱者等信息。

④ 单击 确定[A] 按钮，完成编辑，如图 4-15 所示。

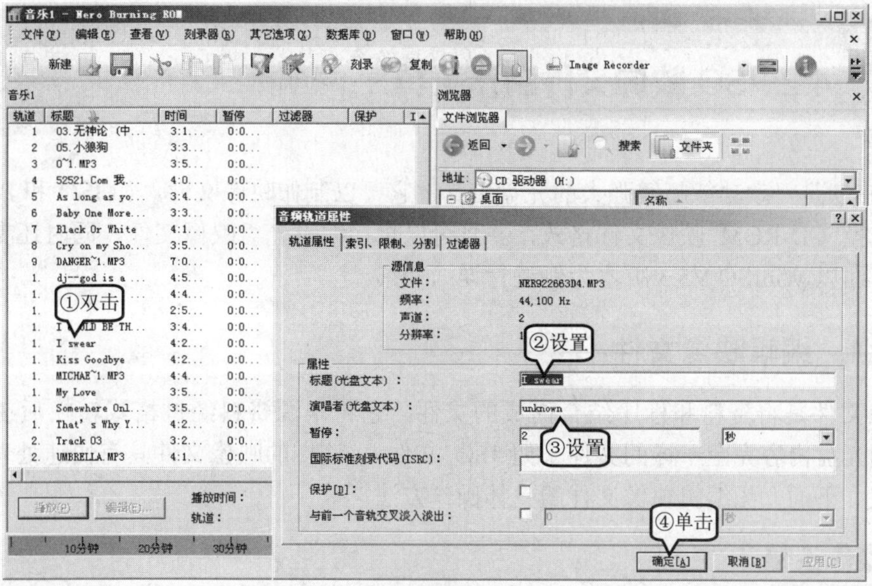

图4-15 编辑音乐信息

(8) 刻录光盘。

① 设置完成后，在【音乐 1】CD 编辑窗口中单击 刻录[A] 按钮，弹出【刻录编辑】对话框。

② 在【刻录编辑】对话框中再次确认设置的信息。

③ 设置完成后单击 刻录[A] 按钮进入刻录过程，如图 4-16 所示。

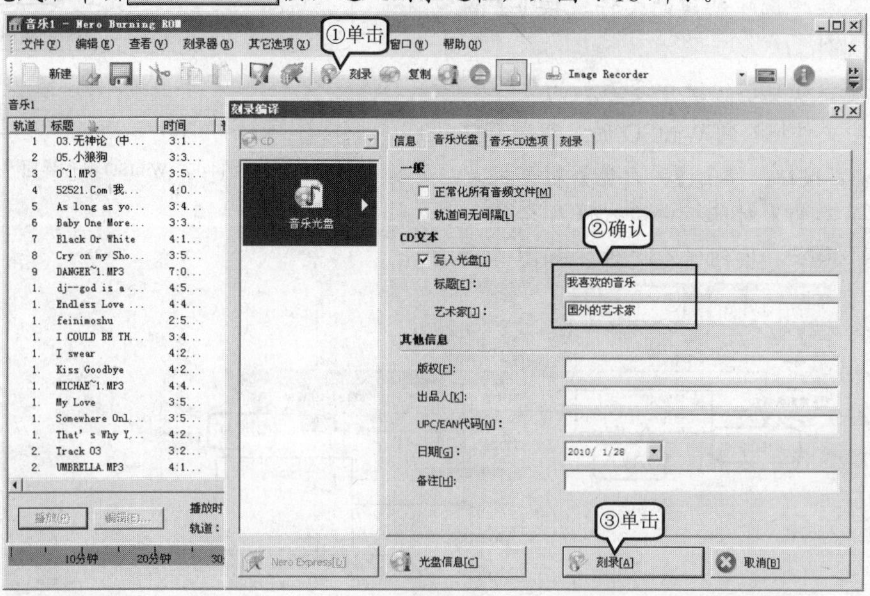

图4-16 刻录光盘

(9) 刻录完成后再次插入刚刻录的音乐 CD，单击 光盘信息[C] 按钮，检查刻录光盘的内容。

> **要点提示** 如果刻录的音乐 CD 中有噼啪声、嗡嗡声或嘶嘶声，则说明所谓的“音频抖动效果”可能有问题。这是由于读取音频数据时硬件所具有的基本问题造成的，与 Nero 自身软件无关。

4.2 ISO 映像文件制作工具——WinISO

WinISO 是一款功能超级强大的光盘工具，它可以制作映像文件，如 ISO 和 BIN 文件，还可以转换 CD-ROM 映像文件格式，并且可以直接编辑光盘映像文件，同时还支持可启动光盘，下面以 WinISO V5.3 版本为例进行详细介绍。

4.2.1 编辑映像文件

映像文件是将资料和程序结合而成的文件，它将来源资料经过格式转换后在硬盘上存成与目的光盘内容完全一样的文件（如 ISO 文件），这样的映像文件具有快速处理、便于携带等优点。下面介绍编辑映像文件的具体操作方法。

操作步骤

1. 创建新映像文件

(1) 启动 WinISO，打开其操作界面，如图 4-17 所示。

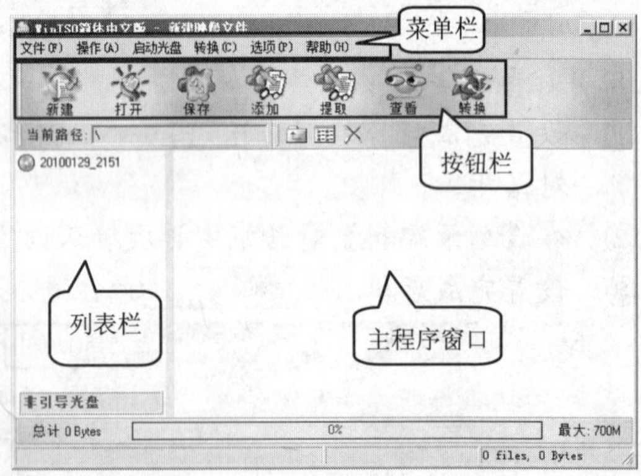

图4-17 WinISO 操作界面

(2) 创建映像文件。

① 在按钮栏上单击新建按钮。

② 在列表栏中选中新建的文件，按 F2 键重命名文件。

③ 打开资源管理器，选中要添加的文件。

④ 将选中文件拖入到 WinISO 的主程序窗口。

⑤ 单击保存按钮，弹出【另存为】对话框。

⑥ 在【另存为】对话框中输入保存名称。

⑦ 单击 保存(S) 按钮保存文件，如图 4-18 所示。

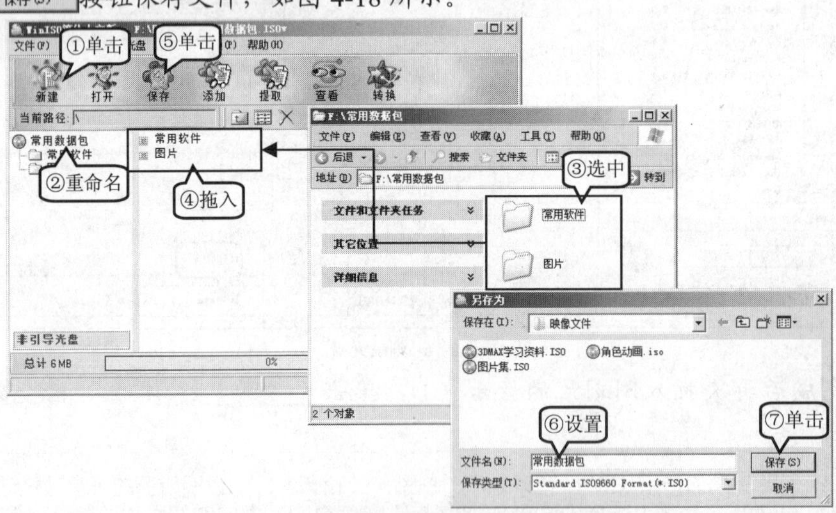

图4-18 创建映像文件

2. 从当前映像文件中增加文件

(1) 打开映像文件。

① 在按钮栏上单击 按钮，弹出【Open CDROM Image file】对话框。

② 在【Open CDROM Image file】对话框中双击需要打开的映像文件，如图 4-19 所示。

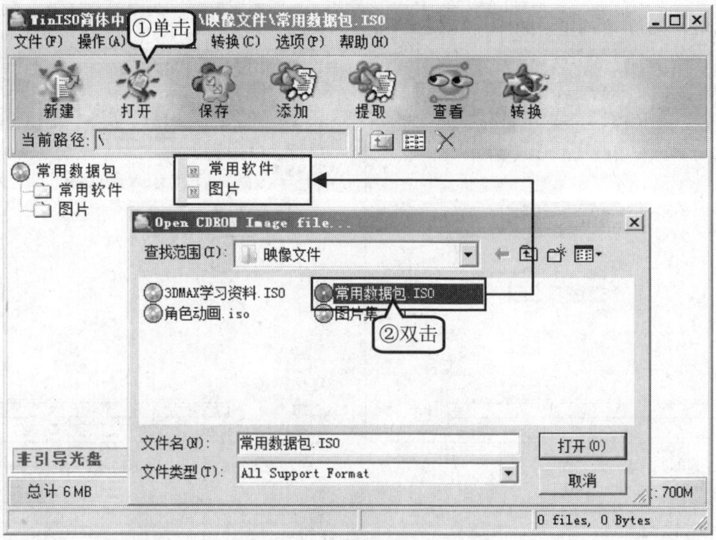

图4-19 打开映像文件

(2) 添加文件。

① 打开资源管理器，选中要添加的文件。

② 将选中文件拖入到 WinISO 的主程序窗口。

③ 单击 按钮，保存文件，如图 4-20 所示。

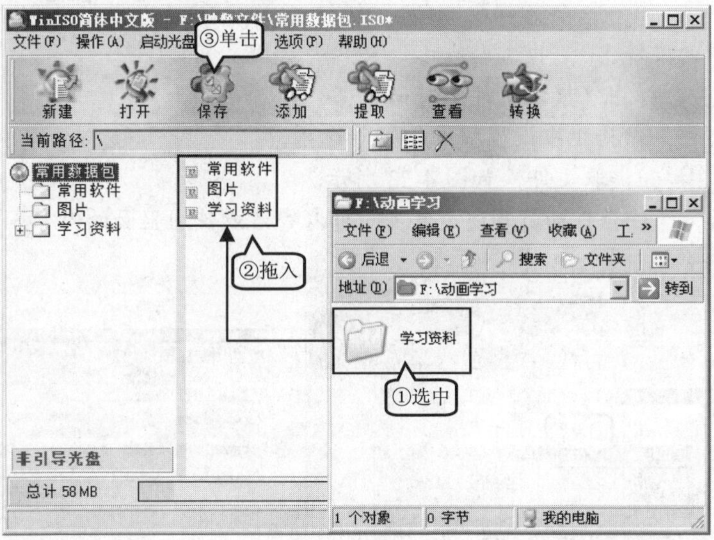

图4-20 添加映像文件

> **要点提示** 也可以在 WinISO 主程序窗口上单击鼠标右键，在弹出的快捷菜单中选择【添加文件】命令，进行添加文件操作，如图 4-21 所示。

3. 从当前映像文件中删除文件

(1) 使用同样的方法打开一个需要删除文件的ISO映像文件。

(2) 删除文件。

① 选中要删除的文件。

② 单击×按钮，删除文件，如图4-22所示。

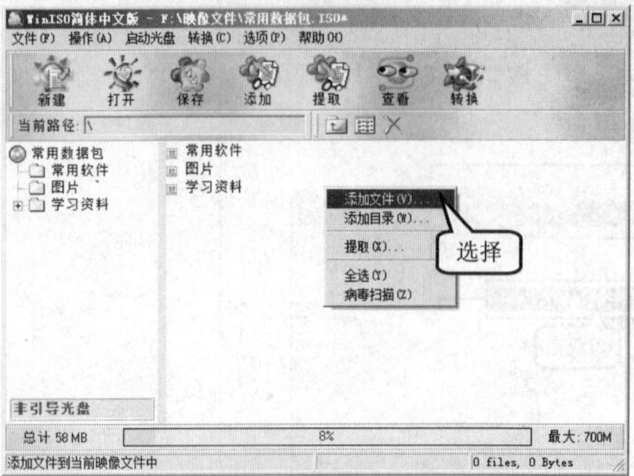

图4-21 添加文件

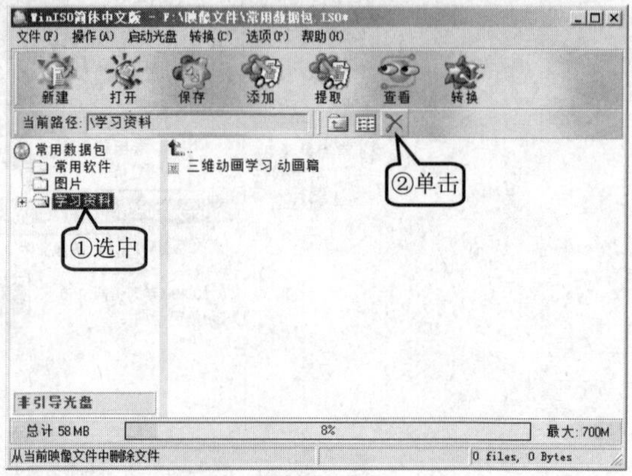

图4-22 删除文件

要点提示

如果在打开CD映像文件时该文件中包含audio文件信息，WinISO将弹出提示框报警。该提示信息表明WinISO只能提取、浏览、运行该文件，而不能编辑该文件。

4. 从当前文件中提取文件

(1) 使用同样的方法打开需要提取的ISO映像文件。

(2) 提取文件。

① 选中要提取的文件。

② 单击提取按钮，弹出【提取文件】对话框。

③ 在【提取文件】对话框中设置提取路径等选项。

④ 单击 提取(E) 按钮提取文件，如图4-23所示。

⑤ 提取成功后，软件会自动打开该文件夹，可以查看或使用里面的内容，如图4-24所示。

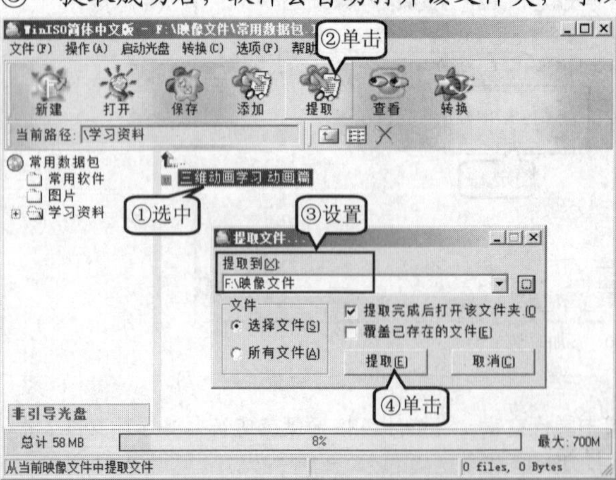

图4-23 提取文件

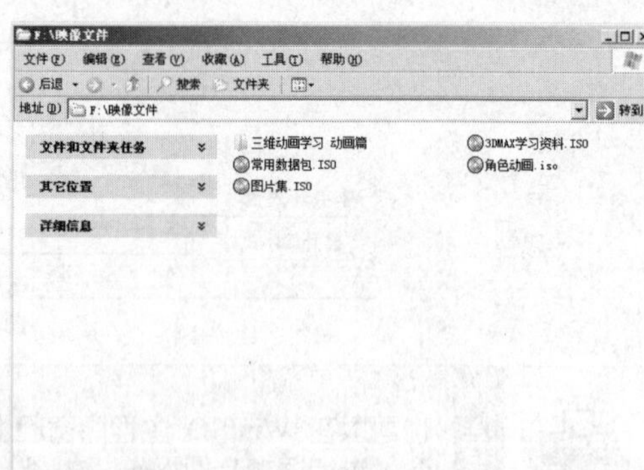

图4-24 提取成功后的文件

4.2.2 格式转换

WinISO 的另一个强大功能就是将其他格式的映像文件转换为 ISO 文件，还可以将可启动的光盘信息文件制作成 ISO 文件，并且这种 ISO 文件可记录下启动光盘的启动信息。WinISO 还可以将 ISO 文件转换为 BIN 文件。下面介绍利用 WinISO 转换映像文件格式的具体操作方法。

操作步骤

(1) 启动 WinISO，打开其操作界面。

(2) 将 BIN 文件格式转换为 ISO 文件格式。

① 在主菜单栏中选择【转换】/【BIN 转换为 ISO】命令，弹出【BIN 转换为 ISO 工具】对话框。

② 在【BIN 转换为 ISO 工具】对话框中单击【请选择来源文件】后的...按钮，弹出【Select file(s)】对话框。

③ 在【Select file(s)】对话框中双击要转换的文件。

④ 在【BIN 转换为 ISO 工具】对话框中单击【选择输出文件】后的...按钮，弹出【另存为】对话框。

⑤ 在【另存为】对话框中设置文件名。

⑥ 单击 保存(S) 按钮。

⑦ 单击 转换(C) 按钮开始转换格式，如图 4-25 所示。

> **要点提示** 如果 BIN 文件包含 audio/video 文件信息，WinISO 将正确识别后弹出高级转换对话框，在该对话框中可选择所要转换的轨道，数据轨道将被转换为 ISO 文件，音乐轨道将被转换为 WAV 文件，视频轨道将被转换为 DAT 文件。

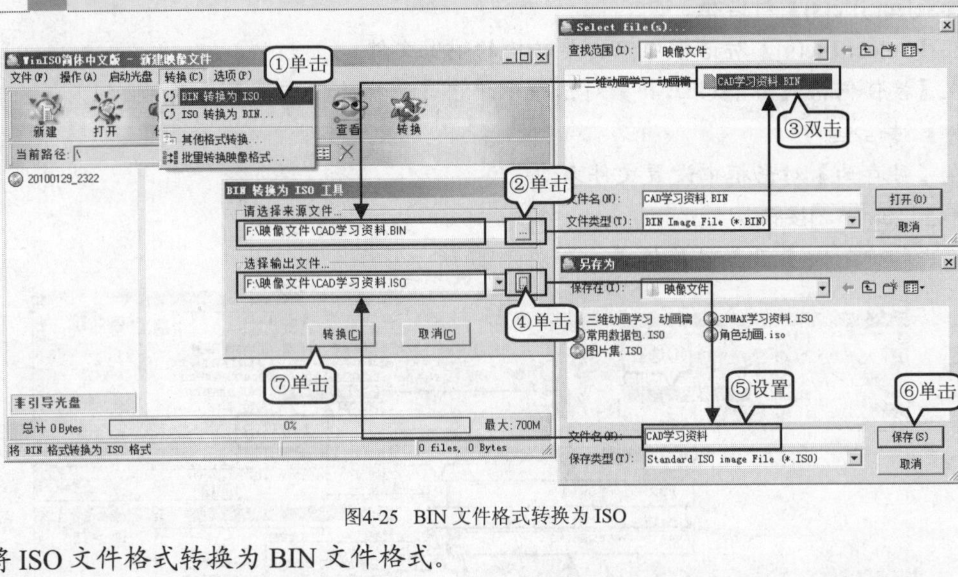

图4-25 BIN 文件格式转换为 ISO

(3) 将 ISO 文件格式转换为 BIN 文件格式。

① 在主菜单栏中选择【转换】/【ISO 转换为 BIN】命令，弹出【ISO 转换为 BIN 工具】对话框。

② 在【ISO 转换为 BIN 工具】对话框中单击【请选择来源文件】后的...按钮，弹出【Select file(s)】对话框。

③ 在【Select file(s)】对话框中双击要转换的文件。

④ 在【ISO 转换为 BIN 工具】对话框中单击【选择输出文件】后的…按钮，弹出【另存为】对话框。

⑤ 在【另存为】对话框中设置文件名。

⑥ 单击 保存(S) 按钮。

⑦ 单击 转换(C) 按钮开始转换格式，如图 4-26 所示。

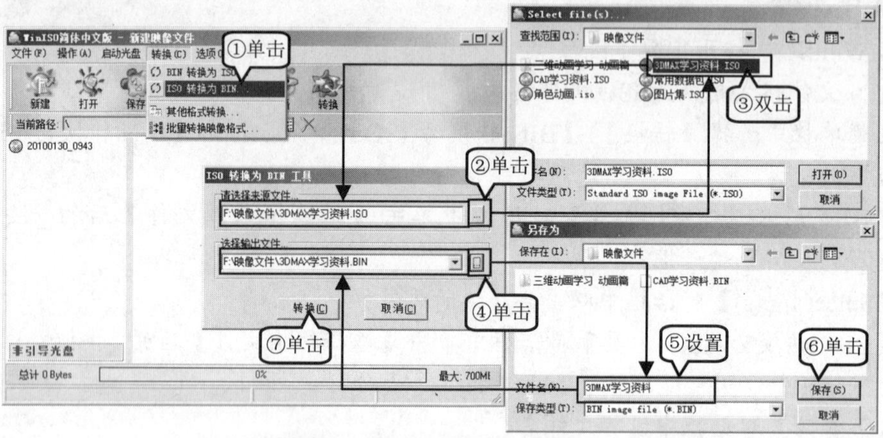

图4-26 ISO 文件格式转换为 BIN

(4) 其他文件格式转换。

① 在主菜单栏中选择【转换】/【其他格式转换】命令，弹出【转换任何格式为 ISO 工具】对话框。

② 在【转换任何格式为 ISO 工具】对话框中单击【请选择来源文件】后的…按钮，弹出【Select file(s)】对话框。

③ 在【Select file(s)】对话框中双击要转换的映像文件。

④ 在【换任何格式为 ISO 工具】对话框中单击【选择输出文件】后的…按钮，弹出【另存为】对话框。

⑤ 在【另存为】对话框中设置文件名。

⑥ 单击 保存(S) 按钮。

⑦ 单击 转换(C) 按钮开始转换格式，如图 4-27 所示。

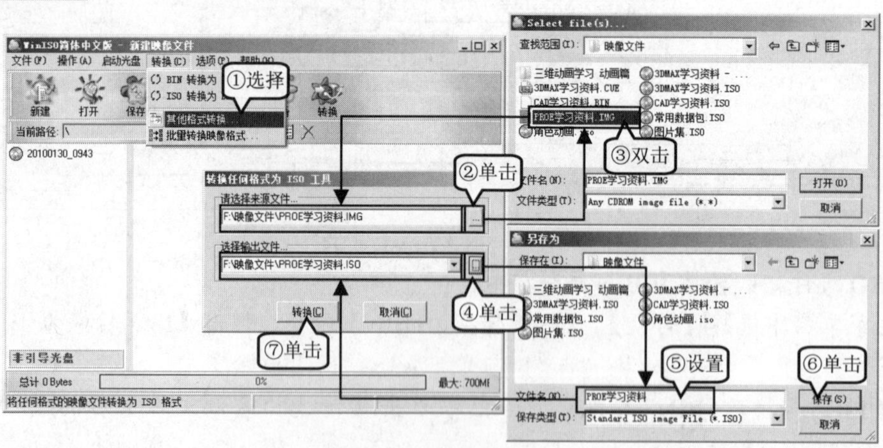

图4-27 其他文件格式转换

要点提示

在选择来源文件时，只能选择映像文件才能被正确转换，其中映像文件的格式主要有：ISO、BIN、IMG、TAO、DAO、CIF、FCD。

(5) 批量转换文件格式。

① 在主菜单栏中选择【转换】/【批量转换映像格式】命令，弹出【批量映像文件转换器】对话框。

② 在【批量映像文件转换器】对话框中单击【请选择来源文件】后的 按钮，弹出【Select file(s)】对话框。

③ 在【Select file(s)】对话框中选择要转换的映像文件。

④ 单击 打开(O) 按钮。

⑤ 在【批量映像文件转换器】对话框中单击【选择输出文件】后的 按钮，弹出【浏览文件夹】对话框。

⑥ 在【浏览文件夹】对话框中选择存储文件夹。

⑦ 单击 确定 按钮。

⑧ 单击 转换(C) 按钮开始转换格式，如图 4-28 所示。

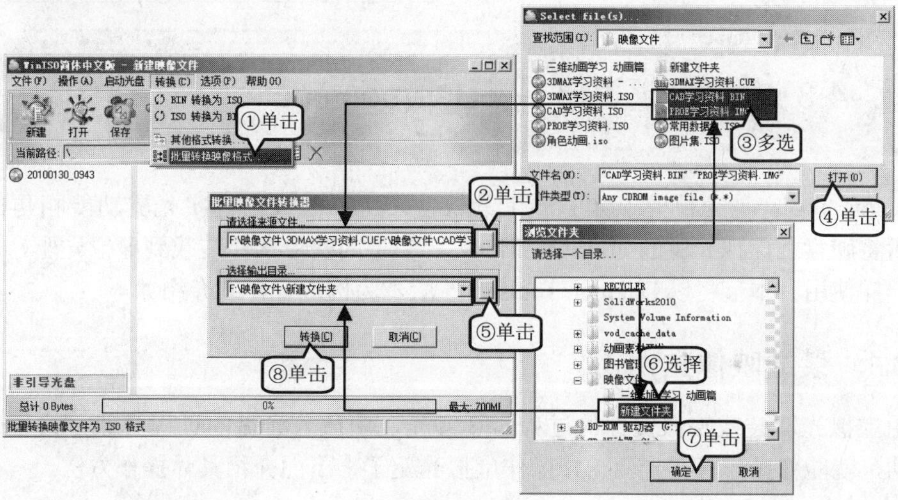

图4-28 批量转换文件格式

(6) 将光盘文件转换为 ISO 映像文件。

① 在主菜单栏中选择【操作】/【从 CDROM 制作 ISO】命令，弹出【从 CDROM 制作 ISO 文件】对话框。

② 在【从 CDROM 制作 ISO 文件】对话框中的【来源 CD-ROM】设置项中选择 CD-ROM 盘符。

③ 在【从 CDROM 制作 ISO 文件】对话框中单击【输出文件】后的 按钮，弹出【打开】对话框。

④ 设置保存名称。

⑤ 单击 打开(O) 按钮。

⑥ 在【从 CD-ROM 制作 ISO 文件】对话框中的【选项】设置项中点选【ASPI】单选项。

⑦ 单击 制作(M) 按钮开始转换文件，如图 4-29 所示。

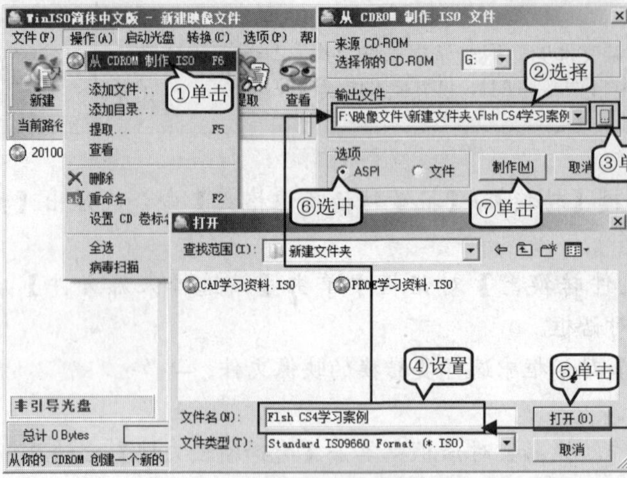

图4-29 将光盘文件转换为 ISO 映像文件

> **要点提示**
> ASPI 方式的意思是使用 Windows 系统内部的 ASPI 接口驱动程序去读光驱，这种方式有很高的效率和速度，并且它在 ISO 文件里可以记录下启动光盘的启动信息，如果选择“文件”方式去创建，ISO 文件中会丢失启动信息。

4.3 虚拟光驱工具——Daemon Tools

Daemon Tools 是一种模拟光驱的工具软件，可以生成与真实光驱功能相仿的虚拟光驱，然后将硬盘上虚拟光驱的如 ISO、MDS 等类型的映像文件装载到虚拟光驱，即可像真实光驱一样使用。本节将以 Daemon Tools 4.35 版本为例进行详细介绍。

4.3.1 装载映像文件

使用虚拟光驱装载映像文件的过程与真实光驱中放入光盘的过程类似，只要装载映像文件成功，就能像操作真实光驱一样操作虚拟光驱了，下面介绍具体操作方法。

操作步骤

1. 设置虚拟光驱个数

(1) 启动 Daemon Tools，在系统界面右下角将出现图标，在图标上单击鼠标右键，打开 Daemon Tools 的系统菜单，如图 4-30 所示。

图4-30 系统菜单

(2) 选择【虚拟 CD/DVD-ROM】/【设置设备数目…】/【2 台驱动器】命令，将虚拟光驱数量设置为两台，如图 4-31 所示。

(3) 设置光驱数量完成，打开【我的电脑】窗口，即可看到两个虚拟光驱的图标，如图 4-32 所示。

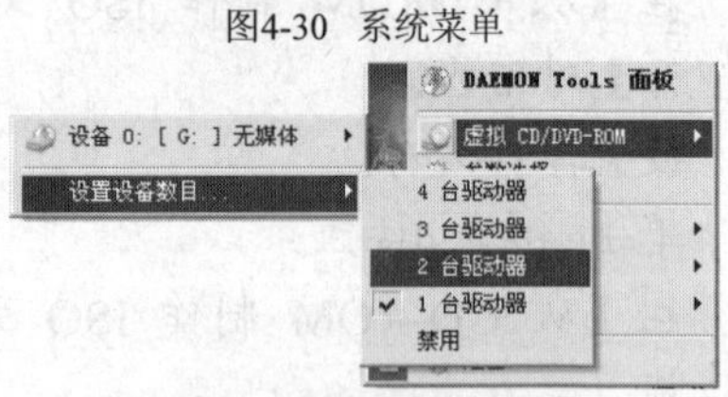

图4-31 设置光驱数量

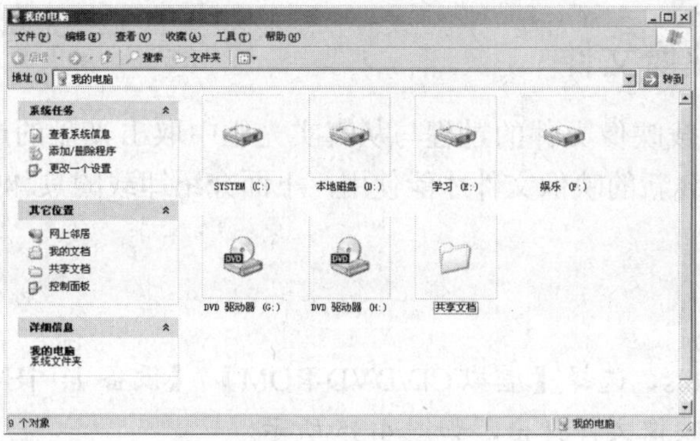

图4-32 创建虚拟光驱成功

2. 装载映像文件

(1) 装载文件。

① 启动 Daemon Tools，选择【虚拟 CD/DVD-ROM】/【设备 1: [H:]无媒体】/【装载映像】命令，弹出【选择映像文件】对话框。

② 在【选择映像文件】对话框中双击映像文件，如图 4-33 所示。

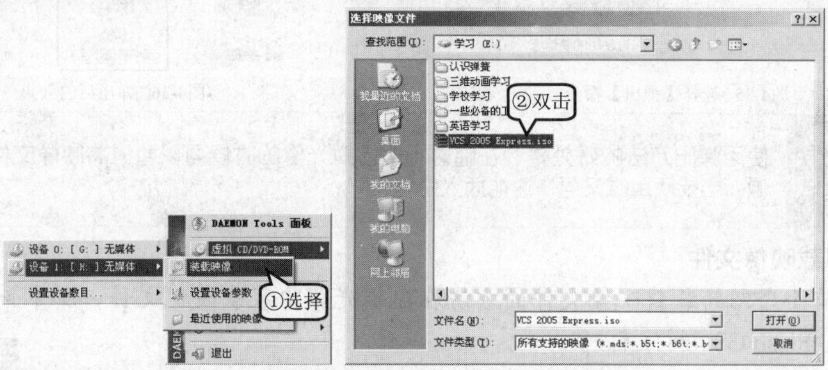

图4-33 装载文件

(2) 添加映像文件后，打开【我的电脑】窗口，查看虚拟光驱，H 盘显示了映像文件的信息图标，如图 4-34 所示。

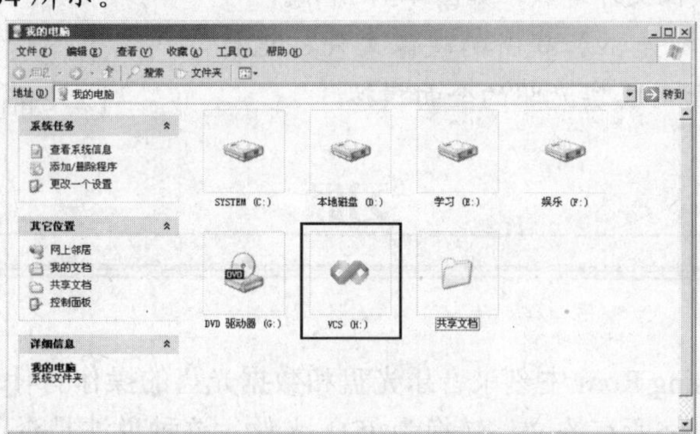

图4-34 装载完成

(3) 双击 H 盘图标，即可运行映像文件程序或进入虚拟光驱内部查看映像文件的内容。

> **要点提示** 装载文件后，使用的方法同真实光驱的使用方法相同，可以对里面的文件进行打开、复制到本地磁盘等操作。

4.3.2 卸载映像文件

使用虚拟光驱卸载映像文件的过程与从真实光驱中取出光盘的过程类似，一旦卸载成功，虚拟光驱必须加载新的映像文件才能使用，下面介绍卸载的具体操作方法。

操作步骤

1. 弹出操作

(1) 启动Daemon Tools，选择【虚拟CD/DVD-ROM】/【设备1: [H:] VCS】/【弹出】命令，虚拟光驱将映像文件弹出，如图4-35所示。

(2) 选出【弹出】命令之后，效果如图4-36所示。

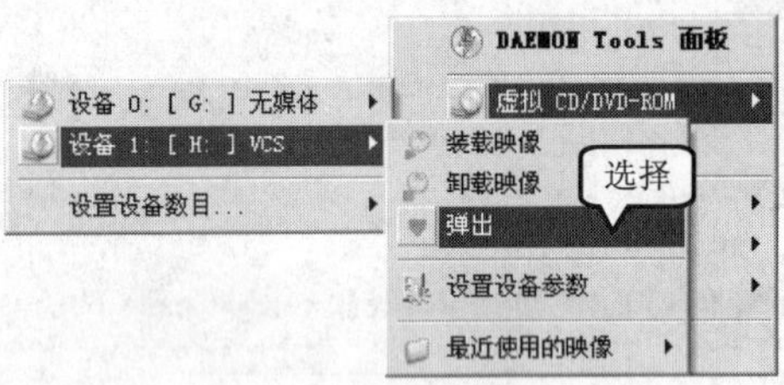

图4-35 选择【弹出】命令

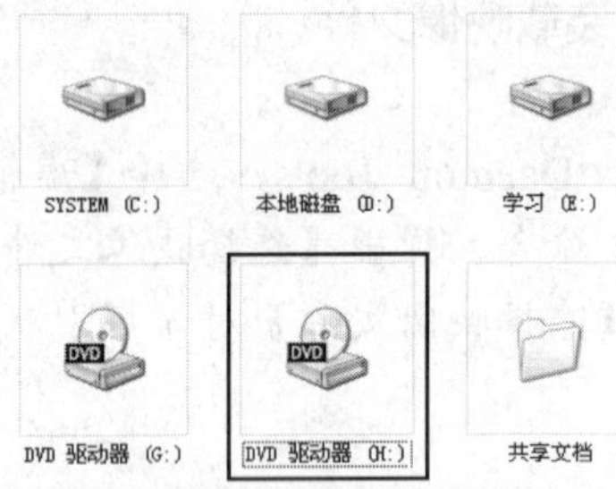

图4-36 弹出后的效果

> **要点提示** 使用弹出方法的好处是：在临时不用虚拟光驱的时候可以暂时将映像文件弹出节约资源，当要使用时又可快速地插入使用。

2. 卸载映像文件

(1) 使用前面介绍的装载映像文件的方法在虚拟光驱中装载映像文件，如本例中装载的文件为"Flash CS4制作案例"。

(2) 启动Daemon Tools，选择【虚拟CD/DVD-ROM】/【设备0: [G:] Flash CS4制作案例】/【卸载映像】命令，可将映像文件卸载，如图4-37所示。

(3) 卸载后又可为虚拟光驱加载新的映像文件，这样就完成了虚拟光驱对真实光驱的全面模拟。

图4-37 卸载映像文件

习题

一、简答题

1. 在Nero Burning Rom中刻录音乐光盘和数据光盘的操作有什么异同点？

2. WinISO可以将所有的文件转换为ISO文件，这种说法是否正确？如果不正确请说明理由。

二、操作题

1. 使用Nero Burning Rom将喜欢的视频文件刻录到光盘中。

2. 使用WinISO软件将学习资料制作成成一个ISO文件。

3. 下载并安装Daemon Tools软件，然后装载一个映像文件，浏览文件中的内容。

第5章 文件文档工具

随着人类社会步入信息时代，人们的交流和学习方式也发生了翻天覆地的改变，以前阅读书本和整理文稿的工作也变成了对数字化文件和文档的处理。但整理大量的文件和文档也是十分让人头疼的事情。在本章中，将会介绍3款文件文档工具，掌握它们的基本用法之后，会让整理工作变得更加轻松。

学习目标

- 掌握解压缩工具——WinRAR的使用方法。
- 掌握PDF阅读工具——Adobe Reader的使用方法。
- 掌握数字图书预览器——SSReader的使用方法。

5.1 文件压缩工具——WinRAR

在对计算机中的文件进行整理的工作中，压缩文件也是十分常用和重要的。WinRAR便是最好的压缩工具之一，其具有界面友好、使用方便、压缩率大和压缩速度快等特点，深受用户喜爱。

WinRAR支持ARJ、CAB，LZH、ACE、TAR、GZ、UUE、BZ2、JAR、ISO类型文件；具有分卷压缩、可创建自释放文件等功能，具有压缩后数据量小、节省磁盘空间等特点。此外，WinRAR可以把大文件分割，这样不但能保护文件，而且便于在网络上传输，可以避免传染病毒。本节将以WinRAR 3.93版本为例进行详细介绍。

5.1.1 快速压缩文档

快速压缩文档是WinRAR最基本的功能，也是被使用最多的功能。下面利用WinRAR将图5-1左图所示的文件快速压缩为右图所示的压缩文件。

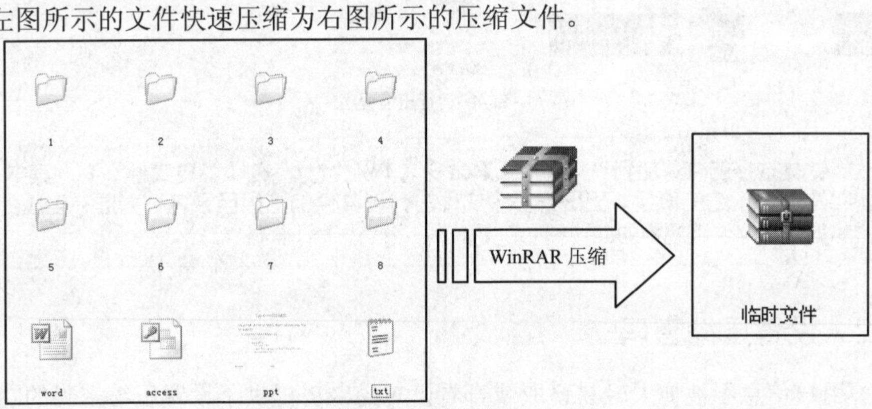

图5-1 快速压缩文档

操作步骤

(1) 查看并确认本机已正确安装 WinRAR 软件，如图 5-2 所示。

(2) 在本机上选中要压缩的多个文件，如图 5-3 所示。

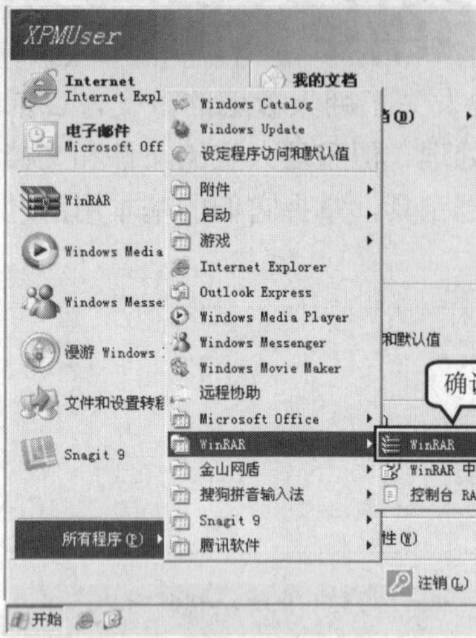

图5-2 确认正确安装 WinRAR 软件

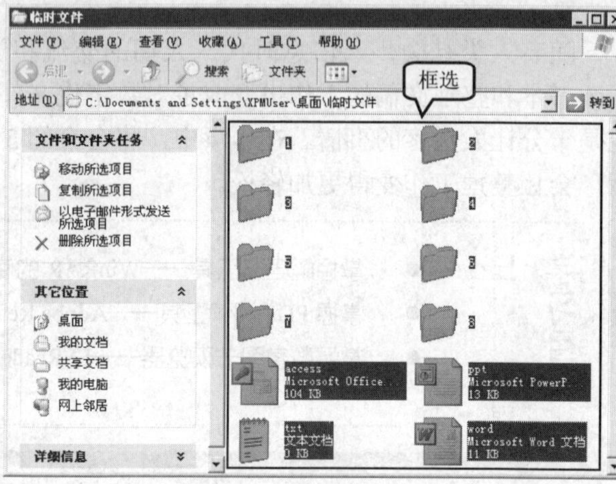

图5-3 选择多个要压缩的文件

(3) 运行压缩程序。

① 在选中的文件或文件夹上单击鼠标右键。

② 在弹出的快捷菜单中选择【添加到“临时文件.rar”】命令，弹出【正在创建压缩文件】进度对话框，如图 5-4 所示。

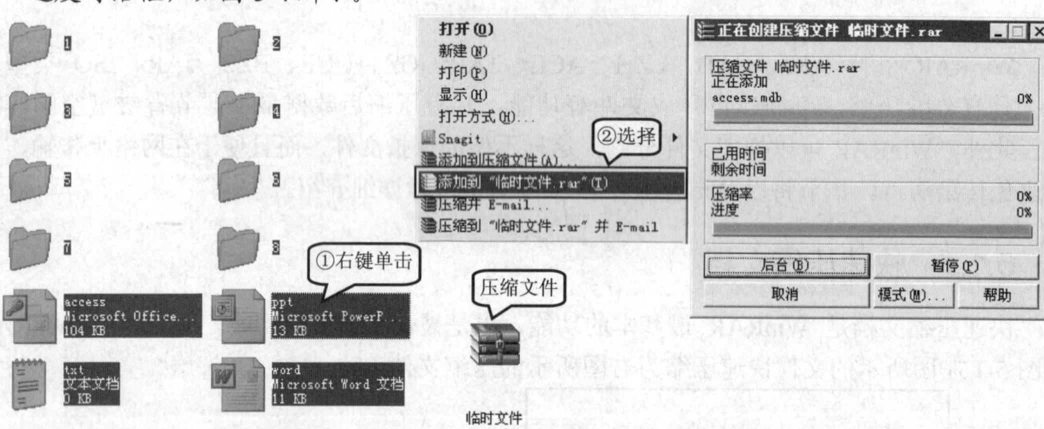

图5-4 运行压缩程序

> **要点提示** 此处选择的【添加到“***.rar”】命令（本例“***”为“临时文件”），其中“***”取决于所压缩的项目，当压缩多个文件时，以文件的上级目录名称为准；当压缩单个文件时，以文件的名称为准。

5.1.2 设置压缩密码

为保护用户信息不被他人轻易窃取或查看，WinRAR 提供了设置压缩密码的功能。设置密码后，压缩的文件在解压时必须输入正确的密码后才能被释放出来。

操作步骤

(1) 打开【压缩文件名和参数】对话框。

① 在本机上选中单个或多个要压缩的文件或文件夹。

② 在选中的文件或文件夹上单击鼠标右键。

③ 在弹出的快捷菜单中选择【添加到压缩文件】命令，弹出【压缩文件名和参数】对话框，如图 5-5 所示。

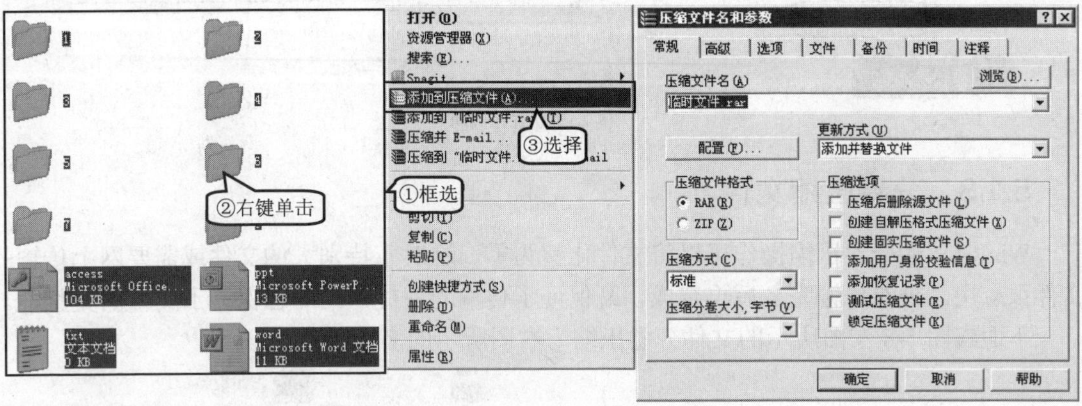

图5-5 打开【压缩文件名和参数】对话框

(2) 设置压缩密码。

① 在【压缩文件名和参数】对话框中切换到【高级】选项卡。

② 单击 设置密码(P)... 按钮，弹出【带密码压缩】对话框。

③ 分别设置【输入密码】和【再次输入密码以确认】两项。

④ 单击 确定 按钮完成密码设置。

⑤ 单击 确定 按钮关闭对话框启动压缩程序，如图 5-6 所示。

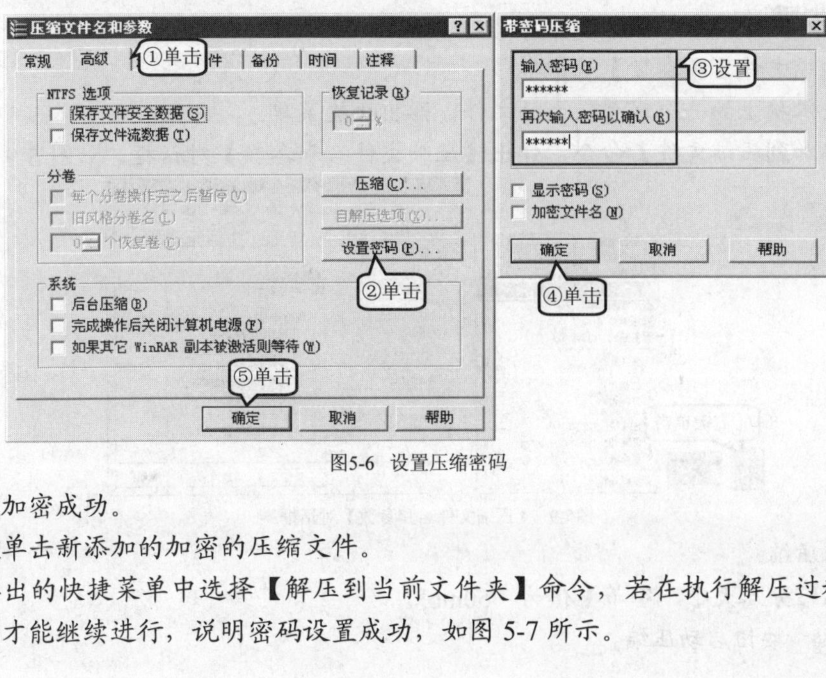

图5-6 设置压缩密码

(3) 确认加密成功。

① 右键单击新添加的加密的压缩文件。

② 在弹出的快捷菜单中选择【解压到当前文件夹】命令，若在执行解压过程中需要输入密码才能继续进行，说明密码设置成功，如图 5-7 所示。

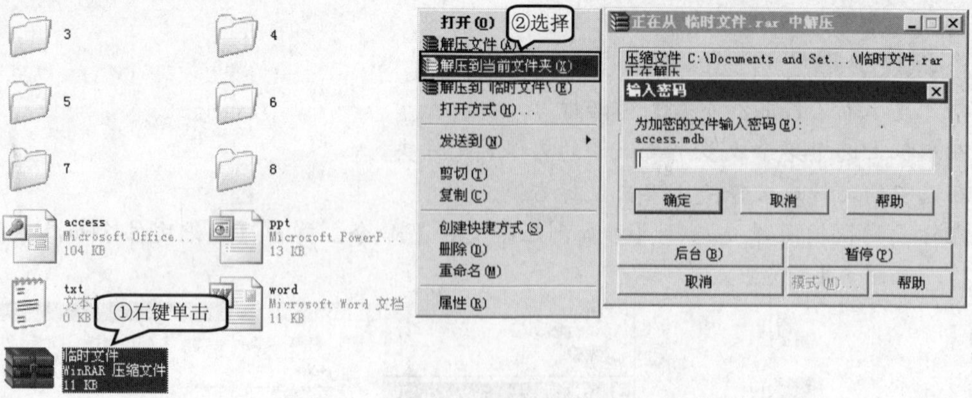

图5-7 确认加密成功

5.1.3 分卷压缩文件

WinRAR 的分卷压缩操作可以将文件化整为零，这对于特别大的文件或需要网上传输的文件很有用。分卷传输完之后再合成，既保证了传输的便捷，同时也保证了文件的完整性。

下面将图 5-8 左图所示的文件分卷压缩为右图所示的多个文件。

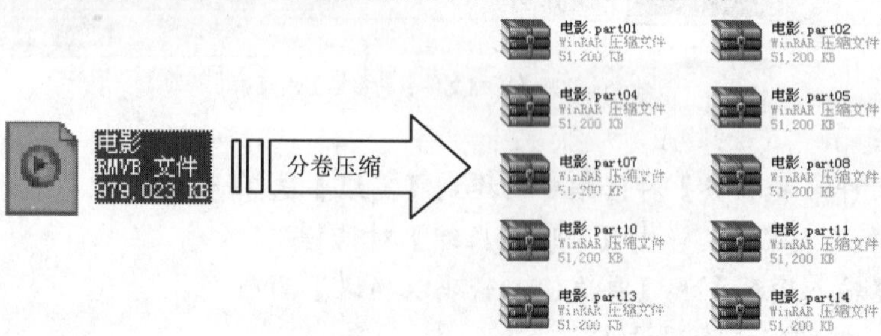

图5-8 分卷压缩文件

操作步骤

(1) 打开【压缩文件名和参数】对话框。

① 右键单击本机上的一个容量较大的文件，弹出快捷菜单。

② 选择【添加到压缩文件】命令，弹出【压缩文件名和参数】对话框，如图 5-9 所示。

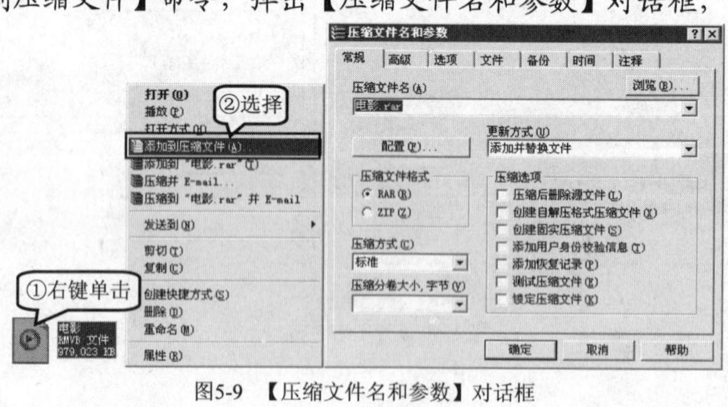

图5-9 【压缩文件名和参数】对话框

(2) 设置分卷压缩。

① 设置【压缩分卷大小，字节】值为“50mb”。

② 单击 确定 按钮启动压缩。

③ 由于文件较大，压缩时间会较长，可以单击[后台(B)]按钮将压缩程序调整到后台，这样可以节约系统开销但耗时较长，压缩完成的效果如图 5-10 所示。

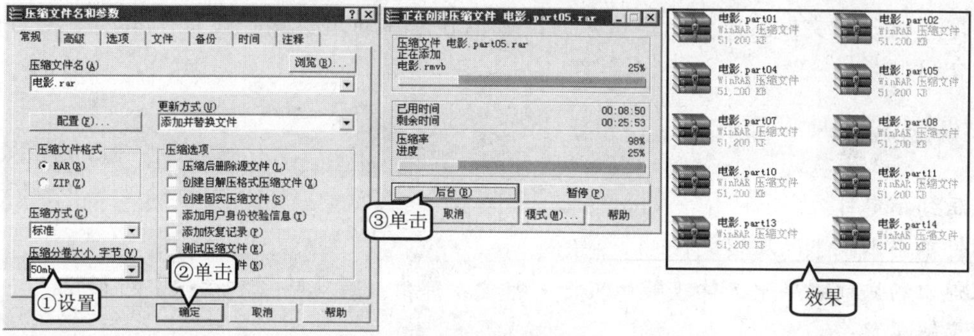

图5-10 设置分卷压缩

5.1.4 快速解压文件

如果压缩文件对解压没有特殊的要求，一般采用快速解压功能，此方法可将压缩文件释放到当前目录下。

操作步骤

(1) 解压到当前文件夹。

① 右键单击本机上的压缩文件。

② 在弹出的快捷菜单中选择【解压到当前文件夹】命令，启动解压程序。

③ 解压完成后在与原文件相同的目录下创建解压文件，最终操作效果如图 5-11 所示。

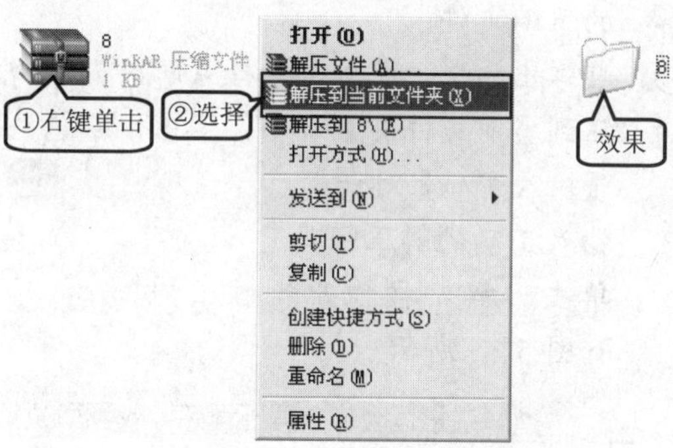

图5-11 解压到当前文件夹

(2) 解压到文件夹。

① 右键单击本机上的压缩文件。

② 在弹出的快捷菜单中选择【解压到临时文件】命令，启动解压程序。

③ 所有文件解压到与原压缩文件相同的目录下的名为“临时文件”的文件夹中，最终的操作效果如图 5-12 所示。

> **要点提示** 双击打开“临时文件”压缩包，观察发现其中包含了多个文件，如图 5-13 所示，如选择【解压到当前文件夹】命令，解压出来的文件将零散地放置在当前目录下，不便于管理，故可使用解压到相关文件夹命令。

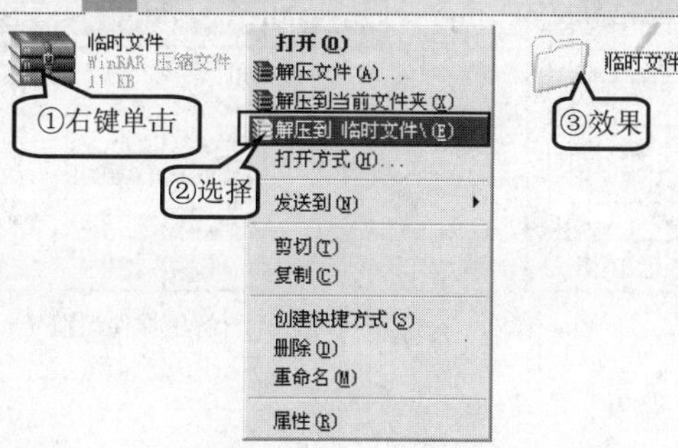

图5-12 解压到文件夹

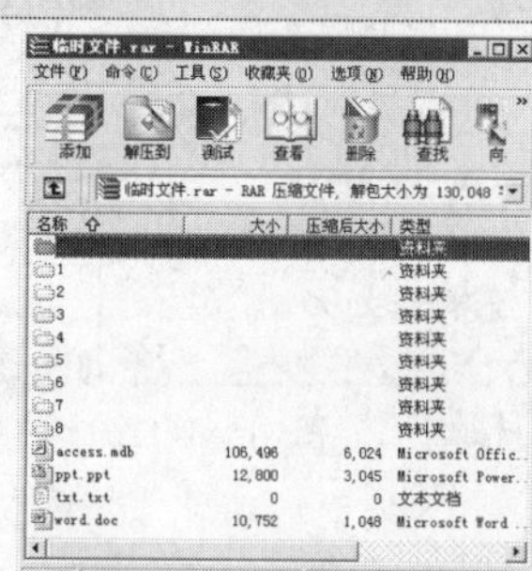

图5-13 包含多个文件的压缩包

5.1.5 解压到指定目录

当需要将压缩文件解压到指定目录时，则需在解压时进行路径设置，本小节将对该功能进行介绍。

操作步骤

(1) 解压到指定目录。

① 右键单击本机上的压缩文件。

② 在弹出的快捷菜单中选择【解压文件】命令，弹出【解压路径和选项】对话框。

③ 设置解压路径。

④ 单击 确定 按钮启动解压程序，解压完成后即可在指定目录找到解压出来的文件，如图 5-14 所示。

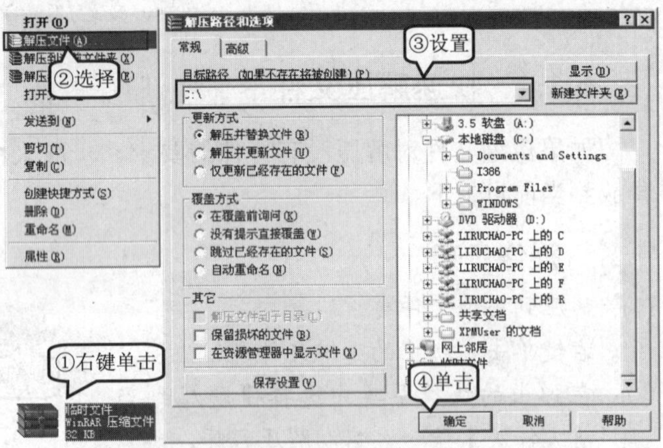

图5-14 解压到指定目录

(2) 解压加密的压缩文件。

① 右键单击本机上设置了密码的压缩文件。

② 在弹出的快捷菜单中选择【解压到当前文件夹】命令，弹出【输入密码】对话框。

③ 输入正确的解压密码。

④ 单击 确定 按钮开始解压，如图 5-15 所示。

> 要点提示 注意危险的自解压程序。收到可执行的附件文件时，先把它们保存起来，然后在这个文件上单击鼠标右键，如果【用 WinRAR 打开】命令可用，如图 5-16 所示，则表明此程序是一个自解压程序。此时可以把该文件的扩展名由 EXE 改为 RAR，双击后即可用 WinRAR 打开它，这样会安全许多。

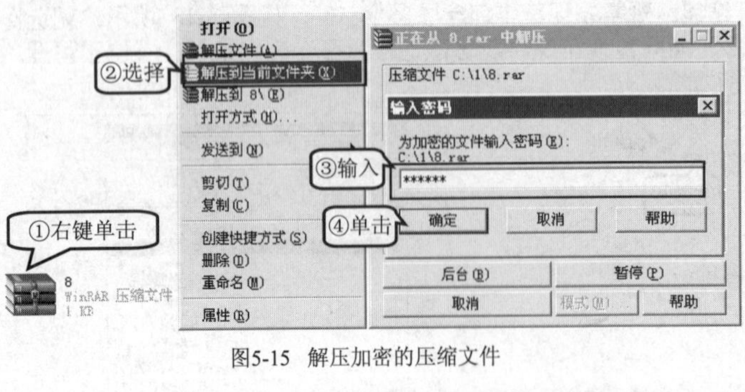

图5-15 解压加密的压缩文件

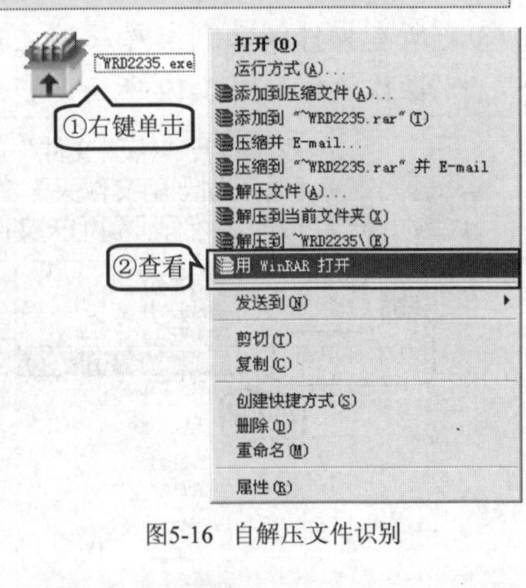

图5-16 自解压文件识别

5.1.6 解压分卷压缩文件

使用 WinRAR 的分卷压缩功能可以将大文件进行拆分压缩，该功能可以大大方便文件的网络传输。本小节将对解压分卷压缩文件进行详细介绍。

操作步骤

(1) 解压分卷压缩文件。

① 右键单击任意一个分卷压缩包。

② 在弹出的快捷菜单中选择【解压到当前文件夹】命令，即可把被分卷压缩的文件解压合并，如图 5-17 所示。

图5-17 解压分卷压缩文件

(2) 寻找丢失分卷。

① 在分卷解压过程中，如果所有分卷没有在同一目录下，就会弹出【需要下一压缩分卷】对话框。

② 单击 浏览(B)... 按钮查找分卷，或直接输入丢失分卷的正确路径。

③ 单击 确定 按钮继续解压文件，如图 5-18 所示。

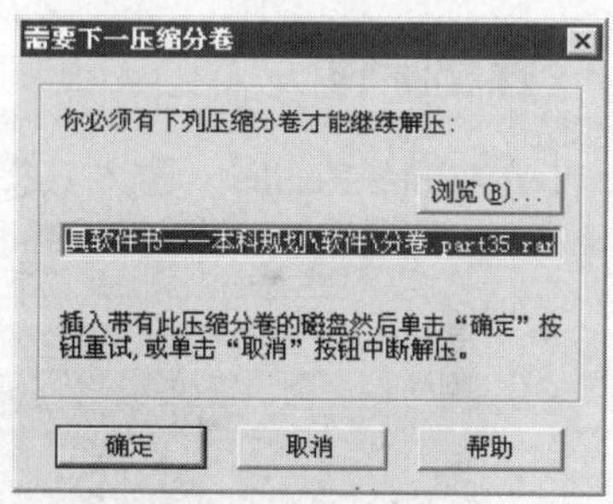

图5-18 寻找丢失分卷

要点提示 使用分卷压缩功能将文件拆分压缩后一定要保证分卷的完整性，只要缺失一个分卷，整个解压过程将无法进行，最终导致文件解压失败、数据丢失。

5.2 PDF 文档阅读工具—— Adobe Reader

PDF（Portable Document Format，便携式文档格式）是 Adobe 公司开发的一种电子文档格式，它不依赖于硬件、操作系统和创建文档的应用程序，这一特点使它成为在 Internet 上进行电子文档发行和数字化信息传播的理想文档格式。

Adobe Reader 是查看、阅读和打印 PDF 文档的最佳工具，而且它是免费的。随着 PDF 文档的流行，Adobe Reader 也越来越受到人们的青睐。本节将以 Adobe Reader 10.0.0 版本为例进行详细介绍。

5.2.1 阅读 PDF 文档

使用 Adobe Reader 阅读 PDF 文档十分方便，随着 Adobe Reader 版本的升级，更多的人性化设计被加入其中，如对文字和图片可以进行不同的选择操作等。

在 Adobe Reader 中阅读 PDF 文档的效果如图 5-19 所示。

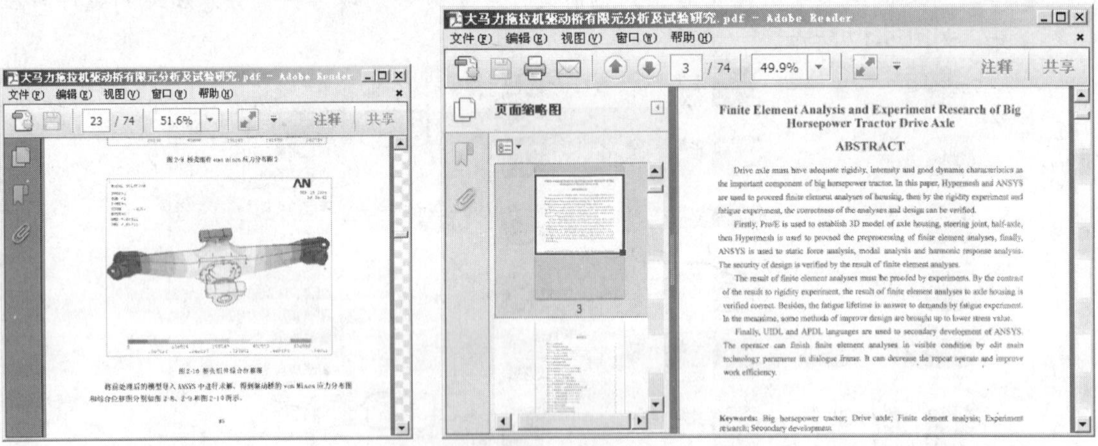

图5-19 阅读 PDF 文档

操作步骤

启动 Adobe Reader，进入其操作界面，如图 5-20 所示，然后进行以下操作。

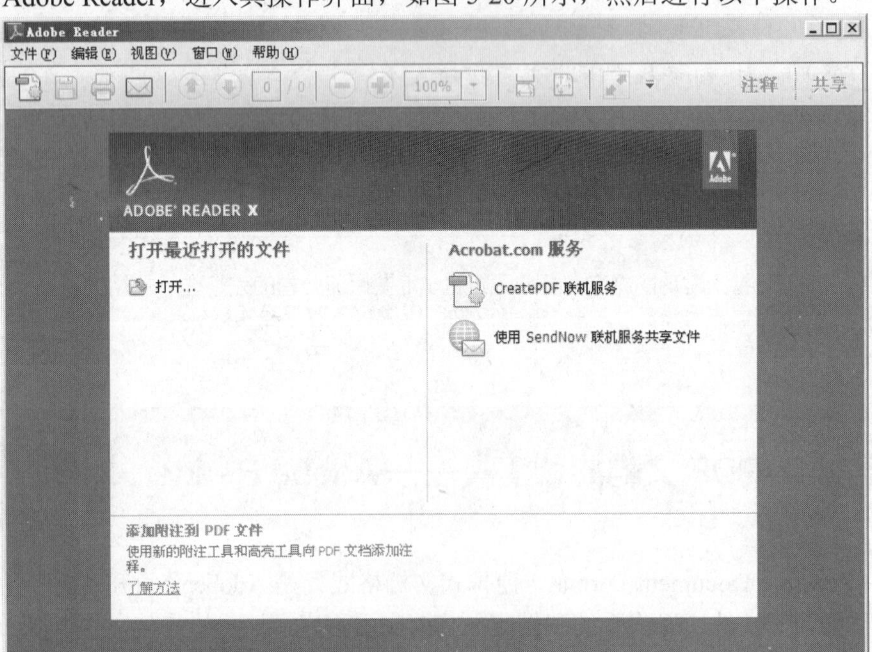

图5-20 Adobe Reader 操作界面

1. 从 Adobe Reader 中打开 PDF 文档

(1) 在欢迎界面中选择【打开】选项，弹出【打开】对话框。

(2) 选中要打开的 PDF 文件。

(3) 单击 打开(O) 按钮打开 PDF 文档。其操作过程如图 5-21 所示。

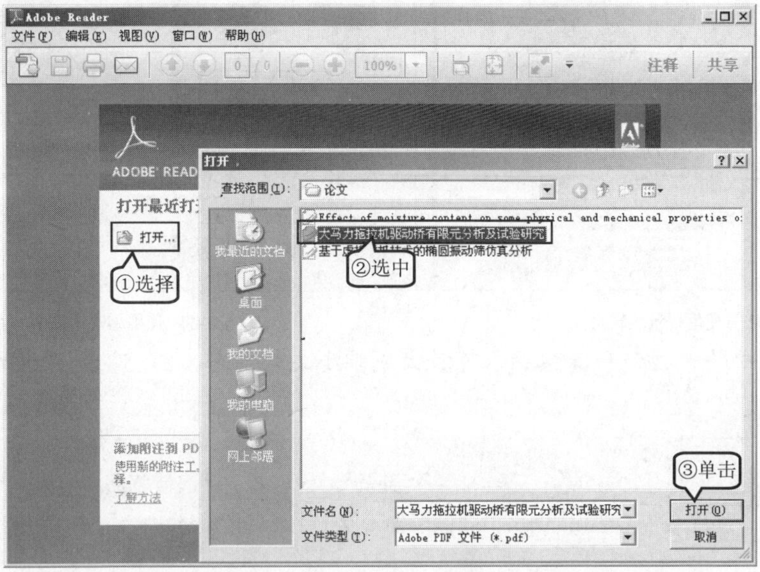

图5-21 从 Adobe Reader 中打开 PDF 文档

2. 阅读 PDF 文档

(1) 阅读 PDF 文档时，可以使用鼠标选择图片和文字，如图 5-22 所示。这个功能可以提高阅读的指示性。

选择图片　　选择文字

图5-22 选择 PDF 文档内容

(2) 使用目录跳转页面。

① 单击导览面板中的按钮，显示出 PDF 文档的目录。

② 单击相应目录链接，便可快速打开相关页面进行阅读，如图 5-23 所示。

(3) 使用缩略图跳转页面。

① 单击导览面板中的按钮，在导览面板中显示出每一页的缩略图。

② 单击相应缩略图，可快速打开对应的页面，如图 5-24 所示。

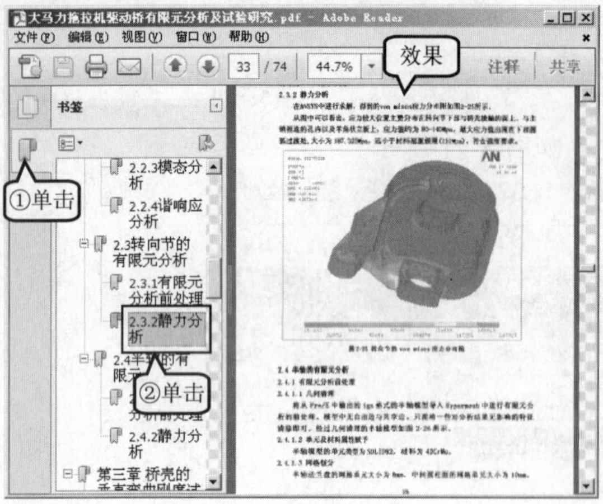

图5-23 使用目录跳转页面

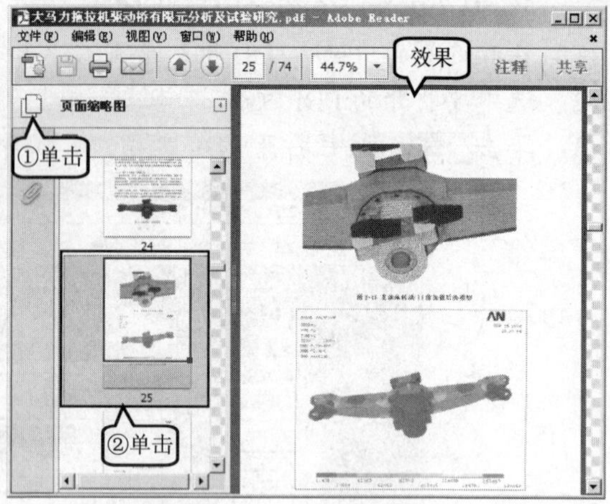

图5-24 使用缩略图跳转页面

③ 单击工具栏中的按钮和按钮，可放大或缩小文档内容，图 5-25 所示为将文档放大显示的效果。

> **要点提示** 阅读文档时，放大或缩小文档内容不容易调节，若要达到最佳的阅读效果，单击工具栏上的按钮或按钮，可将页面调节到较易于阅读的形式。

④ 如果用户使用的是三键鼠标，可使用鼠标滚动键滚动页面，或者单击页面导览工具栏上的按钮和按钮进行翻页。

⑤ 在阅读 PDF 文档时，选择菜单栏上的【视图】/【全屏模式】命令和【视图】/【阅读模式】命令，如图 5-26 所示，可以实现文档的全屏阅读和进入阅读模式的功能。

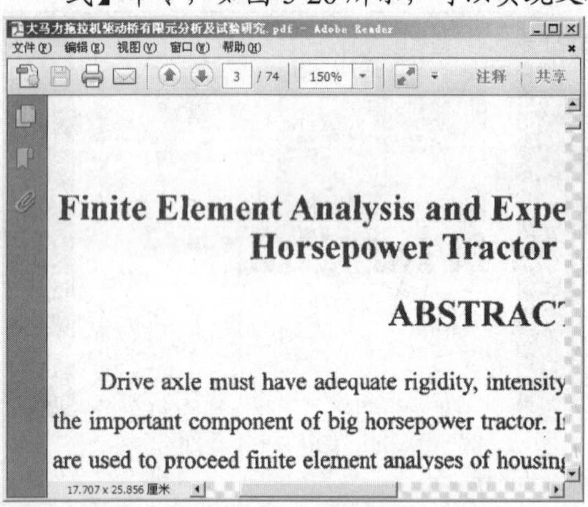

图5-25 放大显示文档

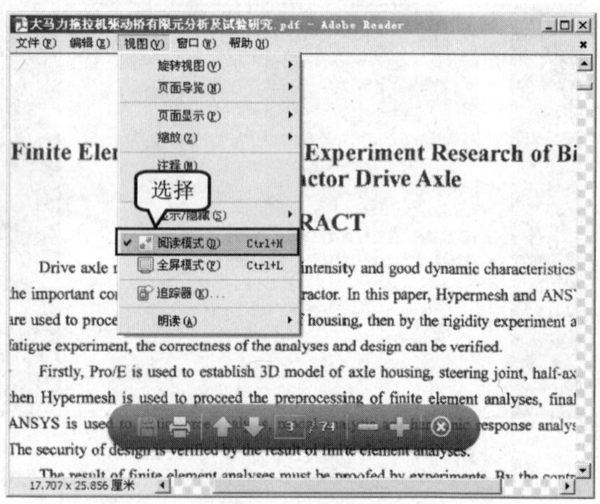

图5-26 阅读模式功能

(4) 打印文档。

① 单击工具栏上的按钮，弹出【打印】对话框。

② 设置打印机、打印范围和打印份数等。

③ 单击 确定 按钮即可打印文档，其操作过程如图 5-27 所示。

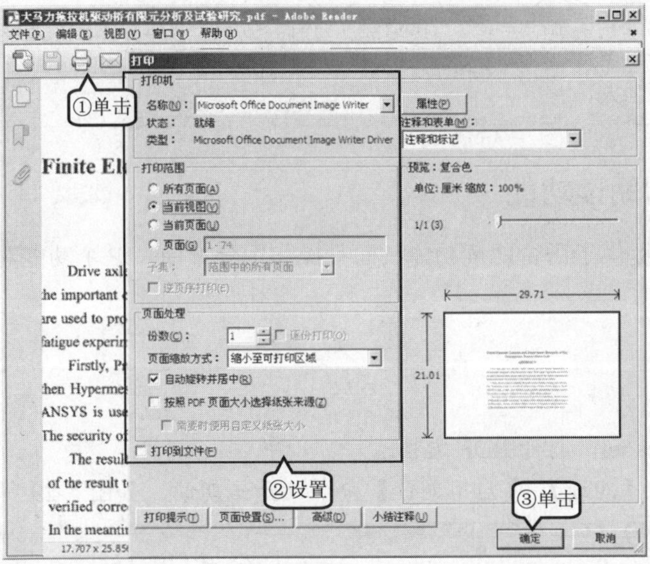

图5-27　打印文档

5.2.2　复制文档内容

在使用 Adobe Reader 阅读 PDF 文档时，可以复制其中的文本和图片对象，该功能可以方便用户从 PDF 文档中获取有用的文字和图片资源。

操作步骤

(1) 启动 Adobe Reader，打开 PDF 文档。

(2) 复制文档内容。

① 在页面上单击鼠标右键。

② 在快捷菜单中选择【选择工具】命令。

③ 在页面上框选要复制的内容。

④ 在选中的文字上单击鼠标右键。

⑤ 在弹出的快捷菜单中选择【复制】命令，如图 5-28 所示。

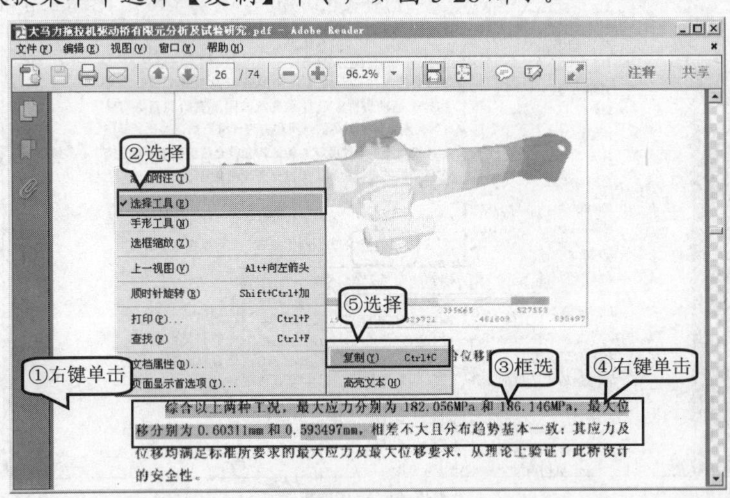

图5-28　复制文档内容

> **要点提示** 用同样的方法也可完成图片的复制，复制完成后即可将文本或图片粘贴到其他地方。由于PDF文档是纯粹的只读文件，也是一种复杂的文件格式，因此Adobe Reader提供的编辑功能并不强大。

5.2.3 使用朗读功能

Adobe Reader提供了语音朗读功能，而且操作十分方便，这个功能对于有特殊需求的用户非常有用。

操作步骤

(1) 开启朗读功能。

① 启动Adobe Reader，打开PDF文档。

② 选择【视图】/【朗读】/【启用朗读】命令，开始朗读，如图5-29所示。

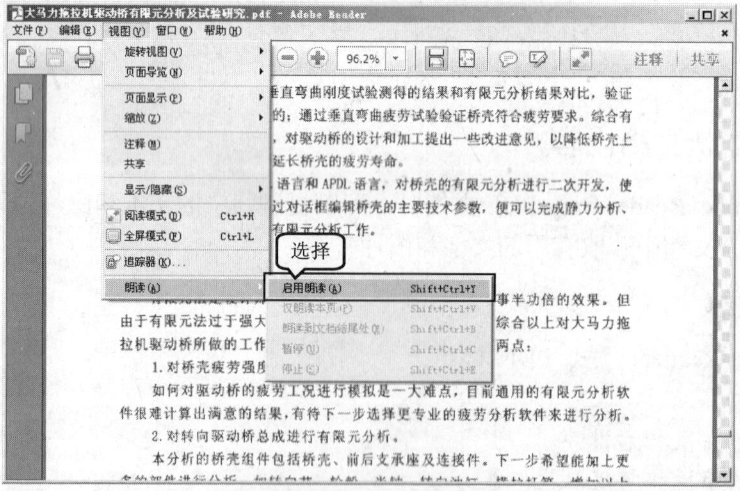

图5-29 启动朗读功能

(2) 当需要停止朗读时，选择【视图】/【朗读】/【停用朗读】命令，即可停用朗读功能，如图5-30所示。

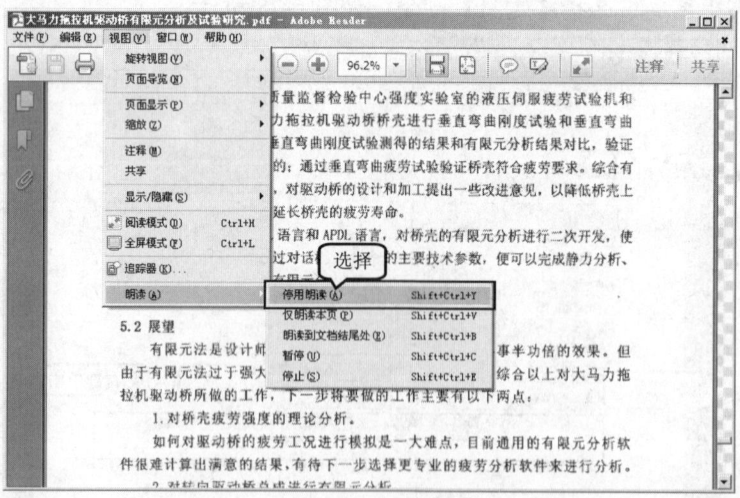

图5-30 停止朗读

5.3 数字图书阅览器——超星阅览器

现在全国各大图书馆都提供了海量的数字化图书，使用超星图书阅览器 SSReader 阅读此类图书已成为快速查找资料、获取信息的首选方式之一。

SSReader 是超星公司拥有自主知识产权的数字图书阅览器，是专门针对数字图书的阅览、下载、打印、版权保护和下载计费而研究开发的。利用它可以阅读网上由全国各大图书馆提供的总量超过 35 万册的数字图书。除了阅读电子图书外，超星阅览器还具有扫描资料、采集及整理网络资源等功能。本节将以 SSReader 4.0 版本为例进行详细介绍。

5.3.1 阅读免费图书

使用 SSReader 可以阅读大量的免费图书，这也是普通用户使用 SSReader 最多的功能。

操作步骤

(1) 启动 SSReader，第一次运行会弹出如图 5-31 所示的【用户登录】对话框，老用户可以输入用户名和密码后登录，也可以注册新用户，这里直接单击 取消 按钮跳过，进入 SSReader 主界面，如图 5-32 所示。

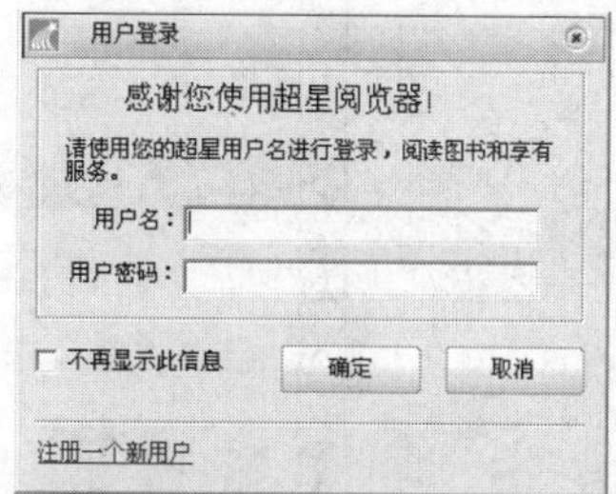

图5-31 【用户登录】对话框

图5-32 SSReader 主界面

SSReader 主界面中各部分功能如下。

- 【标题栏】: 集成该软件的所有操作命令。
- 【工具栏】: 集成常用按钮。
- 【标签栏】: 负责 5 个功能板块的切换。
- 【浏览区】: 负责所有内容的浏览。
- 【状态栏】: 显示文本信息和鼠标信息。

(2) 查找免费的数字图书。

① 设置图书搜索条件为“书名”。

② 在【图书搜索】栏中输入图书名称。

③ 单击 图书搜索 按钮开始搜索，如图 5-33 所示。

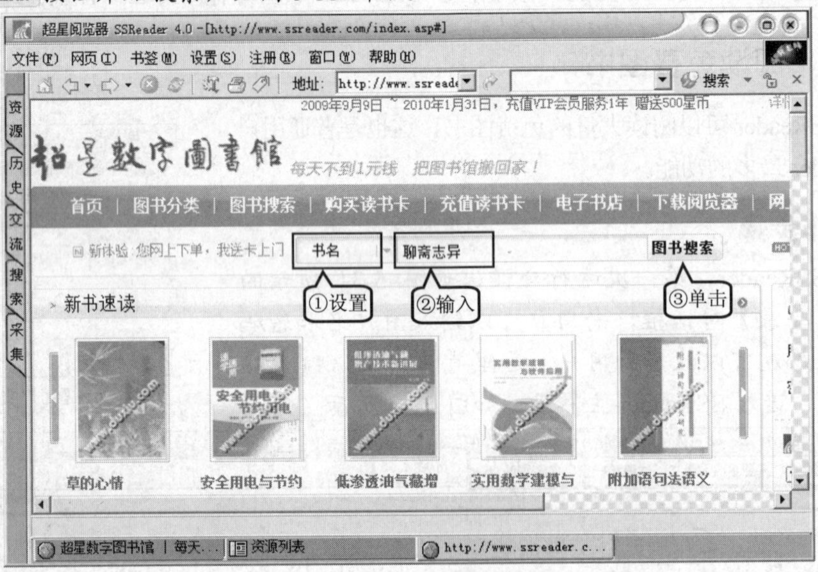

图5-33 查找免费的数字图书

(3) 完成搜索后页面自动转至搜索结果页面，在这里可以看到搜索到的资源，单击图书搜索到的图书资源链接，如图 5-34 所示。

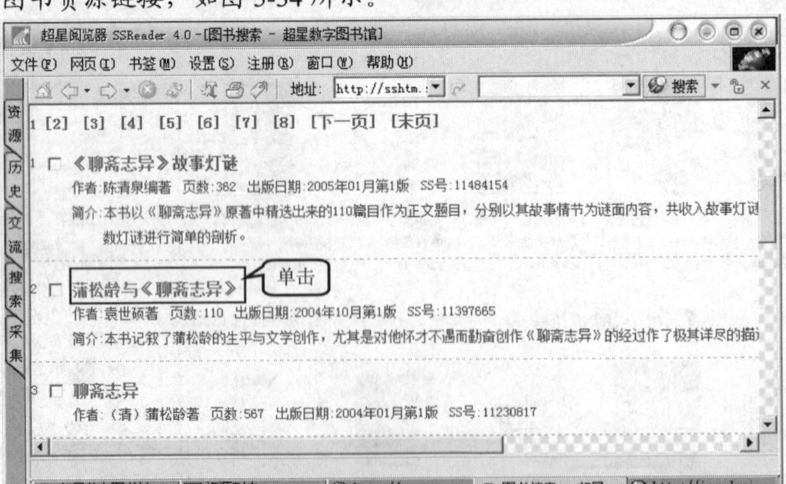

图5-34 显示搜索资源

(4) 在打开的图书资源中单击 17页免费试读 按钮，如图 5-35 所示。

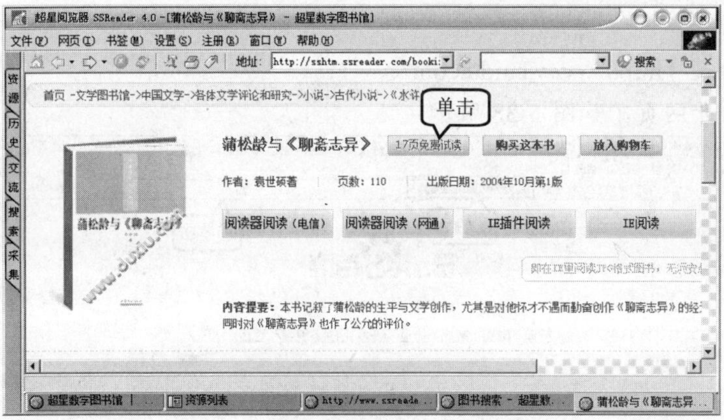

图5-35 进入图书资源

(5) 成功连接服务器后，阅览器会自动把服务器端的数字图书下载到本地磁盘，并使用SSReader解析出来，成为可以阅读的数字图书，如图5-36所示。

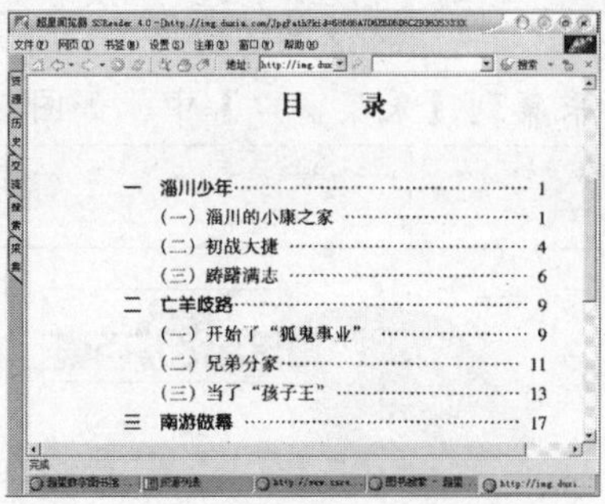

图5-36 打开免费图书资源

5.3.2 制作PDG格式电子书

SSReader 具有强大的资料采集、文件整理、加工、编辑和打包等功能，本小节将对这一知识点进行介绍。

操作步骤

(1) 启动SSReader，进入其主界面，观察发现页面上有一个小图标按钮，如图5-37所示。

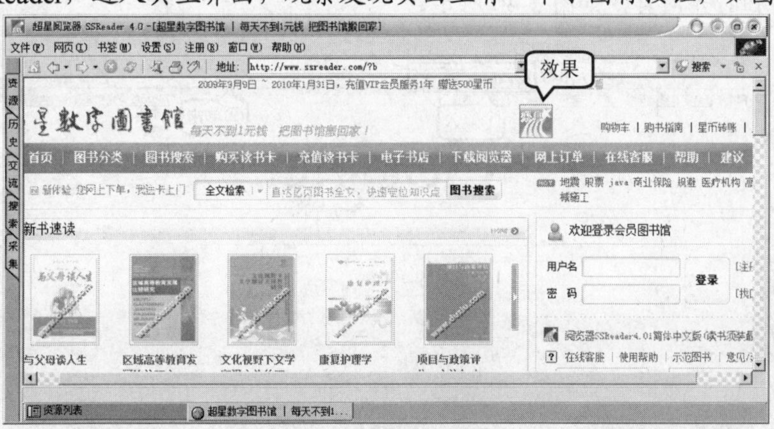

图5-37 进入图书资源

(2) 打开网页。

① 在地址栏中输入“http://www.baidu.com”。

② 单击按钮打开网页，如图 5-38 所示。

图5-38 打开网页

(3) 单击按钮，将当前网页采集到【采集窗口】中，如图 5-39 所示。

图5-39 采集页面

(4) 打开网页。

① 切换到 IE 浏览器界面，在地址栏中输入“http://www.google.cn”。

② 单击按钮打开网页，如图 5-40 所示。

图5-40 打开网页

(5) 单击按钮，将当前网页采集到【采集窗口】中，观察可知第 2 次采集的页面出现了乱码，格式也出现了各种错误，如图 5-41 所示。

图5-41 采集页面

(6) 删除乱码部分，并对照原网页修改部分乱码文字，最终得到如图 5-42 所示效果。

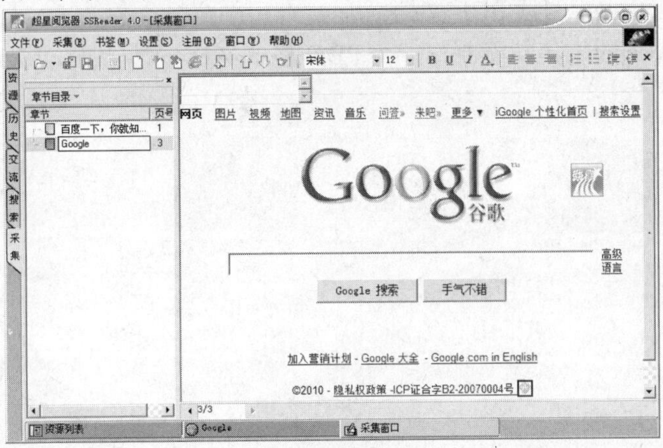

图5-42 编辑页面

(7) 保存电子书。

① 单击按钮，弹出【图书另存为】对话框。

② 在【文件名】文本框中设置文件名。

③ 单击保存(S)按钮保存电子书，如图 5-43 所示。

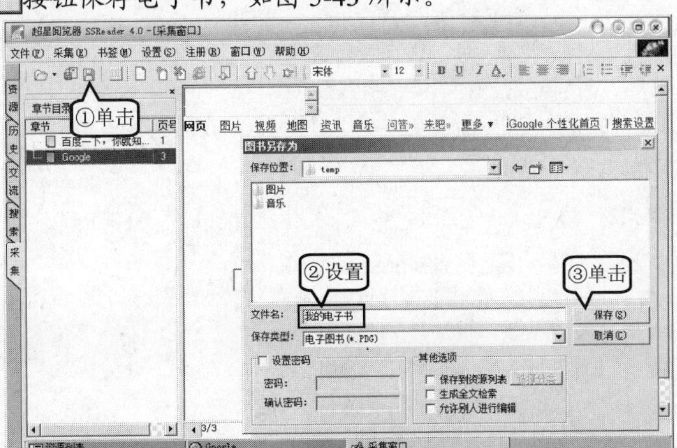

图5-43 保存电子书

习题

一、简答题

1. 使用 WinRAR 进行分卷压缩的意义是什么？
2. 利用 WinRAR 可以压缩、解压哪些类型的文件？
3. WinRAR 具有哪些主要的功能和优点？
4. 什么是 PDF？什么是 Adobe Reader？其主要功能是什么？
5. 如何使用 Adobe Reader 进行 PDF 文档的阅读？
6. 什么是超星阅览器？其主要功能是什么？
7. Adobe Reader 和 SSReader 各自的优势是什么？

二、操作题

1. 使用 WinRAR 对大容量文件进行分卷压缩。
2. 使用 Adobe Reader 阅读 PDF 文档。
3. 使用 SSReader 的采集功能制作一个 PDG 格式文档。

第6章 翻译转换工具

语言文字的差异已成为各国人民沟通的最大障碍。随着社会的发展，在我们的生活、学习和工作中，时常面对许多的外文文献，有限的外语水平以及庞大的单词量等因素，使得人们不得不依赖一些翻译转换工具来提高自己的外语水平，了解外文资料的内容，因此各式各样的翻译转换工具应运而生。本章主要以常用的、方便的灵格斯词霸和金山快译为例来介绍翻译转换工具的使用方法。

学习目标

- 掌握多功能翻译工具——灵格斯词霸的使用方法。
- 掌握快速翻译工具——金山快译的使用方法。

6.1 多功能翻译工具——灵格斯词霸

灵格斯是一款简明易用的词典和文本翻译软件，支持全球超过 80 多个国家语言的词典查询和全文翻译，支持屏幕取词、划词、剪贴板取词、索引提示和真人语音朗读功能，并提供海量词库免费下载，专业词典、百科全书、例句搜索和网络释义一应俱全，是新一代的词典与文本翻译专家。本节将以 Lingoes 2.7.1 版本为例进行详细介绍。

6.1.1 查词翻译

当遇到外文生词时，为了解其意思，常常会选择各种翻译词典，查阅各种资料，整个过程会花费大量的时间。而 Lingoes 提供的查词翻译功能，能够快速方便地为用户将生词翻译成自己认识的语言并给出与其相关的资料，如图 6-1 所示。下面将介绍 Lingoes 查词翻译的具体操作方法。

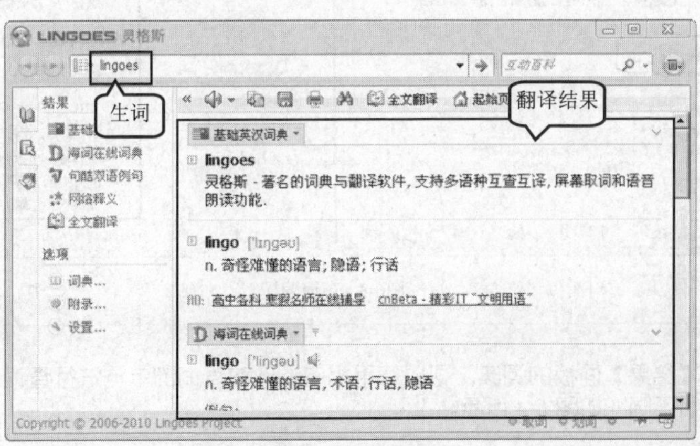

图6-1 查词翻译

操作步骤

(1) 启动 Lingoes 2.7.1，进入其操作界面，如图 6-2 所示。

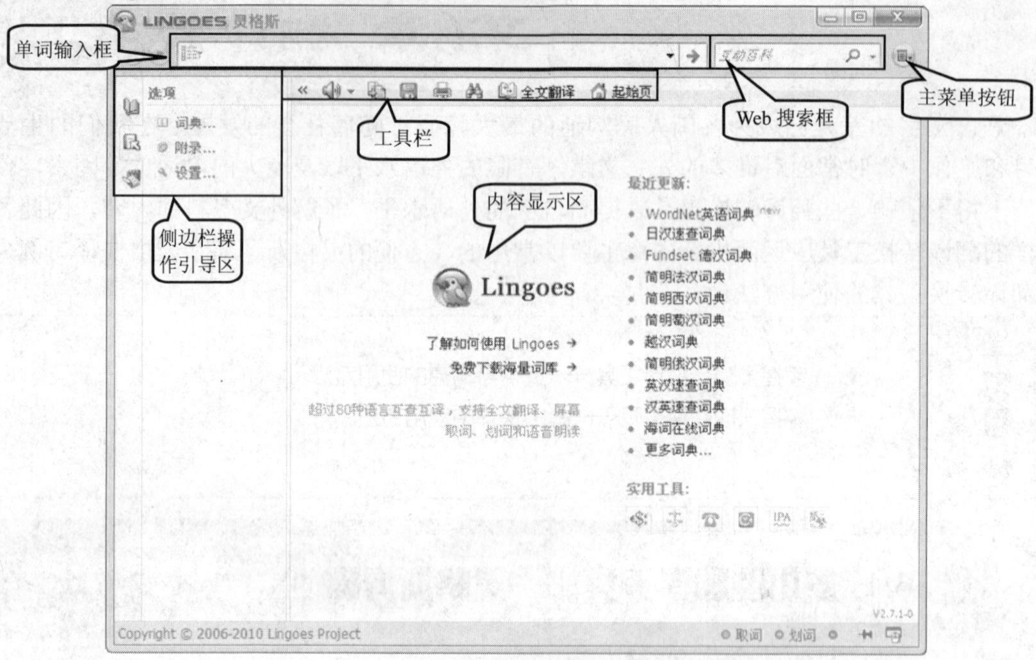

图6-2 Lingoes 2.7.1 操作界面

(2) 查词翻译。

① 在单词输入框中输入要查找的生词“home”，此时 Lingoes 会利用索引提示组中的词典进行索引提示，并在左边索引栏中显示匹配的单词。

② 单击单词输入框右侧的→按钮，Lingoes 会将查询的结果显示在右侧的内容显示区内。最终的操作效果，如图 6-3 所示。

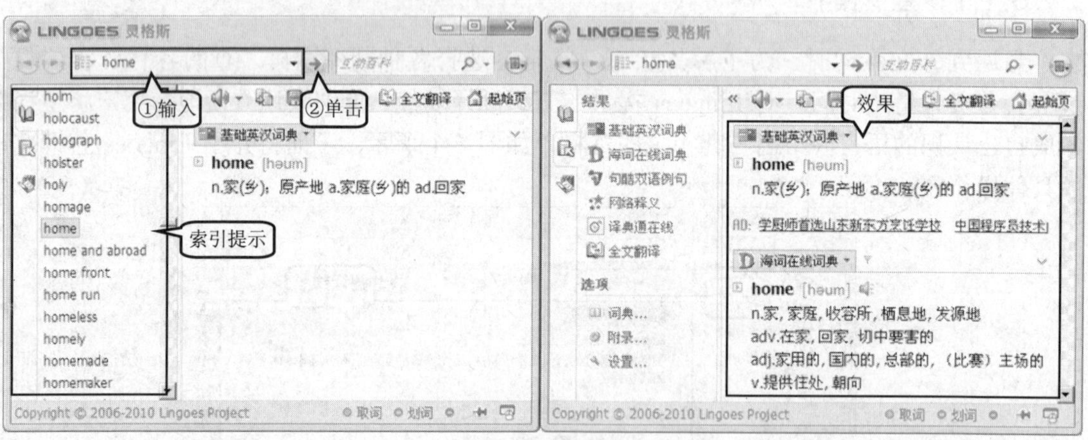

图6-3 查词翻译

> **要点提示**
> 单击【结果】面板的词典，可以使用相应词典对查询的单词进行查询，相对应的查询结果会有所不同，如图 6-4 所示。

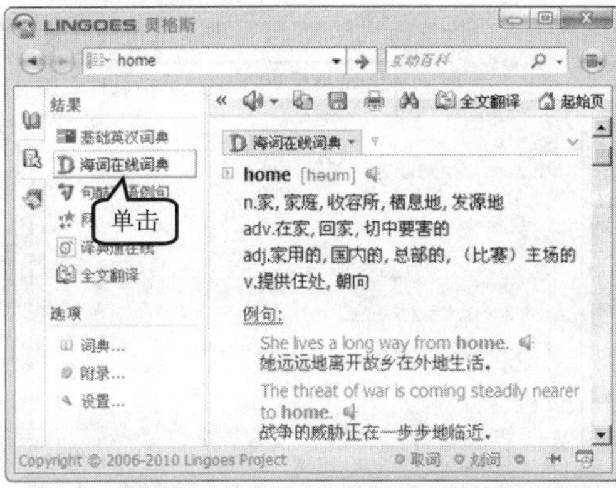

使用【海词在线词典】进行查询

使用【译典通在线】进行查询

图6-4 使用其他词典查询

6.1.2 取词翻译

当用户在阅读一些外文文章或者浏览国外的网页时，难免会遇到一些不认识的生词，此时并不必使用 Lingoes 的查词翻译功能来进行翻译，Lingoes 为用户提供的屏幕取词和划词功能可以翻译屏幕上任意位置的单词，如图 6-5 所示，下面将介绍其具体的操作方法。

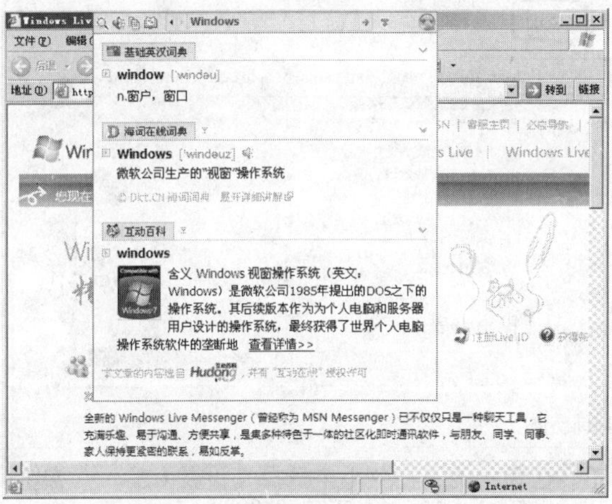

取词翻译

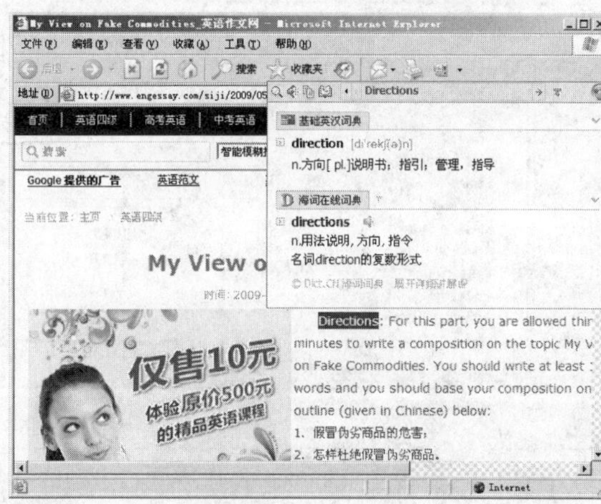

划词翻译

图6-5 取词翻译和划词翻译效果

操作步骤

1. 屏幕取词

(1) 启动 Lingoes，进入其操作界面。

(2) 屏幕取词。

① 单击操作界面右上方的按钮。

② 在弹出的下拉菜单中选择【屏幕取词】命令。

③ 将鼠标指针放置在需要翻译的生词上方。

④ 按住 Ctrl 键并单击鼠标右键，软件就会智能识别鼠标指针所指向的单词，即时给出翻译结果。最终的操作效果，如图 6-6 所示。

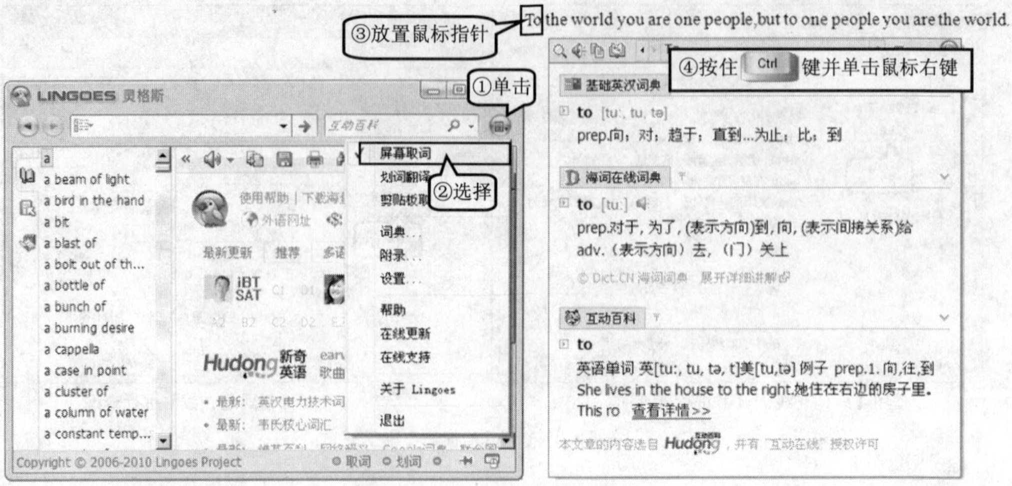

图6-6 屏幕取词

2. 划词翻译

(1) 单击操作界面右上方的按钮，在弹出的下拉菜单中选择【划词翻译】命令。

(2) 框选要翻译的生词或句子，翻译结果将显示在鼠标指针旁边，最终的操作效果如图 6-7 所示。

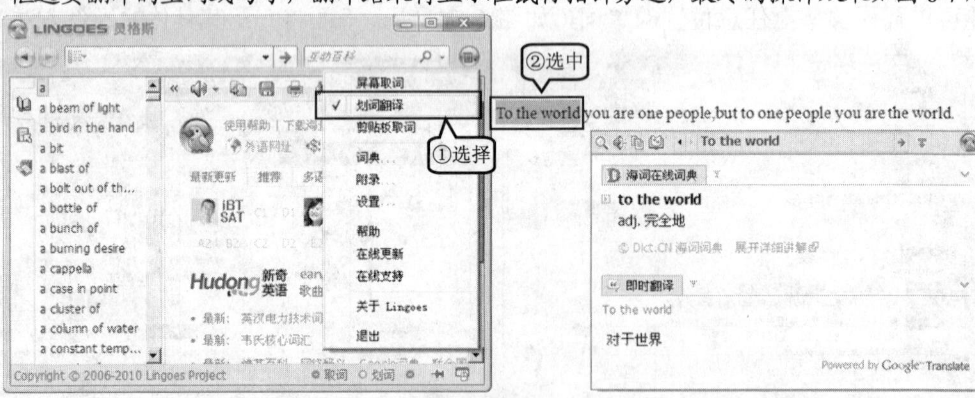

图6-7 划词翻译

> **要点提示** 单击 Lingoes 操作界面右上方的按钮，在弹出的下拉菜单中选择【设置】命令，弹出【系统设置】对话框，然后切换到【取词】选项卡，如图 6-8 所示，在该选项卡中可以对屏幕取词和划词翻译的基本参数进行设置。

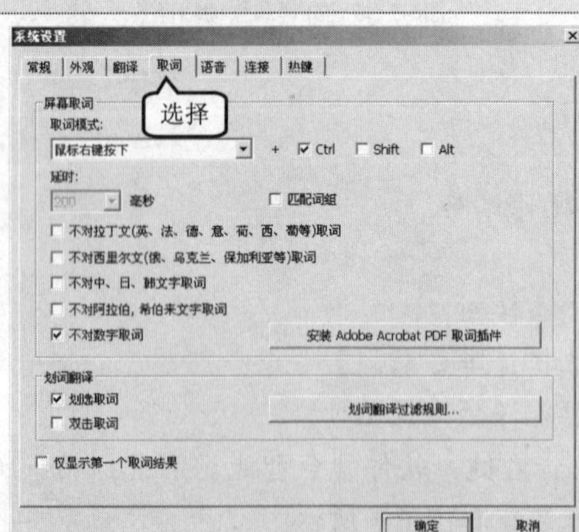

图6-8 设置取词翻译的基本参数

6.1.3 文本翻译

当有整篇文章需要翻译时，仅靠查词和取词翻译就显得有些力不从心了，这时就需要用到文本翻译这个功能。Lingoes 的文本翻译服务集成了全球最先进的文本翻译引擎，包括 Google、Yahoo、Systran、Cross 等，令文本翻译从未如此简单，用户可以自由选择它们来翻译文本，并对不同引擎的翻译结果进行比较，操作效果如图 6-9 所示，下面将介绍其具体的操作方法。

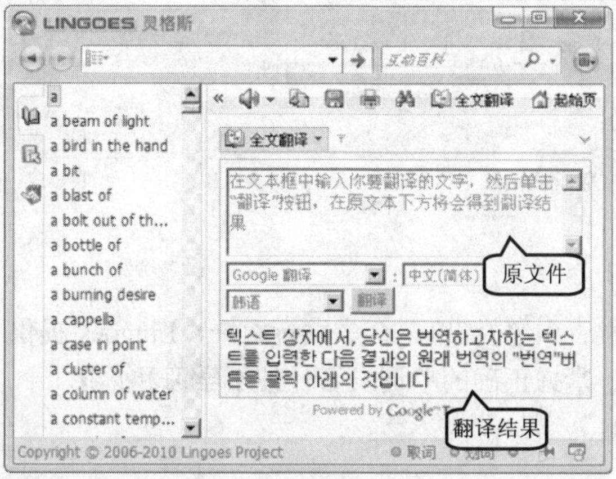

图6-9 操作效果

操作步骤

(1) 启动 Lingoes，进入其操作界面。

(2) 全文翻译。

① 单击界面上的全文翻译按钮，打开【全文翻译】界面。

② 在【全文翻译】文本框中输入要翻译的英文段落。

③ 设置【翻译引擎】为“Google 翻译”、【源语言】为“英语”、【目标语言】为“中文（简体）”。

④ 单击翻译按钮即可翻译文本，最终的操作效果如图 6-10 所示。

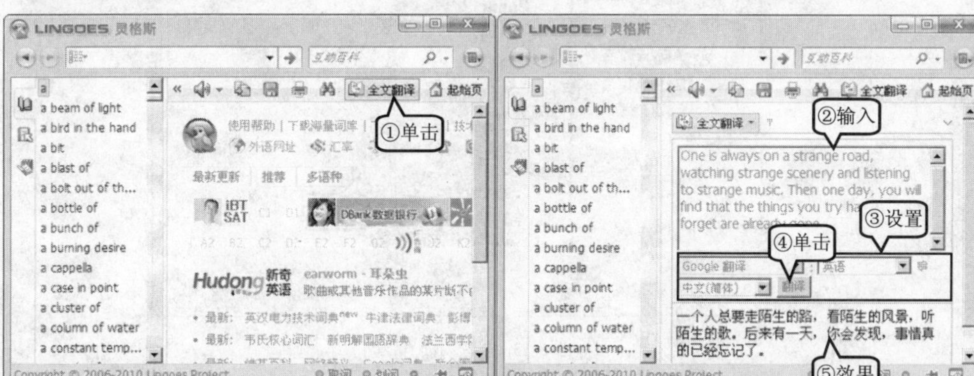

图6-10 文本翻译

> **要点提示** 在【全文翻译】文本框中输入中文段落，选择从【中文（简体）】到【英语】，单击翻译按钮即可将中文翻译成英文，如图 6-11 所示。也可以通过设置翻译成其他语言，如图 6-12 所示。

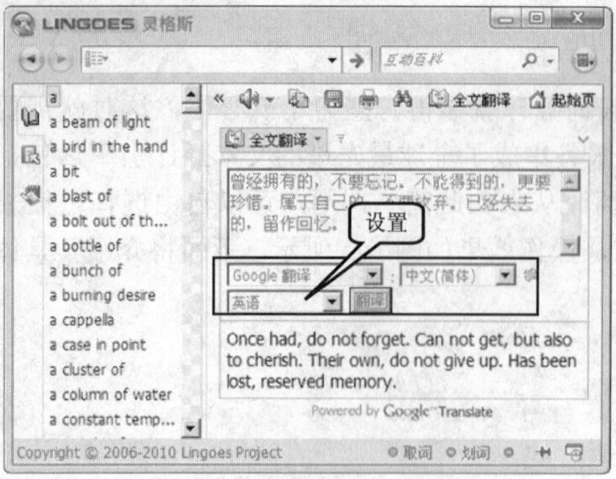

图6-11　中文翻译成英文

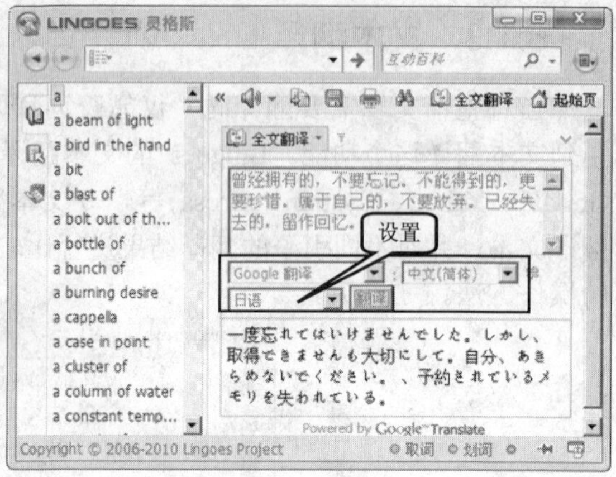

图6-12　中文翻译成日语

6.1.4　语音朗读

基于最新的真人发音引擎及 TTS 合成发音引擎，Lingoes 提供了单词和文本朗读功能，让用户聆听真人朗读，掌握正确的单词发音，便于学习和记忆。

操作步骤

(1)　启动 Lingoes，进入其操作界面。

(2)　语音朗读。

①　在单词输入框中输入单词“china”。

②　单击单词输入框右侧的按钮，翻译当前的单词。

③　单击例句后的按钮，Lingoes 将自动朗读该例句，最终的操作效果如图 6-13 所示。

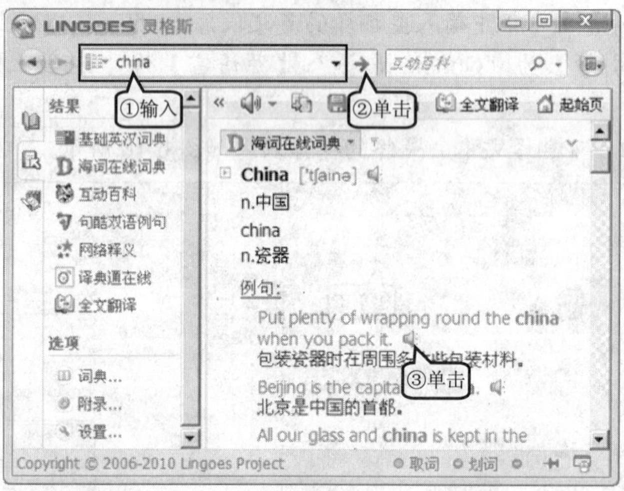

图6-13　语音朗读

要点提示

如果单击工具栏上的按钮，Lingoes 将自动朗读当前查询的单词，此时会发出“china”单词的读音。

6.2 快速翻译工具——金山快译

金山快译是一款强大的中日英快译软件，它不但为用户提供了广阔的词海，还能够灵活准确地翻译文本。本节将以金山快译 2009 专业版为例进行详细介绍。

6.2.1 快速翻译

金山快译的快速翻译是指对文本进行快速翻译，主要是针对 WPS、Word、Excel、PDF、Outlook、IE、Txt 等文本进行高效、快速、准确的翻译，在翻译中用户还可选择不同的翻译模式对结果进行查看，大大提高了用户的学习和工作效率，操作效果如图 6-14 所示。下面将详细介绍快速翻译的操作方法。

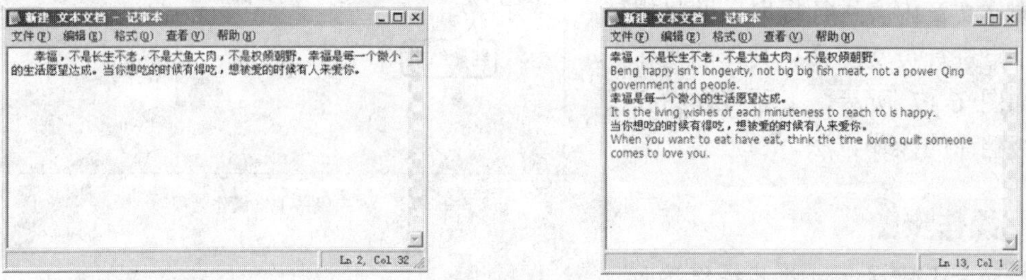

翻译前　　　　翻译后

图6-14 操作效果

操作步骤

(1) 启动金山快译个人版 1.0，进入其操作界面，如图 6-15 所示。

图6-15 金山快译个人版 1.0 操作界面

(2) 快速翻译。

① 输入需要翻译的文本，在快速翻译下拉列表中选择【中→英】选项。

② 单击翻译按钮，弹出【翻译模式】选项组。

③ 点选【句子对照翻译】单选项，就可将当前打开的 Text 文档以句子对照的形式进行翻译，最终的操作效果如图 6-16 所示。

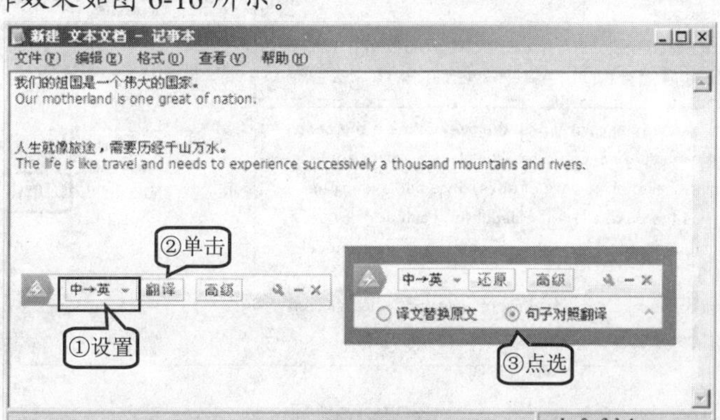

图6-16 快速翻译

要点提示

点选【译文替换原文】单选项，当前译文将会替换原文。单击 还原 按钮，可将翻译的文档还原为原始文档。

6.2.2 高级翻译

高级翻译是用于全文翻译的专业工具，用户可以在此功能里进行专业词典的选择，并进行专业领域的翻译。同时，高级翻译还提供翻译筛选的功能，用户可以根据需要选择同一翻译的不同结果。而“中文摘要”可以对中文文章内容进行提取，并将提取的重点进行英文翻译。具体的操作效果如图 6-17 所示。下面将详细介绍高级翻译的操作方法。

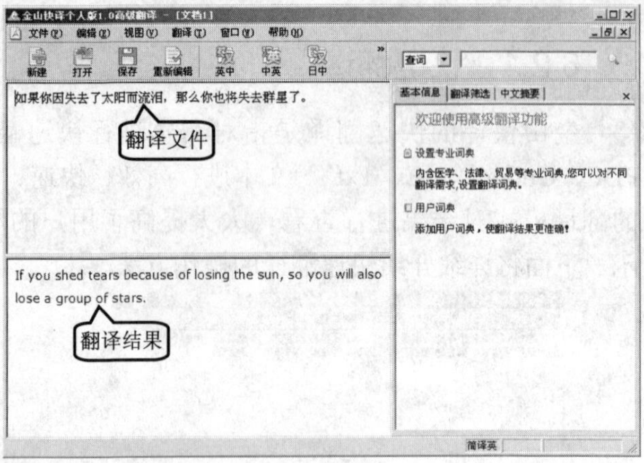

图6-17 操作效果

操作步骤

(1) 启动金山快译，进入其操作界面。

(2) 高级翻译。

① 单击操作界面上的 高级 按钮，打开【高级翻译】界面。

② 在内容输入翻译区内输入需要翻译的内容。

③ 单击 中英 按钮，可将输入的中文内容翻译成英文。

④ 单击 保存 按钮，保存翻译后的结果。最终的操作效果，如图 6-18 所示。

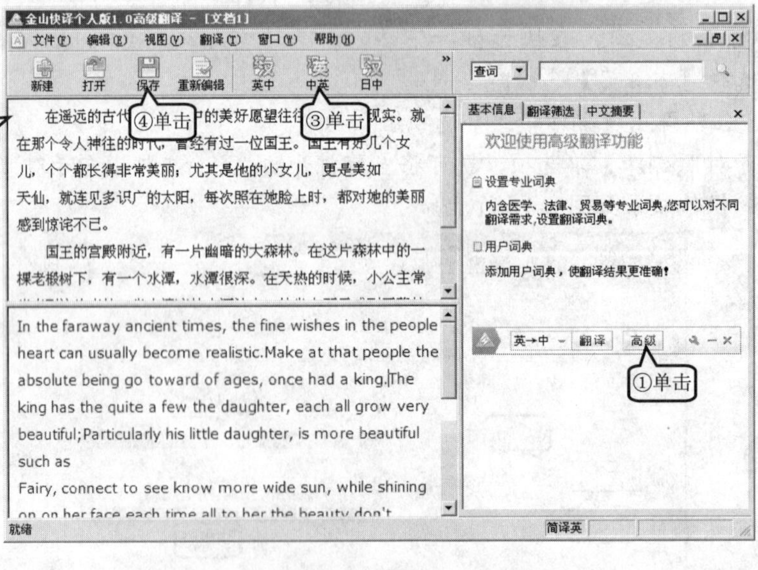

图6-18 高级翻译

要点提示

当翻译语句存在多种翻译结果的时候，当鼠标指针移过该翻译的内容时将变为蓝色，用户可单击该内容弹出更多翻译结果，从其中筛选最优的翻译，如图 6-19 所示。

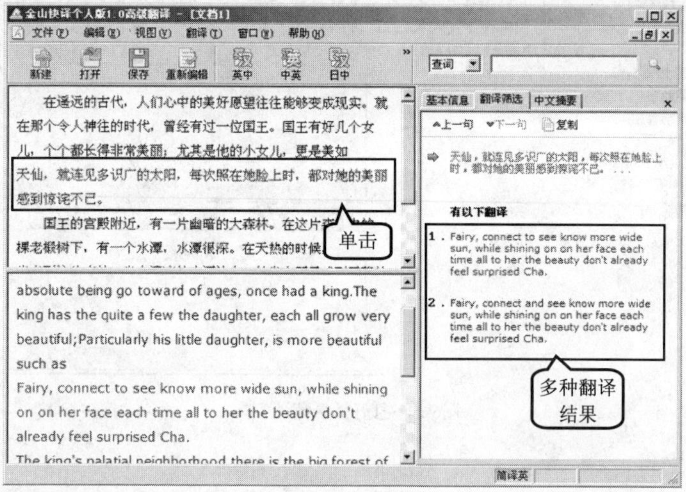

图6-19 翻译筛选

6.2.3 批量翻译

金山快译的批量翻译功能能够快速方便地将大量格式相同的文件进行批量翻译处理，操作效果如图 6-20 所示。下面将介绍使用金山快译进行批量翻译的具体操作方法。

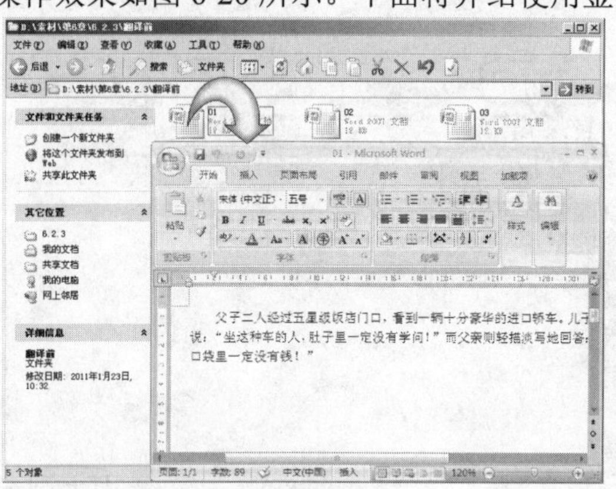

批量翻译前

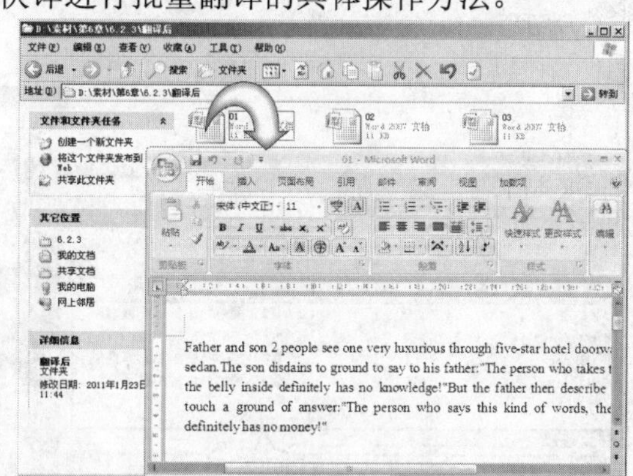

批量翻译后

图6-20 操作效果

操作步骤

1. 打开批量翻译工具

(1) 启动金山快译，进入其操作界面。

(2) 打开批量翻译工具。

① 单击操作界面上的 按钮，弹出快捷菜单。

② 在弹出的菜单中选择【工具】/【批量翻译】命令，即可打开批量翻译工具，最终的操作效果如图 6-21 所示。

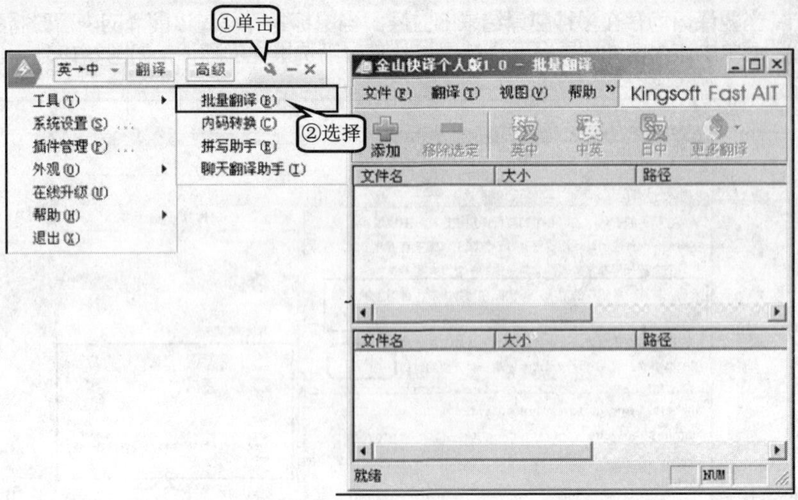

图6-21 打开批量翻译工具

2. 添加翻译文件

(1) 单击 添加 按钮，弹出【打开】对话框。

(2) 在【打开】对话框中打开本书光盘文件“素材\第6章\6.2.3\翻译前”文件夹。

(3) 在【文件类型】下拉列表中选择【Word WPS Files(*.doc; *.docx; *.WPS)】选项。

(4) 按住 Ctrl 键，框选该文件夹下的所有文件。

(5) 单击 打开(O) 按钮，将要翻译的文件添加到批量翻译工具中，最终的操作效果如图 6-22 所示。

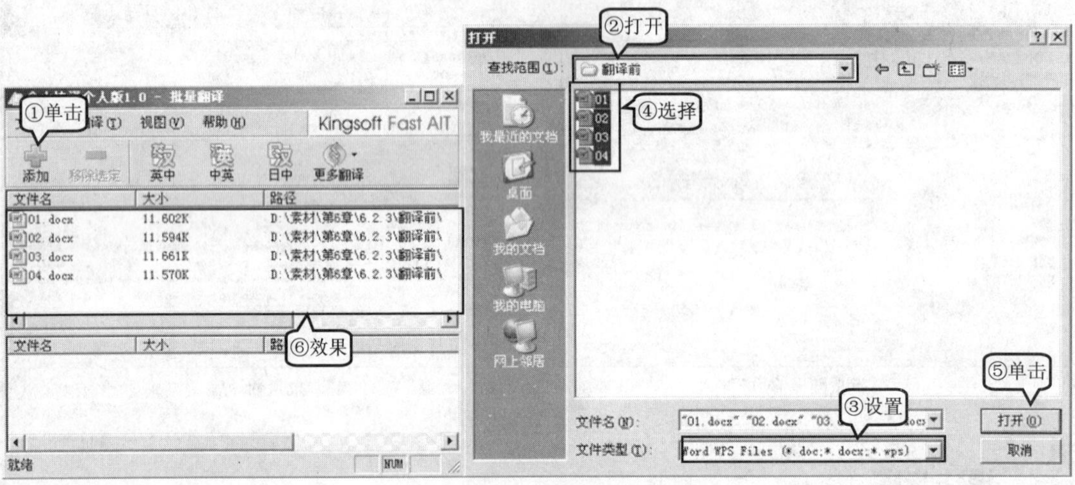

图6-22 添加翻译文件

3. 批量翻译设置

(1) 在【批量翻译】对话框中按住 Ctrl 键，框选添加的文件。

(2) 单击 中英 按钮，弹出【翻译设置】对话框。

(3) 在【翻译设置】对话框中设置文档存储目录。

(4) 单击 进行翻译 按钮，将自动开始文件的批量翻译，最终的操作效果如图 6-23 所示。

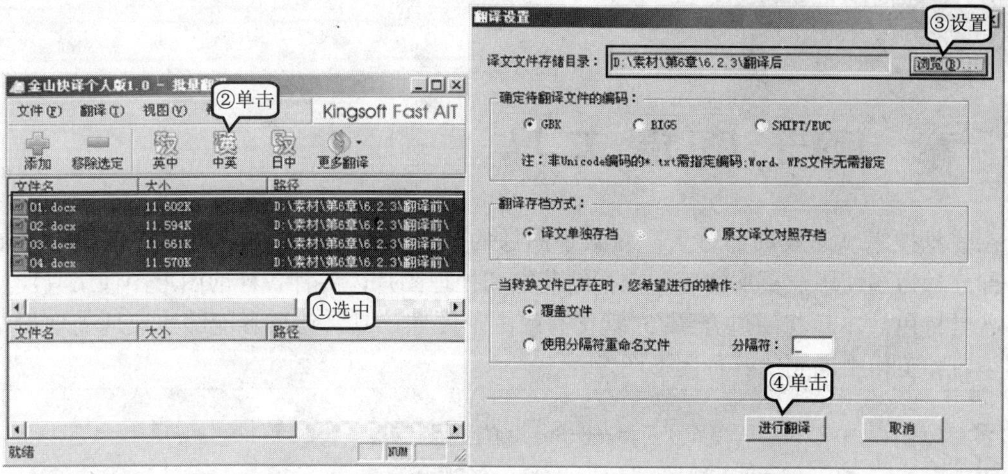

图6-23 批量翻译

(5) 翻译完成后，将弹出【信息提示】对话框，单击 确定 按钮完成翻译，如图 6-24 所示。翻译后的文件会存放到指定的目录中。

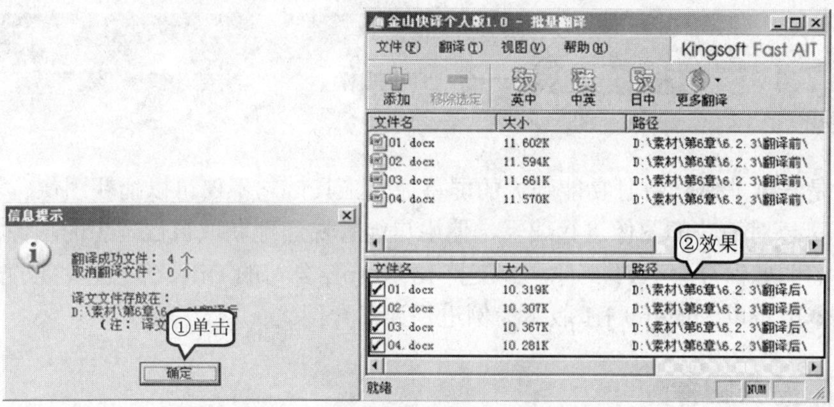

图6-24 翻译结果

习题

一、简答题

1. 简述灵格斯的主要功能。
2. 简述金山快译的主要功能。

二、操作题

1. 使用灵格斯翻译英语单词“Stealth”。
2. 使用金山快译翻译一篇英文文章。

第7章 图形图像工具

在信息技术飞速发展的今天，对数字图像的获取和处理已经成为现代生活中不可缺少的一部分。为了使用户更加快速、方便地获取和处理图片，各种各样的图形图像工具层出不穷，各具特色。本章将通过介绍 3 款优秀的图形图像工具，让读者能够快速地处理日常生活、学习和工作中遇到的各种图形图像。

学习目标

- 掌握屏幕捕获工具——SnagIt 的使用方法。
- 熟悉图像管理工具——ACDSee 的使用方法。
- 掌握图像处理工具——光影魔术手的使用方法。
- GIF 动画制作工具——Ulead GIF Animator 的用法。

7.1 屏幕捕获工具—— SnagIt

SnagIt 是一款非常精致且功能强大的屏幕捕获工具，它不仅可以捕获图像、文本、视频和 Web，还可以对捕获的图像进行编辑，使用户能够快速地获取自己理想的图像。SnagIt 还可以将捕获的图像保存为 AVI 文件，并支持 Microsoft 公司的 DirectX 技术，以方便抓取 3D 游戏图片。本节将以 SnagIt 9.1.1 版本为例进行详细介绍。

7.1.1 捕获图像

SnagIt 的主要功能就是捕获图像，它拥有范围、窗口、全屏幕、流动窗口等 17 种捕获方案，捕获后的图像可以保存为 BMP、PCX、TIF、GIF、JPEG 等多种图形格式。本节将介绍使用 SnagIt 9.1.1 捕获图像的基本方法，让读者对 SnagIt 有一个基础性的认识。

下面捕获图 7-1 左图上面的小狗图像，最终捕获效果如图 7-1 右图所示。

捕获对象

捕获后

图7-1 捕获图像效果

操作步骤

1. 选择捕获方案

(1) 启动 SnagIt 9.1.1，进入其操作界面，如图 7-2 所示。

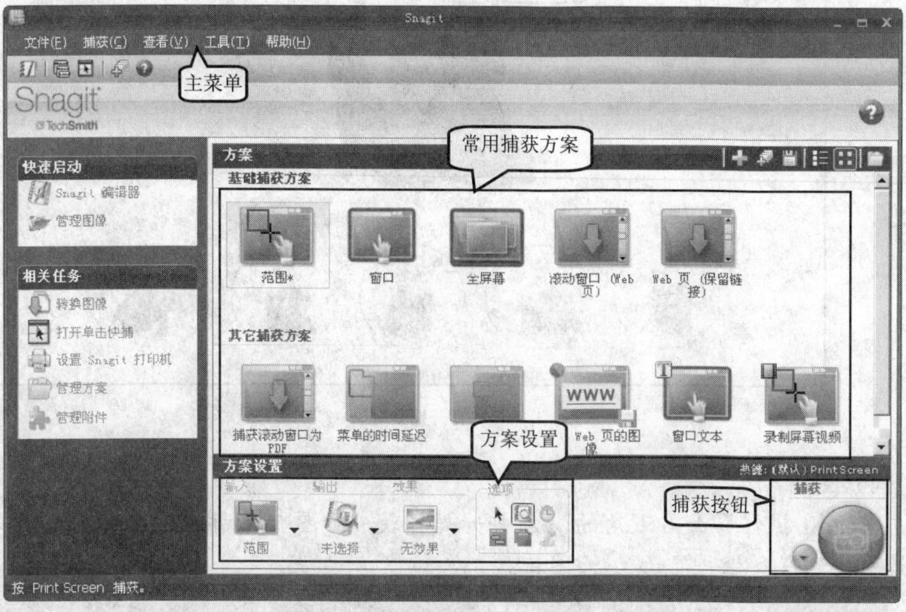

图7-2 SnagIt 9.1.1 操作界面

(2) 在菜单栏中选择【捕捉】/【输入】/【范围】命令，从而选择【范围】捕获图像方案，如图 7-3 所示。

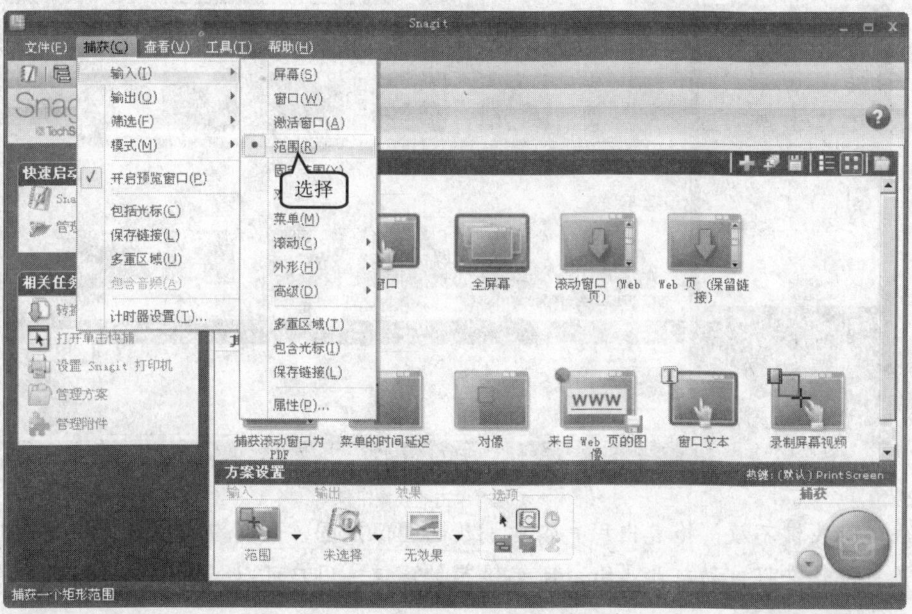

图7-3 选择【范围】捕获图像方案

(3) 用图片浏览器打开本书素材文件“素材\第 7 章\7.1.1\西服狗.jpg”，如图 7-4 所示，下面将捕获图片上方的小狗。

图7-4 打开捕获对象

2. 捕获图像

(1) 单击 SnagIt 操作界面右下角的按钮开始捕获，如图 7-5 所示。此时 SnagIt 界面将自动最小化到任务栏并显示为图标。

图7-5 单击捕获按钮

(2) 按住鼠标左键不放，拖曳出用户需要捕获的图像范围，如图 7-6 所示，确定好范围后释放鼠标，软件将自动打开【SnagIt 编辑器】窗口，用户可以预览和编辑捕获的图像，如图 7-7 所示。

图7-6 捕获图像

图7-7 预览和编辑捕获图像

> **要点提示**
> 拖曳编辑器右下角的 100% 滑块，可以在预览时调整捕获图像的大小。

3. 保存捕获对象

(1) 单击工具栏上的按钮，弹出【另存为】对话框。

(2) 在【另存为】对话框中的【保存在】下拉列表中选择保存位置。
(3) 在【文件名】输入框中输入“西服狗”。
(4) 在【保存类型】下拉列表中选择【PNG－便携式网络图形（*.png）】选项。
(5) 单击 保存(S) 按钮，即可保存捕获的图像，如图 7-8 所示。

图7-8　保存捕获图像

7.1.2　编辑图像

SnagIt 不仅具有强大的捕获图像功能，还为用户提供了强大的图像处理功能，可以对捕获的图像进行编辑、加注、调色、旋转、标记和发送等多种处理。本例将介绍 SnagIt 的编辑功能，让读者掌握 SnagIt 编辑图像的方法与技巧。

下面对图 7-9 左图进行编辑，处理后的效果如图 7-9 右图所示。

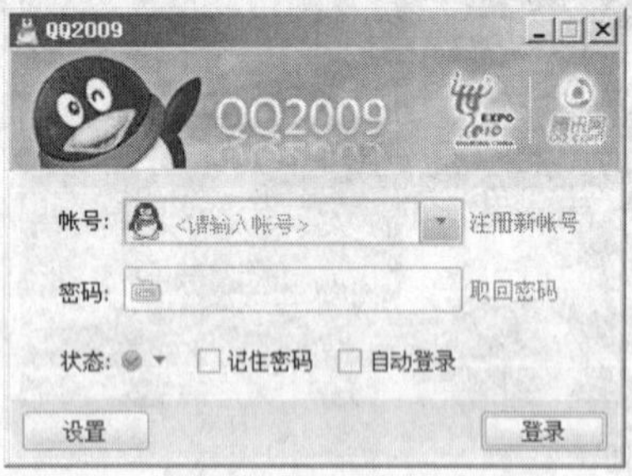

处理前

处理后

图7-9　编辑图像效果

操作步骤

1. 捕获图像

(1) 启动 SnagIt，进入其操作界面。

(2) 在【基础捕获方案】选项组中选择【窗口】捕获图像方案，如图 7-10 所示。

(3) 本例以捕获 QQ 用户登录界面为例，打开 QQ 用户登录界面，如图 7-11 所示。

图7-10 选择【窗口】捕获方案

图7-11 打开捕获对象

(4) 捕获 QQ 登录界面。

① 按默认快捷键 Print Screen 键。

② 移动鼠标指针至 QQ 登录界面的边缘，选择需要捕获的窗口，被选中的窗口会显示红色的边框，如图 7-12 所示。

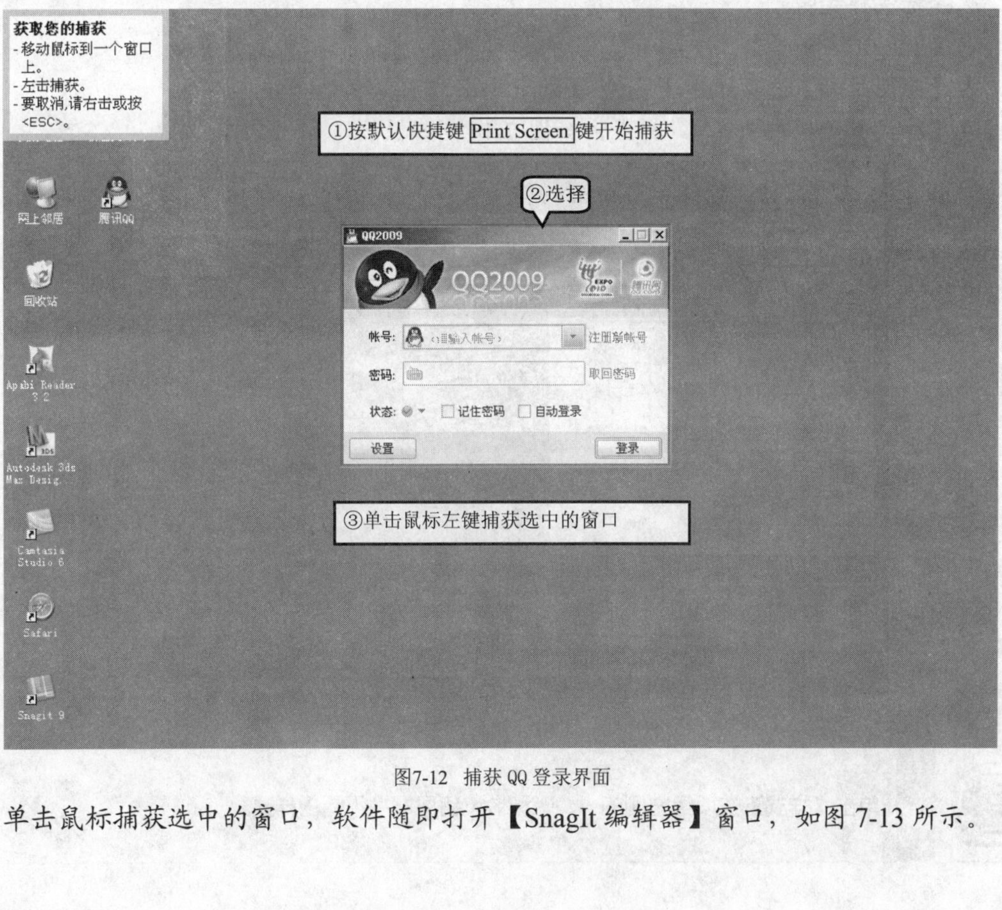

图7-12 捕获 QQ 登录界面

③ 单击鼠标捕获选中的窗口，软件随即打开【SnagIt 编辑器】窗口，如图 7-13 所示。

图7-13 【SnagIt 编辑器】窗口

> **要点提示**
> 选择【工具】/【程序参数设置】命令，弹出【程序参数设置】对话框，可以设置用户习惯的快捷键。

2. 编辑图像

(1) 选择标注样式。

① 在【SnagIt 编辑器】上方单击拖拉(D)按钮，切换至【拖拉】选项卡。

② 在【绘图工具】选项组中单击图标，打开【样式】选项组。

③ 在【样式】面板中选择样式，如图 7-14 所示。

图7-14 选择标注样式

> **要点提示**
> 单击【样式】选项组右侧的、和按钮可切换不同的样式。

(2) 添加并设置标注。

① 在捕获的图像上按住鼠标左键不放，拖曳鼠标确定标注框的大小，调至适当大小后释放鼠标，即可创建一个标注框。

② 单击标注框中间的空白处，然后输入标注文字“单击注册新账号”。

③ 将鼠标指针移动到标注上，当鼠标指针变成✥图标时，按住鼠标左键不放移动标注，如图 7-15 所示。

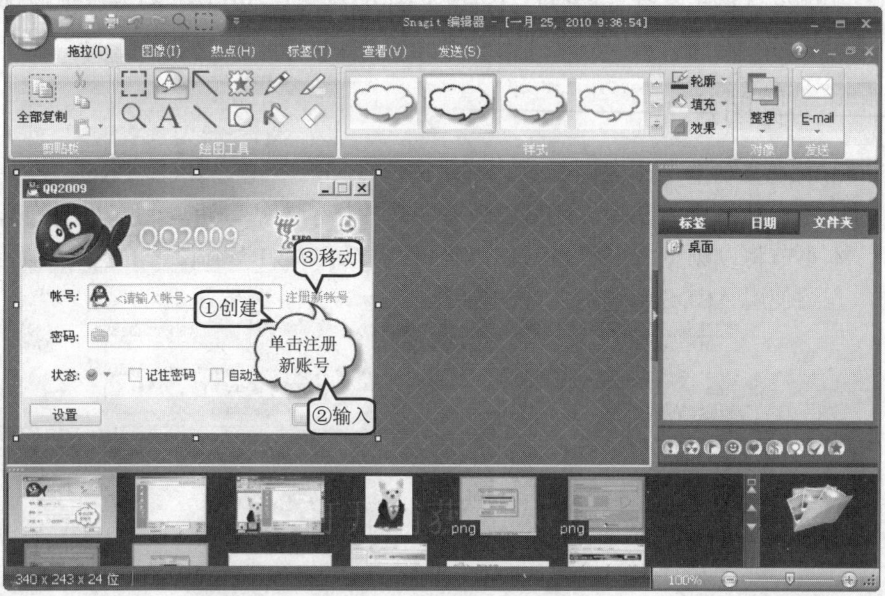

图7-15 添加并设置标注

(3) 添加边缘效果。

① 在【SnagIt 编辑器】窗口上方单击 图像(I) 按钮，切换到【图像】选项卡。

② 在【图像样式】选项组中选择 样式，为捕获的图像添加边缘效果，如图 7-16 所示。

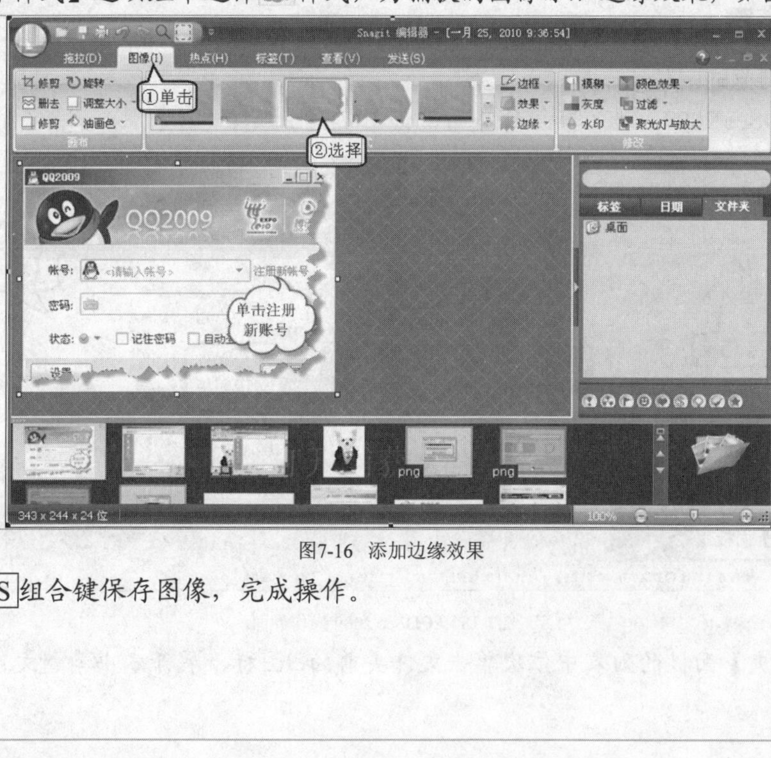

图7-16 添加边缘效果

③ 按 Ctrl+S 组合键保存图像，完成操作。

7.2 图像管理工具——ACDSee

ACDSee 是目前流行的数字图像管理软件，广泛应用于图片的获取、管理、浏览和优化等方面，可以轻松地处理数码影像。ACDSee 支持多种格式的图形文件，并能完成格式间的相互转换，还能进行批量处理。同时，ACDSee 还能处理如 MPEG 之类常用的视频文件。本节将以 ACDSee 2009 版本为例进行详细介绍。

7.2.1 浏览图片

ACDSee 的主要功能是浏览图片，它可以浏览 BMP、GIF、JPG、PNG、PSD、TGA、TIFF 和 TTF 等各种格式的图片，还可以改变图片的显示方式，进入幻灯片浏览器或浏览多张图片等。本小节将以浏览本书素材文件“素材\第 7 章\7.2.1”文件下的图片（如图 7-17 所示）为例，介绍使用 ACDSee 浏览图片的方法。

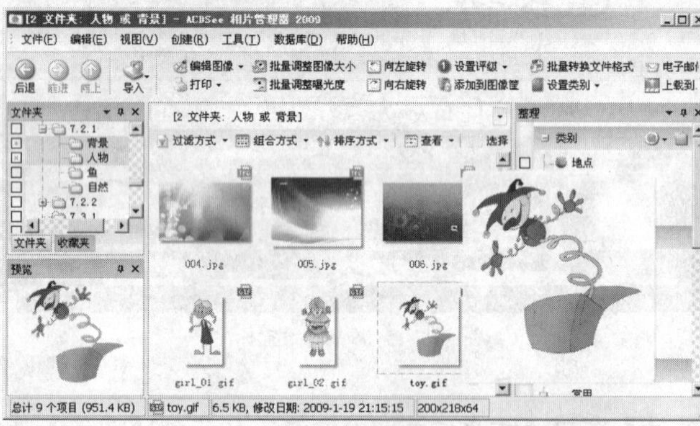

图7-17 浏览图片

操作步骤

1. 打开浏览的图片

(1) 启动 ACDSee 2009，进入其操作界面，如图 7-18 所示。

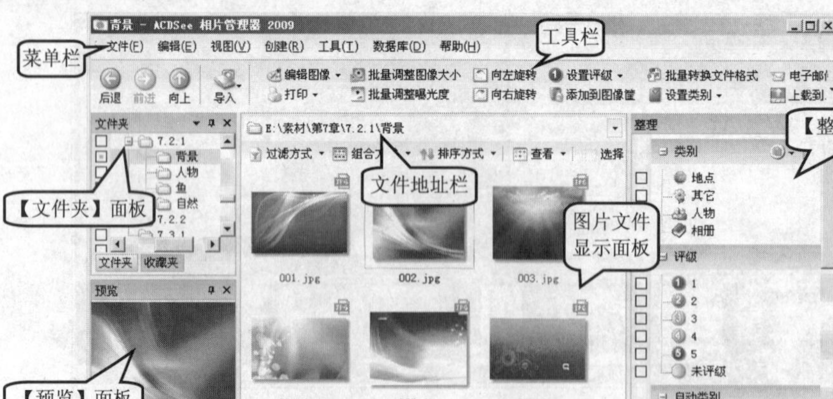

图7-18 ACDSee 2009 操作界面

(2) 在【文件夹】面板的列表中依次单击文件夹前的⊞图标，展开本书素材文件“素材\第 7

章\7.2.1\自然”文件夹，在右侧的图片文件显示面板中便可浏览到“自然”文件夹中的所有图片，如图 7-19 所示。

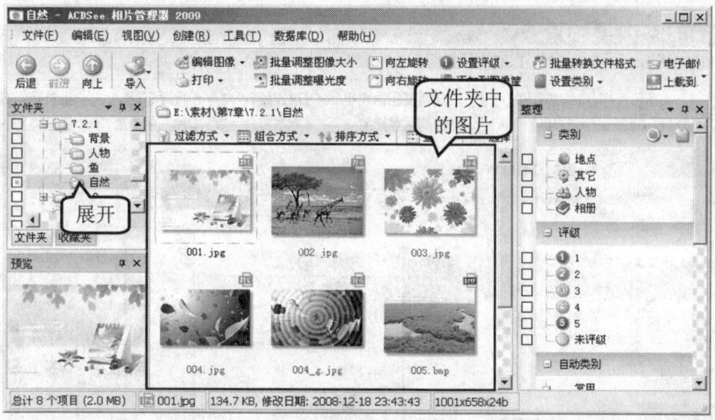

图7-19 浏览文件夹的图片

> **要点提示**
> 在【文件夹】面板的左侧有一列垂直的复选框，勾选复选框则可以显示复选框右侧的文件夹中所包含的内容，从而实现多个文件夹中图片的浏览，如图 7-20 所示。

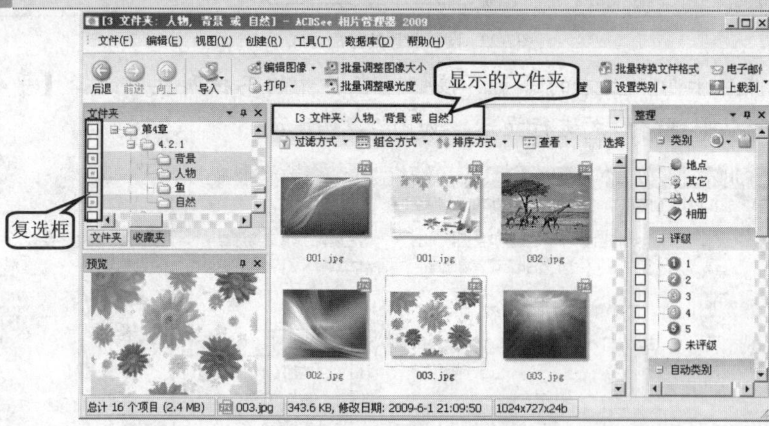

图7-20 同时浏览多个文件夹的图片

(3) 在图片文件显示面板中选中需要浏览的图片，将会弹出一个窗口放大显示该图片，在左下角的【预览】面板中也会显示此图片，如图 7-21 所示。

图7-21 选中并浏览图片

2. 选择浏览方式

(1) 单击图片文件显示面板上方的排序方式按钮，在打开的下拉列表中选择【图像类型】选项，此时图片就会按图像类型进行排序，如图 7-22 所示。

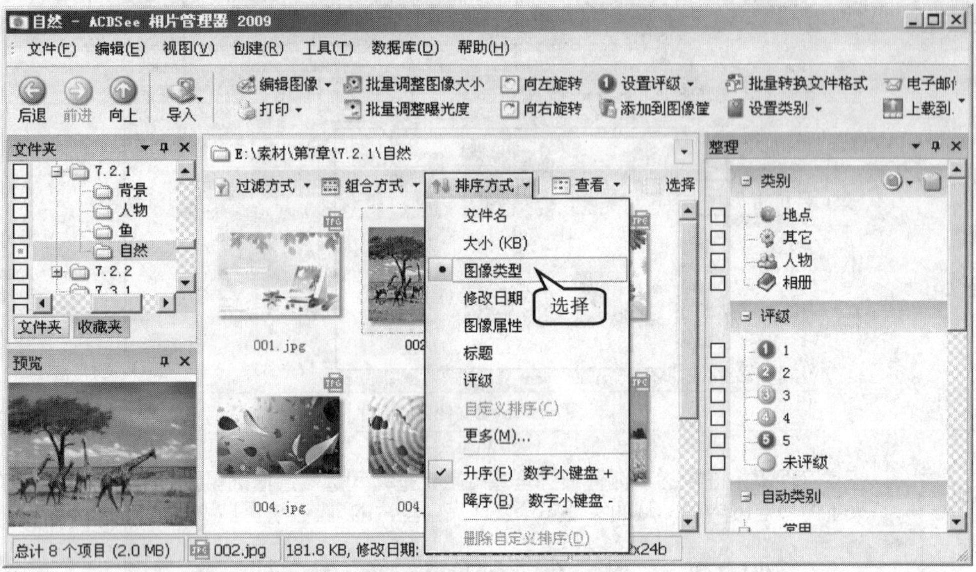

图7-22 设置图片的排序方式

(2) 单击图片文件显示面板上方的查看按钮，在打开的下拉列表中选择【平铺】选项，此时图片就会以平铺的形式进行显示，如图 7-23 所示。

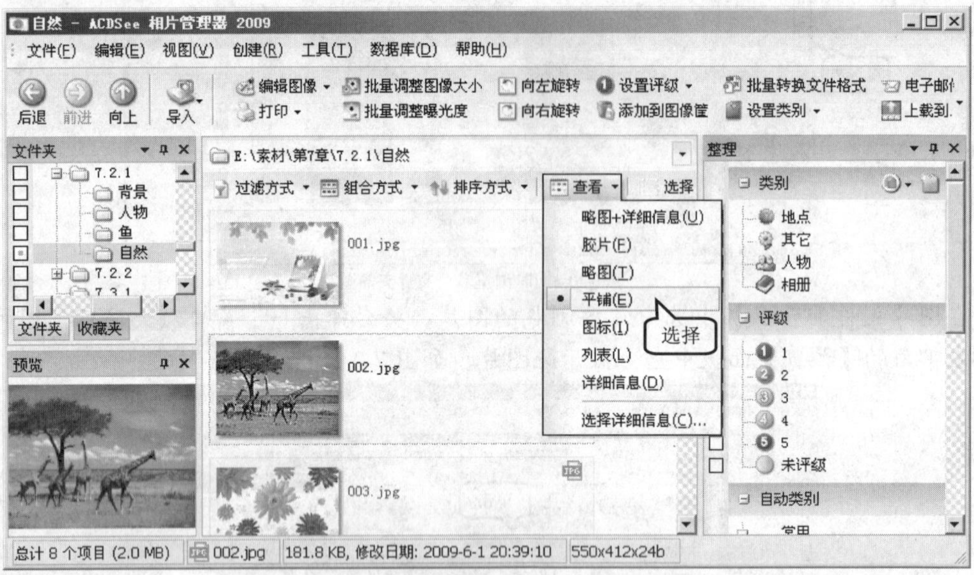

图7-23 选择平铺的方式显示图片

(3) 双击图片文件显示面板中的“001.jpg”图片，即可打开图片查看器窗口预览图片，如图 7-24 所示。

(4) 在图片查看器窗口中单击主工具栏中的按钮，使图片逆时针旋转 90°，如图 7-25 所示。

图7-24 【图片查看器】窗口

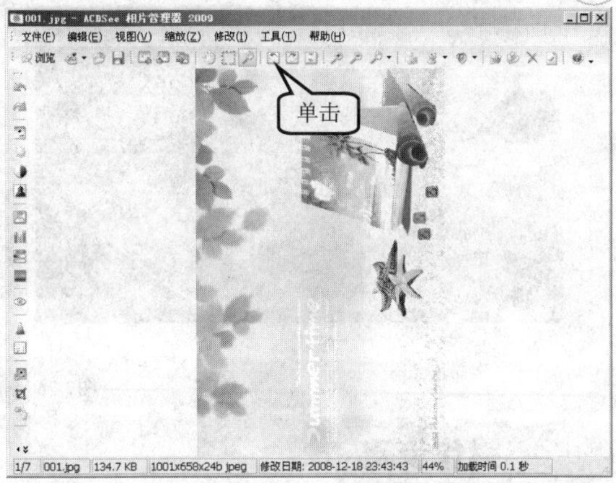

图7-25 旋转图片

(5) 单击主工具栏中的按钮，可保存旋转后的图片。

图片查看器窗口主工具栏中的常用工具按钮及其功能如表 7-1 所示。

表 7-1 主工具栏的常用工具按钮及功能

图 标	功 能
	用于返回到 ACDSee 的主界面
	用于进入当前图片的编辑模式
	用于跳到上一幅图片，或按快捷键 PageUp 键或按左方向键
	用于跳到下一幅图片，或按快捷键 PageDown 键或按右方向键
	用于以幻灯片的形式自动播放各个图片，直到再单击此按钮结束
	放大图像后可单击该按钮拖曳图像进行浏览
	用于对图像进行左旋转，每单击按钮一次将图片逆时针旋转 90°
	用于对图像进行右旋转，每单击按钮一次将图片顺时针旋转 90°
	用于放大图像
	用于缩小图像
	用于对图像的显示进行详细的调整
	用于将当前的图片设置为桌面墙纸

7.2.2 编辑图片

ACDSee 除了具有图片浏览功能外，还提供了强大的图片编辑功能，拥有去除红眼、剪切图像、锐化、浮雕特效、曝光调整、旋转和镜像等功能，让用户可以轻松处理数码影像。本例将以对一张图片添加波纹效果为例，让用户初步了解 ACDSee 的编辑功能，编辑前后的效果如图 7-26 所示。

编辑前　　　　编辑后

图7-26　编辑前后的效果

操作步骤

1. 进入编辑模式

(1) 启动 ACDSee，进入其操作界面。

(2) 进入编辑模式。

① 展开本书素材文件“素材\第 7 章\7.2.1\自然”文件夹。

② 在图片文件显示面板中选中名为“004.jpg”的图片。

③ 在工具栏中单击 编辑图像 按钮，进入图片编辑模式，如图 7-27 所示。

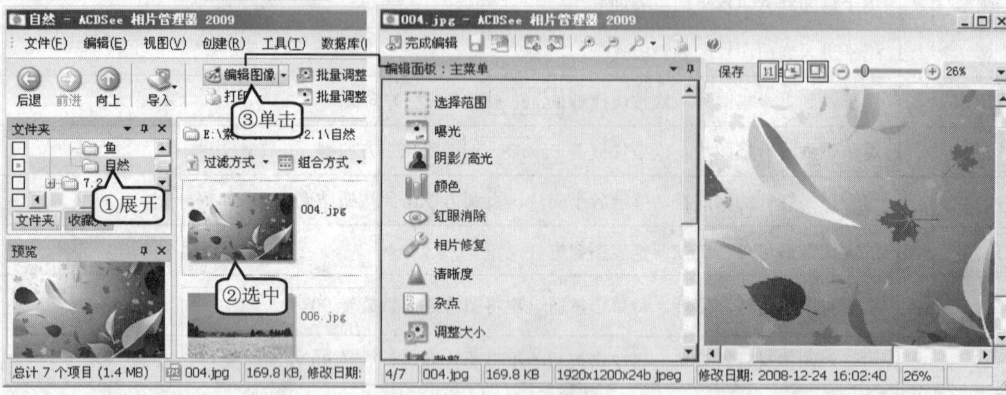

图7-27　进入编辑模式

2. 为图像添加波纹效果

(1) 在【编辑面板：主菜单】面板中单击 效果 按钮，切换到【编辑面板：效果】面板，如图 7-28 所示。

图7-28　切换到【编辑面板：效果】面板

(2) 添加波纹效果。

① 在【选择类别】下拉列表中选择【扭曲】选项。

② 在【双击效果以运行它】栏中双击选中【波纹】效果，并进入【编辑面板：波纹】面板。

③ 设置【振幅】为“6”，【波长】为“20”，如图 7-29 所示。

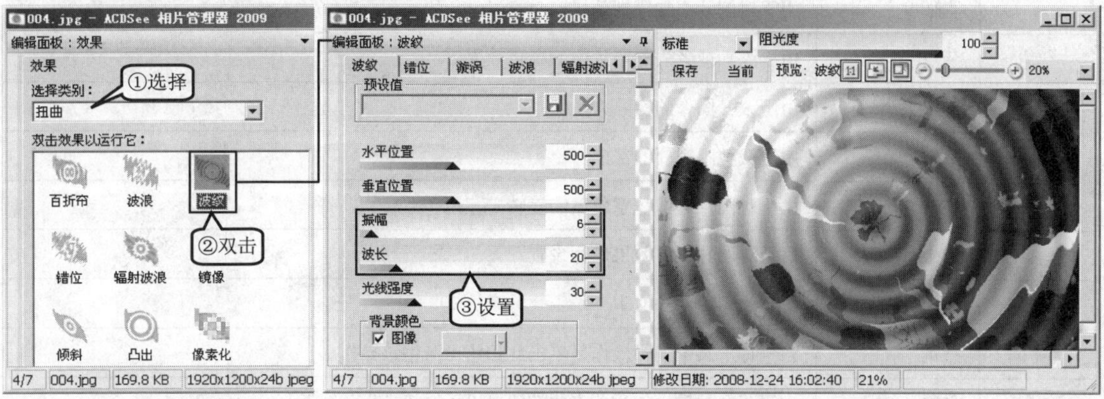

图7-29 添加波纹效果

3. 保存效果

(1) 在【编辑面板：波纹】面板中单击 完成 按钮，回到【编辑面板：效果】面板。

(2) 在【编辑面板：效果】面板中单击 完成 按钮，回到【编辑面板：主菜单】面板。

(3) 在【编辑面板：主菜单】面板中单击按钮，保存编辑后的图像，如图 7-30 所示。

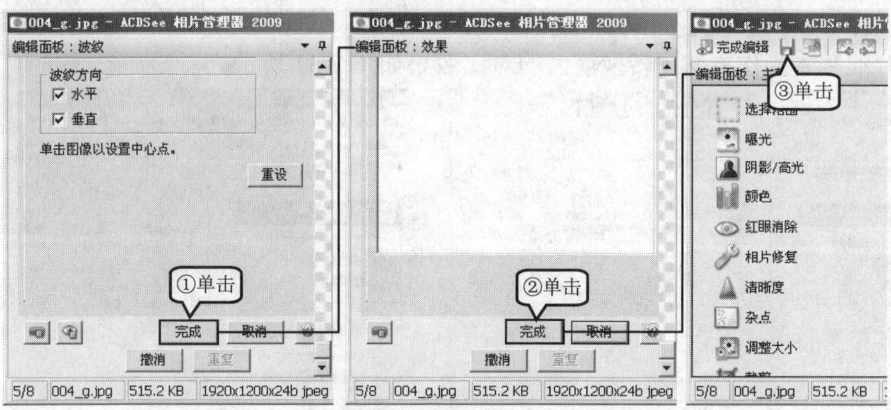

图7-30 保存波纹效果

在【编辑面板：主菜单】面板中常用的按钮名称及功能如表 7-2 所示。

表 7-2 【编辑面板：主菜单】面板中常用的按钮名称及功能

图 标	名 称	功 能
	选择范围	用于选择图片中需要的范围
	曝光	用于调整图片对比度和颜色
	阴影/高光	用于修正太暗或太亮的图片
	颜色	用于调整图片中的红、绿、蓝 3 种颜色值
	红眼消除	用于去除图片中的红眼

续表

图　标	名　称	功　能
	相片修复	用于对图片局部进行颜色上的修复
	清晰度	用于对图片添加模糊效果
	杂点	用于添加或者去除图片中的杂点效果
	调整大小	用于改变图像的实际大小
	裁剪	用于裁剪不需要的部分
	旋转	用于对图片进行任意角度的旋转
	效果	用于对图片整体效果进行设置
	添加文本	用于为图片添加文本
	撤销	当执行了某个编辑操作后单击此按钮可撤销该操作
	重复	撤销某个编辑操作后单击此按钮可以还原该操作

7.2.3 批量修改图片

ACDSee 除了可以对单一的图片文件进行简单的管理外，还可以进行批量的修改，包括批量重命名、复制、移动、转换图片格式、调整图片大小和颜色等操作。本节将以使用 ACDSee 将 JPG 格式的图片文件批量转换成 GIF 格式的图片文件为例来介绍 ACDSee 批量修改图片的基本操作方法，转换前后的对比效果如图 7-31 所示。

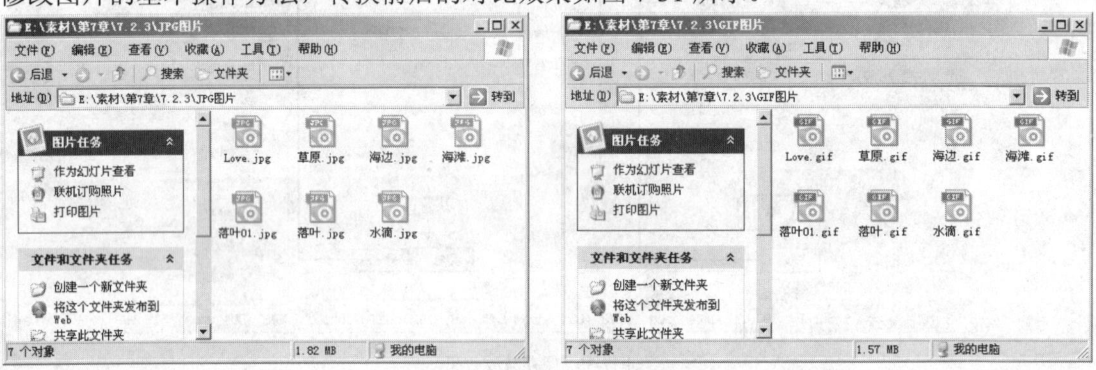

转换前　　　　转换后

图7-31　转换前后的对比效果

操作步骤

1. 打开转换工具

(1) 启动 ACDSee，进入其操作界面。

(2) 打开转换工具。

① 展开本书素材文件“素材\第 7 章\7.2.1\JPG 图片”文件夹。

② 在图片文件显示面板中框选所有的图片。

③ 在菜单栏中选择【工具】/【转换文件格式】命令，弹出【批量转换文件格式】对话框，如图 7-32 所示。

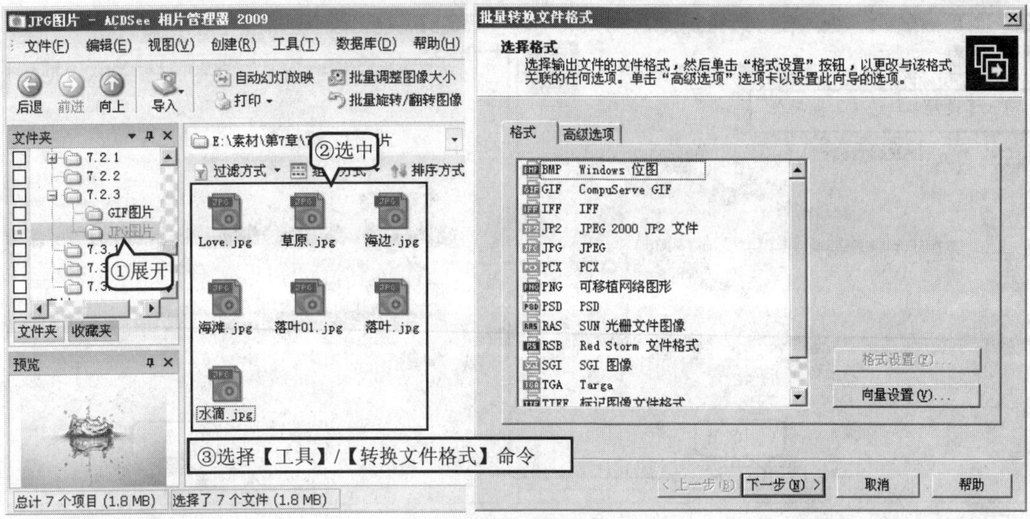

图7-32 打开转换工具

2. 设置转换向导1

(1) 在【选择格式】向导页的【格式】选项卡中选择【GIF】格式。

(2) 单击 下一步(N) > 按钮，进入【设置输出选项】向导页。

(3) 点选【将修改后的图像放入以下文件夹】单选项。

(4) 单击 浏览(B)... 按钮，在弹出的【浏览文件夹】对话框中指定转换格式后的图片保存位置，最终效果如图 7-33 所示。

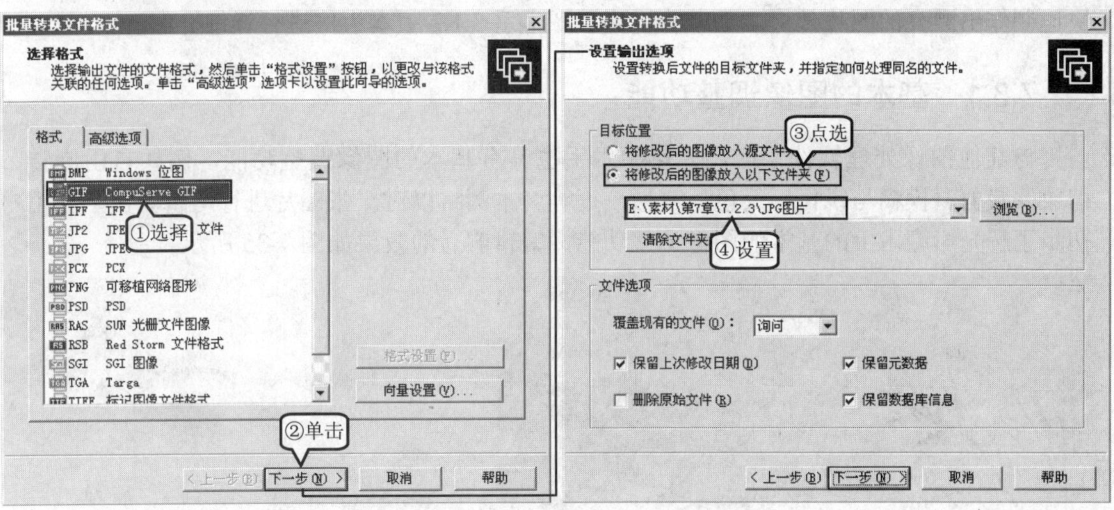

图7-33 设置转换向导1

3. 设置转换向导2

(1) 单击 下一步(N) > 按钮，进入【设置多页选项】向导页，其主要针对 CDR 格式的图片，这里保持默认设置即可。

(2) 单击 开始转换(C) 按钮，进入【转换文件】向导页。

(3) 文件转换结束后单击 完成 按钮即完成此次操作，如图 7-34 所示。

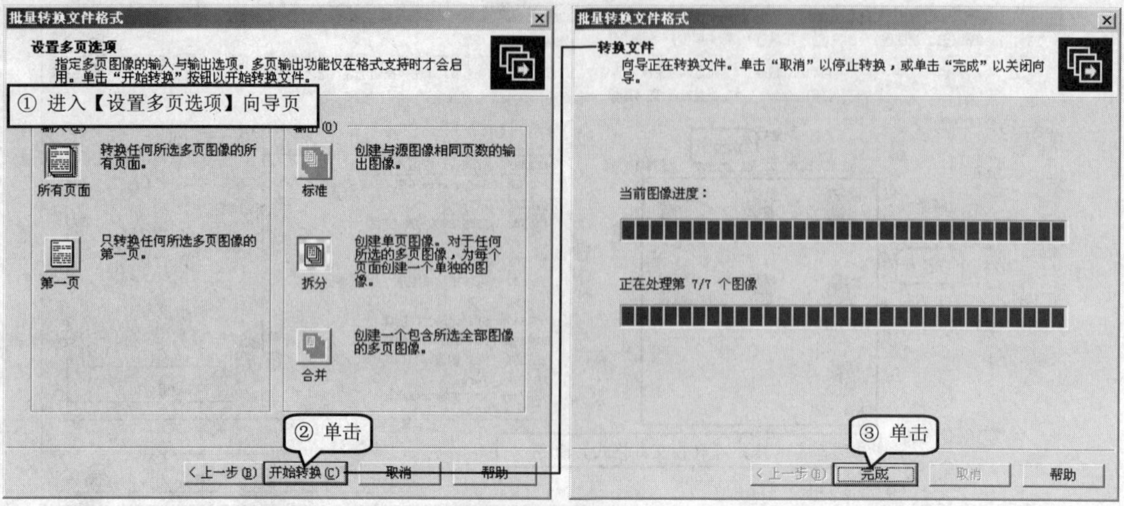

图7-34 设置转换向导 2

7.3 图像处理工具—— 光影魔术手

光影魔术手是一款改善图片画质以及个性化处理图片的软件，其简单、易用，除了图像的基本处理功能外，还可以制作精美相框、艺术照、专业胶片等效果，让每一位用户都能快速制作出漂亮的图片效果。本节将以光影魔术手 3.1.2 版本为例进行详细介绍。

7.3.1 基本的图像调整功能

与其他图像处理软件一样，光影魔术手也具有基本的图像调整功能，例如自由旋转、缩放、裁剪、模糊与锐化、反色、变形校正等。本例将以对一张图片进行剪辑为例，让用户初步了解光影魔术手的基本的图像调整功能，编辑前后的效果如图 7-35 所示。

编辑前　　编辑后

图7-35 编辑图像前后的效果

操作步骤

1. 打开要处理的图片

(1) 启动光影魔术手 3.1.2，进入其操作界面，如图 7-36 所示。

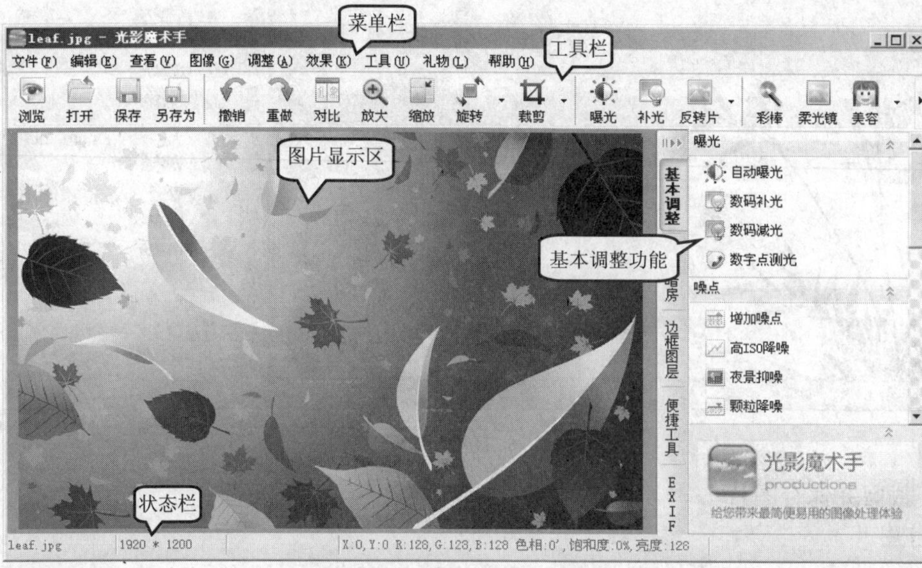

图7-36 光影魔术手 3.1.2 版操作界面

(2) 打开图像。

① 单击【工具栏】中的打开按钮，弹出【打开】对话框。

② 在【打开】对话框中选择本书素材文件“素材\第 7 章\7.3.1\ wash.jpg”。

③ 单击 打开(O) 按钮，如图 7-37 所示。

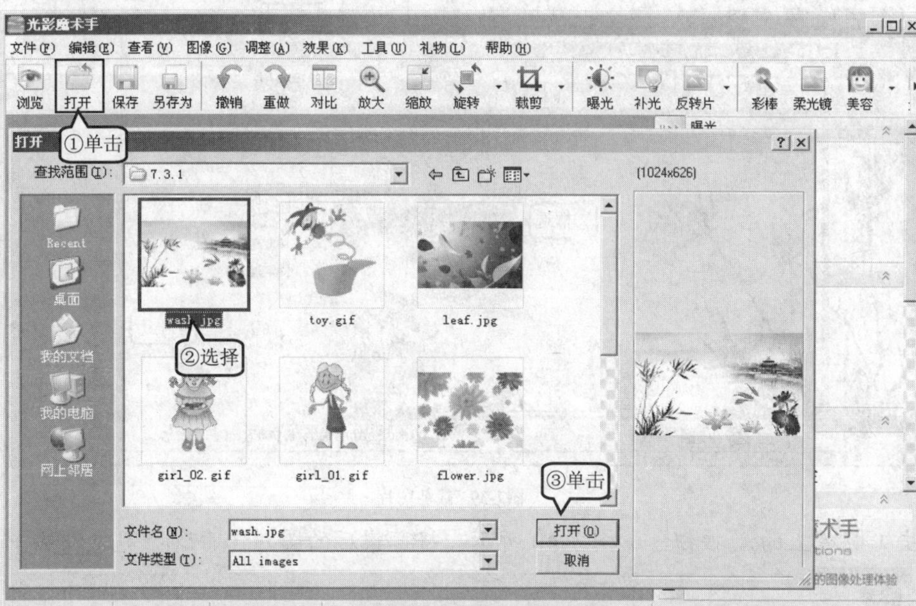

图7-37 打开编辑图像

④ 光影魔术手将打开选中的图像，如图 7-38 所示。

图7-38 打开的图像效果

2. 裁剪并保存图片

(1) 裁剪图片。

① 单击【工具栏】中的 按钮，弹出【裁剪】对话框。

② 在【裁剪】对话框中按住鼠标左键不放，拖曳鼠标框选用户需要保留的部分。

③ 单击 确定 按钮剪辑图片，如图 7-39 所示。

图7-39 裁剪图片

(2) 单击工具栏上的 按钮，如图 7-40 所示，将剪辑后的图片保存到指定文件夹中。

> **要点提示**
> 在保存图片时，如果单击工具栏上的 按钮，那么修改后的图片就会直接替换原始图片。

图7-40 剪辑效果

7.3.2 解决数码照片的曝光问题

在使用数码相机拍摄照片时，经常会因为天气、时间、光线、技术等原因而使拍摄的照片过亮、过黑或者没有对比度、层次和暗部细节等缺陷，这就是通常所说的曝光不足和曝光过度。光影魔术手提供的自动曝光、数码补光和白平衡等功能可以解决数码拍摄时出现的问题。本小节将以处理部分区域曝光不足的照片为例，介绍使用光影魔术手解决数码拍摄问题的方法和技巧，操作前后的对比效果如图 7-41 所示。

处理前　　处理后

图7-41 图像处理前后的效果

操作步骤

1. 打开需要处理的图片

(1) 启动光影魔术手，进入其操作界面。

(2) 打开本书素材文件 “素材\第 7 章\7.3.2\曝光不足.jpg”，如图 7-42 所示。

图7-42 打开曝光不足的图片

2. 选择数码补光功能

(1) 单击工具栏中的按钮，软件将自动提高暗部的亮度，同时，亮部的画质不受影响，效果如图 7-43 所示。

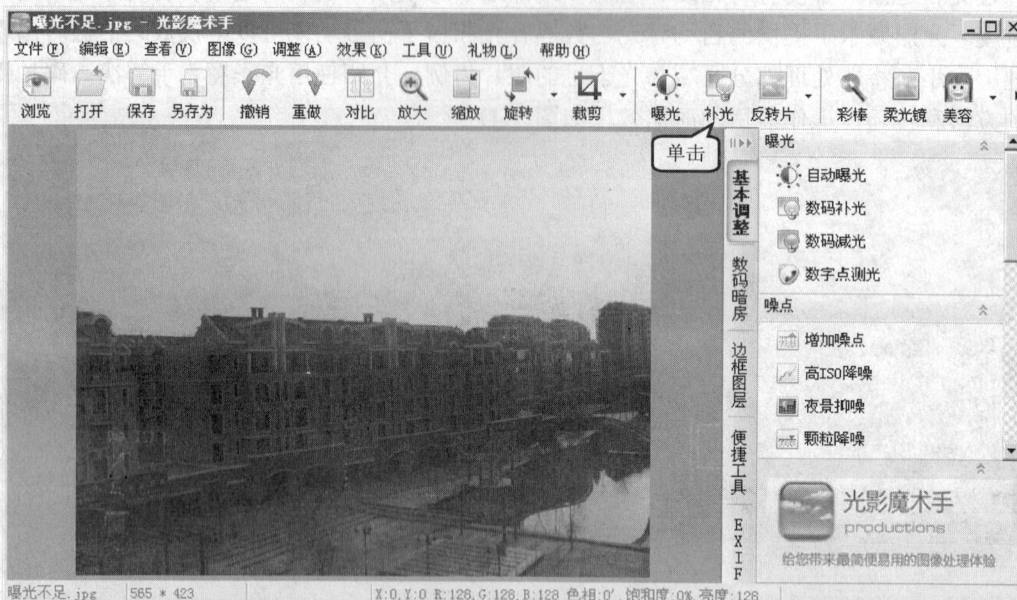

图7-43 通过补光功能调整曝光度

(2) 单击按钮 4～5 次，直至显示效果如图 7-44 所示。

(3) 单击工具栏上的按钮，将处理后的图片保存到指定文件夹中。

图7-44 再补光 4～5 次

7.3.3 制作个人艺术照

随着人们生活水平的不断提高，精神生活的追求也越来越高，艺术照也随之进入了人们的生活视野。本小节将通过一张艺术照片的制作过程来说明光影魔术手在人像方面的处理功能和添加边框文字的功能，图像处理前后的对比效果如图 7-45 所示。

处理前

处理后

图7-45 图像处理前后的对比效果

操作步骤

1. 打开个人照片

(1) 启动光影魔术手，进入其操作界面。

(2) 打开本书素材文件“素材\第 7 章\7.3.3\girl.jpg”，如图 7-46 所示。

图7-46 打开个人照片

2. 制作影楼人像

(1) 在菜单栏中选择【效果】/【影楼风格人像照】命令，弹出【影楼人像】对话框。
(2) 在【色调】下拉列表中选择【冷绿】选项。
(3) 单击 确定 按钮，制作冷绿的影楼人像效果，如图 7-47 所示。

图7-47 制作影楼人像效果

3. 制作边框

(1) 选择【工具】/【花样边框】命令，弹出【花样边框】对话框。
(2) 在【花样边框】对话框中的边框样式中选中“可爱蛋蛋-1”边框样式。
(3) 单击 确定 按钮，添加边框效果，如图 7-48 所示。

图7-48 制作边框

4. 添加文字

(1) 添加文字1。

① 在菜单栏中选择【工具】/【自由文字与图层】命令，弹出【自由文字与图层】对话框。

② 在【自由文字与图层】对话框中单击 汉 文字 按钮，弹出【插入文字】对话框。

③ 在【插入文字】对话框中的【文字】输入框中输入文本“微笑”。

④ 设置【字体】为“文鼎霹雳体”，字体大小为“200”，字体颜色为“白色”。

⑤ 单击 确定 按钮，添加文字，如图7-49所示。

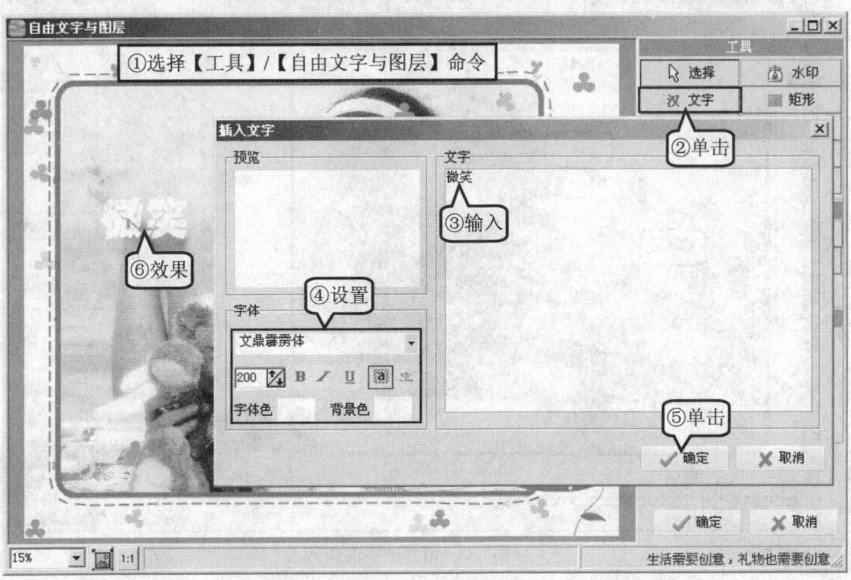

图7-49 添加文字“微笑”

(2) 添加文字 2。

① 在【自由文字与图层】对话框中单击 汉 文字 按钮，弹出【插入文字】对话框。

② 在【插入文字】对话框中的【文字】输入框中输入文本“每一天”。

③ 设置【字体】为“文鼎霹雳体”，字体大小为“100”，字体颜色为“白色”。

④ 单击 ✓确定 按钮，添加文字，效果如图 7-50 所示。

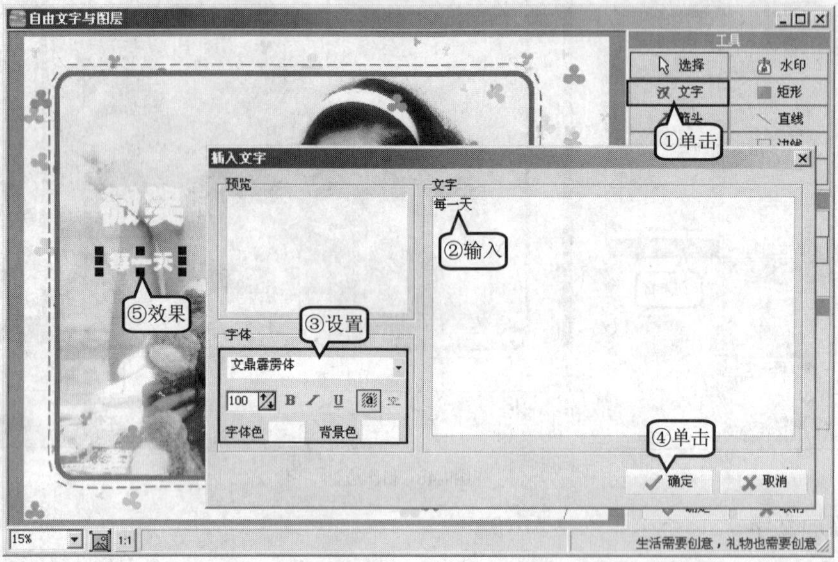

图7-50 添加文字“每一天”

(3) 调整文字的位置。

① 双击选中文字“微笑”，拖曳鼠标移动文字至人物的脚上方。

② 双击选中文字“每一天”，拖曳鼠标移动文字至“微笑”的后面。

③ 单击 ✓确定 按钮完成文字的添加，如图 7-51 所示，并返回主操作界面，如图 7-52 所示。

图7-51 调整文字的位置

图7-52　最终编辑效果

④　单击工具栏上面的另存为按钮，将制作完成的艺术照片保存到指定文件夹中。

7.4 GIF 动画制作工具—— Ulead GIF Animator

GIF 动画由于其“体型”很小，使用方便灵活，在互联网上得到广泛使用。Ulead GIF Animator 是友立公司出版的动画 GIF 制作软件，内建的 Plugin（一种计算机应用程序，它和主应用程序互相交互，以提供特定的功能）模块有许多现成的特效可以立即套用，可将 AVI 文件转成动画 GIF 文件，而且还能将动画 GIF 图片最佳化，给放在网页上的动画 GIF 图档“减肥”，以便让人能够更快速地浏览网页。本节将以 Ulead GIF Animator 5 版本为例进行详细介绍。

7.4.1　图像 GIF 动画

常见的 GIF 动画都是通过一张张的图片组合而成的，下面将介绍使用多张图片的组合来制作 GIF 动画的操作方法，操作效果如图 7-53 所示。

图7-53　图像 GIF 动画效果

操作步骤

1. 设置场景

(1)　启动 Ulead GIF Animator 5，进入其操作界面，如图 7-54 所示。

> **要点提示**
> Ulead GIF Animator 第 1 次启动成功后会弹出如图 7-55 所示的【启动向导】对话框，为用户提供动画制作方案。本书中不使用该功能，所以在【启动向导】对话框中勾选【下一次不显示这个对话框】复选框，下次运行时软件就不会再弹出【启动向导】对话框了。

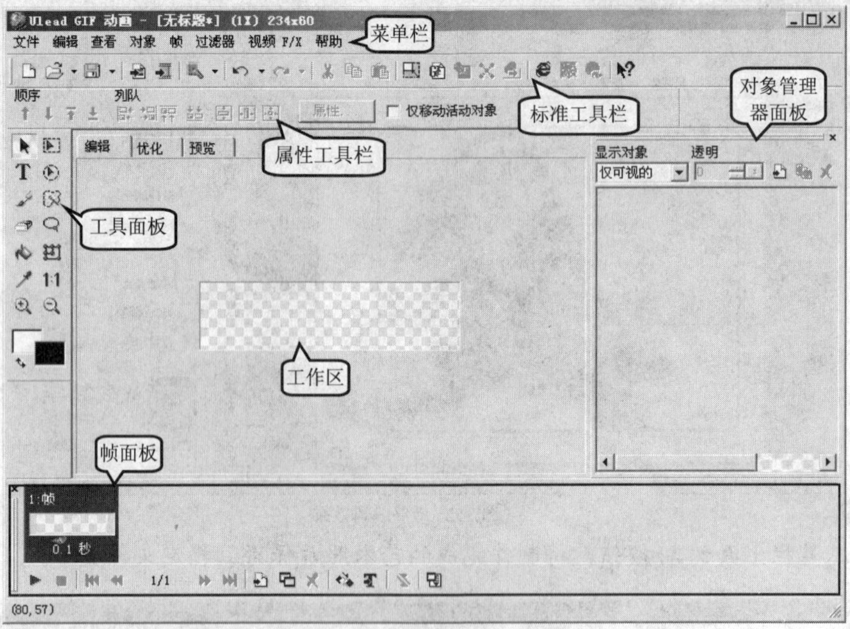

图7-54 Ulead GIF Animator 5 操作界面

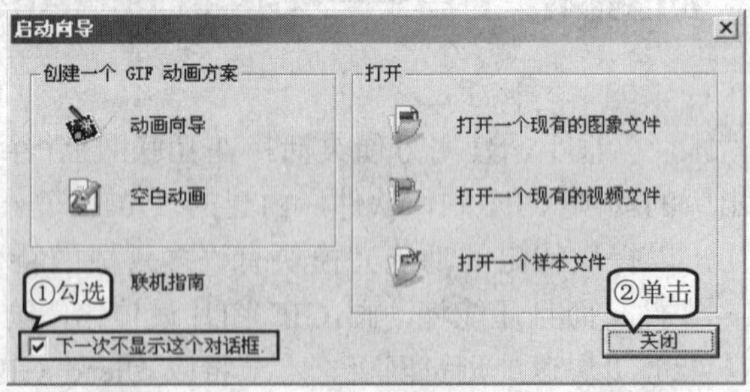

图7-55 【启动向导】对话框

(2) 设置场景大小。

① 按Ctrl+G组合键，弹出【画布尺寸】对话框。

② 在【画布尺寸】对话框中取消勾选【保持外表比率】复选框。

③ 设置【宽度】为“550”、【高度】为“400”。

④ 单击 确定 按钮完成设置，最终的操作效果如图 7-56 所示。

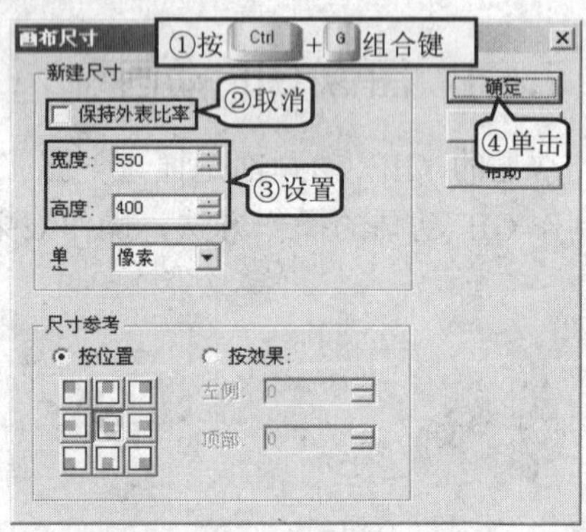

图7-56 设置场景大小

2. 制作动画

(1) 添加图片 1。

① 单击标准工具栏上的按钮，弹出【添加图像】对话框。

② 在【添加图像】对话框中打开本书素材文件“素材\第 7 章\7.4.1\01.png”图像文件。

③ 单击 打开(O) 按钮，将图片添加到舞台中，如图 7-57 所示。

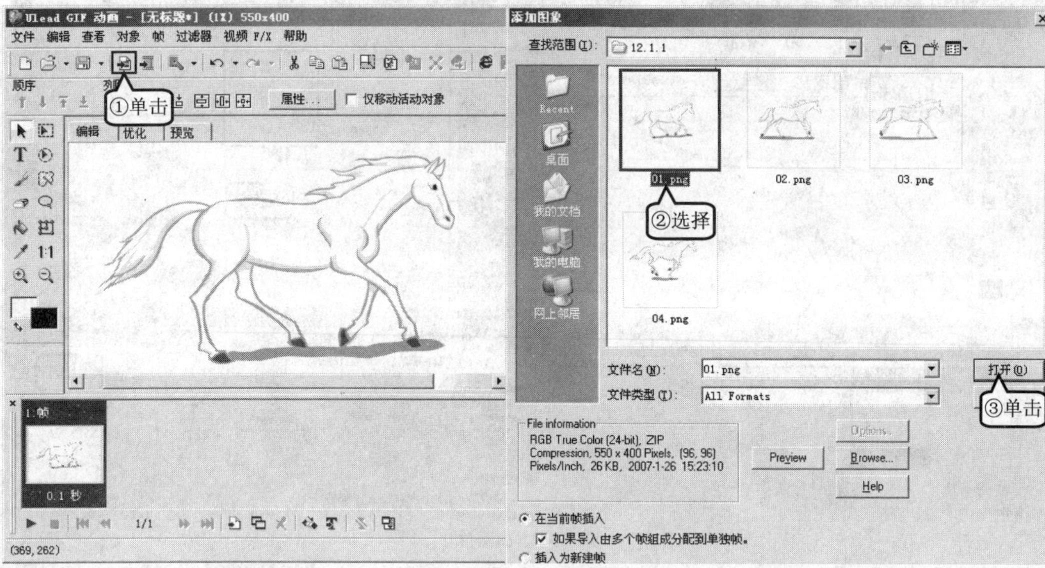

图7-57 添加图片 1

④ 单击【帧】面板上的[按钮]按钮，添加一个空白帧，如图 7-58 所示。

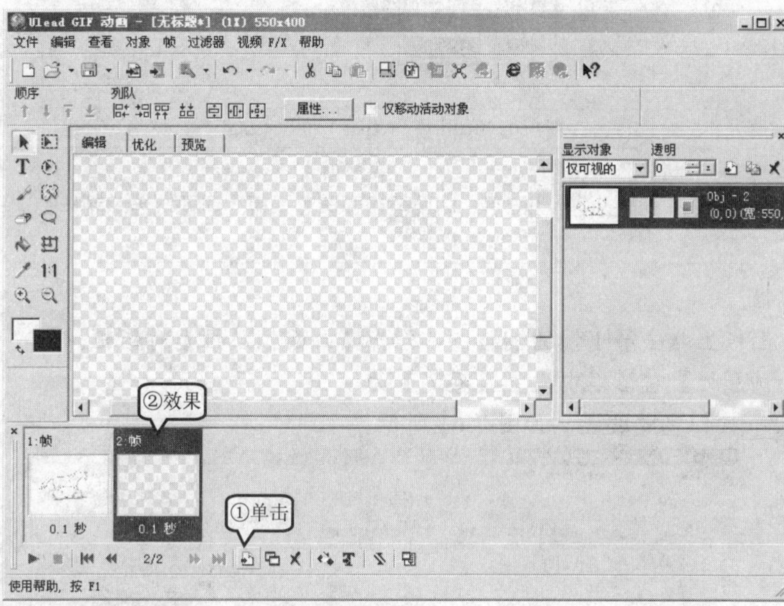

图7-58 添加一个空白帧

> **要点提示** 选中帧后按 Del 键可删除选中的帧。

(2) 添加图片 2。

① 单击标准工具栏上的[按钮]按钮，弹出【添加图像】对话框。

② 在【添加图像】对话框中打开本书素材文件“素材\第 7 章\7.4.1\02.png”图像文件。

③ 单击 打开(O) 按钮，将图片添加到舞台中，如图 7-59 所示。

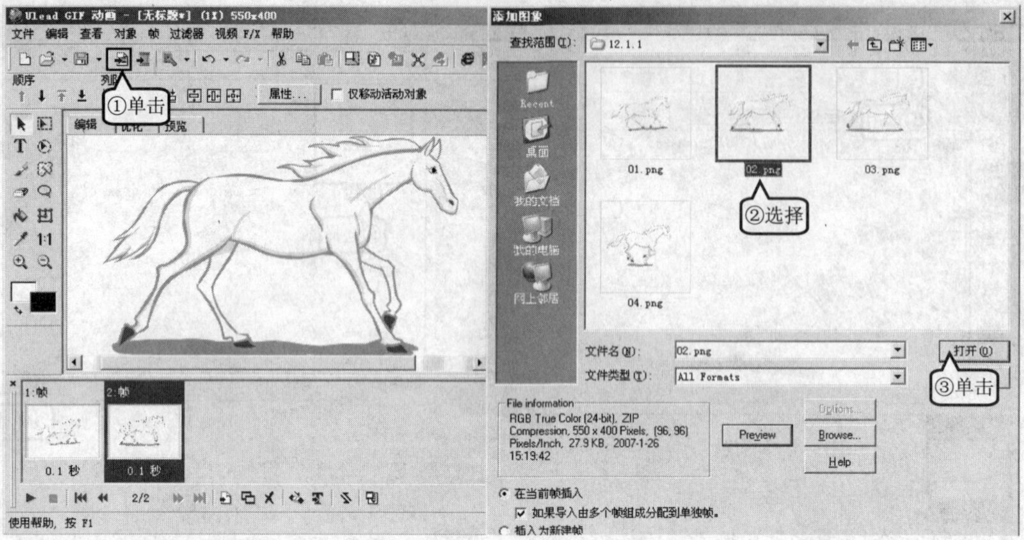

图7-59 添加图片2

④ 用同样的方法添加图片"03.png"和"04.png"，如图 7-60 所示。

图7-60 添加图片"03.png"和"04.png"

> **要点提示** 单击场景右上角的 预览 按钮，切换至【预览】面板，可预览当前制作的动画。

(3) 设置帧属性。

① 在【帧】面板上双击第 1 帧的缩略图，弹出【画面帧属性】对话框。

② 在【画面帧属性】对话框中设置【延迟】为"20"。

③ 单击 确定 按钮完成设置，如图 7-61 所示。

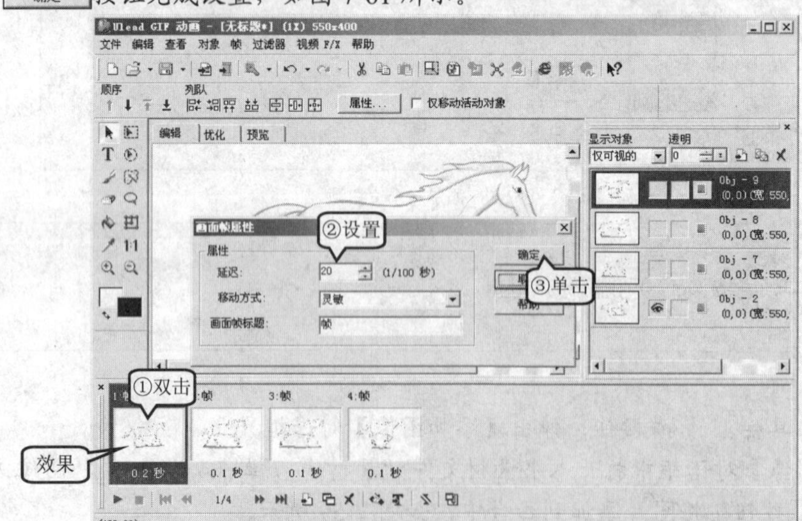

图7-61 设置帧属性

④ 用同样的方法设置其他帧的帧属性，如图 7-62 所示。

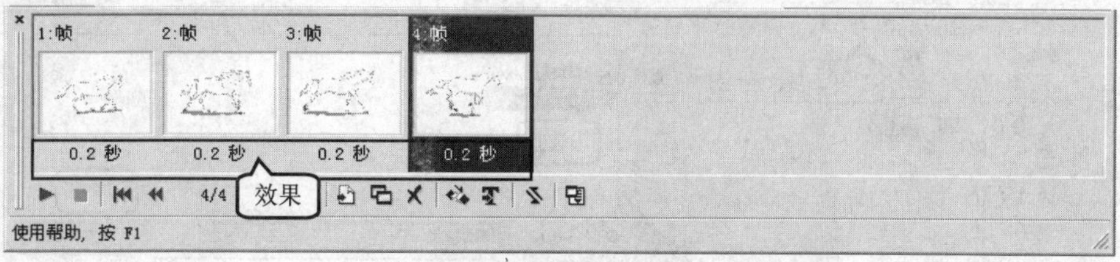

图7-62 其他帧的帧属性

(4) 导出 GIF 图片。

① 在菜单栏中选择【文件】/【另存为】/【GIF 文件】命令，弹出【另存为】对话框。

② 在【另存为】对话框中设置【文件名】为“奔跑的马”。

③ 单击 保存(S) 按钮，将当前文件保存为 GIF 图片，如图 7-63 所示。

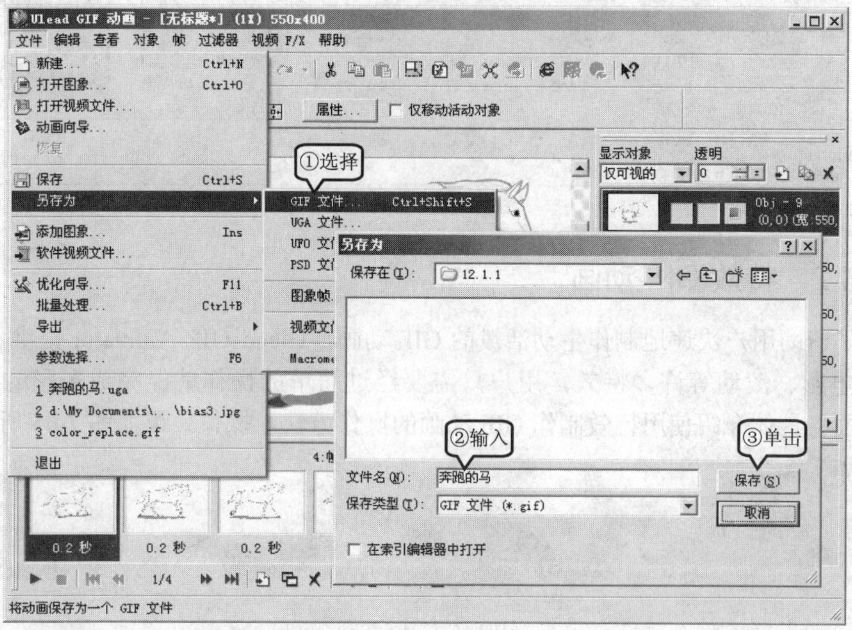

图7-63 导出 GIF 图片

④ 按下 Ctrl+S 组合键保存动画制作源文件，以便以后对动画进行修改。

知识链接 ——将视频转成 GIF 动画

下面介绍将视频转成 GIF 动画的方法。

(1) 启动 Ulead GIF Animator 5，进入其操作界面。

(2) 将视频转成 GIF 动画。

① 单击标准工具栏上的按钮，弹出【添加视频文件】对话框。

② 选择本书素材文件“素材\第 7 章\7.4.1\舞动精灵.mov”视频文件。

③ 单击 打开(O) 按钮，弹出【插入帧选项】对话框。

④ 在【插入帧选项】对话框中点选【插入为新建帧】单选按钮。

⑤ 单击 确定 按钮，即可将视频导入到场景中，如图 7-64 所示。

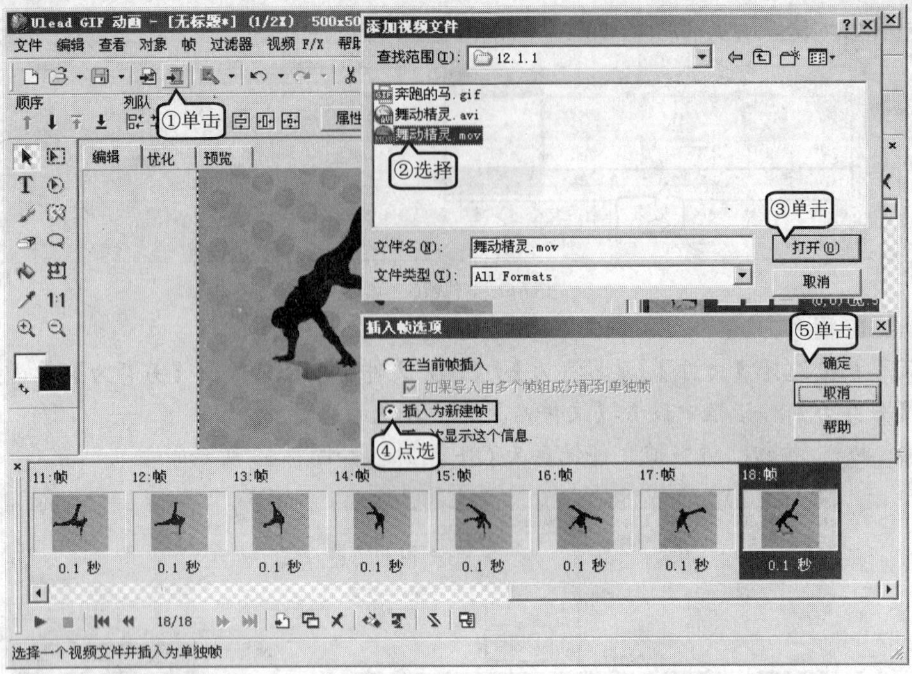

图7-64 将视频转成GIF动画

7.4.2 特效GIF动画

为了帮助用户快速地制作生动活泼的GIF动画，Ulead GIF Animator提供了3D、F/X、擦除、电影、滚动等许多特效，用户只需要经过简单的操作就能完成多彩的GIF动画效果。下面将具体介绍使用特效制作GIF动画的操作方法，操作效果如图7-65所示。

图7-65 特效GIF动画效果

操作步骤

1. 设置场景

(1) 启动Ulead GIF Animator，进入其操作界面。

(2) 设置场景大小。

① 按Ctrl+G组合键，弹出【画布尺寸】对话框。

② 在【画布尺寸】对话框中取消勾选【保持外表比率】复选框。

③ 设置【宽度】为“400”、【高度】为“260”。

④ 单击 确定 按钮完成设置，如图7-66所示。

2. 添加图片

(1) 添加第1帧图片。

(2) 单击标准工具栏上的按钮，弹出【添加图像】对话框。

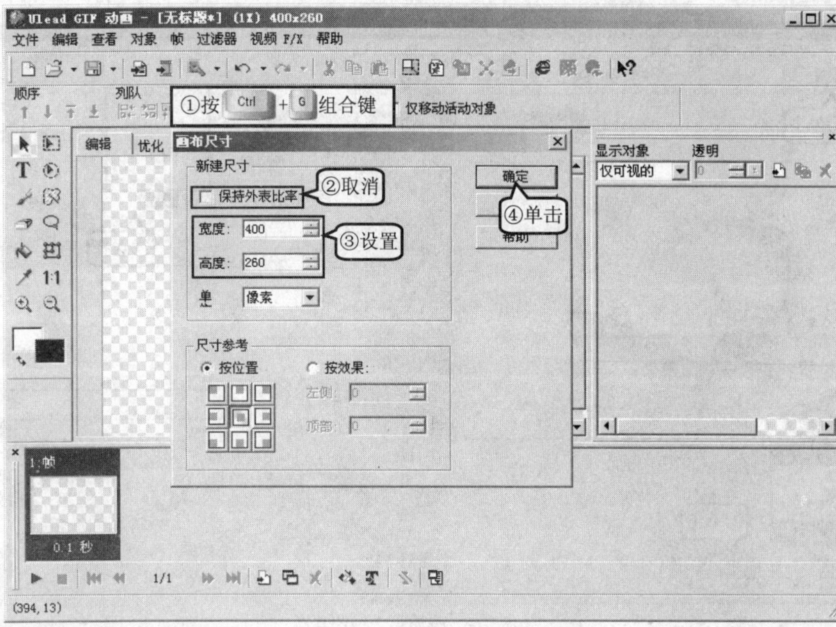

图7-66 设置场景大小

(3) 选中本书素材文件“素材\第 7 章\7.4.2\01.jpg”图像文件。

(4) 单击 打开(O) 按钮，将图片添加到舞台中，如图 7-67 所示。

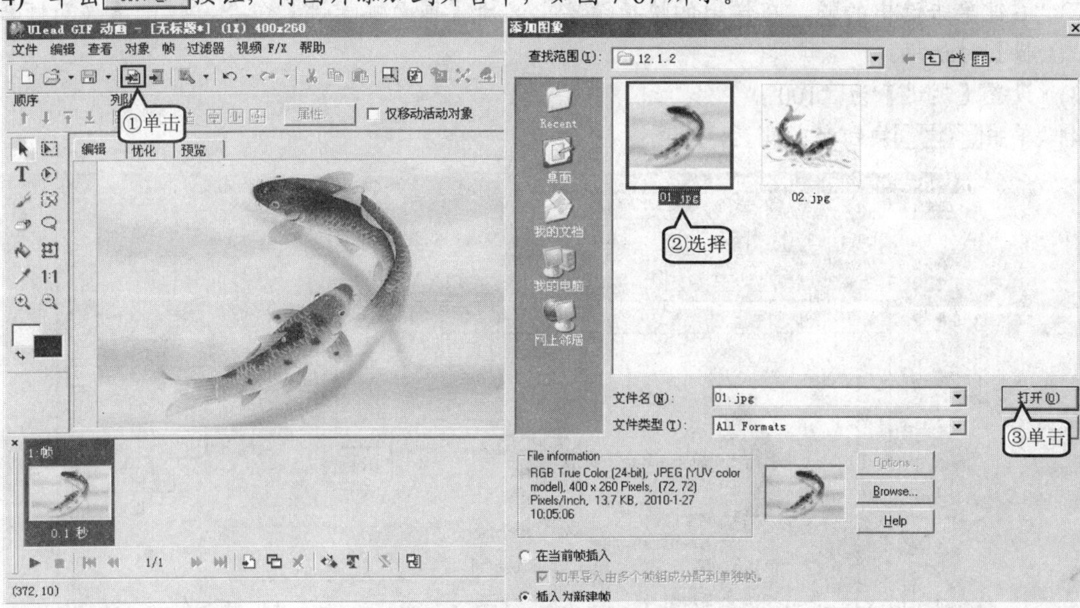

图7-67 添加第 1 帧图片

(5) 添加第 2 帧图片。

① 单击【帧】面板上的按钮，添加一个空白帧。

② 单击标准工具栏上的按钮，弹出【添加图像】对话框。

③ 打开本书素材文件“素材\第 7 章\7.4.2\02.jpg”图像文件。

④ 单击 打开(O) 按钮，将图片添加到舞台中，如图 7-68 所示。

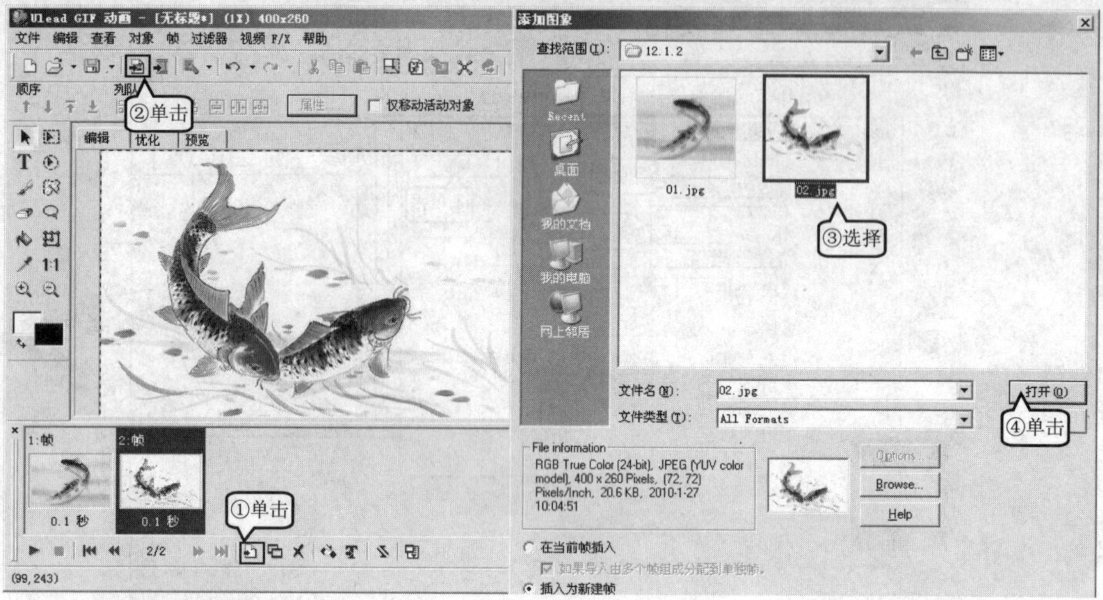

图7-68 添加第2帧图片

3. 设置帧属性

(1) 在【帧】面板上选中第1帧，然后按住Shift键单击第2帧，从而选中所有的帧。

(2) 右键单击选中的帧，在弹出的快捷菜单中选择【画面帧属性】命令，弹出【画面帧属性】对话框。

(3) 设置【延迟】为“100”。

(4) 单击确定按钮完成设置，如图7-69所示。

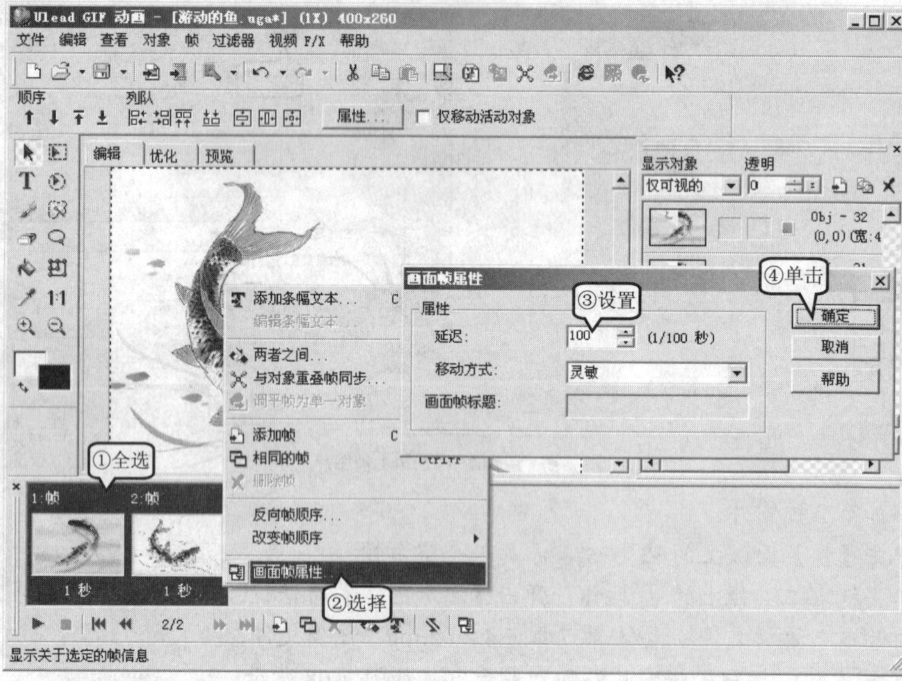

图7-69 设置帧属性

4. 添加特效

(1) 为第 1 张图片添加特效。

① 在【帧】面板上单击第 1 帧的缩略图，选中第 1 帧。

② 在菜单栏中选择【视频 F/X】/【时钟方向】/【掠过-时针】命令，弹出【添加效果】对话框。

③ 在【添加效果】对话框中设置【画面帧】为“20”、【延迟时间】为“4”。

④ 设置【平滑边缘】为“小”、【边框】为“0”。

⑤ 单击 确定 按钮，软件会自动添加帧来完成特效设置，最终的操作效果如图 7-70 所示。

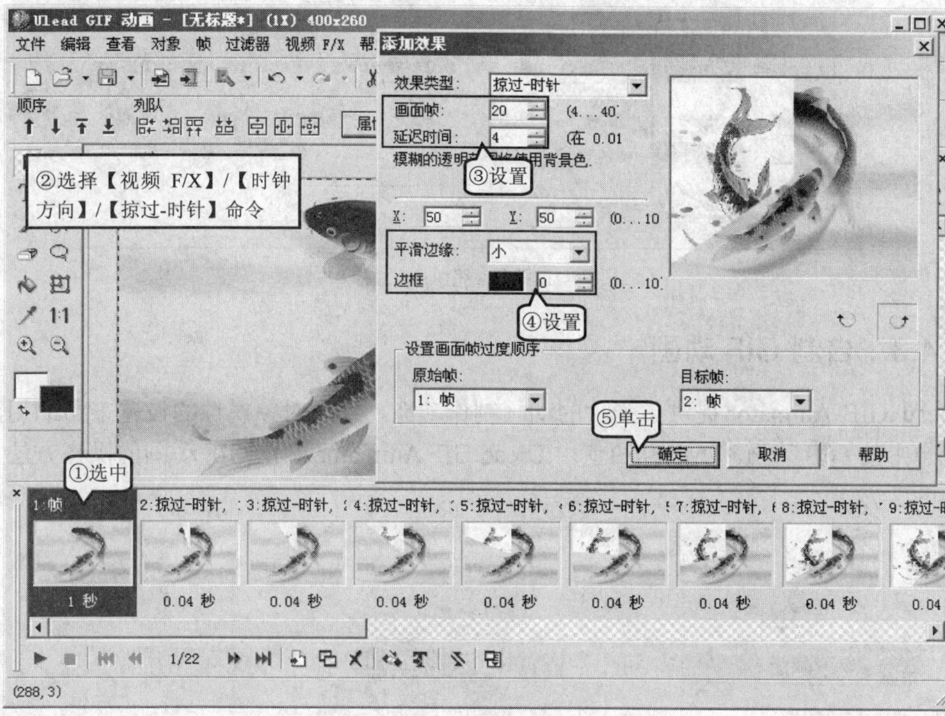

图7-70 为第 1 张图片添加特效

(2) 为第 2 张图片添加特效。

① 在【帧】面板上单击第 22 帧的缩略图，选中第 22 帧。

② 在菜单栏中选择【视频 F/X】/【擦除】/【星形-擦除】命令，弹出【添加效果】对话框。

③ 在【添加效果】对话框中设置【画面帧】为“20”、【延迟时间】为“4”。

④ 设置【平滑边缘】为“小”、【边框】为“0”。

⑤ 单击 确定 按钮，软件会自动添加帧来完成特效设置，最终的操作效果如图 7-71 所示。

5. 保存文件

(1) 按 Ctrl+Shift+S 组合键，将当前动画保存为 GIF 格式。

(2) 按 Ctrl+S 组合键，保存动画制作源文件。

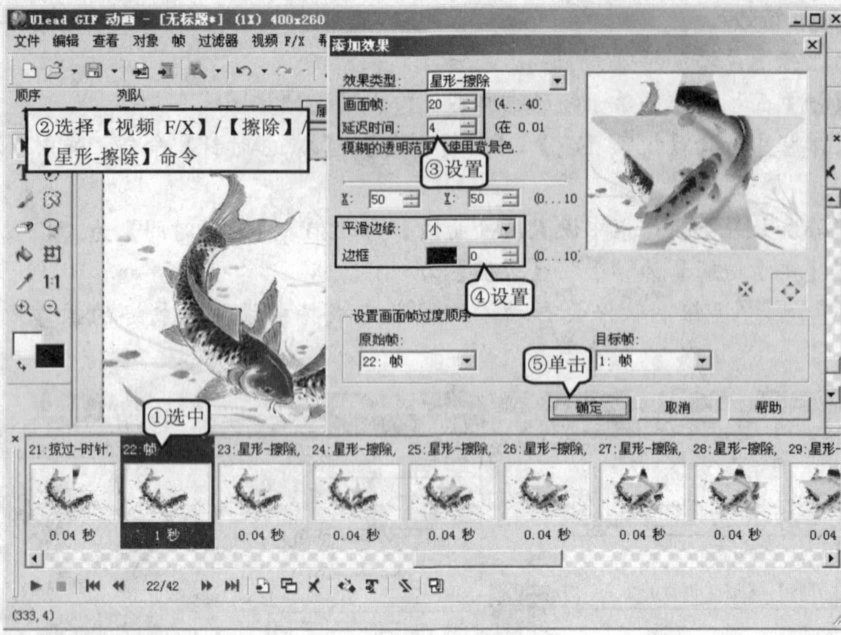

图7-71　为第 2 张图片添加特效

7.4.3　自制 GIF 动画

Ulead GIF Animator 提供了强大的动画制作功能，通过对象属性的设置来帮助用户实现自己理想中的 GIF 动画。下面介绍使用 Ulead GIF Animator 制作 GIF 动画的操作方法，操作效果如图 7-72 所示。

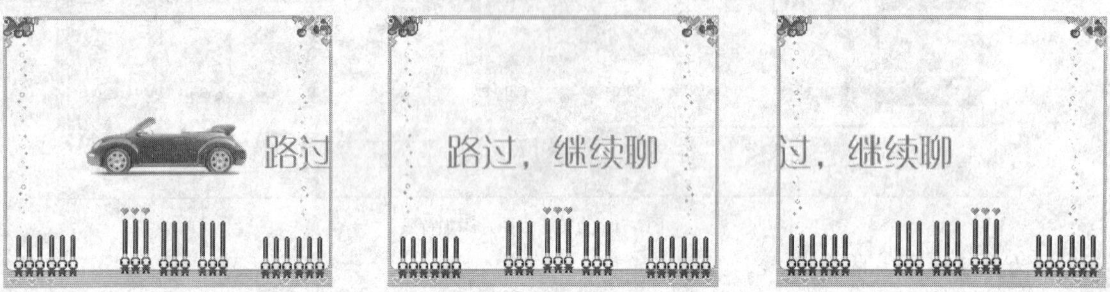

图7-72　自制 GIF 动画效果

操作步骤

1. 新建文件

(1) 启动 Ulead GIF Animator，进入其操作界面。

(2) 新建空白文件。

① 单击标准工具栏上的按钮，弹出【新建】对话框。

② 在【新建】对话框中设置【宽度】为“280”、【高度】为“226”。

③ 点选【纯色背景对象】单选按钮。

④ 单击 确定 按钮即可新建空白文件，最终的操作效果如图 7-73 所示。

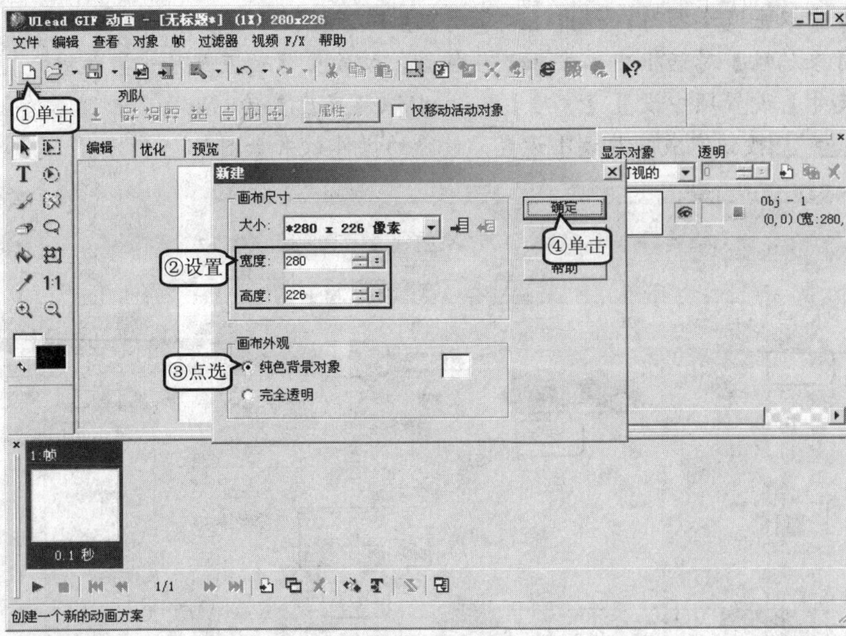

图7-73 新建空白文件

2. 添加图片

(1) 添加汽车图片。

单击标准工具栏上的按钮，添加本书素材文件“素材\第 7 章\7.4.3\跑车.jpg”图像文件，效果如图 7-74 所示。

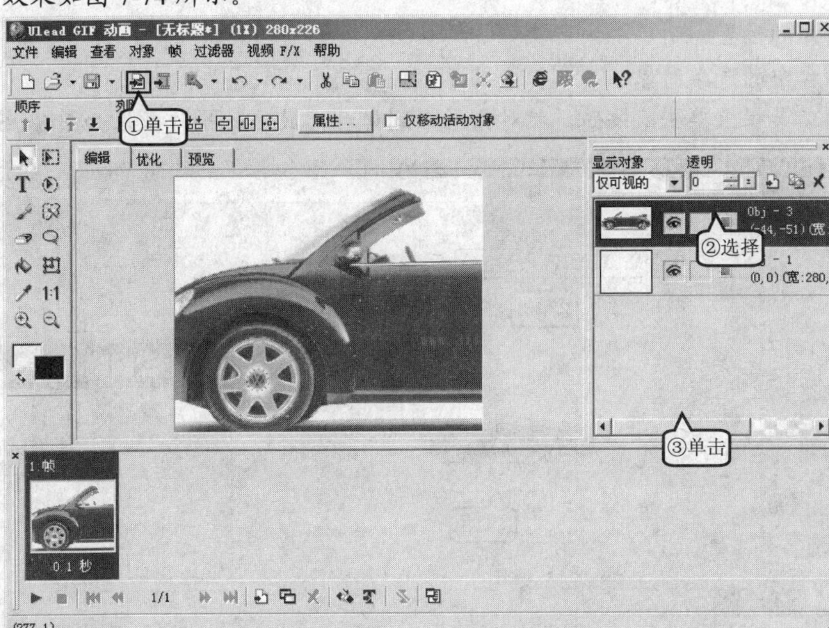

图7-74 添加汽车图片

(2) 设置图片大小和位置。

① 单击【工具】面板上的按钮，选中【选取】工具。

② 在舞台中双击汽车图片，弹出【对象属性】对话框。

③ 在【对象属性】对话框中单击 位置及尺寸 按钮，切换至【位置及尺寸】面板。

④ 在【尺寸】设置项中设置【宽度】为“140”、【高度】为“86”。

⑤ 单击 确定 按钮完成图片大小设置，最终的操作效果如图 7-75 所示。

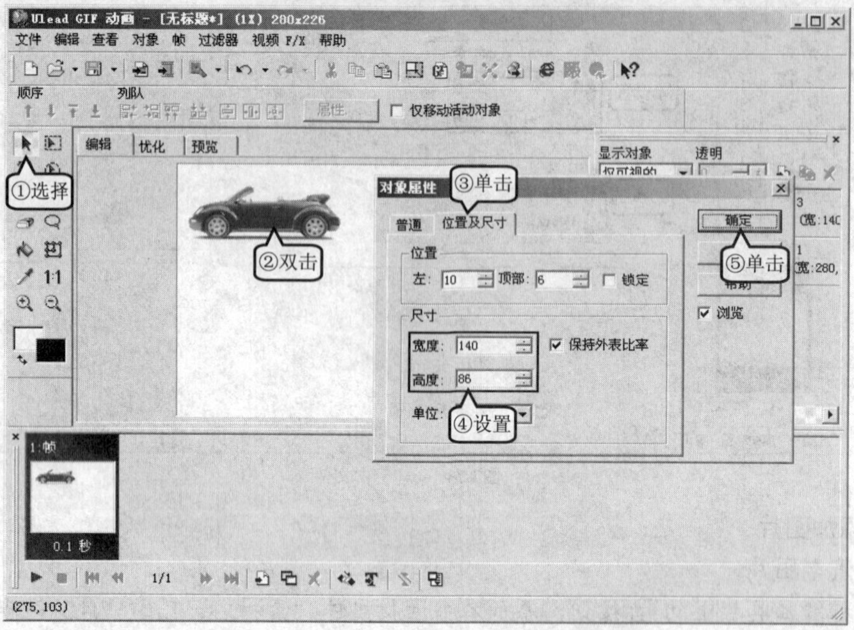

图7-75 设置图片大小

(3) 设置图片的位置。

① 选中舞台中的汽车对象。

② 在属性工具栏上单击按钮，使对象居中到舞台，最终的操作效果如图 7-76 所示。

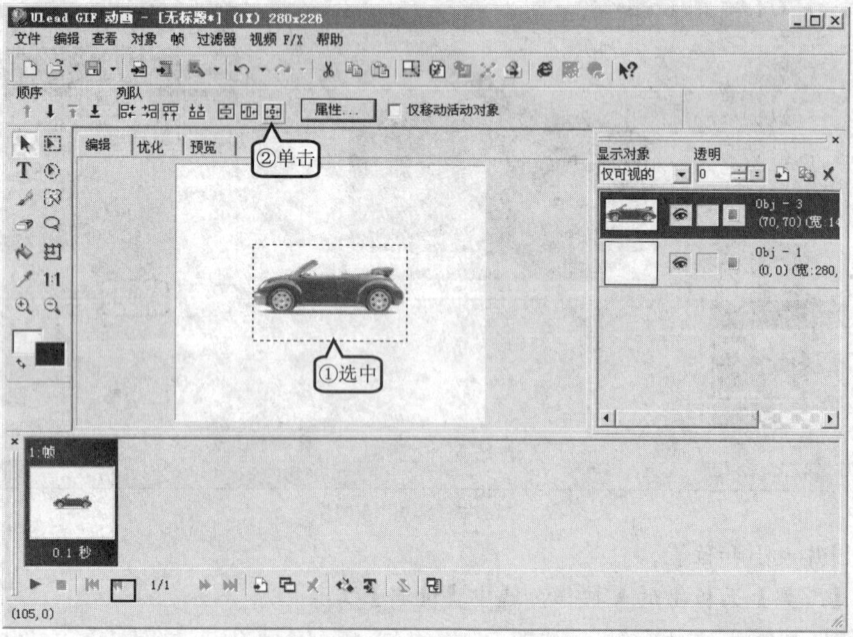

图7-76 设置图片的位置

3. 制作汽车动画

(1) 在【帧】面板上连续单击按钮两次，复制两个相同的帧，如图 7-77 所示。

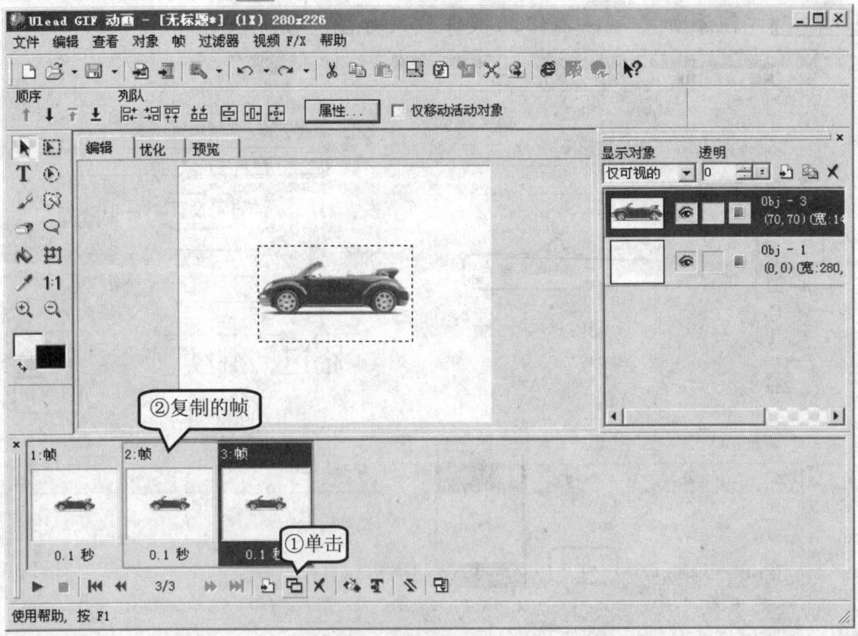

图7-77 设置图片的位置

(2) 选中第 1 帧上的汽车图片，向右移动汽车直至留下车头，如图 7-78 所示。

(3) 选中第 3 帧上的汽车图片，向左移动汽车直至留下车尾，如图 7-79 所示。

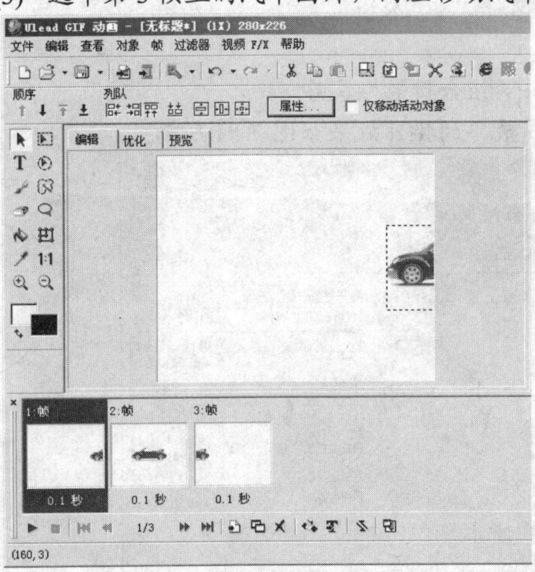

图7-78 第 1 帧的汽车位置

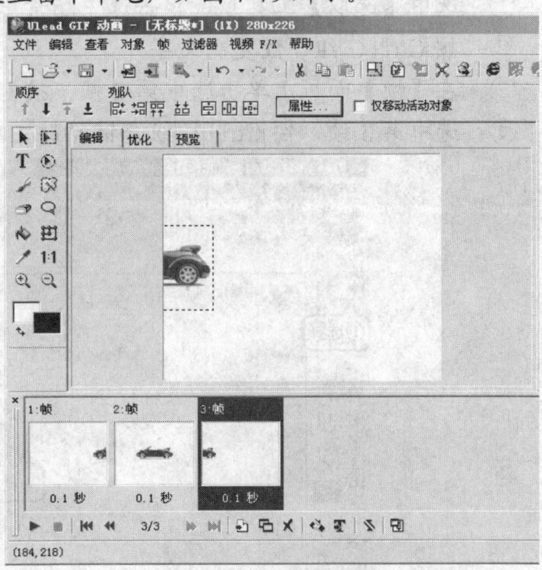

图7-79 第 3 帧的汽车位置

4. 制作文字动画

(1) 添加文字。

① 单击【帧】面板上的按钮，添加一个空白帧。

② 单击【工具】面板上的T按钮，选中【文字】工具。

③ 单击舞台，弹出【文本条目框】对话框。

④ 设置【字体】为“迷你简中倩”、【大】为“30”。

⑤ 在文本框中输入文字“路过，继续聊”。

⑥ 单击 确定 按钮添加文字，最终的操作效果如图 7-80 所示。

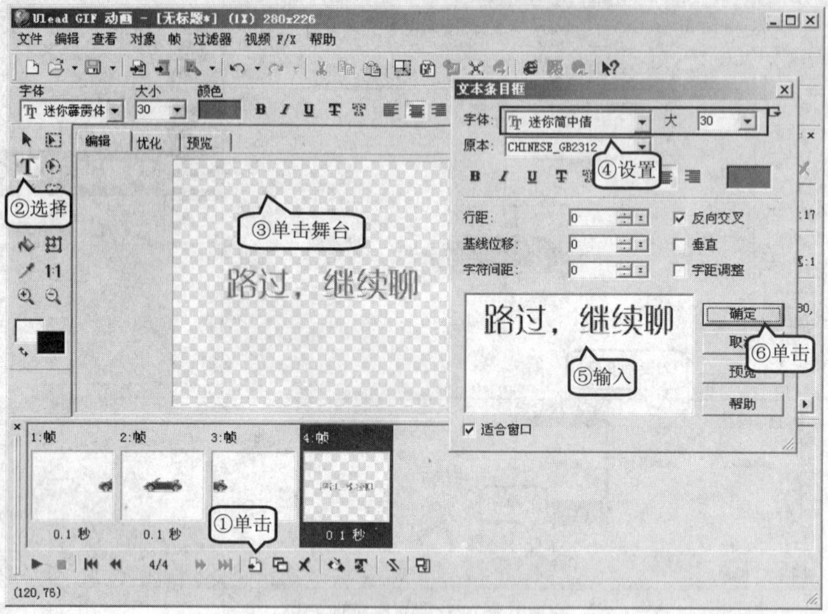

图7-80 添加文字

(2) 复制文字。

① 选中【选取】工具，单击选中场景中的文字。

② 按 Ctrl+C 组合键复制文字。

③ 在【帧】面板上单击选中第 2 帧，按 Ctrl+V 组合键粘贴文字。

④ 选中第 3 帧，按 Ctrl+V 组合键粘贴文字，最终的操作效果如图 7-81 所示。

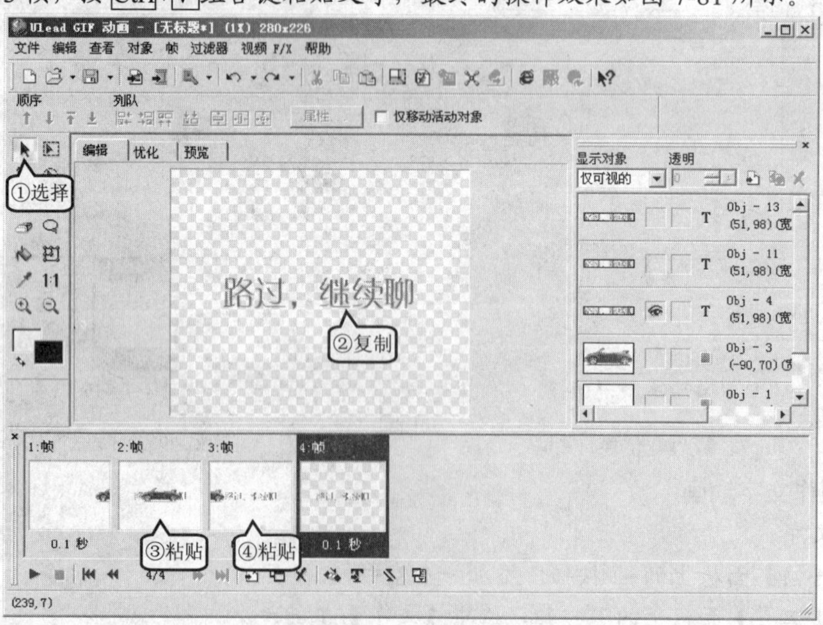

图7-81 复制文字

⑤ 选中第 2 帧场景中的文字，向右移至车尾的后面，如图 7-82 所示。

⑥ 选中第 3 帧场景中的文字，向右移至车尾的后面，如图 7-83 所示。

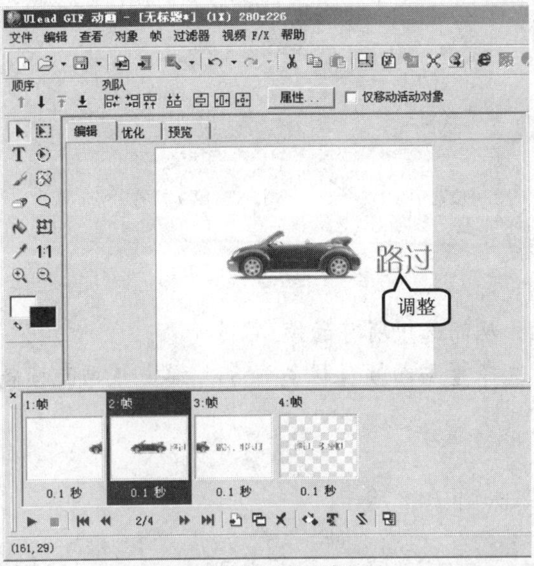

图7-82 第 2 帧的文字位置

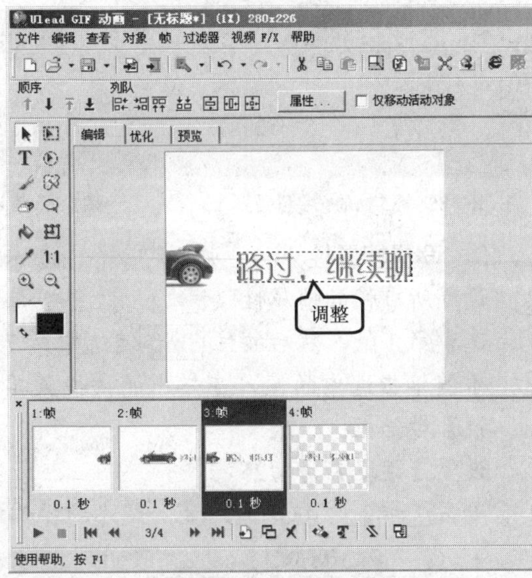

图7-83 第 3 帧的文字位置

(3) 复制文字帧。

① 在【帧】面板上单击选中第 4 帧。

② 连续单击按钮 3 次复制 3 个相同的帧，最终的操作效果如图 7-84 所示。

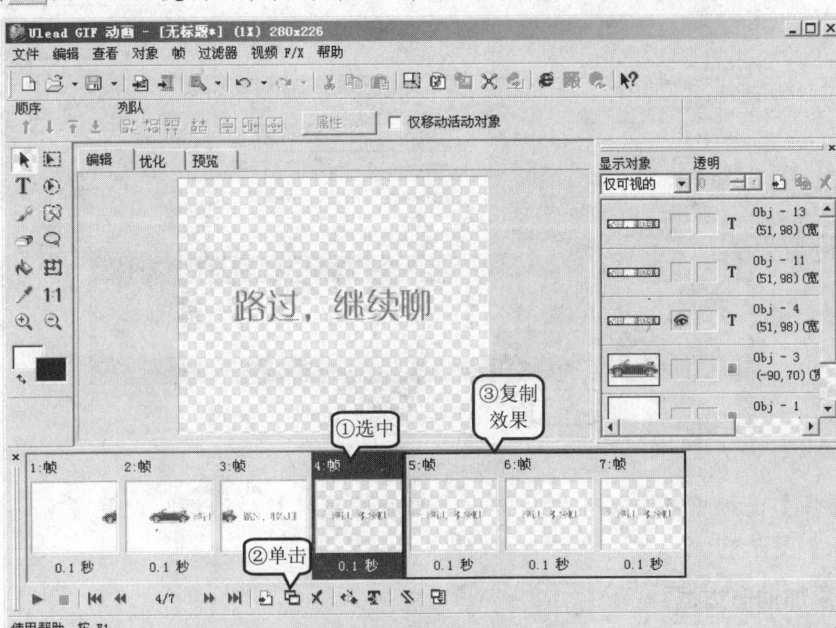

图7-84 复制帧

③ 选中第 5 帧场景中的文字，向左移动文字，如图 7-85 所示。

④ 选中第 6 帧场景中的文字，向左移动文字，如图 7-86 所示。

⑤ 选中第 7 帧场景中的文字，向左移动文字，如图 7-87 所示。

图7-85 第 5 帧的文字位置

图7-86 第 6 帧的文字位置

图7-87 第 7 帧的文字位置

5. 设置帧属性

(1) 设置所有帧的帧属性。

① 选中第 1 帧，然后按住 Shift 键选中第 7 帧，从而选中所有的帧。

② 右键单击选中的帧，在弹出的快捷菜单中选择【画面帧属性】命令，弹出【画面帧属性】对话框。

③ 设置【延迟】为“25”。

④ 单击 确定 按钮完成设置，最终的操作效果如图 7-88 所示。

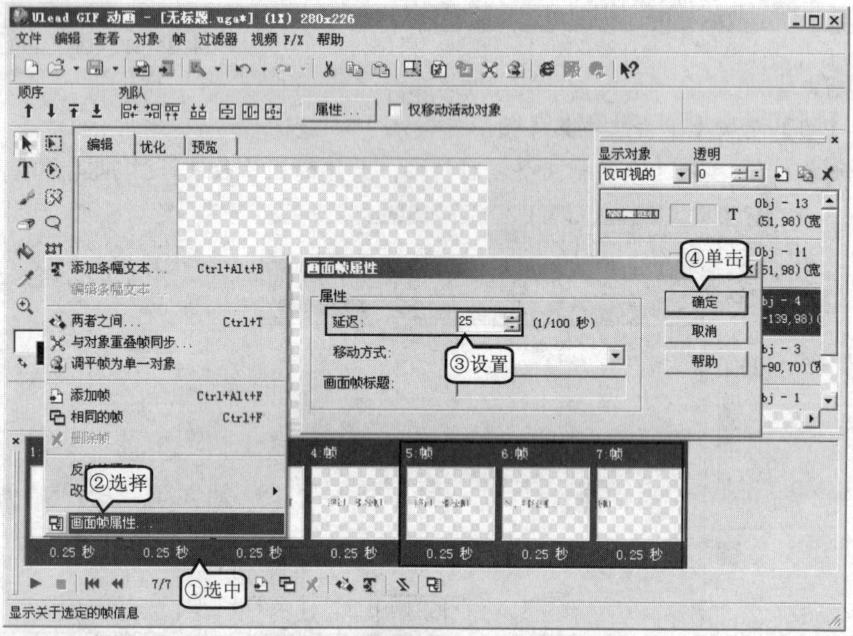

图7-88 设置所有帧的帧属性

(2) 在【帧】面板中双击第 4 帧，弹出【画面帧属性】对话框，设置【延迟】为“100”，效果如图 7-89 所示。

6. 添加动态边框

(1) 在【帧】面板上选中第 7 帧，单击按钮添加一个空白帧，并设置【延迟】为“25”。

(2) 选中第 1 帧。

(3) 单击标准工具栏上的按钮，弹出【添加图像】对话框。

图7-89　设置第 4 帧的帧属性

(4)　选中本书素材文件“素材\第 7 章\7.4.3\边框.gif”图像文件。

(5)　单击 打开(O) 按钮，将动态边框添加到舞台中，最终的操作效果如图 7-90 所示。

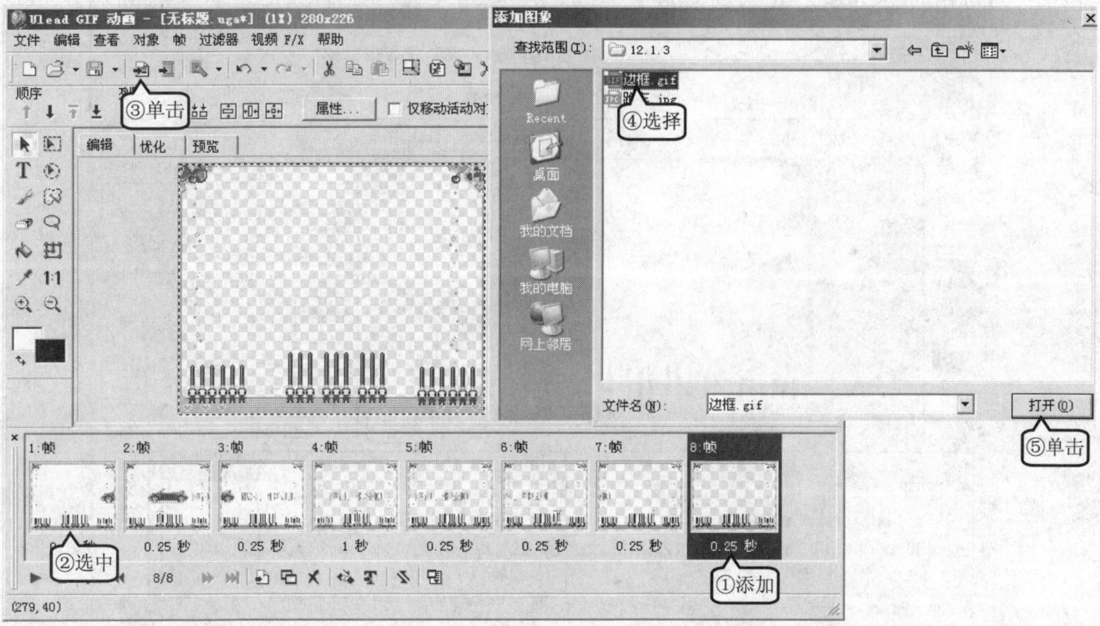

图7-90　添加动态边框

7. 显示白色背景

设置第 4 帧的背景。

①　选中第 4 帧。

②　在【对象管理器】面板中单击最底层对象缩略图后面的小框，显示眼睛图形，代表该层对象在场面中可见，最终操作效果如图 7-91 所示。

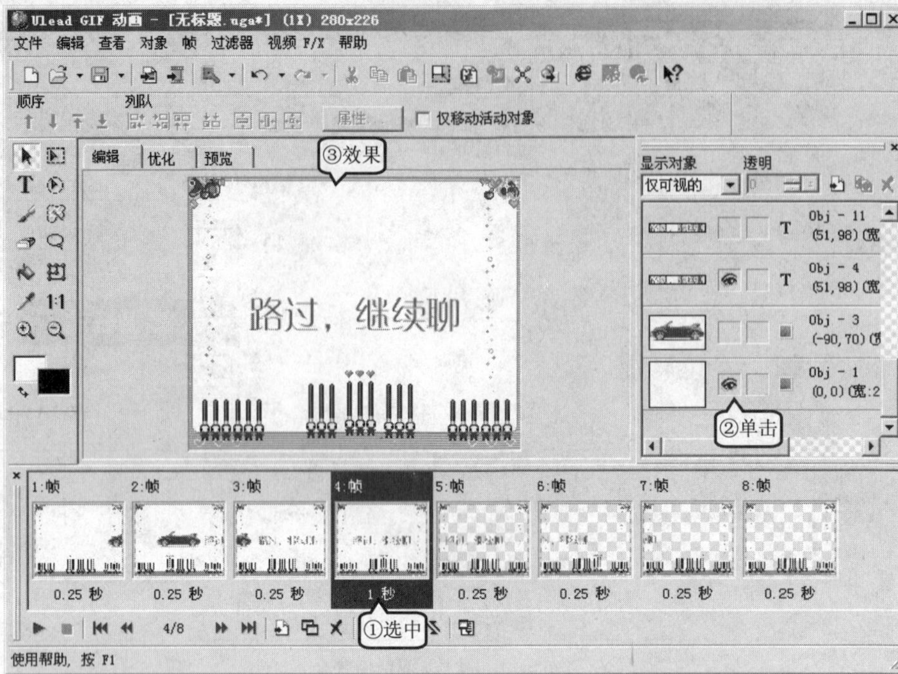

图7-91 设置第 4 帧的背景

③ 用同样的方法设置第 5、6、7、8 帧的背景，最终的效果如图 7-92 所示。

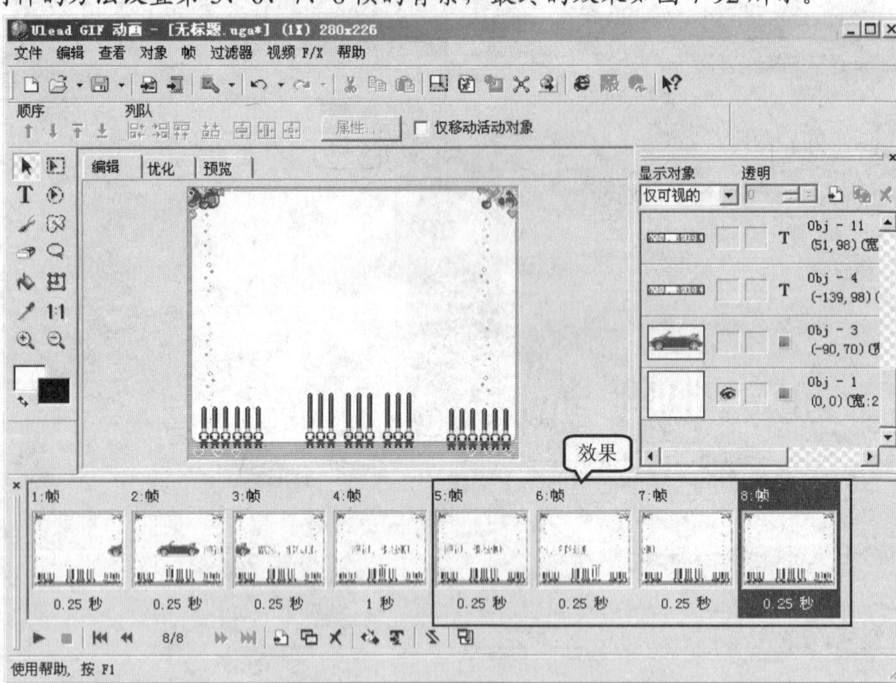

图7-92 设置第 5、6、7、8 帧背景

8. 保存文件

(1) 按 Ctrl+Shift+S 组合键，将当前动画保存为 GIF 格式。

(2) 按 Ctrl+S 组合键保存动画制作源文件。

习题

一、简答题

1. SnagIt 主要有哪些功能？
2. ACDSee 可进行哪些批量修改？

二、操作题

1. 使用 SnagIt 捕获自己的计算机桌面。
2. 使用 ACDSee 以【缩略图】模式查看计算机上的图片。
3. 使用 ACDSee 把 BMP 格式的图片文件转换为 GIF 格式的图片文件。
4. 使用光影魔术手为图片添加花样边框效果，如图 7-93 所示。

图7-93 添加花样边框效果

5. 练习使用 Ulead GIF Animator 制作一个 GIF 动画。

第8章 音频视频工具

随着计算机和网络的发展，人们的生活、娱乐方式也逐渐变得丰富。音频是人类乃至许多动物进行交流和传播信息的载体，已经不再单纯地用来进行信息交流，而是更多地在生活、娱乐、工作等方面扮演重要的角色。人们可以通过计算机听音乐、观看影片、观看网络电视直播，还可以通过相关的软件录制视频、编辑视频短片等。本章将学习如何在计算机中使用各种工具软件来对声音进行处理和播放，对现在流行的4个音频软件进行介绍，其覆盖网络音乐、电视、电影、视频录制和编辑几个方面。用户在掌握了这4个音频工具的基本用法后，在享受音乐、视频的同时可以轻松应对处理音频的各种要求。

学习目标

- 掌握本地音乐播放器——千千静听的使用方法。
- 掌握网络音乐播放器——酷我音乐盒的使用方法。
- 掌握网络电视工具——PPTV的使用方法。
- 掌握视频编辑器——Windows Movie Maker的使用方法。

8.1 本地音乐播放器——千千静听的使用方法

千千静听是一款拥有自主研发的全新音频引擎的音乐播放器，它支持DirectSound、Kernel Streaming和ASIO音频流输出，具有32bit混音、AddIn插件扩展技术，具有资源占用低、运行效率高、扩展能力强等优点。

千千静听支持歌词同步滚动显示、拖动定位播放、歌词下载和编辑、多播放列表、音频文件搜索和多种视觉效果等人性化功能，因此深受广大用户的喜爱。本节将以千千静听5.7版本为例，对这一音频播放软件进行详细介绍。

8.1.1 播放本地歌曲

作为一款非常优秀的本地音乐播放器，千千静听具有非常友好的操作界面和强大的功能，其操作效果如图8-1所示。

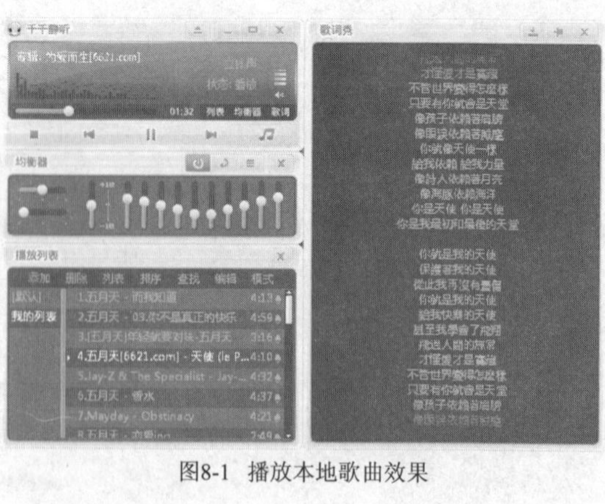

图8-1 播放本地歌曲效果

操作步骤

(1) 启动千千静听，进入其操作界面，如图8-2所示，其各部分功能如下。

- 主窗口：负责所有其他窗口的开启或关闭，其上集成了播放音乐时必需的功能按钮。

- 【播放列表】面板：负责新建列表、编辑列表和导入添加音乐等操作。
- 【均衡器】面板：负责调节音频的播放效果。
- 【歌词秀】面板：负责搜索并随歌曲显示歌词。
- 【千千音乐窗】对话框：负责与网络连接，可搜索和选择网络歌曲。

> **要点提示** 千千静听的每个窗口都可以自由地拖放位置，放大、缩小和关闭窗口，这样可以方便用户设置自己喜欢的音乐播放器界面。

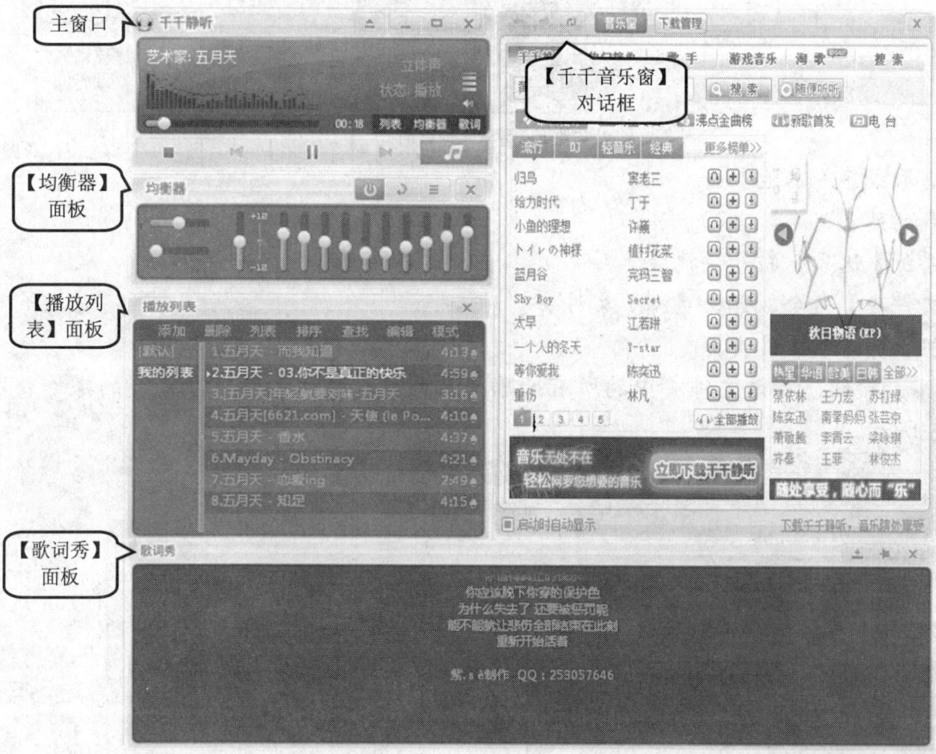

图8-2 千千静听 5.7 操作界面

(2) 新建播放列表。

① 在【播放列表】面板中的播放列表区单击鼠标右键。

② 在弹出的快捷菜单中选择【新建列表】命令。

③ 输入列表名称为“我的列表”，最终的操作效果如图 8-3 所示。

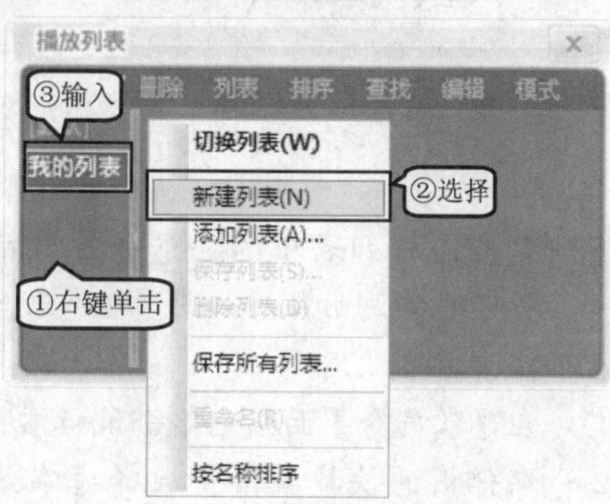

图8-3 新建播放列表

(3) 以文件形式导入本地歌曲。

① 选中新建的“我的列表”。

② 选择【添加】选项，打开快捷菜单。

③ 选择【文件】命令，弹出【打开】对话框。

④ 选中本机上的音乐文件。

⑤ 单击 打开(O) 按钮，将该音乐导入到“我的列表”中。

⑥ 多次重复此操作导入多首歌曲，最终的操作效果如图 8-4 所示。

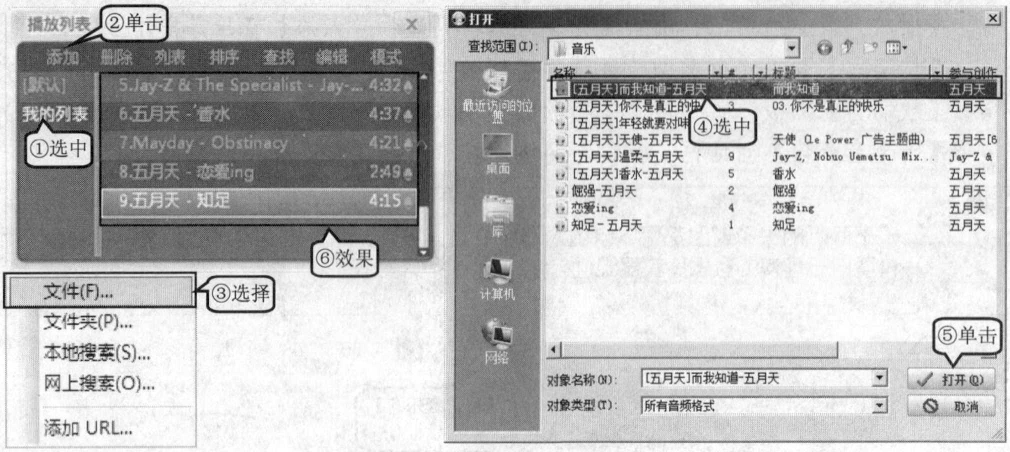

图8-4 以文件形式导入本地歌曲

(4) 以文件夹形式导入本地歌曲。

① 选中“我的列表”。

② 选择【添加】选项，打开快捷菜单。

③ 选择【文件夹】命令，弹出【浏览文件夹】对话框。

④ 选中本机上的音乐文件夹。

⑤ 单击 确定 按钮，将该文件夹中的所有音乐导入到“我的列表”中，最终的操作效果如图 8-5 所示。

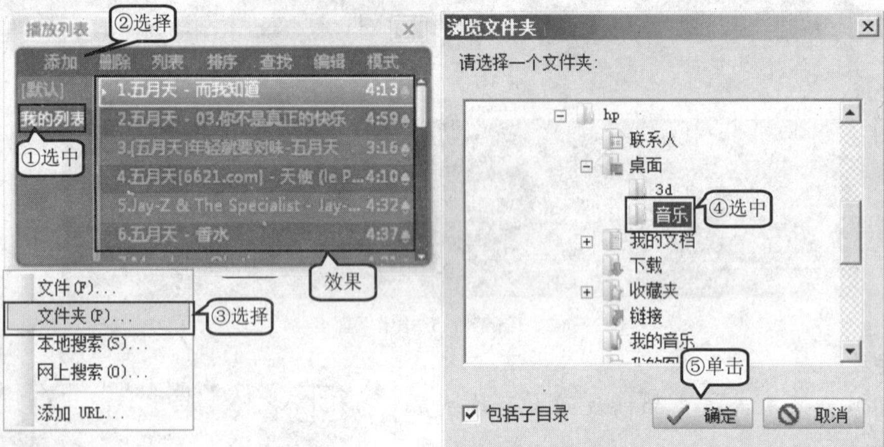

图8-5 以文件夹形式导入本地歌曲

(5) 双击播放列表中的任意一首歌曲的链接即可播放该曲目，如图 8-6 所示。

图8-6 播放音乐

(6) 搜索网络歌词。

① 在【歌词秀】面板中单击鼠标右键。

② 在弹出的快捷菜单中选择【在线搜索】命令，弹出【在线搜索并下载歌词】对话框。

③ 设置正确的【歌手】和【歌名】参数。

④ 单击 搜索 按钮，系统开始搜索歌词。

⑤ 在搜索的歌词结果中选中一个匹配的链接。

⑥ 单击 下载 按钮，开始下载歌词。

⑦ 下载完成后在【歌词秀】面板中就会随歌曲播放显示歌词，最终的操作效果如8-7所示。

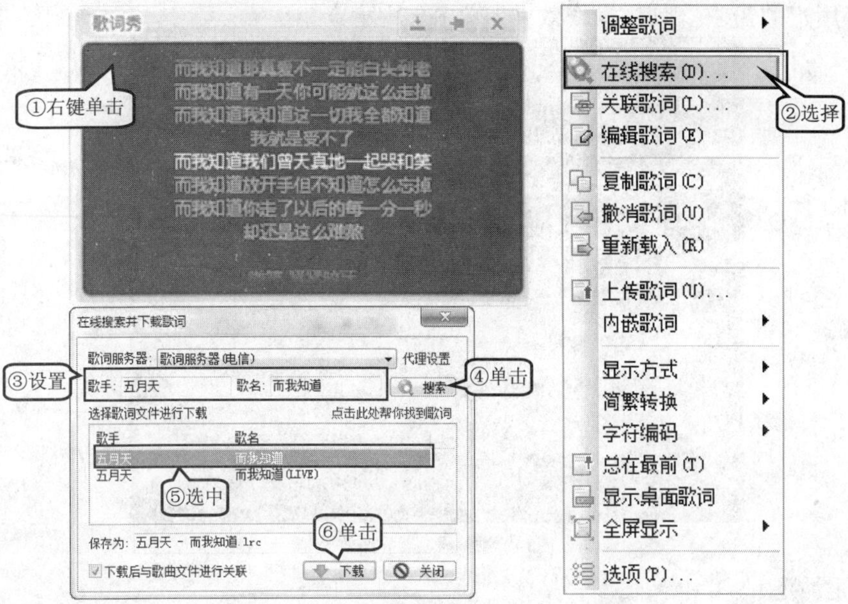

图8-7 搜索网络歌词

(7) 设置音乐效果。

① 在【均衡器】面板中单击 按钮，开启均衡器功能。

② 单击 按钮打开快捷菜单。

③ 选择【金属乐】命令。

④ 此时音乐的播放效果具有很强的金属质感，最终的操作效果如图8-8所示。

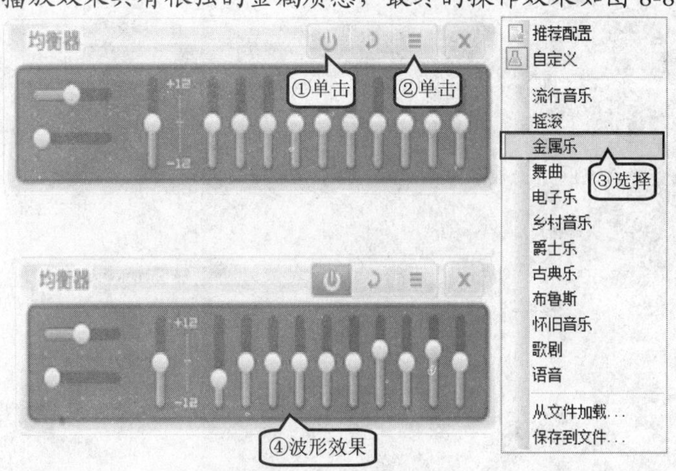

图8-8 设置音乐效果

要点提示 千千静听提供了多达 12 种音质效果的配置，几乎可以满足各类音乐爱好者的需求。如果个别用户需要进一步设置音质效果，可以单击 自定义 按钮，通过设置柱状波形来设置音质参数。

8.1.2　设置播放器界面

千千静听为用户提供了多种皮肤方案，通过设置可以得到不同的显示效果，能够从外形上满足更多用户的需求，具体操作效果如图 8-9 所示。

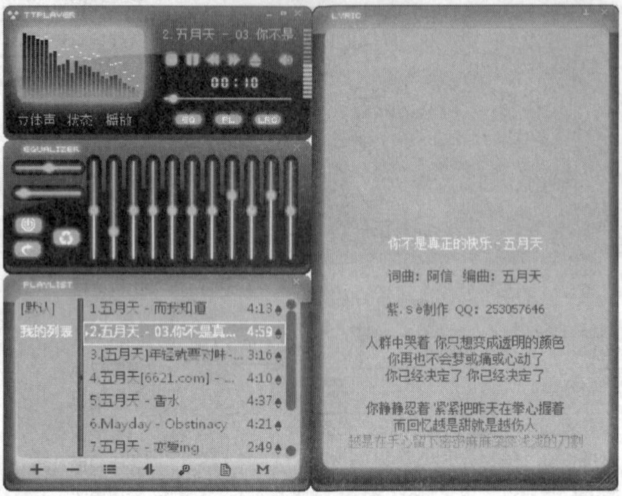

图8-9　设置播放器界面效果

操作步骤

(1)　更改播放器皮肤。

①　在操作界面上单击鼠标右键。

②　在弹出的快捷菜单中选择【皮肤】/【Orange】命令，最终的操作效果如图 8-10 所示。

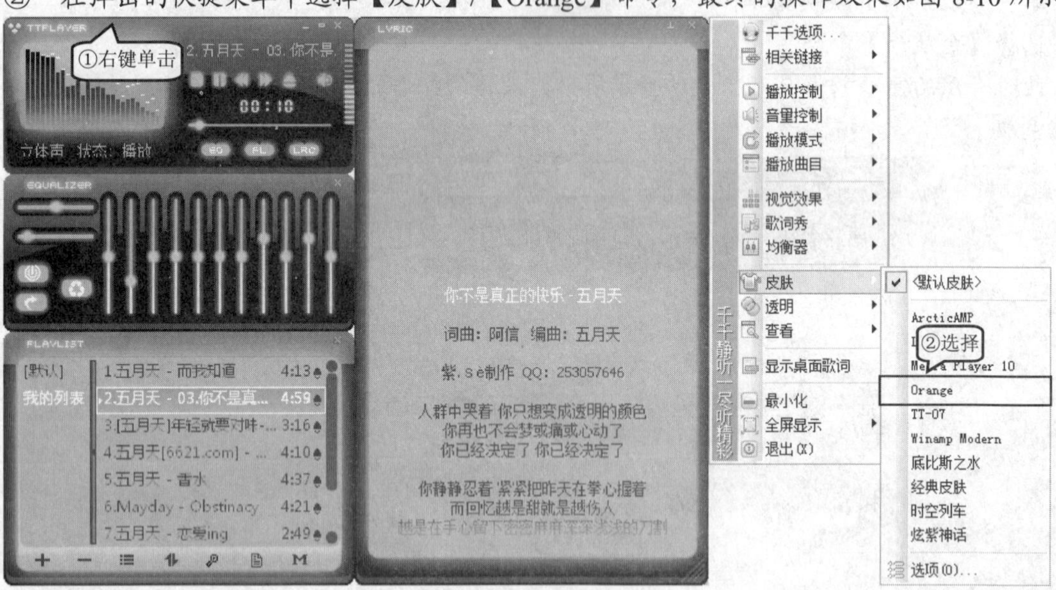

图8-10　更改播放器皮肤

(2)　设置皮肤透明度。

①　在操作界面中单击鼠标右键。

②　在弹出的快捷菜单中选择【透明】/【20%透明】命令，最终的操作效果如图 8-11 所示。

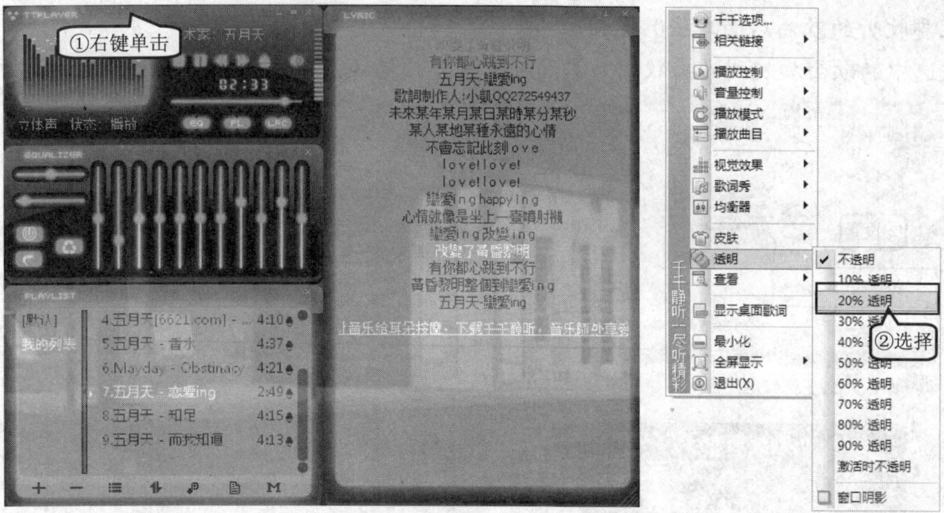

图8-11 设置皮肤透明度

8.1.3 视听网络歌曲

随着网络的发展，千千静听软件也加入了网络歌曲库功能，该功能集成在【千千音乐窗】对话框中，其中包括【千千推荐】、【热门榜单】和【歌手】等选项，从而更好地满足了用户的需求。

操作步骤

(1) 收听最新推荐歌曲。

① 在【千千音乐窗】对话框中切换到【千千推荐】面板。

② 在【最新推荐】栏中，在要收听的歌曲后面单击按钮。

③ 被选中的歌曲加入到【播放列表】面板中并开始播放，最终的操作效果如图 8-12 所示。

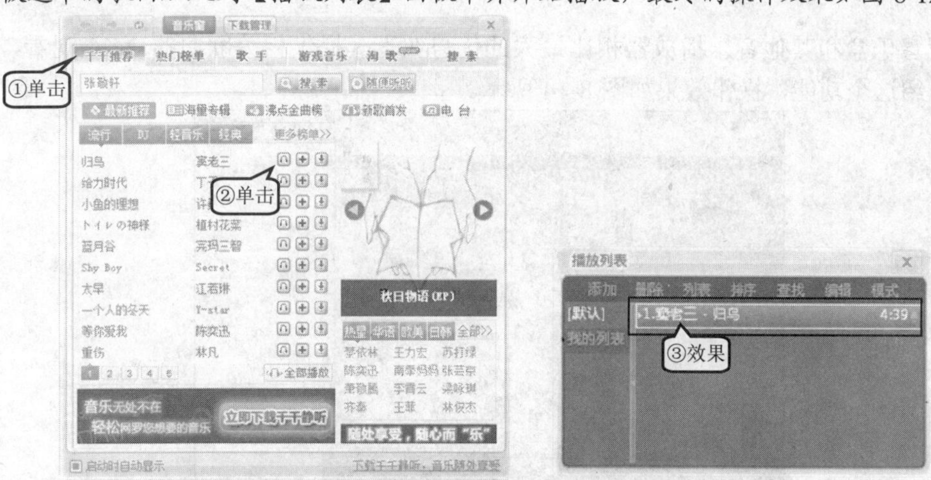

图8-12 收听最新推荐歌曲

(2) 搜索歌曲。

① 在【千千音乐窗】对话框中切换到【搜索】面板。

② 输入要搜索的“歌曲”、“歌手”、“歌词”或“专辑”等参数。

③ 单击 搜 索 按钮开始搜索。

④ 在要收听的歌曲后面单击按钮。

⑤ 被选中的歌曲加入到【播放列表】面板中并开始播放，最终的操作效果如图 8-13 所示。

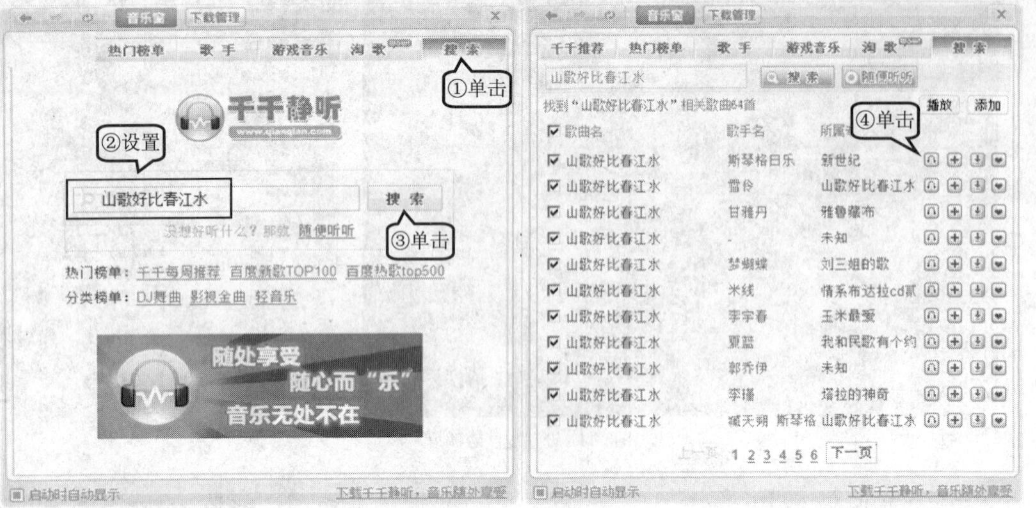

图8-13 搜索歌曲

8.2 网络音乐播放器——酷我音乐盒

酷我音乐盒是一款融合歌曲及 MV 搜索、下载、在线播放、歌词同步显示等功能为一体的音乐资源聚合器。本节将以酷我音乐盒 2010 冬季版本为例进行详细介绍。

8.2.1 观看网络 MV

酷我音乐盒和其他音乐播放器相比最大的优势在于其提供相关歌曲的 MV 观看，接下来就来介绍这个功能，操作效果如图 8-14 所示。

图8-14 观看网络 MV 效果

操作步骤

(1) 运行酷我音乐盒软件，进入其操作界面。

(2) 搜索歌曲。

① 在搜索栏中输入要搜索的歌曲的关键词，如歌名、歌手、专辑或歌词。

② 单击 搜索 按钮，启动搜索功能，最终的操作效果如图 8-15 所示。

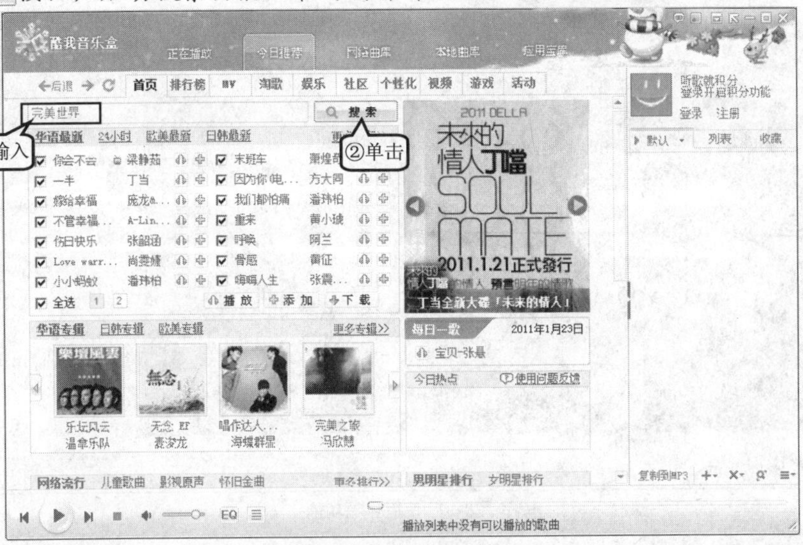

图8-15 搜索歌曲

(3) 在搜索的歌曲结果中，单击任意歌曲右侧的 按钮，即可跳转到【正在播放】面板中播放相应歌曲的 MV，如图 8-16 所示。

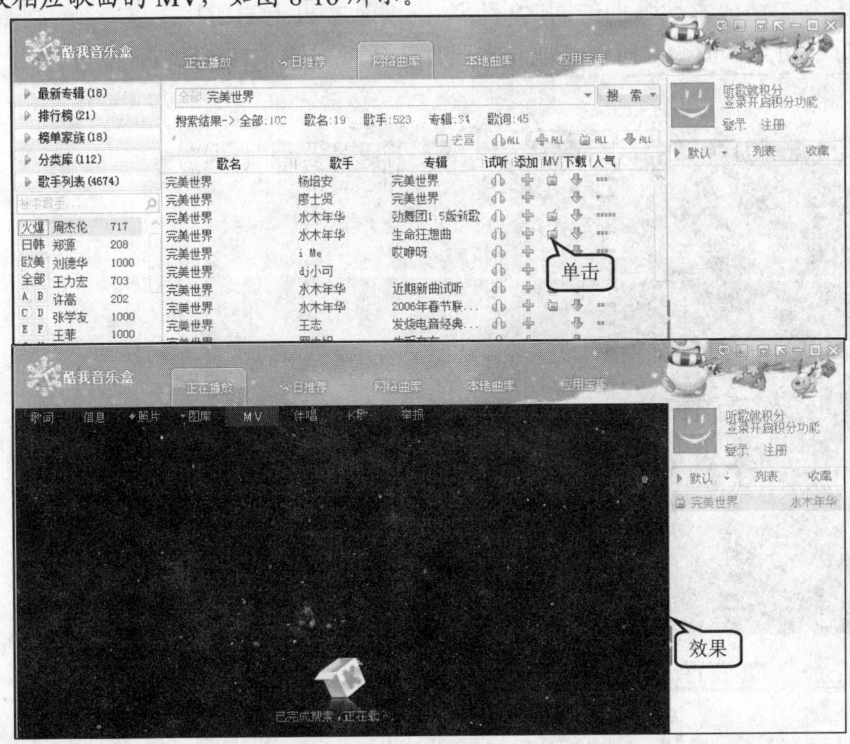

图8-16 播放 MV

(4) 当 MV 开始播放后，单击 伴唱 按钮，可以消除歌曲原唱，这个功能可以方便用户根据音乐伴唱来一展歌喉，如图 8-17 所示。

图8-17 使用伴唱功能

8.2.2 播放本地歌曲

酷我音乐盒在播放本地歌曲的同时可以动态展示本机上的图片，这一个小小的创意可以使用户在听着动人歌曲的同时惬意地欣赏照片，效果如图 8-18 所示。

图8-18 操作效果

操作步骤

(1) 添加本地歌曲。

① 在歌曲列表栏中单击鼠标右键。

② 在弹出的快捷菜单中选择【添加本地歌曲目录】命令，弹出【浏览文件夹】对话框。

③ 选中本机上的“音乐”文件夹。

④ 单击 ✓ 确定 按钮，将该文件夹中的所有音乐导入，最终的操作效果如图 8-19 所示。

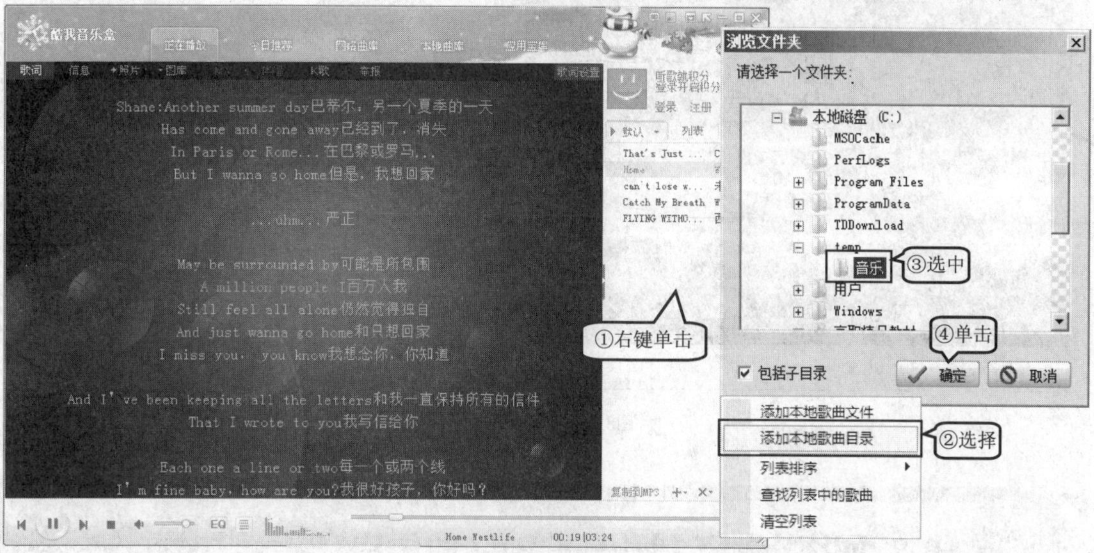

图8-19 添加本地歌曲

(2) 添加照片。

① 单击 +照片 按钮，弹出【浏览文件夹】对话框。

② 选中本机上的“图片”文件夹。

③ 单击 ✓ 确定 按钮，将该文件夹中的所有图片导入，最终的操作效果如图 8-20 所示。

图8-20 添加照片

(3) 使用图库功能。

① 可以使用软件自带的图库来添加图片。单击 ·图库 按钮。

② 在弹出的菜单中选择【心肝宝贝】/【家有爱宠】命令，最终的操作效果如图 8-21 所示。

图8-21　使用图库功能

8.3 网络电视工具—— PPTV 的使用方法

PPTV 网络电视为 PPLive 旗下产品，是一款全球安装量最大的免费的 P2P 网络电视软件。它支持对海量高清影视内容的“直播+点播”功能，可在线观看电影、电视剧、动漫、综艺、体育直播、游戏竞技、财经资讯等丰富的视频、娱乐节目。PPTV 采用 P2P 传输技术，使得观看的人越多，视频播放越流畅，是广受网友推崇的上网装机必备软件。本节将以 PPTV 2.7 版本为例进行详细介绍。

8.3.1 观看直播节目

PPTV 作为一款优秀的网络电视直播软件，最常用的功能就是观看直播电视节目，其播放效果如图 8-22 所示。

图8-22　观看直播节目效果

操作步骤

(1) 启动 PPTV，进入其主界面，如图 8-23 所示。

- 播放区：用于播放影片。
- 播放控制按钮区：用于视频播放的常规控制。
- 资源区：用于搜集视频资源和点播视频。

图8-23 PPTV 操作界面

(2) 播放直播节目。

① 展开资源区【视频】选项卡中的【正在直播】/【全国电视台】选项。

② 任意双击一个电视台（如本例选择的是湖南卫视台），加载完毕，播放区开始播放电视节目，如图 8-24 所示。

图8-24 播放直播节目

(3) 播放高清影片。

① 在【视频】选项卡中单击展开【高清电影】选项。

② 任意双击一部自己喜欢的电影，这里点播《国王的演讲》。

③ 加载影片完成，播放区开始播放影片，如图 8-25 所示。

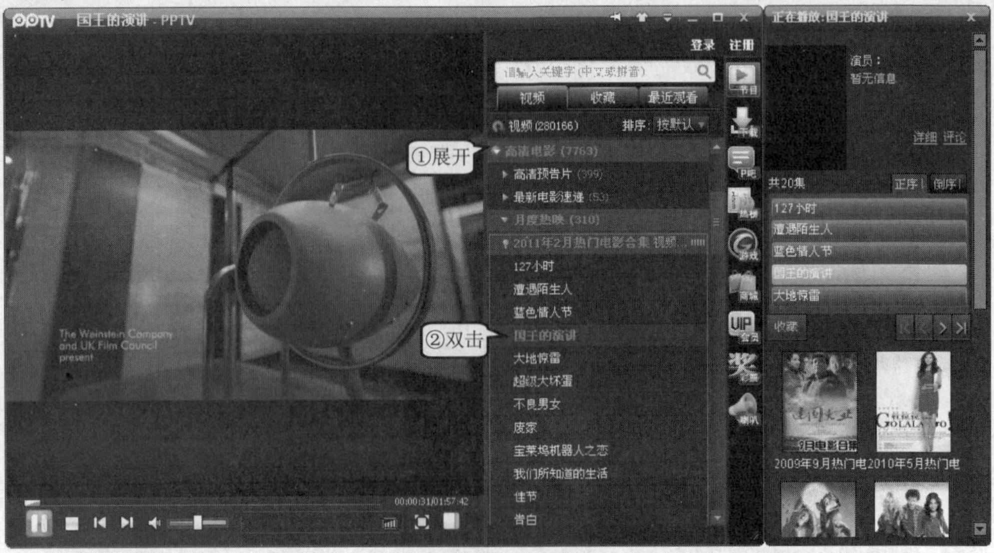

图8-25 播放高清影片

8.3.2 收藏电影

PPTV 提供的收藏功能可以帮助用户收藏喜欢的影片，以便以后观看时可以快速找到已收藏的影片。

操作步骤

(1) 收藏影片。

① 单击展开【高清电影】选项。

② 任意单击一部自己喜欢的电影，在右边的窗口中将出现该影片的相关信息。

③ 单击收藏按钮可收藏该部电影，切换到【收藏】选项卡可以看到收藏的影片，如图 8-26 所示。

图8-26 收藏影片

(2) 播放已收藏影片。

① 单击 收藏 按钮，切换到收藏面板。

② 双击选择并播放任意一部影片，如图 8-27 所示。

图8-27 播放已收藏的影片

8.3.3 搜索影片

在海量的视频数据中寻找自己心仪已久的某一部电影确实是一件十分艰难的事情。PPTV 充分为用户考虑，提供了视频搜索功能。

操作步骤

(1) 在搜索栏中输入要搜索影片的关键字，如影片名或主演名。

(2) 双击搜索结果中符合条件的链接即可播放该影片，如图 8-28 所示。

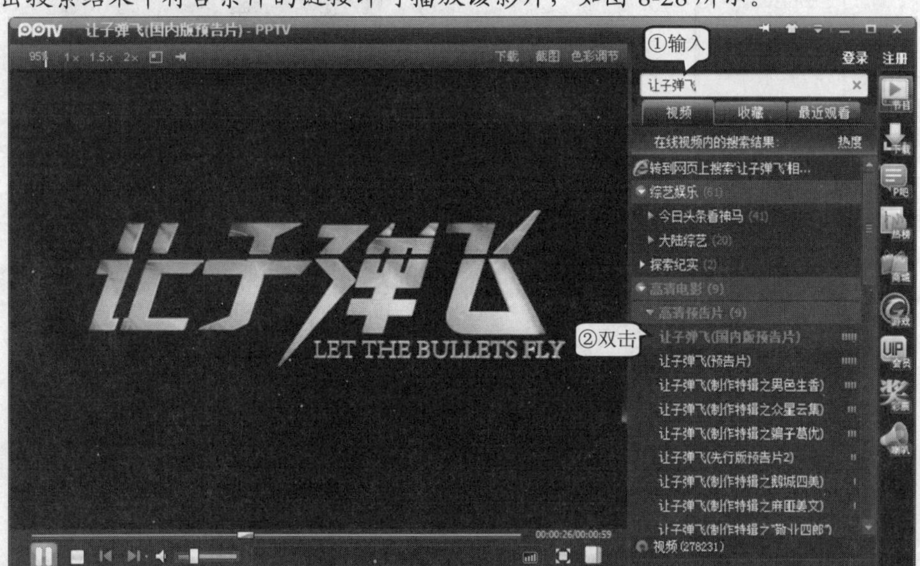

图8-28 搜索影片

8.4 视频编辑器—— Windows Movie Maker 的使用方法

Windows Movie Maker 是一款很合适于家庭和个人的视频编辑软件，它可以将视频和音频捕获到软件中，通过一些简单的拖放操作，就可以在计算机上制作、编辑和分享用户的家庭电影。Windows Movie Maker 还可以添加切换效果和字幕，使用户体验专业的电影制作效果。本节将以 Windows Movie Maker 2.6 版本为例进行详细介绍。

8.4.1 捕获视频

本节将使用 Windows Movie Maker 的捕获视频功能，将本地硬盘上的一段视频、一段音乐以及一张图片导入视频编辑器。

操作步骤

(1) 启动 Windows Movie Maker，进入其主界面，如图 8-29 所示，其各部分功能如下。

- 菜单栏：包括该软件的所有功能。
- 【电影任务】面板：包括常用编辑功能命令。
- 【收藏】面板：用于陈列导入到软件中的素材。
- 【视频预览】窗口：用于显示正在编辑的视频及预览导入的素材。
- 【编辑区】：用于对视频进行编辑。

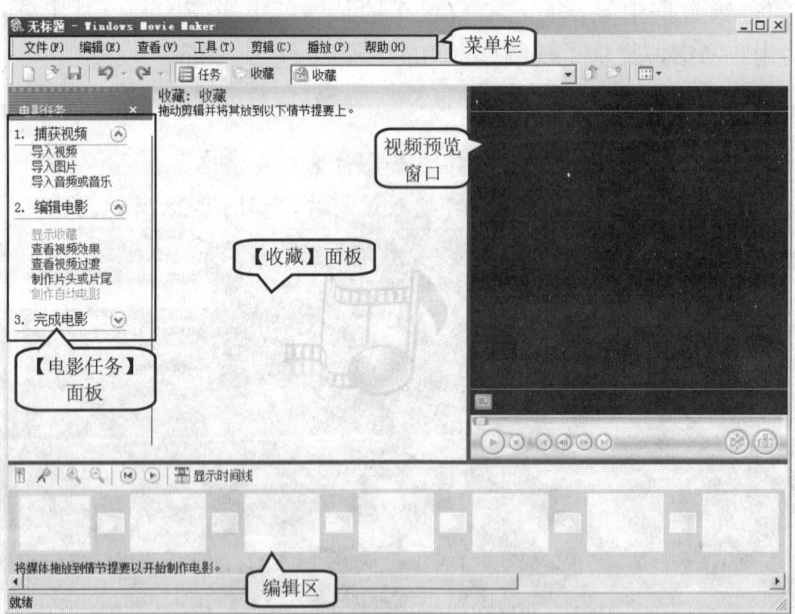

图8-29 Windows Movie Maker 主界面

(2) 导入视频。

① 单击展开【捕获视频】卷展栏。

② 选择【导入视频】选项，弹出【导入文件】对话框。

③ 选中要导入的视频文件。

④ 单击 导入(M) 按钮，如图 8-30 所示，弹出【导入】对话框显示导入进度。

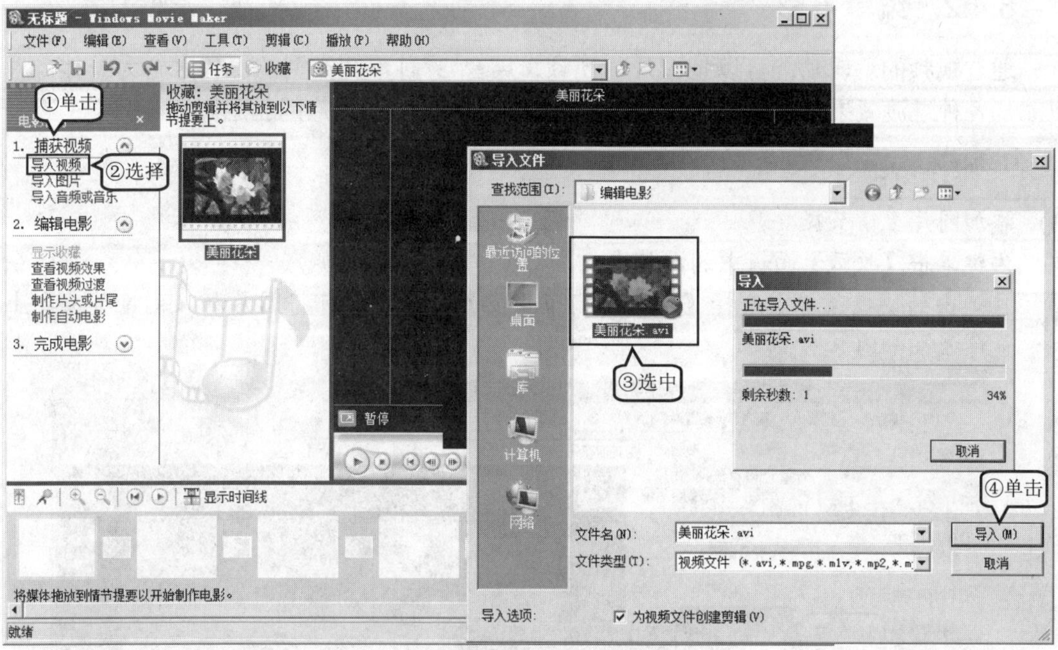

图8-30 导入视频

(3) 导入图片和背景音乐。

① 选择【导入图片】选项，弹出【导入文件】对话框。

② 设置【文件类型】为“所有文件（*.*）”。

③ 选中要导入的图片和音频文件。

④ 单击 导入(M) 按钮，如图 8-31 所示，弹出【导入】对话框显示导入进度。

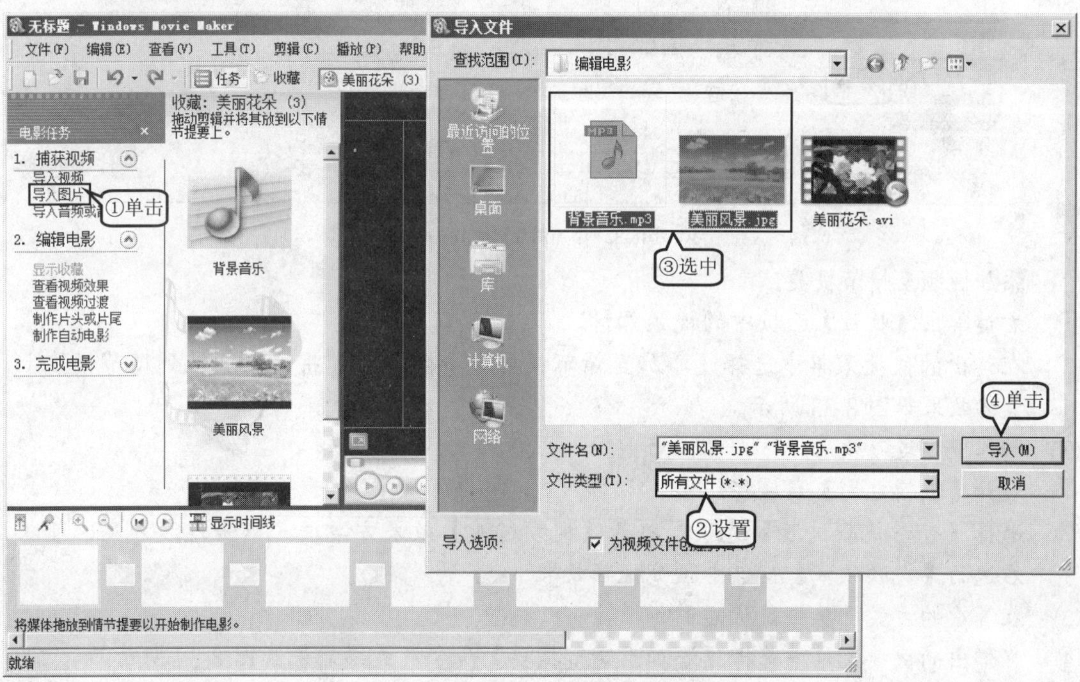

图8-31 导入图片和背景音乐

8.4.2 编辑电影

通过视频的编辑功能可以把图片、视频、声音 3 种不同类型的媒体融合为一体，并可以添加各种过渡效果使电影更加具有艺术感，从而方便表达用户的创意。

操作步骤

(1) 添加图片至情节提要。

① 右键单击【收藏】面板中的图片素材。

② 在弹出的快捷菜单中选择【添加至情节提要】命令，即可将图片加入到情节提要上，最终效果如图 8-32 所示。

图8-32 添加图片至情节提要

(2) 添加视频至情节提要。

① 右键单击【收藏】面板中的视频素材。

② 在弹出的快捷菜单中选择【添加至情节提要】命令，即可将视频加入到情节提要上，最终效果如图 8-33 所示。

(3) 制作视频过渡效果。

① 展开【编辑电影】卷展栏。

② 选择【查看视频过渡】选项，打开【视频过渡】效果方案库，双击过渡方案，可以在右边的【视频预览】窗口中预览视频效果。

③ 在喜欢的方案上单击鼠标右键。

④ 在弹出的快捷菜单中选择【添加至情节提要】命令，最终效果如图 8-34 所示。

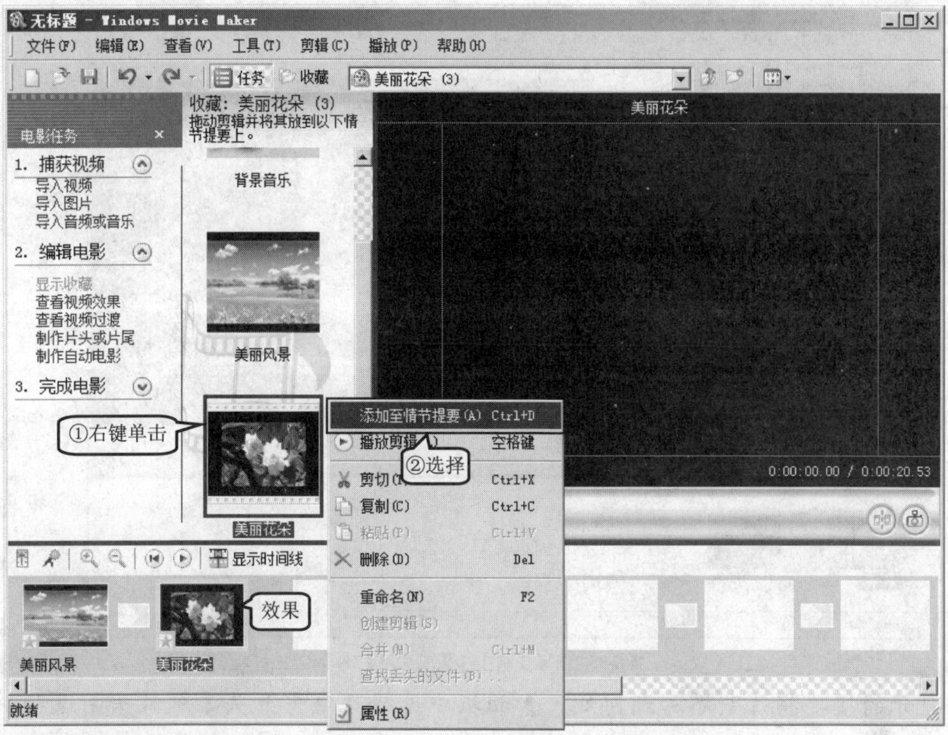

图8-33 打开音频文件

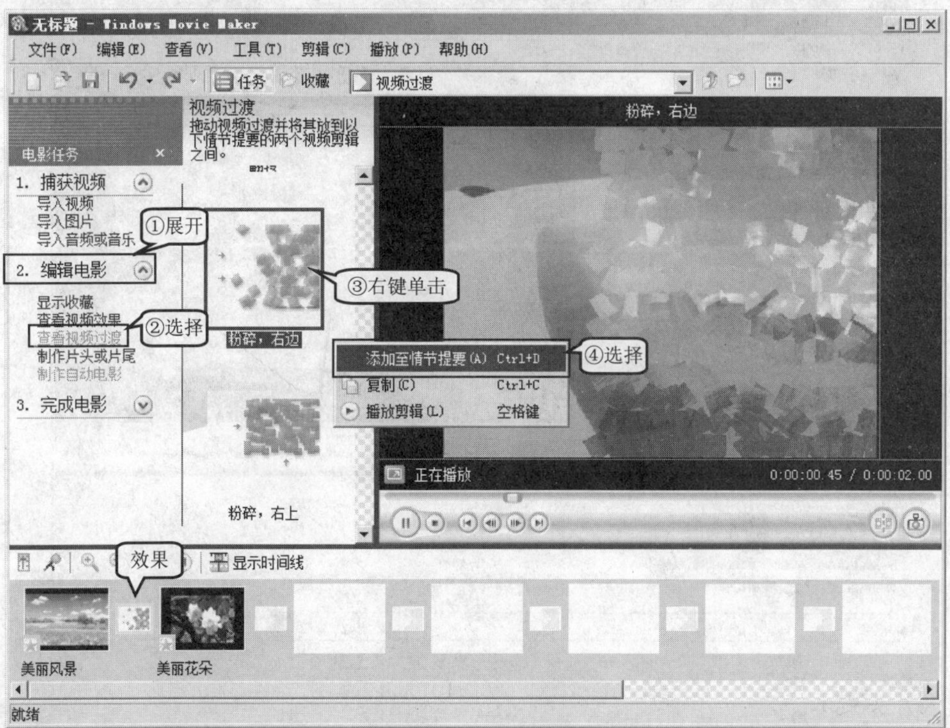

图8-34 制作视频过渡效果

(4) 选择【制作片头或片尾】选项，如图 8-35 所示。

图8-35 选择【制作片头或片尾】选项

(5) 在打开的【要将片头添加到何处？】面板中选择【电影开头添加片头】选项，如图8-36所示，进入【输入片头文本】面板。

图8-36 选择【电影开头添加片头】选项

(6) 输入片头文本。

① 在文本框中输入片头文本。

② 选择【更改片头动画效果】选项，如图8-37所示。

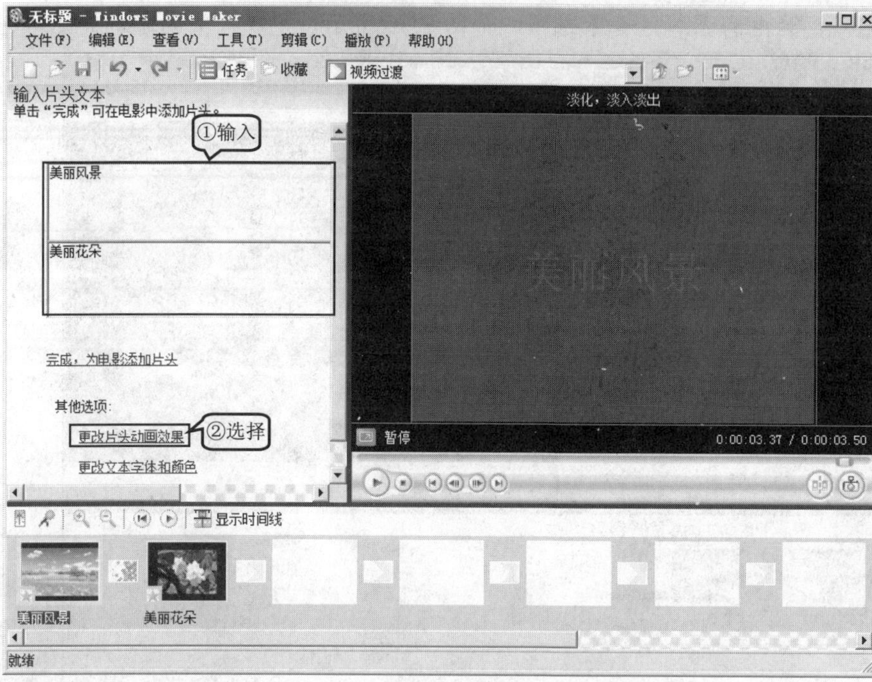

图8-37 输入片头文本

(7) 选中片头动画。

① 在打开的【选择片头动画】面板中选中自己喜欢的动画方案。

② 选择【更改文本字体和颜色】选项，如图 8-38 所示。

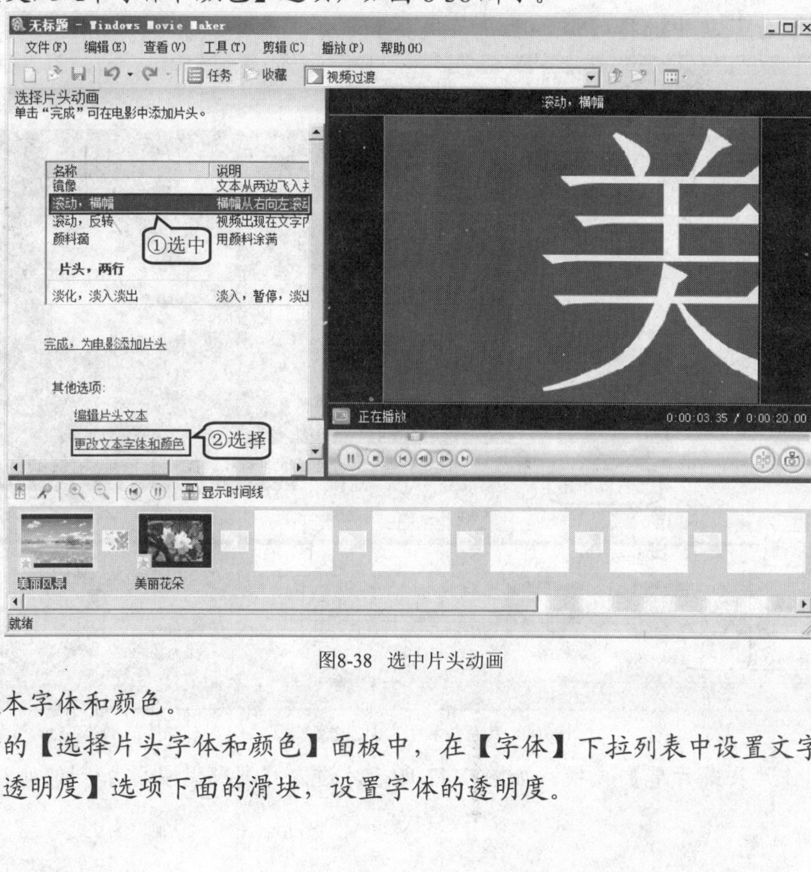

图8-38 选中片头动画

(8) 更改文本字体和颜色。

① 在打开的【选择片头字体和颜色】面板中，在【字体】下拉列表中设置文字字体。

② 拖曳【透明度】选项下面的滑块，设置字体的透明度。

③ 选择【完成，为电影添加片头】选项，如图 8-39 所示，完成片头的添加。

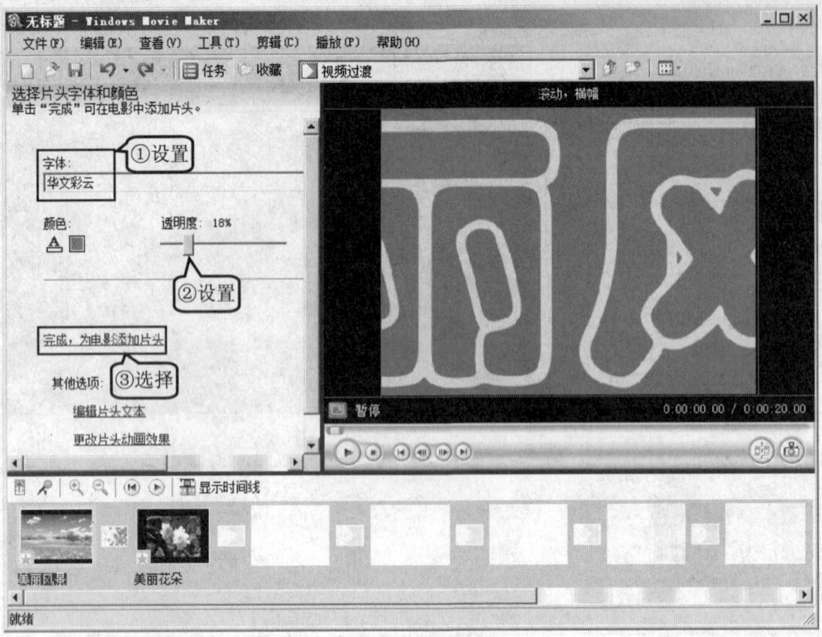

图8-39 更改文本字体和颜色

(9) 为片头和图片创建过渡效果。

① 在编辑区中选中创建的片头。

② 右键单击一个自己喜欢的过渡方案。

③ 在弹出的快捷菜单中选择【添加至情节提要】命令。最终效果如图 8-40 所示。

图8-40 为片头和图片创建过渡效果

(10) 选择【制作片头或片尾】选项，如图 9-47 所示，进入【要将片头添加到何处？】面板。

图8-41　选择【制作片头或片尾】选项

(11) 选择【电影结尾添加片尾】选项，如图 8-42 所示，进入【输入片头文本】面板。

图8-42　选择【电影开头添加片尾】选项

(12) 输入片尾文本。

① 设置片尾文本。

② 选择【更改片头动画效果】选项，如图 8-43 所示，进入【选择片头动画】面板。

图8-43 输入片尾文本

(13) 选中片尾动画。

① 选中自己喜欢的动画方案。

② 选择【完成，为电影添加片头】选项，如图 8-44 所示。

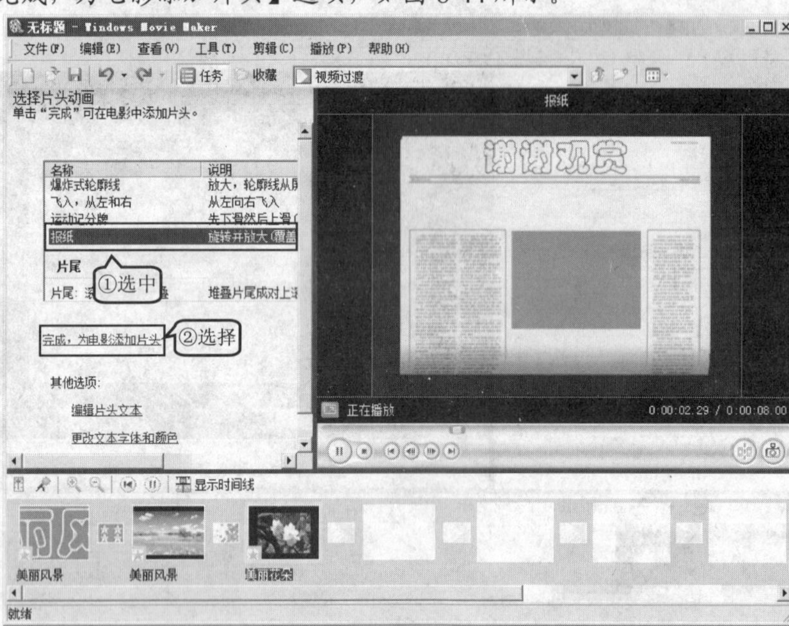

图8-44 选中片尾动画

(14) 为片尾和视频创建过渡效果。

① 在编辑区中选中创建的片尾。

② 右键单击一个自己喜欢的过渡方案。

③ 在弹出的快捷菜单中选择【添加至情节提要】命令，最终效果如图 8-45 所示。

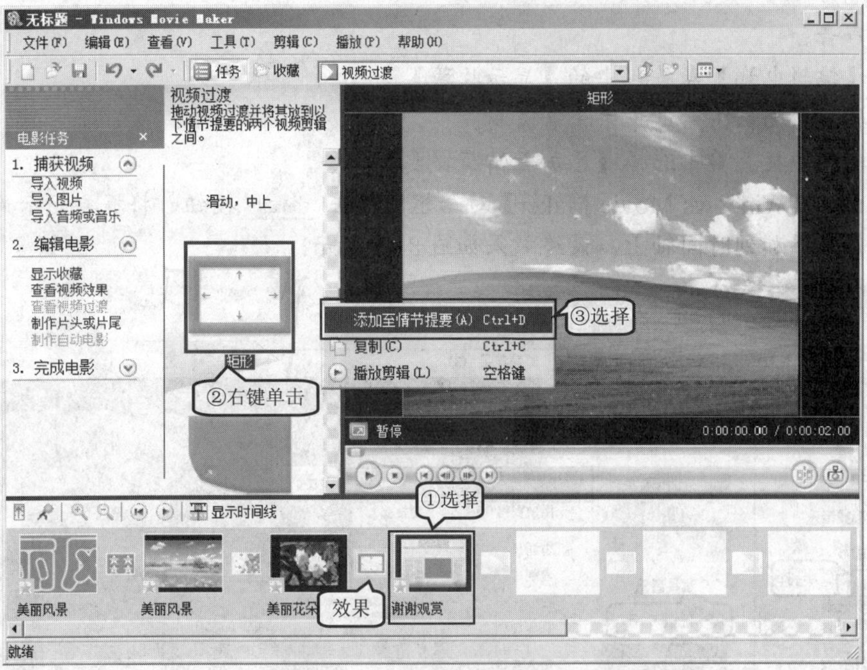

图8-45 为片尾和视频创建过渡效果

(15) 为视频添加效果。

① 在编辑区中选中视频。

② 选择【编辑电影】卷展栏中的【查看视频效果】选项。

③ 在【视频效果】面板中右键单击要添加的视频效果。

④ 在弹出的快捷菜单中选择【添加至情节提要】命令，如图 8-46 所示。

图8-46 为视频添加效果

(16) 添加声音。

① 选择【编辑电影】卷展栏中的【显示收藏】选项。

② 在【收藏】面板中右键单击声音素材。

③ 在弹出的快捷菜单中选择【添加至情节提要】命令。

④ 在弹出的【Windows Movie Maker】对话框中单击 确定 按钮，将提要显示为时间轴，并将声音添加到时间轴上，最终效果如图 8-47 所示。

图8-47 添加声音

(17) 编辑声音。

① 在视频预览窗口下方的播放控制区中，可进行以下操作。

- 单击按钮播放视频。
- 播放至片尾完成处，单击按钮暂停播放。
- 单击按钮可将声音切断。

最终效果如图 8-48 所示。

② 选中视频之后的音频，按键盘上的 Del 键，删除多余配音，最终效果如图 8-49 所示。

> **要点提示**
>
> 在删除视频后多余配音时，一定要注意检查是否删除干净，特别是当使用很大背景音乐时，需要往后拖曳滑块检查是否删除干净，否则会影响输出效果。

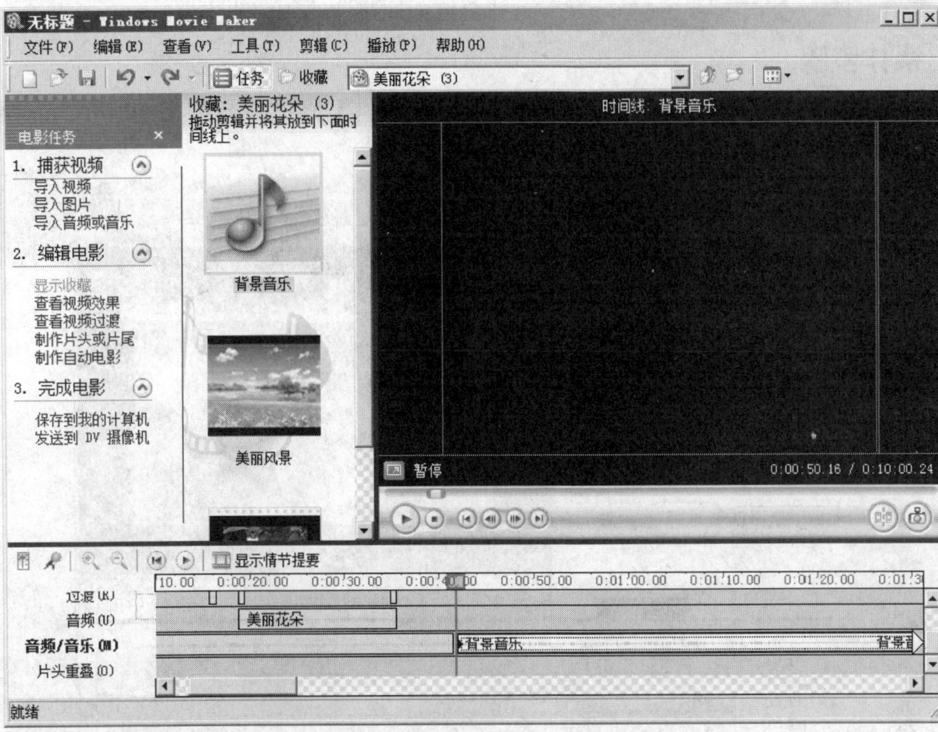

图8-48 编辑声音

图8-49 删除多余背景音乐

8.4.3 完成电影

视频编辑完成后还需要进行简单的保存，这样就可以完成一个视频作品。

操作步骤

(1) 选择【完成电影】卷展栏中的【保存到我的计算机】选项，如图 8-50 所示，弹出【保存电影向导】对话框。

图8-50 选择【保存到我的计算机】命令

(2) 设置保存信息。

① 在【已保存的电影文件】向导页的【为所保存的电影输入文件名】文本框中设置要保存的文件名。

② 在【选择保存电影的位置】下拉列表中设置文件保存路径。

③ 单击[下一步(N) >]按钮，如图 8-51 所示，进入【电影设置】向导页。

(3) 在【电影设置】向导页中保持默认设置，单击[下一步(N) >]按钮，如图 8-52 所示，进入【正在保存电影】向导页，显示导入进度，如图 8-53 所示。

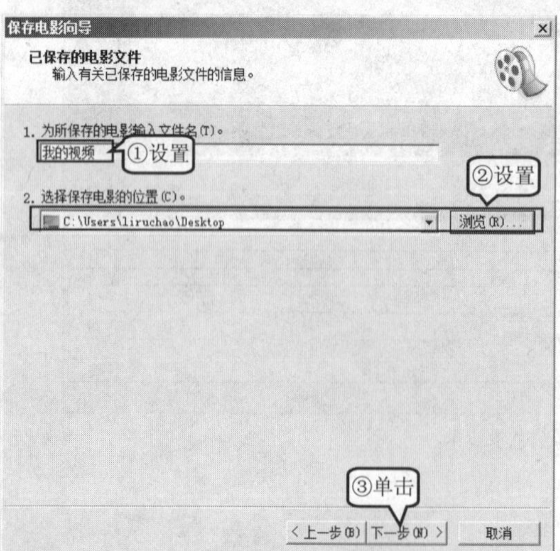

图8-51 设置保存信息

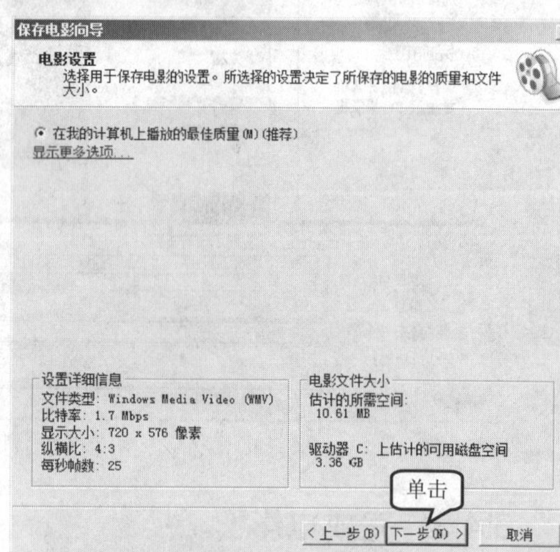

图8-52 设置视频质量

(4) 导出视频完成后单击 完成 按钮，如图 8-54 所示，即可播放制作的视频。

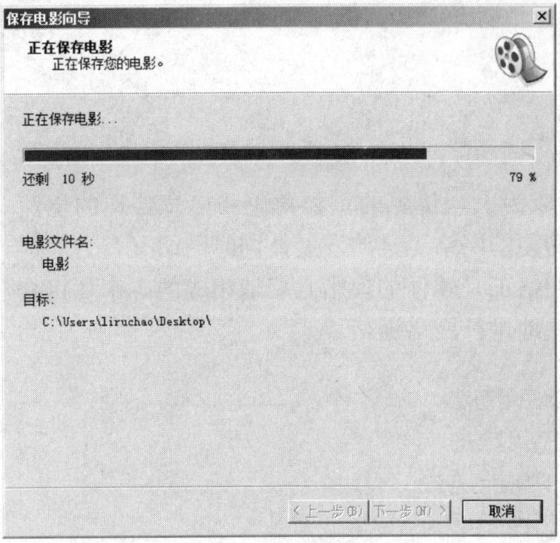

图8-53 正在保存电影

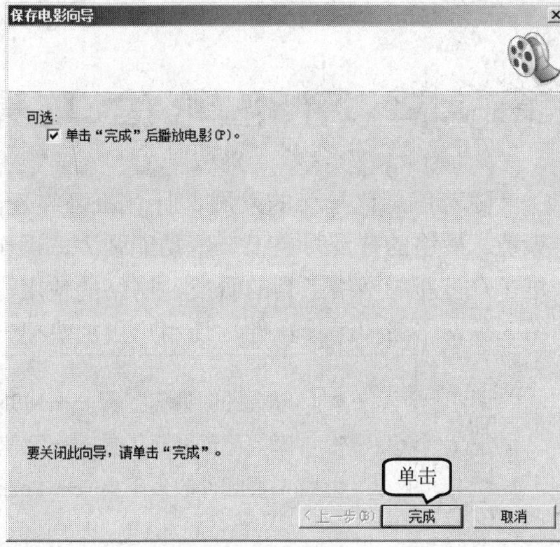

图8-54 完成导出

习题

一、简答题

1. 简述千千静听有哪些优点。
2. 酷我音乐盒相对于千千静听最大优势在哪里？你最喜爱其中的哪个功能？
3. Windows Movie Maker 的捕获源有哪些？
4. 简要说明 PPTV 的主要功能和基本用法。

二、操作题

1. 使用千千静听播放一首音乐，并下载相关联的歌词到播放器。
2. 使用酷我音乐盒观看 MV。
3. 使用 PPTV 观看正在直播的电视节目。
4. 使用 Camtasia Studio 录制一段视频，使用 Windows Movie Maker 制作视频的后期效果。
5. 使用 Windows Movie Maker 制作片头和片尾。

第9章 网络通信工具

随着信息化社会的发展，计算机网络逐渐成为大众传媒的重要角色和信息传递的主流渠道。网络的普及得益于一些功能强大、操作简便的网络工具的发展，同时网络又有力地促进了众多新的网络工具的研发，网络的使用与网络工具软件的使用是相辅相成的。本章将介绍 3 款网络通信工具软件，让用户更加快捷方便地进行网络通信。

学习目标

- 掌握即时通信工具—— MSN 的使用方法。
- 掌握移动聊天工具——飞信的使用方法。
- 掌握邮件收发工具—— Foxmail 的使用方法。

9.1 即时通信工具—— MSN

MSN（Windows Live Messenger）是 Microsoft 公司开发的一款即时通信软件。使用 MSN 可以通过文本、语音、移动电话以及视频对话实时地与朋友、家人或同事联机聊天，也可以通过发送静态和动态的图片来表现自己，或即时地共享照片、文件及更多内容。本节将以 MSN 2009 版本为例进行详细介绍。

9.1.1 MSN 通信

使用 MSN 可以向联机好友发送即时消息，共享和传输文件，还可以进行语音和视频对话以及收发电子邮件等，下面介绍具体操作方法。

操作步骤

1. 发送信息

(1) 向个人发送信息。

① 启动 MSN，输入账号和密码。

② 单击 登录(S) 按钮，进入操作界面。

③ 双击联系人名称，打开消息窗口。

④ 在消息窗口中输入信息内容。

⑤ 按 Enter 键发送信息，最终的操作效果如图 9-1 所示。

(2) 向多人发送信息。

① 在 MSN 操作界面右边单击 按钮。

② 选择【操作】/【发送即时消息】命令，打开【单击联系人进行选择】窗口。

③ 在【单击联系人进行选择】窗口中选择需要对话的人。

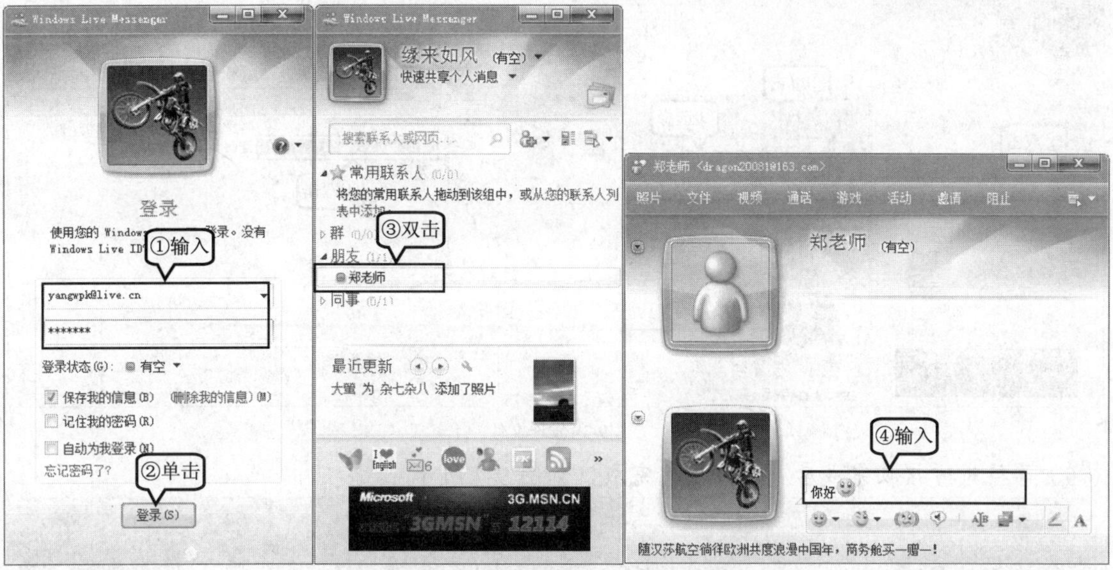

图9-1 向个人发送信息

④ 单击确定按钮，打开【多人对话】窗口。

⑤ 在【多人对话】窗口的消息输入栏中输入需要发送的信息。

⑥ 按Enter键发送信息，最终的操作效果如图 9-2 所示。

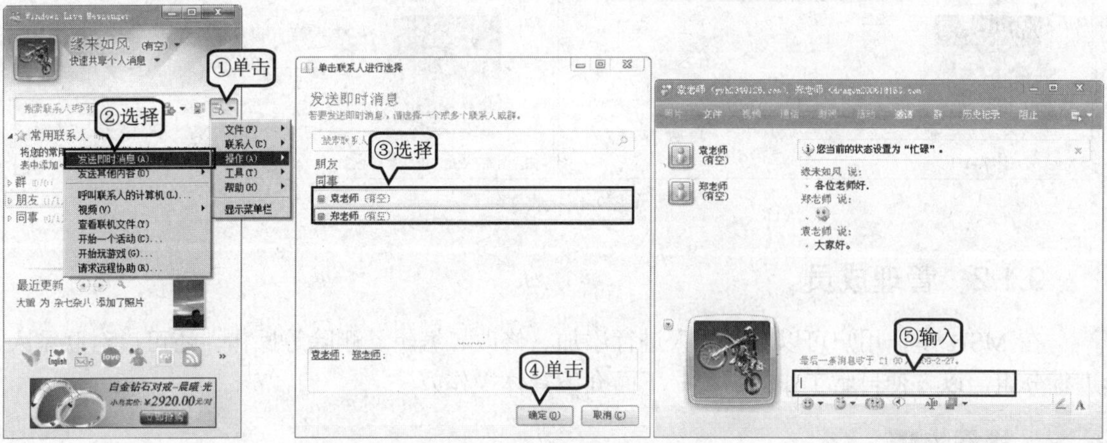

图9-2 向多人发送信息

2. 传输文件

（1）双击联系人名称，打开消息窗口。

（2）在消息窗口中单击文件按钮。

（3）在下拉菜单中选择【发送一个文件或照片】命令，弹出【发送文件给 ×××】对话框。

（4）双击需要发送的文件，最终的操作效果如图 9-3 所示。

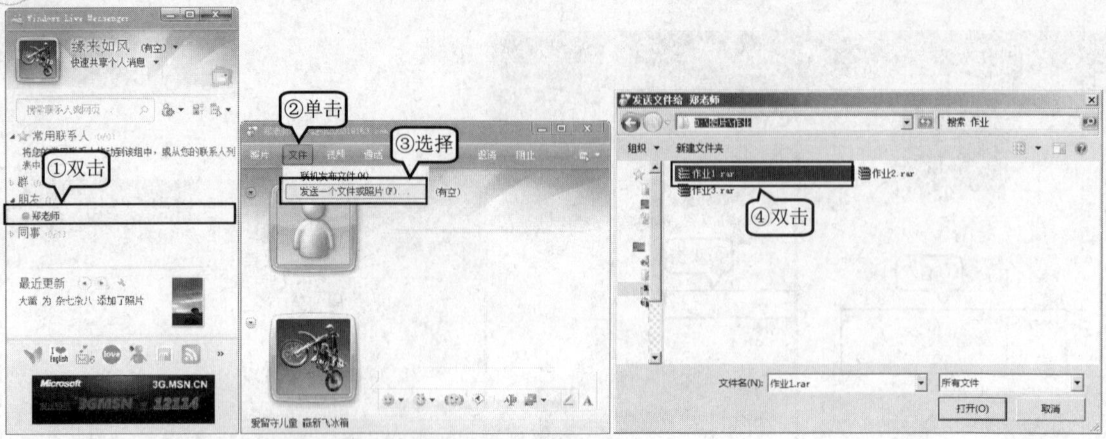

图9-3 发送文件

（5）等待对方接收完成后，文件传输完成，如图 9-4 所示。

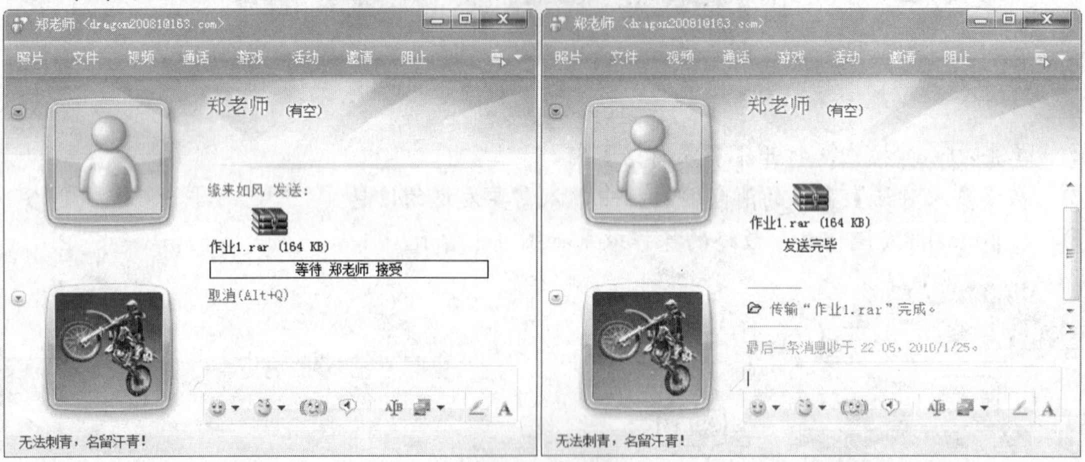

图9-4 接收文件

9.1.2 管理成员

在 MSN 里，用户可以对联系人进行添加、修改、编辑、删除等操作，还可以对联系人进行分组，以方便日常工作的需要，下面介绍具体操作方法。

操作步骤

1. 管理联系人

(1) 添加联系人。

① 在 MSN 界面上单击按钮。

② 选择【添加联系人】命令，弹出【输入此人的信息】对话框。

③ 在【输入此人的信息】对话框中的【即时消息地址】文本框中输入电子邮件地址。

④ 设置分组信息。

⑤ 单击 下一步(N) 按钮完成添加，最终的操作如图 9-5 所示。

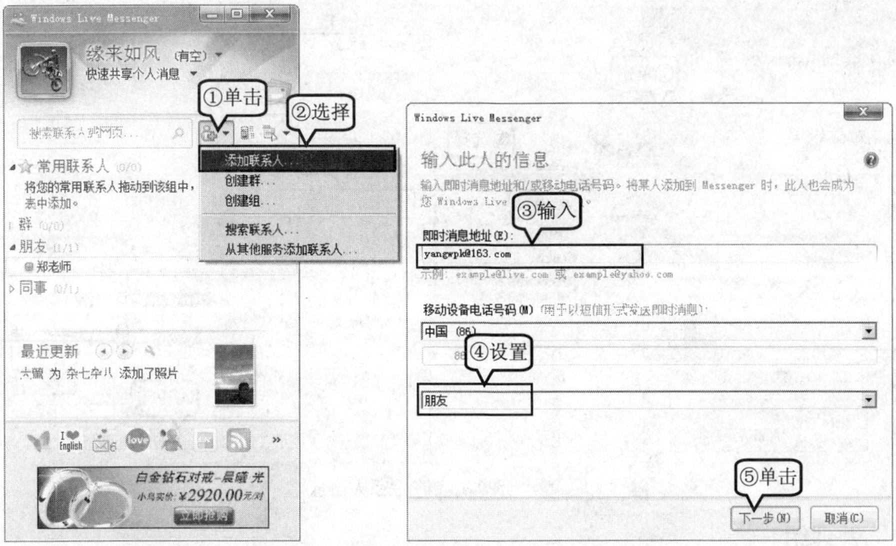

图9-5 添加联系人

(2) 编辑联系人信息。

① 在MSN界面上单击 按钮。

② 选择【联系人】/【编辑联系人】命令，打开【选择一个联系人】窗口。

③ 在【选择一个联系人】窗口中选择要编辑的联系人。

④ 单击 确定(O) 按钮，打开【编辑联系人】窗口。

⑤ 在【编辑联系人】窗口中进行信息的编辑。

⑥ 编辑完成后单击 保存(S) 按钮，最终的操作效果如图9-6所示。

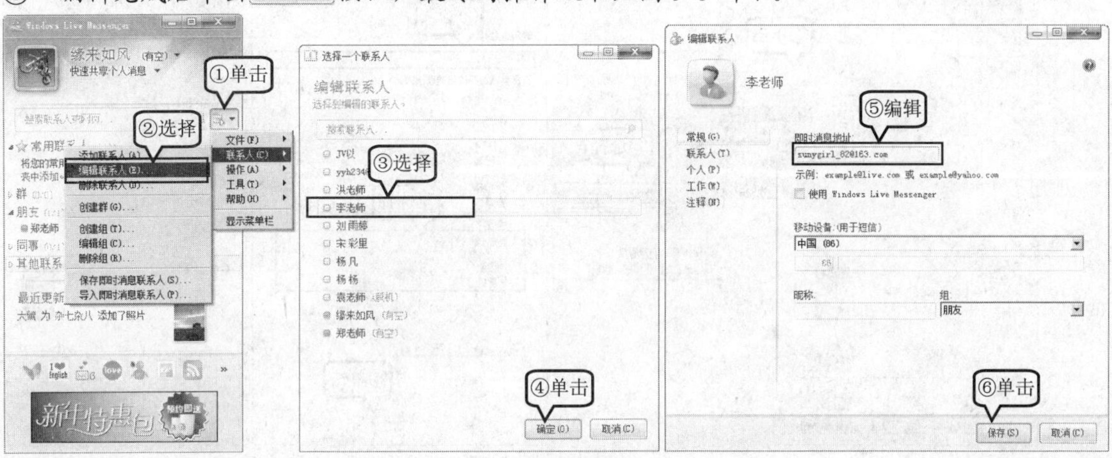

图9-6 编辑联系人信息

(3) 删除联系人信息。

① 在MSN界面上单击 按钮。

② 选择【联系人】/【删除联系人】命令，打开【选择一个联系人】窗口。

③ 在【选择一个联系人】窗口中选择要删除的联系人。

④ 单击 确定(O) 按钮。

⑤ 在弹出的【Windows Live Messenger】对话框中单击 确定 按钮，最终的操作效果如图9-7所示。

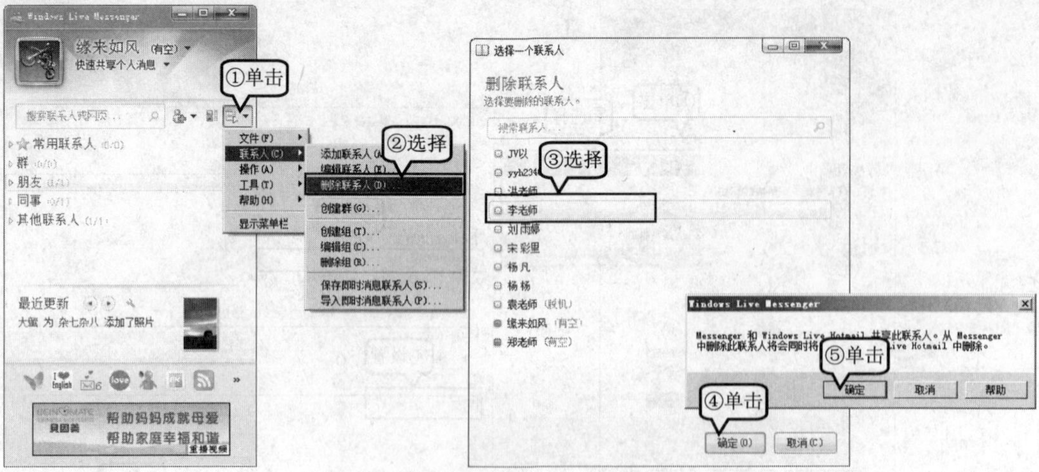

图9-7 删除联系人信息

2. 管理组

(1) 创建组。

① 在MSN操作界面上单击按钮。

② 选择【联系人】/【创建组】命令，打开【新建组】窗口。

③ 在【新建组】窗口中输入组的名称。

④ 在联系人列表中选择组内成员。

⑤ 单击 保存(S) 按钮完成创建，最终的操作效果如图9-8所示。

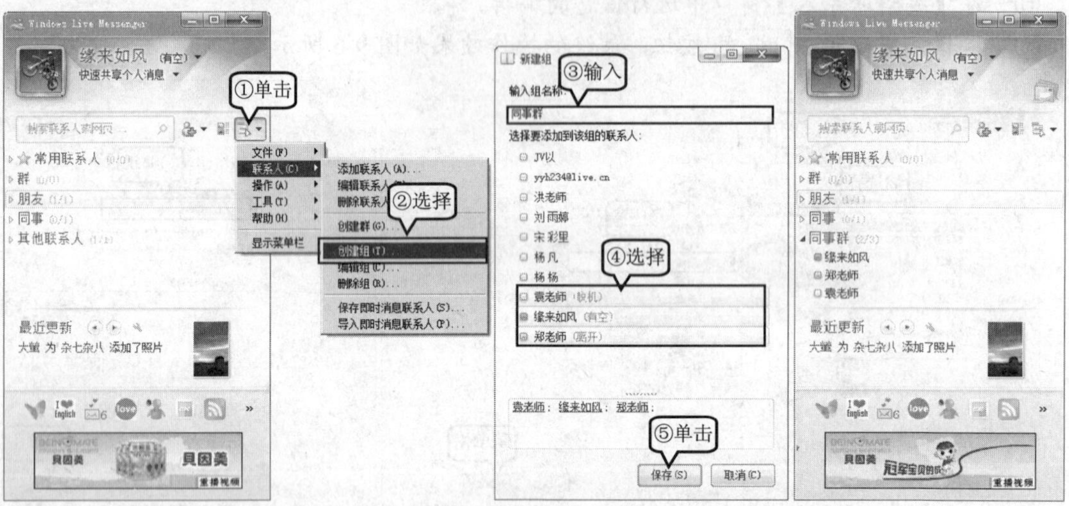

图9-8 创建组

(2) 编辑组。

① 右键单击需要编辑的组。

② 在弹出的菜单中选择【编辑组】命令，弹出【编辑组】对话框。

③ 修改组的名称和成员。

④ 单击 保存(S) 按钮完成编辑，最终的操作效果如图9-9所示。

(3) 删除组。

删除组的方法很简单，只需要选中要删除的组，按 Del 键即可。

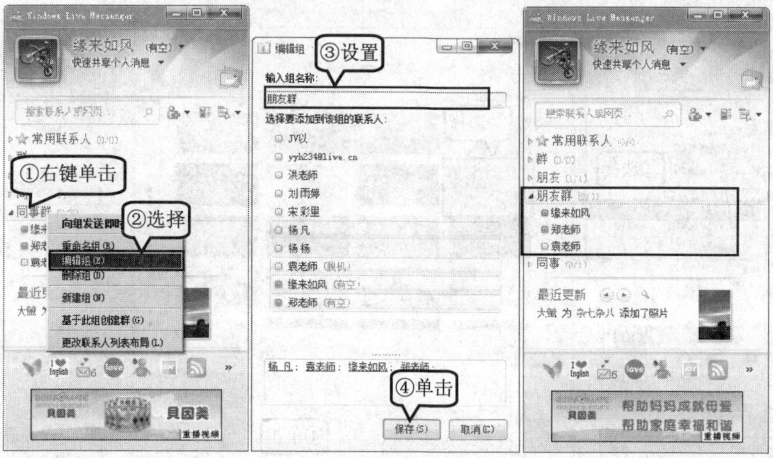

图9-9 编辑组

9.1.3 个性化设置

MSN 的个性化设置功能比较强大，用户可以根据自己的喜好设置声音、背景以及显示图标等，下面简单介绍部分操作方法。

操作步骤

(1) 自定义声音和通知。

① 在 MSN 界面上单击按钮。

② 选择【工具】/【选项】命令，弹出【选项】对话框。

③ 在【选项】对话框中的【消息】栏中设置要显示通知的复选框。

④ 在【声音】栏中设置声音事件，最终的操作效果如图 9-10 所示。

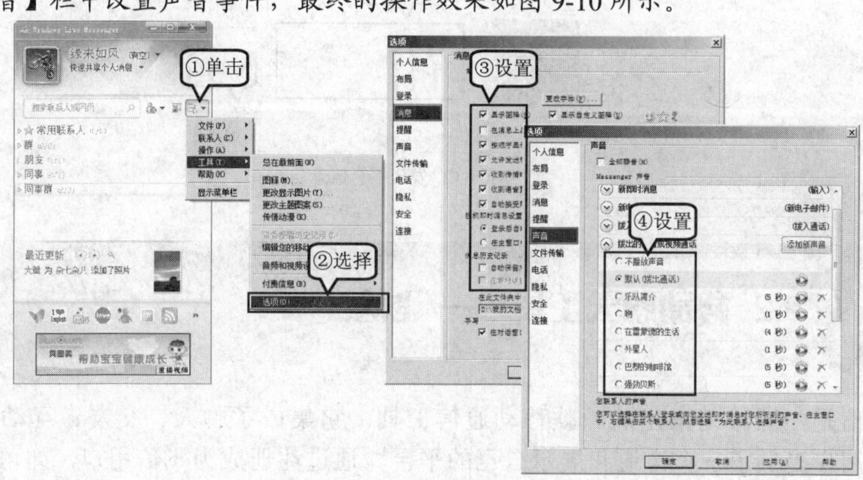

图9-10 自定义声音和通知

(2) 设置主题图案。

① 在 MSN 操作界面上单击账户名称。

② 选择【更改主题图案】命令，弹出【主题图案】对话框。

③ 在【主题图案】对话框中选择图案。

④ 单击 确定(O) 按钮完成更改，最终的操作效果如图 9-11 所示。

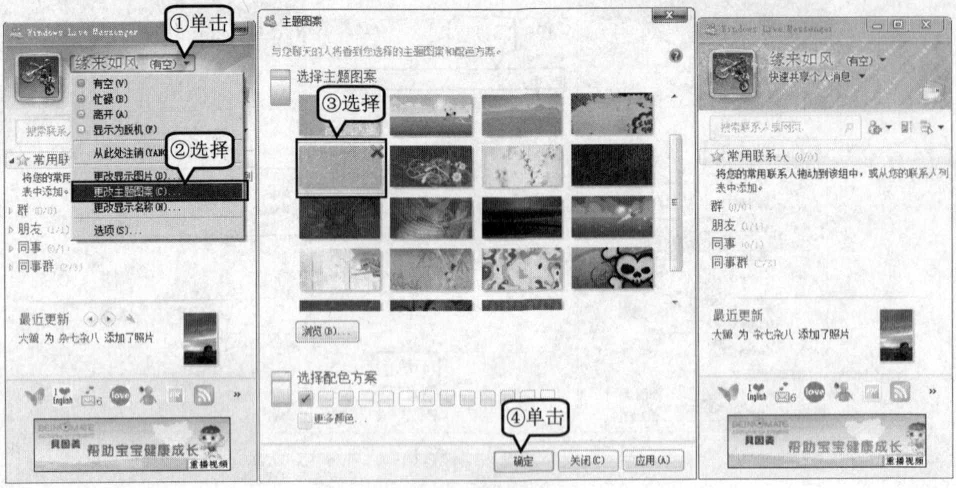

图9-11 设置主题图案

(3) 发送手写信息。

① 在消息对话窗口中单击按钮。

② 手写需要发送的消息。

③ 按 Enter 键发送消息，最终的操作效果如图 9-12 所示。

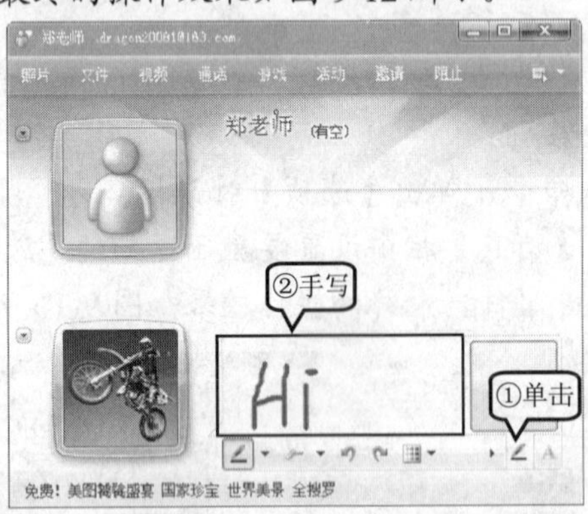

图9-12 发送手写信息

9.2 移动聊天工具——飞信

飞信是中国移动推出的一款移动通信工具，它集成了聊天、交友、互动、娱乐等功能，为用户提供了一个沟通和展示自己的平台。通过注册成为飞信用户，即可享受免费短信、超低语音资费、手机和计算机之间文件互传等诸多强大功能，从而实现永不离线、无缝沟通的状态。本节将以 Fetion2010 版本为例进行介绍。

9.2.1 手机绑定

手机绑定就是指注册飞信用户的过程，与 QQ 聊天工具一样，要使用该软件必须注册用户，但飞信注册需要与移动手机号绑定，下面介绍具体操作方法。

操作步骤

(1) 启动飞信 2010 版，进入【登录】界面。

(2) 注册新用户。

① 在【登录】界面中单击注册用户按钮，弹出【注册向导】对话框。

② 在【注册新用户】对话框中选择【使用中国移动手机号注册】方式。

③ 在【服务协议】栏目中勾选【我已经阅读服务协议】复选框。

④ 单击 同意 按钮进入下一栏目，最终操作效果如图 9-13 所示。

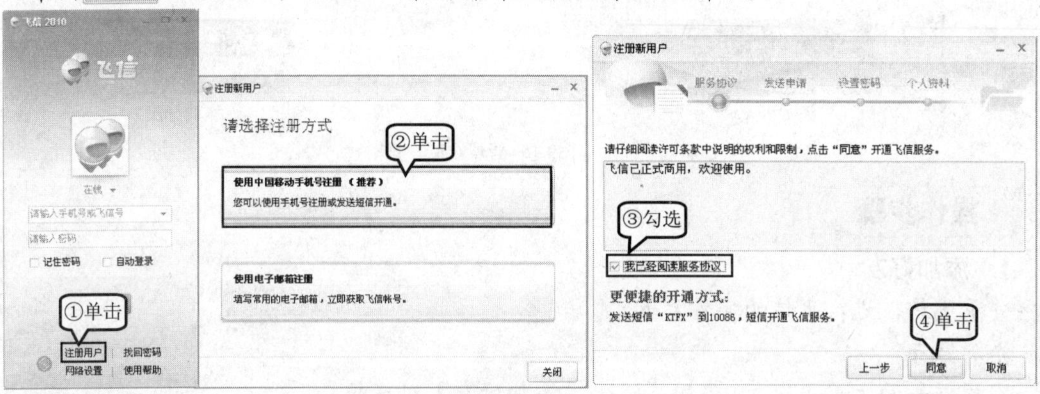

图9-13 注册新用户

(3) 短信验证。

① 在【发送申请】栏目中输入个人手机号和验证码。

② 单击 下一步 按钮，获取短信验证码。

③ 在【设置密码】栏目中填写短信验证码，然后设置飞信登录密码。

④ 单击 下一步 按钮，填写个人资料完成注册，最终操作效果如图 9-14 所示。

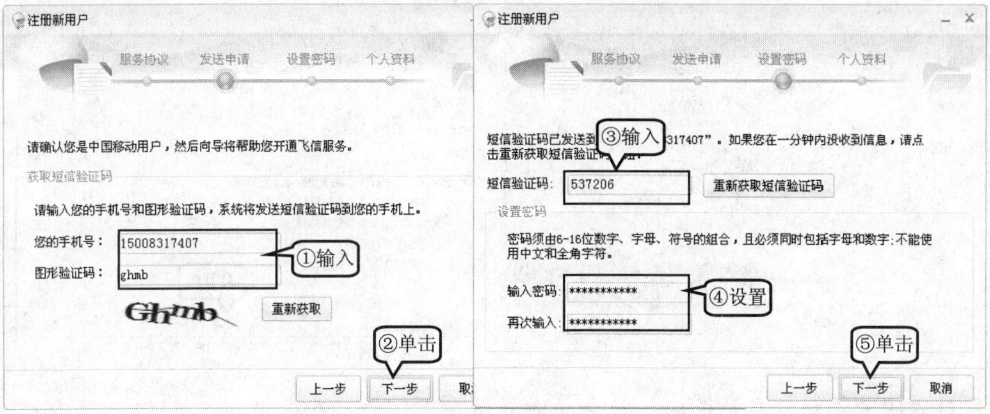

图9-14 短信验证

9.2.2 好友管理

手机绑定成功后，即可登录飞信。在发送各种信息前，还需要添加好友，这样才能和其他人进行信息交流，操作效果如图 9-15 所示，下面介绍具体操作方法。

添加好友　　　　移动好友

图9-15 管理好友

操作步骤

1. 添加好友

(1) 登录飞信，进入飞信的操作界面。

(2) 添加好友。

① 在操作界面上单击 添加 按钮，弹出【添加好友】对话框。

② 在【添加好友】对话框中输入好友的手机号（或飞信号）。

③ 单击 确定 按钮完成添加操作，最终的操作效果如图 9-16 所示。

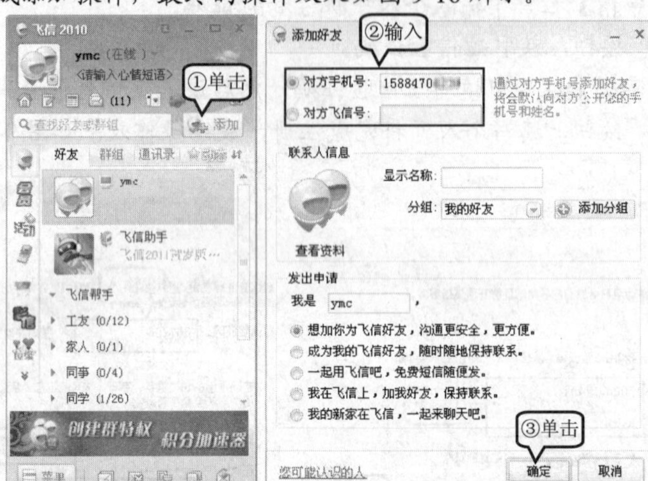

图9-16 添加好友

④ 当对方同意添加好友请求后，就会立即显示在飞信的好友框里。

2. 分组管理

(1) 添加组。

① 在飞信的操作界面空白处单击鼠标右键，在弹出的快捷菜单中选择【添加分组】命令，弹出【添加分组】对话框。

② 在【添加分组】对话框中输入组的名称，如“驴友”。

③ 单击 确定 按钮完成创建，最终操作效果如图 9-17 所示。

图9-17 添加组

(2) 移动好友。

① 选中需要移动的好友。

② 单击鼠标右键，在弹出的快捷菜单中选择【组管理】/【将该好友移动到】/【驴友】命令，最终操作效果如图 9-18 所示。

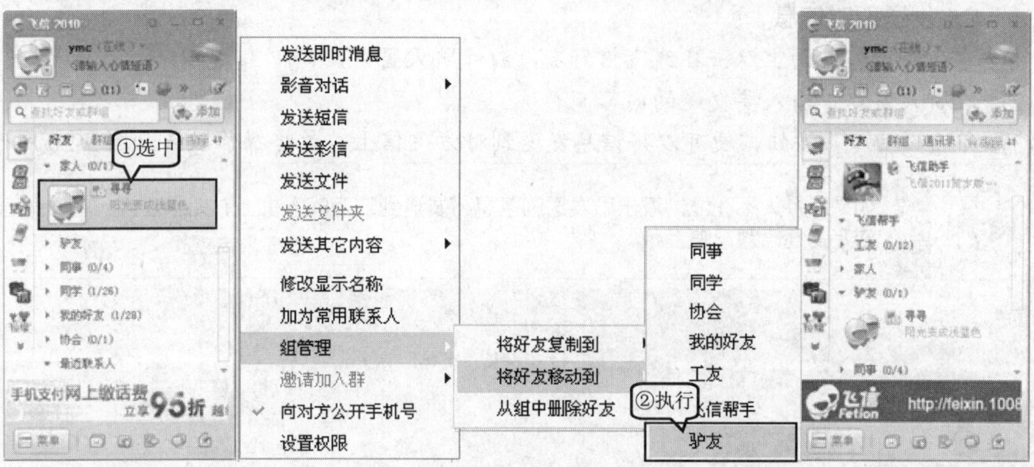

图9-18 移动好友

> **要点提示** 对组成员进行管理时，还可以将同一个联系人复制到另一个组内。

9.2.3 发送信息

飞信最主要的功能就是可以在计算机上发送信息到对方计算机或手机上，这样既方便又快捷，下面介绍具体操作方法。

操作步骤

1. 给手机发送短信

(1) 启动飞信，进入其操作界面。

(2) 发送短信。

① 右键单击联系人，在弹出的快捷菜单中选择【发送短信】命令，打开聊天窗口。

② 在聊天窗口中输入要发送的内容。

③ 单击发送短信按钮，便可以将信息发送到对方手机上，最终操作效果如图 9-19 所示。

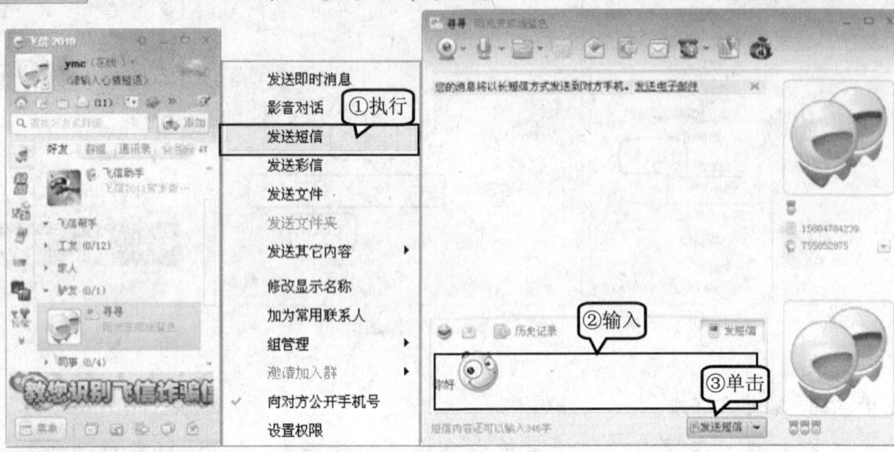

图9-19 发送短信

2. 发送即时信息

(1) 在飞信操作界面上双击在线飞信好友，打开聊天窗口。

(2) 在聊天窗口中输入要发送的内容。

(3) 单击发送短信按钮，便可以将信息发送到对方飞信上，最终操作效果如图 9-20 所示。

> **要点提示** 如果联系人不在线，双击后发送的信息将发送到对方的手机上；如果在线，将发送信息到对方的飞信客户端上。

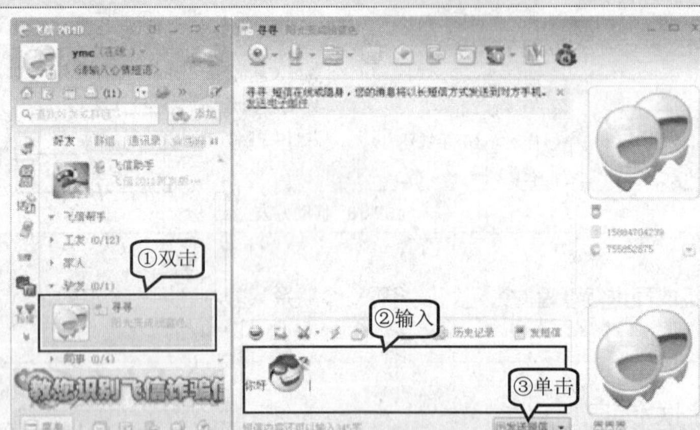

图9-20 发送即时消息

(4) 还可以通过飞信发送彩信、图片、文件等信息，如图 9-21 所示，可以给对方飞信发送相关的文件及图片。

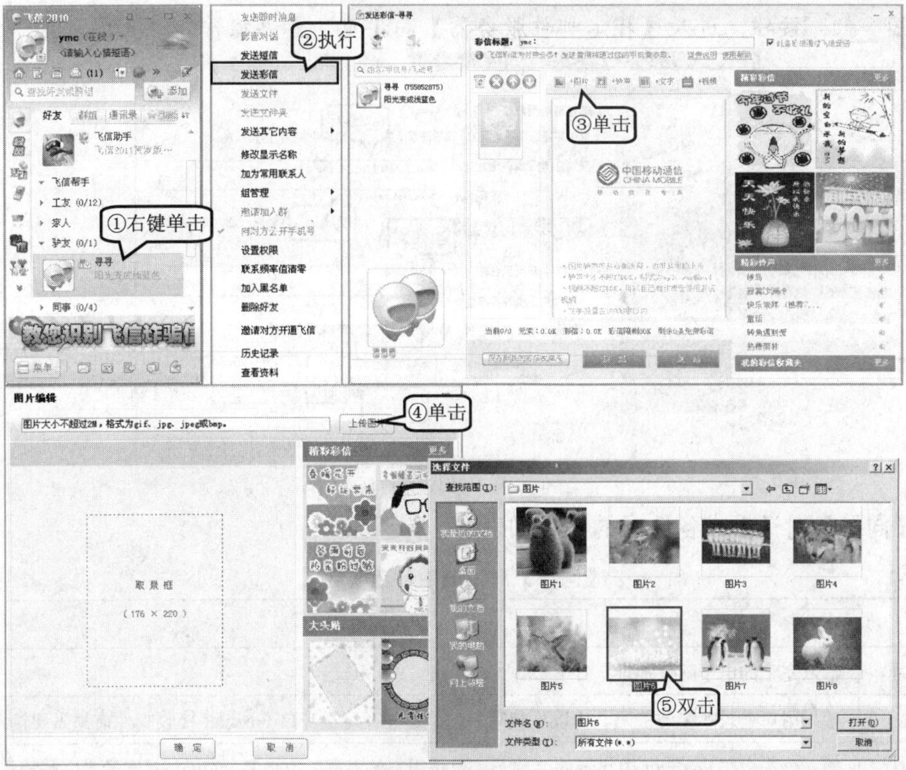

图9-21　发送彩信

9.3　邮件收发工具—— Foxmail

电子邮件以其简单、快捷的特点为人们的日常生活和工作带来了极大的方便。Foxmail 作为一个易学易用的邮件管理工具，可以帮助用户在不登录网站的情况下实现邮件的收发，而且还能实现垃圾邮件的过滤、添加联系人信息等功能。Foxmail 还可以同时管理多个邮箱账户，使用户与他人的联系变得更加方便、快捷。本节将以 Foxmail 6.5 Beta021 为例进行详细介绍。

9.3.1　创建邮箱账户

在使用 Foxmail 收发电子邮件前，必须先创建一个邮箱账户并连接到相应邮件服务器，才可以收发电子邮件。

操作步骤

1．建立第 1 个邮箱账户

(1)　填写账户信息。

①　启动 Foxmail，在【向导】对话框中填写电子邮件地址。

②　填写密码。

③　填写账户显示名称。

④　填写邮件中采用的名称。

⑤ 单击 下一步(N) > 按钮，进入【指定邮件服务器】向导页，最终操作效果如图 9-22 所示。

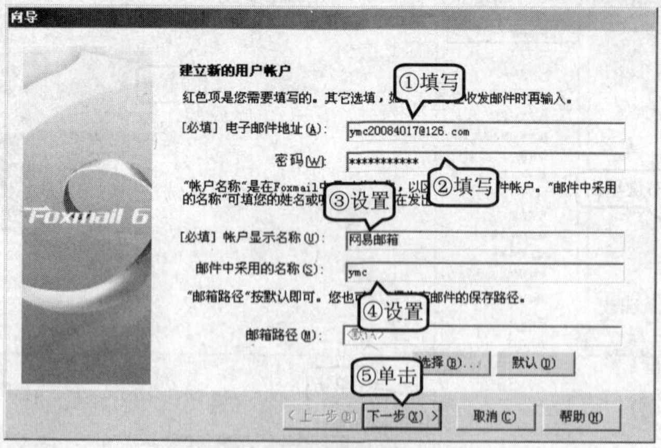

图9-22 填写账户信息

在【向导】对话框中各选项的含义如表 9-1 所示。

表 9-1 【向导】对话框中各选项含义

各个项目	输入内容
电子邮件地址	输入完整的电子邮件地址
密码	输入用户登录邮箱的密码。可以不填写，但是这样在每次开启 Foxmail 接收邮件前都需要输入密码
账户显示名称	输入该账户在 Foxmail 中显示的名称，可以按用户的喜好随意填写。Foxmail 支持多个邮箱账户，通过这里的名称可以让用户更容易区分、管理它们，如“新浪（sina）”、“网易（163）”、“网易（126）”等
邮件中采用的名称	输入用户的姓名或昵称。用来在发送邮件时附加姓名，以便收件人可以在不打开邮件的情况下知道是谁发来的邮件。如果用户不输入这一项，收件人将只看到用户的邮件地址
邮箱路径	因为收发邮件后需要保存大量的邮件信息，例如邮件正文或附件等，所以必须指定这些信息的保存路径，通常情况设置为“默认”，即在安装目录下开辟一块空间来保存信息。如果要更改邮箱路径，可以单击 选择(B)... 按钮，将其他已经创建的目录作为邮箱路径；单击 默认(D) 按钮，可以恢复使用默认路径

(2) 指定邮件服务器。

① 在【指定邮件服务器】向导页中设置服务器，这里保持默认设置。

② 单击 下一步(N) > 按钮，进入【账户建立完成】向导页，最终的操作效果如图 9-23 所示。

(3) 设置账户的图片。

① 在【账户建立完成】向导页中设置账户的图片。

② 单击 完成 按钮完成账户的创建，最终操作效果如图 9-24 所示。

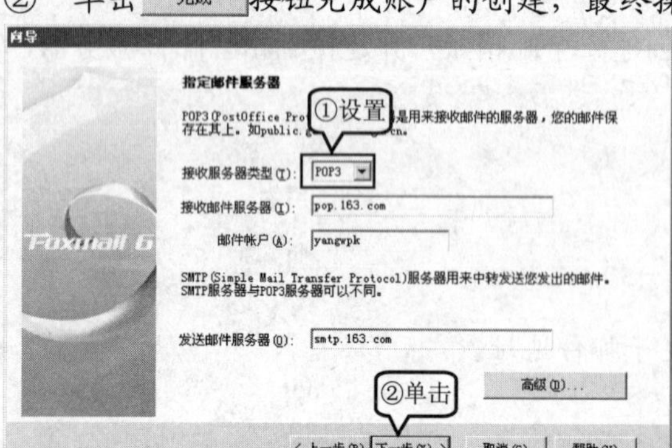

图9-23 指定邮件服务器

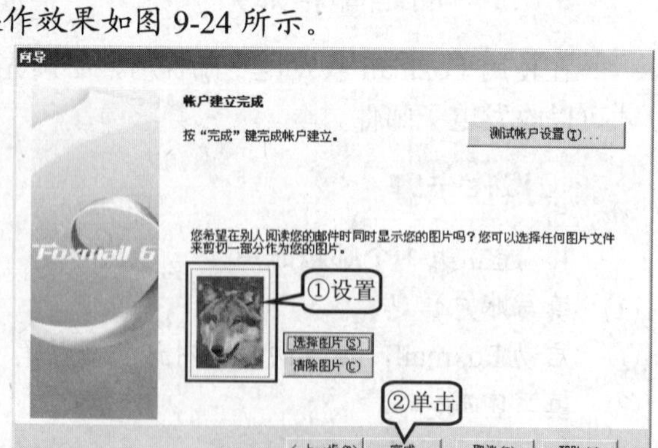

图9-24 设置账户的图片

2. 创建其他账户

(1) 创建完成后，进入 Foxmail 的操作界面，如图 9-25 所示。

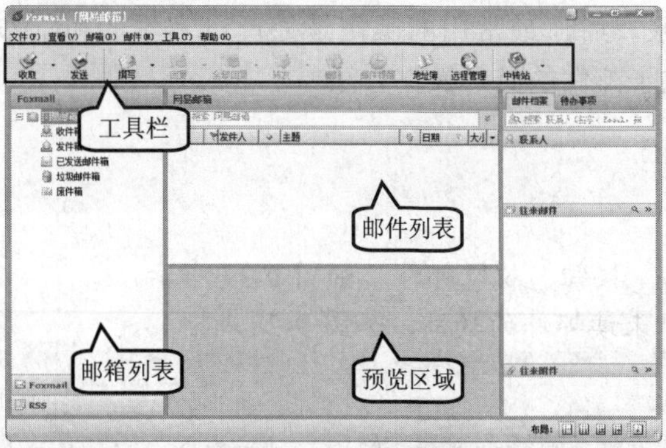

图9-25 Foxmail 操作界面

(2) 选择【邮箱】/【新建邮箱账户】命令，在弹出的【向导】对话框中重复以上步骤可创建多个账户，创建完成后的操作界面如图 9-26 所示。

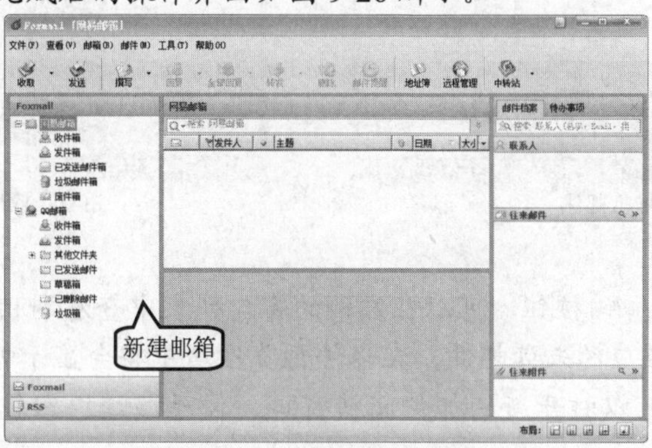

图9-26 Foxmail 操作界面

操作界面中工具栏上各按钮的用途如表 9-2 所示。

表 9-2　Foxmail 工具栏上按钮的用途

按钮	名称	功能
	收取	收取邮件
	发送	发送邮件
	撰写	撰写邮件
	回复	收到邮件后回复对方
	全部回复	收到邮件后全部回复给对方
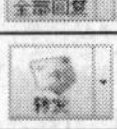	转发	将收到的邮件转发给别人
	删除	删除邮件
	邮件提醒	即时提醒用户的邮件信息
	地址簿	管理邮件地址簿
	远程管理	远程管理网站上的电子邮箱
	中转站	在不同计算机间转移文件，以链接形式向任意邮箱发送超过 1GB 的大附件

9.3.2 处理电子邮件

用户创建好邮箱账户后，最常用的操作是处理日常生活和工作中的电子邮件，下面介绍使用 Foxmail 处理电子邮件的具体操作方法。

操作步骤

1. 接收邮件

(1) 在工具栏中单击收取按钮，收取邮件，如图 9-27 所示。

(2) 收取结束后将显示未读邮件的数目，如图 9-28 所示。

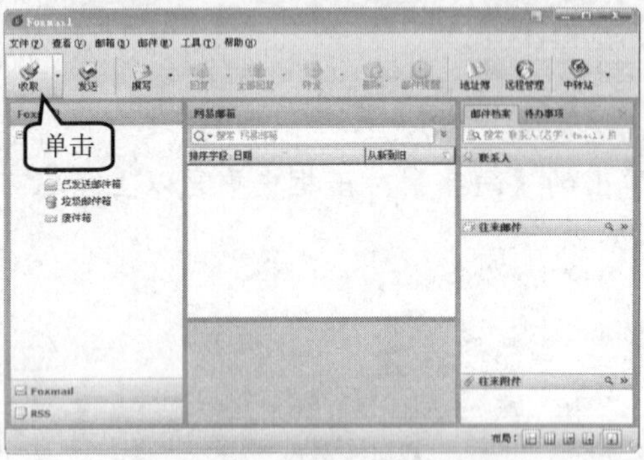

图9-27 收取邮件

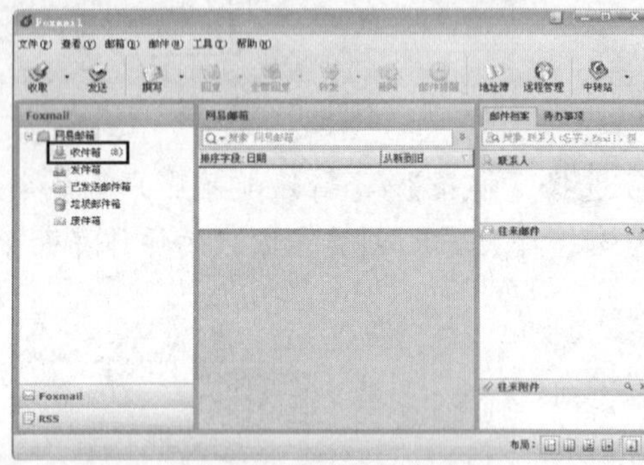

图9-28 收取结束后的效果

2. 查看邮件

(1) 展开账户后单击收件箱按钮，可以在右侧的窗口列表中查看到相关的邮件信息。

(2) 单击邮件列表中相应的未读邮件，在邮件预览区域中将会显示邮件的内容。

(3) 双击相应邮件，可以打开新的邮件阅读窗口，便于阅读内容较多的邮件，最终操作效果如图 9-29 所示。

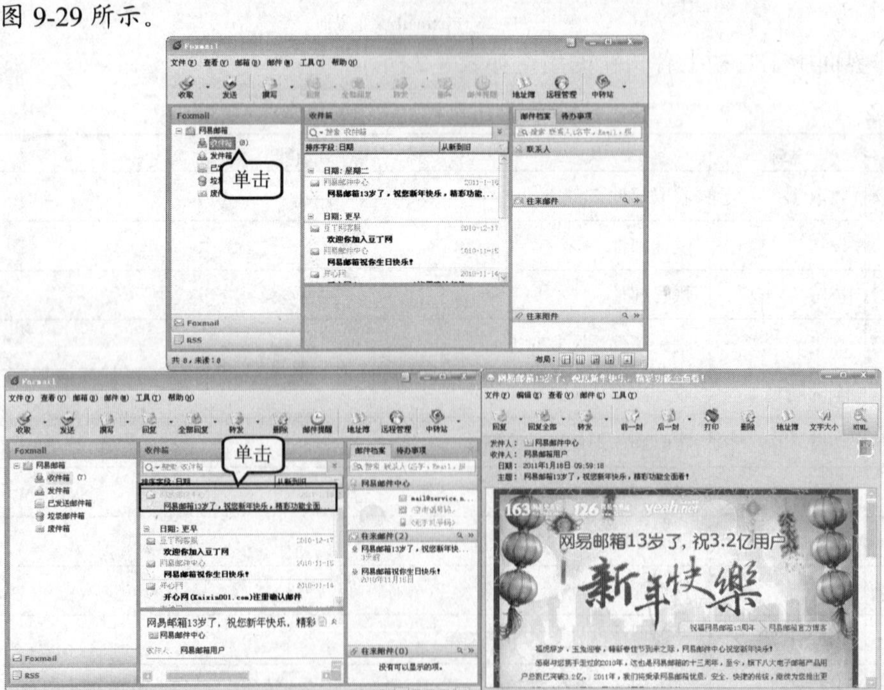

图9-29 查看邮件

3. 回复邮件

(1) 单击按钮，打开【写邮件】窗口。

(2) 写邮件。

① 设置文字的字体、大小和颜色。

② 设置字体的颜色。

③ 输入邮件内容。

④ 单击按钮。

⑤ 选择【插入本地图片】命令，弹出【打开】对话框。

⑥ 在【打开】对话框中双击要插入的图片，最终操作效果如图 9-30 所示。

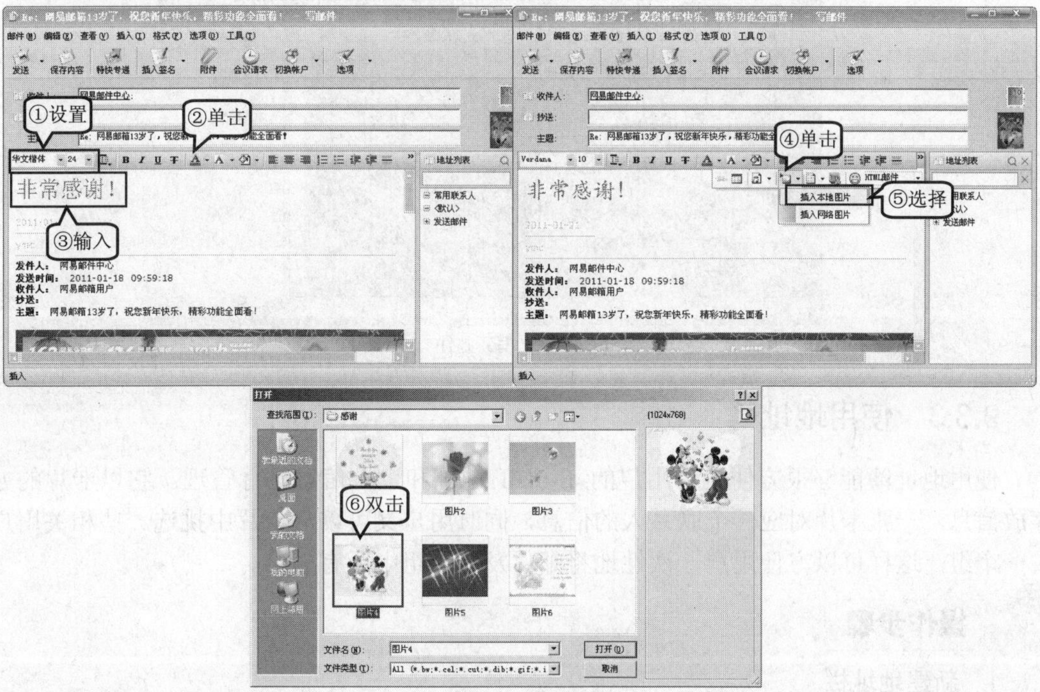

图9-30 回复邮件

(3) 插入附件。

① 在工具栏中单击按钮，弹出【打开】对话框。

② 在【打开】对话框中双击要添加的附件，最终操作效果如图 9-31 所示。

图9-31 插入附件

(4) 写好邮件后，在工具栏中单击 按钮发送邮件。

(5) 写新邮件

单击操作界面上的 按钮，在打开的【写邮件】窗口中编辑好收件人的地址及主题，然后在正文区域编写邮件内容，单击 按钮即可发送写好的邮件，如图9-32所示。

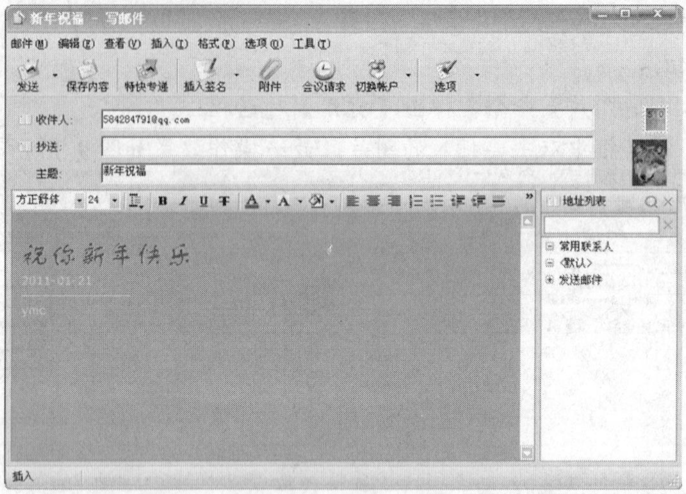

图9-32 写新邮件

9.3.3 使用地址簿

使用地址簿能够很方便地对用户的 E-mail 地址和个人信息进行管理。它以卡片的方式存放信息，一张卡片对应一个联系人的信息，同时用户又可以从卡片中挑选一些相关用户组成一个组，这样可以方便用户一次性地将邮件发送给组中所有成员。

操作步骤

1. 新建地址栏

(1) 启动 Foxmail，单击工具栏中的 按钮，打开【地址簿】窗口，如图9-33所示。

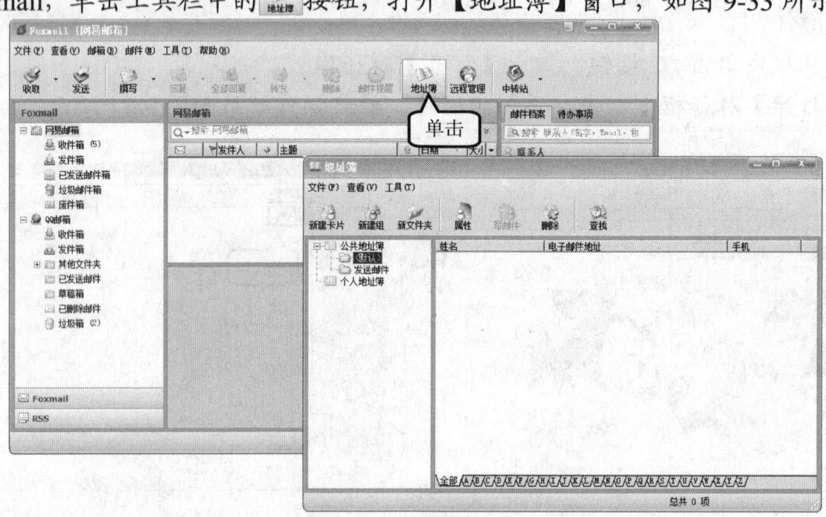

图9-33 打开地址簿

(2) 新建卡片。

① 在【地址簿】窗口中，单击工具栏中的新建卡片按钮，弹出【新建卡片】对话框。

② 在【普通】选项卡中输入联系人的姓名。

③ 输入联系人的 E-mail 地址。

④ 单击增加(A)按钮，最终操作效果如图 9-34 所示。

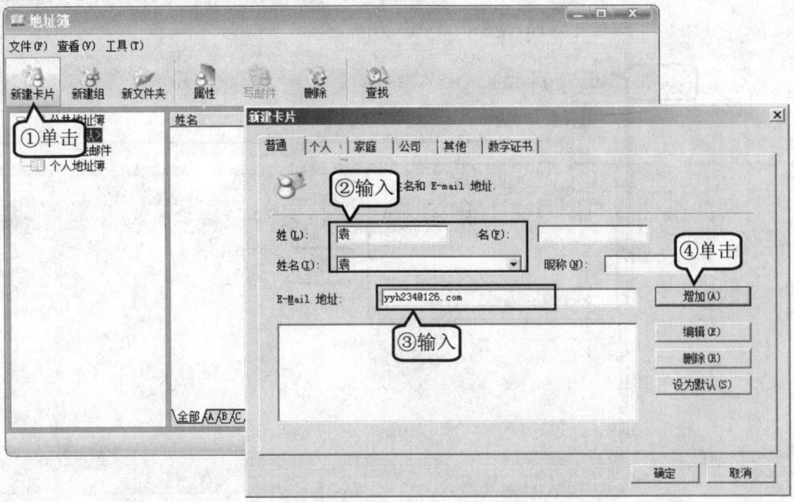

图9-34 新建卡片

⑤ 在【新建卡片】对话框中根据需要可填写【个人】、【家庭】以及【公司】选项卡上的其他信息，如图 9-35 所示。

⑥ 填写完成后，单击确定按钮完成卡片创建，效果如图 9-36 所示。

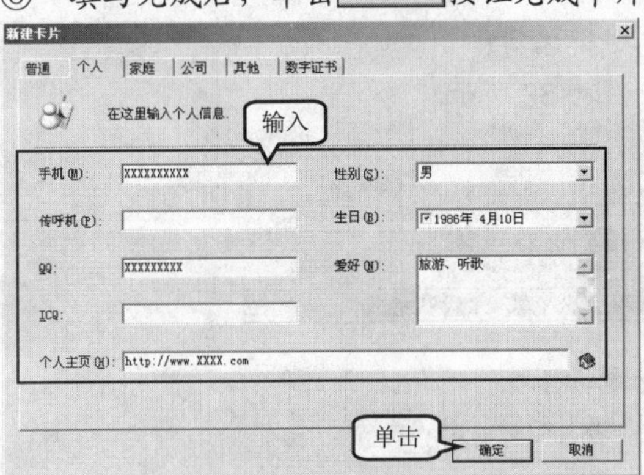

图9-35 填写其他信息

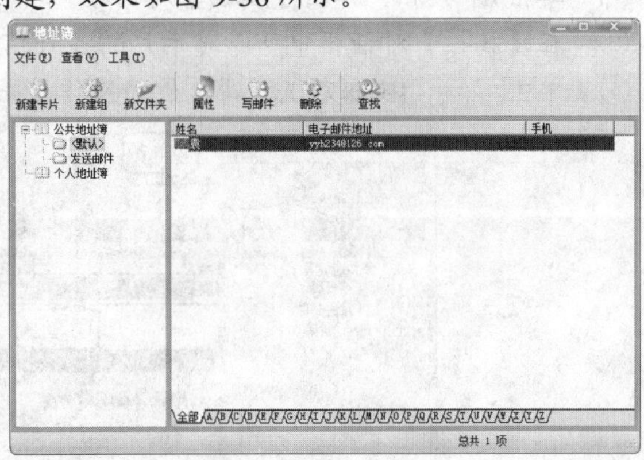

图9-36 完成卡片的创建

2. 使用地址簿

(1) 写邮件。

① 在【地址簿】窗口中选中需要发邮件的卡片。

② 单击写邮件按钮，打开【写邮件】窗口。

③ 在【写邮件】窗口中输入标题、正文等内容。

④ 单击发送按钮发送邮件，最终操作效果如图 9-37 所示。

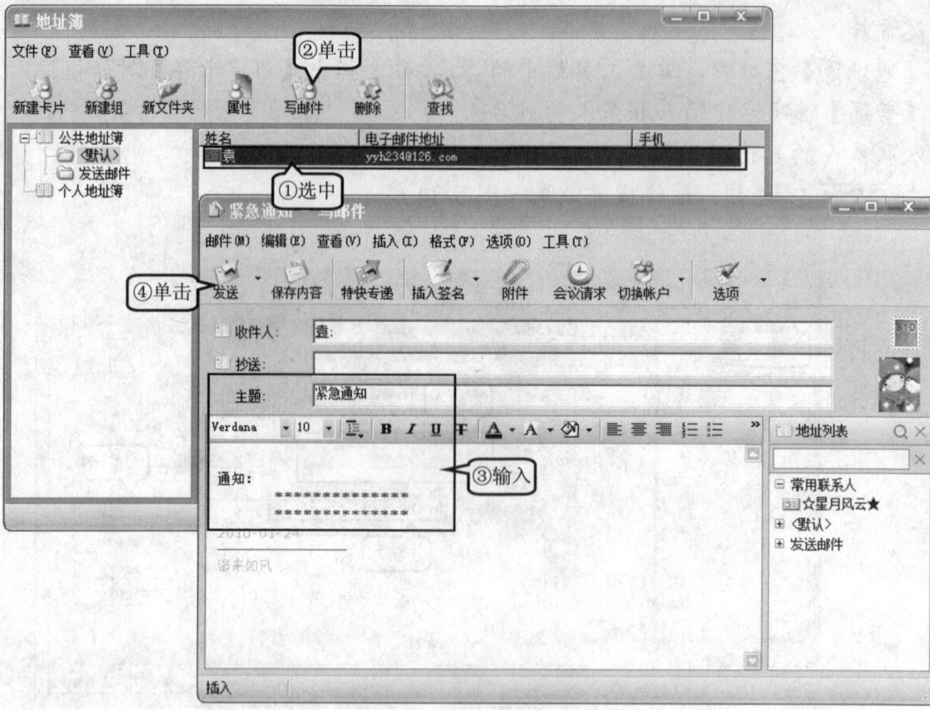

图9-37 使用卡片写邮件

(2) 编辑地址簿。

① 在【地址簿】窗口中选中需要编辑的卡片。

② 单击按钮，弹出【属性】对话框。

③ 在【属性】对话框中可以对卡片的各种信息进行编辑。

④ 单击 确定 按钮完成编辑，最终操作效果如图 9-38 所示。

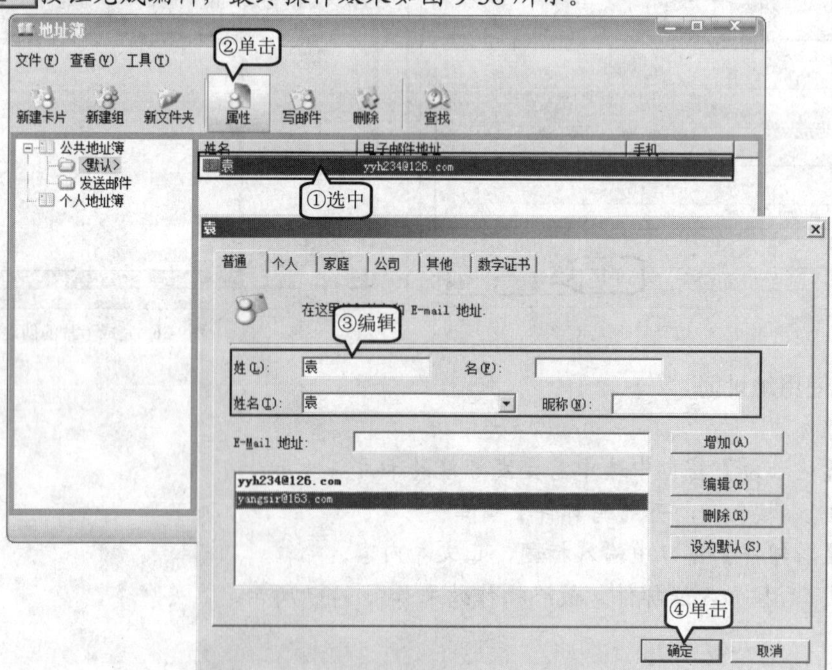

图9-38 编辑卡片

习题

一、简答题

1. MSN 具有哪些功能？

2. 如何使用 Foxmail 邮件收发工具创建其他类型的邮箱账户？

3. 使用飞信发送短信有哪些好处？

二、操作题

1. 使用 Foxmail 建立一个帐号，并用它来收发邮件。

2. 使用 Foxmail 建立两个联系人的地址簿，并使用自己建立好的邮箱给其中任意一个联系人发送新邮件。

3. 使用 MSN 与联系人共享图片文件。

4. 使用飞信向所有朋友群发祝福短信。

第10章 文件传输工具

如今网络飞速发展，网络资源越来越丰富，用户可以利用强大的网络资源进行信息交流、资源下载和资源共享等操作，例如下载系统必备软件、驱动程序、音乐、影视等资源，这都需要一个优秀的下载软件来支持。现在网络上的下载软件经过技术的更新和提高，功能更加强大，使用更加人性化。

学习目标

- 掌握资源下载工具—— 迅雷的使用方法。
- 熟悉新一代下载工具—— QQ 旋风的使用方法。
- 掌握快速传输工具—— CuteFTP 的使用方法。

10.1 资源下载工具—— 迅雷

迅雷使用的多资源超线程技术基于网格原理，能够将网络上存在的服务器和计算机资源进行有效的整合，构成独特的迅雷网络。通过迅雷网络，各种数据文件能够以最快的速度进行传递。迅雷还能兼容 BT 资源和电驴资源等，可以将其称为下载软件中的“全能战士”。本节将以迅雷 7 为例进行详细介绍。

10.1.1 快速下载文件

迅雷最直接、最重要的功能就是快速下载文件，它可以将网络上各种资源下载到本地磁盘中。本小节以使用迅雷下载腾讯 QQ 软件为例，介绍迅雷的基本操作方法，让读者对迅雷有一个初步的认识。

网页中可以使用迅雷下载的链接，如图 10-1 左图所示；下载结果如图 10-1 右图所示。

下载链接　　　　下载完成后

图10-1 使用迅雷快速下载文件

操作步骤

(1) 启动迅雷 7，进入其操作界面，如图 10-2 所示。

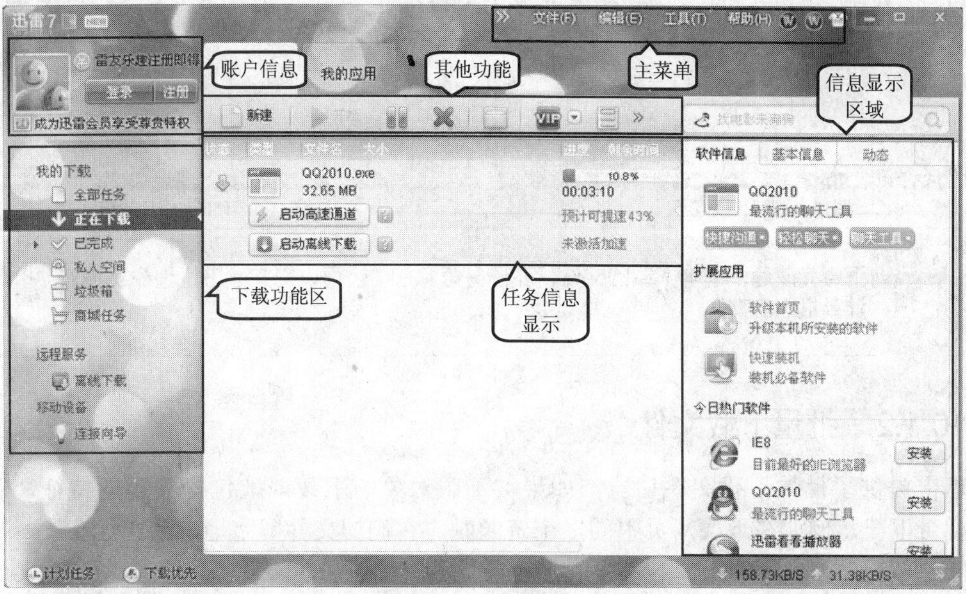

图10-2 迅雷 7 的操作界面

(2) 下载文件。

① 找到下载资源后，进入其下载页，然后在下载地址链接上单击鼠标。

② 在【新建任务】对话框的【存储路径】下拉列表中设置文件的保存的路径。

③ 单击立即下载按钮下载文件。最终的操作效果如图 10-3 所示。

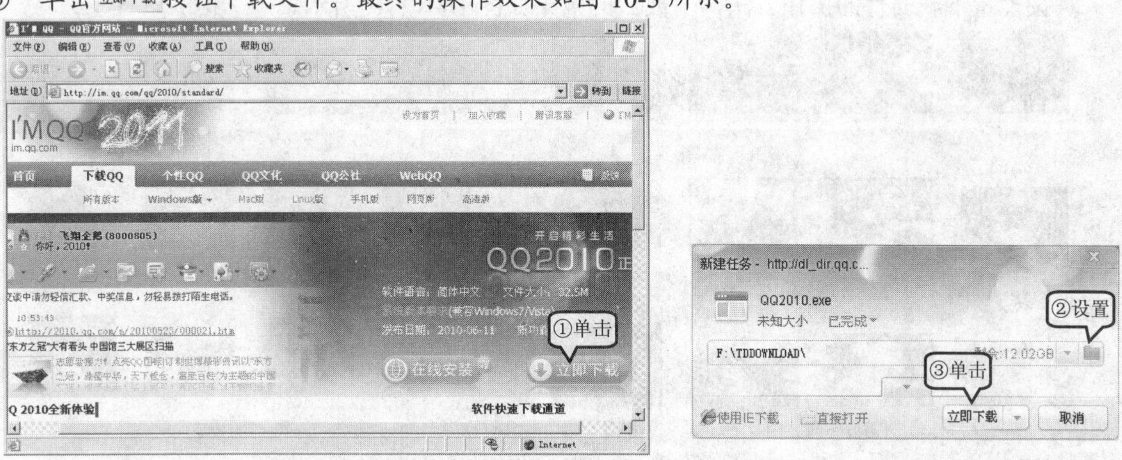

图10-3 下载文件

④ 开始下载文件后，在迅雷的操作界面中将显示文件的下载速度、完成进度等信息，如图 10-4 所示。

⑤ 下载完成后，选择左侧面板中的【已完成】选项，可以看到下载完成后的文件信息，如图 10-5 所示。

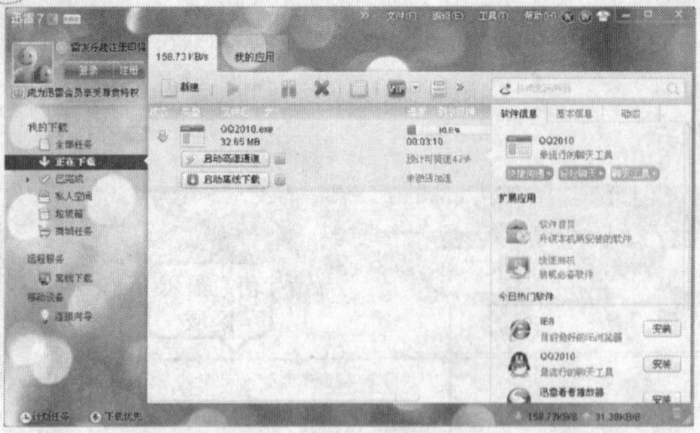

图10-4　下载信息显示

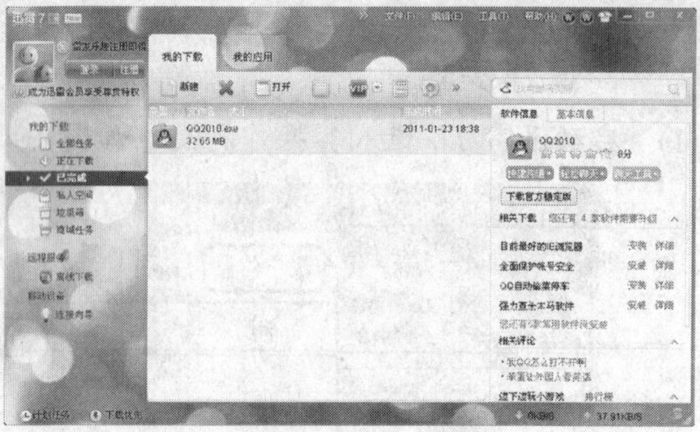

图10-5　下载完成后的信息

> **要点提示** 下载完成后，选中下载的文件，在任务信息栏中还可以对文件进行重命名操作，以便管理计算机中的文件。

10.1.2　批量下载文件

迅雷提供了批量下载文件功能，如果被下载对象的下载地址包含共同的特征，就可以进行批量下载。例如在下载网页中的多个资源时，它们的文件网络地址为：

http://www.a.com/01.zip

…

http://www.a.com/10.zip

如果对每一个地址链接都单独建立下载任务，操作将会非常繁琐。使用迅雷的批量下载功能可以减少许多重复的操作。下面将以下载图 10-6 左图所示的多张连续的图片为例，让用户掌握批量下载文件的操作方法，下载后的效果如图 10-6 右图所示。

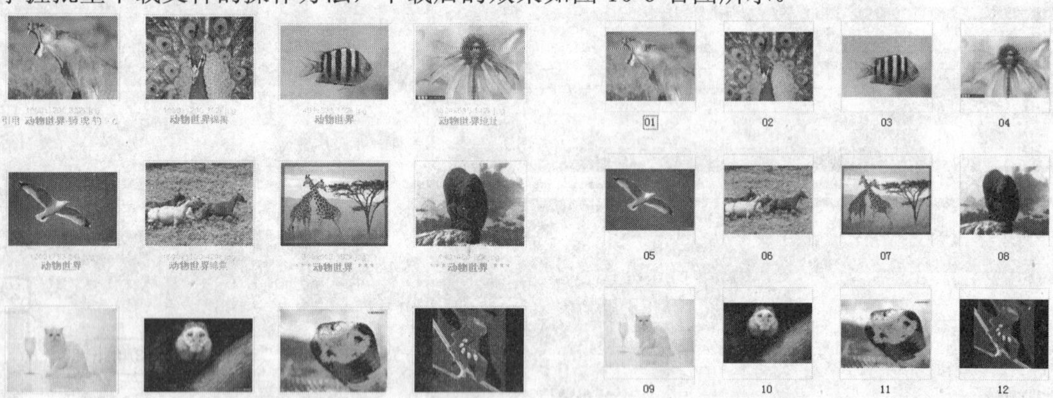

需要下载的图片　　下载后的效果

图10-6　批量下载文件

操作步骤

(1)　启动迅雷，进入其操作界面。

(2)　复制下载地址。

①　在要下载的图片上单击鼠标右键，弹出快捷菜单。

②　在快捷菜单中选择【属性】命令，弹出【属性】对话框。

③　在【属性】对话框中复制图片的网络地址，如图 10-7 所示。

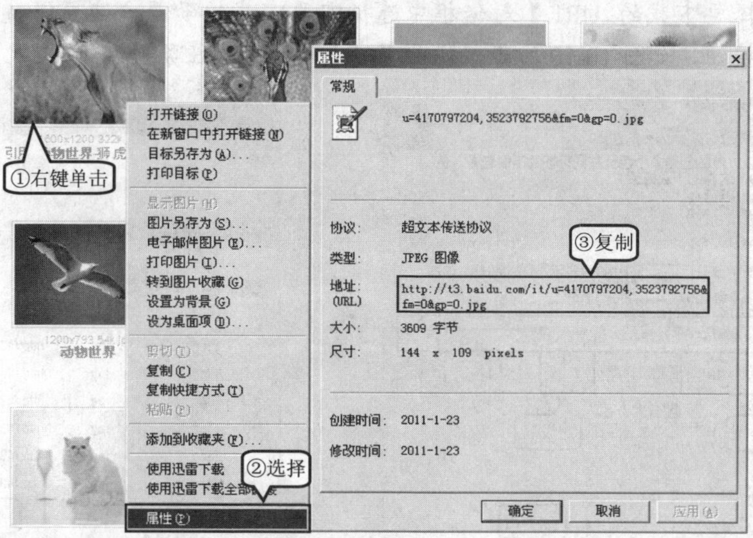

图10-7 复制下载地址

> **要点提示** 批量下载时一定要多查看几张图片的下载地址，确保其具有序号上的连续性，防止因为图片的下载地址不连续而无法下载文件。

(3) 启动迅雷，选择【文件】/【新建任务】/【批量任务】命令，如图 10-8 所示，弹出【批量任务】对话框。

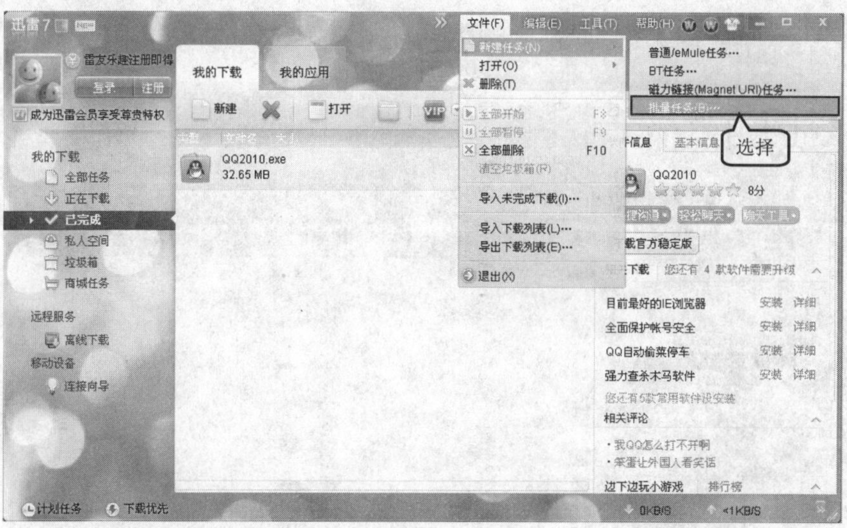

图10-8 复制下载地址

(4) 设置参数。

① 在【批量任务】对话框中将下载地址粘贴到【URL】文本框中。

② 将地址后面连续的数字部分修改为“(*)”。

③ 设置【通配符长度】为“1”。

④ 设置数字的开始和结束值分别为“1”和“12”。

⑤ 单击 确定 按钮，如图 10-9 所示，弹出【选择要下载的 URL】对话框。

(5) 在【选择要下载的 URL】对话框中选择需要下载的资源，这里保持默认选择，单击 确定 按钮，如图 10-10 所示，弹出【建立新的下载任务】对话框。

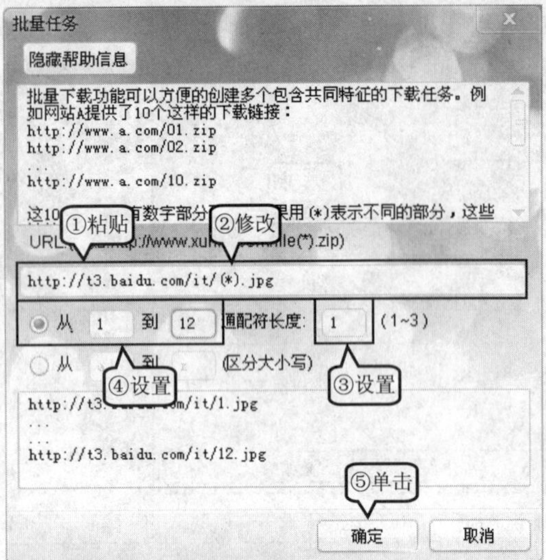

图10-9 设置参数

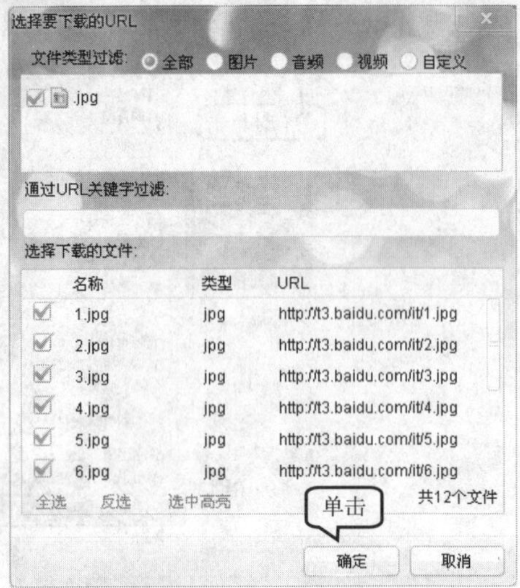

图10-10 【选择要下载的 URL】对话框

(6) 设置文件保存信息。

① 在【新建任务】对话框的【存储路径】下拉列表中设置文件的保存路径。

② 勾选【使用相同配置】复选框。

③ 单击 立即下载 按钮开始下载，最终的操作效果如图 10-11 所示。

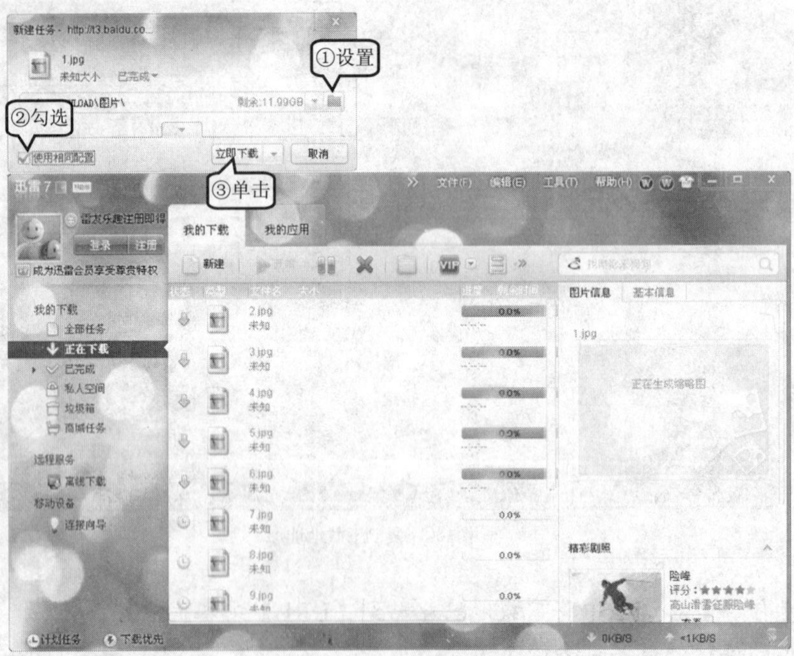

图10-11 设置文件保存信息

> **要点提示**
>
> 迅雷不仅可以对图片进行批量下载，还可以对视频、电影和电子书等进行批量下载。

10.1.3 限速下载文件

为了避免同时下载单个或多个文件时会占用大量带宽，影响其他网络程序，迅雷提供了限速下载的功能，这样既可以下载文件又能快速浏览网页，下面将介绍具体设置方法。

操作步骤

(1) 启动迅雷，选择【工具】/【配置】命令，如图 10-12 所示，弹出【配置面板】对话框。

图10-12 选择【配置】命令

(2) 设置下载与上传速度。

① 在【配置面板】对话框的左侧面板中选择【网络设置】选项。

② 在【下载模式】面板中点选【自定义模式】单选按钮。

③ 分别设置【最大下载速度】和【最大上传速度】参数。

④ 单击 确定 按钮，如图 10-13 所示。

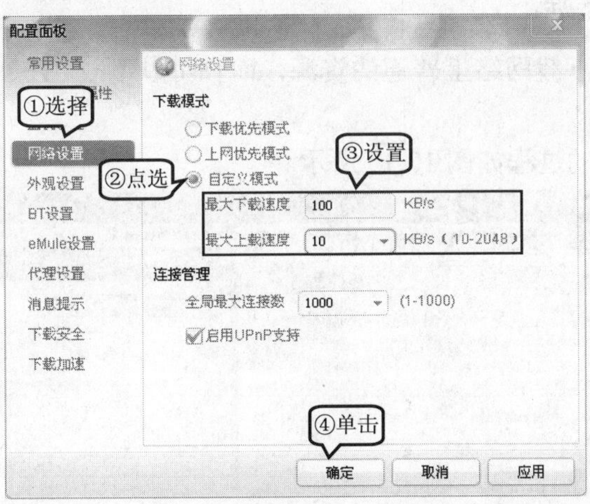

图10-13 设置下载与上传速度

(3) 设置完成，下载所需的文件，这样迅雷在下载文件时不会超过用户设定的速度，如图 10-14 所示。

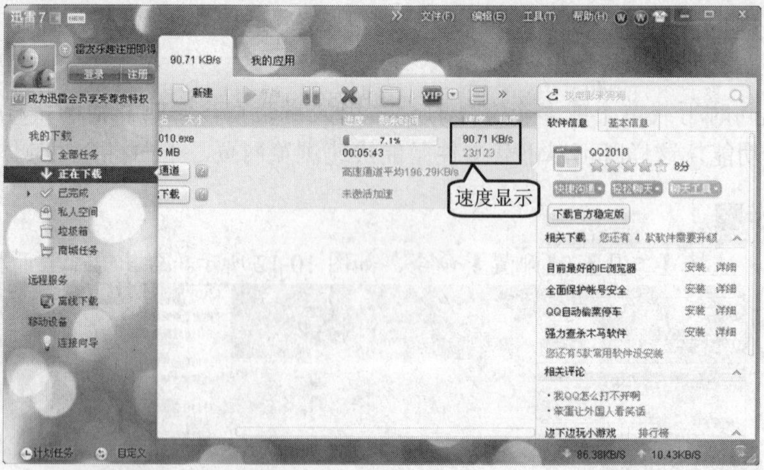

图10-14 显示下载速度

> **要点提示**
> 迅雷 7.9 版本还提供了【高速下载模式】和【智能限速模式】，其含义如下。
> ① 【高速下载模式】：用户下载文件时将占用最高的宽带资源。
> ② 【智能限速模式】：用户下载文件过程中，当其他网络也需要使用宽带资源时，迅雷会自动限制速度而让其他网络也正常运行。

10.2 新一代下载工具—— QQ 旋风

QQ 旋风是腾讯公司推出的新一代互联网下载工具，它的下载速度更快，占用内存更少，界面更清爽简单。QQ 旋风创新性地改变了下载模式，将浏览资源和下载资源融为整体，让下载更简单、更纯粹、更小巧，很受广大网友的喜爱。下面以 QQ 旋风 3.0 版本介绍其具体用法。

10.2.1 下载资源

QQ 旋风不仅可以下载网络上普通的资源，而且可以下载 BT、电驴等资源，下面介绍几个常用的下载功能。

利用 QQ 旋风下载的过程如图 10-15 所示。

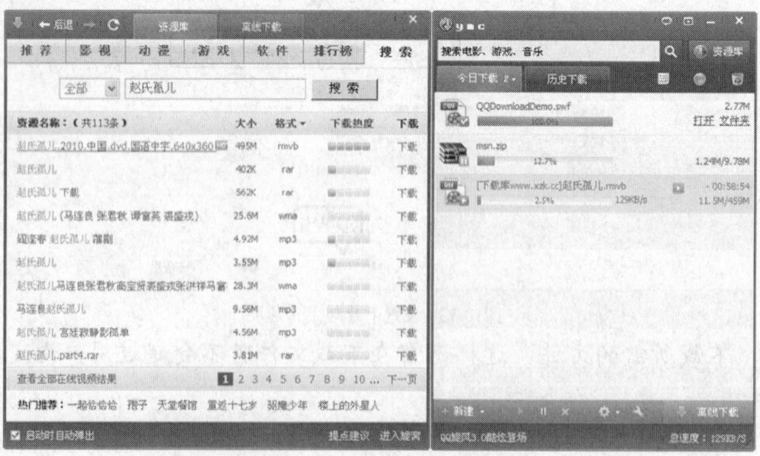

图10-15 利用 QQ 旋风下载的过程

操作步骤

1. 登录QQ旋风

(1) 启动QQ旋风，进入其主界面，如图10-16所示。

(2) 使用QQ号登录QQ旋风。

① 在主界面中单击按钮。

② 在弹出的下拉菜单中选择【账号】/【登录】命令，弹出【登录QQ旋风】对话框。

③ 在【登录QQ旋风】对话框中输入QQ账号和QQ密码。

④ 勾选【记住密码】复选框。

⑤ 单击 登录 按钮登录QQ旋风，如图10-17所示。

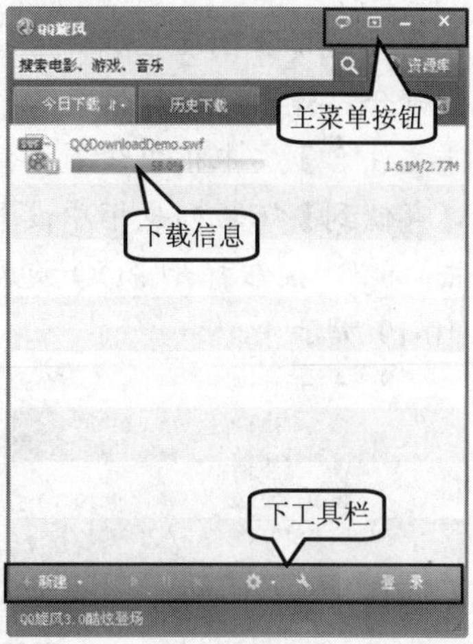

图10-16 QQ旋风主界面

> 要点提示：在没有登录QQ的情况下，可采用以上的方法登录QQ旋风；如果已经登录了QQ，则直接在下拉菜单中选择【账号】/【关联QQ账号】命令即可。

2. 注销或更改用户

当用户需要注销或更改用户时，直接在下拉菜单中选择【账号】/【更改用户】命令或【账号】/【注销】命令即可更改或注销账户，如图10-18所示。

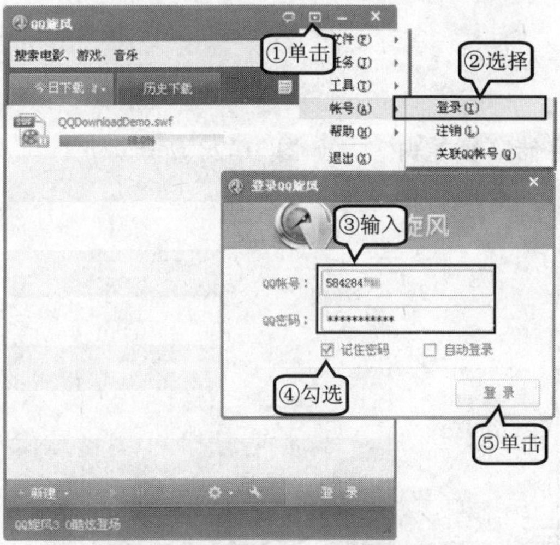

图10-17 使用QQ号登录QQ旋风

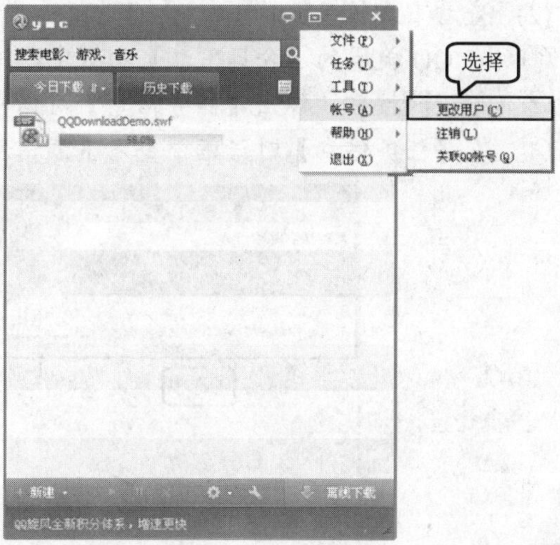

图10-18 注销或更改用户

> 要点提示：将QQ旋风和QQ相关联有以下好处。
> ① 软件可以根据用户的下载累积积分。
> ② 可以单击QQ上的QQ旋风图标启动QQ旋风程序。
> ③ 可以收藏日常所需的网页，这也是最重要的功能。

3. 在网页上下载资源

(1) 下载资源。

① 打开要下载资源的页面，单击鼠标右键，在弹出的快捷菜单中选择【使用 QQ 旋风下载】命令，弹出【新建任务－QQ 旋风】对话框。

② 在【文件名】文本框中设置要保存的文件名。

③ 在【存储到】下拉列表框中设置文件的存储路径。

④ 单击 确定 按钮打开【QQ 旋风】主界面，此时开始下载文件，显示文件下载信息，如图 10-19 所示。

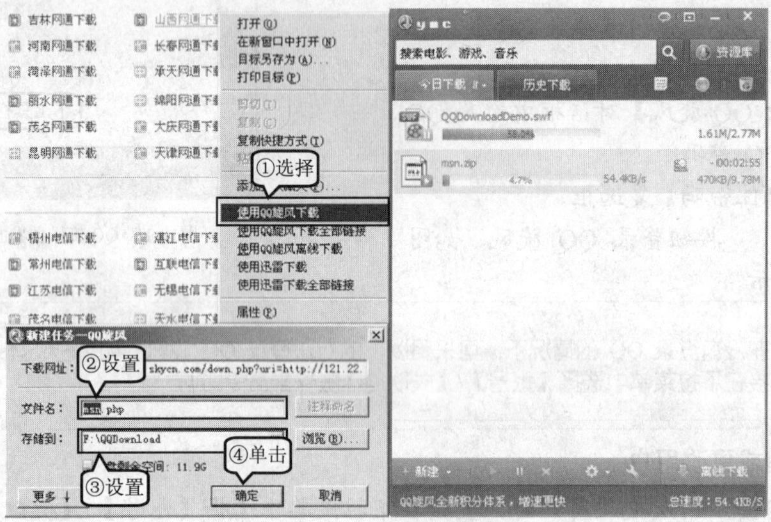

图10-19 下载资源

(2) 查看下载信息。

① 在 QQ 旋风的【今日下载】面板中选中要查看的资源。

② 单击 按钮，弹出【任务信息】对话框。

③ 在【任务信息】对话框中查看下载信息、存储路径等内容，如图 10-20 所示。

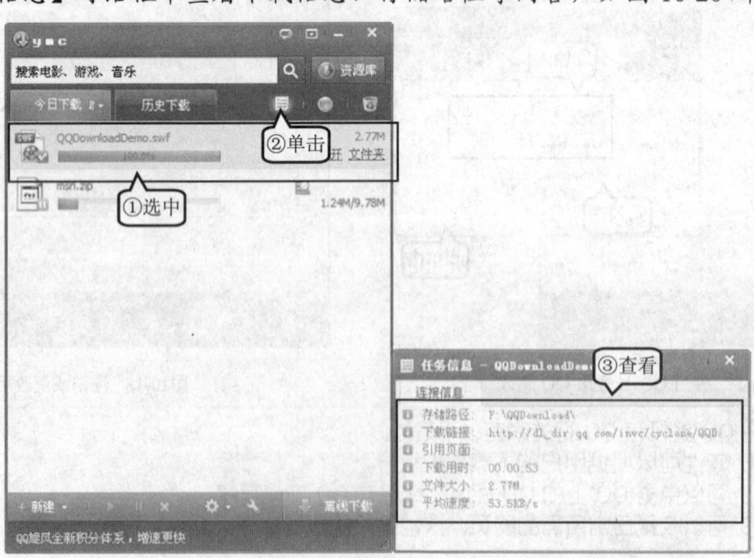

图10-20 查看下载信息

> **要点提示** 当鼠标指针移动到正在下载的资源时，会出现一个浮动的信息框，此信息框不仅可以显示下载的信息，而且可通过单击详细链接去查看任务的详细信息，单击【下载目录】右侧对应的路径，进入该任务存储的文件夹，如图 10-21 所示。

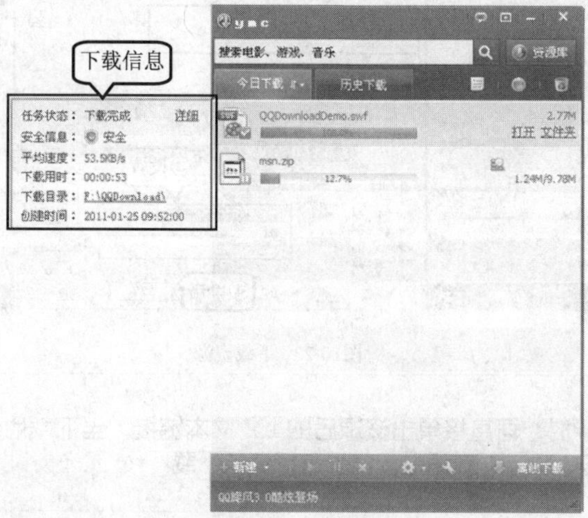

图10-21 浮动的信息框

4. 在 QQ 资源里下载资源

(1) 搜索资源。

① 在 QQ 旋风主界面上单击 按钮，弹出【资源库】对话框。

② 在搜索文本框中输入要搜索的资源名称。

③ 单击 搜索 按钮，资源库将会显示搜索到的信息，如图 10-22 所示。

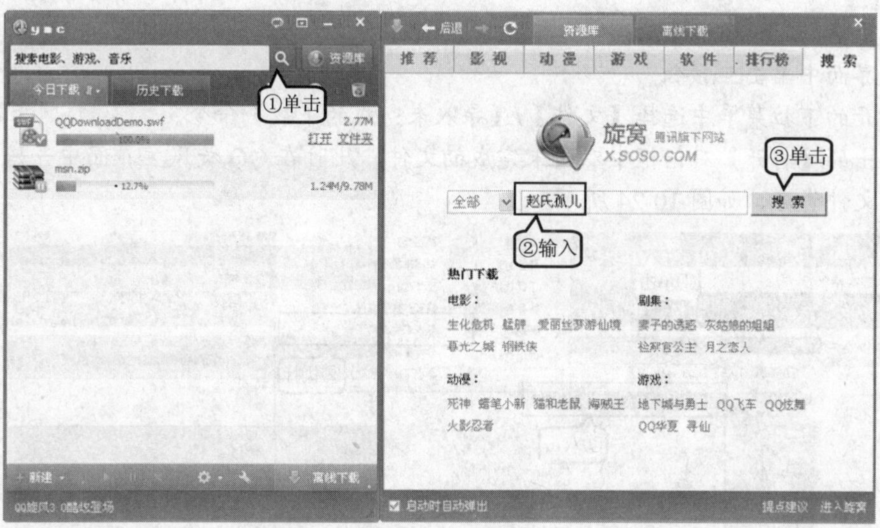

图10-22 搜索资源

(2) 下载搜索到的资源。

① 单击需要下载的文件，弹出【资源下载】对话框。

② 单击下载地址，弹出【新建任务－QQ 旋风】对话框。

③ 在【新建任务－QQ 旋风】对话框中设置相应的文件名和存储路径。

④ 单击 确定 按钮开始下载文件，如图 10-23 所示。

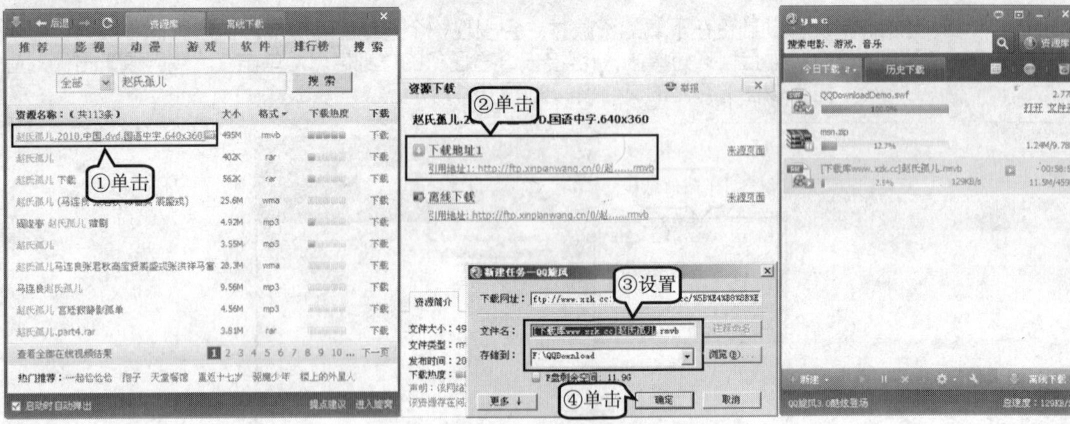

图10-23　下载资源

> **要点提示**　在下载资源时，可直接单击资源后的下载文本链接，当下载地址唯一时，会直接弹出【新建任务－QQ 旋风】对话框，然后进行资源下载。

5.　继续未完成的下载任务

(1)　当用户需要下载文件，但是文件又很大，短时间内无法完成下载时，可以将未下载完成的“.tdl”文件和下载信息“.qud.cfg”文件复制到 U 盘或其他移动存储设备中。

> **要点提示**　注意一定要将这两个文件同时复制，因为“.tdl”文件是下载的数据文件，而“.qud.cfg”文件是下载的信息文件，只有二者同时具备时，QQ 旋风才能识别下载数据。

(2)　下载资源。

①　在主界面中单击按钮。

②　在打开的下拉菜单中选择【文件】/【导入未完成的下载】命令。

③　在弹出的【打开】对话框中双击未完成的文件，此时在 QQ 旋风主界面中开始下载未完成的文件资源，如图 10-24 所示。

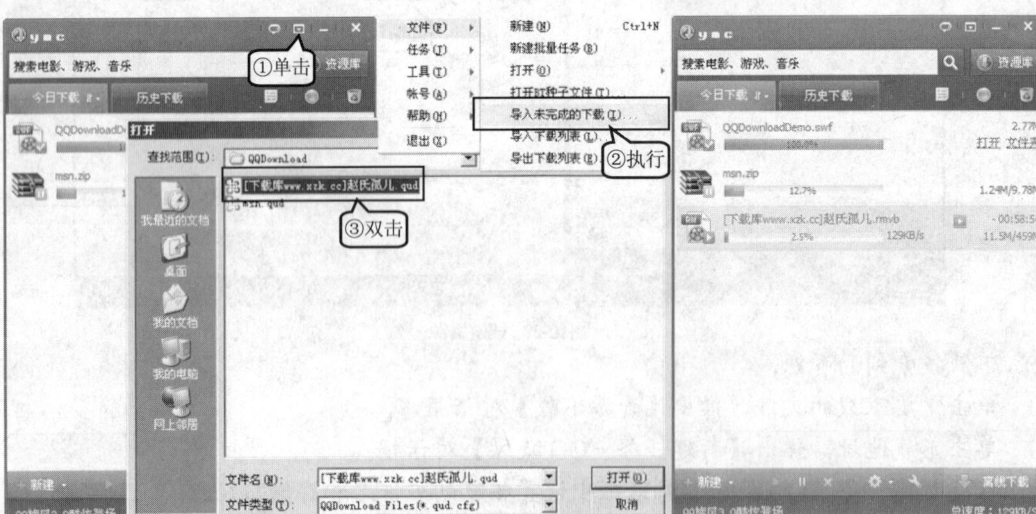

图10-24　下载未下载完成的资源

10.2.2 收藏功能

收藏功能是 QQ 旋风的一大特色，它可以收藏 1 000 条数据信息，可谓海量收藏。登录一个 QQ 账号，无论在哪里都可以打开已收藏的信息，然后下载资源，这样避免了重复寻找网络资源的麻烦。收藏资源网址及自定义收藏信息的界面如图 10-25 所示。

收藏资源网址　　自定义收藏信息

图10-25　QQ 旋风的收藏功能

操作步骤

1. 收藏资源网址

(1) 启动 QQ 旋风，登录 QQ 账号。

(2) 收藏资源网址。

① 选中要收藏的资源。

② 单击鼠标右键，选择【收藏】命令，弹出【新建收藏项】对话框。

③ 在【收藏项名称】对话框中设置收藏对象的名称。

④ 在【注释】文本框中设置注释等信息。

⑤ 单击 确定 按钮完成收藏操作，如图 10-26 所示。

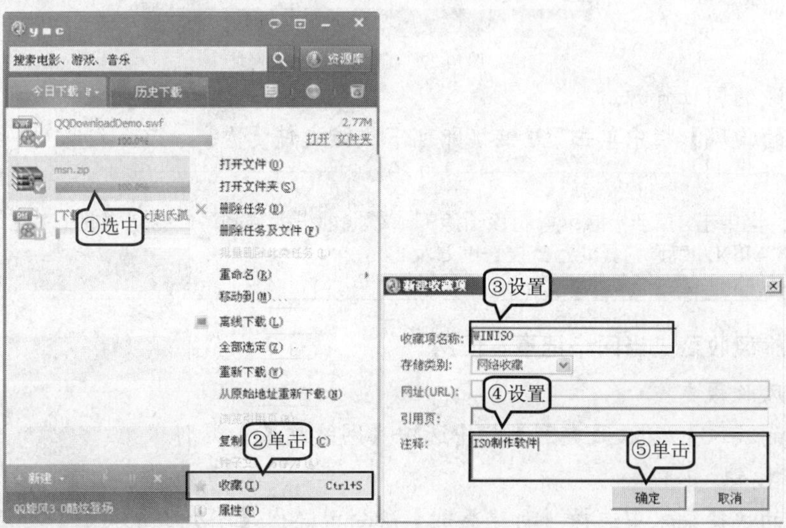

图10-26　收藏资源网址

(3) 查看收藏的资源网址。

① 在QQ旋风主界面上单击【资源库】按钮，弹出【资源库】对话框。

② 在【资源库】对话框的【推荐】面板中单击我的收藏链接，展开【我的旋风】栏。

③ 在【软件】类别面板中单击收藏的资源，观察资源的相关信息，还可进行编辑或删除操作，如图10-27所示。

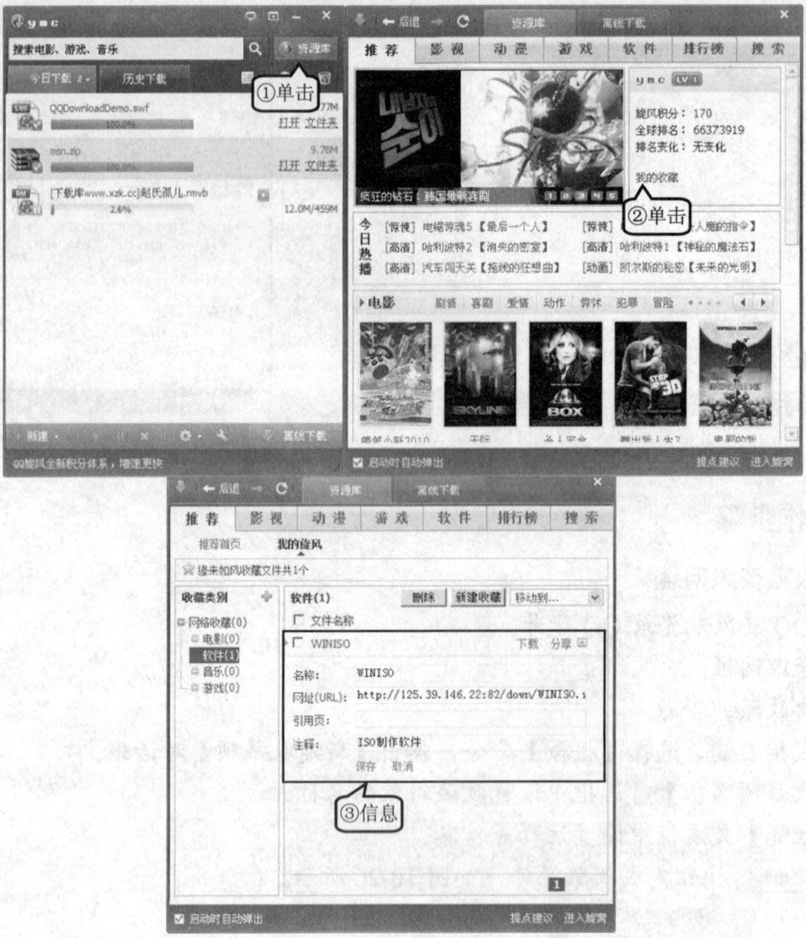

图10-27 查看收藏的资源网址

(4) 下载收藏的网址资源。

在【我的旋风】栏中单击下载链接即可下载该文件资源。

> **要点提示**
>
> 当单击分享链接时，可将该资源的下载地址进行复制，此时可将此下载地址粘贴到QQ、MSN，或通过其他方式发送给好友。

2. 将旋风收藏夹当网络记事本使用

(1) 新建旋风收藏夹。

① 在【我的旋风】/【收藏类别】栏中选中【网络收藏】类别。

② 单击➕按钮。

③ 在弹出的快捷菜单中选择【新建类别】命令，弹出【添加收藏类别】对话框。

④ 在【添加收藏类别】对话框中设置类别名称为“我的日志”。

⑤ 单击 确定 按钮创建完成，如图 10-28 所示。

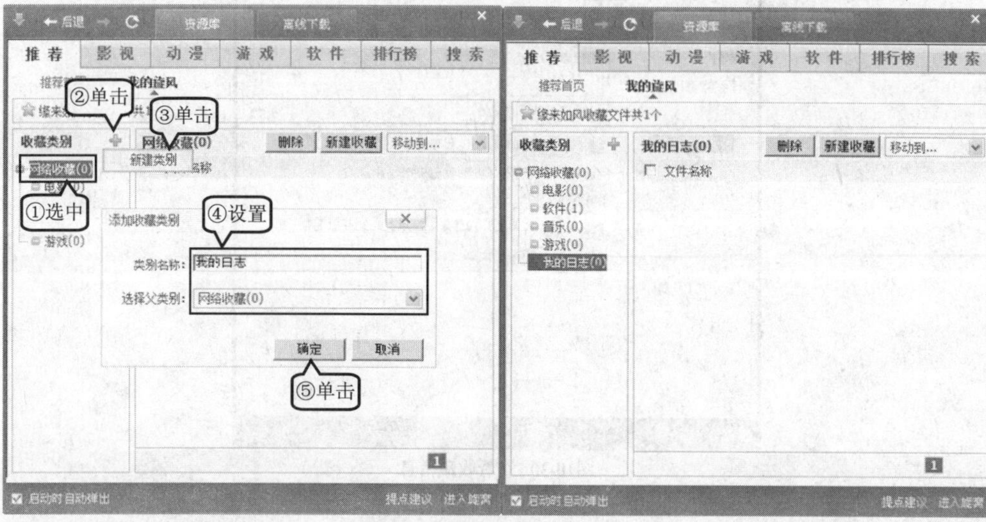

图10-28 新建旋风收藏夹

(2) 添加收藏信息。

① 在【收藏类别】栏中选中【我的日志】类别。

② 在右侧面板中单击 新建收藏 按钮，弹出【新建收藏项】对话框。

③ 在【新建收藏项】对话框的【收藏项名称】文本框中设置收藏项名称。

④ 在【网址（URL）】文本框中设置网址。

⑤ 在【注释】文本框中设置注释内容。

⑥ 单击 确定 按钮完成添加，如图 10-29 所示。

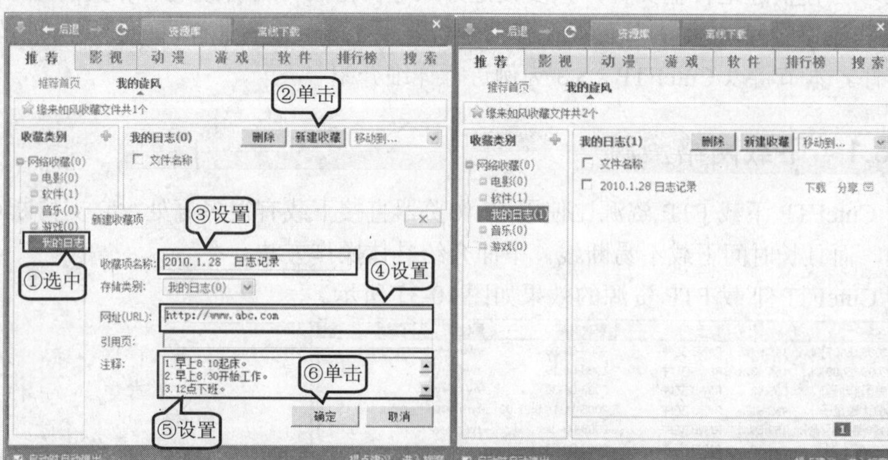

图10-29 添加收藏信息

> **要点提示**
>
> 在添加收藏信息时，需要了解以下两个方面。
>
> ① URL：由于旋风对 URL 的识别有判断机制，不能为空，因此此处可以随便填写一个网址，如“http://www.abc.com”。
>
> ② 注释：旋风收藏夹的注释，字符上限制最多为 2 000 个。

(3) 收藏成功后，就可以随时随地查看自己的收藏项了，如图 10-30 所示。

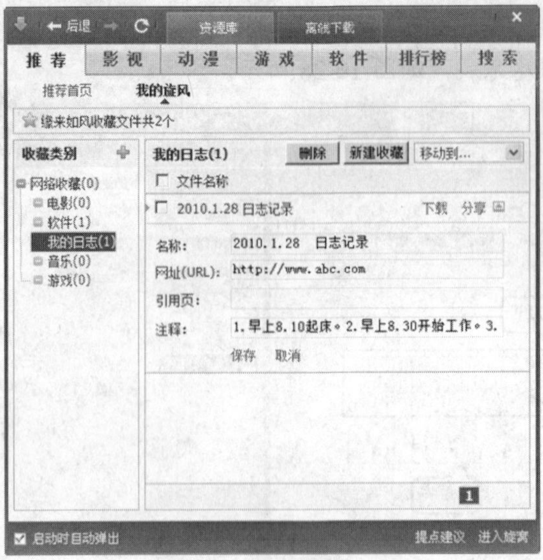

图10-30 查看收藏信息

10.3 快速传输工具—— CuteFTP

随着文件数据量的日益增大，仅靠电子邮件或共享文件夹传输文件已经不能满足用户需求。利用电子邮件传输文件速度很慢，而且遇到大一点的文件根本无法传输；通过文件共享虽可传输较大文件，但仅局限于同一局域网中，且不容易限制使用者的权限和流量。使用FTP 就可以方便快速地传输文件，只要设定好账号和密码，告诉使用者相关的 FTP 设定值（IP 地址和端口号），使用者就可以在任何一台连上 Internet 的计算机中使用 FTP 软件上传和下载文件。本节将以 CuteFTP 8.3.3 为例进行详细介绍。

10.3.1 下载网络资源

使用 CuteFTP 下载 FTP 资源比使用 IE 浏览器直接下载有很多好处，它支持断点续传，方便管理，而且长时间下载不易断线。下面介绍具体操作方法。

利用 CuteFTP 下载 FTP 资源的效果如图 10-31 所示。

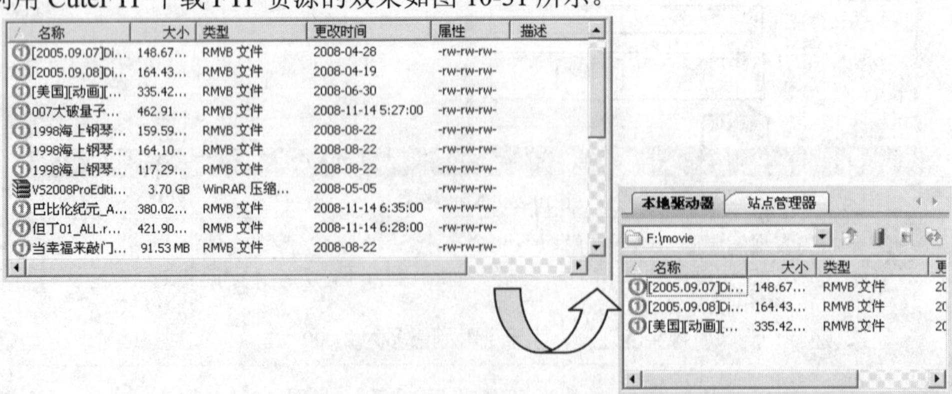

图10-31 利用 CuteFTP 下载 FTP 资源

操作步骤

1. 快速连接

(1) 启动 CuteFTP，进入其操作界面，如图 10-32 所示。

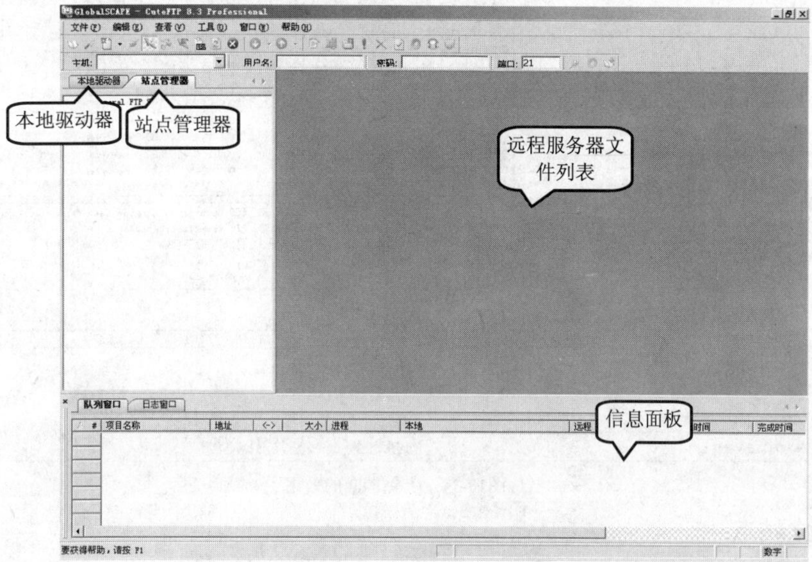

图10-32 CuteFTP 操作界面

(2) 登录 FTP。

① 在【主机】下拉列表中输入 FTP 主机的 IP 地址或域名。

② 在【用户名】文本框中输入用户名。

③ 在【密码】文本框中输入密码。

④ 单击按钮进行快速连接，如图 10-33 所示；连接后的效果如图 10-34 所示。

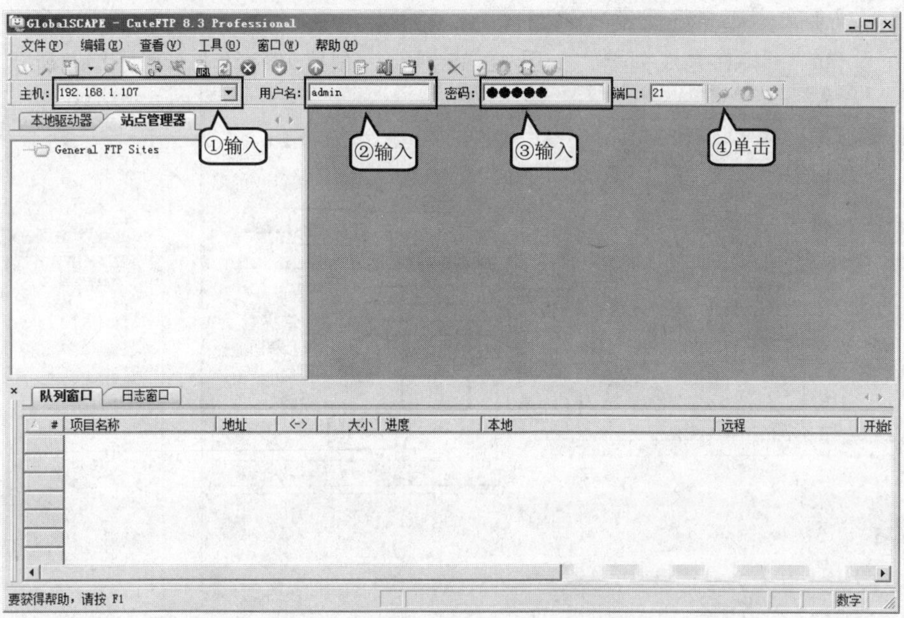

图10-33 登录 FTP

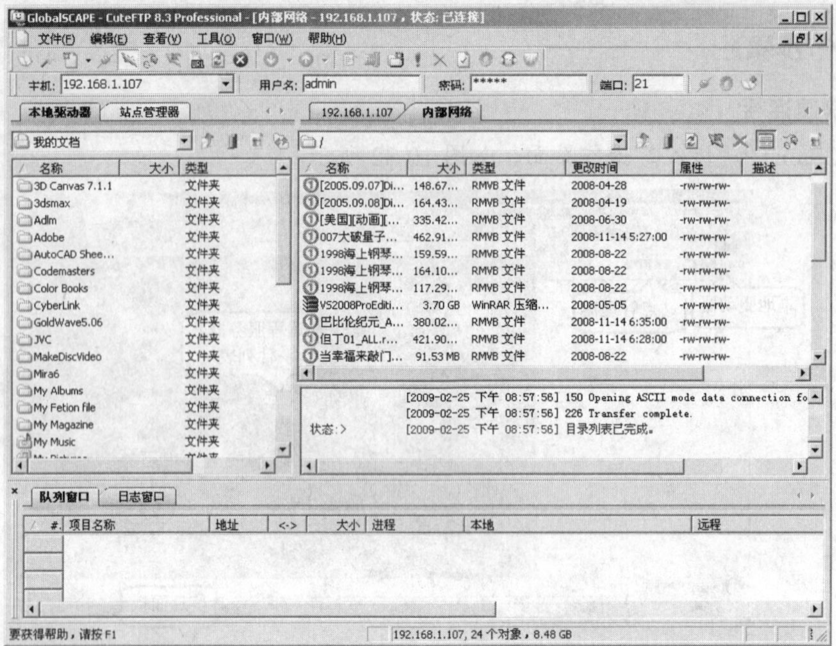

图10-34 登录 FTP 的效果

2. 建立站点

(1) 创建站点。

① 选择菜单栏中的【文件】/【新建】/【FTP 站点】命令，弹出【此对象的站点属性：内部网络】对话框。

② 在对话框的【标签】文本框中设置标签。

③ 在【主机地址】文本框中设置主机地址。

④ 在【用户名】文本框中设置用户名。

⑤ 在【密码】文本框中设置密码。

⑥ 单击 确定 按钮完成创建，如图 10-35 所示；创建好的站点如图 10-36 所示。

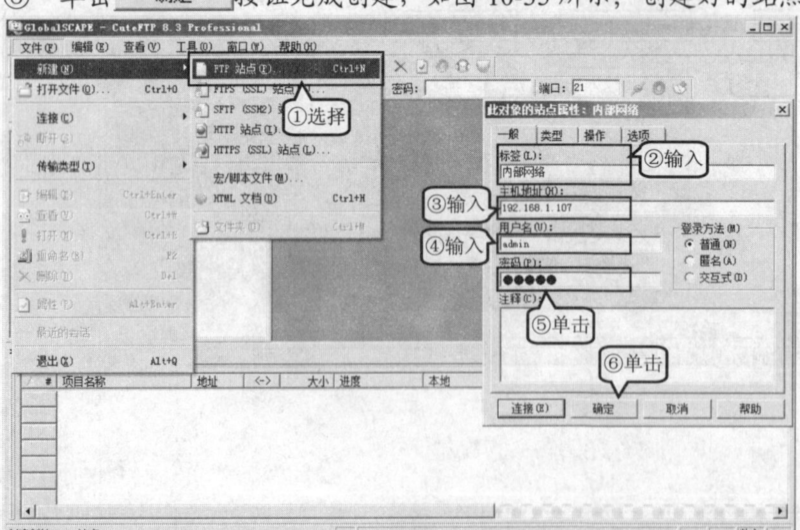

图10-35 创建站点

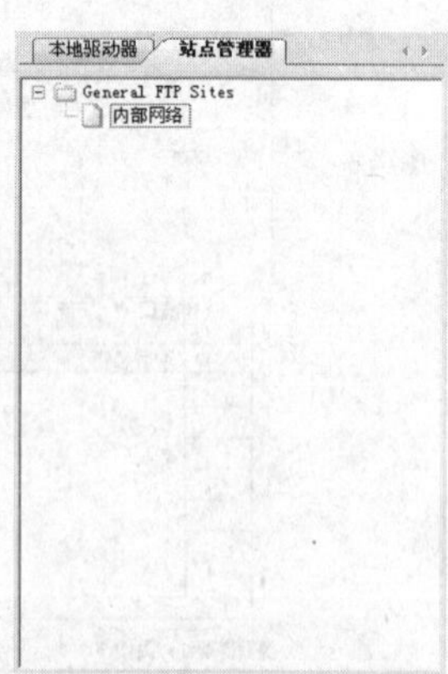

图10-36 创建后的效果

> **要点提示** 【登录方法】选项组的设置视新建站点的用户而定，如果用户名和密码为空，则点选【匿名】单选按钮；如果不为空，则点选【普通】单选按钮。

(2) 在新建的【内部网络】站点上单击鼠标右键，在弹出的快捷菜单中选择【连接】命令，如图 10-37 所示。

(3) 连接成功后得到如图 10-38 所示的文件列表。

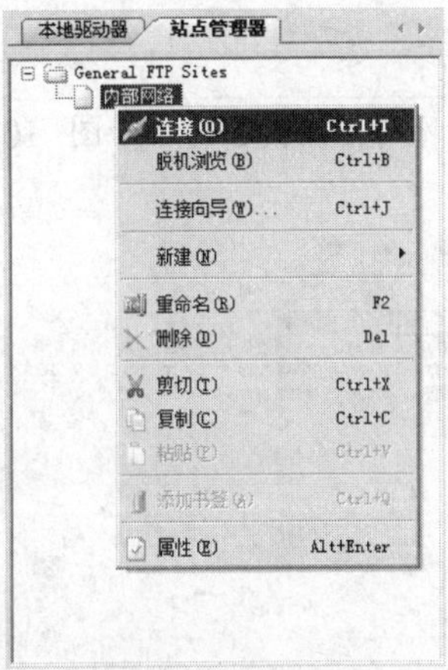

图10-37 连接服务器

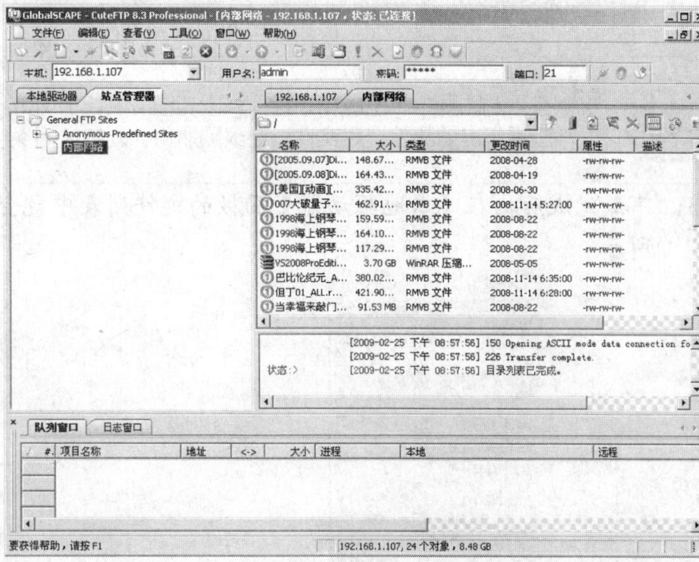

图10-38 连接成功后的效果

> **要点提示** 在使用 FTP 时，无论通过什么方式连接到远程服务器，只要连接成功，下载资源的方式都是相同的。

3. 下载资源

(1) 下载操作。

① 在【本地驱动器】面板中设置资源文件的存储目录。

② 在远程服务器的文件列表中选择需要下载的文件并单击鼠标右键。

③ 在弹出的快捷菜单中选择【下载】命令，开始下载文件，如图 10-39 所示。

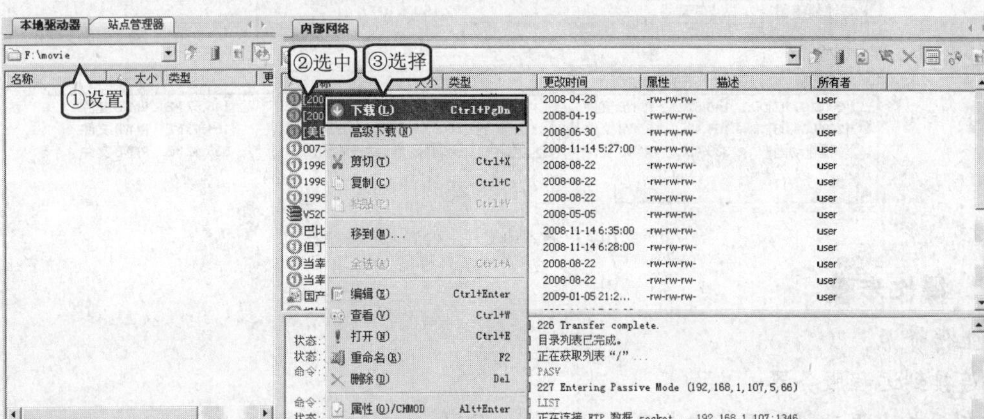

图10-39 下载操作

(2) 文件开始下载后，在【队列窗口】面板中将显示下载文件的传输信息，如图 10-40 所示。

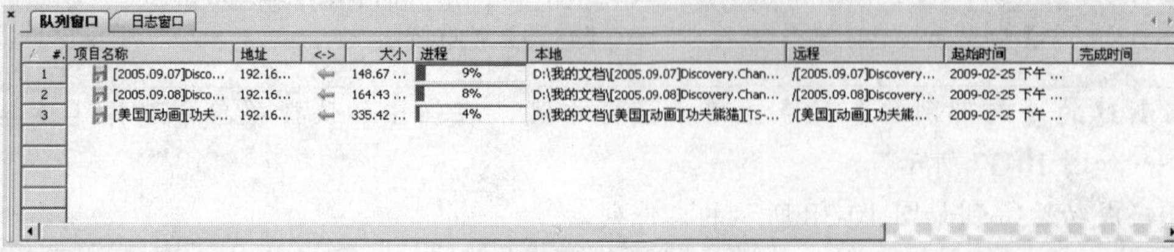

图10-40 传输信息

> **要点提示** 在下载队列中单击鼠标右键，弹出如图 10-41 所示的快捷菜单，可以根据命令提示进行相应操作，如删除选定文件、更改顺序、计划选定等操作。

(3) 下载完成后，在【本地驱动器】面板的文件列表中就会显示刚下载的文件，如图 10-42 所示。

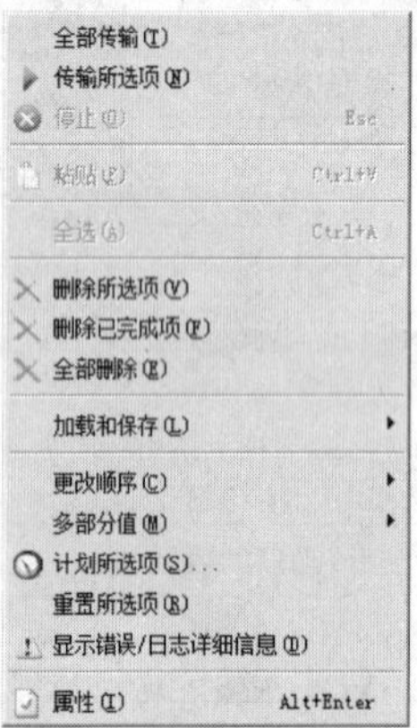

图10-41 右键菜单命令

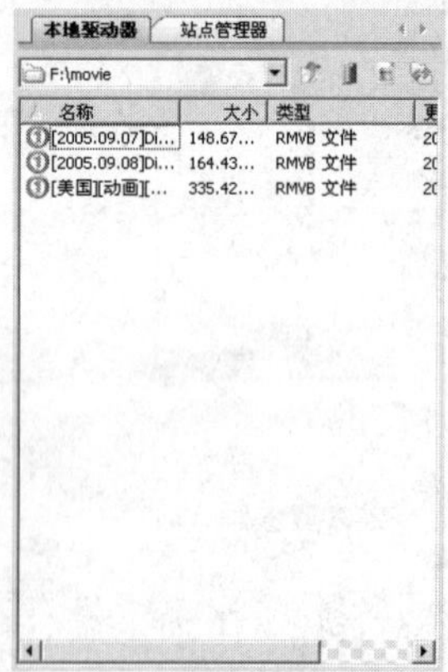

图10-42 下载成功

10.3.2 上传网络资源

上传是下载的逆操作，其操作方式和下载类似，首先也需要连接到远程服务器，连接成功后才能进行后续的上传操作，下面介绍具体操作方法。

将本地文件上传到远程服务器的效果如图 10-43 所示。

图10-43 将本地文件上传到远程服务器

操作步骤

(1) 上传资源。

① 连接到远程服务器。

② 在【本地驱动器】面板中打开上传文件的目录。

③ 选中需要上传的文件并单击鼠标右键。

④ 在弹出的快捷菜单中选择【上载】命令，开始上传文件，如图 10-44 所示。

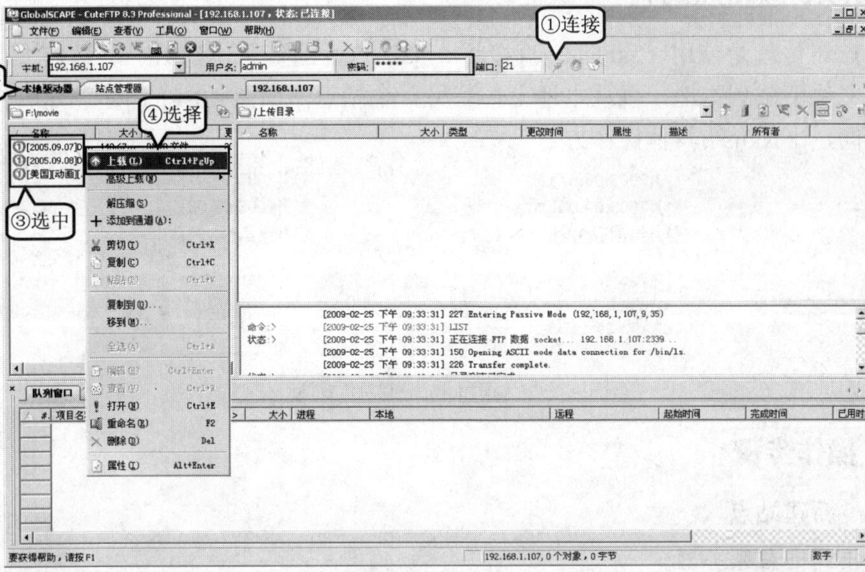

图10-44 上传资源

(2) 文件开始上传后，在【队列窗口】面板中将显示上传文件的传输信息，如图 10-45 所示。

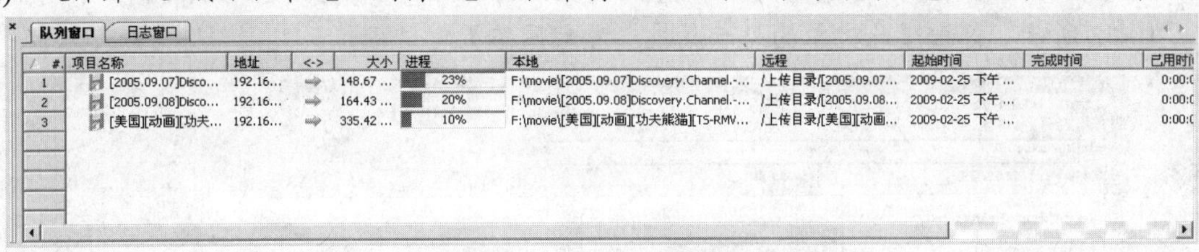

图10-45 上传资源信息显示

(3) 上传成功后，在右侧的远程服务器文件列表中将出现刚上传的文件，如图 10-46 所示。

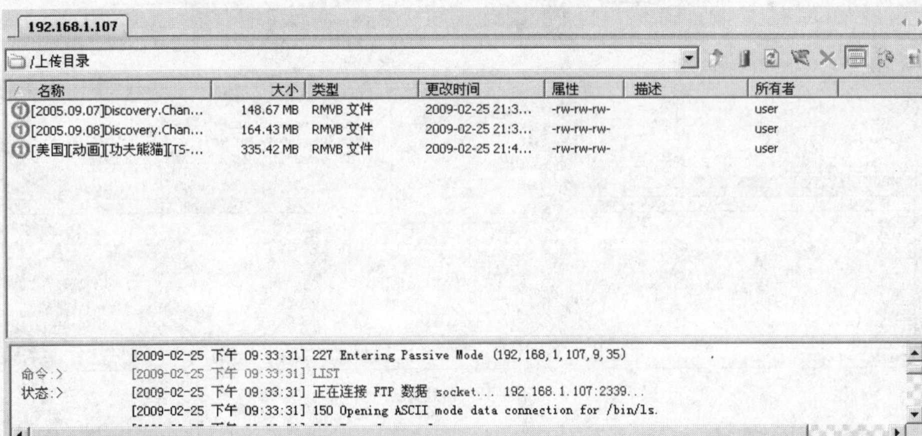

图10-46 上传成功

> **要点提示**
>
> 在上传操作中，也可以通过复制本地磁盘上的文件，再粘贴到远程服务器的文件列表中来实现文件的上传。

10.3.3 站点对传

站点对传就是使用 CuteFTP 直接将一个站点上的资源传到另一个站点上，而不是传统的先将文件下载到本地，再从本地上传到另一个站点，如图 10-47 所示。这种方法节省了很多的时间，下面介绍具体操作方法。

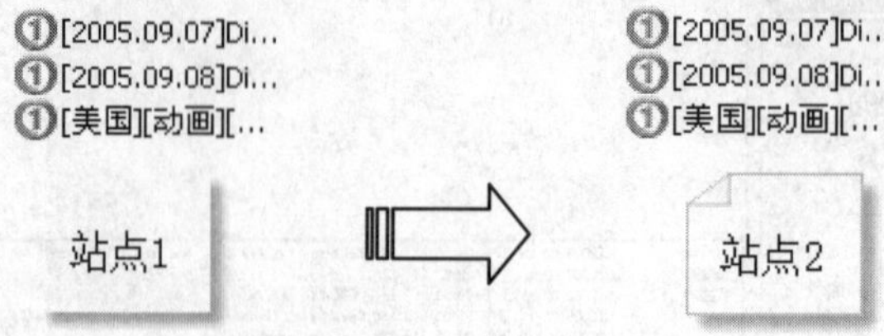

图10-47 站点对传效果

操作步骤

1. 新建站点

(1) 连接到远程服务器。

(2) 在远程服务器的文件列表中选中要传输的文件并单击鼠标右键。

(3) 在弹出的快捷菜单中选择【高级下载】/【站点对站点传输到】/【新站点】命令，如图 10-48 所示，弹出【此对象的站点属性：外部网路】对话框。

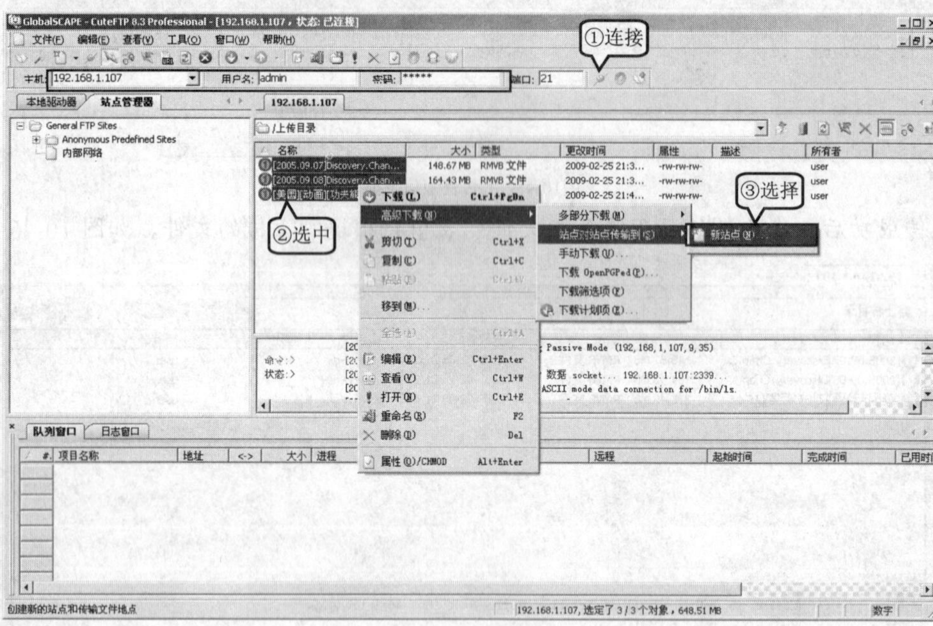

图10-48 新建站点

2. 创建外部网络

(1) 在弹出对话框的【标签】文本框中设置标签。

(2) 在【主机地址】文本框中设置主机地址。

(3) 在【用户名】文本框中设置用户名。

(4) 在【密码】文本框中设置密码，如图 10-49 所示。

(5) 设置完成后，在【站点管理器】面板中将出现名为“外部网络”的站点，如图 10-50 所示。

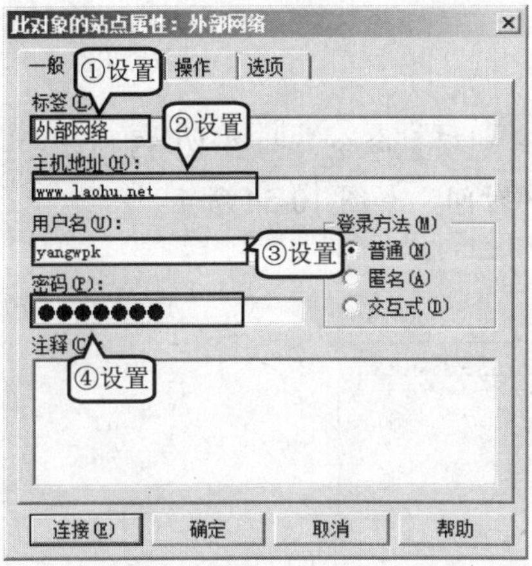

图10-49 创建外部网络

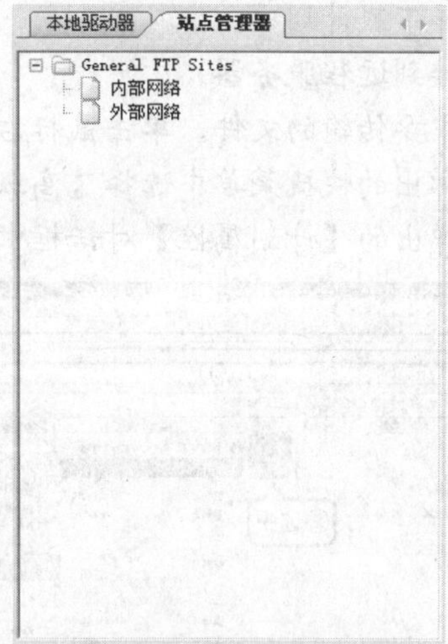

图10-50 站点创建成功

(6) 双击如图 10-50 所示的【外部网络】站点，打开【外部网络】站点的远程服务器文件列表，刚才选择上传的 3 个文件已经出现在该列表中，如图 10-51 所示，至此完成站点对传操作。

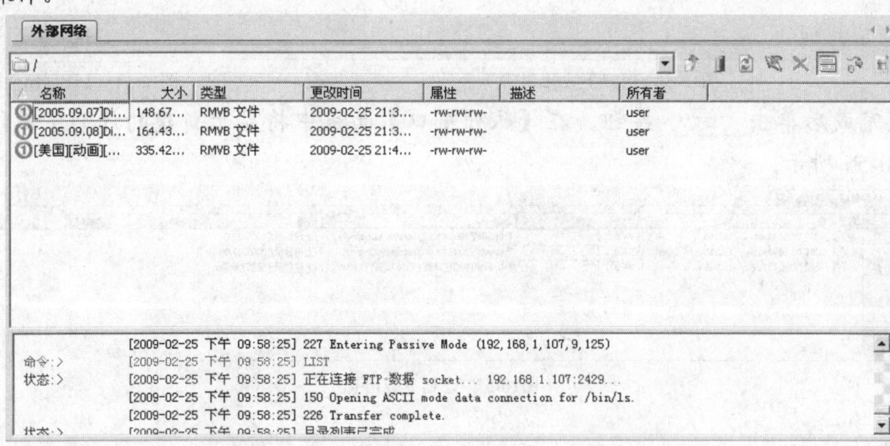

图10-51 上传成功

10.3.4 计划下载文件

在一个公司里，通常都是许多人共用一个网络，在工作时间内网络都会比较繁忙。选择工作时间下载资源是很不明智的，最好在下班时间进行下载。使用 CuteFTP 中的计划下载功能就可以很好地完成这一任务，其原理如图 10-52 所示，下面介绍具体操作方法。

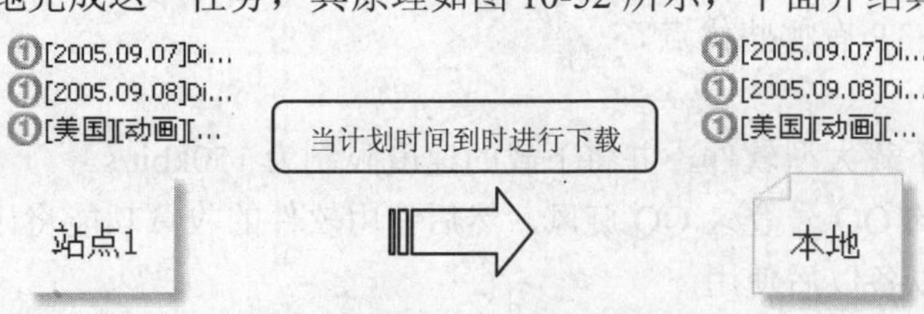

图10-52 计划下载文件

操作步骤

(1) 选择下载计划项。

① 连接到远程服务器。

② 选中要传输的文件，单击鼠标右键。

③ 在弹出的快捷菜单中选择【高级下载】/【下载计划项】命令，如图 10-53 所示。

(2) 在弹出的【计划属性】对话框中设置计划下载的时间，如图 10-54 所示。

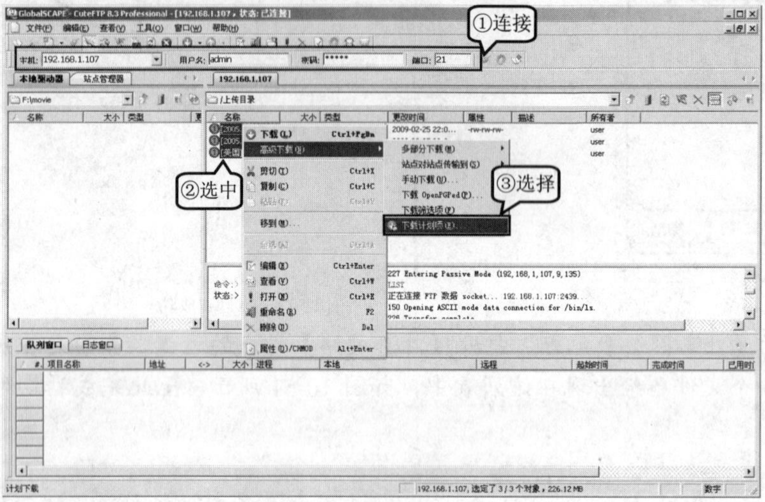

图10-53 选择下载计划项

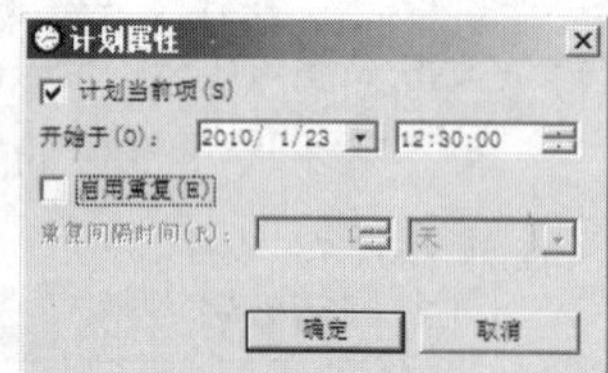

图10-54 【计划属性】对话框

(3) 设置完成后单击 确定 按钮，在【队列窗口】面板中将显示新建的计划下载信息，如图 10-55 所示。

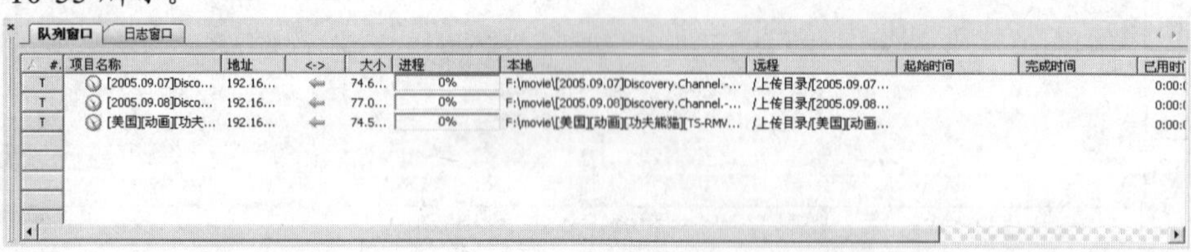

图10-55 计划下载信息

习题

一、简答题

1. 限制迅雷下载速度有什么意义？

2. QQ 旋风可以下载哪些网络资源？

3. 使用 CuteFTP 有哪些优点？

二、操作题

1. 使用迅雷下载大型软件，并将下载的速度限制为 150kbit/s。

2. 使用自己的 QQ 号登录 QQ 旋风，然后使用软件的收藏功能将计算机常用软件的下载网址进行收藏，以备以后使用。

3. 使用 CuteFTP 登录一个 FTP 服务器，并下载相关的学习资源。